논어, 그 오해와 진실

— 난세의 지도자 양성서 —

논어, 그 오해와 진실

공자의 道(도)는 小康(소강)의 통치 이념이다

[안성재 著]

어문학사

들어가는글

　　필자는 이전 저작인 [노자의 재구성]에서 노자와 공자의 사상에는 적잖은 공통점과 차이점이 공존한다고 피력했었고, 이에 추후 두 인물의 사상을 비교하는 서적을 출간하기로 약속한 바 있다. 따라서 그간 노자와 공자의 사상을 비교할 수 있는 구체적인 자료들을 모으는 데 주력했는데, 이들 중에서 빠질 수 없는 것이 바로 [論語(논어)]이다. 그런데 [논어]를 분석하는 과정 특히 각 문장구조를 분석하면서, 필자가 섭렵했던 기존 한국과 중국에서 출판된 번역본들의 해석역시 [논어]의 本義(본의)와 일정한 괴리감이 있다고 판단하게 된 것이다.

　　결국 필자는 노자와 공자의 사상비교를 다음으로 미루고 먼저 [논어]부터 번역하게 되었는데, 宋(송)나라 朱熹(주희)의 [論語集註(논어집주)]를 근간으로 하여 처음부터 다시 [논어] 全文(전문)을 분석하였다. 이작업 역시 [노자의 재구성]의 저술 때 사용했던 동일한 방법을 채택하여, 사전에서 漢字(한자)를 일일이 찾아 그 글자가 지니는 다양한 의미 중에서 각각의 문장구조와 [논어] 전반을 아우르는 문맥의 흐름에 가장 적합한 뜻을 선별하고자 노력하였다. 다음은 필자가 사용한 사전들의 목록이다.

　　[說文解字注(설문해자주)] 1981년 上海古籍出版社(상해고적출판사)
　　[說文解字今釋(설문해자금석)] 1997년 岳麓書社(악록서사)

〔辭源(사원)〕1988년 商務印書館(상무인서관)

〔中漢大辭典(중한대사전)〕1995년 高麗大學校民族文化研究所(고려대 학교 민족문화연구소)

〔漢韓大字典(한한대사전)〕1990년 民衆書林(민중서림)

〔最新弘字玉篇(최신홍자옥편)〕1997년 民衆書林(민중서림)

　　필자는 〔논어〕를 번역하고 또 그 내용을 정리하면서 공자의 핵심 사상이 노자와 마찬가지로 "太平聖代(태평성대)로의 복귀"에 있음을 인지하게 되었는데, 여기서 간단하게나마 미리 공자와 노자의 중대한 차이점을 논하자면, 노자가 "大同(대동)"으로의 복귀를 주장한 것과 달리, 공자는 "小康(소강)"으로의 복귀를 외쳤다는 점이다.

　　하지만 모든 학문이 그러하듯이, 이러한 필자의 주장을 뒷받침해주는 史料(사료)들을 찾아내지 못한다면, 일개인의 주관적인 확신에 머무르고 만다. 더군다나 〔논어〕역시 노자의 〔도덕경〕등 先秦時代(선진시대) 典籍(전적)들과 마찬가지로, 微言大義(미언대의: 짧은 말 속에 심오한 의미가 담겨 있음)로 표현되어있지 않은가?

　　길게 풀어쓰는 散文(산문)과 달리, 의미를 응축시켜서 표현하는 韻文(운문)은 誤譯(오역)의 가능성이 대단히 농후하다. 따라서 작품의 본의를 파악하기 위해서는 반드시 세 가지 요소를 먼저 조사해야 하니, 우선 작가가 누구인지 파악해야 하고, 다음으로는 작가가 활동한 시대 그리고 마지막으로는 작가가 처한 상황을 이해해야 한다. 가령 예를 들어서, 필자가 이상화 시인의 「빼앗긴 들에도 봄은 오는가」라는 작품을 단순히 문맥상의 의미로만 임의로 해석하여, 이를 은퇴한 직장인이 귀농하려고 퇴직금을 모두 들여 땅을 샀다가, 사기를 당해서 빼앗긴 아픔을 노래한 것이라고 주장할 수 있겠는가?

따라서 이 세 가지 요소는 필자가 노자의 〔도덕경〕을 필두로 공자의 〔논어〕를 분석할 때 제일 중시한 점이기도 하다. 다행히 노자와 달리 공자의 사상은 〔논어〕 외에도 다양한 전적들을 통해서 엿볼 수 있다. 그러므로 〔논어〕 각 문장의 眞義(진의)를 구체적으로 파악하기 위해서, 〔詩經(시경)〕〔尙書(상서)〕〔禮記(예기)〕〔春秋左傳(춘추좌전)〕 〔國語(국어)〕〔史記(사기)〕〔十八史略(십팔사략)〕 등에 나타난 文句(문구) 들과 상호 비교해가며 대비시켜 서술하였는데, 필자는 이러한 전적 의 문구들을 번역하는 과정에서 원문의 뜻을 정확하게 전달하기 위 해 가급적 直譯(직역)을 원칙으로 하였다. 다음은 필자가 참고한 전적 들의 목록이다.

〔十三經註疏(십삼경주소)〕 1980년 中華書局(중화서국)

〔十三經註疏(십삼경주소)〕 1999년 北京大学出版社(북경대학출판사)

〔文白對照十三經(문백대조십삼경)〕 1995년 廣東敎育出版社(광동교육 출판사)

〔國語譯註(국어역주)〕 1994년 上海古籍出版社(상해고적출판사)

〔尙書譯註(상서역주)〕 1995년 吉林文史出版社(길림문사출판사)

〔史記註譯(사기주역)〕 1988년 三秦出版社(삼진출판사)

〔新增音義釋文古今曆代十八史略(신증음의석문고금역대십팔사략)〕 2006년 北京圖書館出版社(북경도서관출판사)

공자는 〔논어〕에서 "있는 사실만을 그대로 쓰고, 의심되는 것은 배제했다"고 기술한 바 있다. 필자도 감히 그러한 자세를 배워서 개 인의 주관적인 생각은 최대한 자제하려고 노력하며, 객관적인 史實 (사실)을 위주로 하여서 〔논어〕의 의미를 풀어보고자 한다.

또 이와는 별도로 먼저 언급해둬야 할 것이 있는데, 필자 역시 여타 학자들과 마찬가지로 주희의 註解(주해)에 대해서는 최대한 존중하는 입장을 표하고 아울러 그의 업적을 당연히 높이 평가하지만, 그렇다고 해서 이것이 그의 모든 견해를 믿고 따라야 함을 뜻하지는 않는다는 점이다. 따라서 본문에서 주희의 주해에 회의감이 들거나, 또는 필자의 의견과 상치되는 부분은 별도로 지적했음을 밝혀둔다. 이제 공자의 〔논어〕가 과연 우리에게 알려주는 바가 무엇인지 구체적으로 살펴보기로 하자.

차례

第1章: 學而(학이)

1-1: 子曰: "學而時¹⁾習²⁾之, 不亦說³⁾乎? 有朋⁴⁾自⁵⁾遠方來, 不亦樂乎? 人⁶⁾不知而不慍⁷⁾, 不亦君子乎?"

子曰: "□而□□□, 不亦□乎? □□□□□□, 不亦□乎? □□□而□□, 不亦□□乎?"

【대구법, 설의법】

공자가 이르시기를: "배우고 늘 그것을 익히면, 또한 기쁘지 아니한가? 무리들이 있어서 먼 곳으로부터 찾아오면, 또한 즐겁지 아니한가? 사람들이 알아주지 않아도, 원망하거나 성내지 않으면, 또한 군자가 아니겠는가?"

*공자가 말하는 "學(학: 배움)"은 오늘날의 지식을 배우는 것과는 다른 의미로 쓰였음에 유의해야 한다. 이제 이와 관련하여, 〔論語(논어)〕에 나와 있는 다음의 구절들을 살펴보자.

1-6: "젊은이는, 들면, 곧 효도하고; 나가서는, 곧 공손할 것이다. 삼가여 성실할 것이고, 널리 대중을 사랑하되 어질음을 가까이 할 것이다. 행하고도 남은 힘이 있으면, 곧 文(문: 통치에 필요한 모든 법

---

1) 時(시): 늘, 항상. 常(상)과 같은 의미로 쓰였다.
2) 習(습): 익히다, 연습하다.
3) 說(열): 기뻐하다.
4) 朋(붕): 무리, 패.
5) 自(자): ~로부터.
6) 人(인): 사람. "타인, 남"이라는 의미를 지닌다.
7) 慍(온): 화내다, 성내다.

도)을 배울 것이다."

1-7: "현명한 이를 존경함에, 얼굴빛을 바꾸고; 부모를 섬김에, 그 힘을 다할 수 있으며; 임금을 섬김에, 그 몸을 다할 수 있고; 친구와 더불어 사귐에, 말에 믿음이 있으면, 비록 배우지 못했다고 말하더라도, 나는 반드시 그런 이는 배웠노라고 평한다."

1-8: "군자가 진중하지 않으면, 곧 존엄하지 못하고, 배움에, 곧 확고해지지 못한다."

1-14: "군자는 먹음에 배부르기를 구하지 않고, 거처함에 편안하기를 구하지 않으며, 나라의 큰일에 힘쓰면서 말과 명령을 삼간다. 나아가 道(도)를 가까이하여 다스리면, 배우기 좋아한다고 할 수 있다."

2-4: "나는, 열다섯 살에 배움에 뜻을 두었다."

2-15: "배우지만 사색하지 않으면, 곧 없는 것이고, 사색하면서 배우지 않으면, 곧 위험하다."

5-14: "힘써 일하면서 배우기를 좋아하고, 아랫사람에게 묻기를 부끄러워하지 않았다. 이 때문에 공문자를 文(문)이라고 일컫는 것이다."

5-27: "열 집의 작은 읍에도, 반드시 한쪽으로 치우치지 않고 공평함과 믿음이 나와 같은 이가 있겠지만, 나의 배우기를 좋아함에는 미치지 못한다."

6-2: "안회라는 이가 있으니 배움을 좋아합니다. 화를 옮기지 않고, 잘못을 거듭하지 않는데, 불행히 단명하여 죽었습니다. 지금은 없으니, 배우기를 좋아하는 이를 듣지 못했습니다."

6-25: "군자가 文(문)을 널리 배우고, 예절로 규제하면, 역시 위배되지 않을 것이다."

7-2: "묵묵히 알아내고, 배움에 싫증내지 않으며, 사람들을 가르침에 게을리 하지 않으니, 어떤 것이 나를 곤혹스럽게 하겠는가?"

7-3: "德(덕)을 닦지 않고, 배운 것을 익혀서 외우지 않으며, 의로움을 듣고도 교화되지 못하고, 선하지 못함을 고치지 못하는 것, 이것을 내가 걱정한다."

8-13: "삼 년을 배우고, 벼슬을 하려고 애쓰지 않는 것은, 쉬이 얻지 못한다."

8-14: "믿음을 도탑게 하고 배우기를 좋아하며, 목숨을 걸고 선한 道(도)를 지키는 것이다."

8-18: "배움은 못 미친 듯이 하고, 배우면 그것을 잃을까 두려워하는 듯 하는 것이다." 9-29: "쫓아서 함께 배울 수는 있더라도, 쫓아서 道(도)에 마음과 힘을 모아 몰두할 수는 없다."

11-6: "안회라는 이가 있어서 배우기를 좋아합니다. 불행하게도, 단명하여 죽었습니다. 이제는 없습니다."

12-15: "文(문)을 널리 배우고, 예절로 규제하면, 역시 위배되지 않을 것이다."

14-24: "옛날의 배우는 이는 자신의 내적성찰과 수양을 위해서 힘썼는데, 지금의 배우는 이는 남에게 잘 보이기 위해서 힘쓰는구나."

14-36: "하늘을 원망하지 않고, 사람을 탓하지 않았으며, 아래로 배워 위로 통달하였으니, 나를 알아주는 이는, 하늘이로구나!"

15-3: "너는 내가 많이 배워서 그것을 안다고 생각하느냐?"

15-31: "내가 일찍이 온종일 먹지도 않고, 밤새도록 자지 않으면서 생각하였지만 무익하였으니, 배우는 것만 못하다."

15-32: "군자는 道(도)를 도모하지 먹을 것을 도모하지 않는다. 농사를 짓는 것은, 굶주림이 그 안에 있기 때문이고, 배우는 것은, 봉록

이 그 가운데 있기 때문이다. 군자는 道(도)를 걱정하지 가난을 걱정하지 않는다."

16-9: "태어나서 아는 이는 상등이고, 배워서 아는 이는 그 다음이며, 곤란하여 배우는 이는 또 그 다음이다. 곤란함을 겪는데도 배우지 않으면, 백성들이 이에 하등으로 삼는다." 17-4: "예전에 저는 스승께서 '군자가 道(도)를 배우면, 곧 타인을 사랑하고; 소인이 道(도)를 배우면, 곧 쉬이 부릴 수 있다'고 말씀하시는 것을 들었습니다."

17-8: "배우기를 좋아하지 않으면, 그 결점은 어리석어지고, 방종해지며, 도둑질을 하게 되고, 타인을 비방하며, 포악해지고, 사나워지는 것이다."

19-5: "날마다 그 모르는 바를 알고, 달마다 그 재능이 있는 바를 잊지 않으면, 배우기를 좋아한다고 할 수 있다."

19-6: "널리 배우고 뜻을 돈독히 하며, 간절히 묻고 가까운 것을 생각해보면, 어질음이 그 가운데 있다."

19-7: "모든 기술자는 공장에 머물므로, 그럼으로써 일을 이루고; 군자는 배우므로, 그럼으로써 道(도)를 이룬다."

19-13: "벼슬을 하여 우수하면, 곧 배우고; 배워서 우수하면, 곧 벼슬을 하는 것이다."

19-22: "문왕과 무왕의 道(도)가, 땅에 떨어지지 않고, 사람에게 남아있습니다. 현명한 이는 큰 것을 알고, 현명하지 못한 자는 작은 것을 알고 있으니, 문왕과 무왕의 道(도)가 미치지 않는 곳이 없습니다. 스승께서 어디서라도 배우지 않았겠고, 또 어찌 일정한 스승이 있겠습니까?"

이렇듯 위에서 정리한 내용들을 살펴보면, 결국 學(학: 배움)의 대상은 "文(문)"과 "道(도)"임을 알 수 있다.

 *그렇다면, 文(문)과 道(도)는 어떤 의미를 지니는 것일까? 결론부터 말해서 공자가 배움의 대상으로 강조하는 文(문)과 道(도)는 사실상 일맥상통하다고 볼 수 있는데, 먼저 文(문)과 연관된 문장들을 살펴보자.

 1-6: "행하고도 남은 힘이 있으면, 곧 文(문)을 배울 것이다."

 3-14: "주나라는 하나라와 은나라를 살폈으니, 찬란하도다, 文(문)이여! 나는 주나라를 따르리라."

 5-12: "스승의 文章(문장)은 얻어들을 수 있었지만, 스승의 천성과 하늘의 도에 대한 말씀은, 얻어들을 수가 없었다."

 5-14: "힘써 일하면서 배우기를 좋아하고, 아랫사람에게 묻기를 부끄러워하지 않았다. 이 때문에 그를 文(문)이라고 일컫는 것이다."

 6-25: "군자가 文(문)을 널리 배우고, 예절로 규제하면, 역시 위배되지 않을 것이다."

 7-24: "공자는 네 가지로 가르치셨으니, 文(문)과 실천 그리고 정성스러움과 믿음이었다."

 7-32: "文(문)은, 내가 다른 사람과 비슷할 것이다. 군자의 道(도)를 몸소 행하는 것은, 곧 내가 아직 이르지 못했다."

 8-20: "위대하다, 요의 임금 됨이여! 숭고하도다! 오직 하늘만이 크고, 다만 요임금만이 본받으셨다. 넓디넓으니, 백성들이 이름 짓지 못하는구나. 숭고하니, 그 공을 이룸이여. 빛나니, 그 文章(문장)이 있음이여!"

 9-5: "문왕이 이미 돌아가셨지만, 文(문)이 여기에 있지 아니한가? 하늘이 장차 이 文(문)을 없애려 하였으면, 나 자신이 이 文(문)을 장

악하지 못했을 것이다. 하늘이 이 文(문)을 없애지 않으시니, 광 지역의 사람들이 나를 어찌 하겠는가?"

9-10: "스승께서는 순리적으로 사람을 이끄시고, 文(문)으로 나를 넓히시며, 禮(예)로 나를 제약하시니, 멈추고자 해도 능히 못 하여, 나의 재능을 다하게 하신다."

11-2: "文學(문학)으로는: 자유, 자하이다."

12-15: "文(문)을 널리 배우고, 예절로 규제하면, 역시 위배되지 않을 것이다."

12-24: "군자는, 文(문)으로 벗을 모으고; 벗으로 어질음을 돕는다."

위에서 정리한 내용들을 살펴보면, 文(문)은 "통치에 필요한 모든 法道(법도: 마땅히 지켜야 할 도리)와 그러한 법도들의 구체적인 내용"이라는 의미를 지니고 있는 것이다. 이와 관련하여서는, 차차 뒤에서 구체적으로 설명하기로 한다.

文(문): "통치에 필요한 모든 법도와 그러한 법도들의 구체적인 내용"

---

*그렇다면 道(도)는 구체적으로 어떤 의미를 지니고 있을까? 이와 관련하여 또 다음의 구절들을 살펴보기로 하자.

1-12: "禮(예)의 시행은 조화로움을 귀함으로 삼는다. 선왕의 道(도)는, 조화를 좋은 일로 여기니, 모든 것이 조화로 말미암는다."

3-16: "활을 쏘는데 가죽을 위주로 하지 않음은 힘의 등급이 다름이

니, 옛날의 道(도)였다."

3-24: "세상의 無道(무도)함이 오래 되었으니, 하늘이 장차 스승을 목탁으로 삼으실 것이다."

4-15: "선생님의 道(도)는, 정성스러움과 남의 처지에 서서 이해하고 동정하는 마음일 뿐이다."

5-1: "나라에 道(도)가 있으면, 버리지 않을 것이고; 나라에 道(도)가 없어도, 사형을 면할 것이다."

5-6: "道(도)가 행해지지 않아서, 뗏목을 타고 바다로 떠다닌다면, 나를 따르는 사람, 그것은 유이다."

5-15: "군자의 道(도) 네 가지가 있었다. 행함이 공손했고, 윗사람을 섬김이 정중했으며, 백성을 기름이 은혜로웠고, 백성을 부림이 의로웠다."

5-20: "영무자는, 나라에 道(도)가 있으면, 곧 드러내고; 나라에 道(도)가 없으면, 어리석었다."

6-22: "제나라가 한 번 변하면, 노나라에 이를 것이고, 노나라가 한 번 변하면, 道(도)에 이를 것이다."

8-14: "세상에 道(도)가 있으면, 곧 드러내고; 道(도)가 없으면, 곧 숨는다. 나라에 道(도)가 있는데도 빈천하면, 부끄러운 것이요; 나라에 道(도)가 없는데도, 부귀하면, 부끄러운 것이다."

11-19: "성인의 자취를 밟지 않으면, 방에 들어가지 못할 따름이다."

11-23: "소위 큰 신하란, 道(도)로서 임금을 섬기다가, 안되면, 그만두는 것입니다."

14-1: "나라에 道(도)가 있으면, 녹을 받는데; 나라에 道(도)가 없는데도, 녹을 받는 것은, 수치이다."

14-3: "나라에 道(도)가 있으면, 말과 행실을 엄정하게 하고; 나라에

道(도)가 없으면, 행실을 엄정하게 하되 말은 공손하게 할 것이다."

14-37: "道(도)가 장차 행해지는 것은, 하늘의 뜻이고; 道(도)가 장차 무너지는 것도, 하늘의 뜻이다."

15-7: "곧도다, 사어여! 나라에 道(도)가 있을 때에는 화살과 같고, 나라에 道(도)가 없을 때에도 화살과 같도다. 군자로다, 거백옥이여! 나라에 道(도)가 있으면, 곧 벼슬을 하고; 나라에 道(도)가 없으면, 곧 거두어 품는구나."

15-25: "이런 백성들은, 하나라와 상나라 그리고 주나라의 올바른 道(도)를 행한 까닭이다."

16-2: "천하에 道(도)가 있으면, 곧 예악과 정벌이 천자로부터 나오고; 천하에 道(도)가 없으면, 곧 예악과 정벌이 제후에게서 나온다."

16-11: "(道가 없으면) 은거함으로써 그 뜻을 구하고, (道가 있으면) 의로움을 행함으로써 그 道(도)에 이른다."

18-2: "道(도)를 바르게 하고 사람을 섬기면, 어디로 간들 수 없이 내침을 당하지 않겠소? 道(도)를 굽히고 사람을 섬기자면, 어찌 부모의 나라를 떠나야만 하겠소?"

18-6: "천하에 道(도)가 있으면, 내가 더불어 바꾸려 하지 않을 것이다!"

18-7: "군자가 벼슬하는 것은, 그 의를 행하는 것이다. 道(도)가 행해지지 못함은, 이미 알고 있다."

19-19: "윗사람이 道(도)를 잃어서, 백성들이 떠난 지 오래되었다."

19-22: "문왕과 무왕의 道(도)가, 땅에 떨어지지 않고, 사람에게 남아있습니다. 현명한 이는 큰 것을 알고, 현명하지 못한 자는 작은 것을 알고 있으니, 문왕과 무왕의 道(도)가 미치지 않는 곳이 없습니다."

위에서 열거한 문장들을 살펴보면, 道(도)란 "옛 聖賢(성현) 즉 聖人(성인)과 君子(군자)의 道(도)"이고, 이를 좀 더 구체적으로 풀어서 설명하면 "옛 태평성대를 이끌었던 성현들의 통치이념"인 것이다. 이는 필자의 또 다른 저서 [노자의 재구성]과 [노자, 정치를 깨우다][8]에서 언급했던 老子(노자)의 "道(도)"와 기본적으로 일맥상통하고 있다. 그런데 여기서 하나 유의해야 할 점이 있으니, 노자는 小康社會(소강사회)를 반대하여 소강 이전의 시대 즉 大同社會(대동사회)로 돌아가야 한다고 주장했는데[9], 과연 공자의 "道(도)"는 구체적으로 어떠한 것인지 살펴볼 필요가 있는 것이다. 이와 관련하여서는, 역시 차차 뒤에서 구체적으로 설명하기로 한다.

道(도): "옛 태평성대를 이끌었던 성현들의 통치이념"

*상술한 내용과 관련하여 [左傳(좌전)] 〈昭公(소공) 17년〉의 기록을 살펴보기로 하자. 郯(담)나라 임금 즉 郯子(담자)가 魯(노)나라를 방문했는데, 昭公(소공)이 담자에게 少皞氏(소호씨)가 새의 이름으로 관직명을 삼은 이유에 대해 묻는다. 그러자 담자는 자신의 선조인 소호씨가 임금이 되자 봉황이 날아와 새를 수호신으로 삼았기에 새의 이름으로 관직명을 삼았는데, 顓頊(전욱)이래로는 인간에 가까운 것을 수호자로 삼아서 임금이 오직 인간만을 거느릴 수 있었다고 설명했다. 이 말을 들은 공자는 담자를 찾아가 官制(관제)에 대해 배우고 나서는,

---

8) 2012. 어문학사.
9) 18장 18-1(144쪽)에서 언급한 바 있다. [노자의 재구성] 2012. 어문학사

吾聞之, "天子失官, 官學在四夷。" 猶信。

내가 듣기로 "天子(천자)가 任官(임관: 벼슬을 줌)을 상실하니, 任官(임관)을 배움이 사방의 오랑캐에 존재하게 되었다"고 하는데, 가히 믿을 만하다.

고 말했다. 이 때 공자 나이 27세였는데, 바로 이 대목에서도 "學(학: 배움)"의 대상이 다름 아닌 정치와 밀접한 관련을 맺고 있음을 알 수 있는 것이다.

  *"時(시)"는 "늘, 항상"이라는 의미로 풀이되어 常(상)과 동일하게 쓰이는데, 이는 "부단한 노력, 항상 변치 않는 初志一貫(초지일관)의 태도"를 함축한 단어임에 주의해야 한다.

> **時(시) = 常(상): "부단한 노력, 항상 변치 않는 初志一貫**
> **(초지일관)의 태도"**

  또한 "習(습)"은 "익히다"라는 의미로 풀이되는데, 이는 단순히 오늘날의 "배우다, 연습하다"를 의미하는 것이 아니다. 좀 더 구체적으로 말해서, 이 문자는 "새가 날갯짓을 하여(羽: 우) 스스로 하늘을 날 수 있도록(自: 자)[10] 부단히 연습하고 노력하다"라는 의미를 지니는 것이니, 공자는 17-22에서도 "배불리 먹고도, 하루 종일 마음을 쓰는 바가 없으면, 어렵다! 윷놀이와 바둑이 있지 않은가? 그것을 하는 것이

---

10) 東漢(동한)시기 許愼(허신)이 편찬한 字典(자전)인 〔說文解字(설문해자)〕에서는 習(습)이 羽(우)와 自(자)의 합성인 會意字(회의자)이고, 自(자)는 후에 白(백)으로 변한 것이라고 설명하고 있다.

오히려 현명하다"고 말하여, 하루 종일 멍하니 있지 말고 차라리 도박이나 바둑 등을 해서라도 부단히 노력하는 모양새를 갖춰야 한다고 말하는 것이다.

이제 이 두 단어를 합쳐서 본문의 첫 부분인 "배우고 늘 그것을 익히면, 또한 기쁘지 아니한가?"라는 말을 살펴보면, 그 뜻이 "옛 성인의 道(도)를 배우고 항상 변치 않는 태도로 부단히 노력하여 그 성인의 道(도)를 자신의 것으로 만든다면, 또한 기쁘지 않겠는가?"라고 풀이할 수 있으므로, 이는 6-18의 "도를 아는 이는, 좋아하는 이보다 못하다. 좋아하는 이는, 즐기는 이보다 못하다"는 표현과 서로 연결하여 이해할 수 있을 것이다.

공자는 6-9에서 "현명하구나, 안회여. 대나무 그릇의 밥, 표주박의 물, 누추하고 좁은 마을에 기거함, 사람들은 그 고통을 견디지 못한다. 안회는, 그 즐거움을 고치지 않으니, 현명하구나, 안회여"라고 하여, 제자인 안회가 道(도)를 즐기는 인물이라고 극도로 칭송한 바 있다. 또 5-27에서는 "열 집의 읍에도, 반드시 정성스러움과 믿음이 나와 같은 이가 있겠지만, 나의 배우기를 좋아함에는 미치지 못한다"고 말함으로써, 자신의 부단히 道(도)를 배우고 실천하려고 노력하는 태도를 자평하기도 했다. 하지만 아는 것은 좋아하는 것만 못하고, 좋아하는 것은 즐기는 것만 못하다고 하지 않았던가? 따라서 공자는 5-8에서 "못하도다. 나와 너는, 회보다 못하도다"고 말함으로써, 스스로 겸손해하는 자세를 보이기도 한 것이다.

이제 본문과 관련하여 다음의 기록들을 살펴보면, 공자가 그토록 배우고 실천하고자 부단히 노력한 "聖人(성인)의 도"가 과연 무엇인지 명확하게 이해할 수 있을 것이다.

帝堯陶唐氏, 伊祈姓, 或曰名放勳, 帝嚳子也。其仁如天, 其知如神,
就之如日, 望之如雲, 以火德王, 都平陽, 茅茨不剪, 土階三等。

제요 도당씨는, 이기가 성인데, 혹자가 말하기를 이름은 방훈이라
하니, 제곡의 아들이다. 그 인자함은 하늘과 같았고, 그 지혜로움은
귀신과 같아서, 따르기를 마치 해같이하고, 우러르기를 마치 구름
같이하였으니, 불의 덕으로 임금이 되고, 평양을 도읍으로 하여, 지
붕을 이는 짚을 자르지 않고, 흙 계단은 세 단이었다.

〔十八史略(십팔사략)〕〈五帝篇(오제편)〉

帝堯者, 放勳。其仁如天, 其知如神。就之如日, 望之如雲。富而不驕,
貴而不舒。(생략) 能明馴德, 以親九族。九族既睦, 便章百姓。百姓昭
明, 合和萬國。

요임금은, 방훈이다. 그 인자함은 하늘과 같았고, 그 지혜로움은 귀
신과도 같았다. 그를 좇으면 태양과 같았고, 그를 바라보면 구름과
도 같았다. 부유하면서도 교만하지 않고, 고귀하면서도 오만하지
않았다. (생략) 능히 덕을 밝히고 따름으로써, 구족(같은 종족의 9대: 고
조부터 현손까지)이 가까워졌다. 구족이 이미 화목해지니, 수많은 성
씨(귀족)를 상의하여 처리했다. 수많은 성씨(귀족)가 명확히 구분되
어지자, 온 나라가 합하여 잘 어울리게 되었다.

〔史記(사기)〕〈五帝本紀(오제본기)〉

子曰:"舜其大知也與, 舜好問而好察邇言, 隱惡而揚善。執其兩端, 用
其中於民, 其斯以爲舜乎。"

공자가 말씀하시기를: "순임금은 크게 지혜로우셨으니, 순임금은
묻기를 좋아하시고 천근한 말(깊이가 없는 얕은 말)도 살피기를 좋아

하셨으며, 악함은 숨기시고 선함을 드러내셨다. 그 양 극단을 잡아, 백성들에게 그 중간을 쓰셨으니, 이 때문에 순임금이 되셨다."

〔禮記(예기)〕〈中庸(중용)〉

禹爲人敏給克勤; 其笱不違, 其仁可親. 其言可信; 聲爲律, 身爲度. 稱以出; 亹亹穆穆, 爲綱爲紀. (생략) 禹傷先人父鯀功之不成受誅, 乃勞身焦思, 居外十三年, 過家門不敢入. 薄衣食, 致孝於鬼神. 卑宮室, 致費於溝減. (생략) 食少, 調有餘相給, 以均諸侯.

우는 사람됨이 민첩하고도 부지런했으니; 싹(바탕)은 어긋남이 없고, 인자함은 가까이할 수 있었다. 말은 믿을 수 있었으니; 말하면 규율이 되고, 행하면 법도가 되었다. (명확하게) 헤아려 드러내었으니; 부지런하고도 온화하여, 기강이 되었다. (생략) 우는 돌아가신 아버지 곤이 공을 이루지 못해 형벌을 당한 것이 마음 아팠기에, 이에 몸을 수고롭게 하고 애태우며, 밖에서 지낸 지 13년 동안, 집 문을 지나도 감히 들어가지 않았다. 입고 먹는 것을 소홀히 하고, 귀신을 극진히 섬겼다. 거처를 누추하게 하고, 수로에 비용을 다 썼다. (생략) 식량이 적으면, 남음이 있는 곳에서 옮겨 서로 공급하여, 그럼으로써 제후들을 고르게 하였다.

〔史記(사기)〕〈夏本紀(하본기)〉

一饋十起, 以勞天下之民.

(우 임금은) 한 번 식사를 할 때 열 번을 일어나니, 그럼으로써 세상의 백성을 위해 애썼다.

〔十八史略(십팔사략)〕〈夏王朝篇(하왕조편)〉

大旱七年, 太史占之曰: 當以人禱. 湯曰: 吾所爲請者, 民也, 若必以人禱, 吾請自當.

큰 가뭄이 칠년이라, 태사가 점을 쳐 말했다: 마땅히 사람으로서(사람을 제물로 바쳐서) 기도를 해야 합니다. 탕이 말했다: "내가 바라는 바는 백성을 위해서이니, 만약 반드시 사람으로서 기도해야 한다면, 나는 스스로 담당하기를(제물이 되기를) 청한다.

〔十八史略(십팔사략)〕〈殷王朝篇(은왕조편)〉

위에 열거한 내용들을 개략적으로 정리하자면, "道(도)"란 지도자로서 겸손한 마음을 지니고 부단히 삼가여 덕을 닦으며, 검소한 생활을 하고 자신을 사랑하듯 백성들을 사랑함으로써 조화를 이루고자 노력하는 것임을 알 수 있다.

*"朋(붕)"은 그간 朱熹(주희)의 해석을 좇아서 "자신이 추구하는 도를 함께 믿고 따르는 사람들"이라는 의미로 의구심 없이 풀이되어 왔다.[11] 하지만 그렇게 해석하면, 맥락상 앞과 뒷문장의 뜻과 통하지 않게 된다. 심지어 "朋(붕)"을 "벗, 친구"로 번역하는 경우가 있는데, 이와 관련하여 1-4, 1-7, 4-26, 5-25, 10-15, 13-28의 "朋友(붕우)" 및 8-6, 12-23, 12-24, 16-4, 16-5, 19-15의 "友(우)"를 살펴보면, 〔논어〕에서 "벗, 친구"를 지칭하는 말로서 "朋(붕)"을 단독으로 쓴 경우는 단 한 차례도 보이지 않는다는 점을 발견할 수 있다.[12] 다시 말해서, 이 단어는 "무리, 떼, 백성들"을 지칭하는 말이 되는데, 구체적으로 어떠한

---

11) 주희의 註解(주해) 중에서 일부는 좀 더 신중하게 접근할 필요가 있다. 이 점에 대해서는, 6-14와 10-18 그리고 14-13과 19-22에서 좀 더 언급하기로 한다.
12) 이를 제외한 나머지 "友(우)"는 모두 "사귀다, 벗하다, 가까이하다"라는 의미의 동사로 쓰였다.

"무리, 떼"를 일컫는 것인지는 아래에 제시하는 기록들을 살펴보면 쉬이 이해할 수 있을 것이다.

帝顓頊高陽者, 黃帝之孫而昌意之子也。靜淵以有謀, 疏通而知事; 養材以任地, 載時以象天, 依鬼神以制義, 治氣以教化, 絜誠以祭祀。(생략) 動靜之物, 大小之神, 日月所照, 莫不砥屬。

전욱제 고양은, 황제의 자손이고 창의의 아들이다. 조용하여 지모가 있었고, 도리와 조리에 밝아 일을 주재하였으니; 재목을 길러 관리를 부임시키고, 때에 맞춰 하늘을 점쳤으며, 귀신에 의탁하여 법도를 바로잡고, (음양의) 기를 바로잡아 교화하였으며, 깨끗하고도 정성을 다해 제사를 지냈다. (생략) 운동과 정지하는 만물이나, 크고 작은 신들, 해와 달이 비치는 곳이면, 고루 귀속되지 않는 것이 없었다. 〔史記(사기)〕〈五帝本紀(오제본기)〉

高辛生而神靈, 自言其名。普施利物, 不於其身。聰以知遠, 明以察微。順天之義, 知民之急。仁而威, 惠而信, 脩身而天下服。

고신(제곡)은 태어나면서 신통하고 영묘하여, 스스로 자신의 이름을 말했다. 두루 베풀어 만물을 이롭게 하였지만, 자신에게는 아니었다(자신을 돌보지 않았다). 귀가 밝아 멀리까지 알았고, 눈이 밝아 작은 것을 살폈다. 하늘의 법도를 따르고, 백성의 긴요함을(백성들이 무엇을 긴요하게 생각하는지를) 알았다. 어질면서도 위엄 있고, 은혜로우면서도 믿음이 있었으며, 자신을 닦았기에 세상이 복종했다. 〔史記(사기)〕〈五帝本紀(오제본기)〉

古公亶父復脩后稷·公劉之業, 積德行義, 國人皆戴之。薰育戎狄攻
之, 欲得財物, 予之。已復攻, 欲得地與民。民皆怒, 欲戰。古公曰:
"有民立君, 將以利之。今戎狄所爲攻戰, 以吾地與民。民之在我, 與其
在彼, 何異? 民欲以我故戰, 殺人父子而君之, 予不忍爲。" 乃與私屬
遂去豳, 度漆·沮, 踰梁山, 止於岐下。豳人擧國扶老攜弱, 盡復歸古
公於岐下。及他旁國, 聞古公仁, 亦多歸之。

고공단보는 후직과 공류의 공적을 다시 닦아, 덕을 쌓고 의를 행하
자, 나라 사람들이 모두 그를 받들었다. 훈육과 융적이 그를 공격하
여, 재물을 얻으려고 하자, 재물을 주었다. 얼마 되지 않아 다시 공
격하여, 땅과 백성을 얻고자 했다. 백성들이 모두 노하여, 싸우려
했다. 고공이 말했다: 백성들이 있어 임금을 세우는 것은, 장차 그
들을 이롭게 하려는 것이다. 지금 융적이 공격하는 바는, 나의 땅과
백성 때문이다. 백성들이 나에게 있는 것이, 저들에게 있는 것과,
어찌 다르겠는가? 백성들이 나 때문에 고로 싸우면, 사람들의 부자
를 죽여 임금이 되는 것이니, 나는 차마 못하겠다." 이에 고공은 가
신들과 더불어 마침내 빈 지역을 떠나, 칠수와 저수를 건너, 양산을
넘어, 기산 아래에 머물렀다. 빈 지역 사람 전부 노인을 부축하고
어린이의 손을 이끌어, 모두 다시 기산 아래의 고공에게 귀속했다.
<u>더불어 다른 이웃나라에서, 고공의 어질음을 듣고, 역시 많은 이들</u>
<u>이 그에게 귀속했다.</u>   〔史記(사기)〕〈周本紀(주본기)〉

公季卒, 子昌立, 是爲西伯。西伯曰文王。遵后稷·公劉之業, 則古公·
公季之法, 篤仁, 敬老, 慈少。禮下賢者, 日中不暇食以待士, 士以此
多歸之, 伯夷·叔齊在孤竹, 聞西伯善養老, 盍往歸之。

공계가 죽고 아들 창이 즉위하니, 이 사람이 서백이다. 서백은 (후대

에) 추존된 문왕으로, 후직과 공류의 사업을 따르고 고공과 공계의 법도를 본받아 성실하고 인자하며 늙은이를 공경하고 아랫사람에게 사랑을 베풀었다. 어진 사람에게는 예의로 자신을 낮추었는데, 한낮에는 식사할 겨를도 없이 士(사)들을 접대하였으므로, 士들은 이 때문에 서백에게 많이 몰려들었다. <u>백이와 숙제는 고죽에 있었는데 서백이 노인을 잘 봉양한다는 소문을 듣고 함께 가서 서백에게 귀의했다.</u>   〔史記(사기)〕〈周本紀(주본기)〉

즉 "무리들이 있어서 먼 곳으로부터 찾아오면, 또한 즐겁지 아니한가?"라는 말은 앞 문장인 "옛 성인의 도를 배우고 항상 변치 않는 태도로 부단히 노력하여 그 성인의 도를 자신의 것으로 만든다면, 또한 기쁘지 않겠는가?"와 이어져서 "그렇게 배운 성인의 도를 부단히 실천하여 나라를 다스리면, 자연스레 주변의 백성들이 그 나라가 살기 좋다는 소식을 듣고 몰려와 그 지도자를 따를 터이니, 또한 즐겁지 아니한가?"로 풀이할 수 있는 것이다. 이제 이와 관련하여 다음의 기록을 살펴보면, 그 의미가 보다 확실해진다.

古之敎者, 家有塾, 黨有庠, 術有序, 國有學。比年入學, 中年考校。一年, 視離經辨志。三年, 視敬業樂羣。五年, 視博習親師。七年, 視論學取友; 謂之小成。九年, 知類通達, 强立而不反; 謂之大成。夫然後, 足以化民易俗, 近者說服而遠者懷之。此大學之道也。
옛날의 가르침은, 집에는 글방(행랑방)이 있고, 향리에는 향학이 있으며, 취락에는 학당이 있고, 나라에는 국학이 있었다. 매년마다 입학하고, 매년 중반에 시험을 치렀다. 1년 차에는, 경을 나누고 뜻을 밝히는 것을 본다. 3년 차에는, 학업을 공경하고 벗들과 즐기는지를 본다. 5년차에는, 널리 익히고 스승을 가까이하는지 본다. 7년 차에는, 배움을 논하고 벗을 골라 뽑는 것을 보니; 이를 일컬어서 소성(기본기 완성)이라고 한다. 9년 차에는, 대부분을 깨달아서 통달하고, 굳건히 세워서 어긋나지 않으니; 이를 일컬어서 대성(크게 이룸)이라고 한다. 무릇 그러한 후에는, 백성들을 교화시키고 풍속을 바꿀 수 있으니, 가까운 이들(나라 안 백성들)이 기꺼이 복종하고, 먼 이들(나라 밖의 타 지역 백성들)이 따르게 된다. 이것이 큰 배움의 길이다.

〔禮記(예기)〕〈學記(학기)〉

여기서도 "學(학: 배움)"의 궁극적인 목표가 다름 아닌 정치와 밀접한 관련을 맺고 있음을 확인할 수 있는데, 공자의 이러한 취지는 13-4의 "윗사람이 예를 좋아하면, 곧 백성들이 감히 공경하지 않을 수 없고; 윗사람이 의를 좋아하면, 곧 백성들이 감히 불복하지 않을 수 없으며; 윗사람이 신뢰를 좋아하면, 곧 백성들이 감히 진심으로 하지 않을 수가 없다. 무릇 이와 같으면, 곧 주변 나라의 백성들이 자기 자식을 업고 몰려올 것이니, 어찌 스스로 농사를 짓겠는가?"와 13-16의 "가까이 있는 사람을 기쁘게 하고, 먼 데 있는 사람이 오게 하는 것입니다" 그리고 16-1의 "무릇 이와 같기 때문에, 고로 먼 곳의 사람들이 복종하지 않으면, 곧 文(문)과 德(덕)을 닦아서 오게 하고; 이미 왔으면, 곧 편안하게 해주는 것이다" 및 17-9의 "무리를 이루게 할 수 있다"는 말과도 일치하고 있으니, 함께 묶어서 이해할 필요가 있다.

*본문 마지막 구절인 "사람들이 알아주지 않아도, 원망하거나 성내지 않으면, 또한 군자가 아니겠는가?"라는 말의 함의와 관련하여서는, 먼저 다음의 기록을 살펴보자.

君子依乎中庸, 遯世不見知而不悔, 唯聖者能之。

군자는 중용에 의지하여, 세상을 피해 알아주지 않는다 하더라도
후회하지 않으니, 오로지 성인이라야 그렇게 할 수 있다.

〔禮記(예기)〕〈中庸(중용)〉

여기서 "中庸(중용)"이 어떠한 의미를 지니는지, 子程子(자정자)가
언급한 말을 살펴보자.

中者, 不偏不倚無過不及之名, 庸, 平常也。

중이라는 것은, 편벽되지 않고 치우치지 않으며 지나치거나 미치지
못함이 없는 것의 이름이요, 용은 늘 그러함이다.

〔禮記(예기)〕〈中庸·序(중용·서)〉

이를 종합하여 위에서 공자가 한 말을 살펴보면, 군자는 항상 공
변된(한쪽으로 치우치지 않고 공평한) 태도로 변하지 않고 부단히 노력하
는 데에만 힘을 기울인다는 뜻인 것이다. 그렇다면 "君子(군자)"란 과
연 누구를 지칭하는 것일까? 결론부터 이야기하면 "道(도)를 배우고
부단히 노력하여 실천하는 올바른 지도자"를 나타내는데, 이에 대해
서는 4-5에서 구체적으로 설명하기로 하고, 이제 본문과 관련하여 또
다음의 기록을 살펴보기로 하자.

治天下五十年, 不知天下治歟, 不治歟, 億兆願戴己歟, 不願戴己歟。
問左右, 不知, 問外朝, 不知, 問在野, 不知。乃微服, 游於康衢, 聞
童謠曰: 立我烝民, 莫非爾極, 不識不知, 順帝之則, 有老人, 含哺鼓
腹, 擊壤而歌曰: 日出而作, 日入而息, 鑿井而飮, 耕田而食, 帝力,
何有於我哉。

세상을 다스린 지 50년, 세상이 다스려지는지 다스려지지 않는지, 억조(수많은 백성)가 자기를 원하는지 원하지 않는지 알 수가 없었다. 좌우에 물었으나, 알지 못하고, 조정 바깥으로 물었으나, 알지 못했으며, 재야에 물었으나, 알지 못했다. 이에 미복하고, 큰 거리로 나아가니, 동요가 들렸는데 이르기를: 우리 많은 백성을 일으킴에, 그대의 지극함이 아닌 것이 없네. 알지 못하는 사이에, 임금의 법을 따른다고 하였다. 한 노인이 있어, 입에 음식을 잔뜩 물고 배를 두드리며, 땅을 치며 노래하기를: 해가 뜨면 일하고, 해가 지면 쉬며 우물을 파서 마시고, 밭을 갈아서 먹으니, 임금의 힘이, 어찌 나에게 있을까라고 하였다.

〔十八史略(십팔사략)〕〈五帝篇(오제편)〉

　이는 저명한 鼓腹擊壤歌(고복격양가)인데, 이처럼 堯(요)임금은 지도자로서 백성들을 위해 부단히 노력하였지만, 백성들이 그 노고를 알아주지 않아도 개의치 않고 오히려 크게 기뻐하였다고 한다. 공자는 1-16의 "다른 이가 자기를 알아주지 않는다고 걱정하지 않고, 다른 이를 알아주지 못함을 걱정하는 것이다", 4-14의 "지위가 없음을 걱정하지 않고, 확고히 할 수 있는 바를 걱정하는 것이다. 자기를 알아주지 않음을 걱정하지 않고, 드러낼 수 있도록 행함을 구하는 것이다", 14-24의 "옛날의 배우는 이는 자신을 위해서 힘썼는데, 지금의 배우는 이는 남에게 잘 보이기 위해서 힘쓰는구나", 14-31의 "남이 자기를 알지 못한다고 근심하는 것이 아니라, 재능이 있지 못함을 근심한다" 및 15-19의 "군자는, 무능함을 걱정하지, 남이 자기를 알아주지 않는 것을 걱정하지 않는다"는 표현에서도 그와 같은 취지로 말한 바 있는데, 이와 관련하여 또 다음의 기록을 살펴보자.

歸乎! 君子隱而顯, 不矜而莊。不厲而威, 不言而信。

돌아가자! 군자는 숨겨도 드러나고, 자랑하지 않아도 장중하다. 사납지 않아도 (사람들이) 두려워하고, 말하지 않아도 믿는다.

〔禮記(예기)〕〈表記(표기)〉

天命之謂性, 率性之謂道, 修道之謂敎。道也者, 不可須臾離也, 可離, 非道也。是故君子, 戒愼乎其所不睹, 恐懼乎其所不聞。莫見乎隱, 莫顯乎微, 故君子愼其獨也。

하늘이 명한 것을 성이라 하고, 성을 따르는 것을 道(도)라하며, 도를 닦는 것을 교라고 한다. 도라는 것은, 잠시도 떠날 수 없는 것이니, 떠날 수 있다면, 도가 아니다. 이 때문에 군자는, 보이지 않는 바를 조심하고 삼가며, 들리지 않는 바를 두려워한다. 숨기는 것보다 더 드러나는 것이 없고, 미세한 것보다 더 잘 나타나는 것이 없으니, 따라서 군자는 그 홀로 있음을 삼가는 것이다.

〔禮記(예기)〕〈中庸(중용)〉

다시 말해서, 공자는 군자 즉 참된 지도자란 이처럼 남들이 자기를 알아주기를 바라기보다, 부단히 실천함으로써 자신의 허물을 고치고 덕을 닦는데 힘쓰는 인물임을 강조한 것이다.

1-2: 有子曰: "其爲人也, 孝弟¹³⁾而好犯上者, 鮮矣。
不好犯上而好作亂者, 未之有也。君子務本,
本立而道生。孝弟也者, 其爲仁之本與。"
有子曰: "其爲人也, □□而好□□者, □矣。
□□□□而好□□者, □□□也。君子務本,
本立而道生。孝弟也者, 其爲仁之本與。"

【대구법】

유자가 말하기를: "그 사람됨, 효성스럽고 공손한데도
윗사람에게 거스르기를 좋아하는 자는, 드물다. 윗사람에게
거스르기를 좋아하지 않지만 난을 일으키기를 좋아하는 자는,
있지 않다. 군자는 근본에 힘쓰니, 근본이 서면 도가 생긴다.
효도와 공경이라는 것은, 어질음을 행하는 근본이다."

*유자는 有若(유약)이다. 〔史記(사기)〕의 〈仲尼弟子列傳(중니제자열
전)〉에 따르면, 그는 공자보다 43세 어리지만 공자와 외모가 매우 닮
아서, 제자들은 공자가 죽은 후 그를 공자 모시듯이 대했다고 한다.
하지만 어느 날 제자 한 명이 스승께서는 비가 올 것을 예측하셨는데
맞아떨어졌고, 제자 商瞿(상구)가 나이가 들도록 자식이 없자 마흔이
넘으면 자식 다섯을 낳게 될 것이라고 예측하셨는데도 역시 맞아떨
어졌으니 어떻게 된 일이냐고 물었는데, 대답하지 못했다. 이에 유약
의 통찰력이 공자에 크게 못 미치므로 제자들은 곧 그 자리에서 물러
나라고 요구하게 된다.

---

13) 弟(제): 공경하다, 공손하다. 悌(제)와 같은 의미로 쓰인다.

*이 말은 "本(본: 근본) : 道(도) = 孝弟(효제: 효도와 공경) : 仁(인: 어질음)"이라는 공식으로 정리할 수 있다. 따라서 효도와 공경은 근본이고, 어질음은 道(도)와 동격 혹은 최소한 道(도)의 주요 구성요소이다. 유약은 근본이 서면 道(도)가 생긴다고 하면서 효도와 공경이 仁(인)의 근본이라고 했으니, 효도와 공경은 道(도)의 중요한 전제가 되고, 또 仁(인)의 기초이자 출발점이 됨을 알 수 있다. 다시 말해서 修身齊家治國平天下(수신제가치국평천하)의 관점으로 보자면, 仁(인) 즉 어질음이란 개인적인 효도와 공경의 사회적 확장 형태인 것이다. 여기서 仁(인)의 정의가 명확하게 규정되는데, 바로 "사회에 나아가 자기의 임금을 진심으로 섬기고 따르는 것"이 된다.

> **仁(인) : "사회에 나아가 자기의 임금을 진심으로 섬기고 따르는 것"**

이는 사실상 공자의 가치관과 일치하는데, 그 구체적인 내용은 1-6에서 설명하기로 하고, 이제 다음의 기록을 살펴보기로 하자.

子云: "孝以事君, 弟以事長。示民不貳也。"
공자가 이르시기를: "효도로서 임금을 섬기고, 공경함으로서 어른을 섬기는 것이다. (이렇게 하는 것은) 백성들에게 (자신이 윗사람의 뜻을) 어기지 않음을 보이는 것이다."　　　　　　〔禮記(예기)〕〈坊記(방기)〉

이 말을 통해서 알 수 있듯이, 공자에게 있어 부모님께 효도하고 윗사람을 공경하는 것은 그 자체로 끝나는 것이 아니라, 나아가 자신

의 군주를 진심으로 섬기고 따름으로써 사회의 질서체계를 공고히
하는 근간인 것이다.

1-3: 子曰: "巧言令色, 鮮矣仁。"

**공자가 이르시기를: "말을 교묘하게 하고 아첨하는 얼굴빛을
하면, 어질음이 드물다."**

*이 말은 仁(인: 어질음)의 중요한 특징이 자신의 상관 나아가 군주
를 기만하거나 아첨하지 않고, 진심이 담긴 말과 얼굴빛으로 대하는
데 있다는 의미를 지니고 있다. 1-2에서 언급한 바 있듯이, 仁(인)은
孝弟(효제: 부모에 효도하고 윗사람을 공경함)의 사회적 확장 형태로, 사회
에 나아가 자신의 군주를 진심으로 섬기고 따르는 것인데, 이러한 진
심으로 섬기고 따른다는 것은 자신의 군주를 기만하거나 아첨하는
것이 아니라, 진심이 담긴 말과 얼굴빛으로 대하는데 있다는 것이다.
이제 다음의 기록들을 살펴보면 그 의미를 보다 명확하게 이해할 수
있을 것이다.

> 君罔以辯言亂舊政, 臣罔以寵利居成功。邦其永孚于休。
> (이윤이 말하기를) 임금이 교묘한 말 때문에 옛 정치를 어지럽히지 않
> 고, 신하가 총애와 이익 때문에 성공에 머무르지 않으면, 나라가 오
> 래도록 아름답게 빛날 것입니다." 〔尙書(상서)〕〈太甲下(태갑하)〉

益曰: "吁! 戒哉! 儆戒無虞, 罔失法度。罔游于逸, 罔淫于樂。(생략) 罔違道以幹百姓之譽, 罔咈百姓以從己之欲。無怠無荒, 四夷來王。"

익이 말했다: "아! 경계하소서! 근심이 없을 때 경계하고, 법도를 잃지 말아야 합니다. 편안히 놀지 말고, 즐거움을 탐하지 말아야 합니다. (생략) 도를 어김으로써 귀족들의 찬양을 일으키지 말고, 귀족들을 어김으로써 자기의 욕망에 따르지 말아야 합니다. 게으르지 않고 허황되지 않으면, 사방의 오랑캐들이 임금에게 올 것입니다."

〔尙書(상서)〕〈大禹謨(대우모)〉

伊尹乃言曰: 先王昧爽丕顯, 坐以待旦, 旁求俊彦, 啓迪後人, 無越厥命以自覆。慎乃儉德, 惟懷永圖。若虞機張, 往省括于度, 則釋, 欽厥止, 率乃祖攸行。惟朕以懌, 萬世有辭。

이윤이 이에 말했다: "선왕께서는 먼동이 틀 무렵에 크게 밝히고자, 앉아서 아침을 기다리셨고, 뛰어난 인재와 훌륭한 선비들을 두루 찾아 구하여, 후인들을 계도하셨으니, 그 명을 어김으로써 스스로 엎어지지 마십시오. 신중하여 이에 검소한 덕을 행하시고, 장구한 계책을 품으십시오. 우인이 쇠뇌에 활시위를 얹어, 가서 화살 끝이 법도에 맞는지 살피고, 곧 (활을) 발사하는 것처럼, 그 행동거지를 공경하고, 이에 선조가 행하신 바를 따르면, 제가 그럼으로써 기쁘고, 만세(萬世)에 말씀이 남을 것입니다.

〔尙書(상서)〕〈太甲上(태갑상)〉

이처럼, 공자는 바른 말과 진솔한 얼굴빛으로 섬기고 따름으로써 자신이 섬기는 군주가 올바른 정치를 하도록 하는 것이 바로 仁(인)이라고 본 것이다.

1-4: 曾子曰: "吾日三省吾身。爲人謀而不忠¹⁴⁾乎,
　　　與朋友交而不信¹⁵⁾乎, 傳不習乎。"
　　　曾子曰: "吾日三省吾身。□□□而不□乎, □
　　　□□□而不□乎, □不□乎。"

【대구법】

증자가 말하기를: "나는 날마다 세 가지로 내 몸을 살핀다. 다른
이를 위해서 도모함에 정성스럽지 못했는가, 친구와 더불어
사귐에 믿음을 보이지 못했는가, 전해 내려온 것(성인의 도)을
부단히 노력하지 않았는가."

*증자는 曾參(증삼)으로, 字(자)가 子輿(자여)이다. 〔史記(사기)〕의
〈仲尼弟子列傳(중니제자열전)〉에 따르면 그는 공자보다 46세 어리지
만, 효성이 지극하여 후에 〔孝經(효경)〕을 짓게 되었다고 한다.

*여기서 증자는 修身(수신: 자신을 갈고 닦음)의 세 가지 원칙을 제시
하고 있다. 첫 번째는 진심으로 정성을 다하는 태도이고, 두 번째는
타인에게 믿음을 주는 성실함이요, 세 번째는 常(상) 즉 변치 않고 부
단히 노력하는 初志一貫(초지일관)된 태도이다. 특히 忠(충)의 의미가
"정성스럽다"로 풀이되는 이유에 대해서는, 4-15를 참고하기로 한다.

---

14) 忠(충): 충후하다, 정성스럽다.
15) 信(신): 믿음을 보이다, 성실하다.

1-5: 子曰: "道千乘之國[16], 敬事而信, 節用而愛人, 使民以時。[17]"

子曰: "道千乘之國, □□而□, □□而□□, 使民以時。"

【대구법】

공자가 이르시기를: "제후의 나라를 다스린다는 것은, 공경하여 섬김으로써 성실함을 보이고, 아껴서 씀으로써 사람을 사랑하며, 백성을 부림에 때를 맞추는 것이다.

*공경하여 섬김으로써 성실함을 보이고, 아껴서 씀으로 사람을 사랑한다는 것은 무슨 의미일까? 이제 다음의 기록을 살펴보기로 하자.

高辛生而神靈, 自言其名。普施利物, 不於其身。聰以知遠, 明以察微。順天之義, 知民之急。仁而威, 惠而信, 脩身而天下服。取地之財而節用之, 撫教萬民而利誨之, 曆日月而迎送之, 明鬼神而敬事之。其色郁郁, 其德嶷嶷。其動也時, 其服也士。帝嚳溉執中而遍天下, 日月所照, 風雨所至, 莫不從服。

고신(제곡)은 태어나면서 신통하고 영묘하여, 스스로 자신의 이름을 말했다. 두루 베풀어 만물을 이롭게 하였지만, 자신에게는 아니었

---

16) 千乘之國(천승지국): 천 대의 수레를 보유한 나라, 규모가 큰 諸侯(제후)의 나라를 뜻한다.
17) 時(시): 때를 맞추다.

다(자신을 돌보지 않았다). 귀가 밝아 멀리까지 알았고, 눈이 밝아 작은 것을 살폈다. 하늘의 법도를 따르고, 백성의 긴요함을(백성들이 무엇을 긴요하게 생각하는지를) 알았다. 어질면서도 위엄 있고, 은혜로우면서도 믿음이 있었으며, 자신을 닦았기에 세상이 복종했다. 땅의 재물을 얻어 아껴 쓰고, 백성을 위로하고 가르치면서 이롭게 인도하였으며, 해와 달을 셈하여 맞이하거나 전송하였고, 귀신을 밝혀서 공손히 섬겼다. 그 얼굴빛은 그윽하고, 그 덕은 높았다. 그 움직임은 때에 맞았고, 그 의복은 士의 것이었다(임금의 복장이 아니었다). 제곡은 이미 중을 잡아 두루 세상에 미쳤으므로, 해와 달이 비치는 곳과, 바람과 비가 이르는 곳이면, 복종하지 않는 것이 없었다.

〔史記(사기)〕〈五帝本紀(오제본기)〉

이 말은 즉 겸손함과 신중함으로 나라를 다스리고, 나아가 검소한 생활을 실천함으로써 백성들에게 믿음을 주는 지도자의 자세를 표현한 것임을 알 수 있다. 그렇다면, 때에 맞춰 백성들을 부린다는 것은 과연 어떤 의미일까? 이제 다음의 기록을 살펴보면, 쉬이 이해할 수 있을 것이다.

乃命羲和, 欽若昊天, 厤象日月星辰, 敬授民時。分命羲仲, 宅嵎夷, 曰暘穀。寅賓出日, 平秩東作。日中, 星鳥, 以殷仲春。厥民析, 鳥獸孳尾。申命羲叔, 宅南交。平秩南訛, 敬致。日永, 星火, 以正仲夏。厥民因, 鳥獸希革。分命和仲, 宅西, 曰昧穀。寅餞納日, 平秩西成。宵中, 星虛, 以殷仲秋。厥民夷, 鳥獸毛毨。申命和叔, 宅朔方, 曰幽都。平在朔易。日短, 星昴, 以正仲冬。厥民隩, 鳥獸氄毛。帝曰: "咨！汝羲暨和。期三百有六旬有六日, 以閏月定四時, 成歲。允釐百工, 庶績咸熙。"

이에 (요임금은) 희씨와 화씨에게 명하여, 큰 하늘을 공손히 좇고, 일월성신에 따라, 삼가 백성들에게 계절을 전수했다. 희중에게 따로 명하여, 욱이에 살게 하였으니, 양곡이라고 불렸다. 뜨는 해를 공경하여 대접하고, 봄 농사를 가지런하게 했다. 해가 중간에 오면, 성조(28수 중의 하나)로 춘분을 바로잡았다. 백성들은 흩어졌고(일을 하고), 조수는 교미하여 새끼를 가졌다. 거듭 희숙에게 명하여, 남교에 살게 하였다. 여름 농사를 가지런히 하여, 삼가 다하도록 했다. 일을 고르게 다스리도록 하고 공경하여 다루게 했다. 해가 길어지면, 화성으로, 중하(한여름)를 바로 잡았다. 백성들은 이어 받고(계속 농사를 지었고), 조수는 털갈이를 하느라 털이 적었다. 화중에게 따로 명하여, 서쪽에 살게 하니, 매곡이라 불렸다. 지는 해를 공손히 보내, 가을 추수를 가지런하게 했다. 밤이 중간에 오면, 성허로, 추분을 바로잡았다. 백성들은 평안해지고, 조수는 털에 윤기가 돌았다. 거듭 화숙에게 명하여, 북쪽에 살게 하니, 유도라고 불렸다. 해가 바뀜을 가지런하게 했다. 해는 짧아지면, 묘성으로, 동지를 바로잡았다. 백성들은 따뜻하였고, 조수는 털이 무성했다. 임금(요)께서 말씀하셨다: 아! 그대 희씨와 화씨여. 일 년을 366일로 하고, 윤달로 사계절을 바로잡아서, 일 년을 이루었도다. 진실로 모든 관리들을 다스리니, 여러 공적이 모두 흥하게 되었다.

〔尙書(상서)〕〈堯典(요전)〉

즉 때에 맞춰 백성들을 부린다는 것은 다름 아닌 농번기인 봄부터 가을까지는 백성들이 농사일에 전념할 수 있도록 하고, 농한기인 겨울에 군사훈련 등의 다른 일에 차출함을 뜻하는 것이다.

1-6: 子曰: "弟子[18], 入, 則孝; 出, 則弟。謹[19]而信, 汎
愛衆而親仁。行有餘力, 則以學文[20]。"
子曰: "弟子, □, 則□; □, 則□。□而□, □
□□而□□。行有餘力, 則以學文。"

【대구법】

공자가 이르시기를: "젊은이는, 들면, 곧 효도하고; 나가서는, 곧
공손할 것이다. 삼가여 성실할 것이고, 널리 대중을 사랑하되
어질음을 가까이 할 것이다. 행하고도 남은 힘이 있으면, 곧
文(문: 통치에 필요한 모든 법도)을 배울 것이다."

*1-1에서 文(문)은 "통치에 필요한 모든 법도와 그러한 법도들의
구체적인 내용"이라고 언급한 바 있는데, 여기서 文(문)이 과연 어떠
한 의미를 지니는지 보다 구체적으로 살펴보기로 하자. 공자는 우선
집에서 부모에게 효도하고 밖에 나가서는 윗사람을 공경하며, 항상
언행을 조심스럽게 하여 성실함을 보여야 한다고 말하고 있다. 여기
서 한 걸음 더 나아간 경지가 아래로는 널리 대중을 사랑하고 위로는
자신의 군주를 진심으로 섬기고 따르는 것인데, 이는 벼슬을 하여 정
치에 관여한다는 뜻으로 풀이할 수 있다. 그리고 그보다 한 걸음 더
나아간 경지가 文(문)을 배우는 것이라고 했는데, 이 文(문)의 사전적

---

18) 弟子(제자): 젊은이.
19) 謹(근): 삼가다, 언행을 조심스럽게 하다. 朱熹(주희)는 [論語集註(논어집주)]에서 "謹
者, 行之有常也 (삼가는 것은, 변치 않고 행하는 것이다.)"라고 한 바 있다.
20) 文(문): 법도.

의미가 바로 法道(법도) 즉 "마땅히 지켜야 할 도리"이다. 다시 말해서, 공자에게 있어 文(문)은 단순히 정치에 참여하는 수준이 아니라, 한 걸음 더 나아가 太平聖代(태평성대)를 이룬 성현들이 지킨 도리를 배워서 실천해야 하는 대상인 것이다. 또한 그러한 上古時代(상고시대) 태평성대의 통치는 공자가 중시한 詩, 書, 禮, 樂, 易, 春秋(시, 서, 예, 악, 역, 춘추)에 구체적인 내용들이 고스란히 담겨져 있으므로, 文(문)은 결국 "[詩經(시경)]이나 [尚書(상서)] 등 옛 典籍(전적)들에 기록된 성현들의 말씀 및 업적들의 구체적인 내용"으로 풀이할 수 있다.

文(문): "[詩經(시경)]이나 [尚書(상서)] 등 옛 전적들에 기록된 성현들의 말씀 및 업적들의 구체적인 내용"

아울러 공자가 살던 시대에는 文(문: 문학)과 史(사: 역사) 哲(철: 철학사상)이 분리되지 않았고, 오늘날의 文學(문학)이라는 개념도 아직 존재하지 않았다. 따라서 文(문)을 文學(문학)으로 풀이하면 안 되거니와, 동서양을 막론하고 上古(상고)의 文史哲(문사철)이 오로지 정치를 위해서 존재했음을 감안한다면, 상술한 내용을 충분히 이해할 수 있을 것이다.

    *1-1에서 "文(문)"과 "道(도)"는 사실상 일맥상통하다고 볼 수 있다고 했고, 또 1-2에서 "仁(인: 어질음)은 道(도)와 동격 혹은 최소한 道(도)의 주요 구성요소인 것이다"라고 말한 바 있는데, 공자는 여기서 자신의 군주를 진심으로 섬기고 따르고도 남은 힘이 있으면 한 걸음 더 나아가 文(문)을 배워야 한다고 했으니, 仁(인)은 道(도)와 동격이 아니라 道(도)의 구성요소 중 하나임을 알 수 있다. 특히 6-28의 자공

이 "만일 백성들에게 널리 베풀어서 모든 사람을 구제할 수 있다면, 어떻습니까? 어질다고 할 수 있습니까?"라고 묻자, 공자는 "어찌 어질음만 힘쓰는 것이겠는가? 필히 성스러운 것일지니! 요순임금도 그것을 오히려 어려워하셨다"라고 대답한 대목을 보면, 仁(인)은 道(도)의 구성요소임이 더욱 자명해진다.

*1-2에서 유약이 말한 "仁(인: 어질음)이 孝弟(효제: 효도와 공경)의 사회적 확장 형태"라는 개념이 사실상 공자의 가치관과 일치하고 있다고 했는데, 이와 관련하여 이제 다음의 기록을 살펴보자.

> 子曰: "立愛自親始, 敎民睦也。立敎自長始, 敎民順也。敎以慈睦而民貴有親。敎以敬長而民貴用命。孝以事親, 順以聽命, 錯諸天下, 無所不行。"
>
> 공자가 이르시기를: "사랑을 드러내는 것을 부모로부터 시작하는 것은, 백성들로 하여금 화목하게(도탑게) 지내게 함이다. 본받음을 드러내는 것을 윗사람으로부터 시작하는 것은, 백성들로 하여금 순종하게 함이다. 사랑함과 화목함으로 가르치면 백성들이 부모가 있음을 귀하게 여긴다. 윗사람을 공경함으로 가르치면 백성들이 윗사람의 명령을 받듦을 귀하게 여긴다. 효도로 부모를 섬기고, 순종함으로 명령을 따르며, 그것들을 천하에 시행하면, 행하지 못할 바가 없다."
>
> 〔禮記(예기)〕 〈祭義(제의)〉

이는 결국 孝(효)가 백성들을 다스리기 위한 근본임을 밝히고 있다. 즉 공자가 일관되게 주장하는 修身齊家治國平天下(수신제가치국평천하)의 관점에서 보면, 孝(효)를 점차 사회로 확장시킨 것이 윗사람을 공경하는 弟(제) 그리고 더 나아가 자신이 섬기는 상관이나 군주에 순종하는 仁(인)인 것이다.

| 집
孝(효: 효도) | 밖
悌(제: 공경) | 사회
仁(인: 임금을 진심으로
섬기고 따름) |

　또한 실천 대상의 방향에 대해서도 알 수 있는데, 仁(인)이란 윗사람이 아랫사람에게 행하는 것이 아니라, 바로 아랫사람이 윗사람에게 행하는 것이라는 점이다.

　따라서 1-2에서 유약이 말한 孝(효)와 仁(인)의 개념은 공자와 일치하고 있음을 알 수 있다. 이처럼 공자에게 있어서 孝(효)는 결국 백성들을 다스리기 위한 출발점이라고 볼 수 있는데, 이와 관련하여 또 다음의 기록을 살펴보기로 하자.

> 仁人不過乎物, 孝子不過乎物。是故仁人之事親也如事天, 事天如事親。是故孝子成身。
> 어진 사람은 만물(의 도리)에서 지나치지 않고, 효자는 만물(의 도리)에서 지나치지 않습니다. 이런 까닭에 어진 사람의 부모를 섬김은 하늘을 섬기는 것과도 같고, 하늘을 섬김은 부모를 섬기는 것과도 같습니다. 이런 까닭에 효자는 자신을 완성시키는 것입니다."
>
> 〔禮記(예기)〕〈哀公問(애공문)〉

　哀公(애공)의 물음에, 공자는 이처럼 孝(효)에서 시작하여 궁극적으로는 仁(인)으로 나아감으로써 자신을 완성시키는 것이라고 설명하고 있다. 다시 말해서, 仁(인)은 孝(효)의 사회적 확장 형태인 것이다. 하지만 여기서 주의해야 할 점이 있으니, 孝(효)는 자식으로서 당연히 해야 할 자연스러운 도리이지만, 仁(인)은 나아가 정치에 임하는 태도로서, 작위하는 바가 있는 것이라는 점이다. 이 부분에 대해서는 추후 노자와 공자의 비교에서 구체적으로 논하기로 한다.

1-7: 子夏曰: "賢賢, 易色; 事父母, 能竭其力; 事君, 能致其身; 與朋友交, 言而有信, 雖曰未學, 吾必謂[21]之學矣。"

子夏曰: "賢賢, 易色; 事□□, 能□其□; 事□, 能□其□; 與朋友交, 言而有信, 雖曰未學, 吾必謂之學矣。"

【대구법】

자하가 말하기를: "현명한 이를 존경함에, 얼굴빛을 바꾸고; 부모를 섬김에, 그 힘을 다할 수 있으며; 임금을 섬김에, 그 몸을 다할 수 있고; 친구와 더불어 사귐에, 말에 믿음이 있으면, 비록 배우지 못했다고 말하더라도, 나는 반드시 그런 이는 배웠노라고 평한다."

*자하는 卜商(복상)인데, 字(자)가 자하이다. 〔史記(사기)〕의 〈仲尼弟子列傳(중니제자열전)〉에 따르면, 그는 공자보다 44세 어리다. 공자가 죽은 후 사람들을 가르치면서 여생을 보냈는데, 아들이 죽자 너무

---

21) 謂(위): 논평하다.

나 서럽게 울어 결국 장님이 되었다고 한다.

　*여기서 學(학: 배움)의 본질이 드러나고 있다. 1-1에서 배움의 대상이 "文(문)"과 "道(도)"라고 설명하면서, 이 "文(문)"과 "道(도)"가 궁극적으로는 일맥상통하는 것이라고 언급한 바 있는데, 특히 "文(문)"은 이미 1-6에서 "통치에 필요한 모든 법도와 그러한 법도들의 구체적인 내용 즉 〔詩經(시경)〕이나 〔尙書(상서)〕 등 옛 전적들에 기록된 성현들의 말씀 및 업적들의 구체적인 내용"이라고 설명한 바 있으니, 다시 말해서 太平聖代(태평성대)를 이룬 성현들이 지킨 도리이다. 이제 이와 관련하여 다음의 기록들을 살펴보기로 하자.

舜父瞽叟頑, 母嚚, 弟象傲, 皆欲殺舜。舜順適不失子道, 兄弟孝慈。
欲殺, 不可得; 即求, 嘗在側。
순의 아버지 고수는 고집 세고, 어머니는 간사하고, 동생 상은 교만하여, 모두 순을 죽이고자 하였다. 순은 거스르지 않고 좇아 자식된 도리를 잃지 않았고, 동생에게 형 노릇 하여 효성스럽고도 자애로웠다. 죽이고 싶어도, 얻을(죽일) 수 없었지만: 부르면, 항상 곁에 있었다.　　　　　　　　　　　　〔史記(사기)〕〈五帝本紀(오제본기)〉

鯀陻洪水, 舜擧代鯀, 勞身焦思, 居外十三年, 過家門不入。
곤이 홍수를 막았는데, 순이 (우를) 올려 곤을 대신하게 하니, 몸을 수고로이 하고 애를 태워, 밖에 머문 지 13년 동안, 집의 문을 지나도 들어가지 않았다.　　　〔十八史略(십팔사략)〕〈夏王朝篇(하왕조편)〉

帝舜謂禹曰: "女亦昌言。" 禹拜曰: "於, 予何言! 予思日孶孶。" 皐陶難禹曰: "何謂孶孶?" 禹曰: "(생략) 與益予衆庶稻鮮食。(생략) 與稷予

衆庶難得之食。食少, 調有餘補不足, 徙居。衆民乃定, 萬國爲治。" 皇陶曰: "然, 此而美也。"

순임금이 우에게 말했다: "그대 또한 덕이 있는 말을 해보시오." 우가 절하여 답했다: "아! 제가 어찌 말하겠습니까! 저는 하루 종일 부지런함을 생각하고 있습니다." 고요가 삼가 우에게 말했다: "무엇을 부지런하다고 일컫습니까?" 우가 말했다: "(생략) 직과 더불어 백성들에게 구하기 어려운 음식을 주고, 음식이 모자라면, 남음이 있는 것을 옮겨 부족함을 보충해주었으며, 옮겨 살게 했습니다. 백성들이 이에 안정되고, 온 나라가 다스려졌습니다." 고요가 말했다: "그렇습니다. 이는 훌륭합니다."　　　〔史記(사기)〕〈夏本紀(하본기)〉

舜曰: "龍, 朕畏忌讒說殄偽, 振驚朕衆。命汝爲納言, 夙夜出入朕命, 惟信。"

순이 말했다: "용, 짐은 참언(위선적인 말)과 혼미한(도리를 망치는) 행위를 두려워하고 꺼리니, 짐의 백성을 놀라게 하오. 그대를 납언으로 명하니, 아침저녁으로 짐의 명령을 전달하고, 오직 성실하시오."
　　　〔史記(사기)〕〈五帝本紀(오제본기)〉

　얼굴빛을 바꾸어 현명한 이를 공손하고도 정중히 대하고, 정성을 다해서 부모를 섬기며, 있는 힘을 다해서 나라를 다스리고, 말하면 믿을 수 있는 것. 바로 이것이 태평성대를 이끈 "옛 聖賢(성현) 즉 聖人(성인)과 君子(군자)의 道(도)"이고, 이를 좀 더 구체적으로 풀어서 설명하면 "옛 태평성대를 이끌었던 성현들의 통치이념"이 된다. 따라서 자하는 이러한 도리를 배우지 않고도 실천하는 이는 배웠노라고 평한다고 한 것이다.

1-8: 子曰: "君子, 不重, 則不威; 學, 則不固。主忠
信, 無友不如己者, 過, 則勿憚改。"
子曰: "君子, □□, 則不□; □, 則不□。主忠
信, 無友不如己者, 過, 則勿憚改。"

【대구법, 비교법】

공자가 이르시기를: "군자가, 진중하지 않으면, 곧 존엄하지
못하고; 배움에, 곧 확고해지지 못한다. 정성스러움과 믿음을
기본으로 하고, 자기보다 못한 사람을 가까이하지 말며, 잘못을
저지르면, 곧 고치기를 거리끼지 말라."

*이는 輕擧妄動(경거망동)하지 않고 신중해야 하며, 아울러 자신
의 허물을 발견하면 주저하지 말고 고쳐야 함을 강조한 말이다. 특히
경거망동하면 아무리 옛 성현의 도를 배웠다고 하더라도 결국 자기
의 것으로 만들어 실천할 수 없다고 경고하고 있으니, 다음의 기록을
살펴보면 본문의 뜻을 명확하게 이해할 수 있을 것이다.

> 惟王不邇聲色, 不殖貨利。德懋懋官, 功懋懋賞, 用人惟己, 改過不
> 吝, 克寬克仁, 彰信兆民。
> 임금께서는 음악과 여색을 가까이하지 않고, 재물과 이익을 불리지
> 않았으며, 덕이 많으면 관직을 높이고, 공이 많으면 상을 후하게 하
> 였으며, 사람을 등용하되 자기처럼 대우하고, 허물 고치기를 인색
> 하게 하지 않아, 능히 너그럽고 능히 인자하여, 백성들에게 믿음을
> 보이셨습니다.　　　　　　　〔尙書(상서)〕〈仲虺之誥(중훼지고)〉

1-9: 曾子曰: "愼終追遠, 民德歸厚矣。"

증자가 말하기를: "(부모의) 죽음에 삼가고, 선조를 쫓으면,
백성의 덕이 두터워짐으로 돌아간다."

*이는 가까이는 부모의 상을 당했을 때 예절을 중시하여 애도하
고, 멀리는 조상의 덕을 추모하여 공양을 게을리 하지 않으면, 백성
들이 이에 지도자의 솔선수범함을 보고 따르게 된다는 뜻인데, 여기
서 두 가지 핵심이 도출되고 있음에 유의할 필요가 있다. 하나는 修
德(수덕: 덕을 닦음)이 부모의 상과 조상에 대한 제사를 예절에 맞춰
서 정성스럽게 지내는데 있다는 점이고, 또 하나는 앞에서 언급한 孝
(효)와 仁(인)의 관계와 마찬가지로, 지도자가 부모의 상과 제사를 정
성스럽게 지내면 백성들이 후덕해지니, 修身齊家治國平天下(수신제
가치국평천하)의 관점으로 보자면 개인적 행위가 사회적 확장 형태 즉
정치형태로 변하게 된다는 점이다.

1-10: 子禽問於子貢曰: "夫子至於是邦也, 必聞其 政。求之與? 抑與之與?" 子貢曰: "夫子溫良 恭儉讓以得之。夫子之求之也, 其諸[22]異乎人 之求之與。"

【문답법】

자금이 자공에게 묻기를: "스승께서 이 나라에 이르시면, 반드시 그 나라의 다스림에 대해서 들으십니다. (듣고자 하여) 그것을 구하신 것입니까? 또는 (그 나라에서) 그것을 (일러)준 것입니까?" 자공이 대답하기를: "스승께서는 온화하고도 순량한 성품 공손함과 검소함 그리고 겸손함으로 그것을 얻으셨소. 스승께서 그것을 구하신 것은, 다른 이들이 그것을 구하는 것과는 다른 것이오."

*자금은 陳子禽(진자금) 또는 陳亢(진항)으로 불리는데, 공자의 제자이다. 뒤에 나오지만, 그는 후에 스승인 공자가 자공보다도 못한 인물이라고 폄하한다.

*자공은 端木賜(단목사)이다. 〔史記(사기)〕의 〈仲尼弟子列傳(중니제자열전)〉에 따르면, 그는 공자보다 31세 어리다. 남을 비교하기를 좋아하고, 언변에 뛰어난 재능이 있었다.

*일반적으로 말해서, 어떠한 소식이나 정보를 알게 된다는 것은 본인이 가서 묻거나 혹은 누군가 알려주는 행위를 통해서 이루어진

---

22) 諸(저): 之於(지어)의 줄임형으로 쓰일 때는 "저"라고 독음하고, "모두, 다"라는 의미를 지닐 때는 "제"로 독음한다.

다. 따라서 자금은 당연히 그렇게 물은 것이다. 이에 자공은 몇 가지를 언급했는데, 바로 여기서 자공이 나열한 "온화함과 순량한 성품, 공손함과 검소함 그리고 겸손함"에 대해서 주목할 필요가 있다. 이와 관련하여 다음의 기록을 살펴보자.

高辛生而神靈, 自言其名。普施利物, 不於其身。聰以知遠, 明以察微。順天之義, 知民之急。仁而威, 惠而信, 脩身而天下服。取地之財而節用之, 撫教萬民而利誨之, 曆日月而迎送之, 明鬼神而敬事之。其色郁郁, 其德嶷嶷。其動也時, 其服也士。帝嚳漑執中而遍天下, 日月所照, 風雨所至, 莫不從服。

고신(제곡)은 태어나면서 신통하고 영묘하여, 스스로 자신의 이름을 말했다. 두루 베풀어 만물을 이롭게 하였지만, 자신에게는 아니었다(자신을 돌보지 않았다). 귀가 밝아 멀리까지 알았고, 눈이 밝아 작은 것을 살폈다. 하늘의 법도를 따르고, 백성의 긴요함을(백성들이 무엇을 긴요하게 생각하는지를) 알았다. 어질면서도 위엄 있고, 은혜로우면서도 믿음이 있었으며, 자신을 닦았기에 세상이 복종했다. 땅의 재물을 얻어 아껴 쓰고, 백성을 위로하고 가르치면서 이롭게 인도하였으며, 해와 달을 셈하여 맞이하거나 전송하였고, 귀신을 밝혀서 공손히 섬겼다. 그 얼굴빛은 그윽하고, 그 덕은 높았다. 그 움직임은 때에 맞았고, 그 의복은 士(사)의 것이었다(임금의 복장이 아니었다). 제곡은 이미 중을 잡아 두루 세상에 미쳤으므로, 해와 달이 비치는 곳과, 바람과 비가 이르는 곳이면, 복종하지 않는 것이 없었다.

〔史記(사기)〕〈五帝本紀(오제본기)〉

정리하자면, 자공의 말은 스승인 공자가 옛 성현들의 그것들을 고루 갖춘 聖人(성인)과도 같은 존재이기 때문에, 道(도)를 파악하여 세상의 이치를 이해하고 나아가 예측할 수 있었다는 뜻이 된다. 그러므로 스승께서 구하신 것은 다른 이들이 구하는 것과는 근본적으로 다른 방법이었다고 말한 것이다. 실제로 공자는 적잖은 일들을 예측하고 그것들이 맞아떨어지게 되는데, 구체적인 일화들은 기회가 될 때마다 소개하기로 한다.

1-11: 子曰：“父在, 觀其志; 父沒, 觀其行; 三年, 無改於父之道,[23]可謂孝矣。”
子曰：“父□, 觀其□; 父□, 觀其□; 三年, 無改於父之道, 可謂孝矣。”

【대구법】
공자가 이르시기를: “아버지가 살아계시면, 그 생각을 살피고; 아버지가 돌아가시면, 그 행적을 살피며; 삼 년 동안, 아버지의 (생각과 행적을 통한) 도리를 고치지 않는다면, 섬긴다고 평할 수 있다.”

　*본문은 4-20의 “삼 년 동안, 아버지의 도리를 고치지 않는다면, 섬긴다고 평할 수 있다”는 표현과 일치하는데, 공자가 말한 뜻은 과연 무엇일까? 이제 다음의 기록들을 살펴보자.

---

23)　道(도): 도리, 사상.

子云: "君子弛其親之過而敬其美."

공자가 이르시기를: "군자는 그 부모의 허물을 느슨히 하고 그 좋은 일을 공경한다." 〔禮記(예기)〕〈坊記(방기)〉

喪父三年, 喪君三年, 示民不疑也. 父母在, 不敢有其身, 不敢私其財, 示民有上下也.

아버지를 여의면 3년이고(3년 동안 상복을 입고), 군주를 여의면 3년은 (3년 동안 상복을 입는 것은), 백성들에게 의심하지 않음(머뭇거리지 않고 아버지와 군주의 뜻을 계승함)을 보이는 것이다. 부모가 (살아)계시면, 감히 그 몸을 독차지하지 않고(자기의 몸이라고 생각하여 함부로 하지 않고), 감히 그 재물을 사사로이 하지 못하는 것은(자기의 재산이라고 생각하여 함부로 쓰지 않는 것은), 백성들에게 위와 아래(의 질서체계)가 있음을 보이는 것이다. 〔禮記(예기)〕〈坊記(방기)〉

이는 1-2와 1-6에서 이미 설명한 바 있듯이, 공자에게 있어 부모님께 효도하고 윗사람을 공경하는 것은 그 자체로 끝나는 것이 아니라, 나아가 자신의 군주를 진심으로 섬기고 따름으로써 사회의 上下(상하)질서체계를 공고히 하는 근간인 것이다. 다시 말해서, 孝(효)는 仁(인)을 실천하기 위한 礎石(초석)이자 자격인 것이다. 아울러 3년상에 대해서는 17-21에 나와 있으니, 참고하기로 한다.

1-12: 有子曰: "禮之用, 和爲貴。先王之道, 斯爲
　　　美, 小大由之。有所不行, 知和而和, 不以禮
　　　節之, 亦不可行也。"
　　　有子曰: "□之□, □爲□。□□之□, □爲
　　　□, 小大由之。有所不行, 知和而和, 不以禮節
　　　之, 亦不可行也。"

【대구법】

유자가 말하기를: "예의 시행은 조화로움을 귀함으로 삼는다.
선왕의 도는, 이(조화)를 좋은 일로 여기니, 작고 큰 것이
그(조화)로 말미암는다. (하지만) 행하지 않아야 할 바가 있으니,
조화로움만 알아서 조화롭고, 예로 그것(조화로움)을 절제하지
않으면, 역시 행해서는 안 된다."

*이는 禮(예)라는 것이 和(화: 조화로움)를 중시하지만, 節(절: 절제)
이 내포된 것이어야 한다는 뜻이다. 이 말이 구체적으로 어떠한 의미
를 지니는지, 먼저 다음의 기록을 살펴보자.

喜怒哀樂之未發, 謂之中, 發而皆中節, 謂之和。中也者, 天下之大本
也, 和也者, 天下之達道也。致中和, 天地位焉, 萬物育焉。
희로애락이 드러나지 않은 것, 그것을 중이라고 일컫고, 드러나
지만 모두 절도에 맞은 것, 그것을 화라고 한다. 중이라는 것은, 세상
의 큰 근본이고, 화라고 하는 것은, 세상이 도에 닿은 것이다. 중과
화에 이르면, 천지가 자리를 잡고, 만물이 자란다.

〔禮記(예기)〕〈中庸(중용)〉

논어, 그 오해와 진실 | 난세의 지도자 양성서

상술한 내용을 정리하자면, 감정을 쉽사리 드러내지 않고 객관적으로 처신하는 태도는 바탕이 되고, 이러한 감정을 조화롭게 드러내는 것이 궁극의 道(도)에 도달하는 것이 된다. 사람에게 있어서 喜怒哀樂(희로애락)은 본능적인 감정이다. 이러한 감정들을 아무 때나 쉬이 드러내지 않고 신중함을 보이는 것이 바로 "中(중)"이고, 또 이러한 감정들을 자연스럽게 표출시키는 것이 "和(화)"인데, 이 和(화)란 감정을 있는 그대로 다 표출하는 것이 아니라 절도에 맞게 표현하는 것이니, 禮(예)의 중요한 목표가 바로 감정을 인위적으로 절제하고 통제하는데 있다는 뜻이 된다. 즉 禮(예)라는 것은 "道(도)에 도달하기 위해서 和(화: 조화로움)를 통제하는 요소인 것", 다시 말해서 "조화로움을 위한 절제와 통제"인 것이다.

禮(예): "조화로움을 위한 절제와 통제"

그렇다면 이러한 감정의 절제는 도대체 무엇을 뜻하는 것일까? 예를 들어서, 부모상을 당했을 때 슬픔을 극진히 하는 것이 도리이지만, 그 슬픔이 너무 커서 심지어 본인의 건강에 해를 끼치게 되면 이는 禮(예)에 어긋나게 되는 것이다. 이와 관련해서는, 11-15의 "過猶不及(과유불급)"을 참고하면, 보다 구체적으로 이해할 수 있을 것이다.

1-13: 有子曰: "信近於義, 言可復也。恭近於禮, 遠
恥辱也。因不失其親, 亦可宗[24]也。"
　有子曰: "□近於□, □□□也。□近於□,
□□□也。因不失其親, 亦可宗也。"

【대구법】

유자가 말하기를: "신뢰가 의로움을 가까이하면, 말이 실천될
수 있다. 공손함이 예를 가까이하면, 부끄러움과 욕됨을
멀리한다. 그 가까이 함을 잃지 않기 때문에, 또한 마루(지도자)로
높일 수 있다.

*이와 관련하여 먼저 다음의 기록을 살펴보자.

廉而不劌, 義也。
모가 나지만 상처를 입히지 않는 것이, 의로움이다.
〔禮記(예기)〕〈聘義(빙의)〉

이는 義(의: 의로움)라는 것이 막연하게나마 원만하거나 타협하지
않는 단호함이지만, 또 타인에게 피해를 입히지는 않는 것이라는 의
미이다. 그렇다면 좀 더 구체적으로 의로움이란 어떤 뜻을 지니고 있
을까?

---

24)　宗(종): 마루(으뜸)로 올리다.

故國有患, 君死社稷, 謂之義. 大夫死宗廟, 謂之變.

따라서 나라에 환난이 있음에, 임금이 사직에 목숨을 거는 것, 그것을 일컬어 의라고 한다. 대부가 종묘에 목숨을 거는 것, 그것을 일컬어 변이라고 한다. 〔禮記(예기)〕〈禮運(예운)〉

이는 "義(의: 의로움)"라는 것이 "옳다고 생각하는 것에 목숨을 걸 수 있는 자세"를 뜻한다. 그렇다면 무엇을 옳다고 여기는 것일까? 이어서 또 다음의 기록을 살펴보자.

何謂人義? 父慈, 子孝, 兄良, 弟弟, 夫義, 婦聽, 長惠, 幼順, 君仁, 臣忠, 十者謂之人義.

무엇을 의라고 일컫는가? 아버지는 자애롭고, 아들은 효도하며, 형은 착하고, 아우는 공경하며, 남편은 합당한 행동을 하고, 아내는 순종하며, 어른은 은혜를 베풀고, 어린이는 따르며, 임금은 진심으로 섬겨서 따르고, 신하는 충후해야 하니, (이) 열 가지를 사람의 의라고 일컫는다. 〔禮記(예기)〕〈禮運(예운)〉

위의 열 가지를 자세히 살펴보면 모두 윗사람과 아랫사람이 마땅히 해야 할 도리에 대해서 열거하고 있음을 알 수 있다. 즉 義(의: 의로움)라는 것은 "윗사람과 아랫사람이 각자의 자리에서 마땅히 행해야 할 도리를 옳다고 여기고, 또 목숨을 걸고라도 지키는 것"을 뜻하는 것이다. 그런데 이 중에서 君仁(군인: 임금이 진심으로 섬겨서 따르는 것)을 이해할 때 유의할 점이 있으니, 다음의 기록을 살펴보자.

故君者, 所明也, 非明人者也。君者, 所養也, 非養人者也。君者, 所事也, 非事人者也。故君明人, 則有過; 養人, 則不足; 事人, 則失位。故百姓則君以自治也, 養君以自安也, 事君以自顯也。故禮遠而分定。

따라서 임금은 높여지는 바이지, 남을 높이는 이가 아니다. 임금은 봉양을 받는 바이지, 남을 봉양하는 이가 아니다. 임금은 남에게 섬겨지는 바이지, 남을 섬기는 이가 아니다. 따라서 임금이 남을 높이면, 곧 허물이 있고; 남을 봉양하면, 곧 부족해지며; 남을 섬기면, 곧 지위를 잃게 된다. 따라서 백성들은 임금을 본받음으로써 스스로 바로 잡히고, 임금을 봉양함으로써 스스로 평안히 지내며, 임금을 섬김으로써 스스로 드러나게 되는 것이다. 따라서 예가 심오해지면 신분이 바로잡히는 것이다.　　　　〔禮記(예기)〕〈禮運(예운)〉

다시 말해서, 열 가지 의로움의 덕목 중에서 임금이 진심으로 섬겨서 따르는 대상은 백성들이 아니라, 다름 아닌 자신의 아버지와 선조 임금들이 된다는 점이다. 즉 義(의)란 사실상 "계급상의 序列(서열)을 명확하게 하고 그 서열에서 마땅히 지켜야 할 바를 목숨을 걸고 지키는 것"이다.

> **義(의): "계급상의 서열을 명확하게 하고 그 서열에서 마땅히 지켜야 할 바를 목숨을 걸고 지키는 것"**

이제 다음의 기록을 살펴보면, 그 의미를 보다 명확하게 이해할 수 있을 것이다.

資於事父以事君而敬, 同。貴貴尊尊, 義之大者也。故爲君亦斬衰三
年, 以義制者也。

아버지를 섬기는 것에 바탕을 둠으로써 임금을 섬겨서 공경하는 것
은, 같이하는 것이다(아버지를 섬기는 것과 임금을 섬기는 것은 같은 것이
다). 높은 지위를 공경하고 높은 사람을 우러르는 것은, 의로움의
심오함이다. 그러므로 임금을 위해서도 역시 삼 년상을 치러야 하
는 친족과 동일하게 삼 년상을 하는 것이니, (임금의 삼 년상은 바로)
의로움으로 제정한 것이다.

〔禮記(예기)〕〈喪服四制(상복사제)〉

이처럼 공자는 上下(상하)의 서열을 명확하게 바로잡는 것이 무
엇보다 중요하다고 생각했는데, 이와 관련하여 다음의 기록을 살펴
보자.

大夫强而君殺之, 義也。由三桓始也。

대부가 강하면 임금이 그를 죽이는 것이, 의로움이다. (이는 노나라
의) 삼환으로 말미암아 시작되었다.

〔禮記(예기)〕〈郊特牲(교특생)〉

따라서 공자는 魯(노)나라 桓公(환공)의 후손인 三桓(삼환) 즉 孟
孫(맹손)과 叔孫(숙손) 그리고 系孫(계손) 이 세 卿(경)들이 임금보다
더 큰 권력을 행사하는 것을 못마땅하게 생각했다. 이와 더불어, 공
자는 또한 일관되게 利(리: 이익)와 義(의: 의로움)의 관계에 대해서도
언급하고 있다.

見利而讓, 義也。
이익을 보고도 사양하는 것이, 의로움이다.

〔禮記(예기)〕〈樂記(악기)〉

　여기서 공자가 왜 "見得思義(견득사의)" 즉 이익을 보면 항상 의로움을 생각하라고 강조하는지 알 수 있으니, 지금 얻으려고 하는 이익이 과연 자신이 처한 서열에서 마땅한 것인지를 먼저 판단해야한다는 뜻이다. 그렇다면 위의 "이익을 보고도 사양하는 것이, 의로움이다"라는 말은 구체적으로 어떤 의미를 함축하고 있을까?

　致義, 則上下不悖逆矣。致讓, 以去爭也。
　의로움에 이르면, 곧 상하가 패역(도리에 어긋나 불순해짐)해지지 않는다. 사양함에 이름으로써, 다툼을 없애는 것이다.

〔禮記(예기)〕〈祭義(제의)〉

　즉 양보함으로써 다툼이 없어지면, 이에 상하의 도리를 바로잡는 義(의: 의로움)가 확고해진다는 뜻인 것이다. 이와 관련하여, 또 다음 기록들을 살펴보자.

　詩云: "旣醉以酒, 旣飽以德。" 以此示民, 民猶爭利而忘義。
　〔詩經(시경)〕〈大雅(대아) · 旣醉(기취)〉편에서 "이미 술에 취하고, 이미 덕에 배불렀네"라고 했다. 이로써 백성들을 교도했지만, 백성들은 오히려 이익을 다투어 의로움을 잊었다.

〔禮記(예기)〕〈坊記(방기)〉

詩云: "采葑采菲, 無以下體。德音莫違, 及爾同死。" 以此坊民, 民猶
忘義而爭利以亡其身。

〔詩經(시경)〕〈邶風(패풍)·谷風(곡풍)〉에서 "배추를 따고 순무를 따는
데, 아랫부분은 하지 마라(밑동은 캐지 마라). 도리에 맞는 말은 어겨
서는 안 되니, 그대와 함께 더불어 죽으리"라고 했다. 이로서 백성
들을 막았지만, 백성들은 오히려 의로움을 잊고 이익을 다툼으로써
그 자신을 잃었다.   〔禮記(예기)〕〈坊記(방기)〉

　공자는 이처럼 역사적 교훈을 통해서 사사로운 이익을 탐하면 의
로움을 잃는다는 사실을 알았기 때문에, 利(이: 이익)를 보면 먼저 義
(의: 의로움)를 생각해야 한다고 강조하고 있다. 다시 말해서, 이익을
보게 되면 그것이 義(의: 계급상의 서열을 명확하게 하고 그 서열에서 마땅히
지켜야 할 바를 목숨을 걸고 지키는 자세)에 어긋나는 것인지를 먼저 살펴야
한다는 뜻인 것이다.
　*이제 상술한 내용들을 바탕으로 義(의)와 禮(예)의 관계에 대해
서 살펴보기로 하자.

義理, 禮之文也。無本不立, 無文不行。
의로움의 이치(의리: 사람이 행해야 옳은 것)는 예로써 채색하는 것이
다. 근본이 없으면 확고하게 설 수 없고, 채색함이 없으면 행할 수
없다.   〔禮記(예기)〕〈禮器(예기)〉

　즉 義(의: 계급상의 서열을 명확하게 하고 그 서열에서 마땅히 지켜야 할 바를
목숨을 걸고 지키는 자세)라는 것은 근본이지만, 禮(예: 조화로움을 위한 절
제와 통제)로 근본인 義(의)를 아름답게 修飾(수식)함으로써 실천할 수

있는 것이다. 이제 이러한 논리로 유자의 말을 다시 정리해보면, "義(의: 계급상의 서열을 명확하게 하고 그 서열에서 마땅히 지켜야 할 바를 목숨을 걸고 지키는 자세)를 바탕으로 함으로써 말한 대로 이행할 수 있는 신뢰를 이루게 되고, 禮(예: 조화로움을 위한 절제와 통제)를 바탕으로 함으로써 지나치게 아부한다는 평판을 받는 부끄러움이나 부족하다는 비판을 받는 욕됨을 피하여 윗사람에게 공손할 수 있다"는 뜻이 된다. 이를 통해서 유자의 말은 공자와 일치하고 있음을 알 수 있으니, 禮(예)로 아름답게 수식하고 절제하는 義(의)의 실천을 통해서 궁극적으로는 上下(상하)의 질서체계를 바로잡아야 한다는 것이다.

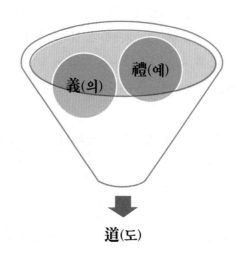

*이제 상술한 내용을 종합하여, 仁(인)과 義(의) 그리고 禮(예)의 관계에 대해서 논해보기로 하자.

仁者, 義之本也, 順之體也。
어질음이라는 것은, 의로움의 근본이며 순응함의 격식이다.

〔禮記(예기)〕〈禮運(예운)〉

厚於仁者, 薄於義, 親而不尊; 厚於義者, 薄於仁, 尊而不親。

어질음을 두터이 하는 이는, 의로움에 박하므로, (백성들이) 가까이 하지만 공경하지는 않는다. 의로움을 두터이 하는 이는, 어질음에 박하므로, (백성들이) 공경하지만 가까이하지는 않는다."

〔禮記(예기)〕〈表記(표기)〉

仁(인: 어질음)은 부드러움이기 때문에, 백성들이 가까이 하지만 공경하지는 않는다. 반면에 義(의: 의로움)는 엄격하고 강함이기 때문에 백성들이 공경하지만, 가까이하지는 않는 것이다. 따라서 공자는 이를 통해서 부드러움과 엄격함의 和(화: 조화)가 필요하다고 말하고 있으니, 부드러움의 仁(인: 군주를 진심으로 섬기고 따름)이 엄격함의 義 (의: 계급상의 서열을 명확하게 하고 그 서열에서 마땅히 지켜야 할 바를 목숨을 걸고 지키는 자세)의 근본이고 나아가 윗사람에게 순응하는 틀이 되지만, 부드러움의 仁(인)과 엄격함의 義(의)는 어디까지나 따로 존재해서는 안 되고 반드시 함께 해야 만이 조화를 이루게 되는 것이다.

하지만 仁(인)과 義(의)만으로는 부족하다.

道德仁義, 非禮不成。

도와 덕 그리고 어질음과 의로움은, 예가 아니면 완성시킬 수 없다.

〔禮記(예기)〕〈曲禮上(곡례상)〉

故君子欲觀仁義之道, 禮其本也。

따라서 군자가 어질음과 의로움의 도를 살피는 데는, 예가 그 근본인 것이다.

〔禮記(예기)〕〈禮器(예기)〉

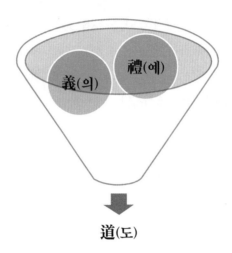

공자는 이처럼 仁(인)과 義(의)라는 것은 禮(예)로서 지나치지도 부족하지는 않은 절제와 통제를 해야만이 비로소 구현될 수 있다고 강조하고 있다. 즉 공자에게 있어 仁(인)과 義(의)는 道(도)에 있어서 구체적인 내용이 되는 반면 禮(예)는 이들을 수식하는 형식인 것이다.

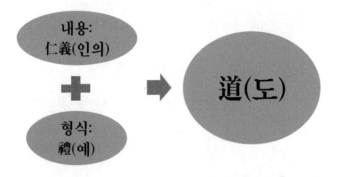

아울러 이를 통해서 공자가 말하는 禮(예)는 사람 간의 예의나 예절을 가리키는 것뿐만 아니라, 나아가 정치과 직결된 "국가 禮樂制度

(예악제도)에 있어서의 예" 즉 오늘날의 儀典(의전)이나 儀式(의식) 혹
은 典禮(전례)까지도 지칭하는 것임을 알 수 있다. 이처럼 공자는 내
용과 형식을 모두 중시하고 있음을 엿볼 수 있는데, 이러한 조화로움
은 3-8에서도 다시 한 번 확인할 수 있으니 참고하기로 한다.

1-14: 子曰: "君子, 食無求飽, 居無求安, 敏於事
而愼於言。就²⁵⁾有²⁶⁾道²⁷⁾而正²⁸⁾焉, 可謂好學
也已。"
子曰: "君子, □無求□, □無求□, □於□而
□於□。就有道而正焉, 可謂好學也已。"

【대구법】
공자가 이르시기를: "군자는, 먹음에 배부르기를 구하지 않고,
거처함에 편안하기를 구하지 않으며, 나라의 큰일에 힘쓰면서
말과 명령을 삼간다. 나아가 도를 가까이하여 다스리면, (도를)
배우기 좋아한다고 할 수 있다."

*공자는 먼저 배부름과 편안하게 거처함을 쫓지 않고 나라의 큰
일에 힘쓰면서 말과 명령을 함부로 하지 않아야 한다고 했는데, 여
기서 나라의 큰일에 힘쓴다는 말은 바로 벼슬을 하여 정치에 관여한

---

25) 就(취): 나아가다.
26) 有(유): 친하게 지내다, 가까이 하다.
27) 道(도): 도리, 이치, 방법.
28) 正(정): 바로잡다, 다스리다.

다는 의미이다. 그리고 그보다 한 걸음 더 나아간 경지가 道(도)를 가까이하여 다스리는 것이니, 이는 1-6의 "젊은이는, 들면, 곧 효도하고; 나가서는, 곧 공손할 것이다. 삼가여 성실할 것이고, 널리 대중을 사랑하되 어질음을 가까이 할 것이다. 행하고도 남은 힘이 있으면, 곧 文(문: 통치에 필요한 모든 법도)을 배울 것이다"는 표현과 같은 뜻이다. 따라서 이미 1-1에서 언급한대로, "文(문)"과 "道(도)"는 사실상 일맥상통하다고 볼 수 있다. 또한 이렇게 道(도)를 가까이하여 다스리면 배우기 좋아한다고 할 수 있다고 했으니, 바로 여기서 "學(학)"의 대상이 "文(문)"과 "道(도)"임을 알 수 있고, 이러한 "文(문)"과 "道(도)"는 "다스림" 즉 "정치"와 긴밀한 연계를 맺게 되는 것이다. 더군다나 道(도)의 사전적 의미가 도리(이치, 방법)이고, 1-6에서 文(문)의 사전적 의미가 바로 法道(법도) 즉 "마땅히 지켜야 할 도리"라고 설명한 바 있으니, "文(문)"과 "道(도)"의 의미는 "다스림 즉 정치에 있어서 마땅히 지켜야 할 도리"인 것이다. 다시 말해서 "文(문)"과 "道(도)"는 오늘날의 "통치이념"으로 해석된다는 말이다. 이제 이와 관련하여 다음의 기록들을 살펴보면, 공자가 말하고자 한 道(도)가 무엇을 함축하는지 알 수 있을 것이다.

> 禹爲人敏給克勤; 其笥不違, 其仁可親。其言可信; 聲爲律, 身爲度。
> 稱以出; 亹亹穆穆, 爲綱爲紀。(생략) 禹傷先人父鯀功之不成受誅,
> 乃勞身焦思, 居外十三年, 過家門不敢入。薄衣食, 致孝於鬼神。卑宮
> 室, 致費於溝淢。(생략) 食少, 調有餘相給, 以均諸侯。
> 우는 사람됨이 민첩하고도 부지런했으니; 싹(바탕)은 어긋남이 없
> 고, 인자함은 가까이할 수 있었다. 말은 믿을 수 있었으니; 말하면
> 규율이 되고, 행하면 법도가 되었다. (명확하게) 헤아려 드러내었으

니 : 부지런하고도 온화하여, 기강이 되었다. (생략) 우는 돌아가신 아버지 곤이 공을 이루지 못해 형벌을 당한 것이 마음 아팠기에, 이에 몸을 수고롭게 하고 애태우며, 밖에서 지낸 지 13년 동안, 집 문을 지나도 감히 들어가지 않았다. 입고 먹는 것을 소홀히 하고, 귀신을 극진히 섬겼다. 거처를 누추하게 하고, 수로에 비용을 다 썼다. (생략) 식량이 적으면, 남음이 있는 곳에서 옮겨 서로 공급하여, 그럼으로써 제후들을 고르게 하였다.

〔史記(사기)〕〈夏本紀(하본기)〉

帝曰 : "來, 禹! 降水儆予, 成允成功, 惟汝賢。克勤于邦, 克儉于家, 不自滿假, 惟汝賢。汝惟不矜, 天下莫與汝爭能。汝惟不伐, 天下莫與汝爭功。予懋乃德, 嘉乃丕績, 天之歷數在汝躬, 汝終陟元后。人心惟危, 道心惟微, 惟精惟一, 允執厥中。無稽之言勿聽, 弗詢之謀勿庸。可愛非君? 可畏非民? 衆非元后, 何戴? 后非衆, 罔與守邦。欽哉! 愼乃有位, 敬修其可願, 四海困窮, 天祿永終。惟口出好興戎, 朕言不再。"

(순)임금이 말했다 : "오시오, 우여! 물이 내려(홍수가 발생하여) 나를 주의시켰는데, 믿음을 이루고 공을 이루었으니, 그대의 어질음 때문이오. 나라에 능히 부지런하고, 집안에 능히 검소하며, 스스로 만족하여 위대한 체하지 않으니, 그대의 어질음 때문이오. 그대는 자랑하지 않기에, 세상은 그대와 기량을 다툴 수 없고, 그대가 드러내지 않기에, 세상은 그대와 공을 겨룰 수가 없소. 나는 그대의 덕을 독려하고, 그대의 큰 공을 기리니, 하늘의 헤아림이 그대 몸에 있어서, 그대가 결국에는 임금에 오를 것이오. 사람의 마음은 위태롭고, 도의 마음은 희미하니, 정성스럽고도 한결같이, 그 중을 진실로

잡아야 하오. 상의하지 않은 말은 듣지 말고, 상의하지 않은 계책은 쓰지 마시오. 사랑할 만한 것이 임금이 아니겠소? 두려워할 만한 것이 백성이 아니겠소? 백성들은 임금이 아니면 누구를 받들겠소? 임금은 백성이 아니면, 더불어 나라를 지킬 사람이 없소. 공경하시오! 삼가면 이에 자리가 있게 되고, 공경하여 베풀면 바랄 수 있으니, 온 나라가 곤궁해지면, 하늘이 준 복록도 영영 끝나게 되오. 입에서 나는 것(말)은 곧잘 전쟁을 일으키니, 나는 다시 말하지 않겠소."

〔尙書(상서) 〈大禹謨(대우모)〉

　　따라서 여기서 다시 한 번 확인할 수 있듯이, 공자가 말하는 道(도)는 바로 上古(상고)의 太平聖代(태평성대)를 구가한 聖賢(성현)들이 삼가여 부단히 실천한 통치이념인 것이다.

1-15: 子貢曰:"貧而無諂[29], 富而無驕, 何如?"子
曰:"可也. 未若貧而樂, 富而好禮者也."子
貢曰:"詩云:'如切如磋, 如琢如磨.'其斯之
謂與?"子曰:"賜也, 始可與言詩已矣。告諸
往而知來者。"

子貢曰:"□而無□, □而無□, 何如?"子曰:
"可也. 未若□而□, □而□□者也."子貢
曰:"詩云:'如切如磋, 如琢如磨.'其斯之謂
與?"子曰:"賜也, 始可與言詩已矣。告諸往
而知來者。"

【대구법, 인용법】

자공이 말하기를: "가난하지만 아첨함이 없고, 부유하지만
교만함이 없으면, 어떻습니까?" 공자가 이르시기를: "괜찮다.
(하지만) 가난해도 즐기고, 부유하지만 예를 좋아하는 이만
못하다." 자공이 말하기를: "[시경]에 이르기를: '끊고 쓰는 듯,
쪼고 가는 듯하다'고 했습니다. 그것이 이것(스승의 말씀)을 일컫는
것입니까?" 공자가 이르시기를: "사야, 비로소 함께 [시경]을
말할 수 있겠구나. 이미 지나간 것을 말하니, 다가올 것을
아는구나."

*이와 관련하여, 먼저 다음의 기록을 살펴보자.

---

29) 諂(첨): 아첨하다. 아부하다.

子云: "小人, 貧斯約, 富斯驕。約斯盜, 驕斯亂。"
공자가 이르시기를: "소인은, 가난하면 이에 오그라들고, 부유하면
이에 교만해진다. 오그라들면 이에 도둑질하고, 교만하면 이에 무
도해진다." 〔禮記(예기)〕〈坊記(방기)〉

즉 자공은 가난해도 위축되거나 아첨하지 않고 부유해도 교만하
지 않으면, 소인이 아닌 군자라고 할 수 있는지를 물은 것이다. 이
에 공자는 그것도 나쁘지는 않지만, 가난해도 道(도)를 배우기를 즐
기고 부유해도 禮(예)를 따르기를 좋아하는 군자에는 이르지 못한다
고 대답했다. 그러자 깨달음을 얻은 자공이 〔시경〕의 한 구절을 연상
하여 말하게 되고, 이에 공자는 자공의 연상능력에 감탄하여 그를 칭
찬한 것이다. 여기서 공자가 강조하고 있는 두 가지를 엿볼 수 있는
데, 하나는 바로 6-9의 "현명하구나, 안회여. 대나무 그릇의 밥, 표주
박의 물, 누추하고 좁은 마을에 기거함, 사람들은 그 고통을 견디지
못한다. 안회는 그(도를 배우는) 즐거움을 고치지 않으니, 현명하구나,
안회여"에서 말하는 安貧樂道(안빈낙도)의 자세를 말하고, 또 하나는
2-11의 "옛것을 익히고 새것을 알면, 스승이 될 수 있다"에서 말하는
溫故知新(온고지신)의 자세를 말하는 것이다. 이 온고지신의 자세는
좀 더 구체적으로 표현하면 바로 "연상능력 또는 상상능력을 통한 새
로운 지식으로의 확대"라고 할 수 있는데, 이와 관련하여서 좀 더 구
체적으로 설명하기로 한다.
위에서 자공이 인용한 것은 〔詩經(시경)〕의 〈衛風(위풍)·淇娛(기
욱)〉에 나오는 詩句(시구)인데, 먼저 인용한 시구가 포함된 이 작품의
첫 章(장)을 감상해보자.

瞻彼淇娛, 綠竹猗猗。

有匪君子, 如切如磋, 如琢如磨。

瑟兮僴兮, 赫兮咺兮。

有匪君子, 終不可諼兮。

저 기수(淇水)의 물굽이를 바라보니, 푸른 대나무가 무성하네.

아름다운 광채가 나는 군자여, (옥돌을) 끊고 (줄로) 쓰는 듯, (끌로)

쪼고 가는 듯하다.

엄숙하고 당당하니, (그의 덕이) 빛나고도 뛰어나네.

아름다운 광채가 나는 군자여, 끝내 잊지 못하네.

　　〔毛詩傳(모시전)〕[30]에 의하면, 이 작품의 주제는 "美武公之德也.
(무공의 덕을 찬양한 것이다)"로, 衛(위)나라 사람들이 위(衛) 무공(武公)의
덕을 칭송하기 위해서 지은 작품이다. 〔國語(국어)〕의 〈楚語上(초어상)〉
과 〔史記(사기)〕의 〈衛康叔世家(위강숙세가)〉 그리고 〔左傳(좌전)〕〈襄
公(양공) 29년〉에 따르면, 무공은 周(주)나라 平王(평왕)의 卿(경)이었
는데, 주나라를 도와서 백성들을 화합시키고 편안하게 한 인물로 묘
사되고 있다. 심지어 95세 때에도 주변의 사람들에게 무릇 신하는 조
정에서 항상 공경하는 마음으로 나랏일을 해야 하므로, 바른 말로 자
신을 훈계해주기를 바란다고 부탁할 정도였다고 하니, 그의 인물됨
이 어떠했는지는 짐작하고도 남음이 있다. 이러한 나랏일에 임하는
자세는 1-5의 "제후의 나라를 다스린다는 것은, 공경하여 섬김으로써
성실함을 보이고, 아껴서 씀으로써 사람을 사랑하며, 백성을 부림에
때를 맞추는 것이다"라는 내용과 연계해서 이해할 수도 있을 것이다.

---

30)　漢(한)나라 毛亨(모형)이 집필했다고 전해지는 〔詩經(시경)〕 최초의 해설서.

이제 이 작품의 주제와 자공이 인용한 詩句(시구) 그리고 공자와 자공의 대화를 통한 상황을 연계해보면, 완벽하게 맞아떨어지고 있는 것은 아님을 알 수 있다. 하지만 "가난해도 道(도)를 배우기를 즐기고 부유해도 禮(예)를 따르기를 좋아하는 것이다"라는 공자의 말에, 자공은 "아름다운 광채가 나는 군자여, (옥돌을) 끊고 (줄로) 쓰는 듯, (끌로) 쪼고 가는 듯하다"라는 시구를 떠올려 삼가여 부단히 노력하는 모습을 연상했으니, 이 둘 사이에는 분명히 일맥상통하는 점이 있다고 말할 수 있을 것이다. 바로 이것이 위에서 언급한 "연상능력 또는 상상능력을 통한 새로운 지식으로의 확대"가 되는데, 공자는 이러한 학습에 있어서의 聯想(연상)과 想像(상상)을 통한 응용을 대단히 중시하고 있다. 이러한 점은 2-2, 3-8, 11-5, 13-5와 17-9 등등에서도 계속 보이고 있으니, 참고하기로 한다.

1-16: 子曰: "不患人之不己知, 患不知人也。"

공자가 이르시기를: "다른 이가 자기를 알아주지 않는다고 걱정하지 않고, 다른 이를 알아주지 못함을 걱정하는 것이다."

*이는 1-1의 "사람들이 알아주지 않아도, 원망하거나 성내지 않으면, 또한 군자가 아니겠는가?", 4-14의 "지위가 없음을 걱정하지 않고, 확고히 할 수 있는 바를 걱정하는 것이다. 자기를 알아주지 않음을 걱정하지 않고, 드러낼 수 있도록 행함을 구하는 것이다", 14-24의 "옛날의 배우는 이는 자신을 위하였는데, 지금의 배우는 이는 남을

위하는구나", 14-31의 "남이 자기를 알지 못한다고 근심하는 것이 아니라, 재능이 있지 못함을 근심한다" 및 15-19의 "군자는, 무능함을 걱정하지, 남이 자기를 알아주지 않는 것을 걱정하지 않는다"는 말들과 같은 맥락에서 이해할 수 있다. 즉 삼가여 부단히 자신의 허물을 고치도록 노력하는 본연의 취지가 남에게 잘 보이기 위한 것이 아니라, 바로 자신의 내적성찰과 수양을 위한 것이고 나아가 백성들과 나라를 위한 것임에 있다는 것이다. 이와 관련하여 다음의 기록을 살펴보자.

一饋十起, 以勞天下之民.
(우임금은) 한 번 식사를 할 때 열 번을 일어나니, 그럼으로써 세상의 백성을 위해 애썼다.　　〔十八史略(십팔사략)〕〈夏王朝篇(하왕조편)〉

우임금은 식사를 하다가도 나랏일을 논하고자 찾아오는 손님이 있으면, 열 번이고 일어나 손님을 극진히 맞이했다. 이는 周公(주공)의 握髮吐哺(악발토포: 머리를 감을 때 손님이 방문하면 젖은 머리를 움켜쥐고 나가 맞이했고, 식사를 하다가도 손님이 찾아오면 입안의 음식을 뱉고 나가서 맞이함)와도 일치하는 聖賢(성현)들의 정치에 임하는 자세를 뜻하는데, 즉 지도자가 人才(인재)를 발굴하는데 모든 힘을 쏟았다는 의미를 함축하고 있다. 周知(주지)하다시피, 아무리 훌륭한 지도자라도 혼자서는 뛰어난 정치를 할 수 없다. 따라서 무엇보다 지도자의 뜻을 이해하고 부단히 실천할 수 있는 인재가 절실하다. 이처럼 공자는 참된 지도자란 남에게 잘 보이기 위해서 힘쓰지 않고 오로지 자신의 허물을 고치는데 힘쓰며, 훌륭한 인재를 찾아내는데 모든 수고를 아끼지 않는다고 강조하고 있는 것이다. 이는 13-2와도 깊은 관련을 맺고 있으니, 참고하기로 한다.

第2章: 爲政(위정)

2-1: 子曰: "爲政以德, 譬如, 北辰¹⁾居其所而衆星共之。"

【직유법】

공자가 이르시기를: "정치를 행함에 덕으로 하는 것은, 비유하자면, 마치 북두성이 그 곳에 자리를 잡아서 여러 별들이 함께하는 것과도 같다."

*이와 관련하여, 먼저 다음의 기록을 살펴보기로 하자.

貴有德何爲也? 爲其近於道也。

덕이 있음을 숭상하는 것은 어찌된 것인가? 그것(덕)이 도에 가깝기 때문이다.　　　　　　　　　　　　　〔禮記(예기)〕〈祭義(제의)〉

故大德者必受命。

따라서 큰 덕을 지닌 이는 반드시 명을 받는다.

〔禮記(예기)〕〈中庸(중용)〉

故曰: 苟不至德, 至道不凝焉。

따라서 말하기를: 진실로 덕에 이르지 못하면, 도가 머물지 않는다.

〔禮記(예기)〕〈中庸(중용)〉

---

1) 北辰(북신): 북극성, 북두칠성. 가장 밝은 별로, 자리가 변치 않아서 사람들의 길잡이가 된다.

이처럼 공자는 道(도)와 德(덕)의 관계를 명확히 하고 있으니, 즉 德(덕)을 통해서 궁극적으로 道(도)에 이르는 것이라고 규정하고 있다. 이를 좀 더 구체적으로 표현한다면, 德(덕)은 道(도) 바로 다음의 하위개념인 것이다. 그렇다면 왜 공자는 德(덕)과 정치를 연계하여 설명하는 것일까? 이제 다음의 기록을 보면, 쉬이 이해할 수 있을 것이다.

自太甲, 歷沃丁, 太庚, 小甲, 雍己, 至太戊, 亳有祥桑穀共生于朝, 一日暮大拱, 伊陟曰, 妖不勝德, 君其脩德, 太戊修先王之政, 二日而 祥桑枯死, 殷道復興, 號稱中宗.

태갑으로부터 옥정 태경 소갑 옹기를 거쳐, 태무에 이르러, 박에 요 망한 뽕나무와 곡식(또는 닥나무)이 함께 아침에 나서 하루가 지나 저 물녘에 크게 한 아름만 해지니 이척(이윤의 아들)이 말하기를, "요망 함은 덕을 이기지 못하니 임금님께서는 그 덕을 닦으소서" 하였다. 태무가 선왕(선대의 어진 임금)의 정치를 닦으니 이틀 만에 요망한 뽕 나무가 말라죽고 은나라의 왕도가 다시 일어나니 이를 불러 중종이 라 일컬었다.　　　　　　　　〔十八史略(십팔사략)〕〈殷王朝篇(은왕조편)〉

즉 德(덕)을 닦는다는 것은, 막연하게나마 태평성대를 이끌었던 선왕들의 정치를 배워서 실천하는 것임을 알 수 있다. 따라서 위의 말은 德(덕)으로 다스리는 德治(덕치)를 행하면 수많은 사람이 몰려와 그를 지지하고 따른다는 뜻이 되니, 1-1의 "무리들이 있어서 먼 곳으 로부터 찾아오면, 또한 즐겁지 아니한가?"라는 표현과 상통하는 것 이다. 이처럼 德(덕)이라는 것은 정치의 구체적인 방법이니, 이제 그 구체적인 항목에 대해서 살펴보기로 하자.

皐陶曰: "都! 亦行有九德。亦言, 其人有德, 乃言曰, 載采采。" 禹曰:
"何?" 皐陶曰: "寬而栗, 柔而立, 愿而恭, 亂而敬, 擾而毅, 直而溫,
簡而廉, 剛而塞, 彊而義。彰厥有常, 吉哉! 日宣三德, 夙夜浚明, 有
家。日嚴祇敬六德, 亮采, 有邦。翕受敷施, 九德咸事, 俊乂在官, 百
僚師師。百工惟時, 撫于五辰, 庶績其凝。"

고요가 말했다: "아! 행함에는 또한 구덕(아홉 가지 덕)이 있습니다.
그 사람에게 덕이 있으면, 이에 가리고 가려 행했다고 말합니다."
우가 말했다: "어떤 것입니까?" 고요가 말했다: "관대하면서도 엄격
하고, 온유하면서도 확고히 서며, 정중하면서도 함께하고, 다스리
면서도 공경하며, 길들이면서도 강인하고, 정직하면서도 부드러우
며, 질박하면서도 청렴하고, 강직하면서도 정성스러우며, 굳세면서
도 의로운 것이니, 항상 그러함을 밝히면, 길합니다. 날마다 세 가
지 덕을 널리 펴고, 아침저녁으로 삼가 밝히면 가문을 소유할 수 있
습니다. 날마다 여섯 가지 덕을 엄격하게 떨치고 공경하며, 명확하
게 분간하면, 나라를 소유할 수 있습니다. 합해 거두어 널리 베풀어
서, 아홉 가지 덕을 모두 섬기면, 뛰어난 인재가 관직에 있게 되어,
모든 관료가 기준으로 삼고 따를 것입니다. 모든 관료가 때에 맞춰,
오진(오행)을 따르면, 모든 공적이 이루어질 것입니다."

〔尙書(상서)〕〈皐陶謨(고요모)〉

상술한 내용들을 정리해보면, "九德(구덕: 아홉 가지 덕)"은 1. 寬而
栗(관대하면서도 엄격함), 2. 柔而立(온유하면서도 확고히 섬), 3. 願而共(정중
하면서도 함께 함), 4. 治而敬(다스리면서도 공경함), 5. 擾而毅(길들이면서도
강인함), 6. 直而溫(정직하면서도 부드러움), 7. 簡而廉(질박하면서도 청렴함),
8. 剛而實(강직하면서도 정성스러움), 9. 强而義(굳세면서도 의로움)를 말하
는 것이다. 이 중에서 "三德(삼덕: 세 가지 덕)"을 행하면 가문을 소유할

수 있으니 바로 "齊家(제가)"를 뜻하고, "六德(육덕: 여섯 가지 덕)"을 행하면 나라를 소유할 수 있으니 "治國(치국)"을 의미하며, 이 모두를 합친 "九德(구덕: 아홉 가지 덕)"을 섬기면 모든 관료가 엄숙하고 삼가니 "平天下(평천하)"를 가리킨다.[2] 그런데 이 아홉 가지 덕목들을 자세히 살펴보면, 모두 强(강: 강함)과 弱(약: 부드러움)의 조화라는 공통점을 발견할 수 있을 것이다. 따라서 德(덕)이란 바로 "聖人(성인)들이 행한 강함과 부드러움의 통치법을 조화롭게 실천하려는 節操(절조: 절개와 지조)"인 것이다.

> 德(덕): "聖人(성인)들이 행한 강함과 부드러움의 통치법
> 을 조화롭게 실천하려는 節操(절조: 절개와 지조)"

그렇다면 이 "구덕"중에서 "삼덕"과 "육덕"은 어떻게 구별해야 할까? 이어서 다음의 기록들을 살펴보자.

三德, 一曰正直, 二曰剛克, 三曰柔克, 平康正直, 彊弗友剛克, 燮友柔克, 沈潛剛克, 高明柔克。
삼덕(세 가지 덕)이라 함은, 첫 번째는 정직함을 말하는 것이요, 두 번째는 강직함으로 다스림을 말하는 것이요, 세 번째는 유함으로 다스림을 말하는 것이니, 평화롭고 안락하면 정직함으로 하고, 굳어서 따르지 않으면 강직함으로 다스리며, 화해하여 따르면 유함으로 다스리고, 성성이 가라앉아 겉으로 드러나지 않으면 상식함으로 다스리며, 식견이 높으면 유함으로 다스리는 것입니다.

〔尙書(상서)〕〈周書(주서)〉

---

2) 이 부분은 〔노자의 재구성〕 54장 54-6의 해설(401~402쪽)을 인용하기로 한다.

즉 "삼덕"은 "正直(정직: 올바름)"과 "剛克(강극: 강직함으로 다스림)" 그리고 "柔克(유극: 유함으로 다스림)"을 말하는 것이니, 이는 위의 "구덕" 중에서 2. 柔而立(온유하면서도 확고히 섬), 6. 直而溫(정직하면서도 부드러움), 8. 剛而實(강직하면서도 정성스러움)에 해당하고, 나머지는 바로 "육덕"이 됨을 알 수 있다. 이제 이를 도식화하면 다음과 같다.

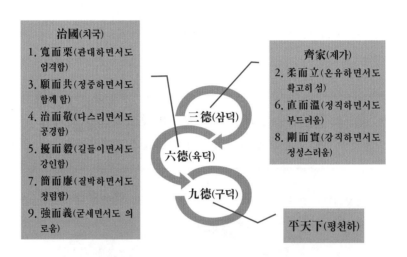

治國(치국)
1. 寬而栗(관대하면서도 엄격함)
3. 願而共(정중하면서도 함께 함)
4. 治而敬(다스리면서도 공경함)
5. 擾而毅(길들이면서도 강인함)
7. 簡而廉(질박하면서도 청렴함)
9. 强而義(굳세면서도 의로움)

三德(삼덕)
六德(육덕)
九德(구덕)

齊家(제가)
2. 柔而立(온유하면서도 확고히 섬)
6. 直而溫(정직하면서도 부드러움)
8. 剛而實(강직하면서도 정성스러움)

平天下(평천하)

그렇다면 이러한 "삼덕"과 "육덕" 그리고 "구덕"은 도대체 언제부터 있었던 개념일까? 다음의 기록을 살펴보자.

收九牧之金, 鑄九鼎, 三足象三德。
(우 임금이) 구주(전 중국)의 쇠를 거두어, 아홉 개의 솥을 주조하니, 세 발은 삼덕을 상징하였다.

〔十八史略(십팔사략)〕〈夏王朝篇(하왕조편)〉

상술한 기록을 살펴보면 "삼덕"은 禹(우)임금 때 존재했음을 알 수 있는데, 그보다 위에서 언급했던 고요의 말을 자세히 살펴보면 舜(순)

임금 때에 이미 "구덕"의 개념이 확립되어 있음을 엿볼 수 있으니, 이러한 "삼덕, 육덕, 구덕"은 공자를 떠나서 이미 상고시대부터 존재했었던 것이다.

2-2: 子曰: "詩三百, 一言以蔽之。" 曰: "思無邪。"

【인용법】
공자가 이르시기를: "[시경] 삼백 편, 한 마디로 그것([시경])을 개괄하고자 한다." (그러고는) 이르시기를: "(지도자의 올바른 통치이념을) 그리워함에 사악함이 없다는 것이다."

*여기서 공자는 〔詩經(시경)〕 305편을 "思無邪(사무사)" 한 마디로 개괄하고 있는데, 이는 〔詩經(시경)〕 〈魯頌(노송)·駉(경)〉의 한 구절이다. 〔毛詩傳(모시전)〕에서는 이 작품의 주제를 "頌僖公也。(희공을 칭송한 것이다.)"라고 하였는데, 魯(노)나라 僖公(희공)은 莊公(장공)의 아들로 노나라를 다시 부강한 나라로 만들었고, 후에 季文子(계문자)가 그의 덕을 칭송하기 위해 이 작품을 만든 것으로 알려져 있다. 〔左傳(좌전)〕 〈僖公(희공)〉에 따르면, 희공은 周(주) 武王(무왕)의 동생 周公(주공)의 아들인 伯禽(백금)이 노나라 땅에 처음 봉해져서 제정한 예악제도를 잘 따라서 노나라를 부강하게 만들었기 때문에, 이에 계문자가 그를 찬양하기 위해서 이 작품을 지었다고 한다. 이제 공자가 인용한 詩句(시구)가 포함된 이 작품의 마지막 章(장)을 감상해보자.

駉駉牡馬, 在坰之野。

薄言駉者, 有驈有皇, 有驒有駱, 以車祛祛。

思無邪, 思馬斯徂。

늠름하고 튼실한 수컷 말이, 국경 근처의 들에 있네.

늠름하고 튼실한 수컷 말들에는, 흰털이 섞인 거무스름한 말, 붉고 흰 빛의 털이 섞여 있는 말, 정강이가 흰 말, 두 눈이 흰 말이 있으니, 그럼으로써 수레(전차)가 (달리는 모습) 씩씩하네.

(백금의 통치이념을) 그리워함에 사악함이 없으니, 말들은 이렇듯 나아감만을 생각하네.

〔史記(사기)〕〈魯周公世家(노주공세가)〉에 따르면, 백금이 魯公(노공)으로 봉해져 노나라 땅에 간 후 3년이 지나서야 돌아와 보고를 했다. 이에 그의 아버지인 주공이 왜 보고가 늦었는지를 묻자, 백금은 노나라의 세속과 예를 고치는데 3년이 걸렸다고 대답했다.

이러한 내용을 기초로, 이 작품의 주제와 공자가 인용한 詩句(시구)를 연계해보면, 하나는 선왕들의 통치이념을 또 하나는 백금의 통치이념을 가리키기 때문에, 완벽하게 맞아떨어지고 있는 것은 아님을 알 수 있다. 하지만 공자는 이 둘의 공통점인 삼가여 부단히 노력하는 지도자의 통치이념을 연상했으니, 이 둘 사이에는 분명히 일맥상통하는 점이 있다고 볼 수 있는데, 바로 이것이 1-15에서 이미 강조한 바 있는 "연상능력 또는 상상능력을 통한 새로운 지식으로의 확대"인 것이다. 아울러 이러한 삼가여 부단히 노력하는 지도자의 자세에 대해서는, 11-5에서 설명한 내용을 참고할 수 있다.

2-3: 子曰: "道³⁾之以政⁴⁾, 齊⁵⁾之以刑, 民免而無恥。
道之以德, 齊之以禮, 有恥且⁶⁾格⁷⁾。"
子曰: "□之以□, □之以□, 民免而無恥。□
之以□, □之以□, 有恥且格。"

【대구법】

공자가 이르시기를: "그들을 다스림에 구실로 하고, 그들을
다스림에 형벌로 하면, 백성이 피하려고만 들지 부끄럼은
없어진다. 그들을 다스림에 덕으로 하고, 그들을 다스림에 예로
하면, (백성들은) 부끄럼이 있고 또한 (그들의 마음을) 바로잡게 된다."

　*이에 대해서는, 먼저 〔左傳(좌전)〕〈昭公(소공) 29년〉의 기록을 살
펴볼 필요가 있다. 晉(진)나라 趙鞅(조앙)과 荀寅(순인)이 范宣子(범선
자)가 지은 刑法(형법)을 큰 솥에 새겼다. 그러자 공자는 "진나라가 법
도를 잃었으니, 곧 망할 것이다. 천자에게서 받은 법도로 백성들을
다스려야 하는 것이 도리인데, 이제 그 법도를 버리고 형벌로 다스
리려하면, 백성들이 오로지 그 형벌에만 마음을 둘 것이니, 어찌 윗
사람을 공경하고 자신의 본업을 지키겠는가? 범선자의 형법은 당시
나라의 혼란스러움을 제압하는 임시방편이었을 따름이다"라고 비판
했다.

───────────

3) 道(도): 이끌다, 다스리다.
4) 政(정): 구실, 租稅(조세)와 負役(부역) 및 勞役(노역).
5) 齊(제): 다스리다.
6) 且(차): 또, 또한.
7) 格(격): 바로잡다, 감동시키다.

이처럼 공자는 백성들을 형벌로 다스리는 것에 대해서 반대의 입장을 표명하고 있는데, 실제로 晉(진)나라는 공자의 예언대로 결국 망해서 戰國時代(전국시대)에 韓(한)나라와 魏(위)나라 그리고 趙(조)나라로 분할된다.[8] 이와 관련하여, 또 다음의 기록을 살펴보기로 하자.

是故君子之行禮也, 不可不愼也。衆之紀也, 紀散而衆亂。
이 때문에 군자의 예를 행함은, 삼가지 않을 수 없다. (예는) 여러 사람의 규율이니, 규율이 흩어지면 여러 사람이 무도해진다.

〔禮記(예기)〕〈禮器(예기)〉

즉 禮(예: 조화로움을 위한 절제와 통제)라는 것이 德(덕)과 함께 백성들을 이끄는 뼈대가 된다고 판단했기 때문에, 공자는 이러한 예와 덕을 나라를 다스리는 통치도리로 여겼던 것이다. 그렇다면 공자는 통치에 있어서 왜 그토록 禮(예: 조화로움을 위한 절제와 통제)를 강조하고 있는 것일까? 이제 여기서 이 문제에 대해 좀 더 구체적으로 살펴보자.

昔者仲尼與于蠟賓。事畢, 出遊于觀之上, 喟然而歎。仲尼之歎, 蓋歎魯也。言偃在側, 曰:"君子何歎?"孔子曰:"大道之行也, 與三代之英丘未之逮也, 而有志焉。大道之行也, 天下爲公。選賢與能, 講信修睦。故人不獨親其親, 不獨子其子。使老有所終, 壯有所用, 幼有所

8) 전국시대는 七雄(칠웅) 즉 7개의 나라가 割據(할거)한 국면을 일컫는데, 秦(진) 楚(초) 齊(제) 燕(연) 韓(한) 魏(위) 趙(조)나라가 그것이다. 이 중 韓(한)과 魏(위) 그리고 趙(조)나라는 晉(진)나라에서 분할된 나라이기 때문에, 三晉(삼진)이라고도 일컫는다. 그리고 이러한 群雄割據(군웅할거)의 국면을 끝내고 최초의 통일국가를 이룩한 나라는, 다름 아닌 始皇帝(시황제)의 秦(진)나라이다.

長, 矜寡孤獨廢疾者皆有所養。男人分, 女有歸。貨, 惡其棄于地也, 不必藏于己; 力, 惡其不出于身也, 不必爲己。是故謀閉而不興, 盜竊亂賊而不作。故外戶而不閉。是謂大同。

今大道旣隱, 天下爲家。各親其親, 各子其子。貨, 力爲己。大人世及以爲禮, 城郭溝池以爲固, 禮義以爲紀; 以正君臣, 以篤父子, 以睦兄弟, 以和夫婦, 以設制度, 以立田裏, 以賢勇智, 以功爲己。故謀用是作, 而兵由此起。禹, 湯, 文, 武, 成王, 周公由此其選也。此六君子者, 未有不謹于禮者也。以著其義, 以考其信, 著有過, 刑仁講讓, 示民有常。如有不由此者, 在執(勢)者去, 衆以爲殃。是謂小康。"

예전에 공자가 납빈(신들의 가호에 보답하기 위해 올리던 제사)에 참여했다. 일이 끝나고, 누각에 올라 둘러보고는, 길게 탄식을 하였다. 공자가 탄식한 것은, 아마도 노나라를 한탄한 것이리라. 언언이 곁에 있다가, 말했다: "군자(스승)께서는 어찌하여 탄식하십니까?" 공자가 말했다: "큰 도가 실행될 때와, 삼대(夏, 商, 周)의 훌륭한 인물들이 정치를 하던 때는, 내가 이를 수 없었으나, 기록이 남아있다. 큰 도가 실행되던 때는, 세상이 公天下(공천하)였다. 어질고 재능 있는 이들을 선발하고, 신용을 중시하며 화목함을 갖췄다. 그러므로 사람들은 자신의 어버이만이 어버이가 아니었고, 자신의 자식만이 자식이 아니었다. 노인들로 하여금 귀속되는 바가 있게 하였고, 장년은 쓰임이 있었으며, 어린이들은 키워짐이 있었고, 늙어 부인이 없는 이, 늙어 남편이 없는 아낙, 부모 없는 아이, 자식이 없는 노인, 장애인들이 모두 부양받는 바가 있었다. 사내에게는 직분이 있었고, 아낙은 媤家(시가)가 있었다. 재물은, 땅에 버려지는 것을 싫어하였지만(지니고 싶어 하였지만), 반드시 자기가 소유하지는 않았고; 힘은, 자기 몸에서 나오지 않음을 싫어하였지만(자신이 직접 쓰려 하였지만), 반드시 자신을 위해서 쓰지는 않았다. 이 때문에 계략이 막혀 일어나지 못하고, 도적이나 반란이 발생하지 않았다. 그러므로 밖의 대문을 잠그지 않았다. 이를 대동이라고 일컫는다.

오늘날에는 큰 도가 사라졌으니, 세상이 家天下(가천하)가 되었다. 각각 자신의 어버이만이 어버이가 되고, 자신의 자식만이 자식이 되었다. 재물과 힘은 자신을 위해 썼다. 대인(천자와 제후)은 세습을 예의로 삼았고, 성곽을 쌓고 그 주변에 못을 파서 (적들이 침입하지 못하도록) 공고히 하였으며, 예의로 기강을 삼았으니; 그럼으로써 군신관계를 바로 하고, 그럼으로써 부자관계를 돈독히 하였으며, 그럼으로써 형제간에 화목하게 하고, 그럼으로써 부부 사이를 조화롭게 하였으며, 그럼으로써 제도를 설치하고, 그럼으로써 밭을 구획하였으며, 그럼으로써 용감하고 지혜로운 자를 존중하고, 공적을 자기의 것으로 여겼다. 그러므로 권모술수가 이때부터 흥기하고, 전쟁이 이때부터 발생하였다. 우, 탕, 문왕, 무왕, 성왕, 주공은 이것(예의)으로 그것(시비)을 선별했다. 이 여섯 군자들은, 예의에 삼가지 않는 이가 없었다. 그럼으로써 그 의로움을 분명히 하고, 그럼으로써 그 신의를 깊이 헤아렸으며, 허물을 드러내고, 형벌과 어질음을 꾀하고 꾸짖어, 백성들에게 항상 그러함을 보여주었다. 만약 이에 말미암지 못하는(이에 따르지 않는) 이가 있다면, 집정자(권세가 있는 사람)일지라도 물리쳐, 대중들이 재앙으로 삼았다. 이를 일컬어 소강이라고 한다." 〔禮記(예기)〕〈禮運(예운)〉

三皇五帝(삼황오제)가 다스리던 大同(대동)사회와 이후의 小康(소강)사회를 불문하고, 上古(상고)의 태평성대를 구가한 성현들은 모두

德(덕)으로 나라를 다스렸다. 하지만 세상이 家天下(가천하)의 小康(소강)사회가 되면서부터 세습을 예의로 삼고 자신을 위해서만 재물과 힘을 쓰자, 권모술수가 흥기하고 전쟁이 발생하였다. 이에 우, 탕, 문왕, 무왕, 성왕, 주공 여섯 군자들은 기존의 대동사회를 이끈 통치자들의 이념에 禮(예: 조화로움을 위한 절제와 통제)를 더 강화하여 시비를 선별함으로써 백성들에게 항상 그러함을 보여주었으니, 나라가 다시 평화를 찾게 되었다. 바로 여기서 공자가 추구하는 모습을 찾을 수 있으니, 그는 大同(대동)사회가 아닌 禮(예)로 절제하고 통제하는 小康(소강)사회로의 복귀를 외치고 있는 것이다. 이와 관련하여 다음의 기록을 다시 한 번 살펴보기로 하자.

道德仁義, 非禮不成。
도와 덕 그리고 어질음과 의로움은, 예가 아니면 완성시킬 수 없다.
〔禮記(예기)〕〈曲禮上(곡례상)〉

공자는 仁(인: 군주를 진심으로 섬기고 따름)과 義(의: 계급상의 서열을 명확하게 하고 그 서열에서 마땅히 지켜야 할 바를 목숨을 걸고 지키는 자세) 심지어는 道德(도덕)에까지도 禮(예: 조화로움을 위한 절제와 통제)라는 존재의 중요성을 부각시키고 있는데, 이를 통해서도 공자가 말하는 道(태평성대의 통치이념)는 대동이 아닌 바로 "소강사회의 통치이념"임을 명확하게 알 수 있다.

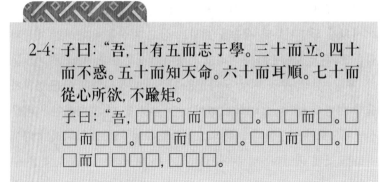

2-4: 子曰:"吾, 十有五而志于學。三十而立。四十
而不惑。五十而知天命。六十而耳順。七十而
從心所欲, 不踰矩。
子曰:"吾, □□□而□□□。□□而□。□
□而□□。□□而□□□。□□而□□。□
□而□□□□, □□□。

【대구법, 열거법】
공자가 이르시기를: "나는, 열다섯 살에 (성인의 도를) 배움에
뜻을 두었다. 서른 살에 확고히 설 수 있게 되었다. 마흔 살에는
미혹되지 않게 되었다. 쉰 살에는 천명을 알게 되었다. 예순에는
귀가 순응하게 되었다. 일흔에는 마음이 바라는 바를 따르지만,
법도를 넘지 않았다."

*〔左傳(좌전)〕〈昭公(소공) 7년〉과〔史記(사기)〕〈孔子世家(공자세가)〉
에 따르면, 孟僖子(맹희자)가 병이 들었을 때 공자를 達人(달인)이라고
칭찬하며, 그의 아들 孟懿子(맹의자) 즉 仲孫何忌(중손하기)와 南宮敬叔
(남궁경숙)으로 하여금 공자의 제자가 되라고 유언했다. 이에 이 둘은
공자의 제자가 되었는데, 이때가 공자 나이 17세였다. 따라서 공자는
그 이전에 이미 道(도: 태평성대를 이끌었던 성현들의 통치이념)에 뜻을 두고
배웠던 것이다.

*〔史記(사기)〕〈孔子世家(공자세가)〉에 따르면, 공자는 南宮敬叔(남
궁경숙)과 함께 周(주)나라에 가서 老子(노자)를 만나 큰 깨달음을 얻
었고, 주나라에서 노나라로 돌아오니 제자들이 더욱 늘어났다고 한
다. 만약 이 기록이 사실이라면, 맹희자가 죽고 나서 3년의 부친상을

지낸 후에야 남궁경숙이 공자와 같이 갈 수 있었으므로, 최소한 공자 나이 20세 이후의 일일 것이다. 하지만 공자가 과연 노자를 만나서 禮(예)를 배웠는가? 라는 점에 대해서는 회의적인 의견들이 다분히 있는데, 〔禮記(예기)〕〈曾子問(증자문)〉에서 공자는 8차례에 걸쳐서 老聃(노담)이라는 이름을 언급하고 있다. 이제 이와 관련하여 다음의 기록을 잠시 살펴보면, 공자가 말하는 노담이 바로 노자를 지칭하는 것임을 알 수 있을 것이다.

老子者, 楚苦縣厲鄕曲仁里人也, 姓李氏, 名耳, 字聃, 周守藏室之史也. 孔子適周, 將問禮于老子. 老子曰: "子所言者, 其人與骨皆已朽矣, 獨其言在耳. 且君子得其時則駕, 不得其時則蓬累而行. 吾聞之, 良賈深藏若虛, 君子盛德, 容貌若愚. 去子之驕氣與多欲, 態色與淫志, 是皆無益于子之身. 吾所以告子, 若是而已." 孔子去, 謂弟子曰: "鳥, 吾知其能飛; 魚, 吾知其能遊; 獸, 吾知其能走. 走者可以爲罔, 遊者可以爲綸, 飛者可以爲矰. 至于龍吾不能知, 其乘風雲而上天. 吾今日見老子, 其猶龍邪!" 老子修道德, 其學以自隱無名爲務. 居周久之, 見周之衰, 乃遂去. 至關, 關令尹喜曰: "子將隱矣, 强爲我著書." 于是老子乃著書上下篇, 言道德之意五千餘言而去, 莫知其所終.

노자라는 사람은, 초나라 고현의 여향 곡인리 사람으로, 성은 이씨이고, 이름은 이, 자는 담이었으며, 주나라의 書庫(서고)를 지키는 사관이었다. 공자가 주나라에 가서, 장차 노자에게 예에 대하여 묻고자 하였다. 노자가 말했다: "그대가 말하는 바는, 그 육신과 뼈가 모두 이미 썩었고, 오직 그 말만이 있을 따름이오. 게다가 군자는 때를 만나면 마차를 타지만, 때를 만나지 못하면 떠도는 것이오. 내가 들으니, 훌륭한 장사꾼은 깊숙이 숨겨 마치 비어있는 듯 하고, 군자가 덕이 가득차면 용모가 우매한 것처럼 보인다고 하오. 그대의 교기(교만함)와 다욕(탐욕), 태색(드러나는 표정)과 음지(도리를 어지럽힘)를 버리시오. 이는 모두 그대의 몸에 무익하오. 내가 그대에게 말해줄 것은 이와 같을 따름이오." 공자가 떠나, 제자들에게 말했다: "새는, 내가 날 수 있음을 알고, 물고기는, 내가 헤엄칠 수 있음을 알며; 짐승은, 내가 달릴 수 있음을 안다. 달리는 것은 그물로 잡을 수 있고, 헤엄치는 것은 낚시로 잡을 수 있으며, 나는 것은 활을 쏘아 잡을 수 있다. 용에 대해서는 내가 알 수 없으니, 바람과 구름을 타고 하늘에 오른다. 내가 오늘 노자를 보았는데, 마치 용과도 같구나!" 노자는 도와 덕을 닦았는데, 배움에 있어 스스로 숨기고 드러내지 않음에 힘썼다. 오랫동안 주나라에 있었지만, 주나라가 쇠해지는 것을 보고는, 이에 마침내 떠났다. 관(함곡관)에 이르러, 관지기 윤희가 말했다: "선생께서 장차 은둔하려 하시니, 어렵지만 저를 위해 저서를 해주십시오." 그래서 노자는 이에 상, 하편을 저술했고, 도덕의 뜻 오천여 자를 말해주고는 떠났으니, 그 끝(노자가 후에 어떻게 되었는지)을 알 수 없었다.

〔史記(사기)〕〈老子韓非列傳(노자한비열전)〉

좀 더 구체적으로 말해서, 증자가 공자에게 禮(예)에 대해서 묻자 공자는 老聃(노담)에게 들은 내용들을 인용하면서 설명하고 있다. 따라서 공자는 실제로 노자를 만나 禮(예)를 배웠음을 알 수 있는데, 특히 노자가 공자를 丘(구)라고 호칭한데서 공자가 당시에 아직 벼슬을 하지 않은 손아래 사람이었음을 짐작할 수 있다.

*〔史記(사기)〕〈孔子世家(공자세가)〉에 따르면, 노나라 昭公(소공) 20년에 齊(제)나라 景公(경공)이 晏嬰(안영) 즉 晏子(안자)와 함께 노나

라에 와서 공자에게 秦(진)나라 穆公(목공)의 治世(치세)에 대해 물었다고 했는데, 이때는 공자 나이 30세가 되던 해였다. 따라서 공자가 말하는 "立(입)"은 그간 배운 道(도)의 개념을 확고히 하게 되었다는 의미를 지니는 것이다.

 *12-21에서 공자는 "하루아침의 노여움으로, 자신을 잊고 그럼으로써 어버이에게 미치게 하는 것이 현혹됨이 아니겠는가?"라고 말하고 있다. 따라서 "不惑(불혹)"이란 단순히 "현혹되다, 미혹되다"라는 의미가 아니라, "노여움으로 인해서 자신의 통제력을 잃고, 나아가 어버이에게 미치게 하지 않는 평정심"으로 해석해야 한다. 참고로 9-28과 14-29에 나오는 "不惑(불혹)" 역시 모두 이와 같은 의미로 이해할 수 있다.

 *五十而知天命(오십이지천명)에서 "天命(천명)"은 어떤 의미를 지니고 있을까? 다음의 기록을 살펴보면, 쉬이 이해할 수 있을 것이다.

 天命之謂性, 率性之謂道, 修道之謂敎。道也者, 不可須臾離也, 可離, 非道也。
 하늘이 명한 것을 성이라 하고, 성을 따르는 것을 도(道)라하며, 도를 닦는 것을 교라고 한다. 도라는 것은, 잠시도 떠날 수 없는 것이니, 떠날 수 있다면, 도가 아니다.　　　　〔禮記(예기)〕〈中庸(중용)〉

 이 말은 즉 天命(천명)과 天性(천성)은 같은 것이고, 이러한 천성을 따르는 것이 道(도)라는 뜻이다. 그렇다면 천성이란 과연 무슨 뜻일까? 사전적인 의미는 "하늘이 부여한 타고난 성품이나 성질"이니, 이는 곧 "自然(자연)" 즉 문자 그대로의 의미인 "스스로 그러한 성질"이 된다. 따라서 天命(천명)은 스스로 그러한 성질을 따르라는 것이니, 바로 "順理(순리)"인 것이다.

天命(천명): "順理(순리)"

그런데 〔左傳(좌전)〕〈襄公(양공) 29년〉에서 裨諶(비심)은 "선한 것이 선하지 못한 것을 대신하는 것이 천명입니다"라고 했고, 〔좌전〕〈昭公(소공) 1년〉과 〔國語(국어)〕〈晉語(진어)〉에서 醫和(의화)는 "어진 신하가 죽으면, 천명이 보우하지 않을 것입니다"라고 말한 바 있으니, 順理(순리)라는 것이 "선한 것과 옳은 것을 지키는 것"을 뜻함을 알 수 있다.

順理(순리): "선한 것과 옳은 것을 지키는 것"

이제 이를 종합해 보면, 결국 공자는 50세에 사람의 삶이란 선한 것과 옳은 것을 지켜야 하는 것임을 깨닫게 되었다고 말하고 있는데, 이를 지도자의 입장에서 해석해보면 백성들이란 억압하는 것이 아닌 그들의 천성에 따라 순리대로 다스려야 하는 존재라는 것을 깨닫게 되었다고 풀이할 수 있을 것이다. 실제로 공자는 56세에 노나라 대부가 되어 백성들을 다스리자, 양과 돼지를 파는 사람들이 값을 속이지 않았고, 남녀가 길을 갈 때 떨어져 갔으며, 길에 물건이 떨어져도 주워가지 않았다고 한다. 또한 사방의 손님 중에서 읍에 방문하는 자도 담당 관리를 찾아올 필요가 없었을 정도였다고 하니, 순리라는 것이 과연 어떠한 통치를 뜻하는 것인지는 미루어 짐작할 수 있을 것이다.

또한 이러한 맥락에서 보면 노자와 공자는 道(도)에 대해서 일치된 관점을 보이고 있는데, 여기서 2-1에서 제시했던 기록을 다시 한 번 살펴볼 필요가 있다.

貴有德何爲也? 爲其近於道也。

덕이 있음을 숭상하는 것은 어찌된 것인가? 그것(덕)이 도에 가깝기
때문이다.　　　　　　　　　　　　　　　〔禮記(예기)〕〈祭義(제의)〉

이처럼 공자는 德(덕)을 베풀어 정치를 함으로써 道(도)에 이르는
것이라고 말한다. 그리고 道(도)라는 것은 순리에 따르는 것이라고
했으니, 이 역시 노자의 관점과 일치하고 있는 것이다. 하지만 이제
또 다음의 기록을 살펴보면, 노자와 공자의 차이점을 어느 정도 이해
할 수 있을 것이다.

三德, 一曰正直, 二曰剛克, 三曰柔克, 平康正直, 彊弗友剛克, 燮友
柔克, 沈潛剛克, 高明柔克。

삼덕(세 가지 덕)이라 함은, 첫 번째는 정직함을 말하는 것이요, 두
번째는 강직함으로 다스림을 말하는 것이요, 세 번째는 유함으로
다스림을 말하는 것이니, 평화롭고 안락하면 정직함으로 하고, 굳
어서 따르지 않으면 강직함으로 다스리며, 화해하여 따르면 유함으
로 다스리고, 성정이 가라앉아 겉으로 드러나지 않으면 강직함으로
다스리며, 식견이 높으면 유함으로 다스리는 것입니다.

　　　　　　　　　　　　　　　　　　　〔尙書(상서)〕〈周書(주서)〉

즉 노자와 달리 공자에게 있어서의 德(덕)은 세상의 형편에 따라
서 정직함과 강직함 그리고 유함을 적절히 選用(선용)해야 하는 것이
된다. 이와 관련하여서는, 역시 추후 노자와 공자의 비교에서 구체적
으로 다루기로 한다.

*50세에 이미 이 정도의 경지에 도달했으니, 공자는 60세에는 어

떤 말을 들어도 즉각 반응하여 기뻐하거나 화내지 않고 순응하는 온화하고도 양순한 심성을 유지할 수 있었던 것이다. 더 나아가 70세에는 자신이 원하는 바를 그대로 좇았으나, 결코 개인의 사사로운 탐욕이 없었기 때문에, 세상의 법도에 어긋남이 없게 된 것이다.

2-5: 孟懿子問孝。子曰: "無違。" 樊遲御[9], 子告之曰: "孟孫問孝於我。我對曰: '無違。'" 樊遲曰: "何謂也?" 子曰: "生事之以禮, 死葬之以禮, 祭之以禮。"

孟懿子問孝。子曰: "無違。" 樊遲御, 子告之曰: "孟孫問孝於我。我對曰: '無違。'" 樊遲曰: "何謂也?" 子曰: "□□之以禮, □□之以禮, □之以禮。"

【문답법, 대구법, 열거법】

맹의자가 효에 대해서 물었다. 공자가 이르시기를: "어김이 없는 것입니다." (후에) 번지가 (공자의 수레를) 몰고 있는데, 공자가 그에게 일러 말씀하시기를: "맹손이 나에게 효에 대해 물었다. 나는: "어김이 없는 것입니다"고 대답했다. 번지가 묻기를: "무엇을 말하는 것입니까?" 공자가 이르시기를: "살아계실 때 (부모님) 섬기기를 예로 하고, 돌아가셔서 장례를 치를 때 예로 하며, 제사 지낼 때 예로 하는 것이다."

---

9) 御(어): (수레나 말을) 몰다.

*번지는 樊須(번수)이다. 〔史記(사기)〕의 〈仲尼弟子列傳(중니제자열전)〉에 따르면, 그는 공자보다 36세 어렸다고 한다.

*이 말뜻과 관련하여 다음의 기록을 살펴보면, 공자의 가치관이 일관되고 있음을 알 수 있다.

夫孝者, 善繼人之志, 善述人之事者也。
무릇 효도는, 어른의 뜻을 잘 잇고, 어른의 사업을 잘 계승하는 것이다.　　　　　　　　　　　　　　　〔禮記(예기)〕〈中庸(중용)〉

그런데, 공자는 맹의자에게 이 말을 하는 것이 그리도 어려웠을까? 왜 굳이 다른 제자인 번지에게 이 말을 구체적으로 설명하고 있을까? 또 2-4에서 설명했다시피 맹의자는 공자의 제자인데, 공자는 왜 제자인 맹의자에게 존댓말을 쓰고 있는 것일까? 이제 이와 관련된 일련의 문제점들에 대해서 하나씩 차근차근히 풀어보도록 하자.

*2-4에서 이미 언급했듯이 〔左傳(좌전)〕 〈昭公(소공) 7년〉과 〔史記(사기)〕 〈孔子世家(공자세가)〉에 따르면, 孟僖子(맹희자)가 병이 들었을 때 공자를 達人(달인)이라고 칭찬하며, 그의 아들 孟懿子(맹의자) 즉 仲孫何忌(중손하기)와 南宮敬叔(남궁경숙)으로 하여금 공자의 제자가 되라고 유언했다. 그 말을 들은 공자는 허물을 고칠 수 있는 사람은 군자라고 그를 칭찬하며 맹희자의 두 아들을 제자로 맞이하니, 위의 맹의자와 공자의 대화는 필경 제자와 스승사이의 대화이다. 하지만 맹의자는 맹희자의 아들로서 아버지를 이어서 노나라 卿(경)이 되는데, 여기서 宗法制度(종법제도)에 대해서 설명하고 넘어가기로 하자.

종법제도란 혈연적 유대 관계를 이용하여 종족 관계를 발전시킨 것으로, 周公(주공) 때 최종적으로 확립되고 시행되었다. 이는 嫡長

子(적장자: 본처의 장남) 계승 제도라고도 할 수 있는데, 즉 天子(천자)의 적장자는 다시 천자가 되고 그 나머지 아들들은 諸侯(제후)인 것이다. 이 제후는 公(공) 또는 王(왕)이 되어 分封(분봉)된 나라를 통치하는데, 역시 그의 적장자는 아버지의 자리를 계승하고 그 나머지 아들들은 卿(경)이 된다. 마찬가지로 이 卿(경)의 적장자는 卿(경)이 되고, 그 나머지 아들들은 大夫(대부)가 된다. 大夫(대부)의 적장자는 大夫(대부)가 되고, 그 나머지는 士(사)가 된다. 그리고 士(사)의 적장자는 士(사)가 되고, 그 나머지는 民(민)이다.[10] 따라서 맹의자는 공자의 제자이지만서도 서열상으로는 그의 윗사람이었기 때문에, 필자는 상하의 서열체계를 중시한 공자의 대답을 존댓말로 번역했음을 일러둔다.

　*[左傳(좌전)] 〈昭公(소공) 11년〉에 따르면, 泉丘(천구)에 사는 사람에게 딸이 하나 있었는데, 하루는 이 딸이 맹씨의 사당에 장막을 치는 꿈을 꾸자, 친구와 함께 맹희자를 찾아갔다. 그때 그 친구가 천구에 사는 사람 딸에게 우리가 맹씨 아들을 낳으면 서로 돕고 버리지 말자고 맹세한다. 이 두 여인은 맹희자의 첩 蓮氏(원씨)의 부엌에서 일을 하는데, 맹희자가 업무상 祿祥(침상)이라는 곳에 갔다가 돌아와 원씨 집에서 묵게 되고, 후에 천구에서 온 그 딸은 맹의자와 남궁경숙을 낳게 된다. 하지만 그 딸을 쫓아온 친구에게는 결국 아들이 없어서 경숙을 기르게 하였다고 한다.

　여기서 왜 굳이 남궁경숙을 친구에게 맡겨서 키우게 했을까? 라는 의문점이 생길 수 있는데, [通志(통지)] 〈氏族略(씨족략)〉[11]에 의하면

---

10) 예를 한 가지 들자면, [三國志演義(삼국지연의)]의 주인공인 劉備(유비)의 신분은 民(민)이었지만 후에 그가 蜀(촉)나라의 군주가 될 수 있었던 것은, 바로 漢(한)나라의 황제인 劉氏(유씨)의 후손이었기 때문에 易姓革命(역성혁명: 성씨가 다른 사람이 반란을 일으키는 것)으로 간주되지 않았기 때문이다.
11) 宋(송)나라 鄭樵(정초)가 편찬한 史書(사서).

형제의 항렬은 伯(백: 적장자) 孟(맹: 서장자) 仲(중: 차남) 叔(숙: 삼남) 季(계: 사남)의 순서가 된다. 즉 이미 위에서 맹의자는 바로 仲孫何忌(중손하기)라고 한 바 있고, 그 동생이 南宮敬叔(남궁경숙)이니, 서열상 仲(중)보다 아래인 叔(숙: 남궁경숙)을 친구에게 맡겨서 키우게 한 것이다. 이와 관련하여 1-13에서 공자는 魯(노)나라 桓公(환공)의 후손인 三桓(삼환) 즉 孟孫(맹손)과 叔孫(숙손) 그리고 系孫(계손)의 세 卿(경)들이 임금보다 더 큰 권력을 행사하는 것을 못마땅하게 생각했다고 한 바 있는데, 이 맹손씨와 숙손씨 그리고 계손씨는 한 사람이 아닌 가문을 지칭하는 것으로, 이 세 가문의 후손들이 대대로 노나라의 卿(경)을 역임한 것임을 알 수 있다.

　*여기서 맹의자의 질문에, 공자는 왜 바로 설명하지 않고 이처럼 완곡하게 말했을까? 그리고 왜 다시 번지에게 구체적으로 설명한 것일까? 라는 의문점을 풀어보기로 하자.

　〔左傳(좌전)〕〈昭公(소공) 25년〉과 〔史記(사기)〕〈孔子世家(공자세가)〉에 의하면, 공자가 35세가 되던 해에 季平子(계평자)가 郈昭伯(후소백)과 닭을 싸우게 하여 임금인 소공에게 죄를 짓게 되었다고 한다. 이에 소공이 군대를 거느리고 계평자를 벌하려하자, 계손씨인 계평자는 맹손씨 그리고 숙손씨와 힘을 합쳐 오히려 소공을 공격했고, 소공은 패하여 齊(제)나라로 달아나게 되는데, 이것은 공자의 관점에서 보았을 때 이른바 신하가 임금을 공격하는 상하서열체계를 무너뜨리는 행위인 것이다. 더군다나 맹손씨는 다름 아닌 맹의자였으니, 결국 공자는 제자인 맹의자를 탐탁하지 않게 생각할 수밖에 없었던 것이다. 다시 말해서, 공자의 관점에서 보면 孝(효)에서 사회적으로 확장시킨 형태가 仁(인) 즉 자신의 군주를 진심으로 섬기고 따르는 것인데, 그러한 일을 저지른 맹의자가 효도에 대해 묻고 있으니, 그 심정

이 어떠했을까? 그렇다고 자신의 윗사람을 직설적으로 비판할 수도 없었을 것이니, 맹의자가 효도가 무엇인지 물었을 때는 간접적으로 암시하고, 번지에게 구체적으로 설명한 것이다. 공자의 이러한 우회적인 태도는 7-30에서도 드러나고 있으니, 참고하기로 한다. 아울러 상술한 내용을 통해서, 본문의 대화는 공자가 35세 되던 해에서 소공이 제나라에서 객사한 42세 사이에 있었던 것으로 추측할 수 있을 것이다.

2-6: 孟武伯問孝。子曰: "父母唯¹²⁾其疾之憂¹³⁾。"

맹무백이 효에 대해서 물었다. 공자가 이르시기를: "부모는 그(자식) 질병의 근심을 생각합니다."

*맹무백은 孟懿子(맹의자)의 아들로서 아버지의 자리를 이어 노나라 卿(경)이 되는데, 그의 이름이 伯(백)이었으므로 맹의자 본처의 적장자임을 알 수 있다. 따라서 공자는 상하의 서열체계를 중시한 인물이었기에, 맹무백에 대한 대답을 존댓말로 번역했음을 일러둔다.
*〔左傳(좌전)〕〈哀公(애공) 24년〉과 〈애공 25년〉에 따르면, 애공은 집정 24년이 되던 해에 신하들의 반대에도 불구하고 첩을 부인으로 맞아들인 걸로 모자라, 심지어는 越(월)나라 태자 適郢(적영)의 딸

---

12) 唯(유): 생각함.
13) 憂(우): 근심, 걱정.

까지도 부인으로 맞이했다. 집정 25년이 되던 해에 애공이 월나라에서 돌아온다는 소식을 듣고, 季康子(계강자)와 맹무백이 五梧(오오)에서 그를 맞이했다. 이때 애공의 수레를 몰던 郭重(곽중)은 저 둘이 임금께서 월나라에 머무는 동안 임금의 나쁜 말을 많이 했다고 전했다. 이윽고 술잔치가 열리자, 맹무백이 먼저 곽중에게 왜 이리 살이 쪘냐며 비아냥거렸고, 이에 계강자는 임금을 모시고 수고한 곽중을 그리 말하는 것은 실례라며, 맹무백에게 벌주를 마시게 하라고 권했다. 이 말을 들은 애공은 곽중이 살찐 이유가 食言(식언) 즉 그대들의 말을 너무 많이 먹어서라며 비꼬게 되고, 이에 술자리가 불편해졌다고 한다. 또 〔左傳(좌전)〕〈哀公(애공) 27년〉에 따르면, 애공이 陵阪(능판)으로 놀러가던 중 맹무백을 만나게 되자, "내가 죽음에 이르겠는가?"라고 물었다. 애공이 세 번을 물었으나, 맹무백은 끝까지 "저로서는 알 길이 없습니다"라고 대답했다고 전한다.

주지하다시피, 공자는 같은 물음에도 제자의 상황에 맞게 다르게 대답하는 소위 맞춤형 교육을 펴고 있다. 이처럼 군주에게 충직하지 못하고 무례한 신하의 모습을 보인 맹부백은 퇴폐적인 생활로 건강도 별로 좋지 않았기에, 공자가 완곡하게 타일러서 말한 것이라는 설이 있는데, 이에 대해서는 별도의 고증이 필요해 보인다.

*〔左傳(좌전)〕〈哀公(애공) 14년〉에 따르면, 맹의자는 애공 14년 즉 공자 나이 71세 때 죽었다. 또 〔史記(사기)〕〈孔子世家(공자세가)〉에 의하면, 공자는 애공 16년 즉 73세에 세상을 떠났다. 따라서 본문의 대화는 공자 나이 70세 전후에 이루어진 것으로 추측된다.

2-7: 子游問孝。子曰: "今之孝者, 是謂能養。至於 犬馬, 皆能有養。不敬何以別乎?"

【설의법, 대유법】

자유가 효에 대해서 물었다. 공자가 이르시기를: "오늘날의 효, 이는 봉양할 수 있음을 일컫는다. 개와 말에 대해서는, 모두가 봉양함이 있을 수 있다. 공경하지 않으면 어찌 (사람과 짐승을) 구별하겠는가?"

*자유는 言偃(언언)이다. 〔史記(사기)〕의 〈仲尼弟子列傳(중니제자열전)〉에 따르면, 그는 공자보다 45세 어렸는데, 공자는 그가 文學(문학)에 뛰어났다고 평가한 바 있다. 여기서 "文學(문학)"은 오늘날과 다른 의미로 쓰였는데, 그 함의가 무엇인지는 11-2와 17-4에서 구체적으로 논하기로 한다.

*본문을 통해서 공자는 당시의 세태를 신랄하게 비판하고 있으니, 즉 공경함이 없이 단순히 부모를 봉양하는 것만으로는 사람과 동물을 구별할 수 없다는 뜻이다. 그렇다면 공자에게 공경함의 취지는 과연 어디에 있을까? 이와 관련하여 다음의 기록을 살펴보자.

> 鸚鵡能言, 不離飛鳥; 猩猩能言, 不離禽獸。今人而無禮, 雖能言, 不亦禽獸之心乎? 夫唯禽獸無禮, 故父子聚麀。是故聖人作, 爲禮以教人, 使人以有禮, 知自別於禽獸。
>
> 앵무새는 말할 수 있지만, 조류를 떠나지 못하고; 성성이(오랑우탄)는 말할 수 있지만, 동물을 떠나지 못한다. 이제 사람에게 예가 없

으면, 비록 말할 수 있어도, 역시 동물의 마음이 아니겠는가? 무릇 동물은 예가 없기 때문에, 따라서 아비와 아들이 암컷을 함께하고 있는 것이다. 이러한 까닭에 성인이 일어나, 예를 만듦으로써 사람을 가르치고, 사람으로 하여금 예가 있도록 함으로써, 스스로가 동물에 다름을 알게 한 것이다. 〔禮記(예기)〕〈曲禮上(곡례상)〉

즉 공자가 말하는 공경함은 다름 아닌 禮(예)를 지칭하는 것으로, 사람이 동물과 다른 이유는 바로 禮(예)의 유무에 달려있다고 강조하는 것이다. 또 이러한 의미는 아래의 2-8과도 긴밀하게 연결되어 있으니, 함께 엮어서 이해할 필요가 있다.

2-8: 子夏問孝。子曰:"色難。有事, 弟子服其勞; 有酒食, 先生饌[14]。曾是以爲孝乎?"
子夏問孝。子曰:"色難。有□, □□□□□; 有□□, □□□。曾是以爲孝乎?"

【대구법, 대유법, 설의법】

자하가 효에 대해서 물었다. 공자가 이르시기를: "(공손하고도 정중히 대하는) 얼굴빛이 어려운 일이다. 일이 있으면, 나이 어린 이가 그 노고를 행하고; 술과 밥이 생기면, 먼저 태어난 어른이 먹는다. 일찍이 이것을 효도라고 했던가?"

---

14) 饌(찬): 먹다.

*자하에 대해서는 이미 1-7에서 개략적으로 설명한 바 있는데, 11-2에서 공자는 그가 자유와 함께 文學(문학)에 뛰어났다고 평가한 바 있다. 이와 관련하여서는, 3-8에서 보다 구체적으로 논하기로 한다.

*이를 2-7의 내용과 연계하여 보면, 예를 갖춰서 공손하고도 정중히 대하는 얼굴빛으로 부모를 대하는 것이 무척이나 어려운 것임을 알 수 있다. 이제 이와 관련하여 다음의 기록을 살펴보면, 공자의 뜻을 보다 명확하게 이해할 수 있을 것이다.

古之人有言曰: "狐死正丘首, 仁也。"
옛사람의 말에 이르기를: "여우가 죽게 되면 언덕(무덤)을 향하여 (몸을) 바로잡는데, 어질음이다."   〔禮記(예기)〕〈檀弓上(단궁상)〉

이는 단순히 섬기고 따르는 仁(인)이라는 것은 일개 미물인 여우도 할 수 있는 것으로, 사람이 동물과 구별되는 이유는 바로 禮(예)를 갖춰서 행하기 때문이라는 2-7과 동일한 맥락으로 이해해야 할 것이다. 다시 말해서, 공자는 여기서도 道(도)의 내용이 되는 仁(인)과 형식이 되는 禮(예)가 조화를 이뤄야 함을 강조하고 있는 것이다.

아울러서 필자는 1-6에서 "仁(인)은 道(도)와 동격이 아니라, 道(도)의 구성요소 중 하나임을 알 수 있다"고 했는데, 여기서도 仁(인)이라는 것이 구체적으로 "진심으로 섬기고 따르다"라는 의미를 지니고 있고, 또 禮(예)와 더불어 道(도)를 구성하는 요소임을 다시 한 번 확인할 수 있을 것이다.

2-9: 子曰: "吾與回言終日, 不違如愚, 退而省其私, 亦足以發。回也, 不愚。"

공자가 이르시기를: "내가 안회와 함께 온종일 말하면, (내 말에) 다르지 않아서 어리석은 듯했으나, 물러나 그 머무는 곳을 살피니, 역시 (내가 한 말을) 이루어 밝히고 있었다. 안회여, 어리석지 않도다."

*顔回(안회)는 字(자)가 子淵(자연)으로, 顔淵(안연)이라고도 칭한다. 〔史記(사기)〕의 〈仲尼弟子列傳(중니제자열전)〉에 따르면 그는 공자보다 30세 어렸다고 하는데, 〔史記(사기)〕〈孔子世家(공자세가)〉의 기록을 통해서 나이를 고증해보면, 그는 아쉽게도 41세의 젊은 나이에 삶을 마감했다. 공자는 안회를 가장 아끼고 사랑했던 것으로 알려져 있다.

*안회는 공자에게서 道(도)를 듣게 되면, 몸소 실천하려고 노력했을 뿐만 아니라 오히려 그것을 즐겼다. 이는 6-9의 "현명하구나, 안회여. 대나무 그릇의 밥, 표주박의 물, 누추하고 좁은 마을에 기거함, 사람들은 그 고통을 견디지 못한다. 안회는, 그(도를 배우는) 즐거움을 고치지 않으니, 현명하구나, 안회여"라는 구절과 연계해보면, 쉬이 이해할 수 있을 것이다. 이제 이와 관련하여 다음의 기록을 살펴보지.

子曰: "皆曰予知, 驅而納諸罟擭陷阱之中, 而莫之知辟也。人皆曰予知, 擇乎中庸而不能期月守也。"

공자가 이르시기를: "모두 자기가 지혜롭다고 말하는데, 몰아서 그물이나 덫이나 함정 가운데에 넣어도, 피할 줄 모른다. 사람들은 모두 자기가 지혜롭다고 말하는데, 중용을 택하고도 한 달을 지키지 못한다."　　　　　　　　　　　　〔禮記(예기)〕〈中庸(중용)〉

즉 공자는 안회가 스스로 똑똑하다고 여기지 않고 오히려 모자라다고 여겨서, 항상 공변된(한쪽으로 치우치지 않고 공정한) 마음과 변하지 않는 자세로 부단히 노력하고 있다고 칭찬한 것이다.

2-10: 子曰: "視其所以, 觀其所由, 察其所安, 人焉廋[15]哉? 人焉廋哉?"
　　　　子曰: "□其所□, □其所□, □其所□, 人焉廋哉? 人焉廋哉?"

【대구법, 열거법, 설의법】
공자가 이르시기를: "그 원인을 보고, 그 행한 바를 바라보며, 그 안존하는(아무런 탈 없이 평안히 지내는) 바를 살피면, 사람이 어찌 숨길 수 있겠는가? 사람이 어찌 숨길 수 있겠는가?"

*이는 어떤 의미를 함축하고 있을까? 먼저 다음의 기록을 다시 한 번 살펴보자.

---

15) 廋(수): 숨기다, 숨다.

天命之謂性, 率性之謂道, 修道之謂教。道也者, 不可須臾離也, 可離, 非道也。是故君子, 戒愼乎其所不睹, 恐懼乎其所不聞。莫見乎隱, 莫顯乎微, 故君子愼其獨也。

하늘이 명한 것을 성이라 하고, 성을 따르는 것을 도(道)라하며, 도를 닦는 것을 교라고 한다. 도라는 것은, 잠시도 떠날 수 없는 것이니, 떠날 수 있다면, 도가 아니다. 이 때문에 군자는, 보이지 않는 바를 조심하고 삼가며, 들리지 않는 바를 두려워한다. 숨기는 것보다 더 드러나는 것이 없고, 미세한 것보다 더 잘 나타나는 것이 없으니, 따라서 군자는 그 홀로 있음을 삼가는 것이다.

〔禮記(예기)〕〈中庸(중용)〉

이처럼 군자는 항상 삼가여 부단히 노력하며, 타인의 시선을 의식하거나 그들에게 잘 보이기 위해서가 아니라, 자신을 위해서 갈고 닦는데 온 힘을 기울인다. 따라서 군자의 이러한 노력은 숨기려고 해도 숨길 수 없으니, 결국 부지불식간에 드러나게 되는 것이다. 이와 관련하여, 또 다음의 기록을 살펴보자.

堯辟位凡二十八年而崩。百姓悲哀, 如喪父母。三年, 四方莫舉樂, 以思堯。

요는 임금 자리를 벗어난 지 무릇 28년 만에 죽었다. 귀족들이 슬퍼했으니, 마치 부모를 잃은 듯하였다. 3년 동안, 사방에서 음악을 행하지 않음으로써, 요를 그리워했다.

〔史記(사기)〕〈五帝本紀(오제본기)〉

요임금은 항상 자신의 허물을 고치는데 힘쓰고, 자신이 정치를 잘 하고 있다고 생각하지 않았으며, 오로지 나라와 백성들을 위해서 온 힘을 기울였기에, 백성들이 결국 그의 공적을 깨닫고 감동하여 그가 죽었을 때 마치 자신의 부모가 돌아가신 것과도 같이 생각하며 슬퍼한 것이 아니겠는가?

2-11: 子曰: "溫故而知新, 可以爲師矣。"

공자가 이르시기를: "옛것을 익히고 새것을 알면, 스승이 될 수 있다."

*여기서 옛것을 익힌다는 것은 바로 옛 성현의 통치이념인 道(도)를 배우며 부단히 내 것으로 만들려고 노력한다는 뜻으로 풀이할 수 있다. 또한 새것을 안다는 것은 이 道(도)를 익히는데서 그치는 것이 아니라, 오늘날의 현상에 접목시키고 나아가 계속해서 새로운 지식으로 파생 및 확장시켜야 한다는 뜻으로 풀이할 수 있는데, 바로 이 점이 공자의 교육철학 중에서 가장 중요한 핵심이 되는 부분으로 다름 아닌 "興(흥)"인 것이다. "興(흥)"의 의미와 관련하여서는, 17-9에서 구체적으로 논하기로 한다.

2-12: 子曰: "君子不器。"

공자가 이르시기를: "군자는 (작은) 그릇으로 쓰지 않는다(한 작은 분야에 치우쳐 전문 기능인이 되지 않는다)."

*그릇은 다른 말로 "도구"라고 풀이할 수 있다. 즉 공자는 군자, 다시 말해서 道(도)를 배우고 부단히 노력하여 실천하는 올바른 지도자란 한 분야에만 치우치는 전문 기능인이 아니라는 뜻이다. 여기서 다음의 기록을 살펴보자.

> 天命之謂性, 率性之謂道, 修道之謂敎。
> 하늘이 명한 것을 성이라 하고, 성을 따르는 것을 도(道)라하며, 도를 닦는 것을 교라고 한다. 〔禮記(예기)〕〈中庸(중용)〉

즉 공자에게 있어서 敎(교: 가르침)의 목적은 바로 道(도: 옛 성현들의 통치이념)를 배우고 익혀서 실천하게 하는데 있다. 따라서 공자가 제자들을 가르친 궁극의 목적은 바로 나라에 쓰임이 있는 정치 인재의 양성에 있는 것이다. 이와 관련하여 9-2의 "내가 어떤 것을 맡을 것인가? 마부를 맡을 것인가? 야라는 벼슬을 맡을 것인가? 굳이 어느 한 분야에서 이름을 이뤄야 한다면 나는 마부를 맡겠다"와 9-6의 "태재가 나를 아는구나! 나는 젊었을 때 비천해서, 고로 많은 비근하고 자차분한 일에 능하였다. 군자가 재능이 많겠는가? 많지 않다!" 그리고 13-4의 "윗사람이 예를 좋아하면, 곧 백성들이 감히 공경하지 않을 수 없고; 윗사람이 의를 좋아하면, 곧 백성들이 감히 불복하지 않을 수 없으며; 윗사람이 신뢰를 좋아하면, 곧 백성들이 감히 진심으로 하지 않을 수가 없다. 무릇 이와 같으면, 곧 주변 나라의 백성들이 자기 자식을 업고 몰려올 것이니, 어찌 <u>스스로</u> 농사를 짓겠는가?"라는 말들을 살펴보면, 공자가 이와 같이 말한 취지를 확연하게 이해할 수 있을 것이다.

2-13: 子貢問君子。子曰: "先行其言, 而後從之。"

자공이 군자에 대해 물었다. 공자가 이르시기를: "먼저 그 말하려는 바를 행하고, 그러한 후에 (말이) 그것(행한 바)을 따르는 것이다."

*이와 관련하여, 먼저 다음의 기록을 살펴보자.

子曰: "言從而行之, 則言不可飾也。行從而言之, 則行不可飾也。故君子寡言而行以成其信, 則民不得大其美而小其惡。"
공자가 이르시기를: "말을 하고 나아가 그것(말한 것)을 행하면, 곧 말한 것은 아름답게 수식될 수 없다. 행하고 나아가 그것(행한 것)을 말하면, 곧 행한 것은 거짓으로 꾸며질 수 없다. 따라서 군자가 말을 적게 하고 행함으로써 그 믿음을 이루면, 곧 백성들은 부득이하게 그 좋은 일을 중히 여기고 그 악한 일을 가볍게 여기게 된다.

〔禮記(예기)〕〈緇衣(치의)〉

이는 다시 말해서, 먼저 말을 하고 그 말한 바를 실천하면 백성들이 그다지 중시하지 않지만, 먼저 행동으로 보이고 그 행한 바를 말하면 백성이 믿고 따르며 나아가 진심으로 섬기게 된다는 뜻이다.

2-14: 子曰: "君子周[16]而不比[17]; 小人比而不周。"
子曰: "君子□而不□; 小人□而不□。"

【대구법(형식), 대조법(내용)】

공자가 이르시기를: "군자는 두루 미쳐서 편들고 가려서 뽑지 않지만; 소인은 편들고 가려서 뽑지 두루 미치지 않는다."

*여기서 "周(주)"는 "성격이 원만하여 모두를 아우르다"라는 뜻으로 그리고 "比(비)"는 周(주)와 상대되는 개념으로 "어느 한쪽으로 치우치다"라는 뜻을 지닌다. 즉 공자는 여기서 中(중: 양 끝단을 잡아서 그 가운데를 짚는 공정함)의 유무로 군자 즉 道(도)를 배우고 부단히 노력하여 실천하는 올바른 지도자와 소인을 구분하고 있는데, 이와 관련하여 다음의 기록들을 살펴보자.

子曰: 舜其大知也與, 舜好問而好察邇言, 隱惡而揚善。執其兩端, 用其中於民, 其斯以爲舜乎。

공자가 말씀하시기를: 순임금은 크게 지혜로우셨으니, 순임금은 묻

---

16) 周(주): 두루 미치다, 둥글게 에워싸다.
17) 比(비): 가려서 뽑다, 편들다.

기를 좋아하시고 천근한 말(깊이가 없는 얕은 말)도 살피기를 좋아하셨으며, 악함은 숨기시고 선함을 드러내셨다. 그 양 극단을 잡아, 백성들에게 그 중간을 쓰셨으니, 이 때문에 순임금이 되셨다.

〔禮記(예기)〕〈中庸(중용)〉

誠者天之道也, 誠之者人之道也。誠者, 不勉而中, 不思而得, 從容中道, 聖人也。誠之者, 擇善而固執之者也。
진실함은 하늘의 도이고, 진실하게 하는 것은 사람의 도이다. 진실한 사람은 힘쓰지 않아도 중하고, 생각하지 않아도 얻게 되어, 차분하게 도에 들어맞는 것이니, 성인이다. 진실하게 한다는 것은, 선을 가리어 굳게 잡는 것이다.

〔禮記(예기)〕〈中庸(중용)〉

帝曰:"(생략) 予懋乃德, 嘉乃丕績, 天之歷數在汝躬, 汝終陟元后。人心惟危, 道心惟微, 惟精惟一, 允執厥中。(생략)。"
(순)임금이 말했다:"(생략) 나는 그대의 덕을 독려하고, 그대의 큰 공을 기리니, 하늘의 헤아림이 그대 몸에 있어서, 그대가 결국에는 임금에 오를 것이오. 사람의 마음은 위태롭고, 도의 마음은 희미하니, 정성스럽고도 한결같이, 그 중을 진실로 잡아야 하오. (생략)."

〔尙書(상서)〕〈大禹謨(대우모)〉

"佑賢輔德, 顯忠遂良, 兼弱攻昧, 取亂侮亡, 推亡固存, 邦乃其昌。德日新, 萬邦惟懷, 志自滿, 九族乃離, 王懋昭大德, 建中于民。(생략)"
어진 이를 돕고 덕이 있는 이를 도우며, 충성스러운 이를 드러내고 어진 이를 이루게 하며, 약한 이는 포용하고 어리석은 이는 책망하며, 어지러운 이를 돕고 망하는 이를 업신여기며, 없애야 할 것을 밀어내고 존재해야 할 것을 튼튼히 하면, 나라가 이에 번창합니다. 덕이 날로 새로워지면, 만방이 그리워하고, 마음이 자만하면, 구족이 이에 떠날 것이니, 임금께서는 힘써 큰 덕을 밝혀, 백성들에게 중을 세워야 합니다. (생략)"   〔尙書(상서)〕〈仲虺之誥(중훼지고)〉

王曰: "君陳, 爾惟弘周公丕訓, 無依勢作威, 無倚法以削。寬而有制, 從容以和。殷民在辟, 予曰辟, 爾惟勿辟, 予曰宥, 爾惟勿宥, 惟厥中。"

임금(성왕)이 말했다: "군진이여, 그대는 주공의 큰 교훈을 넓히고, 권세에 의지하여 위세를 떨치지 말며, 법에 의거하여 모질게 하지 마시오. 너그럽고도 법도가 있고, 침착하고 덤비지 않음으로써 화합하시오. 은나라 백성들이 벗어났을 때(위법을 했을 때), 내가 벌하라고 말해도, 그대는 벌하지 말고, 내가 용서하라고 말해도, 그대는 용서하지 말며, 오직 중을 따르시오."   〔尙書(상서)〕〈君陳(군진)〉

帝嚳漑執中而遍天下, 日月所照, 風雨所至, 莫不從服。
제곡은 이미 중을 잡아 두루 세상에 미쳤으므로, 해와 달이 비치는 곳과, 바람과 비가 이르는 곳이면, 복종하지 않는 것이 없었다.
                                        〔史記(사기)〕〈五帝本紀(오제본기)〉

즉 中(중)이라 함은 1-1에서 인용한 〔禮記(예기)〕〈中庸·序(중용·서)〉 子程子(자정자)의 설명과 같이, "편벽되지 않고 치우치지 않으며 지나치거나 미치지 못함이 없음"이다.

> # 中(중): "편벽되지 않고 치우치지 않으며 지나치거나 미치지 못함이 없음"

　그렇다면 공자는 왜 이처럼 "中(중)"을 강조하고 있는 것일까? 이제 다음의 기록을 살펴보면, 그 이유를 알 수 있을 것이다.

> 無偏無黨, 王道蕩蕩, 無黨無偏, 王道平平, 無反無側, 王道正直, 會其有極, 歸其有極。
> 치우치지 않고 편들지 않으면, 임금의 도는 평탄하고, 편들지 않고 치우치지 않으면, 임금의 도는 평평하며, 어기지 않고 배반하지 않으면, 왕의 도는 정직해지고, 지극함이 있는 이들을 모으면, 지극함이 있음으로 돌아가게 됩니다.　　　〔尙書(상서)〕〈洪範(홍범)〉

　다시 말해서, 공자에게 "中(중)"은 지도자가 지키고 실천해야 하는 통치이념 즉 道(도)의 중요한 구성요소인 것이니, 바로 정치적 색채가 농후한 개념이라고 할 수 있다.
　*공자는 이처럼 종종 "군자"와 "소인"을 비교하는 방법으로 道(도)를 설명하고 있는데, 주지하다시피 "소인"은 사전적으로 "도량이 좁고 간사한 사람"이라는 의미를 지니고 있다. 하지만 또 한편으로는 역시 사전적으로 "무지하고 사회적 신분이 천한 사람"이라는 의미를 지니고도 있으니, 바로 여기서 의문점이 생기게 된다. 이와 관련하여, 먼저 다음의 기록들에 나타난 "小人(소인)"의 의미를 면밀하게 살펴보자.

分寶玉于伯叔之國, 時庸展親, 人不易物, 惟德其物。德盛不狎侮, 狎侮君子, 罔以盡人心, 狎侮小人, 罔以盡其力。不役耳目, 百度惟貞。玩人喪德, 玩物喪志, (생략) 犬馬, 非其土性不畜, 珍禽奇獸, 不育于國。不寶遠物, 則遠人格, 所寶惟賢, 則邇人安。

보옥을 백숙(같은 성씨)의 나라에 나누어줌으로써, 친함을 펴시면, 사람들이 물건을 경시하지 않고, 그 물건을 덕스럽게 생각할 것입니다. 덕이 성하면 업신여기지 않게 되는데, 군자를 업신여기면, 사람의 마음을 다할 수 없게 되고, <u>소인(신분이 낮은 백성)</u>을 업신여기면, 그 힘을 다할 수 없게 됩니다. 귀와 눈을 부리지 않으면, 온갖 법도가 바르게 됩니다. 사람을 경시하면 덕을 잃고, 사물을 경시하면 본심을 잃습니다. (생략) 개와 말은, 그 토양의 것이 아니면 기르지 말고, 진귀한 새와 짐승은, 나라에서 키우면 안 됩니다. 멀리 있는 물건을 귀중하게 여기지 않으면, 멀리 있는 사람들이 이르게 될 것이고, 어진 이들이 귀중히 여겨지면, 곧 가까이 있는 사람들이 편안해집니다.   〔尚書(상서)〕〈旅獒(여오)〉

周公曰: 嗚呼! 我聞曰: 昔在殷王中宗, 嚴恭寅畏, 天命自度, 治民祇懼, 不敢荒寧。肆中宗之享國七十有五年。其在高宗, 時舊勞于外, 爰暨小人。作其卽位, 乃或亮陰, 三年不言。其惟不言, 言乃雍, 不敢荒寧, 嘉靖殷邦。至于小大, 無時或怨。肆高宗之享國五十有九年。其在祖甲, 不義惟王, 舊爲小人。作其卽位, 爰知小人之依, 能保惠于庶民, 不敢侮鰥寡。肆祖甲之享國三十有三年。

주공이 말했다: ‘아! 제가 듣건대: 옛날 은나라 임금 중종은, 엄숙히 삼가며 공경하고 두려워하여, 천명을 스스로 헤아렸고, 백성을 다스림에 공경하고 두려워하여, 감히 편안함에 빠지지 않았습니다.

드디어 중종은 나라를 칠십오 년 누리셨습니다. 고종이 재위했을
때, 오랫동안 밖에서 수고로우셨고, 이에 소인(신분이 낮은 백성)들
과 함께하였습니다. 그 즉위를 해서는, 이에 상을 입으시고, 삼 년
동안 말하지 않았습니다. 말하지 않았으나, 말하면 온화했지만, 감
히 편안함에 빠지지 않았으니, 은나라가 아름답고도 평안해졌습니
다. 낮은 사람이건 높은 사람이건, 원망하는 이가 없었습니다. 드디
어 고종은 나라를 오십구 년 누리셨습니다. 조갑이 재위해서는, 의
로운 왕이 아니라 하고, 오래 소인(신분이 낮은 백성)이 되었습니다.
즉위하여서는, 이에 소인(신분이 낮은 백성)의 의지함을 알고, 수많은
백성을 능히 보호하고 사랑하였으며, 감히 홀아비나 과부를 업신여
기지 않았습니다. 드디어 조갑은 나라를 삼십삼 년 누리셨습니다.

〔尙書(상서)〕〈無逸(무일)〉

즉 공자 이전에 "소인"은 "사회적 신분이 낮은 백성"이라는 의미
로 통용되어 왔는데, 공자에 이르러 오늘날 우리가 보편적으로 이해
하고 있는 "군자" 즉 道(도)를 배우고 부단히 노력하여 실천하는 올바
른 지도자와 상대되는 개념으로 변하게 된 것이다. 이는 6-11의 "너
는 군자의 기품을 가진 선비가 되지, 소인의 기질을 지닌 선비가 되
지 말라"는 말에서도 여실히 증명되고 있으니, 공자에 이르러 小人(소
인)은 이전의 사회적 신분과는 상관없는 "道(도)를 따르지 않고 사사
로운 이익만을 탐하는 올바르지 못한 人格(인격)의 소인배"로 바뀌게
되었음을 알 수 있다.

┌───┐
│ 小人(소인): "道(도)를 따르지 않고 사사로운 이익만을 탐 │
│   하는 올바르지 못한 人格(인격)의 소인배" │
└───┘

아울러서 이러한 개념 변화가 공자 본인에게서 시작된 것인지 아
니면 다른 외부적 영향이 있었는지는, 별도의 고증이 필요할 것으로
보인다.

2-15: 子曰: "學而不思,[18] 則罔;[19] 思而不學, 則殆。[20]"
      子曰: "□而不□, 則□, □而不□, 則□。"

【대구법】
공자가 이르시기를: "배우지만 생각하지 않으면, 곧 없고;
생각하면서 배우지 않으면, 곧 위험하다."

*이미 앞에서 누차 언급한 바와 같이, 學(학: 배움)의 대상은 바로
道(도: 태평성대를 이끈 성현들의 통치이념)이다. 이제 이와 연계하여 17-
8의 내용을 먼저 살펴보기로 하자.

───────────────

18) 思(사): 생각하다, 사색하다, 그리워하다.
19) 罔(망): 없다.
20) 殆(태): 위태롭다, 위험하다.

子曰: "由也, 女聞六言六蔽矣乎?" 對曰: "未也。" "居。吾語女。好仁, 不好學, 其蔽也, 愚。好知, 不好學, 其蔽也, 蕩。好信, 不好學, 其蔽也, 賊。好直, 不好學, 其蔽也, 絞。好勇, 不好學, 其蔽也, 亂。好剛, 不好學, 其蔽也, 狂。"

공자가 이르시기를: "유야, 너는 여섯 가지 말씀과 여섯 가지 결점에 대해서 들었는가?" 유가 대답하기를: "아직 듣지 못했습니다." 공자가 이르시기를: "앉아라. 내가 너에게 말해주마. 어질음을 좋아하면서, 배우기를 좋아하지 않으면, 그 결점은, 공정하게 판단하지 못해서 맹목적으로 추종하게 된다. 지혜로움을 좋아하면서, 성인의 도를 배우기를 좋아하지 않으면, 그 결점은 제멋대로 해석하여 행동에 거리낌이 없게 된다. 신의를 좋아하면서, 성인의 도를 배우기를 좋아하지 않으면, 그 결점은 그런 척만 하게 되는 것이다. 올곧음을 좋아하면서, 성인의 도를 배우기를 좋아하지 않으면, 그 결점은 자신에게는 엄격하고 남에게는 관대해야 하는데, 오히려 타인에게만 엄격하여 비방하게 된다. 용감함을 좋아하면서, 성인의 도를 배우기를 좋아하지 않으면, 그 결점은 무도해져서 포악해진다. 강직함을 좋아하면서, 성인의 도를 배우기를 좋아하지 않으면, 그 결점은 사나워지는 것이다."

즉 이 문장의 "思(사: 생각하다, 사색하다, 그리워하다)"는 바로 17-8의 "好(호: 좋아하다, 사랑하다)"와 서로 통하고, 思(사)의 대상은 다름 아닌 "仁(인: 자신의 군주를 진심으로 섬기고 따름), 知(지: 지혜로움), 信(신: 신뢰), 直(직: 올곧음), 勇(용: 용감함), 剛(강: 강직함)"이다. 따라서 이 말은 "道(도: 태평성대를 이끈 성현들의 통치이념)를 배우면서 이 여섯 가지 요소의 개념을 정확히 이해하고 좋아하여 실천하지 않으면 결국 道(도)를 배우지 않은 것과 마찬가지이고, 또 이 여섯 가지 요소의 개념을 이해하고 좋아하여 실천하지만 道(도)를 배움으로써 하나로 묶어 조화를 이루지 못한다면, 오히려 한쪽으로만 치우치는 폐단이 생겨 위험하게 된다"는 뜻으로 풀이해야 하는 것이다. 이는 15-31의 "내가 일찍이 온종일 먹지도 않고, 밤새도록 자지 않으면서 생각하였지만 무익하였으니, 배우는 것만 못하다"라는 말과도 상통하고 있으니, 참고하기로 한다.

2-16: 子曰: "攻²¹⁾乎異端²²⁾, 斯害也已。"

공자가 이르시기를: "올바름(성인의 도)에 거슬러 다스리는 것, 이는 재앙이다."

*이 말은 아래의 기록들을 살펴보면, 쉬이 이해할 수 있을 것이다.

自少康以來, 歷王杼, 王槐, 王芒, 王泄, 王不降, 王扃, 王厪, 至王孔甲, 好鬼神, 事淫亂, 夏德衰。

소강 이래로, 왕저 왕괴 왕망 왕설 왕불항 왕경 왕근을 거쳐, 왕 공갑에 이르니, 귀신을 좋아하고, 음란한 행위를 일삼아, 하나라의 덕이 쇠하였다.　　　　〔十八史略(십팔사략)〕〈夏王朝篇(하왕조편)〉

---

21)　攻(공): 다스리다.
22)　異端(이단): 올바른 도를 거스르다, 거역하다.

帝桀之時, 自孔甲以來而諸侯多畔夏, 桀不務德而武傷百姓, 百姓弗
堪。乃召湯而囚之夏臺, 已而釋之。湯修德, 諸侯皆歸湯, 湯遂率兵以
伐夏桀。

걸임금 때에 이르러, 공갑 이래로 제후들 대부분이 하나라를 배반
하니, 걸은 덕에 힘쓰지 않고 무력으로 백성들을 해하니, 백성들이
견디지 못했다. 이에 탕을 불러 하대에 가두었는데, 얼마 되지 않아
그를 풀어주었다. 탕이 덕을 닦으니, 제후들이 모두 탕에게 귀속했
고, 탕은 결국 군대를 이끌어 하나라의 걸을 토벌했다.

〔史記(사기)〕〈夏本紀(하본기)〉

紂伐有蘇氏, 有蘇以妲己女焉, 有寵其言皆從; 厚賦稅, 以實鹿臺之
財, 盈鉅橋之粟, 廣沙丘苑臺, 以酒爲池, 懸肉爲林, 爲長夜之飮, 百
姓怨望, 諸侯有畔者。

주왕이 유소씨를 정벌하여, 유소씨가 달기로 짝지어주니(달기를 바치
니), 사랑하여 그녀의 말을 모두 따랐다; 부세를 두터이 하여, 그럼
으로써 녹대의 재물을 튼튼하게 하고, 거교의 곡식을 채워, 사구와
원대를 넓혔으며, 술로 못을 만들고, 고기를 매달아 숲을 만들어,
며칠이고 계속 술자리를 벌였으니, 백성들이 원망하고, 제후들 중
에 배반하는 이들이 있었다.

〔十八史略(십팔사략)〕〈殷王朝篇(은왕조편)〉

穆王將征犬戎, 祭公謀父諫曰: "不可。先王燿德不觀兵。夫兵戢而時
動, 動則威; 觀則玩, 玩則無震。(생략) 至于文王·武王, 昭前之光明而
加之以慈和, 事神保民, 無不欣喜。(생략) 布令陳辭而有不至, 則增脩
於德, 無勤民於遠。是以近無不聽, 遠無不服。(생략) 王遂征之, 得四
白狼四白鹿以歸。自是荒服者不至。

목왕이 장차 견융을 정벌하려 하자, 제공 모보가 간하여 말했다: "불가합니다. 선왕께서는 덕을 밝혔지 무력을 보이지는 않으셨습니다. 무릇 무력이란 거두었다가 때가 되면 움직이는 것이니, 움직이면 위엄이 있으나; 보이면 곧 장난이 되니, 장난하면 곧 위엄이 없게 됩니다. (생략) 문왕과 무왕에 이르러, 전대의 광명을 밝히고 자애와 화목을 더하여, 신을 섬기고 백성을 보호하였으니, 기뻐하지 않는 이들이 없었습니다. (생략) 명령을 선포하고 타일러도 이르지 않으면, 곧 한층 더 덕을 수양했고, 백성들이 먼 곳에서 근무하지 않게 했습니다(원정에 동원하지 않았습니다). 이 때문에 가까이는 듣지 않는 이가 없고, 멀리는 복종하지 않는 이가 없게 되었습니다. (생략) 왕은 마침내 그들을 정복하고, 흰 이리 네 마리와 흰 사슴 네 마리를 얻어서 돌아왔다. 이때부터 황복 지역이 이르지 않았다(귀속하지 않았다).　　　　　　　　　　　　〔史記(사기)〕〈周本紀(주본기)〉

이 모두 임금으로서 올바른 통치를 하지 않은 결과이니, 재앙이 아니고 무엇이겠는가?

2-17: 子曰: "由, 誨女知之乎! 知之爲知之, 不知爲
不知, 是知也。"
子曰: "由, 誨女知之乎! □□爲□□, □□爲
□□, 是知也。"

【대구법】

공자가 이르시기를: "유야, 너에게 (성인의 도를) 안다는 것을
가르쳐 주겠다! (성인의 도를) 아는 것은 안다고 하고, 모르는 것은
모른다고 하는 것, 이것이 아는 것이다."

*유는 仲由(중유)로, 字(자)가 子路(자로)이다. 〔史記(사기)〕의 〈仲尼
弟子列傳(중니제자열전)〉에 따르면, 그는 공자보다 9세 어렸는데 성격
이 거칠고 용맹하며 강직했다.

*이는 바로 好問(호문: 묻기를 좋아함)의 자세에 대해서 언급한 부분
인데, 이와 관련하여 다음의 기록들을 살펴보자.

子曰: "舜其大知也與, 舜好問而好察邇言, 隱惡而揚善。執其兩端, 用
其中於民, 其斯以爲舜乎。"
공자가 말씀하시기를: "순임금은 크게 지혜로우셨으니, 순임금은
묻기를 좋아하시고 천근한 말(깊이가 없는 얕은 말)도 살피기를 좋아
하셨으며, 악함은 숨기시고 선함을 드러내셨다. 그 양 극단을 잡아,
백성들에게 그 중간을 쓰셨으니, 이 때문에 순임금이 되셨다."

〔禮記(예기)〕 〈中庸(중용)〉

佑賢輔德, 顯忠遂良, 兼弱攻昧, 取亂侮亡, 推亡固存, 邦乃其昌。德
日新, 萬邦惟懷, 志自滿, 九族乃離, 王懋昭大德, 建中于民。以義制
事, 以禮制心, 垂裕後昆。予聞曰, 能自得師者王, 謂人莫己若者亡,
好問則裕, 自用則小。嗚呼! 愼厥終, 惟其始, 殖有禮, 覆昏暴。欽崇
天道, 永保天命。

현명한 이를 돕고 덕이 있는 이를 도우며, 충성스러운 이를 드러내
고 어진 이를 이루게 하며, 약한 이는 포용하고 어리석은 이는 책망
하며, 어지러운 이를 돕고 망하는 이를 업신여기며, 없애야 할 것을
밀어내고 존재해야 할 것을 튼튼히 하면, 나라가 이에 번창합니다.
덕이 날로 새로워지면, 만방이 그리워하고, 마음이 자만하면, 구족
이 이에 떠날 것이니, 임금께서는 힘써 큰 덕을 밝혀, 백성들에게
중을 세워야 합니다. 의로 일을 바로잡고 예로 마음을 바로잡으면,
후대 자손들에게 넉넉함을 드리울 것입니다. 제가 들으니, 능히 스
스로 스승을 얻으면 왕이 되고, 남들이 자기만 못하다고 말하는 자
는 망하며, 묻기를 좋아하면 넉넉해지고, 자기 것만 쓰면 작아진다
고 합니다. 아! 그 끝을 삼가려면 그 시작을 생각해야 하니, 예가 있
으면 키우고, 어둡고 포악하면 엎으십시오. 하늘의 도를 삼가 공경
해야, 하늘의 도를 영구히 보존할 것입니다.

〔尚書(상서)〕〈仲虺之誥(중훼지고)〉

이처럼 태평성대를 이끈 성현들은 삼가여 자신을 낮추며 부단히
묻는 자세로 일관함으로써, 자신의 생각이 옳은지 또는 그른지를 객
관적으로 판단할 수 있었다. 따라서 공자의 이 말에는 愼(신: 신중함)
과 常(상: 변치 않고 초지일관하는 태도) 그리고 中(중: 공정하고도 객관적인 태
도)과 謙(겸: 겸손함)이 포함된 의미로 이해해야 한다. 즉 공자는 한 마

디 말로 제자인 자로에게 道(도)의 네 가지 중요요소를 설명하고 있는 것이다.

2-18: 子張學干祿。子曰：“多聞闕[23]疑, 愼言其餘, 則寡尤。多見闕殆[24], 愼行其餘, 則寡悔。言寡尤, 行寡悔, 祿在其中矣。”
子張學干祿。子曰：“多□闕□, 愼□其餘, 則寡□。多□闕□, 愼□其餘, 則寡□。□寡□, □寡□, 祿在其中矣。”

【대구법, 열거법】

자장이 녹봉을 구하는 것(벼슬을 하고자 하는 것)을 배우고자 했다. 공자가 이르시기를: “많이 들어서 의심을 없애고, 그 밖의 것(아직 듣지 못해서 잘 모르는 것)은 신중하게 말하면, 곧 허물이 적어진다. 많이 보아서 의심을 없애고, 그 밖의 것(아직 보지 못해서 잘 모르는 것)은 신중하게 행하면, 곧 과오가 적어진다. 말에 허물이 적고, 행함에 과오가 적으면, 녹봉은 그 안에 있게 된다.”

*자장은 顓孫師(전손사)이다. 〔史記(사기)〕의 〈仲尼弟子列傳(중니제자열전)〉에 따르면, 그는 공자보다 48세 어렸는데 객관적으로 판단하지 못하고 한쪽으로 치우침이 있었다고 한다.

*이 역시 2-17의 好問(호문: 묻기를 좋아함)과 같은 맥락으로 이해할 수 있다.

---

23) 闕(궐): 이지러뜨리다, 없애다.
24) 殆(태): 의심하다.

2-19: 哀公問曰: "何爲, 則民服?" 孔子對曰: "擧直
錯²⁵⁾諸枉²⁶⁾, 則民服; 擧枉錯諸直, 則民不服."
哀公問曰: "何爲, 則民服?" 孔子對曰: "擧□
錯諸□, 則民□; 擧□錯諸□, 則民□□."

【문답법, 대구법】

애공이 물어 말하기를: "어찌하면, 곧 백성이 복종하겠습니까?"
공자가 대답하여 말하길: "정직한 이를 등용하여 정직하지
못한 이에 섞으면, 곧 백성들이 복종할 것이고; 정직하지 못한
이를 등용하여, 정직한 이에 섞으면, 곧 백성들이 복종하지
않습니다."

*〔左傳(좌전)〕〈哀公(애공) 11년과 〔史記(사기)〕〈孔子世家(공자세가)〉
에 따르면, 이는 공자가 衛(위)나라에서 魯(노)나라로 돌아온 후에 일
어난 일이므로, 공자 나이 68세 이후의 대화임을 알 수 있다.

*공자에게 있어 直(직: 정직함)이란 어떤 의미를 지니고 있을까?
이를 이해하기 위해서는, 〔左傳(좌전)〕〈昭公(소공) 14년〉의 기록을 살
펴볼 필요가 있다. 晉(진)나라의 邢侯(형후)와 雍子(옹자)가 鄐(축) 지
역을 가지려고 오랫동안 다퉜는데, 이 일은 본래 士景伯(사경백)이 판
단해야 할 업무였지만, 마침 다른 일 때문에 楚(초)나라로 가느라 자
리를 비웠다. 이에 韓宣子(한선자)의 명으로 叔魚(숙어)가 대리로 그

---

25) 錯(착): 섞다, 도금하다.
26) 枉(왕): 사특하다, 정직하지 못하다.

일을 판단했는데, 사실 잘못은 옹자가 했지만 옹자가 그의 딸을 숙어에게 바치자 숙어는 잘못을 형후에게 덮어 씌웠고, 결국 형후는 분노하여 숙어와 옹자를 모두 조정에서 죽이게 된다. 한선자가 叔向(숙향)에게 누구의 잘못이냐고 묻자, 숙향은 "옹자는 자신의 잘못을 알면서도 뇌물로 속였고, 叔魚(숙어)는 공정해야 할 소송을 거래하는 물건으로 여겼으며, 형후는 사람을 함부로 죽였는데, 〔夏書(하서)〕에 잘못을 미화하는 昏(혼)과 뇌물을 받아 관료의 권위를 더럽히는 墨(묵) 그리고 함부로 사람을 죽이는 賊(적)은 모두 죽인다고 되어있으니, 세 사람의 죄는 같습니다"라고 대답했다. 이 일에 대해서, 공자는 숙향이 숙어의 친형인데도 사사로운 정에 얽매이지 않고 공정하게 판단함으로써 옛날의 直(직)을 따랐으니 義(의)로운 사람이었다고 평가하고 있으니, 바로 여기서 공자의 直(직)은 "사사로운 정에 얽매이지 않고 공정하게 판단하는 것"임을 알 수 있다. 이러한 맥락은 12-22에서도 확인할 수 있으니 참고하기로 한다.

直(직): "사사로운 정에 얽매이지 않고 공정하게 판단하는 것"

---

*이와 관련하여, 또 다음의 기록을 살펴보자.

孔子侍坐於哀公。哀公曰: "敢問人道誰爲大。" 孔子愀然作色而對曰: "君之及此言也, 百姓之德也。固臣敢無辭而對。人道政爲大。" 公曰: "敢問何謂爲政。" 孔子對曰: "政者, 正也。君爲正, 則百姓從政矣。君之所爲, 百姓之所從也。"

공자가 애공을 모시고 앉았다. 애공이 말하길: "감히 묻노니 사람의 도는 누구를 큰 것으로 여기오?" 공자가 엄정하게 낯빛을 고치고는 대답하여 이르길: "임금께서 이 말씀에 이르신 것은 백성들의 덕입니다. 진실로 신은 감히 사양치 않고 대답하겠습니다. 사람의 도는 정치를 큰 것으로 여깁니다." (애)공이 말하기를: "감히 묻겠는데 어떤 것이 정치를 한다고 일컫는 것이오?" 공자가 대답하여 이르길: "정치는, 바로잡는 것입니다. 임금이 바르게 하면, 곧 백성들이 정치에 따릅니다. 임금의 행하는 바는, 백성들의 따르는 바입니다.

〔禮記(예기)〕〈哀公問(애공문)〉

여기서 道(도)란 政(정: 정치)을 일컫는 것이라고 했으니 정치에 있어서의 法道(법도) 즉 마땅히 지켜야 할 통치이념이고, 政(정)이란 바로 문자의 의미 그대로 "正(바를정) + 攵(문: 등글월문)" 즉 文(문: 통치에 필요한 모든 법도)의 내용대로 바로잡는 것임을 알 수 있다. 이렇듯 공자는 지도자란 백성들의 거울이 되어야 한다고 강조하고 있는데, 왜 특히 지도자의 행실이 중요한지에 대해서는 다음의 내용을 참고할 수 있다.

堯舜帥天下以仁, 而民從之; 桀紂帥天下以暴, 而民從之。其所令反其所好, 而民不從。

요순이 세상을 거느림에 어질음으로 하니, 백성들이 따르고; 걸주가 세상을 거느림에 포악함으로 하니, 백성들이 따랐다. 명령하는 바가 좋아하는 바에 반하면, 백성이 따르지 않는다.

〔禮記(예기)〕〈大學(대학)〉

요순이 덕으로 다스리자 백성들이 덕을 갖췄고, 걸주가 포악함으로 다스리자 백성들이 포악해졌다. 즉 백성들은 民草(민초)이기 때문에 그만큼 지도자의 행실이 중요하다는 것을 나타내는데, 이는 12-19의 "그대는 정치를 함에, 어찌 죽임을 사용하십니까? 그대가 선을 행하고자 하면 백성이 선을 행할 것입니다. 군자의 덕은, 바람이고; 소인의 덕은, 풀입니다. 풀 위에 바람이 불면 반드시 쓰러지는 법입니다"라는 말과 일치하고 있으니, 함께 연결하여 이해할 수 있을 것이다.

위에 제시한 〔禮記(예기)〕〈哀公問(애공문)〉의 대화에서, 애공은 이어서 어떻게 해야 바른 정치를 할 수 있는지 묻고, 공자는 이에 사람을 사랑하고 禮(예)를 공경하는 것이 바로 정치의 기본이라고 대답하는데, 여기서 다음의 기록을 살펴볼 필요가 있다.

> 文武之政, 布在方策。其人存, 則其政擧; 其人亡, 則其政息。
> 문왕과 무왕의 정치는, 목판과 대쪽에 드러나 있습니다. 그 사람이 있으면, 곧 그 정치가 흥기하게 되고, 그 사람이 없으면, 그 정치는 멈추게 됩니다."
> 〔禮記(예기)〕〈中庸(중용)〉

즉 바로 여기서 공자가 말하는 文(문)이 "周(주)나라 文王(문왕)과 武王(무왕)의 정치행적을 기록한 方策(방책: 목판과 대쪽)"[27]을 가리키고, 또한 공자의 道(도)는 禮(예)로 통치한 문왕과 무왕의 정치 즉 小康社

---

27) 方策(방책)은 본디 "선왕들의 행적을 새긴 나무판과 대나무 조각"이라는 뜻이다. 종이는 漢(한)나라 이후에 발명되었기 때문에, 그 이전에는 모두 이처럼 목판이나 대나무 조각에 그 내용들을 새겨 기록했다. 이후에 이 단어의 뜻이 확대되어서, 오늘날의 "방법이나 꾀"라는 의미로 통용되었다.

會(소강사회)의 통치이념을 말하고 있는 것임을 다시 한 번 확인할 수 있는 것이다. 大同(대동)과 소강사회의 중요한 차이점이 바로 禮樂制度(예악제도)로 백성들을 규제하는 것에 달려있다는 점은, 2-3에서 인용한 〔禮記(예기)〕〈禮運(예운)〉편의 기록을 다시 한 번 확인해보기 바란다.

2-20: 季康子問: "使民敬忠以勸,[28] 如之何?" 子曰: "臨[29]之以莊[30], 則敬; 孝慈,[31] 則忠; 擧善而教不能, 則勸。"
季康子問: "使民敬忠以勸, 如之何?" 子曰: "臨之以□, 則□; □□, 則□; □□□□□□, 則□。"

【문답법, 대구법】
계강자가 묻기를: "백성들이 삼가고 정성스러움으로써 힘쓰게 하려면, 어떻게 해야겠습니까?" 공자가 이르시기를: "그들을 다스림에 정중함으로 하면, 곧 삼가게 되고; 효성스러움과 자애로움으로 하면; 곧 정성스럽게 될 것이요, 선한 이를 등용하고 (선하지) 못한 이를 가르치면, 곧 힘쓰게 됩니다."

---

28) 勸(권): 힘쓰다, 애써 일하다.
29) 臨(임): 다스리다, 통치하다.
30) 莊(장): 장중하다, 정중하다.
31) 孝慈(효자): 부모에 대한 효도와 자식에 대한 사랑. 아랫사람이 윗사람을 공경하고, 윗사람은 아랫사람을 자애롭게 대함.

*계강자는 三桓(삼환)중 하나인 季氏(계씨)를 일컫는 것으로, 아버지 季桓子(계환자)를 이어서 노나라의 卿(경)이 된 인물이다. 2-6에서 맹무백과 함께 그의 인물됨에 대해서 간략하게나마 소개한 바 있듯이, 그는 임금인 哀公(애공)에게 대단히 무례했다.

*[史記(사기)] 〈孔子世家(공자세가)〉에 따르면, 이는 공자가 衛(위)나라에서 노나라로 돌아온 후에 일어난 일이므로, 공자 나이 68세 이후의 일임을 추측할 수 있다.

*이제 계강자의 질문에 대한 공자의 대답을 간단하게 다음과 같이 요약해보자.

지도자		백성
정중함	→	삼감
효도, 자애로움	→	정성스러움
선한 이 등용, 선하지 못한 이 가르침	→	힘쓰게 됨

즉 이는 2-19에서 언급한 바 있는 民草(민초)의 개념을 다시 한 번 풀어서 설명한 것이라고 볼 수 있으니, 바로 修身齊家治國平天下(수신제가치국평천하)의 관점에서 지도자가 먼저 솔선수범해야 한다는 것이다. 특히 효도와 관련하여서는, 1-6에서 인용한 바 있는 다음의 기록을 다시 한 번 살펴보자.

子曰: "立愛自親始, 教民睦也。 立教自長始, 教民順也。 教以慈睦而民貴有親。 教以敬長而民貴用命。 孝以事親, 順以聽命, 錯諸天下, 無所不行。"

"공자가 이르시기를: 사랑을 드러내는 것을 부모로부터 시작하는 것은, 백성들로 하여금 화목하게(도탑게) 지내게 함이다. 본받음을 드러내는 것을 윗사람으로부터 시작하는 것은, 백성들로 하여금 순종하게 함이다. 사랑함과 화목함으로 가르치면 백성들이 부모가 있음을 귀하게 여긴다. 윗사람을 공경함으로 가르치면 백성들이 윗사람의 명령을 받듦을 귀하게 여긴다. 효도로 부모를 섬기고, 순종함으로 명령을 따르며, 그것들을 천하에 시행하면, 행하지 못할 바가 없다." 〔禮記(예기)〕〈祭義(제의)〉

결국 공자는 孝(효)를 점차 사회로 확장시킨 것이 윗사람을 공경하는 弟(제) 그리고 더 나아가 자신이 섬기는 상관이나 군주에 순종하는 仁(인)것으로 본 것인데, 노나라의 卿(경)으로서 그의 상관인 公(공) 즉 애공에게 무례하였으니, 백성이 그 모습을 보고 어찌 그대를 따르겠느냐고 완곡하게 비판하고 있는 것이다. 공자의 이러한 솔선수범의 가치관과 실천하는 모습은 1-6의 "젊은이는, 들면, 곧 효도하고; 나가서는, 곧 공손할 것이다. 삼가여 성실할 것이고, 널리 대중을 사랑하되 어질음을 가까이 할 것이다. 행하고도 남은 힘이 있으면, 곧 文(문: 통치에 필요한 모든 법도)을 배울 것이다"와 9-9의 "공자는 상복을 입은 이, 면류관을 쓰고 관복을 입은 이, 장님을 돕는 이를 만나면, 그들을 만남에 비록 젊더라도 반드시 일어났고, 그들을 지나침에 반드시 예법에 맞게 허리를 굽히고 빨리 걸어가셨다"라는 말에서도 확인할 수 있다.

*2-19와 2-20의 내용을 살펴보면 공통점을 발견할 수 있는데, 다름 아닌 지도자가 올바르면 백성들 역시 올바르게 된다는 점이다. 그런데 여기서 한 가지 의문점이 생기지 않을 수 없으니, 공자에게 있어서는 지도자가 삼가여 백성들에게 몸을 낮추고 또 그들을 공경해

야 한다는 개념이 없다는 사실이다. 이 점은 노자의 견해와 극명한 대조를 이루고 있는데, 그 이유에 대해서는 1-13에서 제시한 바 있는 기록을 다시 한 번 살펴볼 필요가 있다.

> 故君者, 所明也, 非明人者也。君者, 所養也, 非養人者也。君者, 所事也, 非事人者也。故君明人, 則有過; 養人, 則不足; 事人, 則失位。故百姓則君以自治也, 養君以自安也, 事君以自顯也。故禮遠而分定。따라서 임금은 높여지는 바이지, 남을 높이는 이가 아니다. 임금은 봉양을 받는 바이지, 남을 봉양하는 이가 아니다. 임금은 남에게 섬겨지는 바이지, 남을 섬기는 이가 아니다. 따라서 임금이 남을 높이면, 곧 허물이 있고; 남을 봉양하면, 곧 부족해지며; 남을 섬기면, 곧 지위를 잃게 된다. 따라서 백성들은 임금을 본받음으로써 스스로 바로 잡히고, 임금을 봉양함으로써 스스로 평안히 지내며, 임금을 섬김으로써 스스로 드러나게 되는 것이다. 따라서 예가 심오해지면 신분이 바로잡히는 것이다.　　〔禮記(예기)〕〈禮運(예운)〉

이처럼 공자는 윗사람으로서의 지도자 도리만을 강조하고 있는데, 그 이유에 대해서는 뒤에서도 계속 강조하겠지만, 바로 공자가 처한 시대적 상황과 밀접한 관련을 맺는다. 좀 더 구체적으로 말해서, 공자가 처한 춘추시대는 신하가 임금의 뜻을 따르지 않고 반역하며 심지어는 추방하거나 시해하는 사건이 비일비재했다. 이러한 상황에서 周公(주공)이 완성한 종법제도를 중시한 공자는 부득이한 선택을 할 수밖에 없었던 것이니, 설령 군주가 무도하다하더라도 진심으로 따르고 섬겨야 한다는 仁(인)을 다른 무엇보다 강조한 것이다. 이와 관련하여서는 뒤에서 계속 소개하겠지만, 특히 5-18과 5-22를 참고할 수 있다.

2-21: 或謂孔子曰: "子奚不爲政?" 子曰: "書云孝乎? '惟孝, 友于兄弟, 施於有政.' 是亦爲政, 奚其爲爲政?"

【문답법, 인용법, 설의법】

어떤 이가 공자에게 말하기를: "선생께서는 어찌 정치를 하지 않습니까?" 공자가 이르시기를: "[尙書(상서)]에서 효도라고 말했던가? '오직 효도일 뿐이니, (그렇게 하면) 형제간에 우애가 있게 되고, 정치가 있음에까지 퍼지게 된다.' 이렇게 하는 것 역시 정치를 하는 것인데, 어찌 그것(조정에 나아가 정치를 함)을 하는 것만이 정치를 하는 것이겠는가?"

*위에서 공자가 인용한 것은 [尙書(상서)] 〈君陳(군진)〉편에서 어린 成王(성왕)을 모시던 周公(주공)이 召公(소공)의 은퇴를 만류하면서 한 말이다. 소공 역시 주공과 마찬가지로 武王(무왕)의 동생으로서 조카인 성왕을 훌륭하게 보필한 인물로 잘 알려져 있는데, 후에 燕(연) 지역을 分封(분봉)받음으로써 燕(연)나라의 시조가 되었다.

*이를 통해서도 孝(효)의 사회적 확장 형태가 바로 仁(인)이 됨을 확인할 수 있다. 이제 이와 관련하여 다음의 기록들을 차례로 살펴보면, 이 개념을 보다 명확하게 이해할 수 있을 것이다.

> 舜父瞽叟頑, 母嚚, 弟象傲, 皆欲殺舜。舜順適不失子道, 兄弟孝慈。欲殺, 不可得; 即求, 嘗在側。
>
> 순의 아버지 고수는 고집 세고, 어머니는 간사하고, 동생 상은 교만

하여, 모두 순을 죽이고자 하였다. 순은 거스르지 않고 좇아 자식된 도리를 잃지 않았고, 동생에게 형 노릇 하여 효성스럽고도 자애로웠다. 죽이고 싶어도, 얻을(죽일) 수 없었지만: 부르면, 항상 곁에 있었다.
〔史記(사기)〕〈五帝本紀(오제본기)〉

순의 아버지는 장님으로 재혼하여 동생 상을 낳았다. 이들은 모두 순을 죽이려고 하였지만, 순은 오히려 부모에게 효도하고 이복동생에게 자애로움으로 대했다.

堯曰: "嗟!四嶽: 朕在位七十載, 汝能庸命, 踐朕位。"嶽應曰: "鄙德忝帝位。"堯曰: "悉擧貴戚及疏遠隱匿者。"衆皆言於堯曰: "有矜在民間, 曰虞舜。"堯曰: "然, 朕聞之。其何如?" 嶽曰: "盲者子。父頑, 母嚚, 弟傲, 能和以孝, 烝烝治, 不至奸。"堯曰: "吾其試哉。"於是堯妻之二女, 觀其德於二女。

요임금이 말했다: "아, 사악이여! 짐이 재위한 지 70년인데, 그대는 천명을 변치 않게 할 수 있으니, 짐의 자리에 오르시오." 사악이 대답했다: "덕이 낮아 임금 자리를 욕되게 할 것입니다." 요임금이 말했다: "귀족이거나 관계가 먼 사람 숨어 사는 사람 모두를 천거해주시오." 모두가 요임금에게 말했다: "민간에 홀아비가 있는데, 우순이라 합니다." 요임금이 말했다: "그러한가, 짐은 그에 대해 들었소. 그는 어떠하오?" 사악이 말했다: "장님의 아들입니다. 아버지는 완고하고, 어머니는 간사하며, 동생은 교만하지만, 능히 온화하게 부모님을 섬기고, 나아가 수양하니, 어지러움에 이르지 않게 되었습니다." 요가 말했다: "내가 그를 시험해보겠소." 이에 요는 두 딸을 그에게 시집보내어, 두 딸에게서 그의 덕을 살폈다.
〔史記(사기)〕〈五帝本紀(오제본기)〉

결국 이러한 소식이 요임금의 귀에까지 들어가게 되고, 이에 요임금은 순을 시험하게 된다.

堯知子丹朱之不肖, 不足授天下, 於是乃權授舜。授舜, 則天下得其利而丹朱病; 授丹朱, 則天下病而丹朱得其利。堯曰: "終不以天下之病而利一人", 而卒授舜以天下。堯崩, 三年之喪畢, 舜讓辟丹朱於南河之南。諸侯朝覲者不之丹朱而之舜, 獄訟者不之丹朱而之舜, 謳歌者不謳歌丹朱而謳歌舜。舜曰"天也", 夫而後之中國踐天子位焉, 是爲帝舜。

요임금은 아들 단주가 못나고 어리석어, 세상을 넘겨주기에 부족하다는 것을 알았고, 그래서 이에 정권을 순에게 주었다. 순에게 주면, 곧 세상이 이로움을 얻고 단주가 원망을 하지만; 단주에게 주면, 곧 세상이 원망하고 단주가 이로움을 얻게 되는 것이다. 요임금이 말했다: "결국에는 세상이 원망함으로써 한 사람을 이롭게 할 수 없다", 그래서 마침내 세상을 순에게 주었다. 요임금이 죽고, 3년 상이 끝나자, 순은 단주에게 양보하고 남하의 남쪽으로 물러났다. 제후 중에 조정에 알현하는 이들이 단주에게 가지 않고 순에게 갔으며, 소송을 하는 이들이 단주에게 가지 않고, 순에게 갔으며, 칭송하는 이들이 단주를 칭송하지 않고 순을 칭송했다. 순이 "운명이로다!"라고 말하고, 대저 중원으로 돌아가 천자의 자리에 올랐으니, 이가 순임금이다. 〔史記(사기)〕〈五帝本紀(오제본기)〉

於是舜乃至於文祖, 謀于四嶽, 辟四門, 明通四方耳目, 命十二牧論帝德, 行厚德, 遠佞人, 則蠻夷率服。舜謂四嶽曰: "有能奮庸美堯之事者, 使居官相事。"

그래서 순임금은 이에 문조에 이르러, 사악에게 의논하여, 사문을 열어, 사방의 귀와 눈을 밝게 통하게 하고, 12목에게 명하여 임금의 덕에 대해 논하게 하였으며, 두터운 덕을 행하고, 아첨하는 사람을 멀리하니, 곧 만이(오랑캐)가 따라서 복종하였다. 순임금이 사악에게 말했다: "요임금의 사업을 힘써 변치 않게 하고 기를 수 있는 이가 있다면, 관직을 맡겨 업무를 돕게 하겠소."

〔史記(사기)〕〈五帝本紀(오제본기)〉

이처럼 순은 임금이 된 후에도 정성을 다해서 요임금의 뜻에 거스르지 않았으니, 이것이 바로 修身齊家治國平天下(수신제가치국평천하) 즉 개인적인 차원의 孝(효)에서 사회적인 차원의 仁(인)으로 확장되는 것이다.

  *〔史記(사기)〕〈孔子世家(공자세가)〉에 따르면, 定公(정공) 14년에 공자는 56세의 나이로 大司寇(대사구: 형조판서)에서 大夫(대부)로 승진하게 되는데, 이때 공자가 기뻐하자 제자들이 그 모습을 보고 물었다.

門人曰: "聞君子禍至不懼, 福至不喜。" 孔子曰: "有是言也。不曰; '樂其以貴下人'乎？"
제자들이 말하길: "군자는 화가 미쳐도 두려워하지 않고, 복이 이르러도 기뻐하지 않는다고 들었습니다." 공자가 이르시기를: "이(그러한) 말이 있다. (그러나) '아랫사람을 소중히 하기 때문에 그들을 기쁘게 한다'고 하지 않더냐?"

공자는 대부가 되어 비로소 자신의 정치철학을 펼칠 수 있게 되었다며 기뻐했는데, 그것은 다름 아닌 위정자로서 솔선수범하고 백성들을 소중히 여김으로써 그들을 행복하게 하는 것이었다. 그런데 본문에 보이는 공자의 태도는 이러한 정치 참여에 대한 열정이 드러나지 않는다. 바꿔 말해서, 공자가 본문에서 한 말은 이처럼 열정이 넘칠 때가 아니라, 노나라로 돌아와 인재양성교육에 전념할 때였음을 간접적으로 나타내는 것이니, 이는 공자가 노나라로 돌아온 68세 이후에 한 말인 것으로 추측할 수 있다.

2-22: 子曰：“人而無信, 不知其可也。大車無輗, 小車無軏, 其何以行之哉?”
子曰：“人而無信, 不知其可也。□車無□, □車無□, 其何以行之哉?”

【대구법, 대유법, 설의법】
공자가 이르시기를: “사람이 신의가 없으면, 옳은 것을 알지 못한다. 큰 수레에 끌채 끝 쐐기가 없고, 작은 수레에 끌채 끝 쐐기가 없으면, (끌채가 고정되지 못하니) 어떻게 그것(수레)이 갈 수 있겠는가?”

*공자는 여기서 신의를 수레의 끌채 끝 쐐기로 표현하고 사람을 수레로 비유했으니, 이는 바로 대유법을 써서 비유한 것이다. 아울러 道(도)의 중요한 구성요소 중 하나가 바로 信(신: 신뢰, 믿음)임을 알 수 있다.

2-23: 子張問: "十世, 可知也?" 子曰: "殷因於夏禮,
所損益, 可知也。周因於殷禮, 所損益, 可知
也。其或繼周者, 雖百世, 可知也。"
子張問: "十世, 可知也?" 子曰: "□因於□禮,
所損益, 可知也。□因於□禮, 所損益, 可知
也。其或繼周者, 雖百世, 可知也。"

【문답법, 대구법】

자장이 묻기를: "열 세대는, 알 수 있습니까?" 공자가
이르시기를: "은(상)나라는 하나라의 예를 따랐으니, 손익을, 알
수 있다. 주나라는 은나라의 예를 따랐으니, 손익을, 알 수 있다.
혹시 주나라를 따르는 자가 있다면, 비록 백 세대라도, 알 수
있을 것이다."

*본문의 世(세)를 王朝(왕조)로 번역하는 경우가 있는데, 그렇게
되면 13-12의 "만일 현명한 왕이 있다 하더라도, 반드시 한 세대가 지
난 뒤에라야 어질게 될 것이다"라는 말과 모순이 생긴다. 따라서 世
(세)는 "세대"로 해석해야 올바를 것이다.

*이는 한 나라의 지도자가 禮(예)를 숭상하면 나라가 흥성하고,
반면에 그렇지 못하면 결국 몰락하게 된다는 말이다. 하나라와 은나
라의 지도자들은 禮(예)를 숭상했기 때문에 부흥할 수 있었지만, 각
각 桀(걸)과 紂(주) 임금에 이르러 절제하지 못하고 사치와 향락에 젖
은 생활 때문에 몰락했다. 이와 관련하여 다음의 기록들을 살펴보면,
쉬이 이해할 수 있을 것이다.

孔甲之後, 歷王皐, 王發, 至王履癸, 號爲桀, 貪虐力能伸鐵鉤索。(생략) 爲瓊宮瑤臺, 殫民財, 肉山脯林, 酒池可以運船, 糟堤可以望十里, (생략) 國人大崩。

공갑 이후, 왕고 왕발을 거쳐, 왕 이계에 이르렀으니, 걸이라고 불렀는데, 탐욕스럽고 사나웠으며 힘은 능히 쇠갈고리로 된 밧줄을 펼 수 있었다. (생략) 옥으로 장식한 궁궐과 누각을 짓고, 백성들의 재물을 다하여, 고기로 숲을 만들고, 술로 만든 못은 배를 띄울 수 있었으며, 술지게미로 쌓은 둑에서 십 리를 볼 수 있었는데, (생략) 나라 백성들(의 신망)이 크게 무너졌다.

〔十八史略(십팔사략)〕〈夏王朝篇(하왕조편)〉

紂伐有蘇氏, 有蘇以妲己女焉, 有寵其言皆從; 厚賦稅, 以實鹿臺之財, 盈鉅橋之粟, 廣沙丘苑臺, 以酒爲池, 懸肉爲林, 爲長夜之飮, 百姓怨望, 諸侯有畔者。

주왕이 유소씨를 정벌하여, 유소씨가 달기로 짝지어주니(달기를 바치니), 사랑하여 그녀의 말을 모두 따랐다; 부세를 두터이 하여, 그럼으로써 녹대의 재물을 튼튼하게 하고, 거교의 곡식을 채워, 사구와 원대를 넓혔으며, 술로 못을 만들고, 고기를 매달아 숲을 만들어, 며칠이고 계속 술자리를 벌였으니, 백성이 원망하고, 제후들 중에 배반하는 이들이 있었다.

〔十八史略(십팔사략)〕〈殷王朝篇(은왕조편)〉

주나라 역시 文王(문왕)과 武王(무왕) 그리고 周公(주공)이 成王(성왕)을 보필하여 禮(예)를 숭상했기 때문에 부흥할 수 있었지만, 厲王(여왕)과 宣王(선왕) 그리고 幽王(유왕)에 이르러서는 무도한 정치를 폈기 때문에 몰락하였다. 그리고 平王(평왕)에 이르러 결국 수도를 洛陽

(낙양)으로 옮겼지만, 天子(천자)의 지위는 땅에 떨어져서 회복할 수 없게 되었으니, 이때부터 東周(동주) 즉 春秋時代(춘추시대)가 시작된 것이다.

따라서 공자의 말은 禮(예)를 숭상하고 따르면 나라가 흥성하고 그렇지 못하면 몰락하게 되는 것이니, 이러한 이치로 본다면 열 세대뿐 아니라 백 세대의 운명이라도 예측할 수 있다는 뜻인 것이다.

*〔史記(사기)〕〈孔子世家(공자세가)〉에 따르면, 본문은 공자가 衛(위)나라에서 노나라로 돌아온 후 즉 68세 이후에 말한 것이라고 한다.

2-24: 子曰:"非其鬼而祭之, 諂也。見義不爲, 無勇也。"

공자가 이르시기를: "그 귀신(자기 선조의 혼백)이 아닌데도 제사지내면, 간특한 것이다. 의를 보고도 행하지 않으면, 용기가 없는 것이다."

*제자 宰我(재아)가 鬼神(귀신)에 대해서 묻자, 공자는 다음과 같이 대답한다.

氣也者, 神之盛也; 魄也者, 鬼之盛也。合鬼與神, 敎之至也。衆生必死, 死必歸土, 此之謂鬼。骨肉斃于下, 陰爲野土; 其氣發揚于上, 爲昭明。焄蒿悽愴 此百物之精也 神之著也

氣(기)는 神(신)의 왕성함이고; 魄(백)은 鬼(귀)의 왕성함이다. 鬼(귀)와 神(신)을 합한 것이, 敎(교: 가르침)의 지극함이다. 살아있는 모든 것은 반드시 죽고, 죽으면 반드시 흙으로 돌아가는데, 이를 鬼(귀)라고 한다. 뼈와 살은 아래(흙)로 엎어져서, 陰(음)으로 들판의 흙이되고; 그 氣(기)는 위로 일어나서, 밝고 명확하게 된다. 기운이 서려올라 오싹해지는 것, 이는 온갖 것들의 精氣(정기)이니, 神(신)이 분명히 드러남이다.　　　　　　　　　　〔禮記(예기)〕〈祭義(제의)〉

이를 통해서 鬼(귀)는 陰(음)의 흙으로 돌아간 것을, 神(신)은 陽(양)의 하늘로 올라간 영혼을 뜻함을 알 수 있다. 그런데 위에서 이러한 음(땅)과 양(하늘)을 합한 것이 敎(교: 가르침)의 지극함이라고 했으니, 이제 다음의 기록을 또 살펴보자.

天命之謂性, 率性之謂道, 修道之謂敎。道也者, 不可須臾離也, 可離, 非道也。
하늘이 명한 것을 성이라 하고, 성을 따르는 것을 도(道)라하며, 도를 닦는 것을 교라고 한다. 도라는 것은, 잠시도 떠날 수 없는 것이니, 떠날 수 있다면, 도가 아니다.　　　　　　〔禮記(예기)〕〈中庸(중용)〉

이제 이를 종합해보면 "음(땅)과 양(하늘)을 합한 것이 바로 도를 닦는데 있어 지극한 것"이니, 이러한 음과 양의 "和(조화)"가 바로 道(도)의 대단히 중요한 구성요소가 됨을 알 수 있다. 따라서 이 음과 양의 조화를 따르는 祭祀(제사)의 목적은 조상들의 뜻을 기리고 따르는 즉 仁(인)에 있으므로, 제사는 道(도)를 완성하는데 역시 필수불가결한 행위가 된다고 볼 수 있는 것이다. 그런데 공자는 왜 자기의 조상에게 제사를 지내는 것이 아니면 간사하고도 악독한 것이라고 말하고 있을까? 이와 관련하여 또 다음의 기록을 살펴보자.

自少康以來, 歷王杼, 王槐, 王芒, 王泄, 王不降, 王扃, 王厪, 至王孔
甲, 好鬼神, 事淫亂, 夏德衰。

소강 이래로, 왕저 왕괴 왕망 왕설 왕불항 왕경 왕근을 거쳐, 왕 공
갑에 이르니, 귀신을 좋아하고, 음란한 행위를 일삼아, 하나라의 덕
이 쇠하였다.　　　　　〔十八史略(십팔사략)〕〈夏王朝篇(하왕조편)〉

　즉 공자의 말은 무턱대고 아무 귀신이나 섬기면 오히려 나라가
혼란에 빠지게 된다는 뜻인 것이다. 〔左傳(좌전)〕〈哀公(애공) 6年〉에
따르면, 楚(초)나라 昭王(소왕)이 병이 들어서 점을 쳤는데, 黃河(황하)
의 신에게 제사를 지내야 한다고 했다. 하지만 소왕이 거절하자, 대
부들이 거듭 교외에서 제사를 지내야 한다고 청했다. 이에 소왕은
"하나라와 은나라 그리고 주나라 삼 대의 天子(천자)들께서는 諸侯(제
후)들의 제사 범위를 정해주셨으니, 자기 영토를 넘지 않는 범위의
山川(산천)에게만 제사를 지내는 것이다. 그런데 황하는 우리의 영토
밖이니, 내 부덕함을 황하의 신께서 벌 줄만한 것은 아니다"고 말했
다. 공자는 이 말을 전해 듣고 다음과 같이 평한다.

　楚昭王知大道矣。其不失國也, 宜哉! 夏書曰:"惟彼陶唐, 帥彼天常,
有此冀方。今失其行, 亂其紀綱, 乃滅而亡。" 又曰:"允出茲, 在茲。"
由己率常, 可矣。

초나라 소왕은 큰 도를 안다. 그(소왕)가 나라를 잃지 않는 것은, 마
땅하다! 〔하서〕에 이르기를: "저 도당(요임금)부터, 이 기 나라가 있
었는데, 지금 그 도를 잃고, 그 기강을 어지럽혀, 이에 멸망했다."
또 이르기를: "진실로 이에서 나오니, 이에 있도다." 자기로 말미암
아 常(상: 변치 않는 법도)을 따르는 것이, 옳다.

〔史記(사기)〕〈孔子世家(공자세가)〉에 따르면 이는 공자 나이 63세 때 있었던 일로, 초나라 소왕이 결국 죽자 결국 공자는 楚(초)나라에서 衛(위)나라로 돌아온다. 아울러 공자가 위에서 인용한 〔하서〕란 바로 〔尙書(상서)〕이니, 참고로 원문도 살펴보기로 하자.

其三曰, 惟彼陶唐, 有此冀方, 今失厥道, 亂其紀綱, 乃底滅亡.
그 셋째가 말했다: "저 도당(요임금)부터, 이 기 나라가 있었는데, 지금 그 도를 잃고, 그 기강을 어지럽혀, 이에 멸망함에 이르렀다."

〔尙書(상서)〕〈五子之歌(오자지가)〉

禹(우)와 啓(계)를 이어 夏(하)나라의 세 번째 임금이 된 太康(태강)은 놀고 게으름만 피우며 덕을 망쳤다. 이에 수많은 백성이 딴 마음을 품었는데, 한 번은 洛水(낙수)의 바깥으로 사냥을 가서 백날이 지나도 돌아오지 않자, 그의 다섯 아우가 이처럼 비판한 것이다.

*1-13에서 義(의)는 계급상의 서열을 명확하게 하고 그 서열에서 마땅히 지켜야 할 바를 목숨을 걸고 지키는 자세라고 설명한 바 있다. 그런데 공자는 이러한 義(의)를 보고도 지키고 실천하지 못한다면 勇(용: 용감함)이 없다고 하니, 勇(용: 용감함)이란 바로 "義(의)를 몸소 실천하는 것"이다. 다시 말해서, 義(의)가 없다면 勇(용) 역시 존재할 수 없는 관계가 형성 됨을 알 수 있는 것이다.

勇(용): "義(의: 계급상의 서열을 명확하게 하고 그 서열에서 마땅히 지켜야 할 바를 목숨을 걸고 지키는 자세)를 몸소 실천하는 것"

第3章: 八佾(팔일)

3-1: 孔子謂季氏: "八佾[1]舞於庭, 是可忍[2]也, 孰不 可忍也?"

【대유법, 설의법】
공자가 계씨를 평하셨으니: "팔일을 뜰에서 추게 하니, 이것을 용서할 수 있다면, 무엇을 용서할 수 없겠는가?"

*이는 노나라 桓公(환공)의 자손인 三桓(삼환) 즉 孟孫氏(맹손씨)와 叔孫氏(숙손씨) 그리고 季孫氏(계손씨)가 임금을 능가하는 권력을 휘둘렀음을 직접적으로 비판한 것으로 이해할 수 있다. 그 중에서도 특히 계손씨는 天子(천자)가 참석하여 지내는 제사 때 추는 춤을 자신의 뜰에서 추게 했으니 얼마나 무례했는지 짐작할 수 있는데, 여기서 계손씨가 구체적으로 누구를 지칭하는지는 단정 지을 수 없으나, 공자의 생졸연대를 감안했을 때 아마도 季桓子(계환자)나 그의 아들 季康子(계강자)였을 것이라는 추론은 가능할 것이다. 상하의 질서체계를 극도로 강조한 공자는, 바로 여기서 계씨의 不仁(불인: 자신의 군주를 진심으로 섬기고 따르지 않음)을 지적하고 있는 것이다.

---

1) 八佾(팔일): 天子(천자)가 지내는 제사 때 추는 춤.
2) 忍(인): 참다, 용서하다.

3-2: 三家者, 以雍徹。[3]子曰: "'相維辟公, 天子穆穆。', 奚取於三家之堂?"

【인용법, 대유법, 설의법】

셋(맹손씨, 숙손씨, 계손씨)의 집에서, <옹>으로서 (제사를) 치렀다.
공자가 이르시기를: "'임금과 제후가 서로 돕고, 천자께서는
조용히 생각하시네.'(라는 내용의 <옹>)를, 어찌 셋의 집에서
취하는가?"

*雍(옹)은 〔詩經(시경)〕〈周頌(주송)·雍(옹)〉을 뜻하고, 인용구 역시
이 작품의 한 구절이다. 〔毛詩傳(모시전)〕에서는 이 작품의 주제를 "禘
大祖也。(선조께 제사를 드리는 것이다.)"라고 했으니, 즉 주나라 武王(무왕)
이 아버지 文王(문왕)의 제사를 지낼 때 연주하던 음악인 것이다. 일
개 제후국인 노나라의 卿(경)이 천자나 행할 수 있는 음악으로 집안
제사를 지냈으니, 이는 3-1과 마찬가지로 不仁(불인: 자신의 임금을 진심
으로 섬기고 따르지 않음)을 지적하고 있음을 알 수 있다. 이제 참고적으
로 이 작품 전체의 내용을 살펴보기로 하자.

有來雍雍, 至止肅肅。相維辟公, 天子穆穆。
於薦廣牡, 相予肆祀。假哉皇考, 綏予孝子。
宣哲維人, 文武維后。燕及皇天, 克昌厥后。
綏我眉壽, 介以繁祉。既右烈考, 亦右文母。

---

3) 徹(철): 관철하다. 다스리다.

올 때는 기뻐하나, (묘당에) 도착하면 엄숙해지네. 제후들은 (제사를) 돕고, 천자께서는 공경하네.

아, 큰 짐승을 바쳐서, 나를 도와 제사를 드리네. 아름다운 황제시여, 자식인 나를 평안하게 하시네.

밝디 밝으신 이시여, 문무를 겸비하신 임금이네. 편안함이 하늘에 미치시어, 그 후손을 번성케 하시네.

내가 장수하도록 평안하게 하시고, 복이 많도록 도우시네. (이에) 부왕을 숭상하고, 또 어머님을 숭상하네.

3-3: 子曰: "人而不仁, 如禮何? 人而不仁, 如樂何?"
子曰: "人而不仁, 如□何? 人而不仁, 如□何?"

【대구법, 설의법】

공자가 이르시기를: "사람이 어질지 못하면, 예를 어떻게 하겠는가? 사람이 어질지 못하면, 음악을 어떻게 하겠는가?"

*본문의 禮(예)와 樂(악)은 결국 禮樂制度(예악제도)를 뜻한다. 1-13에서 이미 설명했듯이 공자는 道(도)의 구체적인 내용인 仁(인)과 義(의)가, 형식이 되는 국가 통치에 있어서의 예악제도로 절제되고 통제되어야 和(화: 조화)를 이룰 수 있다고 생각했다. 따라서 본문에서는 이제 이를 반대로 표현하여, 道(도)의 형식이 되는 예악제도는 내용이 되는 仁(인)이 없으면 무용지물이라고 말하는 것이다. 공자는 〔논어〕를 통해서 끊임없이 내용과 형식의 조화를 강조하고 있는데,

그 취지는 다름 아닌 내용이 없으면 형식 역시 존재할 수 없고, 형식이 없으면 내용 역시 온전하게 제 역할을 다 할 수 없다는데 있다.

3-4: 林放問禮之本。子曰: "大哉, 問! 禮, 與其奢也, 寧儉。喪, 與其易也, 寧戚。"
林放問禮之本。子曰: "大哉, 問! □, 與其□也, 寧□。□, 與其□也, 寧□。"

【대구법】
임방이 예의 근본을 물었다. 공자가 이르시기를: "크구나, 물음이여! 예는, 사치하느니, 차라리 검소한 것이다. 상을 치름은 마음을 편안히 하느니, 차라리 슬퍼하는 것이다."

*임방은 노나라의 大夫(대부)이자 공자의 제자였다는 설이 있으나, 필자가 섭렵한 자료에서는 이를 증명할 수 없다. 따라서 추후 좀 더 면밀한 고증이 필요해 보인다.

*喪(상)은 부모의 상을 뜻한다. 喪禮(상례)라는 말을 통해서도 이해할 수 있듯이, 이는 공자가 禮(예)의 한 가지로 예를 든 것이다.

*1-12에서 禮(예)라는 것이 "조화로움을 위한 절제와 통제"라고 정리한 바 있는데, 여기서 공자는 좀 더 구체적으로 설명하고 있다. 다시 말해서 禮(예)는 화려하기보다는 검소해야 하고, 또한 형식이기는 하지만 진심을 다해서 정성껏 하지 않으면 안 된다고 강조하고 있는 것이다.

3-5: 子曰: "夷狄之有君, 不如諸夏⁴⁾之亡也。"
子曰: "□□之□□, 不如□□之□□⁵⁾也。"

【대구법, 비교법】
공자가 이르시기를: "오랑캐 지역의 군주가 있음은, 중국 본토 지역의 (군주가) 없음만 못하다."

*이는 예악제도가 임금의 존재보다 더 중요하다는 것을 뜻하는 표현이다. 다시 말해서, 아무리 오랑캐 지역에서 임금을 세워 따르더라도 그들에게는 예악제도가 없기 때문에 나라가 바로 잡힐 수 없지만, 중국 본토 지역은 예악제도가 있기 때문에 설령 임금이 없더라도 나라가 바로 잡힐 수 있다는 뜻인 것이다.

---

4) 諸夏(제하): 변방의 오랑캐 입장에서 중국을 일컫는 표현.
5) 이 문장은 사실 對句(대구)로 쓰였다고 봐야 한다. 즉 亡(망) 뒤에는 君(군)이 생략된 형태인 것이다.

3-6: 季氏旅於泰山。子謂冉有曰: "女弗能救與?"
對曰: "不能。" 子曰: "嗚乎, 曾謂! 泰山不如林
放乎?"

【문답법, 비교법, 설의법】
계씨가 태산에서 려(제후가 지내는 제사)를 지냈다. 공자께서
염유에게 이르시기를: "네가 막지 못하겠는가?" (염유가)
말하기를: "할 수 없습니다." 공자가 이르시기를: "아, 이미
설명했거늘! 태산이 임방보다도 못하더냐?"

*염유는 冉求(염구)이다. 〔史記(사기)〕의 〈仲尼弟子列傳(중니제자열
전)〉에 따르면, 그는 공자보다 29세 어렸는데, 공자는 그가 정치에 재
능이 있다고 평한 바 있다.

*본문은 3-1과 3-2 그리고 3-3을 종합해서 이해해야 한다. 계씨가
卿(경)의 신분을 망각하고 公(공) 즉 제후가 지내는 제사를 지냈으니,
이는 不仁(불인: 자신의 군주를 진심으로 섬기고 따르지 않음)한 것인데, 내용
이 되는 仁(인: 자신의 군주를 진심으로 섬기고 따름)이 없으면, 형식이 되는
禮樂制度(예악제도) 역시 존재할 수 없다. 다시 말해서, 공자는 임방조
차도 이러한 개념을 알았기 때문에 禮(예)의 근본이 무엇인지를 물었
던 것인데, 설마하니 태산의 영령이 임방보다도 못해서 그런 계씨의
제사를 과연 정성을 다하고 있다고 생각하여 받아주겠느냐고 비꼬아
서 비판하는 것이다.

*여기서 계씨는 바로 노나라의 卿(경)인 季康子(계강자)이다. 〔左
傳(좌전)〕 〈哀公(애공) 3년〉과 〔史記(사기)〕 〈孔子世家(공자세가)〉에 따

르면, 공자가 60세일 때 季桓子(계환자)가 죽으며 아들 계강자를 불러 "노나라는 흥성할 수 있었지만, 내가 공자에게 죄를 지어 그렇지 못했으니, 네가 나를 이어 경이 되면 반드시 공자를 불러라!"라고 유언을 했다. 계환자가 구체적으로 공자에게 어떤 죄를 지었는지는 18-4 "제나라 사람이 여자와 음악을 선물하자, 계환자가 받고, 삼 일 동안 신하들을 만나지 않았다. 공자가 다른 나라로 갔다"의 해설부분을 참고하기로 하고, 아무튼 계강자는 아버지의 유언을 받들어 공자를 불러들이기로 했다. 하지만 대부 公之魚(공지어)가 극렬히 반대하여 결국 차선책으로 공자의 제자 염구 즉 염유를 불러들여 신하로 삼은 것이니, 본문은 공자 나이 60세 이후의 대화임을 알 수 있다. 아울러서 염구가 노나라로 갈 때, 자공은 염구에게 노나라에 가서 등용되면 꼭 스승을 모셔가 달라고 부탁한 바 있으니, 이와 관련하여서는 7-14를 참고하기로 한다.

3-7: 子曰: "君子無所爭, 必也射乎。揖讓而升, 下
　　　　而飲。其爭也君子。"

공자가 이르시기를: "군자는 다투는 바가 없지만, 기필한 것은 활쏘기이다. (서로) 읍하고는 사양하여 오르고, 내려와서는 (패자가 승자가 올리는 위로의 술을) **마신다. 그렇게 다투는 것이 군자이다."**

*이와 관련하여, 먼저 다음의 기록을 살펴보자.

子曰: "射, 有似乎君子。失諸正鵠, 反求諸其身。"

공자가 이르시기를: "활쏘기는, 군자에 비슷함이 있다. 과녁의 한가운데를 잃으면, (그 원인을) 자기 자신에게 돌려서 찾는다."

〔禮記(예기)〕〈中庸(중용)〉

활쏘기에서 한가운데를 맞추지 못하면 그 잘못을 자기 탓으로 여기듯이, 道(도)를 배우고 부단히 노력하여 실천하는 올바른 지도자는 자신의 허물을 자기 탓으로 여기고 반성하여 고친다. 따라서 본문의 내용은 道(도)를 배우고 부단히 노력하여 실천하는 올바른 지도자란 결코 사사로이 타인과 다투지 않고 모든 원인을 자기 탓으로 돌려서, 오로지 남들보다 먼저 자신의 허물을 고치는데 힘쓴다는 뜻이다.

3-8: 子夏問曰: "'巧笑倩兮, 美目盼兮。'素以爲絢兮, 何爲也?" 子曰: "繪事後素。"曰: "禮後乎?" 子曰: "起予者, 商也。始可與言詩已矣。"

【문답법, 인용법】

자하가 묻기를: "'어여쁜 미소가 환하고, 아름다운 눈은 흰색과 검은색이 분명하네'라고 하였는데, (이는) 흰색으로 밝게 비추는 것이니, 어찌 된 것입니까?" 공자가 이르시기를: "그림을 그리는 일은 (아직 물들이지 않은) 흰 명주 뒤로 미루는 것이네." (자하가) 말하기를: "예는 뒤로 하는 것입니까?" 공자가 이르시기를: "나를 계발하는 이는, 상이로다. 비로소 함께 [시경]을 말할 수 있겠구나."

*이와 관련하여 먼저 다음의 기록을 다시 한 번 살펴보자.

道德仁義, 非禮不成。
도와 덕 그리고 어질음과 의로움은, 예가 아니면 완성시킬 수 없다.

〔禮記(예기)〕〈曲禮上(곡례상)〉

　　1-13에서 仁(인)과 義(의)는 禮(예)로서 통제해야 하는데, 이러한 仁(인)과 義(의)는 道(도)의 구체적인 내용인 반면, 禮(예)는 이들을 수식하는 형식이라고 언급한 바 있다. 따라서 본문의 대화가 강조하는 바는, 道(도: 태평성대를 이끈 옛 성현들의 통치이념)라는 것은 먼저 내용이 되는 仁(인)과 義(의)를 실천하고, 그 다음에 형식인 禮(예)로서 그것을 수식해야 비로소 완전해진다는 것이다. 이제 이 내용을 8-9의 "詩(시)로 다스리고, 예로 확고히 하며, 음악으로 이룬다"라는 표현에 대입시켜보면 그 뜻이 더욱 명확해짐을 알 수 있으니, 바로 내용이 먼저이기는 하지만 결국에는 내용과 형식을 모두 중시해야 한다는 것이다. 공자의 이러한 관점은 6-25의 "군자가 文(문)을 널리 배우고, 예로 규제하면, 역시 위배되지 않을 것이다"와 9-10의 "스승께서는 순리적으로 사람을 이끄시고, 文(문)으로 나를 넓히시며, 禮(예)로 나를 제약하시니, 멈추고자 해도 능히 못 하여, 나의 재능을 다하게 하신다"라는 표현에서도 찾아볼 수 있으니, 함께 엮어서 이해할 수 있다.

　　그런데 여기서 다시 한 번 짚고 넘어가야 할 점이 있으니, 위에서 언급한 8-9 "詩(시)로 다스리고, 예로 확고히 하며, 음악으로 이룬다"라는 말의 詩(시)는 다름 아닌 〔詩經(시경)〕을 가리키는 것으로, 이 〔시경〕이 바로 文(문) 즉 "통치에 필요한 모든 법도와 그러한 법도들의 구체적인 내용"의 하나라는 점이다. 또한 11-2에서 공자는 자하가 자유와 함께 文學(문학)에 뛰어났다고 평가한 바 있다고 했으니, 여기서 말하는 文學(문학) 역시 오늘날의 문학이 아닌 "文(문)을 배움"을 뜻하는 표현임을 알 수 있다.

　*본문에서 자하가 인용한 것은 〔詩經(시경)〕의 〈衛風(위풍)·碩人(석인)〉 2章(장)에 나오는 구절인데, 〔毛詩傳(모시전)〕에서는 이 작품의 주제를 "閔莊姜也(장강을 가엾게 여긴 것이다)。"라고 하였다. 〔史記(사기)〕 〈魯周公世家(노주공세가)〕에 따르면, 齊(제)나라 太子(태자) 得臣(득신)의 누이동생 莊姜(장강)은 衛(위)나라 莊公(장공)에게 시집갔다. 하지만 장공이 첩에게 미혹되어 그녀에게 자식이 없게 되자, 이에 위나라 사람들이 이 시를 지어서 장강을 위로했다고 한다. 이제 이 구절이 나오는 2장의 내용을 살펴보자.

　　手如柔荑, 膚如凝脂。
　　領如蝤蠐, 齒如瓠犀。
　　蝤首蛾眉, 巧笑倩兮, 美目盼兮。
　　손은 연한 싹과도 같고(부드럽고), 피부는 응고된 기름과도 같구나(희고 매끄럽구나).
　　목은 나무굼벵이와도 같고(희고도 길고), 치아는 박의 살과 씨와도 같구나(희고도 고르구나).
　　매미의(작고 단정한) 이마와 누에나방의(가늘고 긴 곡선의) 눈썹, 어여쁜 미소가 환하고, 아름다운 눈은 흰색과 검은색이 분명하네(또렷하네).

　이를 좀 더 구체적으로 설명하자면, 장강이 시름에 빠지자 위나라 사람들이 그녀가 시집올 때의 아름다운 모습을 회상하여 묘사함으로써 위로하고자 한 것이다. 그런데, 여기서 이 작품의 주제나 詩句(시구)의 맥락이 자하와 공자의 대화와는 어떤 관련성도 찾아볼 수 없다는 점을 발견할 수 있을 것이다. 따라서 자하가 이 시구를 인용한 것은 어디까지나 斷章取義(단장취의: 작품의 일부를 인용하여 필요한 의미만을 취함) 심지어는 牽强附會(견강부회: 억지로 끌어 붙임)가 되는데, 이와 관련하여서는 시대적 상황을 개략적으로 설명할 필요가 있다.

　　〔左傳(좌전)〕이나 〔國語(국어)〕 등을 살펴보면, 춘추시대에는 〔시경〕을 인용하여 자신의 의중을 피력하는 것이 이미 매우 보편화되었음을 볼 수 있는데[6], 그 이유는 유력한 근거를 인용하여 말함으로써 자신의 말에 설득력을 높이기 위해서이다. 하지만 이는 다시 작품과 본인의 뜻이 완전히 부합되는 경우와 어느 정도 일맥상통하는 경우 그리고 전혀 맞지 않는 견강부회의 세 가지로 나눌 수 있으니, 본문에서 자하가 인용한 것은 바로 세 번째 경우에 해당된다. 그럼에도 불구하고, 공자는 비로소 자하와 〔시경〕을 논할 수 있게 되었다며 칭찬하고 있으니, 이는 과연 어떻게 된 연유일까? 그 이유는 바로 공자가 聯想(연상)과 想像(상상) 즉 응용력을 대단히 중시했기 때문이니, 여기서 다시 한 번 "興(흥)"의 의미를 짐작할 수 있을 것이다. 아울러 "興(흥)"에 대해서는, 17-9에서 구체적으로 논하기로 한다.

---

6)　이를 賦詩(부시: 시 작품을 바침)와 引詩(인시: 시구를 인용)라고 한다. 하지만 賦詩(부시)
　　는 시 작품을 만들어 바치는 경우와 이미 존재하는 작품을 바쳐서 연주케 하는 경우
　　로 나뉘므로, 해석에 유의할 필요가 있다.

3-9: 子曰:"夏禮, 吾能言之, 杞不足徵也。殷禮, 吾
能言之, 宋不足徵也。文獻不足故也。足, 則吾
能徵之矣。"
子曰:"□禮, 吾能言之, □不足徵也。□禮, 吾
能言之, □不足徵也。文獻不足故也。足, 則吾
能徵之矣。"

【대구법】

공자가 이르시기를: "하나라의 예는, 내가 말할 수 있으나,
(하나라의 후예인) 기나라로 증명하기에는 부족하다. 은나라의
예는, 내가 말할 수 있으나, (은나라의 후예인) 송나라로
증명하기에는 부족하다. 문헌이 부족한 까닭이다. 충분하면, 곧
내가 그것을 증명할 수 있다."

*〔史記(사기)〕〈孔子世家(공자세가)〉에 따르면, 본문은 공자가 衛
(위)나라에서 노나라로 돌아온 직후인 68세에서 70세 사이에 한 말인
것으로 추측할 수 있다.

*본문은 2-23의 "은(상)나라는 하나라의 예를 따랐으니, 손익을,
알 수 있다. 주나라는 은나라의 예를 따랐으니, 손익을, 알 수 있다.
혹시 주나라를 따르는 자가 있다면, 비록 백 세대라도, 알 수 있을 것
이다" 및 3-14의 "주나라는 두 왕조(하나라와 은나라)를 살폈으니, 찬란
하도다, (주나라의) 文(문)이여! 나는 주나라를 따르리라"는 구절을 살
펴보면, 그 뜻을 쉬이 이해할 수 있다. 다시 말해서, 이는 "주나라는
은(상)나라의 예악제도를 따랐기 때문에, 주나라의 것을 추론하여 은
나라의 예악제도를 이해할 수 있다. 은(상)나라는 하나라의 예악제도

를 따랐기 때문에, 역시 은나라의 것을 추론하여 하나라의 예악제도를 이해할 수 있다. 다만 하나라의 후예인 기나라와 은나라의 후예인 송나라에 지금 남아있는 예악제도는 너무나 부실하기에 증거로 삼을 수 없고, 또 남아있는 문헌에도 그 증거가 부족하여 명확하게 증명하기가 어려울 뿐이다"라는 뜻이니, 공자는 이를 통해서 하나라와 은나라 그리고 주나라 삼대가 모두 예악제도를 중시했음을 부각시키고자 한 것이다. 이제 이와 관련하여, 다음의 기록을 살펴볼 필요가 있다.

子曰: "吾說夏禮, 杞不足徵也。吾學殷禮, 有宋存焉。吾學周禮, 今用之, 吾從周。"
공자가 말씀하시기를: "내가 하나라의 예를 말함에, 기나라는 증명하기에 부족하다. 내가 은나라의 예를 배움에, 송나라가 존재하고 있을 따름이다. 내가 주나라 예를 배움에, 지금 그것이 쓰이고 있으니, 나는 주나라를 따른다." 〔禮記(예기)〕〈中庸(중용)〉

이는 3-9와 3-14의 내용을 정리해서 요약한 것으로 볼 수 있는데, 여기서 공자는 왜 굳이 주나라의 예악제도를 따르겠다고 했을까? 하는 의문이 들 수 있다. 이에 대한 해답은 3-14에서 구체적으로 밝히기로 하고, 먼저 다음의 기록을 살펴보기로 하자.

仲尼祖述堯舜, 憲章文武, 上律天時, 下襲水土。
중니는 요임금과 순임금의 말씀을 조술(근본으로 하여 그 뜻을 펴 서술)하고, 문왕과 무왕을 헌장했으며(규범으로 삼았으며), 위로는 하늘의 때를 법으로 따르고, 아래로는 물과 토양을 따랐다.
〔禮記(예기)〕〈中庸(중용)〉

위로는 하늘을 따르고 아래로는 물과 토양을 따른다고 했는데, 주지하다시피 이는 대동사회와 소강사회를 불문하고 모두 공통적으로 존재했던 개념이다. 또 요임금과 순임금은 바로 대동사회를 뜻하고, 주나라 문왕과 무왕은 소강사회를 뜻한다. 그런데 공자는 요임금과 순임금의 말씀을 근본으로 하지만, 문왕과 무왕을 규범으로 삼는다고 했으니, 이는 바로 공자가 대동사회를 이론적 토대로 삼지만 현실적으로는 소강사회의 예악제도를 따르겠다는 말인 것이다. 이미 2-3에서 언급했다시피, 대동사회와 소강사회는 모두 德(덕)으로 나라를 다스린 시대였으나, 세상이 家天下(가천하)가 되면서 자기 자신을 위해서만 재물과 힘을 쓰자 권모술수가 흥기하고 전쟁이 발생하였다. 이에 우, 탕, 문왕, 무왕, 성왕, 주공 여섯 군자들은 기존의 대동사회를 이끈 지도자들의 통치이념에 禮(예: 조화로움을 위한 절제와 통제)를 더욱 강화하여 시비를 선별한 것이니, 다시 말해서 공자는 대동을 지극한 이상사회로 삼지만 이는 어디까지나 노스텔지아의 손수건 즉 영원히 도달할 수 없는 이상향이기 때문에, 현실적으로는 회복이 가능한 문왕과 무왕의 예악제도를 부활시켜야 한다고 주장한 것이다. 공자에게 있어 君子(군자)와 聖人(성인)은 엄연히 다른 존재이다. 공자는 성인이란 하늘이 내는 것이고 그런 성인이 다스렸던 대동시대로의 복귀는 불가능하다고 여겼기 때문에 소강사회로의 복귀를 외쳤으며, 노나라로 돌아온 68세 이후로는 특히 이를 위해서 군자양성교육에 전념한 것이다.

3-10: 子曰: "禘[7], 自旣灌[8]而往者, 吾不欲觀之矣。"

공자가 이르시기를: "(천자가 지내는 큰 제사인) 체는, 이미 (울창주를 땅에 부어) 내림굿을 한 뒤로는, 내가 보고 싶지 않다."

*공자는 周公(주공)이 확립한 예악제도와 종법제도를 숭상하여 따랐다. 그런데 본문의 뜻을 살펴보노라면, 이는 천자가 지내는 제사에서 울창주를 땅에 부어 내림굿을 하는 행위 자체가 예악제도의 격식에 어긋난다는 것인지, 아니면 울창주를 땅에 부은 이후의 절차에 문제가 있다는 것인지 모호하다. 이 점은 추후 별도의 고증이 필요한데, 필자의 소견으로는 후자에 더 가깝지 않나 싶다. 아무튼 공자는 이미 정해진 격식에 따르지 않고, 정성을 다하지 않으며, 허례허식에만 치우치는 당시의 예악제도에 큰 불만을 품었기에 이와 같이 말한 것임은 틀림이 없다.

---

7) 禘(체): 고대의 천자가 지내던 제사, 큰 제사.
8) 灌(관): 붓다.

3-11: 或問禘之說。子曰:"不知也。知其說者之於 天下也, 其如示諸斯乎。"指其掌。

【직유법】

어떤 사람이 체(천자가 정월에 하늘에 지내는 제사)의 말씀을 물었다. 공자가 이르시기를: "알지 못한다. 그 말씀(의미)을 아는 이가 천하에 나아감은, 그것이 마치 여기에서 그것(천하)을 보는 것과도 같으리니." 그 손바닥을 가리키셨다.

*이미 위에서 줄곧 언급한 바대로, 공자는 상하의 서열체계를 확립해야 한다고 주장한 인물이다. 그런데 공자는 제후국인 노나라의 일개 大夫(대부)였을 따름이니, 신분상으로는 天子(천자) 그리고 道(도)의 참뜻을 이해하는 측면으로는 하늘이 낸 聖人(성인)들만이 논할 수 있는 하늘에 대해서는 감히 언급하지 못한 것이다. 이는 5-12의 "스승의 문장은 얻어들을 수 있지만, 스승의 천성과 하늘의 도에 대한 말씀은, 얻어들을 수가 없다" 및 7-25의 "성인은, 내가 만나볼 수 없구나. 군자를 만나볼 수 있다면, 이것만으로도 좋겠다"라는 말을 살펴보면, 공자의 취지를 쉬이 이해할 수 있을 것이다. 이제 이와 관련하여, 다음의 기록들을 살펴보자.

> 帝顓頊高陽者, 黃帝之孫而昌意之子也。靜淵以有謀, 疏通而知事; 養材以任地, 載時以象天, 依鬼神以制義, 治氣以教化, 絜誠以祭祀。(생략) 動靜之物, 大小之神, 日月所照, 莫不砥屬。
>
> 전욱제 고양은, 황제의 자손이고 창의의 아들이다. 조용하여 지모

가 있었고, 도리와 조리에 밝아 일을 주재하였으니; 재목을 길러 관리를 부임시키고, 때에 맞춰 하늘을 점쳤으며, 귀신에 의탁하여 법도를 바로잡고, (음양의) 기를 바로잡아 교화하였으며, 깨끗하고도 정성을 다해 제사를 지냈다. (생략) 운동과 정지하는 만물이나, 크고 작은 신들, 해와 달이 비치는 곳이면, 고루 귀속되지 않는 것이 없었다.　　　　　　　　　〔史記(사기)〕〈五帝本紀(오제본기)〉

高辛生而神靈, 自言其名。 普施利物, 不於其身。 聰以知遠, 明以察微。 順天之義, 知民之急。 仁而威, 惠而信, 脩身而天下服。
고신(제곡)은 태어나면서 신통하고 영묘하여, 스스로 자신의 이름을 말했다. 두루 베풀어 만물을 이롭게 하였지만, 자신에게는 아니었다(자신을 돌보지 않았다). 귀가 밝아 멀리까지 알았고, 눈이 밝아 작은 것을 살폈다. 하늘의 법도를 따르고, 백성의 긴요함을(백성들이 무엇을 긴요하게 생각하는지를) 알았다. 어질면서도 위엄 있고, 은혜로우면서도 믿음이 있었으며, 자신을 닦았기에 세상이 복종했다.
　　　　　　　　　〔史記(사기)〕〈五帝本紀(오제본기)〉

　4-22에서 구체적으로 설명하겠지만, 공자는 人道(인도: 사람의 도)에 대해서만 말하고 天道(천도)에 대해서는 상세하게 언급하지 않는다. 공자에게 있어서 하늘이라는 것은 신분상으로는 천자 그리고 道(도)를 이해하는 측면에서는 三皇五帝(삼황오제)와 같은 성인들만이 접근할 수 있는 존재라고 생각한 것이니, 즉 이 말은 대동사회가 아닌 현실적으로 회복 가능한 소강사회에 대한 복귀를 외치고 있다는 傍證(방증)이 된다고 할 수 있을 것이다.

3-12: 祭如在, 祭神如神在。子曰: "吾不與祭, 如不
祭。"

【직유법】

제사를 지냄에 계신 듯이 하셨으니, 신령께 제사를 지냄에
신령이 계시는 듯이 하셨다. 공자가 이르시기를: "내가 제사에
참여하지 않으면, 제사를 지내지 않은 것과 같다."

*이는 禮(예)의 하나인 祭禮(제례)에 대해서 언급한 부분인데, 공
자는 이를 통해서 禮(예)라는 것이 정성을 다해야 하는 것임을 대단
히 강조했다. 앞에서 언급했듯이 禮(예)는 仁(인)과 義(의)라는 내용을
수식하는 형식이지만, 이러한 형식도 정성을 다해야 하는 것이라고
하고 있으니, 바로 17-11의 "禮(예)로다 예로다라고 하는데, 옥과 비
단을 말하는 것이겠느냐? 음악이로다 음악이로다라고 하는데, 종과
북을 말하는 것이겠느냐?"와 뜻이 서로 통하는 것이다. 이와 관련하
여 다음의 기록을 살펴보자.

> 宗廟之祭, 仁之至也。喪禮, 忠之至也。
> 종묘의 제사는, 어질음의 지극함이다. 상례는, 충후함의 지극함
> 이다. 〔禮記(예기)〕〈禮器(예기)〉

선조를 잊지 않고 제사지냄으로써 그의 뜻에 순응하는 것은 仁
(인) 즉 진심으로 섬기고 따르는 어질음이 지극해지는 것이고, 또한
부모상을 치름으로써 그의 뜻에 순응하는 것은 忠(충) 즉 정성스러움
이 지극해지는 것이라고 하고 있다. 따라서 이를 종합해보면, 喪禮(상

례)와 祭禮(제례)는 아랫사람이 윗사람을 진심으로 섬기고 따르는 仁(인)을 실천하는 것이지만, 형식적으로 마지못해서 하는 것이 아니라 忠(충) 즉 정성을 다해야 하는 것임을 알 수 있다.

3-13: 王孫賈問曰: "'與其媚[9]於奧[10], 寧媚於竈[11].', 何謂也?" 子曰: "不然。獲罪於天, 無所禱也。"

【문답법, 인용법, 대유법】

왕손가가 묻기를: "'아랫목 신을 따르느니, 차라리 부뚜막 신을 따른다'라고 하니, 어떤 것을 일컫는 것이요?" 공자가 이르시기를: "그렇지 않습니다. 하늘에 죄를 지으면, 빌 곳이 없게 됩니다."

*왕손가는 衛(위)나라 大夫(대부)이다. 〔左傳(좌전)〕〈定公(정공) 8년〉에 따르면, 위나라 靈公(영공)이 晉(진)나라와 맹약을 맺을 때 치욕을 당하고 이에 앙심을 품자, 왕손가가 꾀를 써서 영공이 진나라를 배신할 것을 독촉한다. 결국 왕손가는 南子(남자)[12]에 빠져 정치에 관심이 없던 영공의 신임을 받게 되고, 군대를 맡는 權臣(권신)이 되기

---

9) 媚(미): 아첨하다, 좇다.
10) 娛(오): 아랫목
11) 竈(조): 부엌 귀신, 조왕신
12) 남자는 6-26에 등장하는 靈公(영공)의 부인인데, 수많은 남자와의 사통으로 평판이 아주 좋지 않았다.

에 이르렀다. 이와 관련하여서는 14-19의 "왕손가는 군대를 맡고 있습니다"는 말을 참고할 수 있다.

*당시의 禮(예)에 따르면, 여름에 제사를 지낼 때 부뚜막 신에게 먼저 제사를 지내고 난 후에야 서남쪽 모퉁이의 아랫목 신에게 제사를 지냈다. 이에 왕손가는 이러한 禮(예)가 비록 아랫목 신이 높지만 결국 제사의 주인이 아니고, 부뚜막신이 비록 낮지만, 결국 제사의 주인이라는 뜻이 아니겠냐고 본 것이다. 따라서 왕손가는 본문을 통해서 실제로는 영공보다 더 큰 전권을 휘두르는 자기를 따르는 것이 낫지 않느냐며 넌지시 공자를 떠본 것이다. 이에 공자는 하늘이 정해준 상하의 서열체계를 깨면 큰 화를 입게 된다면서, 왕손가의 잘못된 생각을 일깨우고자 하였다.

*〔史記(사기)〕〈孔子世家(공자세가)〉에 따르면, 본문의 대화는 공자 나이 49세(노나라 정공 8년)에서 위나라 영공이 죽은 60세 사이에 한 것으로 추측할 수 있다. 특히 정공 14년 공자가 56세 때 노나라를 떠나 위나라로 가게 되므로, 이는 아마도 50대 후반에 있었던 대화일 것이다.

3-14: 子曰: "周監於二代, 郁郁乎, 文哉! 吾從周。"

공자가 이르시기를: "주나라는 두 왕조(하나라와 은나라)를 살폈으니, 찬란하도다, (주나라의) 文(문)이여! 나는 주나라를 따르리라."

*주지하다시피 공자는 궁극적으로 周公(주공)을 가장 존경하고 섬겼는데, 이는 3-9와 연결해서 이해할 필요가 있다. 즉 주나라의 文王(문왕)과 武王(무왕) 그리고 주공이 하나라와 은나라의 예악제도를 계승하고 나아가 종법제도를 완성시켰으니, 주나라 예악제도와 종법제도가 가장 이상적인 것이라는 뜻으로 풀이해야 할 것이다.

　*[史記(사기)]〈孔子世家(공자세가)〉에 따르면, 이는 공자가 衛(위)나라에서 노나라로 돌아온 68세 이후에 한 말로 추측할 수 있다.

3-15: 子入大廟, 每事問。或曰: "孰謂鄹人之子知禮乎? 入大廟, 每事問。" 子聞之曰: "是禮也。"

【설의법】
공자께서는 종묘에 들어가, 매사에 대해서 물으셨다. 어떤 이가 말하기를: "누가 추 지역 사람의 아들(공자)이 예를 안다고 하였는가? 종묘에 들어가서는, 매사에 대해서 묻는다." 공자가 들으시고 이르시기를: "이것이 예이다."

　*공자는 아는 것도 다시 한 번 물음으로써 이상이 없는지 확인하는 것이 禮(예)라고 말하고 있다. 禮(예)는 "조화로움을 위한 절제와 통제"로 仁(인: 군주를 진심으로 섬기고 따름)을 수식하는 형식이기는 하지만, 3-12에서 언급한 바처럼 형식적으로 마지못해서 하는 것이 아니라 정성을 다해야 하는 것이다. 따라서 공자의 말은 "祭禮(제례)는 진심으로 섬기고 따르는 仁(인)을 드러내는 형식이지만 반드시 정성을

다해야 한다. 따라서 아는 것이라도 다시 한 번 물음으로써 이상이 없는지 확인해야 하는 것이다"라는 뜻인 것이다.

아울러서 아는 것이라도 다시 한 번 물어서 확인하는 태도는 다름 아닌 好問(호문: 묻기를 좋아함)의 자세를 일컫는 것으로, 이를 실행하기 위해서는 반드시 자만하지 않는 愼(신: 신중함)을 갖춰야 함에 유의해야 할 것이다.

3-16: 子曰: "射不主皮, 爲力不同科[13], 古之道也。"

공자가 이르시기를: "활을 쏘는데 가죽을 위주로 하지 않음(가죽으로 만든 과녁 맞히는 것을 위주로 하지, 뚫는 것을 위주로 하지 않음)은 힘의 등급이 다름이니, 옛날의 도였다."

*본문의 의미를 이해하기 위해서 먼저 3-7의 내용을 다시 한 번 살펴보면, 군자는 활쏘기를 하는 목적이 과녁을 맞히지 못하면 모든 원인을 자기 탓으로 돌려서, 오로지 남들보다 먼저 자신의 허물을 고치도록 힘쓰는데 있다는 뜻이 된다. 이와 관련하여 다음의 기록을 살펴보자.

伊尹乃言曰: 先王昧爽丕顯, 坐以待旦, 旁求俊彦, 啓迪後人, 無越厥命以自覆。愼乃儉德, 惟懷永圖。若虞機張, 往省括于度, 則釋, 欽厥

---

13) 科(과): 등급.

止, 率乃祖攸行。惟朕以懌, 萬世有辭。

이윤이 이에 말했다: "선왕께서는 먼동이 틀 무렵에 크게 밝히고자, 앉아서 아침을 기다리셨고, 뛰어난 인재와 훌륭한 선비들을 두루 찾아 구하여, 후인들을 계도하셨으니, 그 명을 어김으로써 스스로 엎어지지 마십시오. 신중하여 이에 검소한 덕을 행하시고, 장구한 계책을 품으십시오. 우인이 쇠뇌에 활시위를 얹어, 가서 화살 끝이 법도에 맞는지 살피고, 곧 (활을) 발사하는 것처럼, 그 행동거지를 공경하고, 이에 선조가 행하신 바를 따르면, 제가 그럼으로써 기쁘고, 만세(萬世)에 말씀이 남을 것입니다.

〔尙書(상서)〕〈太甲上(태갑상)〉

　군자의 활쏘기는 힘을 겨뤄서 승부를 가르는데 있는 것이 아니라, 과녁을 적중시키는데 있다. 즉 군자는 활쏘기를 통해서 무력으로 나라를 이끌지 않고 오로지 법도에 맞는지를 살피며, 만약 법도에 맞지 않으면 허물을 고치는데 부끄러워하지 않는 자세를 익혀야 하는 것이다.

3-17: 子貢欲去告朔[14]之餼[15]羊。子曰: "賜也, 爾愛
　　　其羊, 我愛其禮。"
　　　子貢欲去告朔之餼羊。子曰: "賜也, □愛其□,
　　　□愛其□。"

【대구법】

자공이 고삭(초하루마다 드리는 제사)의 양을 희생시키는 것(제도)을
없애고자 하였다. 공자가 이르시기를: "사야, 너는 그 양을
가엾게 여기지만, 나는 그 (전통의) 예가 소중하다."

*이와 관련하여, 먼저 다음의 기록을 살펴보기로 하자.

夫禮, 爲可傳也, 爲可繼也。
무릇 예라는 것은, 전할 수 있고, 지속될 수 있는 것이다.

〔禮記(예기)〕〈檀弓上(단궁상)〉

공자에게 있어서 禮(예: 조화로움을 위한 절제와 통제)는 시대와 상관
없이 지속 가능한 것인데, 이와 관련하여 〔左傳(좌전)〕〈昭公(소공) 20
년)의 한 기록을 살펴보자. 齊(제)나라 임금이 사냥터에 갔다가 활
로 사냥꾼을 불렀는데도 사냥꾼이 다가가지 않자, 임금은 무례하다
며 그를 잡아들였다. 그러자 사냥꾼은 선대의 임금들께서는 깃발로
大夫(대부)를 부르고, 활로 士(사)를 부르며, 가죽으로 된 모자로 사냥
꾼을 불렀으니, 저는 임금께서 저를 부르시는 것을 보지 못했다고 해

---

14) 告朔(고삭): 초하루마다 지내는 제사.
15) 餼(희): 희생하다.

명했고, 임금은 결국 그를 풀어주었다고 한다. 이에 공자는 道(도)를 지키느니 차라리 자신의 官(관: 직무)을 지키는 것이 낫다며 사냥꾼의 판단이 옳다고 평가했으니, 즉 공자는 임금이 부르면 달려가는 당장 지켜야 할 도리보다 전통의 예악제도 규정이 더 중요하다고 본 것이다. 따라서 이러한 공자의 가치관을 알고 본문을 살펴본다면, 그 뜻을 쉬이 이해할 수 있을 것이다.

3-18: 子曰: "事君盡禮, 人以爲諂也。"

공자가 이르시기를: "임금을 섬김에 예를 다하니, 사람들은 아첨한다고 여긴다."

*이미 앞에서 설명한 바 있듯이, 禮(예: 조화로움을 위한 절제와 통제)는 仁(인: 군주를 진심으로 섬기고 따름)과 義(의: 계급상의 서열을 명확하게 하고, 그 서열에서 마땅히 지켜야 할 바를 목숨을 걸고 지킴)를 수식하는 형식이 된다. 따라서 이 말은 "나는 신하된 자로서 임금을 진심으로 섬기고 따르며, 그 입장에서 지켜야 할 바를 목숨을 걸고 지켰을 따름인데, 사람들은 오히려 내가 임금에게 아첨한다고 여긴다"라는 뜻으로 풀이할 수 있다.

*이 말은 두 측면 즉 하나는 세상에 道(도)가 없어지면 떠나는 것이 전통적인 도리라고 생각한 사람들, 또 하나는 공자의 재능을 두려워하고 시기한 사람들 입장에서 이해할 수 있을 것이다. 첫 번째 관점은 전통적인 신하된 도리로서, 오직 임금이 바른 정치를 하도록 끊

임없이 충언을 하다가, 자신의 충언이 받아들여지지 못하면 세상을 떠났던 것이다. 이와 관련하여서는 18-1의 "미자는 떠났고, 기자는 그의 노비가 되었고, 비간은 간언을 하다가 죽었다"라는 말을 살펴볼 수 있으니, 은나라의 마지막 왕 紂王(주왕)은 叔父(숙부) 比干(비간)의 지속적인 충언을 참다못해 "내가 듣기로 聖人(성인)은 심장에 일곱 개의 구멍이 있다는데 직접 확인해보겠노라"고 말하여 그 자리에서 비간의 심장을 도려냈다. 그 모습에 놀란 箕子(기자)는 미친척하였으나 결국 체포되어 노비가 되고, 주왕의 형 微子(미자)는 은나라를 떠났는데, 공자는 이 세 사람을 은나라의 어진 사람들이라고 평가했다. 이처럼 충언을 해도 임금이 깨닫는 것은 고사하고 자신의 목숨조차도 부지하지 못했으니, 신하가 세상을 등지고 떠나는 것이 당시에는 어쩌면 너무나도 당연했던 不文律(불문율)이었던 것이다. 바꿔 말해서, 이러한 관점을 지닌 사람들이 공자의 모습을 보았을 때 어떤 생각을 품었겠는가?

두 번째 관점은 바로 弱肉强食(약육강식)의 도리이다. 당시처럼 세력이 강한 신하가 약한 임금을 좌우하던 춘추시대에, 이처럼 공자가 세력이 약한 임금을 진심으로 섬기는 태도는 과연 어떠한 모습으로 비춰졌을까? 5-18에서 보다 상세히 설명하겠지만, 특히 공자의 仁(인)은 자기가 섬기는 군주가 무도한지의 여부에 상관없이 진심으로 섬기고 따라야 한다는 것이니, 보는 이의 입장에 따라서는 맹목적이고 심지어는 아첨하는 것처럼 보일 수 있을 것이다. 다만 이 점에 대해서는 오해가 없어야 할 것이니, 공자는 17-8에서 "어질음을 좋아하면서, 성인의 도를 배우기를 좋아하지 않으면, 그 결점은, 공정하게 판단하지 못해서 맹목적으로 추종하게 된다"고 설명함으로써, 仁(인)이 맹목적인 추종을 뜻하는 것은 아님을 분명히 한 바 있다.

물론, 상술한 두 가지 입장은 모두 나름대로의 가능성이 있지만, 공자의 노나라가 당시 三桓(삼환: 맹손씨, 숙손씨, 계손씨)에 의해서 좌우되었던 만큼, 후자일 가능성에 더 큰 무게를 둘 수 있을 것이다.

3-19: 定公問: "君使臣, 臣事君, 如之何?" 孔子對
曰: "君使臣以禮, 臣事君以忠."
定公問: "○□●, ●□○, 如之何?" 孔子對
曰: "○□●以□, ●□○以□."

【문답법, 대구법】
정공이 묻기를: "임금이 신하를 부리고, 신하가 임금을 섬기는 것은, 어찌해야 합니까?" 공자가 이르시기를: "임금이 신하 부리기를 예로 하고, 신하가 임금 섬기기를 정성스러움으로 하는 것입니다."

*禮(예)는 조화로움을 위한 절제와 통제를 뜻한다고 설명한 바 있다. 따라서 정공의 물음에 대한 공자의 대답은, "임금은 윗사람으로서 아랫사람인 신하에게 지나치지도 않고 모자라지도 않는 조화로움으로 절제하여 대해야 합니다. 또한 신하는 아랫사람으로서 정성을 다해서 윗사람인 임금을 섬기고 따라야 합니다"라는 뜻이 내포되어 있는 것이다.

*[史記(사기)] 〈孔子世家(공자세가)〉에 따르면, 정공은 임금에 오른 지 9년을 전후로 공자를 중용했다. 따라서 위의 대화는 이 시기인 공자 나이 50세 전후에 있었던 것으로 추측된다.

3-20: 子曰: "關雎, 樂而不淫, 哀而不傷。"

**공자가 이르시기를: "([시경]의) 〈관저〉편은 즐거워하지만
어지럽히지 않고, 슬퍼하지만 근심하지 않는다."**

　*본문의 뜻을 파악하기 위해서는 〈관저〉편에 대해서 이해할 필요
가 있는데, 먼저 [毛詩傳(모시전)]에서는 이 작품의 주제를 "后妃之德
也.(천자의 배필이 후덕하구나.)"로 보았다. 하지만 그 설명이 너무나 간
단하여 파악하기가 어려우니, 좀 더 구체적으로 알아보기로 하자.

> 是以關雎, 樂得淑女以配君子, 憂在進賢, 不淫其色。哀窈窕, 思賢
> 才, 而無傷善之心。是關雎之義也。
> 이 때문에 〈관저〉는, 기꺼이 아리따운 여인을 찾아 군자에게 짝지
> 어줌으로써, 현명한 인재를 천거함을 걱정하지, 여색을 탐하지는
> 않는 것이다. 얌전하고도 정숙함을 사랑하고, 현명한 인재를 그리
> 워하지만, 선량한 마음을 해치지 않음, 이것이 〈관저〉편의 뜻이다.
>
> 〔詩大序(시대서)〕

　주지하다시피, 〈관저〉는 [시경] 305수의 첫 편이다. 일반적으로
한 작품의 첫 구절이나 작품총집에서의 첫 작품은 매우 함축적인 의
미를 담고 있는데, 다름 아닌 저자의 집필의도가 고스란히 응축되어
있는 부분이라는 점이다. 이를 염두에 두고 위의 내용을 살펴본다면,
바로 禮(예) 즉 "조화로움을 위한 절제와 통제"를 뜻하는 것임을 알 수

있다. 그렇기 때문에 공자는 "군자(참된 지도자)가 요조숙녀(현명한 인재)에게 반하여 즐거워하는 한편 잊지 못해서 뒤척이기도 하지만, 禮(예)를 가지고 절제하고 통제하기 때문에 그 마음을 어지럽히거나 지나치게 애태우지는 않는다"고 표현한 것이다. 이제 이 작품 전체를 감상해보면, 공자의 의도를 이해할 수 있을 것이다.

關關雎鳩, 在河之洲。 구구 (지저귀는) 물수리가, 황하의 모래톱에 있네.

窈窕淑女, 君子好逑。 얌전하고도 정숙한 아리따운 여인은, 군자가 짝으로 하기를 좋아하네.

參差荇菜, 左右流之。 들쭉날쭉한 노랑어리연꽃을, 이리저리 헤치네.

窈窕淑女, 寤寐求之。 얌전하고도 정숙한 아리따운 여인은, 자나 깨나 (군자가) 구한다네.

求之不得, 寤寐思服。 (군자가) 구하여도 얻지 못하니, 자나 깨나 마음속에 간직하네.

悠哉悠哉！輾轉反側。 아, 아! (잊지 못하여) 이리 뒤척이고 저리 뒤척인다네.

參差荇菜, 左右采之。 들쭉날쭉한 노랑어리연꽃을, 이리저리 뜯네.

窈窕淑女, 琴瑟友之。 얌전하고도 정숙한 아리따운 여인은, 거문고와 비파(부부사이의 정)로 가까이하네(사랑하네).

參差荇菜, 左右芼之。 들쭉날쭉한 노랑어리연꽃을, 이리저리 뽑네.

窈窕淑女, 鍾鼓樂之。 얌전하고도 정숙한 아리따운 여인(예)은, 쇠북과 북(음악)으로 즐거워하네.

1장은 군자(참된 지도자)가 요조숙녀(현명한 인재)에게 호감을 갖게 되는 장면이다. 따라서 2장에서 군자(참된 지도자)는 요조숙녀(현명한 인재)를 원하게 되는데, 어찌 된 일인지 3장에서는 뜻대로 되지 않자, 군자(참된 지도자)는 전전반측하며 괴로워한다. 하지만 4장에서 군자(참된 지도자)와 요조숙녀(현명한 인재)는 서로의 감정을 확인하고, 5장에서 결국 조화로움을 이루게 된다.

특히 4장과 5장의 琴瑟(금슬)과 鍾鼓(종고)는 17-11의 "樂云樂云, 鐘鼓云乎哉?(음악이로다 음악이로다라고 하는데, 종과 북을 말하는 것이겠느냐?"라는 표현에서 알 수 있듯이, 음악을 뜻한다. 따라서 이는 위에서 언급한 禮(예)와 樂(악)의 조화로움 즉 禮樂制度(예악제도)를 상징하고 있는 것이다. 이와 관련하여 다음의 기록을 살펴보자.

仁近於樂, 義近於禮。
仁(인)은 樂(악)에 가깝고, 義(의)는 禮(예)에 가깝다.

〔禮記(예기)〕〈樂記(악기)〉

다시 말해서, 仁(인)과 義(의)가 떨어질 수 없듯이, 禮(예)와 樂(악) 역시 상호 불가분의 관계에 있으니, 진정한 조화로움을 나타내는 것이다. 이는 8-16의 "노나라 악사 지가 처음 악사 관직을 맡아 연주한, 〈관저〉의 끝장이, 한없이 아름답고 성하게 귀에 차는구나"라는 표현과 연계하여 이해할 수 있으니 참고하기로 한다.

이와 별개로, 오늘날에는 중국 학술계를 위시로 하여 〈관저〉편의 주제를 "젊은 남녀의 순수한 사랑을 노래한 것"으로 보고 있다. 하지만 작품에 나오는 "君子(군자)"가 1-1에서도 간략하게 언급한 바 있듯이 "道(도)를 배우고 부단히 노력하여 실천하는 올바른 지도자"라는 의미를 지닌다는 점을 올바로 이해한다면, 더구나 〔시경〕의 창작 연대가 주나라 초기부터 춘추시대 中期(중기) 즉 공자가 태어나기 이전임을 고려한다면, 이런 후대의 순수문학관점으로 "군자"를 해석하는 것은 올바른 분석 및 접근법이 아님을 알 수 있을 것이다. 그렇다면, 공자에게 있어 "군자"는 어떤 의미를 지니고 있을까? 이는 4-5에서 좀 더 구체적으로 논하기로 한다.

3-21: 哀公問社於宰我。宰我對曰: "夏后氏以松, 殷人以栢, 周人以栗。"曰: "使民戰栗。"子聞之, 曰: "成事不說, 遂事不諫, 既往不咎[16]。" 哀公問社於宰我。宰我對曰: "□□□以□, □□以□, □□以□。"曰: "使民戰栗。"子聞之, 曰: "□事不□, □事不□, □□不□。"

【대구법, 열거법, 대구법, 열거법】

애공이 재아에게 토지신(으로 섬기는 나무)에 대해 물었다. 재아가 대답하기를: "하나라의 시조 우는 소나무를 심었고, 은나라 사람은 잣나무를 심었으며, 주나라 사람은 밤나무를 심었습니다."(그러고는 계속해서) 말하기를: "(이는) 백성들로 하여금 전율케 함입니다." 공자가 이를 들으시고 이르시기를: "일이 이루어지면 말하지 않고, 이미 다 이루어진 일은 간하지 않으며, 이미 지나간 일은 책망하지 않는 것이다."

---

16) 咎(구): 꾸짖다, 책망하다, 비난하다.

*재아는 字(자)가 子我(자아)인데, 宰予(재여)라고도 칭한다. 〔史記 (사기)〕의 〈仲尼弟子列傳(중니제자열전)〉에 따르면, 그는 변론에 능했지 만 후에 齊(제)나라 臨菑(임치)의 大夫(대부)가 되어 田常(전상)과 함께 반란을 일으켰는데, 공자는 이를 수치스러워 했다고 한다.

　*본문에서 재아는 주나라 사람들이 밤나무(栗: 밤나무 율)를 심었는 데, 그 이유가 백성들을 戰慄(전율: 두려워 함)하게 함이라고 설명한다. 이는 栗(율)이 慄(율: 떨릴 율)과 발음이 같기 때문에 억지로 끼워 맞춘 牽强附會(견강부회)이고, 나아가 임금으로 하여금 공포정치를 실행하 도록 조장한 것이다. 따라서 공자는 이미 지난 일이니 이제 와서 말 을 해도 아무런 소용이 없다며 고개를 숙인 것이다.

3-22: 子曰:"管仲之器, 小哉。"或曰:"管仲儉乎?"
曰:"管氏有三歸, 官事不攝, 焉得儉?""然則[17]管仲知禮乎?"曰:"邦君樹塞[18]門, 管氏亦樹塞門。邦君爲兩君之好有反坫[19], 管氏亦有反坫。管氏而知禮, 孰不知禮?"

子曰:"管仲之器, 小哉。"或曰:"管仲儉乎?"
曰:"管氏有三歸, 官事不攝, 焉得儉?""然則管仲知禮乎?"曰:"○○樹塞門, ●●亦樹塞門。○○□□□□□有反坫, ●●亦有反坫。管氏而知禮, 孰不知禮?"

【문답법, 설의법, 대구법】

공자가 이르시기를: "관중의 그릇이, 작도다." 어떤 이가 말하기를: "관중은 검소합니까?" (공자가) 이르시기를: "관중은 세 번 돌아갔고(세 여자와 혼인을 했고), 관청의 일을 겸하지 못하게 했으니 어찌 검소하다고 하겠는가?" (혹자가 말하기를): "그렇다면 관중은 예를 압니까?" (공자가) 이르시기를: "나라의 임금이라야 (병풍으로) 막아서 문을 가리는데, 관중 역시 (병풍으로) 막아서 문을 가렸다. 나라의 임금이라야 두 임금의 우의를 위해서 반점(술잔을 놓는 대)을 두는데, 관중 역시 반점을 두었다. 관중이 예를 안다면, 누가 예를 알지 못 하겠는가?"

---

17) 然則(연즉): 그런즉, 그러면.
18) 塞(색): 가리다, 엄폐하다.
19) 反坫(반점): 제후들이 獻酬(헌수)하고 빈 잔을 엎어두는 받침대.

*관중은 齊(제)나라 사람으로, 이름은 夷吾(이오)이고 字(자)가 仲 (중)이다. 그는 齊(제)나라 桓公(환공)을 도와 霸業(패업)을 이룩한 인 물로서, 그의 친구 鮑叔牙(포숙아)와의 우정을 표현한 管鮑之交(관포지 교)로 더 유명한데, 구체적인 일화는 14-16에서 설명하기로 한다.

*본문의 내용은 〔禮記(예기)〕〈雜記下(잡기하)〉에도 보이는데, 공자 는 관중이 세 여자와 혼인을 하고, 한 관직에 한 가지 일만 하게 하여 재정을 낭비했으므로 검소하지 못하다고 했다. 또한 병풍으로 문을 막아서 건물 안이 보이지 않도록 하고 獻酬(헌수)한 후 빈 잔을 엎어 두는 반점을 두었는데, 이는 제후 즉 임금이나 할 수 있는 것이기 때 문에 禮(예)를 알지 못한다고 평가한 것이다. 이미 설명했다시피, 禮 (예: 조화로움을 위한 절제와 통제)는 仁(인: 자신의 군주를 진심으로 섬기고 따르 는 것)과 義(의: 각자의 자리에서 마땅히 행해야 할 도리를 옳다고 여기고, 또 목숨 을 걸고라도 지키는 것)를 수식하는 형식이다. 그런데 관중은 신하된 입 장에서 임금과 동일하게 행세했으니, 공자가 그 모습을 보고 어떻게 평가했는지는 굳이 설명할 필요가 없을 것이다.

그럼에도 불구하고, 공자는 14-9와 14-16 그리고 14-17에서는 오 히려 관중의 업적을 높이 평가하고 있음을 발견할 수 있다. 이제 이 와 관련하여 다음의 기록을 살펴보자.

愛而知其惡, 憎而知其善。
사랑하지만 그 나쁜 점을 알고, 미워하지만 그 좋은 점을 아는 것 이다. 〔禮記(예기)〕〈曲禮上(곡례상)〉

즉 공자는 관중의 장점과 단점을 분명히 가려서 평가하였으니, 바로 中(중: 한쪽으로 치우치지 않고 공정한 자세)을 몸소 실천한 것으로 보아야 할 것이다.

  *본문에서 공자는 관중의 그릇이 작다고 했는데, 이를 2-12의 "군자는 작은 그릇 즉 작은 분야에 치우쳐 전문 기능인이 되지 않는다"와 연결시켜보면, 공자의 君子觀(군자관)을 단편적으로나마 이해할 수 있을 것이다. 즉 관중은 제나라 卿(경)의 자리에까지 올라 환공의 패업을 도왔는데도 그릇이 작다고 했으니, 공자에게 있어 군자는 신분이나 연령의 문제가 아니라 人格(인격)과 연관된 것임을 알 수 있다.

3-23: 子語魯大師樂曰: "樂, 其可知也。始作翕[20]如也, 從之純[21]如也, 皦[22]如也, 繹[23]如也, 以成。"

  공자께서 노나라 태사에게 음악에 대해서 말씀하시기를: "음악을, 아마도 알 수 있을 듯합니다. 시작함에는 합하고(8음이 모두 연주되고), 나아가면서는 도타운 듯(온화한 듯), 또렷한 듯, 연달아놓은 듯하다가, 그럼으로써 완성되는(끝나는) 것입니다."

  *여기서 공자가 말하는 음악은 순수한 음률 자체를 말하는 것일까? 아니면 가사가 포함된 종합적인 형태를 말하는 것일까? 더군다

---

20) 翕(흡): 한꺼번에 일어나다, 합하다.
21) 純(순): 온화하다, 도탑다.
22) 皦(교): 또렷하다.
23) 繹(역): 늘어놓다, 연달아하다.

나 지금은 그 음률과 가사를 감상해볼 수조차 없으니, 선뜻 파악하기가 쉽지 않다.[24] 다만 본문을 통해서, 음악이라는 것이 때로는 각각의 요소가 독립적으로 행해지기도 하지만, 결국에는 하나로 조화를 이루는 것임은 알 수 있다. 이미 앞에서 간략하게 설명했듯이, 공자에게 있어서 음악은 음악 자체를 말하는 것이 아니라, 바로 예악제도를 뜻한다. 따라서 본문은 이처럼 道(도)를 이루는 仁(인)과 義(의) 禮(예) 등 각각의 요소들이 독립적으로 존재하여 활동하지만, 궁극적으로는 모두 유기적으로 하나가 되어 조화를 이뤄야 道(도)가 완성될 수 있다는 의미로 이해할 수 있을 것이다.

　*[史記(사기)] 〈孔子世家(공자세가)〉에 따르면, 이는 공자가 衛(위)나라에서 노나라로 돌아온 이후인 68세에서 70세 사이에 한 말로 추측할 수 있다.

3-24: 儀封人請見曰: "君子之至於斯也, 吾未嘗不　　　　得見也." 從者見之, 出曰: "二三子, 何患於　　　　喪乎? 天下之無道也久矣, 天將以夫子爲木　　　　鐸."

【설의법】
의 지역을 지키는 수령이 (공자를) 뵙기를 청하여 말하기를: "군자의 이곳에 이름에, 내가 만나지 못한 적이 없다." 따르는

---

24)　이 문제에 대해서는 3-25에서 구체적으로 논하기로 한다.

이가 (공자를) 뵙게 하였더니, 나와서 말하기를: "그대들은, 어찌 헛되이 (시간을) 낭비할까봐 걱정하는가? 세상의 무도함이 오래 되었으니, 하늘이 장차 (그대들의) 스승을 목탁으로 삼으실 것이다."

*당시 공자에 대한 평가는 三分(삼분)되었다. 이미 3-18에서 설명했듯이, 하나는 그를 아첨한다고 시기한(사실 그의 재능을 두려워한) 인물들이고, 또 하나는 그가 세상을 떠나지 않고 집착한다고 비판한 즉 신하된 도리의 불문율을 따를 것을 주장한 인물들이다. 그리고 마지막이 바로 공자의 뜻을 이해하고 따른 사람들인데, 그 대표적인 인물들이 바로 공자의 제자들과 본문의 의 지역을 지키는 수령이다. 여기서 또 하나, 비록 [논어]의 편찬자가 누구인지는 모르지만, 최소한 이렇듯 공자에 대한 다양한 의견들을 모두 수렴하여 객관적으로 기록한 中(중)의 자세로 일관했다는 점을 알 수 있을 것이다.

*의 지역을 지키는 수령은 왜 공자를 군자 즉 道(도)를 배우고 부단히 노력하여 실천하는 올바른 지도자라고 지칭하고 있을까? [史記(사기)] 〈孔子世家(공자세가)〉에 따르면, 定公(정공) 14년에 공자는 56세의 나이로 대부가 되었는데, 그 후 석 달이 지나자 상인들이 값을 속이지 않았으며, 남녀가 멀리 떨어져서 걸었고 또 길에 물건이 떨어져 있어도 줍는 이가 없었다고 한다. 심지어 외부의 손님들이 방문해도 담당 관리를 굳이 찾아갈 필요가 없었다고 하니, 공자의 지도자적 자질이 어떠했는지 충분히 짐작하고도 남음이 있을 것이다.

3-25: 子謂韶: "盡美矣, 又盡善也." 謂武: "盡美矣, 未盡善也."

子謂韶: "盡美矣, □盡善也." 謂武: "盡美矣, □盡善也."

【대구법】

공자가 소(순임금 때의 음악)를 평하시기를: "지극히 아름답고, 또 지극히 선하도다." 무(주나라 무왕 때의 음악)를 평하시기를: "지극히 아름답지만, 지극히 선하지는 않도다."

*3-23에서 공자가 말하는 음악이 순수한 음률 자체를 말하는 것인지, 아니면 가사가 포함된 종합적인 형태를 말하는 것인지를 파악할 필요가 있다고 한 바 있다. 이제 여기서 이 문제점에 대해서 구체적으로 논하기로 하는데, 먼저 다음의 기록들을 살펴보자.

於是夔行樂, 祖考至, 群后相讓, 鳥獸翔舞, 簫韶九成, 鳳皇來儀, 百獸率舞, 百官信諧. 帝用此作歌, 曰: "陟天之命, 維時維幾." 乃歌曰: "股肱喜哉! 元首起哉! 百工熙哉!" 皐陶拜手稽首揚言曰: "念哉! 率爲興事, 愼乃憲. 敬哉!" 乃更爲歌曰: "元首明哉, 股肱良哉, 庶事康哉!" 又歌曰: "元首叢脞哉, 股肱惰哉, 萬事墮哉!" 帝拜曰: "然, 往欽哉!"

그래서 기가 악기를 연주하자, 돌아가신 선조(귀신)께서 이르고, 여러 왕후들이 서로 양보하였으며, 조수가 날면서 춤추었는데, 소 아홉 곡 연주가 끝나자, 봉황이 와서 예절을 갖추고, 모든 짐승들이 모두 춤추었으며, 모든 관리들이 믿고 화합했다. (순)임금은 이에 노래를 지어, 불렀다: "하늘의 명을 공경하여 받들어, 때에 맞추기를 살피리니." 이에 노래하여 불렀다: "팔 다리(중신)가 행복하니! 원수(임금)가 입신하고! 온갖 장인이 흥성하리니!" 고요가 손을 들어 맞잡고 절하며 머리를 조아려 소리 높여 말했다: "삼가소서! 대략 국가의 대사를 일으킴에, 삼가면 이에 흥성합니다. 공경하소서!" 이에 다시 노래를 불렀다: "원수(임금)가 명철하면, 팔 다리(중신)가 어질어져, 모든 일이 편안하네!" 또 노래를 불렀다: "원수(임금)가 통일성이 없으면, 팔 다리(중신)들이 불경해져, 만사가 무너지네!" 임금이 절하며 말했다: "그렇소, 가서 삼가시오!"

〔史記(사기)〕〈夏本紀(하본기)〉

三旬, 苗民逆命。益贊于禹曰: "惟德動天, 無遠弗屆。滿招損, 謙受益, 時乃天道。帝初于歷山, 往于田, 日號泣于旻天, 于父母, 負罪引慝。祗載見瞽叟, 夔夔齋栗, 瞽亦允若。至誠感神, 矧茲有苗。" 禹拜昌言曰: "兪!" 班師振旅。帝乃誕敷文德, 舞干羽于兩階, 七旬, 有苗格。

삼십 일 동안, 묘족이 명을 거역했다. 익이 우를 도와 말했다: "오직 덕만이 하늘을 움직이니, 먼 곳이라도 굴복합니다. 자만은 손해를 부르고, 겸손은 이익을 받으니, 늘 이와 같은 하늘의 도리입니다. (순)임금께서는 처음 역산에서, 밭에 나가셨을 때, 매일 하늘과 부모에게 울부짖으시며, 죄를 스스로 짊어지고 사특함을 이끌었습니다(모든 죄를 자기 탓으로 돌렸습니다). 고수를 공경하여 받들고, 조심하고 재계하여 삼가시니, 고수 역시 진실로 따르게 되었습니다. 지극한 정성은 귀신을 감동시키니, 하물며 이 묘족이야." 우는 훌륭한 말에 절하며 말했다: "그렇습니다!" 군사를 돌려 제사를 바로잡앉다. (순)임금은 이에 위엄과 덕망을 넓게 펴고, 두 섬돌에서 방패춤(武舞)과 깃털춤(文舞)을 추시니, 칠십 일이 지나, 묘족들이 감복했다.　　　　　　　　　　　〔尙書(상서)〕〈大禹謨(대우모)〉

　韶(소) 연주가 끝나자 사람과 동물들이 모두 和(화: 조화)를 이뤘으니, 이는 다름 아닌 大同(대동)을 뜻한다. 또한 신하가 임금이 바른 길을 걷도록 충언하고, 임금은 신하들에게 하늘의 뜻을 받들어 신중을 기하라고 근엄하게 명령하고 있으며, 나아가 무력으로 진압하지 않고 진심어린 덕을 펼쳐서 오랑캐들마저 감복시켰다. 바로 이것이 순임금의 통치이념인 和(화: 조화로움)와 무력이 아닌 慈愛(자애: 자애로움)의 德治(덕치)인 것이다. 그렇기 때문에 공자는 7-13에서도 "제나라에 있으면서 소(순임금 때의 음악)를 듣고는, 오랜 시간동안 고기 맛을 알지 못하셨으니, 이르시기를: '음악의 지극함이 이 경지에 이를 줄 생각하지 못했다'"라고 표현한 것이다.
　반면에 武王(무왕)은 무력으로 은나라 紂王(주왕)을 멸하고 주나라를 세웠으니, 이른바 폭력으로 易姓革命(역성혁명)을 일으킨 장본인이다. 따라서 은나라의 제후국인 孤竹國(고죽국)의 왕자 伯夷(백이)와 叔齊(숙제)는 무왕이 仁義(인의)를 저버렸다고 말하며 首陽山(수양산)으로 들어가 고사리를 캐어먹고 지내다 굶어죽었던 것이다. 그렇다면 공자는 백이와 숙제에 대해서 어떻게 평가하고 있을까? 5-22의 "백이와 숙제는, 지나간 악행을 생각하지 않아서, 백이와 숙제를 써서 나무람이 드물었다"와 7-14의 "(백이와 숙제는) 어짊을 추구하여 어짊을 얻었으니, 또 어찌 원망했겠는가?" 그리고 16-12의 "백이와 숙제는 수양산 아래에서 굶어 죽었지만, 백성들이 지금까지도 칭송하고 있다"와 18-8의 "그 뜻을 낮추지 않고, 그 몸을 욕되이 하지 않은 이는, 백이와 숙제일 것이니?"라는 표현을 보면 알 수 있듯이, 공자는 백이와 숙제의 행위에 대해 칭찬을 아끼지 않고 있는 것이다.

이제 상술한 내용들을 통해서 공자의 음악이 무엇을 함축하고 있는지 살펴보면, 바로 단순한 음률 그 자체만을 지칭하는 것이 아니라, 歌辭(가사) 즉 인물의 업적을 고려한 종합적인 형태로 인식하고 있는 것임을 알 수 있는 것이다. 이와 별개로, 공자는 평소 주나라 무왕을 여섯 군자 중 하나라고 칭송했지만 본문에서는 그러한 모습을 찾아볼 수 없으니, 여기에서도 주나라 무왕의 역성혁명과 훌륭한 통치업적을 분명히 분리하여 평가하는 中(중)의 태도를 견지하고 있음을 알 수 있다.

3-26: 子曰: "居上不寬, 爲禮不敬, 臨喪不哀, 吾何以觀之哉?"

【설의법】

공자가 이르시기를: "윗자리에 있으면서 관대하지 못하고, 예를 행하지만 (진심으로) 정중하지 않으며, 상을 당함에 (진심으로) 슬퍼하지 않으면, 내가 어찌 그것을 보겠는가?"

*이는 지도자가 지녀야 할 자세에 대해서 언급한 부분인데, 즉 지도자는 바로 아랫사람에게 관대해야 하니, 다름 아닌 慈愛(자애)를 말하는 것이다. 다시 말해서, 지도자는 자신에게는 엄격하지만 아랫사람에는 지나치게 엄격해서는 안 된다고 말하고 있다. 또한 禮(예: 조화로움을 위한 절제와 통제)는 내용이 되는 仁(인: 군주를 진심으로 섬기고 따름)과 義(의: 계급상의 서열을 명확하게 하고 그 서열에서 마땅히 지켜야 할 바를 목숨을 걸고 지키는 자세)를 수식하는 형식이지만, 형식에 그쳐서는 안 되고 진심으로 정성을 다해야 한다고 강조하고 있는 것이다. 특히 마지막의 "내가 어찌 그것을 보겠는가?"라는 한탄조의 표현을 통해서, 당시 춘추시대에 禮(예)가 얼마나 허례허식에 빠져있었는지는 알고도 남음이 있을 것이다.

第4章: 里仁(이인)

4-1: 子曰: "里[1]仁爲美, 擇不處仁, 焉得知[2]?"

【설의법】

공자가 이르시기를: "어질음을 헤아리는 것이 아름다운 것이니, 가려서 어질음을 분별하지 못하면, 어찌 슬기롭다고 하겠는가?"

*주지하다시피, 공자의 노나라는 신하인 三桓(삼환: 맹손씨, 숙손씨, 계손씨)이 임금보다 더 큰 세력을 장악하고 있었는데, 사실 다른 제후국의 상황도 별반 차이가 없었다. 이러한 시대적 상황은 공자로 하여금 계급상의 서열을 명확하게 하는 것이 무엇보다도 절실하다고 느끼게끔 한다. 그렇기 때문에, 공자는 다른 무엇보다도 군주를 진심으로 섬기고 따르는 仁(인)을 그토록 강조하고 있다. 아울러서 이는 약육강식을 반대하고 종법제도가 정한 타고난 신분을 옹호할 뿐 아니라, 특히 소강사회로의 복귀를 주장하고 있는 공자의 가치관을 단편적으로 보여주는 부분이라고도 할 수 있다.

---

1) 里(리): 헤아리다.
2) 知(지): 알다, 슬기롭다, 지혜롭다.

4-2: 子曰: "不仁者, 不可以久處約, 不可以長處
樂。仁者安仁, 知者利仁。"
子曰: "不仁者, 不可以□處□, 不可以□處
□。□者□仁, □者□仁。"

【대구법】

공자가 이르시기를: "어질지 아니한 자는, 검소함에 오래
머무를 수 없고, 즐거움에 오래 머무르지 못한다. 어진 사람은
어질음에 편안해하고, 지혜로운 자는 어질음을 이롭게 한다."

*이미 1-6에서 설명한 바 있듯이, 공자에게 있어서 仁(인)은 道(도:
태평성대의 통치이념)의 구성요소 중 하나이다. 이제 이와 관련하여, 다
음의 기록들을 살펴보자.

帝堯陶唐氏, 伊祈姓, 或曰名放勳, 帝嚳子也。其仁如天, 其知如神,
就之如日, 望之如雲, 以火德王, 都平陽, 茅茨不剪, 土階三等。
제요 도당씨는, 이기가 성인데, 혹자가 말하기를 이름은 방훈이라
하니, 제곡의 아들이다. 그 인자함은 하늘과 같았고, 그 지혜로움은
귀신과 같아서, 따르기를 마치 해같이하고, 우러르기를 마치 구름
같이하였으니, 불의 덕으로 임금이 되고, 평양을 도읍으로 하여, 지
붕을 이는 짚을 지르지 않고, 흙 계단은 세 단이었다.

〔十八史略(십팔사략)〕〈五帝篇(오제편)〉

禹爲人敏給克勤; 其笱不違, 其仁可親。其言可信; 聲爲律, 身爲度。

稱以出; 亹亹穆穆, 爲綱爲紀。(생략) 禹傷先人父鯀功之不成受誅,
乃勞身焦思, 居外十三年, 過家門不敢入。薄衣食, 致孝於鬼神。卑宮
室, 致費於溝淢。(생략) 食少, 調有餘相給, 以均諸侯。

우는 사람됨이 민첩하고도 부지런했으니; 싹(바탕)은 어긋남이 없
고, 인자함은 가까이할 수 있었다. 말은 믿을 수 있었으니; 말하면
규율이 되고, 행하면 법도가 되었다. (명확하게) 헤아려 드러내었으
니; 부지런하고도 온화하여, 기강이 되었다. (생략) 우는 돌아가신
아버지 곤이 공을 이루지 못해 형벌을 당한 것이 마음 아팠기에, 이
에 몸을 수고롭게 하고 애태우며, 밖에서 지낸 지 13년 동안, 집 문
을 지나도 감히 들어가지 않았다. 입고 먹는 것을 소홀히 하고, 귀
신을 극진히 섬겼다. 거처를 누추하게 하고, 수로에 비용을 다 썼
다. (생략) 식량이 적으면, 남음이 있는 곳에서 옮겨 서로 공급하여,
그럼으로써 제후들을 고르게 하였다.

〔史記(사기)〕〈夏本紀(하본기)〉

高辛生而神靈, 自言其名。普施利物, 不於其身。聰以知遠, 明以察
微。順天之義, 知民之急。仁而威, 惠而信, 脩身而天下服。

고신(제곡)은 태어나면서 신통하고 영묘하여, 스스로 자신의 이름을
말했다. 두루 베풀어 만물을 이롭게 하였지만, 자신에게는 아니었
다(자신을 돌보지 않았다). 귀가 밝아 멀리까지 알았고, 눈이 밝아 작
은 것을 살폈다. 하늘의 법도를 따르고, 백성의 긴요함을(백성들이 무
엇을 긴요하게 생각하는지를) 알았다. 어질면서도 위엄 있고, 은혜로우
면서도 믿음이 있었으며, 자신을 닦았기에 세상이 복종했다.

〔史記(사기)〕〈五帝本紀(오제본기)〉

위에 열거한 내용들을 살펴보면, 상고시대의 태평성대를 구가한 성인들은 너나 할 것 없이 모두 검소함을 원칙으로 삼았음을 알 수 있으니, 검소함은 바로 태평성대의 통치이념인 道(도)의 중요한 구성요소인 것이다. 따라서 공자는 道(도)의 구성요소 중 또 다른 하나인 仁(인)이 없으면 검소한 태도 역시 오래갈 수 없다고 한 것이다.

이와 별개로 다시 위에 열거한 기록들 특히 〔십팔사략〕을 보면 "인자함은 하늘과 같았다"고 표현되어 있으니, 仁(인)의 뜻이 그간 설명했던 아랫사람으로서 자기의 윗사람(궁극적으로는 임금)을 진심으로 섬기고 따르는 것이 아니라, 윗사람이 아랫사람에게 베푸는 "어질음"으로 풀이되고 있음을 발견할 수 있다.[3] 다시 말해서 위에서 인용한 기록들에서의 仁(인)은 오늘날과 마찬가지의 의미로 쓰이고 있다는 것을 알 수 있는데, 이는 노자나 공자가 인식하고 있는 仁(인)과는 분명한 차이가 있음을 밝혀둔다. 이러한 仁(인)에 대한 인식의 변이가 언제 시작되었는지는 별도의 고증이 필요할 것이지만, 아마도 최소한 공자 이후였을 것임은 짐작할 수 있다. 기회가 된다면 노자와 공자의 사상을 비교할 때, 더불어 구체적으로 논할 수 있기를 기대한다.

공자는 이어서 "즐거움에 오래 머무르지 못한다"고 했는데, 이는 6-9의 "현명하구나, 안회여. 대나무 그릇의 밥, 표주박의 물, 누추하고 좁은 마을에 기거함, 사람들은 그 고통을 견디지 못한다. 안회는, 어려운 환경 속에서도 도를 배우는 즐거움을 고치지 않으니, 현명하구나, 안회여"라는 말을 살펴보면, 쉬이 이해할 수 있다. 다시 말해

---

3) 자고이래로 하늘은 至高至上(지고지상)의 존재이다. 따라서 하늘이 섬기고 따르는 대상은 있을 수 없으므로, 〔십팔사략〕에 나오는 仁(인)은 오늘날과 같이 윗사람이 아랫사람에게 베푸는 "어질음"이 될 수밖에 없다.

서, 仁(인)과 約(약: 검소함)은 모두 道(도)의 중요한 구성요소이지만, 군주를 진심으로 섬기고 따르는 仁(인)을 실천하지 못하면 검소한 태도를 오랫동안 유지할 수 없고, 또 검소한 태도를 견지하지 못하면 도를 배우는 즐거움을 지속해서 누리지 못한다는 뜻이다. 그러므로 공자는 마지막에서 "어진 사람은 어질음에 편안해하고, 지혜로운 자는 어질음을 이롭게 한다." 즉 군주를 진심으로 섬기고 따르는 사람은 仁(인)을 당연하게 생각해서 편안해하고, 지혜로움은 4-1에서 말한 것처럼 계급상의 상하서열을 명확히 하고 상관 나아가 군주를 진심으로 섬기고 따르는 仁(인)을 유익하게 한다고 한 것이다.

아울러서 知(지: 지혜로움)의 의미에 대해서 미리 언급하자면, 바로 "사사로운 이익을 탐하지 않고 오직 백성들과 나라를 위한 공익을 꾀하며, 초자연적인 힘에 의탁하지 않는 객관적인 판단력"인데, 이는 6-20에서 보다 상세하게 설명하기로 한다. 또한, 공자는 知(지)와 仁(인)을 모두 긍정적인 것으로 보고 있는데, 이와 관련하여서는 6-21을 참고하기로 한다.

4-3: 子曰: "惟仁者, 能好人, 能惡人。"
子曰: "惟仁者, 能□人, 能□人。"

【대구법】
공자가 이르시기를: "오직 어진 이만이, 사람을 좋아할 수 있고, 사람을 미워할 수 있다."

*이와 관련하여, 먼저 다음의 기록을 살펴보자.

唯仁人放流之, 迸諸四夷, 不與同中國。此謂唯仁人爲能愛人, 能
惡人。
오직 어진 사람만이 그들을 내쫓아, 사방의 오랑캐 지역으로 물리
쳐, 나라 안에서 더불지 못하게 한다. 이를 일컬어 오직 어진 사람
만이 능히 타인을 사랑할 수 있고, 능히 타인을 미워할 수 있다고
하는 것이다.　　　　　　　　　　　〔禮記(예기)〕〈大學(대학)〉

여기서 공자는 仁(인: 군주를 진심으로 섬기고 따르는 것)이 사람을 판
단할 수 있는 기준이 된다고 말하고 있다. 따라서 이 부분 역시 공자
가 종법제도를 얼마나 중시하고 강조하고 있는지를 엿볼 수 있는 대
목이라고 할 수 있는데, 이와 관련하여 다음의 기록을 살펴보자.

故禮之於人也, 猶酒之有蘗也。君子以厚, 小人以薄。
따라서 예의 사람에 의지함은, 술의 누룩이 있음과도 같다. 군자는
그럼으로써 (예에) 후하고, 소인은 그럼으로써 (예에) 박하다.
　　　　　　　　　　　　　　　　　〔禮記(예기)〕〈禮運(예운)〉

여기서는 禮(예: 조화로움을 위한 절제와 통제)가 군자와 소인의 판단
기준이 된다고 했는데, 공자에게 있어서 仁(인)은 내용인 반면 禮(예)
는 형식이 되고, 또 1-13에서 언급한 바와 같이 仁(인)은 禮(예)가 없
이는 완성될 수 없으므로, 결국 같은 의미가 됨을 알 수 있다.

4-4: 子曰: "苟[4]志於仁矣, 無惡也。"

공자가 이르시기를: "진실로 어질음에 뜻을 두어야, 잘못이 없게 된다."

*이는 4-1과 연계하여 이해할 수 있다. 즉 仁(인: 군주를 진심으로 섬기고 따르는 것)을 실천해야만 허물이 없게 되므로, 여기에서 잘못(허물)은 구체적으로 종법제도의 서열을 따르지 않고 아랫사람이 제멋대로 권력을 휘두르는 것을 가리키는 것이다.

---

4) 苟(구): 진실로.

4-5: 子曰："富與貴, 是人之所欲也。不以其道得
之, 不處也。貧與賤, 是人之所惡也。不以其道
得之, 不去也。君子去仁, 惡乎成名? 君子無終
食之間違仁, 造次必於是, 顚沛[5]必於是。"
子曰："□與□, 是人之所□也。不以其道得
之, 不□也。□與□, 是人之所□也。不以其道
得之, 不□也。君子去仁, 惡乎成名? 君子無終
食之間違仁, □□必於是, □□必於是。"

【대구법(형식), 대조법(내용), 설의법】

공자가 이르시기를: "재산이 넉넉함과 지위가 높음, 이는
사람이 바라는 바이다. (하지만) 도로서 그것(재산과 지위)을 얻지
않았다면, 머물지 않는다. 가난함과 지위가 천함, 이는 사람들이
싫어하는 바이다. (하지만) 도로서 그것(가난함과 천함)을 얻지
않았더라도, 내치지 않는다. 군자가 어질음을 내치면, 어찌
명성을 올리겠는가? 군자는 식사하는 짧은 시간에도 어질음을
어지지 않고, 아주 급한 때에도 반드시 이를 따르며, 엎어지거나
자빠져도 이를 따른다."

*이 역시 仁(인: 군주를 진심으로 섬기고 따르는 것)의 실천을 강조한 구
문인데, 여기서 유의할 것은 문장의 형식구조는 대구법으로 쓰였지
만, 내용은 대조법이 사용되었다는 점이다. 따라서 본문의 뜻은 만일
성인들의 통치이념인 道(도)를 실천하면서 얻은 재산과 지위가 아니

5) 顚沛(전패): 엎어지고 자빠지다.

라면 그것을 차지해서는 안 되고, 또 道(도)를 실천하면서 뜻하지 않게 가난함과 천함을 얻었더라도 그것을 버려서는 안 된다는 것이다. 다시 말해서, 성현들의 통치이념인 道(도)를 실천한다는 것은 지도자가 검소함으로써 백성들을 널리 이롭게 하는 것이기 때문에, 그로 인해서 지도자가 가난하거나 천해지더라도 오히려 백성들의 풍요로운 모습을 보면서 기뻐해야 한다는 것이다. 또 아울러서 옛 성현들의 뜻인 道(도)를 배워서 자기의 임금을 진심으로 섬기고 따라야 명성을 높일 수 있다는 의미가 내포된 것이다.

　*여기서도 공자가 말하는 君子(군자)가 어떤 의미인지 명확하게 이해할 수 있으니, 바로 성현들의 통치이념인 "道(도)를 배우고 부단히 노력하여 실천하는 올바른 지도자"를 지칭하는 것이다.

君子(군자): "道(도)를 배우고 부단히 노력하여 실천하는
　　　　　　올바른 지도자"

4-6: 子曰: "我未見好仁者, 惡不仁者。好仁者, 無
　　以尙之; 惡不仁者, 其爲仁矣, 不使不仁者加
　　乎其身, 有能一日用其力於仁矣乎? 我未見力
　　不足者。蓋有之矣, 我未之見也。"

【설의법】

공자가 이르시기를: "나는 어질음을 좋아하는 이와, 어질지
못함을 미워하는 이를 만나보지 못했다. 어질음을 좋아하는
이는, 더 높일 것이 없고; 어질지 못함을 미워하는 이는,
어질음을 행함에 있어, 어질지 못함이 그 몸에 미치지 못하도록
한다. 하루라도 그 힘을 어질음에 쓸 수 있는 이가 있는가? 나는
(어질음을 행함에 있어) 힘이 부족한 자를 만나보지 못했다. 아마도
있을 터인데, 나는 (아직) 만나보지 못했다."

*4-3에서 공자는 군주를 진심으로 섬기고 따르는 어진 이만이 사
람을 좋아할 수 있고, 또 사람을 미워할 수 있다고 했다. 따라서 사람
을 판단할 수 있는 기준인 仁(인)을 갖춘 사람은 군주를 섬기고 따르
므로 역시 사람들의 존중을 받을 수 있고, 또 仁(인)을 지키려고 하기
때문에 그렇지 못한 사람을 가까이하지 않는 것이다. 하지만 공자는
군주를 진심으로 섬기고 따르는 어진 이를 본 적이 없다고 했다. 이
는 작게는 노나라 크게는 춘추시대의 전반적인 상황을 한마디로 요
약한 것으로 받아들일 수 있으니, 신하가 임금을 따르지 않고 나아가
각자의 이익만을 노리는 세태를 신랄하게 비판하고 있다.

4-7: 子曰: "人之過也, 各於其黨[6], 觀過, 斯知仁矣。"

공자가 이르시기를: "사람의 허물은, 각각 그 편을 드는 일에 의지하는 것이니, 허물을 보아서, 이에 어진지를 안다."

*4-4에서 잘못(허물)이란 구체적으로 종법제도의 서열을 따르지 않고 아랫사람이 제멋대로 권력을 휘두르는 것을 가리킨다고 했으니, 본문에서의 허물 역시 이 의미로 봐야 한다. 그렇다면 편을 드는 일은 또 구체적으로 무엇을 지칭하는 것일까?

2-5에서 이미 간략하게 소개했듯이 〔左傳(좌전)〕〈昭公(소공) 25년〉과 〔史記(사기)〕〈孔子世家(공자세가)〉에 의하면, 공자가 35세가 되던 해에 계손씨의 季平子(계평자)가 郈昭伯(후소백)과 닭을 싸우게 하여 임금인 소공에게 죄를 짓게 되었다고 한다. 이를 좀 더 구체적으로 설명하자면, 계평자가 후소백과 닭싸움을 했는데 가죽옷을 입은 계평자의 닭이 금속 발톱을 채운 후소백의 닭에게 졌다. 그러자 계평자는 분노하여 후소백을 질책했고, 이에 후소백이 계평자를 원망하게 된 것이다. 후에 公若(공약)과 公爲(공위)가 계평자를 칠 계획을 소공에게 아뢰게 되는데, 소공이 후소백의 의견을 묻자, 후소백은 복수심에 그래도 된다고 대답했다. 결국 소공이 군대를 거느리고 계평자를 공격했지만, 계평자는 맹손씨 숙손씨와 힘을 합쳐 역으로 소공을 공

---

6) 黨(당): 치우치다, 편들다.

격했고, 소공은 오히려 패하여 齊(제)나라로 달아나게 된 것이다.

따라서 공자는 三桓(삼환: 맹손씨, 숙손씨, 계손씨)처럼 자기들끼리만 편들어 옹호하고 또 아랫사람이 제멋대로 권력을 휘두르면 군주를 진심으로 섬기고 따르는 어진 이가 아니라고 말하고 있는 것이다. 특히 4-6에서 仁(인)을 갖춘 사람은 군주를 섬기고 따르므로 역시 사람들의 존중을 받을 수 있거니와 그렇지 못한 사람을 가까이하지 않는다고 했으니, 공자가 三桓(삼환)을 어떻게 생각했는지는 짐작하고도 남음이 있을 것이다.

4-8: 子曰: "朝聞道, 夕死, 可矣。"

공자가 이르시기를: "아침에 도를 듣게 된다면, 저녁에 죽어도, 된다."

*이는 공자에게 있어 인생의 궁극적인 목표가 무엇인지를 여실히 드러내 주는 문장이다. 다시 말해서, 지도자가 道(도: 태평성대를 이끈 성현들의 통치이념)를 온전하게 깨닫고 이해하며 실천하는 세상이 오게 되면, 공자의 꿈이 실현되는 것이므로 죽어도 여한이 없다는 뜻이다. 또 이를 통해서 공자는 자기 개인의 안위보다 백성들과 나라의 안위를 먼저 걱정한 인물이었고, 나아가 자신이 직접 정치에 참여하여 道(도)를 펼치고자 했음을 확인할 수 있다.

4-9: 子曰: "士志於道而恥惡衣惡食者, 未足與議也。"

공자가 이르시기를: "士(사)가 도에 뜻을 두지만 (남루한) 옷이나 (변변찮은) 음식이라고 싫어하는 이는, 더불어 의논하기에 부족하다."

*道(도)는 태평성대를 이끈 성현들의 통치이념인데, 이를 구성하는 요소 가운데 하나가 바로 4-2에서 강조한 검소함이다. 따라서 道(도)에 뜻을 두지만, 그 중요한 구성요소인 검소함을 싫어한다는 것은 그 자체로 모순이다.

4-10: 子曰: "君子之於天下也, 無適也, 無莫也, 義之與比。"
子曰: "君子之於天下也, 無□也, 無□也, 義之與比。"

【대구법】

공자가 이르시기를: "군자의 세상에 나아감은, 마땅함도 없고, 불가함도 없으며, 의로움의 더불어 비교함이다(의로운지만 견주어 살핀다)."

*4-5에서 군자는 道(도)를 배우고 부단히 노력하여 실천하는 올바른 지도자라고 했고, 또 앞에서 義(의)는 계급상의 서열을 명확하게 하고 그 서열에서 마땅히 지켜야 할 바를 목숨을 걸고 지키는 것이라고 했다. 따라서 이 말은 道(도)를 배우고 부단히 노력하여 실천하는 올바른 지도자는, 오로지 계급상의 서열을 명확하게 하고 그 서열에서 마땅히 지켜야 할 바를 목숨을 걸고 지키는 원칙에 부합되는지를 판단하여 행할 뿐이라는 뜻이 된다. 아울러 이를 통해서, 공자에게 있어 義(의)란 행할 것인지 아닌지를 결정하는 실천 여부의 판단 기준이 됨을 알 수 있다.

4-11: 子曰: "君子懷[7]德, 小人懷土[8]。君子懷刑[9], 小人懷惠[10]。"
子曰: "○○懷□, ●●懷□。○○懷□, ●●懷□。"

【대구법(형식), 대조법(내용)】

공자가 이르시기를: "군자는 덕을 생각하고, 소인은 하찮은 것(현실적인 생계)을 생각한다. 군자는 (백성들의) 모범이 됨을 생각하고, 소인은 (윗사람의) 사랑해줌을 생각한다."

---

7) 懷(회): 품다, 생각하다.
8) 土(차): 하찮은 것.
9) 刑(형): 모범이 되다.
10) 惠(혜): 베풀다, 사랑하다.

*2-1에서 德(덕)이란 성인들이 행한 강함과 부드러움의 통치법을 조화롭게 실천하려는 절개와 지조라고 설명한 바 있다. 따라서 이 말은, 道(도)를 배우고 부단히 노력하여 실천하는 올바른 지도자는 성인들이 행한 강함과 부드러움의 통치법을 조화롭게 실천하려는 절개와 지조를 바탕으로 백성들의 모범이 되려 하지만, 道(도)를 따르지 않고 사사로운 이익만을 탐하는 올바르지 못한 人格(인격)의 소인배는 하찮은 현실적인 생계에만 집착하며 윗사람의 총애를 받기만을 바란다는 뜻이다. 이제 다음의 기록을 살펴보면, 본문의 뜻을 더욱 명확하게 이해할 수 있을 것이다.

> 在上位不陵下, 在下位不援上, 正己而不求於人則無怨, 上不怨天, 下不尤人。
> 윗자리에서는 아래를 업신여기지 않고, 아랫자리에서는 위에 매달리지 않으며, 자기를 바르게 하고 남에게 구하지 않으면 곧 원망이 없을 것이니, 위로는 하늘을 원망치 아니하며, 아래로는 남을 탓하지 않는다. 　　　　　　　〔禮記(예기)〕〈中庸(중용)〉

　*4-8에서 공자는 자신이 직접 정치에 참여하여 道(도)를 펼치고자 했다고 설명한 바 있는데, 이는 곧 지도자를 뜻한다. 또 13-4에서 번지가 농사일에 대해 가르침을 청하자, 공자는 실망하여 "소인이로다. 번지여! 윗사람이 예를 좋아하면, 곧 백성들이 감히 공경하지 않을 수 없고; 윗사람이 의를 좋아하면, 곧 백성들이 감히 불복하지 않을 수 없으며; 윗사람이 신뢰를 좋아하면, 곧 백성들이 감히 진심으로 하지 않을 수가 없다. 무릇 이와 같으면, 곧 주변 나라의 백성들이 자기 자식을 업고 몰려올 것이니, 어찌 스스로 농사를 짓겠는가?"

라고 말한다. 이제 이 둘을 정리해보면 공자의 가치관을 엿볼 수 있으니, 바로 지도자가 되어서 올바른 정치를 펼치면 백성들이 몰려올 것이고, 몰려온 백성들이 농사를 지을 것이니, 지도자는 오로지 정치에 힘쓰고 백성들은 오로지 농사에 힘쓰기만 하면 된다는 것이다. 이러한 공자의 가치관은 8-10의 "백성은 따르게는 할 수 있지만, 그 이유를 알게 할 수는 없다"와 14-34의 "천리마는 그 힘을 일컫는 것이 아니라, 그 덕을 일컫는 것이다"라는 표현을 보면, 더욱 확실하게 드러난다. 그런데 이와 관련하여, 이제 다음의 기록을 살펴볼 필요가 있다.

周公曰: 嗚呼! 我聞曰: 昔在殷王中宗, 嚴恭寅畏, 天命自度, 治民祗懼, 不敢荒寧。肆中宗之享國七十有五年。其在高宗, 時舊勞于外, 爰曁小人。作其卽位, 乃或亮陰, 三年不言。其惟不言, 言乃雍, 不敢荒寧, 嘉靖殷邦。至于小大, 無時或怨。肆高宗之享國五十有九年。其在祖甲, 不義惟王, 舊爲小人。作其卽位, 爰知小人之依, 能保蕙于庶民, 不敢侮鰥寡。肆祖甲之享國三十有三年。

주공이 말했다: '아! 제가 듣건대: 옛날 은나라 임금 중종은, 엄숙히 삼가며 공경하고 두려워하여, 천명을 스스로 헤아렸고, 백성을 다스림에 공경하고 두려워하여, 감히 편안함에 빠지지 않았습니다. 드디어 중종은 나라를 칠십오 년 누리셨습니다. 고종이 재위했을 때, 오랫동안 밖에서 수고로우셨고, 이에 <u>소인</u>(신분이 낮은 백성)들과 함께하였습니다. 그 즉위를 해서는, 이에 상을 입으시고, 삼 년 동안 말하지 않았습니다. 말하지 않았으나, 말하면 온화했지만, 감히 편안함에 빠지지 않았으니, 은나라가 아름답고도 평안해졌습니다. 낮은 사람이건 높은 사람이건, 원망하는 이가 없게 되었습니다.

드디어 고종은 나라를 오십구 년 누리셨습니다. 조갑이 재위해서는, 의로운 왕이 아니라 하고, 오래 소인(신분이 낮은 백성)이 되었습니다. 즉위하여서는, 이에 소인(신분이 낮은 백성)의 의지함을 알고, 수많은 백성을 능히 보호하고 사랑하였으며, 감히 홀아비나 과부를 업신여기지 않았습니다. 드디어 조갑은 나라를 삼십삼 년 누리셨습니다.

〔尙書(상서)〕〈無逸(무일)〉

주지하다시피 주공은 공자가 가장 존경한 인물인데, 그럼에도 불구하고 공자는 주공의 생각을 철저하게 따르지 않고 있거니와, 심지어는 그에 반대되는 뜻을 피력하고 있다. 이러한 공자의 입장을 굳이 추측해보자면, 공자가 처한 춘추시대는 신하된 자가 임금을 거역하고 나아가 능멸하는 세태가 비일비재했고, 이에 공자는 상하의 서열체계를 확고히 하여 혼란을 막고자 했으므로, 그의 서열체계 확립에 대한 강한 열망이 이러한 가치관에 영향을 미친 것이라고 볼 수 있을 것이다.

4-12: 子曰: "放於利而行, 多怨。"

공자가 이르시기를: "(지도자가) 이익에 의지하여 널리 펴서 행하면, (백성들의) 원성이 높아진다."

*본문의 뜻은 다음에 제시하는 기록을 보면 쉬이 이해할 수 있을 것이다.

穆王將征犬戎, 祭公謀父諫曰: "不可。先王燿德不觀兵。夫兵戢而時動, 動則威; 觀則玩, 玩則無震。(생략) 至于文王·武王, 昭前之光明而加之以慈和, 事神保民, 無不欣喜。(생략) 布令陳辭而有不至, 則增脩於德, 無勤民於遠。是以近無不聽, 遠無不服。(생략) 王遂征之, 得四白狼四白鹿以歸。自是荒服者不至。

목왕이 장차 견융을 정벌하려 하자, 제공 모보가 간하여 말했다: "불가합니다. 선왕께서는 덕을 밝혔지 무력을 보이지는 않으셨습니다. 무릇 무력이란 거두었다가 때가 되면 움직이는 것이니, 움직이면 위엄이 있으나; 보이면 곧 장난이 되니, 장난하면 곧 위엄이 없게 됩니다. (생략) 문왕과 무왕에 이르러, 전대의 광명을 밝히고 자애와 화목을 더하여, 신을 섬기고 백성을 보호하였으니, 기뻐하지 않는 이들이 없었습니다. (생략) 명령을 선포하고 타일러도 이르지 않으면, 곧 한층 더 덕을 수양했고, 백성들이 먼 곳에서 근무하지 않게 했습니다(원정에 동원하지 않았습니다). 이 때문에 가까이는 듣지 않는 이가 없고, 멀리는 복종하지 않는 이가 없게 되었습니다. (생략) 왕은 마침내 그들을 정복하고, 흰 이리 네 마리와 흰 사슴 네 마리를 얻어서 돌아왔다. 이때부터 황복 지역이 이르지 않았다(귀속하지 않았다).　　　　　　　　　　〔史記(사기)〕〈周本紀(주본기)〉

4-13: 子曰: "能以禮讓爲國乎, 何有? 不能以禮讓
     爲國, 如禮何?"
     子曰: "能以禮讓爲國乎, □□? □能以禮讓
     爲國, □□□?"

【대구법, 설의법】

공자가 이르시기를: "예와 겸손으로 나라를 다스릴 수 있다면,
어떤 것(어려움)이 있겠는가? 예와 겸손으로 나라를 다스리지
못하면, 예를 어찌 하겠는가? (어디에다 쓰겠는가?)"

　*禮(예)와 겸손은 道(도)의 중요한 구성요소이다. 태평성대를 이끈
성현들의 통치이념인 道(도)로 다스리면 백성들이 지도자를 신뢰하
고 지지할 터인데, 정치에 어떤 어려움이 있을 것인가? 또한 禮(예)의
궁극목표가 道(도)의 실천에 있는데, 道(도)로서 나라를 다스리지 못
하면 그러한 예가 무슨 소용이 있겠는가?

4-14: 子曰: "不患無位, 患所以立。不患莫己知, 求 爲可知¹¹⁾也。"

공자가 이르시기를: "지위가 없음을 걱정하지 않고, (자신을) 확고히 할 수 있는 바를 (찾을 수 있는지) 걱정하는 것이다. 자기를 알아주지 않음을 걱정하지 않고, (자신을) 드러낼 수 있도록 행함을 구하는 것이다."

*이는 1-1의 "사람들이 알아주지 않아도, 원망하거나 성내지 않으면, 또한 군자가 아니겠는가?", 1-16의 "다른 이가 자기를 알아주지 않는다고 걱정하지 않고, 다른 이를 알아주지 못함을 걱정하는 것이다", 14-24의 "옛날의 배우는 이는 자신을 위하였는데, 지금의 배우는 이는 남을 위하는구나", 14-31의 "남이 자기를 알지 못한다고 근심하는 것이 아니라, 재능이 있지 못함을 근심한다" 및 15-19의 "군자는, 무능함을 걱정하지, 남이 자기를 알아주지 않는 것을 걱정하지 않는다"라는 말들과 함께 연계할 필요가 있으니, 道(도)를 이해하고 실천할 수 있다면 반드시 누군가가 그를 알아줄 것이다. 그를 알아준다면 이는 지도자 역시 道(도)를 이해하고 있다는 뜻이니, 그런 지도자는 반드시 그가 정치에 참여할 수 있도록 자리를 마련해 줄 것이다.

---

11) 知(지): 드러내다.

4-15: 子曰: "參乎, 吾道一以貫[12]之。" 曾子曰: "唯。" 子出。門人問曰: "何謂也?" 曾子曰: "夫子之道, 忠恕而已矣。"

【문답법】

공자가 이르시기를: "삼아, 나의 도는 하나로 그것(도)을 꿰뚫는다." 증자가 말하기를: "예." 공자께서 나가셨다. 문하의 제자가 말하기를: "무엇을 이르신 것입니까?" 증자가 말하기를: "선생님의 도는, 충(정성스러움)과 서(남의 처지에 서서 이해하고 동정하는 마음)뿐이다."

*공자는 자신의 道(도) 즉 통치이념은 一(일: 하나)로 꿰뚫는다고 했는데, 이와 관련하여 먼저 다음의 기록을 살펴보자.

嗚呼! 天難諶, 命靡常, 常厥德, 保厥位, 厥德匪常, 九有以亡。夏王弗克庸德, 慢神虐民, 皇天弗保, 監于萬方, 啓迪有命, 眷求一德, 俾作神主。惟尹躬暨湯, 咸有一德, 克享天心, 受天明命。(생략) 非天私我有商, 惟天佑于一德, 非商求于下民, 惟民歸于一德。德惟一, 動罔不吉, 德二三, 動罔不凶。

아! 하늘을 믿기 어려운 것은, 천명이 항구하지 않기 때문이니, 그 덕이 항구하면, 그 지위를 보존하고, 그 덕이 항구하지 못하면, 구주(세상)가 망하게 됩니다. 하나라 왕이 덕을 능히 변치 않게 하지

---

12) 貫(관): 이루다, 달성하다, 뚫다.

못하여, 귀신을 업신여기고 백성들을 해치자, 황천이 보호하지 않고, 만방을 살펴보아, 천명이 있는 이를 가르쳐 길을 열었고, 순일(純一)한 덕(德)이 있는 이를 찾아 돌보시니, 귀신을 받드는 주인이 되게 하였습니다. 저 이윤은 몸소 탕(탕왕)과 함께, 모두 순일한 덕을 갖춰서, 능히 천심을 누릴 수 있었으니, 하늘의 밝은 명을 받은 것입니다. (생략) 하늘이 우리 상나라에 사사로움이 있었던 것이 아니라, 하늘이 순일한 덕을 도운 것이고, 상나라가 백성들에게 청한 것이 아니라, 백성들이 순일한 덕으로 귀속한 것입니다. 덕이 한결같으면, 움직여서 길하지 않은 것이 없고, 덕이 두셋으로 나뉘면(한결같지 않으면), 움직여서 흉하지 않은 것이 없습니다.

〔尙書(상서)〕〈咸有一德(함유일덕)〉

2-1에서 德(덕)이란 바로 "성인들이 행한 강함과 부드러움의 통치법을 조화롭게 실천하려는 節操(절조: 절개와 지조)"라고 설명한 바 있다. 따라서 一(일: 하나)이란 바로 "純一(순일)한 덕"을 가리키는 것이고, 이러한 순일한 덕은 天命(천명)에 따라 두 마음을 품지 않고 한결같게 행하는 절조, 다시 말해서 "지도자가 사사로운 이익을 탐하지 않고 오로지 백성들과 나라를 생각하는 절조"를 뜻한다.

一(일) = 純一(순일)한 德(덕): "지도자가 사사로운 이익을 탐하지 않고 오로지 백성들과 나라를 생각하는 절조"

---

*그렇다면 忠(충)은 구체적으로 어떤 의미를 지니고 있을까? 〔좌전〕〈昭公(소공) 28년〉에 다음과 같은 기록이 전해진다. 晉(진)나라의

賈辛(가신)이 한 고을의 원님으로 부임하기 전에 魏獻子(위헌자)를 찾았는데, 위헌자는 그에게 叔向(숙향)의 일화를 소개했다. "숙향이 鄭(정)나라에 갔을 때, 鬷蔑(종멸)이라는 못생긴 인물이 심부름꾼으로 가장해서 그에게 다가가 훌륭한 말을 했소. 그 말을 들은 숙향은 술을 마시다가 말고 '저 사람은 분명히 종멸일 것이다'라고 하여, 그의 손을 잡고 이런 말을 했다고 하오. '옛날 賈(가)나라의 대부가 못생겼는데, 그의 아내는 아름답더랍니다. 하지만 어찌 된 일인지 결혼한 지 3년이 되도록, 그녀는 말하지도 웃지도 않더라는 군요. 하루는 그 대부가 아내를 데리고 밖으로 나가 활을 쏘아 꿩을 잡아주었더니, 그제야 웃더랍니다. 이에 가나라 대부는 사람이란 반드시 한 가지 재주는 있어야 한다고 말했으니, 자신이 못생겼는데 활조차 잘 쏘지 못했더라면, 아내가 평생 말하지도 웃지도 않았을 것이기 때문입니다. 이제 종멸 그대가 훌륭한 말을 해주지 않았더라면, 나는 그대를 잃었을 것이오.' 그러고는 그날부터 숙향과 종멸은 마치 오랜 친구처럼 지냈다고 하오. 이제 가신 그대가 고을을 다스리러 떠나니, 정성을 다해야 할 것이오!"

이에 공자는 위헌자가 자기와 관계가 가깝고 멂을 따지지 않고 공정하게 인재를 선발하였으니 義(의: 의로움)한 사람이고, 또한 옳은 말로 가신을 타일렀으니 忠(충)한 인물이라고 평가했다. 따라서 忠(충)은 바로 "정성스럽다"는 의미로 풀이해야 마땅하다.

忠(충): "정성스러움"

---

*恕(서)와 관련하여서는, 다음의 기록을 살펴보기로 하자.

禹稷顔子易地, 則皆然。

우와 직 그리고 안자는 처지(신분)를 바꿔도, 곧 모두 그러할 것
이다.　　　　　　　　　　　　　〔孟子(맹자)〕〈離婁(이루)〉

　　요임금은 鯀(곤)으로 하여금 홍수를 다스리게 하였으나 실패하자,
순임금에 이르러 그의 아들 우에게 아버지의 사업을 맡겼다. 우는 또
직을 추천하여 농업을 관장하게 하였으니, 이 두 사람은 물에 빠지거
나 굶주리는 백성들을 보면 모두 자신이 일을 잘못해서 그렇게 되었
다고 여겼는데, 이 두 인물에 대해서는 14-5에서도 언급되고 있다.

　　안자 즉 안회는 4-2에서 이미 언급한 바대로 어려운 환경 속에서
도 도를 배우는 즐거움을 고치지 않았던 인물이다. 따라서 이 세 명
은 처지를 서로 바꿔도 분명 그렇게 했을 것이라고 말하고 있으니,
이것이 바로 그 유명한 易地思之(역지사지: 입장을 바꿔서 생각하다)의 原
義(원의)가 된다. 그러므로 이를 정리해보면, 恕(서)는 바로 "남의 처
지에 서서 이해하고 동정하는 마음"인 것임을 알 수 있다.

┌───┐
│　　恕(서): "남의 처지에 서서 이해하고 동정하는 마음"　│
└───┘

　　이제 상술한 내용들을 토대로 하여, 또 다음의 기록을 살펴보자.

忠恕違道不遠, 施諸己而不願, 亦勿施於人。
충과 서는 도에서 멀리 떨어져 있지 않으니, 자기에게 베푸는 것을
원하지 않으면, 역시 남에게 베풀지 말아야 한다.

　　　　　　　　　　　　　〔禮記(예기)〕〈中庸(중용)〉

즉 공자는 여기서 道(도: 통치이념)의 또 다른 중요한 구성요소가 바로 忠(충: 정성스러움)과 恕(서: 남의 처지에 서서 이해하고 동정하는 마음)임을 분명하게 밝히고 있다.

4-16: 子曰: "君子喻於義, 小人喻於利。"
子曰: "君子喻於□, 小人喻於□。"

【대구법(형식), 대조법(내용)】
공자가 이르시기를: "군자는 의로움을 좋아하고, 소인은 이익을 좋아한다."

*4-5에서 군자는 성현들의 통치이념인 道(도)를 배우고 부단히 노력하여 실천하는 올바른 지도자를 지칭한다고 했고, 2-14에서 소인은 道(도)를 따르지 않고 사사로운 이익만을 탐하는 올바르지 못한 人格(인격)의 소인배라고 설명한 바 있다. 이제 이와 관련하여, 다음의 기록을 살펴보기로 하자.

長國家而務財用者, 必自小人矣。彼爲善之, 小人之使爲國家, 菑害竝至。雖有善者, 亦無如之何矣! 此謂國不以利爲利, 以義爲利也。
국가로 나아가(정치를 하는데) 재물에 힘써서 베푸는 자는, 분명 소인을 따르는 것이다. 덮어서 그것(재물로 베푸는 것)을 옳게 여기고, 소인들을 부려서 국가를 다스리면, 재앙과 손해가 함께 이른다. 비록 잘하는 것이 (조금은) 있더라도, 역시 어찌할 수가 없다. 이를 나

라는 이익으로 이로움을 삼지 않고, 의로움으로 이로움을 삼는다고
일컫는 것이다.　　　　　　　　　　　　〔禮記(예기)〕〈大學(대학)〉

　　이를 통해서, 공자에게 있어 義(의: 계급상의 서열을 명확하게 하고 그
서열에서 마땅히 지켜야 할 바를 목숨을 걸고 지키는 것)는 道(도: 태평성대를 이끈
성현들의 통치이념)의 중요한 구성요소 중 하나가 됨을 다시 한 번 확인
할 수 있다.

4-17: 子曰: "見賢思齊[13]焉, 見不賢而內自省也。"

**공자가 이르시기를: "현명함을 보면 민첩함(그를 배워서 민첩하게
따름)을 생각하고, 현명하지 못함을 보면 (자신은 그렇지 않은지)
안으로 스스로를 살피는 것이다."**

　　*11-15에서 賢(현: 현명함)의 정의에 대해서 설명하겠지만, 우선 본
문의 이해를 위해서 결론부터 말하자면 "禮(예)로 이성과 감성을 조
율하여 中(중)과 和(화)로 이르게 함"이다.
　　*이는 7-21의 "세 사람이 함께 가면, 반드시 나의 스승이 있다. 그
선한 것을 택하여 쫓고, 그 선하지 못한 것으로 허물을 고친다"는 표
현과 직결된다. 따라서 주변의 훌륭한 인물을 보면 그 훌륭한 점을
배우도록 부단히 노력하고, 그렇지 못한 인물을 보면 자신은 그렇지

---

13)　齊(제): 민첩하다, 재빠르다.

않은지 살펴야 하므로, 주변의 모든 사람은 나의 스승이 될 수 있다. 다시 말해서, 공자는 이를 통해서 타인의 행동을 [詩經(시경) 〈小雅(소아)·鶴鳴(학명)〉]에서 유래한 他山之石(타산지석)으로 삼아야 함을 강조한다.

4-18: 子曰: "事父母, 幾[14]諫, 見志不從, 又敬不違, 勞而不怨。"

공자가 이르시기를: "부모님을 섬김은, (노여움을 사지 않도록) 조용하고도 공손하게 간하고, (자식의) 뜻을 드러내도 따르지 않으시면, 더욱 공경하여 (부모님의 뜻을) 어기지 않는 것이니, (이러한 모습이) 수고롭지만 (부모님을) 원망하지는 않는 것이다."

**"부모에게 잘못이 있어서 조심스럽게 말씀드려도 따르지 않으시면, 더욱 공경하여 부모의 뜻을 어기지 않는다"라는 것은 과연 어떠한 의미를 함축하고 있을까? 이와 관련하여, 다음의 기록들을 살펴보자.

舜父瞽叟頑, 母嚚, 弟象傲, 皆欲殺舜。舜順適不失子道, 兄弟孝慈。欲殺, 不可得; 即求, 嘗在側。

순의 아버지 고수는 고집 세고, 어머니는 간사하고, 동생 상은 교만하여, 모두 순을 죽이고자 하였다. 순은 거스르지 않고 좇아 자식된 도리를 잃지 않았고, 동생에게 형 노릇 하여 효성스럽고도 자애

---

14) 幾(기): 조용하고도 공손하다.

로웠다. 죽이고 싶어도, 얻을(죽일) 수 없었지만: 부르면, 항상 곁에
있었다.　　　　　　　　　　〔史記(사기)〕〈五帝本紀(오제본기)〉

贅叟尙複欲殺之, 使舜上塗廩, 贅叟從下縱火焚廩。舜乃以兩笠自扞
而下, 去, 得不死。後贅叟又使舜穿井, 舜穿井爲匿空旁出。舜旣入
深, 贅叟與象共下土實井, 舜從匿空出, 去。

고수는 오히려 거듭 그를 죽이려고 하여, 순으로 하여금 올라가 곳
간을 매 흙질하게 하고, 고수는 아래에서 불을 질러 곳간을 태웠다.
순은 이에 두 개의 삿갓으로 스스로 막고 내려와, 피하여, 죽지 않
았다. 후에 고수는 또 순으로 하여금 우물을 파게 했는데, 순은 우
물을 파면서 몰래 옆으로 나오는 구멍을 만들었다. 순이 깊이 들어
가자, 고수와 상은 함께 흙을 부어 우물을 매웠지만, 순은 몰래 파
놓은 구멍으로 나가, 피했다.

　　　　　　　　　　〔史記(사기)〕〈五帝本紀(오제본기)〉

　순의 아버지 고수는 장님이었는데, 재혼하여 이복동생인 상을 낳
았다. 그런데 온 가족이 순을 미워하여 죽이고자 하였으니, 이는 정
상적인 가정이 아니다. 하지만 순은 이에 더욱더 정성을 다하여 "孝
(효)"와 "慈愛(자애)"로 가족들을 대했으니, 결국 가족들이 자신의 잘
못을 부끄러워하여 뉘우치고 순은 요임금의 뒤를 이어서 임금의 자
리에까지 오르게 된 것이다. 이와 관련하여 순의 아버지 고수가 사람
을 죽이면 아들 순이 장님인 아버지를 등에 업고 바다로 도망갈 것이
라는 말이 있는데, 이는 13-18에서 구체적으로 설명하기로 한다.
　*1-2에서 孝(효)는 사회에 나가 자신의 군주를 진심으로 섬기고
따르는 仁(인)의 출발점이라고 한 바 있다. 따라서 공자는 孝(효)를 당

시 신하가 임금을 거스르고 나아가 반역을 꾀하는 춘추시대의 혼란을 막을 수 있는 仁(인)의 유일한 근본으로 여긴 것이기 때문에, 본문과 같이 부모의 결정이 잘못된 것이어도 따라야 한다고 강조한 것임을 알 수 있을 것이다. 즉 공자가 〔논어〕에서 언급하고 있는 부모는 부모 그 자체로 끝나는 것이 아니라, 사실상 자기가 섬기는 상관 나아가 군주로까지 확장되는 개념인데, 이 점에 대해서는 5-4와 5-18에서 보다 구체적으로 설명하기로 한다.

4-19: 子曰: "父母在, 不遠遊, 遊必有方。"

공자가 이르시기를: "부모님께서 (살아)계시면, 멀리 나가지 않고, (멀리) 나가게 되면 (부모님께서) 반드시 (자식이 있는) 장소를 가지고 있어야 한다."

*이는 4-18과 연계하여 이해해야 한다. 따라서 본문에서의 부모는 그 자체로 그치는 것이 아니라, 자신의 상관 나아가 군주의 의미로까지 확장해서 살필 필요가 있다.

4-20: 子曰:"三年, 無改於父之道, 可謂孝矣。"

공자가 이르시기를: "삼 년 동안, 아버지의 (생각과 행적을 통한) 도리를 고치지 않는다면, (아버지를) 섬긴다고 평할 수 있다."

*이 역시 4-18 및 4-19와 연계하여 이해해야 하는데, 특히 본문의 의미는 1-11에서 이미 설명한 바 있으니 참고한다.

4-21: 子曰:"父母之年, 不可不知也。一, 則以喜; 一, 則以懼。"
子曰:"父母之年, 不可不知也。一, 則以□; 一, 則以□。"

【대구법】

공자가 이르시기를: "부모님의 나이는 알고 있지 않을 수 없다. 하나는, 곧 (오래 사시니) 기쁘기 때문이고; 하나는, 곧 (늙으셨으니 돌아가실까 봐) 두렵기 때문이다."

*이 역시 부모를 자신의 상관 나아가 군주의 의미로까지 확대하여 살펴야 할 것이다.

4-22: 子曰: "古者, 言之不出, 恥躬之不逮也。"
子曰: "古者, □之不□, □□之不□也。"

【대구법】

공자가 이르시기를: "옛사람이, 말을 (함부로) 내지 않는 것은, 몸이 미치지 못함(행동이 따르지 못함)을 부끄러워 한 것이다."

*이는 1-14의 "나라의 큰일에 힘쓰면서 말과 명령을 삼간다"와 2-13의 "먼저 그 말하려는 바를 행하고, 그러한 후에 말이 행한 바를 따르는 것이다"라는 표현에서도 강조하고 있는 바이니, 말보다 행동이 앞서야 한다는 뜻이다. 그런데 〔說文解字(설문해자)〕를 보면 "信(믿을 신)"과 "誠(성실할 성)" 이 두 글자는 상통한다고 설명하고 있으니, 이는 무엇을 의미하는 것일까? 먼저 信(신)을 보면, 人(인)과 言(언)이 합해진 會意字(회의자)로 "사람이 하는 말은 믿음이 된다." 즉 "성실하다"는 뜻을 지니고 있다. 또한 誠(성)은 言(언)과 成(이룰 성)이 합해진 形聲字(형성자)이지만, 成(성)의 뜻인 "이루다" 역시 살아있기 때문에 "거짓이 없이 말을 이루도록 하다" 즉 "정성을 다하다"라는 뜻으로 풀이되고 있다. 따라서 본문의 뜻은 다름 아닌 "信(믿을 신)"과 "誠(성실할 성)"을 강조하고 있음을 알 수 있다.

信(신): "성실함" = 誠(성): "정성을 다함"

이제 이와 관련하여 다음의 기록을 보면, 왜 그렇게 진심으로 정성을 다하는 것이 중요한지 알 수 있을 것이다.

> 誠者天之道也, 誠之者人之道也。誠者, 不勉而中, 不思而得, 從容中道, 聖人也。誠之者, 擇善而固執之者也。
>
> 진실함은 하늘의 도이고, 진실하게 하는 것은 사람의 도이다. 진실한 사람은 힘쓰지 않아도 중하고, 생각하지 않아도 얻게 되어, 차분하게 도에 들어맞는 것이니, 성인이다. 진실하게 한다는 것은, 선을 가리어 굳게 잡는 것이다.　　　〔禮記(예기)〕〈中庸(중용)〉

이는 道(도)라는 것이 바로 진실함에 있는데, 진실함이란 스스로 진실한 것과 또 진실하게 하는 두 가지의 것이 있다는 의미이다. 즉 하늘의 도는 스스로 그러한 無爲自然(무위자연)임에 반해서, 사람의 도는 노력하고 절제하여 作爲(작위) 하는 것이다. 좀 더 구체적으로 설명하면, 공자는 道(도)를 다시 天道(천도: 하늘의 도)와 人道(인도: 사람의 도)로 나누고 있음을 알 수 있다. 이제 이와 관련하여, 2-19에서 이미 소개한 바 있는 기록을 다시 한 번 살펴보자.

> 孔子侍坐於哀公。哀公曰: "敢問人道誰爲大。" 孔子愀然作色而對曰: "君之及此言也, 百姓之德也。固臣敢無辭而對。人道政爲大。" 公曰: "敢問何謂爲政。" 孔子對曰: "政者, 正也。君爲正, 則百姓從政矣。君之所爲, 百姓之所從也。"
>
> 공자가 애공을 모시고 앉았다. 애공이 말하길: "감히 묻습니다. 사람의 도는 누구를 큰 것으로 여기오?" 공자가 엄정하게 낯빛을 고치고는 대답하여 이르길: "임금께서 이 말씀에 이르신 것은 백성들

의 덕입니다. 진실로 신은 감히 사양치 않고 대답하겠습니다. 사람의 도는 <u>정치를 큰 것으로 여깁니다.</u>" (애)공이 말하기를: "감히 묻겠는데 어떤 것이 정치를 한다고 일컫는 것이오?" 공자가 대답하여 이르길: "<u>정치는, 바로잡는 것입니다.</u> 임금이 바르게 하면, 곧 백성들이 정치에 따릅니다. 임금의 행하는 바는, 백성들의 따르는 바입니다.   〔禮記(예기)〕〈哀公問(애공문)〉

다시 말해서, 人道(인도: 사람의 도)란 "바로잡는 것"이니 바로 예악제도로 절제하고 통제하는 소강사회의 통치이념을 뜻하는 반면, 天道(천도: 하늘의 도)는 "스스로 그러한 것"이니 하늘이 부여한 천성에 따르는 대동사회의 통치이념을 뜻하는 것임을 알 수 있다. 따라서 여기서도 공자는 대동이 아닌 소강사회로의 복귀를 외치고 있음을 다시한 번 확인할 수 있을 것이다.

4-23: 子曰: "以約失之者, 鮮矣。"

**공자께서 말씀하시기를, "검소하면서(절제하면서) (백성들의 신망을)
잃는 이는, 드물다."**

*이는 4-12에서 제시한 다음의 기록을 다시 한 번 살펴보면, 그의미를 쉬이 이해할 수 있을 것이다.

穆王將征犬戎, 祭公謀父諫曰: "不可。先王燿德不觀兵。夫兵戢而時動, 動則威; 觀則玩, 玩則無震。(생략) 至于文王·武王, 昭前之光明而加之以慈和, 事神保民, 無不欣喜。(생략) 布令陳辭而有不至, 則增脩於德, 無勤民於遠。是以近無不聽, 遠無不服。(생략) 王遂征之, 得四白狼四白鹿以歸。自是荒服者不至。

목왕이 장차 견융을 정벌하려 하자, 제공 모보가 간하여 말했다: "불가합니다. 선왕께서는 덕을 밝혔지 무력을 보이지는 않으셨습니다. 무릇 무력이란 거두었다가 때가 되면 움직이는 것이니, 움직이면 위엄이 있으나; 보이면 곧 장난이 되니, 장난하면 곧 위엄이 없게 됩니다. (생략) 문왕과 무왕에 이르러, 전대의 광명을 밝히고 자애와 화목을 더하여, 신을 섬기고 백성을 보호하였으니, 기뻐하지 않는 이들이 없었습니다. (생략) 명령을 선포하고 타일러도 이르지 않으면, 곧 한층 더 덕을 수양했고, 백성들이 먼 곳에서 근무하지 않게 했습니다(원정에 동원하지 않았습니다). 이 때문에 가까이는 듣지 않는 이가 없고, 멀리는 복종하지 않는 이가 없게 되었습니다. (생략) 왕은 마침내 그들을 정복하고, 흰 이리 네 마리와 흰 사슴 네 마리를 얻어서 돌아왔다. 이때부터 황복 지역이 이르지 않았다(귀속하지 않았다). 〔史記(사기)〕〈周本紀(주본기)〉

4-24: 子曰: "君子欲訥[15]於言而敏於行。"

　　공자가 이르시기를: "군자는 말함에서는 어눌하지만(입이 무거워
말을 잘하지 않지만) 행함에서는 민첩하고자 한다."
　　*본문은 4-22와 연계하여 살펴보면 쉬이 이해할 수 있을 것이다.
또 이는 5-4의 "어찌 말재주를 쓰겠는가? 사람을 대함에 말솜씨로 하
면, 자주 사람에게 미움을 사니, 옹이 어진지는 모르겠지만, 어찌 말
재주를 쓰겠는가?"라는 구절과도 상통하니, 상호 비교하여 살펴볼
수 있다.

4-25: 子曰: "德不孤, 必有隣[16]。"

　　**공자가 이르시기를: "덕은 외롭지 않아서, 반드시 보필함이
있다."**

　　*이는 2-1에서 말한 내용의 중복이라고 볼 수 있다. 즉 지도자가
德治(덕치)를 행하면 마치 북극성 주변에 수많은 별이 위치하듯이, 주
변의 수많은 사람이 몰려와 그를 지지하고 따르게 된다는 의미이다.

---

15) 訥(눌): 말을 더듬다, 말을 잘 하지 않다.
16) 隣(린): 보필하다.

4-26: 子游曰: "事君數, 斯辱矣; 朋友數, 斯疏矣。"
　　　子游曰: "□□數, 斯□矣; □□數, 斯□矣。"

【대구법】

자유가 말하기를: "임금을 섬김에 (간언을) 자주 하면, 이에
곤욕을 당하고; 친하게 지내는 사람에게 (충고를) 자주 하면, 이에
(사이가) 멀어진다."

*이와 관련하여, 먼저 다음의 기록을 살펴보자.

子曰: "事君, 欲諫不欲陳。"
공자가 이르시기를: "임금을 섬기면, 간언을 하지 떠벌리고자 하
는 않는다."　　　　　　　　　　　　〔禮記(예기)〕〈表記(표기)〉

　이 말은 즉 임금을 섬김에서 옳지 못하거나 잘못된 일을 고치도
록 말하는 것은 중요하지만, 너무 자주 말함으로써 임금의 심기를 건
드려서는 안 된다는 뜻이다. 친구 역시 마찬가지이니, 좋은 말도 자
주 하면 오히려 사이를 소원하게 할 뿐이다. 아울러 이를 통해서, 제
자인 자유와 스승인 공자의 가치관이 상통하고 있음을 확인할 수
있다.
　또 이와 관련하여 자하는 19-10에서 "군자는, 신뢰를 얻은 뒤에
백성을 부리니, 신뢰가 없으면, 곧 자기를 미워한다고 여긴다. 신뢰
를 얻은 뒤에 간언을 해야 하니, 신뢰가 없으면, 곧 자기를 비방한다
고 여긴다"고도 말한 바 있으니, 자유와 자하 그리고 공자의 가치관
은 함께 엮어서 살펴볼 필요가 있을 것이다.

第5章: 公冶長(공야장)

5-1: 子謂公冶長:"可妻也。雖在縲絏[1]之中, 非其罪
也。"以其子妻之。子謂南容:"邦有道, 不廢;
邦無道, 免於刑戮[2]。"以其兄之子妻之。
子謂公冶長:"可妻也。雖在縲絏之中, 非其罪
也。"以其□妻之。子謂南容:"邦□道, □□;
邦□道, □□□□。"以其□□□妻之。

【대구법】

공자가 공야장을 평하시기를: "(그에게 딸을) 시집보낼 만하다.
비록 옥중에서 매어짐이 있었으나, 그의 죄가 아니다." 그런
까닭에 여식을 그(공야장)에게 시집보냈다. 공자가 남용을
평하시기를: "나라에 도가 있으면, (그를) 버리지 않을 것이고;
나라에 도가 없어도, 형륙(사형)을 면할 것이다." 그런 까닭에
형의 여식을 그(남용)에게 시집보냈다.

*〔史記(사기)〕〈仲尼弟子列傳(중니제자열전)〉에 따르면, 공야장은 字
(자)가 子長(자장)이다. 일설에 의하면, 그는 새소리를 알아들을 수 있
었다고 한다. 하루는 공야장이 새소리를 듣고 어딘가에 사람 시신이
있다는 사실을 알게 되었는데, 한 노파가 자기 아이가 보이지 않는다
고 하자 혹시나 하는 마음에 그 장소를 알려주었다가, 오히려 죄인으
로 오인되어 감옥살이를 했다. 하지만 공야장은 결국 자기가 새소리
를 알아들을 수 있다는 사실을 증명함으로써 풀려났다고 하는데, 이

1) 縲絏(누설): 죄인을 묶는 노끈, 옥살이하다.
2) 刑戮(형륙): 죄지은 사람을 죽임, 사형.

는 어디까지나 전하는 말일 뿐, 현재로서는 본문의 뜻이 어떤 것인지 명확하게 알 수 없다.

*〔史記(사기)〕의 〈仲尼弟子列傳(중니제자열전)〉에 따르면, 남궁괄은 字(자)가 子容(자용)이다. 따라서 14-5의 남궁괄과 본문의 남용은 동일 인물임을 알 수 있다. 이제 본문의 의미를 이해하기 위해서는, 11-5를 먼저 살펴보아야 한다. 남용이 〔詩經(시경)〕〈大雅(대아)·抑(억)〉의 "흰 구슬의 흠은, 오히려 갈아서 고칠 수 있지만; 이 말의 흠은 갈아 고칠 수 없네"라는 구절을 세 번 되풀이하자, 공자는 남용이 말을 신중하게 하는 인물임을 깨닫고 형의 딸을 그에게 시집보냈다. 그래서 공자는 위의 본문에서 "남용은 말을 신중하게 하므로 나라에 도가 있으면 충언을 다함으로써 버려지지 않을 것이고, 나라에 도가 없으면 말을 아끼기 때문에 임금의 심기를 건드리지 않아서 사형을 면할 것이다"고 평가한 것이다.

*2-4에서 맹희자가 병이 들었을 때 그의 아들 孟懿子(맹의자) 즉 仲孫何忌(중손하기)와 南宮敬叔(남궁경숙)으로 하여금 당시 17세인 공자의 제자가 되라고 유언했다고 언급한 적이 있는데, 혹자는 이 남궁경숙이 바로 남궁괄이라는 주장을 펴고 있다. 하지만 〔國語(국어)〕〈魯語下(노어하)〕에 따르면, 公父文伯(공보문백)이 南宮敬叔(남궁경숙)을 초대하여 술을 마셨는데 露睹父(노도보)를 上客(상객)으로 모셨다는 기록이 있으니, 남궁경숙은 즉 노나라 대부였던 것이다. 2-5에서 맹의자가 공자에게 효에 대해서 묻자, 공자는 맹의자가 자신의 윗사람이기에 함부로 말을 하지 못했다. 그렇다면 그의 동생인 남궁경숙 역시 마찬가지로 종법제도에 따라서 노나라 대부를 지냈을 터인데, 아무리 스승일지라도 어찌 함부로 대부의 아내가 될 사람을 점지해줄 수 있었겠는가? 더군다나 공자가 상하서열체계를 대단히 중시한 인

물이었음은 앞에서 누차 강조한 바 있다. 따라서 이러한 주장은 근거가 없는 추측임을 알 수 있다. 참고로 공보문백의 어머니와 관련해서는 17-25를 참조하기 바란다.

5-2: 子謂子賤: "君子哉, 若人! 魯無君子者, 斯焉取斯?"

【설의법】
공자가 자천을 평하시기를: "군자로다, 이와 같은 사람은! 노나라에 군자가 없다면, 이곳(노나라)에서 어찌 이(자천)를 채용했겠는가?"

*자천은 宓不齊(복부제)이고 字(자)가 자천이다. 〔史記(사기)〕의 〈仲尼弟子列傳(중니제자열전)〉에 따르면, 그는 공자보다 30세 어렸다고 한다. 자천이 單父(선보) 지역의 원님으로 있을 때 그곳에는 자기보다 훌륭한 인물이 다섯 사람이나 있다고 하자, 공자는 이렇듯 뛰어난 재능을 갖추고도 겸손한 자천이 다스리는 땅이 그의 능력에 비해서 너무 좁다고 애석해하기도 했다.

*〔孔子家語(공자가어)〕를 보면 다음과 같은 기록이 있다. 공자 형의 아들 孔篾(공멸)과 자천이 나란히 벼슬을 하자, 공자가 그들을 찾아가 벼슬을 하면서 얻은 것과 잃은 것이 무엇이냐고 물었다. 공멸이 얻은 것은 없고 잃은 것이 세 가지 있다고 하자, 공자는 매우 실망했다. 반면에 자천은 "잃은 것은 없고, 오히려 얻은 것이 세 가지 있습니다. 이전에 배운 것을 이제 실행에 옮기니 배운 것이 더욱 명확해

지고, 봉록이 많지는 않지만, 친척들에게 베푸니 사이가 더욱 가까워졌으며, 업무가 많아도 문상과 문병을 빠뜨리지 않으니 친구사이가 더욱 돈독해졌습니다"고 대답했다. 이에 공자는 본문과 같은 말로 자천을 군자라며 칭찬했다고 한다.

자천과 관련하여 또 다음과 같은 기록이 있다. 공자가 자천에게 선보 지역을 어찌 다스렸기에 백성들이 그리 기뻐하느냐고 묻자, 자천이 대답했다. "저는 아버지를 대하듯 선보의 노인들을 대하고, 자식들을 대하듯 선보의 아이들을 대했으며, 고아와 과부들을 위로했을 따름입니다. 지금 아버지처럼 대하는 사람이 세 분 있고, 형제처럼 대하는 이가 다섯이 있으며, 친구처럼 대하는 이가 열하나 있고, 저보다 현명한 인물이 다섯이 있는데, 저는 그들을 스승으로 높이고 있습니다." 이에 공자는 "요임금과 순임금이 나라를 다스릴 때 현명한 이들을 찾아서 자기를 보좌하도록 했다. 네가 다스리는 곳이 작은 지역인 것이 아쉽구나!"라고 한탄했다고 한다.

이제 상술한 내용을 살펴보면, 〔공자가어〕와 〔사기〕에는 유사한 내용이 적잖이 보이고 있음을 알 수 있다. 다만 지금으로서는 〔공자가어〕가 僞書(위서)로 간주되므로, 참고만 하기로 한다.

*이 문장은 공자의 노나라에 대한 자부심이 응집된 부분이라고 할 수 있다. 2-2에서 이미 설명한 바 있듯이, 노나라는 공자가 가장 존경한 周公(주공)의 아들인 伯禽(백금)이 처음 봉해져서 제정한 예악제도를 계승한 나라이다. 또 공자는 13-2에서 "네가 아는 이를 등용하고, 네가 알지 못하는 이는, 남들이 그를 버려두겠느냐?"라고 말한 바 있다. 이처럼 노나라에 자천과 같은 인물을 알아주는 군자 즉 道(도)를 배우고 부단히 노력하여 실천하는 올바른 지도자가 없다면, 어찌 자천과 같은 인물을 알아보고 발탁하여 정치를 맡길 수 있었겠

는가? 따라서 공자는 본문과 같이, 자천을 통해서 은근히 노나라에 대한 자부심을 드러낸 것이다.

5-3: 子貢問曰：“賜也, 何如?” 子曰：“女, 器也。”
曰：“何器也?” 曰：“瑚璉[3]也。”

【문답법, 대유법】
자공이 묻기를: "사(자기 자신)는 어떻습니까?" 공자가
이르시기를: "너는, 그릇(인재)이다." (자공이) 말하기를: "어떤
그릇(인재)입니까?" (공자가) 이르시기를: "호련(오곡을 담아 신께
바치던 제기. 즉 귀한 인재)이다."

*2-12에서 공자는 "군자는 그릇 즉 한 작은 분야에 치우쳐 전문
기능인이 되지 않는다"고 한 바 있다. 다시 말해서 공자는 정치하는
지도자를 세 부류로 나누고 있으니, 聖人(성인: 대동사회의 지도자) - 君
子(군자: 소강사회의 지도자) - 器(기: 전문가)의 순서로 서열화하고 있다.

聖人(성인)	• 대동 사회를 이끈 지도자
君子(군자)	• 소강 사회를 이끈 지도자
器(기)	• 한 방면에서 재능을 발휘하는 전문가

---

3) 瑚璉(호련): 오곡을 담는 제기, 귀한 인재.

공자의 이러한 관념은 14-11의 "맹공작이 조나라와 위나라의 장로가 되기에는, 곧 넉넉하다. 하지만 등나라와 설나라의 대부는 될 수 없다"는 표현에서도 여실히 드러나고 있으니 참고한다. 아울러 공자는 본문을 통해서 자공의 정치적 재능이 한 분야의 전문가 수준임을 밝히고 있는데, 이는 11-2의 "말재간으로는 재아, 자공이었다"는 말에서도 드러나고 있다.

> 5-4: 或曰: "雍也, 仁而不佞[4]." 子曰: "焉用佞? 禦
> 人以口給, 屢憎於人, 不知其仁, 焉用佞?"

【설의법】
어떤 사람이 말하기를: "옹은 어질지만, 말재주가 없습니다."
공자가 이르시기를: "어찌 말재주를 쓰겠는가? 사람을 대함에 말솜씨로 하면, 자주 사람에게 미움을 사니, 그(옹)가 어진지는 모르겠지만, 어찌 말재주를 쓰겠는가?"

*옹은 冉雍(염옹)으로 字(자)가 仲弓(중궁)이다. 〔史記(사기)〕의 〈仲尼弟子列傳(중니제자열전)〉에 따르면, 그는 공자보다 30세 어렸다고 한다.

*6-1의 "옹은, 북극성이 북쪽에 처하여 남쪽을 향하듯 임금의 자리에 오를만하다"와 6-4의 "산천의 신이 그것을 버리겠는가?" 그리

---

4) 佞(녕): 말을 잘하다.

고 11-2의 "덕행으로는 안연, 민자건, 염백우, 중궁이었다"는 표현을 통해서, 옹은 德(덕) 즉 성인들이 행한 강함과 부드러움의 통치법을 조화롭게 실천하려는 절개와 지조를 지닌 인물이었음을 알 수 있다. 또한, 본문을 통해서 공자는 말재주만 좋은 사람은 지도자의 자격이 없다고 판단했는데, 이는 공자의 제자인 재아의 경우로 설명할 수 있다.

〔史記(사기)〕〈仲尼弟子列傳(중니제자열전)〉에 따르면, 공자는 재아의 말재주가 탁월하다고 생각하여 그를 제자로 받아들여서 道(도)를 가르쳤다. 하지만 훗날 재아는 齊(제)나라 臨菑(임치) 지역의 대부가 되어 田常(전상)과 역모를 꾀하다가 결국 멸족의 화를 당하게 되니, 바로 여기서 공자의 의도를 명확하게 이해할 수 있다.

이와 별개로 공자의 이러한 관점은 구분해서 판단할 필요가 있으니, 공자는 14-11에서 "맹공작이 조나라와 위나라의 장로가 되기에는, 곧 넉넉하다. 하지만 등나라와 설나라의 대부는 될 수 없다"고 했고, 또 한편으로는 위의 5-3에서 "자공은 귀한 인재이다"고 했으며, 11-2에서는 "말재간으로는 재아, 자공이었다"고 말했다. 이는 바꿔 말해서, 한 나라의 정치는 君子(군자: 소강사회의 지도자)와 器(기: 전문가)의 역할이 분명히 다르다는 것을 의미한다. 즉 백성들은 지도자의 德(덕)을 보고 따르지만, 그 지도자를 보필하는 실제 전문가는 지도자와는 별개로 정치적 재능이 필요하다고 말하고 있다.

*공자는 옹이 자기의 군주를 진심으로 섬기고 따르는지는 모르겠다고 했는데, 이는 옹이 그렇지 못한 인물이라는 뜻이 아니라는 점에 유의해야 한다. 〔논어〕에서 공자가 仁(인)의 척도로 긍정적인 판단을 한 인물들은 일곱 명에 불과한데, 6-5의 "안회는, 그 마음이 석 달 동안 어질음에 위배되지 않는다. 그 밖의 사람들은 곧 하루나 한 달 동

안 이를 뿐이다"와 7-14의 "(백이와 숙제는) 어질음을 추구하여 어질음을 얻었으니, 또 어찌 원망했겠는가?" 그리고 14-16의 "환공이 아홉 번이나 제후들을 모았지만, 전쟁에 쓰는 수레로 하지 않은 것은, 관중의 힘이다. 어질음에 비슷할지니, 어질음에 비슷할지니"와 18-1의 "미자는 떠났고, 기자는 그의 노비가 되었고, 비간은 간언을 하다가 죽었다. 공자가 이르시기를: '은나라에는 세 명의 어진 이들이 있었다'"라는 구절을 참고하기로 한다.

그렇다면 공자는 왜 仁(인)에 대한 평가가 이토록 박했는가? 이 질문의 정답에 대해서는, 이미 앞에서 누차 언급했다시피 공자가 처한 춘추시대에는 신하가 임금을 따르지 않고 심지어 반역행위를 하는 경우가 비일비재했기 때문이라고 말할 수 있을 것이다. 따라서 공자는 4-6에서 "나는 어질음을 좋아하는 이와, 어질지 못함을 미워하는 이를 만나보지 못했다"고 한탄하기도 한 것이다. 다시 말해서, 본문에서 공자가 옹이 자기의 군주를 진심으로 섬기고 따르는지 모르겠다고 한 것은, 아직 검증된 바가 없기 때문에 현재로서는 함부로 단정 지을 수 없다는 뜻으로 해석하는 것이 타당할 것이다.

5-5: 子使漆雕開仕[5]。對曰:"吾斯之未能信。" 子說。

공자가 칠조개로 하여금 벼슬을 하게 하였다. (칠조개가) 대답하여 말하기를: "제가 (아직 능력이 부족하여) 이것(벼슬)을 맡을 수 없습니다." 공자께서 기뻐하셨다.

*칠조개는 字(자)가 子開(자개)이다. 〔史記(사기)〕의 〈仲尼弟子列傳 (중니제자열전)〉에 따르면, 그는 공자보다 11세 어렸다고 한다.

*이는 8-13의 "삼 년을 배우고도 벼슬을 하려고 애쓰지 않는 것 은, 쉬이 얻지 못한다"라는 표현을 보면 쉬이 이해할 수 있으니, 즉 자기 자신이 부족하다고 여기고 항상 삼가여 배우려고 노력하는 謙 (겸: 겸손함)의 자세를 강조하는 것이다. 하지만 본문의 의미와 공자의 삶을 비교해보면, 절로 고개가 갸우뚱해진다. 왜냐하면, 공자는 56세 에 大司寇(대사구: 형조판서)에서 大夫(대부)로 승진했을 때 크게 기뻐한 바 있고, 노나라가 혼란에 빠지자 곧 대부의 신분을 포기하고 떠나서 는 道(도) 즉 소강사회의 통치이념을 설파하기 위해서 세상을 주유하 며 벼슬을 구하다가, 68세에 결국 노나라로 다시 돌아와서는 임종하 는 73세까지 교육자로서의 5년이라는 짧은 여생을 마감한 인물이기 때문이다.

따라서 이 점에 대해서는 두 가지 가능성을 설정할 수 있으니, 하

---

5) 仕(사): 벼슬하다.

나는 본문이 공자가 정치참여를 통한 道(도)의 전파라는 사명을 포기하고 노나라로 돌아온 후 즉 칠조개의 나이 57세 이후에 이뤄진 대화일 수 있다는 것이고, 또 하나는 靑出於藍(청출어람) 즉 스승을 뛰어넘는 실천의 자세를 보인 칠조개를 칭찬하는 공자의 모습을 발견할 수 있다는 것이다. 특히 후자일 가능성에 대해서는, 5-8의 "못하도다. 나와 너는, 안회보다 못하도다"라는 표현을 참고로 살펴볼 수 있다.

> 5-6: 子曰: "道不行, 乘桴浮于海, 從我者, 其由與." 子路聞之, 喜。子曰: "由也, 好勇過我, 無所取材。"

공자가 이르시기를: "도가 행해지지 않아서, 뗏목을 타고 바다로 떠나닌다면, 나를 따르는 사람, 그것은 유이다." 자로가 그것(공자의 말)을 듣고, 기뻐했다. 공자가 이르시기를: "유는, 용감함을 좋아하는 것으로는 나를 넘어서지만, 재능을 취할 바는 없다."

*道(도)가 행해지지 않을 때 임금에게 간언을 하면, 임금이 깨닫는 것은 고사하고 자신의 목숨조차도 부지하지 못했으므로, 세상을 등지고 떠나는 것이 당시의 不文律(불문율)이었을 것이라고 3-18에서 이미 설명한 바 있다. 이를 토대로 다시 본문의 내용을 살펴본다면, 공자 역시 이러한 불문율을 누구보다도 명확하게 알고 있었음을 확인할 수 있다. 하지만 18-8의 "나는, 곧 이들과 달라서, 가함도 없고 불가함도 없다"는 말을 살펴보면, 공자는 사실 이러한 불문율에 대해

서 신축성 있는 유연한 태도를 지니고 있었음을 알 수 있을 것이다.

　*그런데 공자는 왜 굳이 자로만이 자기를 따를 것이라고 말했을까? 이는 9-26의 "해진 헌솜의 도포를 입고, 여우와 담비의 털로 만든 갖옷을 입은 이와 같이 서지만, 부끄러워하지 않는 이, 그것은 유이다. 〔시경〕에 이르기를: '남의 부귀를 질투하지 않고 남의 부귀를 탐하지 않으면, 어찌 착하지 않겠는가?'라고 했다"는 말을 통해서 알 수 있듯이, 바로 다른 제자들과는 달리 자로에게는 정치에 나아가 성공하고자 하는 마음이 없었기 때문인 것이다.

　*그럼에도 불구하고, 공자는 기뻐하는 자로를 꾸짖고 있다. 왜일까? 이에 대해서는 두 가지의 가능성을 추측할 수 있는데, 하나는 이것이 공자 교육관의 핵심인 "높은 것은 낮추고, 낮은 것은 높여주는 신축적인 中(중: 한쪽으로 치우치지 않고 공평함)의 교육"인 것이다. 그리고 又 하나는 2-24에서 勇(용: 용감함)이란 義(의: 계급상의 서열을 명확하게 하고 그 서열에서 마땅히 지켜야 할 바를 목숨을 걸고 지키는 것)를 몸으로 실천하는 것이라고 했으니, 자로에게는 몸소 실천하는 능력이 있지만 그 밖의 道(도)의 구성요소들을 갖추는 데는 아직 부족함이 있기 때문이었던 것이다. 공자는 9-28에서 "지혜로운 이는 미혹되지 않고, 어진 이는 근심하지 않으며, 용감한 이는 두려워하지 않는다"고 했으니, 아마도 자로에게는 知(지: 지혜로움)와 仁(인: 어질음)의 수양이 더 필요했던 것이리라.

5-7: 孟武伯問:"子路仁乎?"子曰:"不知也。"又問。子曰:"由也,千乘之國,可使治其賦[6]也。不知其仁也。""求也何如?"子曰:"求也,千室之邑,百乘之家,可使爲之宰也。不知其仁也。""赤也何如?"子曰:"赤也,束帶[7]立於朝,可使與賓客言也,不知其仁也。"

孟武伯問:"子路仁乎?"子曰:"不知也。"又問。子曰:"□也,□□之□,可使□□□也。不知其仁也。""□也何如?"子曰:"□也,□□之□,□□之□,可使□□□也。不知其仁也。""□也何如?"子曰:"□也,束帶立於朝,可使□□□□也,不知其仁也。"

【문답법, 대구법】

맹무백이 묻기를: "자로는 어집니까?" 공자가 이르시기를: "알지 못하겠습니다." (맹무백이) 또 물었다. 공자가 이르시기를: "자로는, 천승지국(큰 제후국)에서, 그 군사를 다스리게 할 수 있습니다. (하지만) 그가 어진지는 알지 못하겠습니다." (맹무백이 묻기를:) "구(염유)는 어떻습니까?" 공자가 이르시기를: "구는 일천 호의 읍과 백승의 집안(대부의 영지)의 가신을 할 수 있습니다. (하지만) 그가 어진지는 알지 못하겠습니다." (맹무백이 묻기를:) "적(공서화)은 어떠합니까?" 공자가 이르시기를: "적은 관을 쓰고 띠를 매어(예복을 입고) 조정에 서서, 빈객과 더불어 말하게 할 수 있습니다. (하지만) 그가 어진지는 알지 못하겠습니다."

---

6) 賦(부): 군사
7) 束帶(속대): 관을 쓰고 띠를 매다, 예복을 입다.

*2-6에서 설명했듯이, 맹무백은 孟懿子(맹의자)의 아들로서 아버지의 자리를 이어 노나라 卿(경)이 된 인물이다. 따라서 이는 노나라의 卿(경)과 아버지의 스승이 대화하는 것이므로, 상호 존댓말로 처리했음을 밝힌다.

   *적은 公西赤(공서적)인데, 字(자)가 子華(자화)이므로 공서화라고도 불린다. 〔史記(사기)〕의 〈仲尼弟子列傳(중니제자열전)〉에 따르면, 그는 공자보다 42세 어렸다고 한다.

   *역시 2-6에서 언급한 바 있듯이, 애공이 陵阪(능판)으로 놀러 가던 중 맹무백을 만나게 되어 "내가 죽음에 이르겠는가?"라고 세 번을 물었으나, 맹무백은 끝까지 "저로서는 알 길이 없습니다"고 대답했다. 이처럼 군주에게 충직하지 못하고 무례한 신하의 모습을 보인 맹부백의 질문에, 상하의 서열체계를 대단히 중시한 공자가 과연 성실하게 대답했을까? 더군다나 질문의 요지가 仁(인: 군주를 진심으로 섬기고 따름)일진데 말이다. 따라서 이 대화의 핵심은 "제자마다 각각의 전문가적 자질을 갖추기는 했지만, 당신 스스로 임금을 섬기고 따르지 않으니, 제자들이 과연 그대를 상관으로 믿고 따를지는 모르겠습니다"라는 뜻의 완곡한 비판이다.

   *맹무백은 哀公(애공)때의 卿(경)이었으니, 이는 아마도 공자가 衛(위)나라에서 돌아온 68세 이후의 대화일 것이다.

5-8: 子謂子貢曰:"女與回也, 孰愈?" 對曰:"賜也,
何敢望回? 回也, 聞一以知十; 賜也, 聞一以知
二。" 子曰:"弗如也。吾與女, 弗如也。"

子謂子貢曰:"女與回也, 孰愈?" 對曰:"賜也,
何敢望回? □也, 聞一以知□; □也, 聞一以知
□。" 子曰:"弗如也。吾與女, 弗如也。"

【문답법, 대구법, 설의법, 비교법】

공자가 자공을 가리켜 이르시기를: "너와 회는, 누가
뛰어난가?" (자공이) 대답하기를: "사는, 어찌 감히 회를
바라보겠습니까? 회는, 하나를 들으면 그럼으로써 열을
알고; 사는, 하나를 들으면 그럼으로써 둘을 압니다." 공자가
이르시기를: "못하도다. 나와 너는, (회보다) 못하도다."

*이는 6-18의 "도를 아는 이는, 좋아하는 이보다 못하다. 좋아하
는 이는, 즐기는 이보다 못하다"라는 표현과 일치하고 있다. 다시 말
해서, 안회는 굶주림과 누추함 속에서도 도를 즐겼지만, 공자는 본인
역시 도를 배우고 좋아하기는 하면서도 안회만큼 즐기지는 못하다고
스스로를 살피고 있는 것이다. 여기서도 靑出於藍(청출어람) 즉 스승
을 뛰어넘는 실천의 자세를 보이는 안회를 칭찬하는 공자의 모습을
발견할 수 있으니, 5-5의 해설부분을 참고하기로 한다.

5-9: 宰予晝寢。子曰："朽[8]木，不可雕也；糞土[9]之
墙，不可杇[10]也。於予與何誅？"子曰："始吾於
人也，聽其言而信其行。今吾於人也，聽其言
而觀其行。於予與改是。"
宰予晝寢。子曰："□□，不可□也；□□□
□，不可□也。於予與何誅？"子曰："□吾於人
也，聽其言而□其行。□吾於人也，聽其言而
□其行。於予與改是。"

【대구법, 대유법, 설의법】

재여가 낮잠을 잤다. 공자가 이르시기를: "썩은 나무는,
조각할 수 없고; 썩은 흙의 담장은, 흙손질을 할 수 없다.
여에게 어떠한 벌을 주겠는가?" 공자가 이르시기를: "당초에
나는 다른 사람에게 있어, 그 말을 들으면 그 행실을 믿었다.
이제 나는 다른 사람에게 있어, 그 말을 듣고 그 행실을 본다.
여(재아)로부터 쫓아서 이를 고치게 된 것이다."

*본문은 기본 바탕이 바르지 않으면, 더 이상 나아갈 수 없음을
표현한 말이다. 다시 말해서, 기본이 갖춰지지 못하면 인재가 되어
정치에 참여할 수 없다는 뜻이 되는데, 이는 부단히 노력해야 함과
신뢰를 강조한 것으로 볼 수 있다. 특히 여기서도 공자는 4-22에서

---

8) 朽(후): 썩다, 부패하다.
9) 糞土(분토): 썩은 흙.
10) 杇(오): 바르다, 칠하다.

설명한 "信(믿을 신)"과 "誠(성실할 성)"을 부각시키고 있으니, 信(신)과 誠(성)이란 본디 사람이 말하는 것은 모두 믿을 수 있다는 뜻에서 유래한 것임에 유의해야 할 것이다.

5-10: 子曰:"吾未見剛者。"或對曰:"申棖。"子曰: "棖也慾, 焉得剛?"

【문답법, 설의법】
공자가 이르시기를: "나는 강직한 이를 만나보지 못했다."
어떤 이가 대답하기를: "신장입니다(신장이란 사람이 있습니다)."
공자가 이르시기를: "신장은 탐욕스러우니, 어찌 강직하다고 하겠는가?"

*신장은 字(자)가 周(주)라는 설이 있다. 〔史記(사기)〕의 〈仲尼弟子列傳(중니제자열전)〉에 따르면, 申黨(신당)이라는 인물의 字(자)가 周(주)였다고 한다. 따라서 신장은 다름 아닌 공자의 제자인 신당이었음을 추측할 수 있는데, 이 인물에 대해서는 좀 더 명확한 고증이 필요할 것이다.

*본문의 내용을 정리해보면 剛(강: 강직하다, 굳세다)의 의미가 명확하게 드러나는데, 이는 다름 아닌 "마음이 굳세어 사사로운 탐욕을 부리지 않음"을 뜻하는 것이다.

剛(강): "마음이 굳세어 사사로운 탐욕을 부리지 않음"

5-11: 子貢曰: "我不欲人之加諸我也。吾亦欲無加諸人。"子曰: "賜也, 非爾所及也。"

자공이 말하기를: "저는 다른 이가 그것(원치 않는바)을 저에게 베풀기를 바라지 않습니다. 저 역시 다른 이에게 그것(원치 않는바)을 베풀기를 바라지 않습니다." 공자가 이르시기를: "사야, 네가 미칠 바가 아니다."

*4-15에서 공자는 자신의 道(도)가 하나로 꿰뚫는다고 했고, 이에 증자는 "선생님의 도는, 忠(충: 정성스러움)과 恕(서: 남의 처지에 서서 이해하고 동정하는 마음)일 뿐이다"라고 풀이했다. 이와 관련하여 다시 한 번 다음의 기록을 살펴보자.

忠恕違道不遠, 施諸己而不願, 亦勿施於人。
충과 서는 도에서 멀리 떨어져 있지 않으니, 자기에게 베푸는 것을 원하지 않으면, 역시 남에게 베풀지 말아야 한다.

〔禮記(예기)〕〈中庸(중용)〉

즉 공자의 道(도: 통치이념)에 있어서 중요한 구성요소 중 하나가 바로 忠(충: 정성스러움)과 恕(서: 남의 처지에 서서 이해하고 동정하는 마음)인 것이다. 또 5-3에서 공자는 자공을 그릇 즉 전문가라고 표현했는데, 공자는 정치하는 이를 聖人(성인: 대동사회의 지도자) - 君子(군자: 소강사회의 지도자) - 器(기: 전문가)로 세분화하고 있다. 따라서 공자는 자공이 자신의 꿈을 소개하자, 너는 전문가 수준인데 그보다 높은 군자 즉 참된 지도자의 素養(소양)에 대해서 논하고 있다고 평가한 것이다.

5-12: 子貢曰: "夫子之文章, 可得而聞也。夫子之言性與天道, 不可得而聞也。"

자공이 말하기를: "스승의 문장(예악과 제도에 대한 내용)은 얻어들을 수 있지만(자주 말씀하셨지만), 스승의 (타고난) 천성과 하늘의 도에 대한 말씀은, 얻어들을 수가 없다(거의 언급하지 않으셨다)."

*性(성)의 의미는 2-4에서 이미 밝힌 바 있으니 天性(천성) = 天命 (천명)이고, 이를 좀 더 구체적으로 풀이하자면 스스로 그러한 성질을 따르는 順理(순리)이다. 9-1을 보면 본문과 상통하는 "공자께서는 이익과 천명과 어짊음에 대해서는 드물게 말씀하셨다"라는 표현이 있는데, 그렇다면 공자는 왜 이처럼 천성에 대해서는 유난히 말을 아낀 것일까? 그에 대한 해답은 이미 3-11에서도 간략하게 설명한 바 있듯이, 공자에게 있어서 하늘이라는 것이 신분상으로는 천자, 道(도)를 이해하는 측면으로는 삼황오제와 같은 성인들만이 할 수 있는 존재라고 생각했기 때문이다. 특히 이 점에 대해서는 2-4에서 언급했던 공자가 周(주)나라의 노자를 찾아가 禮(예)를 물었다는 사실을 감안한다면 충분히 공감할 여지가 있을 것이니, 공자가 태어나 자란 노나라는 천자의 주나라와 비교한다면 일개 제후국에 불과했던 것이다. 따라서 공자는 노나라에서 道(도)를 배우고 이해하는데 있어서 환경이나 자료상의 한계점에 봉착했을 것이고, 이에 직접 주나라로 가서 당시 史官(사관)을 하고 있던 노자를 만나 확인하고 나아가 가르침을 받고 싶었던 것이리라. 특히 공자의 이러한 심리는 3-9의 "하나라의 예는, 내가 말할 수 있으나, 기나라로 증명하기에는 부족하다. 은나라

의 예는, 내가 말할 수 있으나, 송나라로 증명하기에는 부족하다. 문헌이 부족한 까닭이다. 충분하면, 곧 내가 그것을 증명할 수 있다"는 말을 통해서도 간접적으로나마 엿볼 수 있으니, 함께 엮어서 당시 공자의 상황을 유추해 볼 수 있을 것이다.

이제 4-22에서 제시했던 두 기록을 다시 한 번 살펴보자.

誠者天之道也, 誠之者人之道也。誠者, 不勉而中, 不思而得, 從容中道, 聖人也。誠之者, 擇善而固執之者也。

진실함은 하늘의 도이고, 진실하게 하는 것은 사람의 도이다. 진실한 사람은 힘쓰지 않아도 중하고, 생각하지 않아도 얻게 되어, 차분하게 도에 들어맞는 것이니, 성인이다. 진실하게 한다는 것은, 선을 가리어 굳게 잡는 것이다.　　　　　　　〔禮記(예기)〕〈中庸(중용)〉

孔子侍坐於哀公。哀公曰:"敢問人道誰爲大。"孔子愀然作色而對曰: "君之及此言也, 百姓之德也。固臣敢無辭而對。人道政爲大。"公曰: "敢問何謂爲政。"孔子對曰:"政者, 正也。君爲正, 則百姓從政矣。君之所爲, 百姓之所從也。"

공자가 애공을 모시고 앉았다. 애공이 말하길: "감히 묻습니다. 사람의 도는 누구를 큰 것으로 여기오?" 공자가 엄정하게 낯빛을 고치고는 대답하여 이르길: "임금께서 이 말씀에 이르신 것은 백성들의 덕입니다. 진실로 신은 감히 사양치 않고 대답하겠습니다. 사람의 도는 정치를 큰 것으로 여깁니다." (애)공이 말하기를: "감히 묻겠는데 어떤 것이 정치를 한다고 일컫는 것이오?" 공자가 대답하여 이르길: "정치는, 바로잡는 것입니다. 임금이 바르게 하면, 곧 백성들이 정치에 따릅니다. 임금의 행하는 바는, 백성들의 따르는 바입니다.　　　　　　　〔禮記(예기)〕〈哀公問(애공문)〉

즉 공자가 예악제도로 절제하고 통제하는 소강사회의 통치이념
인 人道(인도: 사람의 도)만을 언급한 이유는, 바로 당시 춘추시대에는
하늘이 부여한 천성에 따르는 대동사회의 통치이념인 天道(천도: 하늘
의 도)[11]를 행할 수 없다고 판단했기 때문인 것이다. 따라서 이를 통해
서, 여기서도 공자는 대동이 아닌 소강사회로의 복귀를 외치고 있음
을 확인할 수 있다.

*또한 상술한 내용을 토대로, 공자가 말하는 文章(문장)은 궁극적
으로 "하나라와 상나라 그리고 주나라 3대의 예악과 제도에 대한 구
체적인 내용"이 됨을 확인할 수 있다.

> **文章(문장): "하나라와 상나라 그리고 주나라 3대의 예악**
> **과 제도에 대한 구체적인 내용"**

5-13: 子路有聞, 未之能行, 唯恐有聞。

자로는 (가르침을) 들음이 있으면, 그것(가르침)을 아직 행하지
못했는데, (새로운 가르침을) 들음이 있음을 두려워할 따름이었다.

---

11) 2-3에서 제시한 〔禮記(예기)〕〈禮運(예운)〉을 살펴보면, 공자는 大同(대동)사회를 大
道(대도)가 행해지던 시대라고 표현하고 있다. 따라서 天道(천도)는 곧 大道(대도)
를 뜻하고, 반면에 小康(소강)사회의 人道(인도)는 小道(소도)를 뜻하는 것으로 볼 수
있다.

*이는 다름 아닌 실천에 대한 문제이다. 이와 관련하여 다음의 기록을 살펴보자.

說拜稽首曰: 非知之艱, 行之惟艱, 王忱不艱, 允協于先王成德, 惟說不言有厥咎。

부열이 절하고 머리를 조아리며 말했다: "아는 것이 어려운 것이 아니라, 행하는 것이 어려운 것입니다. 임금께서 정성껏 하여 어렵다고 여기지 않으시면, 능히 선왕이 이루신 덕을 따를 것이니, 저 부열이 말씀드리지 않는다면 (저에게) 허물이 있는 것입니다."

〔尚書(상서)〕〈說命(열명)〉

道(도)를 아는 것과 실천하는 것은 전혀 별개의 것이니, 어찌 실천을 강조하지 않을 수 있겠는가? 또한 자로는 거친 구석이 있기는 하지만 늘 실천하려고 노력했으니, 공자가 어찌 이러한 자로를 아끼지 않을 수 있었겠는가?

5-14: 子貢問曰: "孔文子, 何以謂之文也?" 子曰: "敏而好學, 不恥下問。是以謂之文也。"

【문답법】

자공이 묻기를: "공문자는, 어찌 하여 文(문)이라고 일컫습니까?"
공자가 이르시기를: "힘써 일하면서 (도를) 배우기를 좋아하고, 아랫사람에게 묻기를 부끄러워하지 않았다. 이 때문에 그(공문자)를 文(문)이라고 일컫는 것이다."

*공문자는 衛(위)나라 대부인데, 이름이 圉(어)이다. 따라서 14-19에 나오는 仲叔圉(중숙어)가 바로 공문자이다. 그런데 공문자는 그가 죽은 후에 받은 諡號(시호)임에 주목할 필요가 있으니, 〔左傳(좌전)〕〈哀公(애공) 11년〉에는 공문자가 大叔疾(대숙질)을 공격하기 위해 공자에게 계책을 물었다는 기록이 있다. 이때는 공자 나이 68세 때이고, 또 공자는 이후 衛(위)나라를 떠나 노나라로 돌아가게 되므로, 위의 대화는 공자가 노나라에 돌아온 즉 68세 이후의 대화임을 알 수 있다. 또한,시 알 수 있다.

*공자는 공문자가 정성을 다해 힘써 일하는 忠(충)과, 성현들의 통치이념인 道(도)를 배우기 좋아하며, 아랫사람에게 묻기를 부끄러워하지 않는 好問(호문)의 태도를 견지했기 때문에 文(문)이라고 일컫는다고 했으니, 여기서 文(문)의 의미가 통치에 필요한 모든 법도와 그러한 법도들의 구체적인 내용 즉 〔詩經(시경)〕이나 〔尙書(상서)〕 등 옛 전적들에 기록된 성현들의 말씀 및 업적들의 구체적인 내용임이 다시 한 번 드러나고 있다. 특히 好問(호문: 묻기를 좋아함)의 자세에 대해서는 2-17과 2-18에서 구체적으로 설명한 바 있으니, 바로 愼(신: 신중함)과 常(상: 변치 않고 초지일관하는 태도) 그리고 中(중: 한쪽으로 치우치지 않는 객관적인 태도)과 謙(겸: 겸손함)이라는 道(도)의 네 가지 구성요소이다.

*그렇다면 자공은 왜 공문자의 文(문)에 대해서 이처럼 묻고 있는 것일까? 사실 자공의 의도는 단순한 질문이 아니라 공문자의 업적에 대해서 회의적인 태도를 갖고 있었던 것이니, 이제 위에서 간단히 언급했던 〔左傳(좌전)〕〈哀公(애공) 11년〉의 사건을 개략적으로 정리해보자. 衛(위)나라의 大叔疾(대숙질)이 宋(송)나라로 도망가 子朝(자조)의 딸과 결혼했는데, 당시 관습에 따라 그녀의 여동생 역시 언니를 따라

서 대숙질에게 시집을 갔다. 그런데 이 둘째 딸이 매우 예뻤다고 한다. 후에 자조가 衛(위)나라로 가니, 위나라의 대부였던 공문자는 대숙질의 부인을 쫓아내고 자기의 딸을 대숙질에게 시집보냈는데, 대숙질은 오히려 자조의 둘째 딸 즉 옛 부인의 여동생을 몰래 불러내어 집까지 제공하자, 공문자는 이에 분노하여 대숙질을 공격하려 한 것이다. 하지만 공문자는 결국 공자의 만류로 관두게 되고, 그의 딸을 다시 집으로 불러들였다. 이는 공자 나이 68세 때의 일인데, 이 일이 있은 직후 공자는 노나라로 돌아오게 된다. 이와 관련하여서는 6-14와 7-14 그리고 14-19의 설명을 살펴보면, 그 당시의 상황을 좀 더 구체적으로 이해할 수 있을 것이다.

또한, 공문자는 신하로서 자기가 섬기는 군주인 靈公(영공)을 공격한 적도 있었으니, 자공은 공문자가 이처럼 멋대로 자기의 딸을 시집보냈다가 다시 불러들이고, 심지어 군주를 공격하는 등 不仁(불인)한 존재인데, 어찌 文(문)이라는 시호를 받을 수 있었는지 묻는 것이다. 물론 그때의 상황을 잘 알고 있던 공자는 그럼에도 불구하고 본문처럼 설명하고 있으니, 여기서도 공자의 장단점을 분명히 구분하여 객관적으로 평가하는 中(중)의 태도를 엿볼 수 있다.

5-15: 子謂子産:"有君子之道四焉。其行己也恭,
其事上也敬,其養民也惠,其使民也義。"
子謂子産:"有君子之道四焉。其□□也□,
其□上也□,其□□也□,其□□也□。"

【대구법, 열거법】

공자가 자산(공손교)을 평하시기를: "(그에게는) 군자의 도 네
가지가 있었다. (몸가짐을) 행함이 공손했고, (윗사람을) 섬김이
정중했으며, 백성을 기름이 은혜로웠고, 백성을 부림이
의로웠다."

*자산은 鄭(정)나라 卿(경)으로, 이름이 僑(교)이다. 따라서 公孫僑
(공손교)라고도 칭한다. 그는 晉(진)나라와 楚(초)나라 사이의 작은 나
라인 정나라를 부흥시킨 인물인데, 공자가 대단히 존경하였다.

〔左傳(좌전)〕〈襄公(양공) 25년〉[12]에 다음과 같은 기록이 있다. 陳
(진)나라가 楚(초)나라에 기대어 鄭(정)나라를 공격했다. 이에 정나라
는 晉(진)나라로 가서 陳(진)나라를 공격하겠다고 보고했지만, 허락을
받지 못했다. 하지만 정나라 백성들이 노하여 결국 陳(진)나라의 항
복을 받아내 전리품을 받아냈고 이를 晉(진)나라에 바치려 하자, 晉
(진)나라 대부 士莊伯(사장백)은 오히려 어찌 작은 나라를 침략한 것
이냐고 계속 트집을 잡으며 물었다. 이에 자산은 "자고로 천자의 나

---

12) 〔史記(사기)〕〈孔子世家(공자세가)〉에 따르면, 공자는 襄公(양공) 22년에 태어났다. 따
라서 공자의 이 일에 대한 평가는 그가 〔春秋(춘추)〕를 집필한 71세 때 이뤄진 것으
로 볼 수 있다.

라는 사방이 천리이고, 제후의 나라는 사방 백 리, 그 아래는 더 작습니다. 지금 큰 나라는 그 면적이 사방 몇 천리나 되는데, 만약 큰 나라가 작은 나라를 침략하지 않았다면 어떻게 큰 나라가 되었겠습니까?"라고 대답했다. 사장백은 또 트집을 잡기 위해서 왜 군복을 입고 있었냐고 묻자, 자산은 "과거 晉(진)나라 文公(문공)께서는 우리 정나라 文公(문공)에게 명하시어 군복을 입고 천자를 돕도록 했고 또 楚(초)나라의 전리품을 천자께 드리게 했으니, 저는 천자의 명을 받들고 있는 것입니다"라고 대답했다. 결국 사장백은 더 이상 할 말이 없어 그대로 趙文子(조문자)에게 보고하게 되고, 조문자는 자산의 말이 이치에 부합된다며 수긍했다. 이 일에 대해서, 공자는 "말로 뜻을 충족시키고, 글로 말을 충족한다고 했다. 말을 하지 않으면 누가 그 뜻을 알고, 글이 없다면 누가 그 말을 오랫동안 전하겠는가? 만약 자산이 아니었다면, 鄭(정)나라는 晉(진)나라를 막아내지 못했을 것이다. 말은 신중해야 한다"고 평가했다.

또 〔左傳(좌전)〕〈襄公(양공) 31년〉에 따르면, 然明(연명)이란 인물이 자산에게 鄕校(향교: 지방교육기관)를 없애자고 제안했다. 그러자 자산은 "향교에서 나오는 좋은 점과 나쁜 점에 대한 논평은 나의 스승이 되는데, 어찌 없앨 수 있겠습니까? 忠(충)과 善(선)으로 원망을 줄일 수는 있지만, 위세로 원망을 막을 수는 없다고 들었습니다. 그것은 개울물을 막는 것과도 같으니, 막아서 한꺼번에 터지면 많은 사람이 다칩니다"라고 말했다. 이에 연명은 "그대는 진정 믿고 섬길 수 있는 분입니다"라고 말하며 자산의 말에 따랐다. 이 일에 대해서, 공자는 "누가 자산이 어질지 않다고 말한다면, 나는 믿지 않을 것이다!"라고 평가했다.

〔左傳(좌전)〕〈昭公(소공) 20년〉에는 다음과 같은 기록이 있다. 자

산이 병에 들자, 子大叔(자대숙)을 불러서 말했다. "내가 죽으면 그대가 다스릴 터인데, 오로지 德(덕)이 있는 사람만이 백성들을 관대하게 복종시킬 수 있으니, 그다음으로는 엄격하게 다스리는 것이 가장 좋소. 불은 맹렬하기에 불에 죽는 사람이 적지만, 물은 관대하기에 가까이하다가 죽는 이들이 많소. 그러므로 관대함으로 다스리는 것은 어려운 것이오." 자산이 죽고 나서 자대숙이 그를 이어 통치를 했는데, 백성들을 관대하게 다스리자 오히려 도둑이 많아졌다. 자대숙이 자산의 말을 듣지 않은 것을 후회하고 그들을 잡다 죽이자, 도둑이 줄어들게 되었다. 이 일에 공자는 "통치를 관대하게 하면 백성들이 게을러지고, 게을러지면 엄격하게 바로잡아야 하지만, 엄격하게 통제하면 백성들이 상처를 받으니 다시 관대함을 베풀어야 한다. 따라서 관대함과 엄격함이 조화를 이루는 정치가 가장 좋은 것이다"라고 평가했다. 〔史記(사기)〕〈孔子世家(공자세가)〉에 따르면 노나라 昭公(소공) 20년 즉 공자가 30세일 때 자산이 죽었는데, 공자는 눈물을 흘리며 그는 예로부터 전해오는 사랑을 따른 사람이었다고 슬퍼했다고 한다.

이제 이와 관련하여, 2-4에서 제시한 바 있는 다음의 기록을 다시 한 번 살펴보자.

三德, 一曰正直, 二曰剛克, 三曰柔克, 平康正直, 彊弗友剛克, 燮友柔克, 沈潛剛克, 高明柔克。

삼덕(세 가지 덕)이라 함은, 첫 번째는 정직함을 말하는 것이요, 두 번째는 강직함으로 다스림을 말하는 것이요, 세 번째는 유함으로 다스림을 말하는 것이니, 평화롭고 안락하면 정직함으로 하고, 굳어서 따르지 않으면 강직함으로 다스리며, 화해하여 따르면 유함으

로 다스리고, 성정이 가라앉아 겉으로 드러나지 않으면 강직함으로
다스리며, 식견이 높으면 유함으로 다스리는 것입니다.

〔尚書(상서)〕〈周書(주서)〉

자산에게 있어서 정치란 바로 세상의 형편에 따라서 정직함과 강
직함 그리고 유함을 적절히 選用(선용)해야 하는 것이고, 공자의 정치
관은 이러한 자산에게서 적잖은 영향을 받았다. 특히 공자가 처한 춘
추시대는 周(주)나라 天子(천자)의 지위가 땅에 떨어지고 제후국들도
신하가 임금을 따르지 않는 혼란기였으니, 그가 왜 大同(대동)의 天道
(천도)가 아닌 小康(소강)의 人道(인도) 즉 예악제도로 통제해야 한다고
주장했는지 충분히 공감할 수 있을 것이다. 아울러서 14-8과 14-9에
도 자산이 언급되고 있으니, 참고하기로 한다.

5-16: 子曰:"晏平仲, 善與人交。久而敬之。"

**공자가 이르시기를: "안평중은 사람들과 교제를 잘한다. (그
기간이) 오래되어도 (사람들에게) 정중하다."**

*안평중은 齊(제)나라의 傾(경)으로 바로 晏嬰(안영)이다. 字(자)가
平仲(평중)인데, 〔晏子春秋(안자춘추)〕의 저자로도 유명하다. 그가 모
시던 景公(경공)이 공자에게 벼슬을 주려하자, 반대했던 것으로 알려
졌는데, 그에 대한 간략한 업적은 5-18을 참고하기로 한다.

*여기서 공자의 두 가지 면모를 살펴볼 수 있으니, 하나는 바로

道(도)의 중요한 구성요소인 常(상: 변치 않고 초지일관하는 태도)을 강조하고 있다는 점이다. 또 하나는 비록 안영이 공자를 기용하고자 한 경공의 의지에 반대함으로써 공자를 방해하기는 했지만, 공자는 中(중: 한쪽으로 치우치지 않는 객관적인 태도)을 견지함으로써 안영을 공정하게 평가하고 있다는 것을 알 수 있다.

5-17: 子曰: "臧文仲, 居蔡, 山節藻梲, 何如其知也?"

【대유법, 설의법】
공자가 이르시기를: "장문중은, 큰 거북(황실에서 점치는 데 쓰는 큰 거북의 등껍질)을 차지하고(자신의 집에 두고), 산의 두공과 마름의 동자기둥이었으니(천자가 쓰는 기둥장식을 했으니), 어찌 지혜롭다 하겠는가?"

*장문중은 노나라 莊公(장공)과 閔公(민공) 그리고 僖公(희공)과 文公(문공)때 卿(경)을 지냈던 인물이다.
*[左傳(좌전)] 〈文公(문공) 2年〉에 따르면, 공자는 장문중이 三不仁(삼불인: 세 가지 방면에서 군주를 진심으로 섬기고 따르지 않음)한 인물이라고 비판했으니, 하나는 유하혜[13]의 지위를 떨어뜨림으로써 현명한 신하를 군주에게 추천하지 못했고, 둘은 여섯 관문을 없앰으로써 선왕들의 뜻을 저버렸으며, 셋은 첩들에게 자리를 짜게 하여 禮(예)에 어긋

---

13) 유하혜와 관련하여서는 15-14를 참고할 수 있다.

나게 한 점이었다. 또한 그가 三不知(삼부지: 세 가지 도리를 모름)한 인물이라고도 비판했으니, 하나는 쓸데없는 그릇을 만들어 낭비했고, 둘은 순리에 거스르는 제사를 지냈으며, 셋은 爰居(원거)라는 바닷새에 제사를 지내는 실수를 한 점이었다.

본문에서도 언급되고 있지만, 사실 知(지)는 오늘날과 같이 단순히 지혜롭다는 의미를 지니는 것이 아니다. 이에 대해서는 6-20에서 보다 구체적으로 설명하겠지만, 본문의 의미를 이해하기 위해서 우선 결론부터 말하자면 "사사로운 이익을 탐하지 않고 오직 백성들과 나라를 위한 공익을 꾀하며, 초자연적인 힘에 의탁하지 않는 객관적인 판단력"을 뜻한다.

공자는 특히 장문중이 禮(예)를 몰랐다고 신랄하게 비판했는데, 이와 관련하여서는 다음의 기록을 살펴보면 이해할 수 있을 것이다.

臧文仲安知禮? 夏父弗綦逆祀而弗止也.

장문중이 어찌 예를 안다는 말인가? 하보불기가 (노나라 장공의 신주를 옮겨서 희공의 신주 아래에 놓아, 아랫사람이 윗사람 위에 있는) 거꾸로 된 제사를 하였으나 (장문중이 대부로 있으면서 그것을) 중지시키지 않았다.   〔禮記(예기)〕〈禮器(예기)〉

禮(예: 조화로움을 위한 절제와 통제)는 仁(인: 자신의 군주를 진심으로 섬기고 따르는 것)과 義(의: 상하서열을 명확하게 하고 그 서열에서 마땅히 지켜야 할 바를 목숨을 걸고 지키는 것)를 수식하는 형식이다. 그런데 장문중은 후대인 희공의 신주를 선대인 장공의 것 위에 놓는 실수를 보고도 고치지 않은 不仁(불인)을 저질렀으니, 이는 형식인 禮(예)에도 어긋나는 것이다.

5-18: 子張問曰: "令尹子文, 三仕爲令尹, 無喜色, 三已之, 無慍色。舊令尹之政, 必以告新令尹, 何如? 子曰: "忠矣。"曰: "仁矣乎?"曰: "未知。焉得仁?"崔子弑齊君。陳文子有馬十乘, 棄而違之。至於他邦, 則曰: '猶吾大夫崔子也。'違之。之一邦, 則又曰: '猶吾大夫崔子也。'違之, 何如?"子曰: "淸矣。"曰: "仁矣乎?"曰: "未知。焉得仁?"

【문답법, 직유법, 설의법】

자장이 묻기를: "영윤(을 지냈던) 자문은 세 번 벼슬하여 영윤이 되었지만, 기쁜 기색이 없었고, 세 번 (벼슬을) 그만두었지만, 성내는 기색이 없었습니다. 옛 영윤의 정무(이전에 자신이 영윤을 맡았을 때의 정치업무)를, 반드시 새 영윤에게 알렸으니, 어떠합니까?" (공자가) 이르시기를: "정성스럽도다." (자장이) 말하기를: "(사람됨이) 어집니까?" (공자가) 이르시기를: "알지 못하겠다. 어찌 어질다고 하겠는가?" (자장이 다시 묻기를) "최자가 제나라 임금을 시해했습니다. 진문자는 말 십 승(열 대의 수레)을 가지고 있었지만, (모든 재산을) 버리고 그곳(제나라)에서 달아났습니다. 다른 나라에 이르러, 곧 말하기를: '우리 대부 최자와 같다.' (그러고는) 그곳(이르렀던 다른 나라)에서 달아났습니다. 한 나라로 가서는, 곧 또 말하기를: '우리 대부 최자와 같다.' (그러고는) 그곳(이르렀던 한 나라)에서 달아났으니, (그의 인물됨이) 어떠합니까?" 공자가 이르시기를: "탐욕이 없이 깨끗하다." (자장이) 말하기를: "(사람됨이) 어집니까?" (공자가) 이르시기를: "알지 못하겠다. 어찌 어질다고 하겠는가?"

*자문은 斗縠於菟(두혹우도)[14]인데, 字(자)가 子文(자문)이라서 斗子文(두자문)이라고 칭하기도 한다. 楚(초)나라의 若敖族(야오족) 사람으로 영윤(재상)이 되어서 나라를 강성하게 한 인물로 평가받고 있는데, 그와 관련하여서는 〔國語(국어)〕〈楚語下(초어하)〉에 다음과 같은 기록이 있다. 자문은 백성들을 위하느라 항상 끼니가 모자랐는데, 成王(성왕)이 그에게 봉록을 더 주려고 하자 자문은 세 차례나 영윤 자리를 물러났다가, 왕이 조치를 취하고 나서야 다시 돌아왔다. 이에 누군가 "부귀는 사람이 추구하는 바인데 왜 피하십니까?"라고 묻자, "정치는 백성들을 위한 것이오. 백성들은 굶주리는데, 내가 부유하면 살 수 있는 날이 얼마 안 남은 것이오. 나는 부귀를 피하는 것이 아니라, 죽음을 피하는 것이오"라고 대답했다. 그는 은퇴하면서 子玉(자옥) 즉 자기의 동생 成得臣(성득신)에게 영윤의 자리를 물려주었다.

*진문자는 5-16에 나오는 안평중 즉 안영과 함께 齊(제)나라의 莊公(장공)을 모셨던 대부이다. 안영과 마찬가지로 군주인 장공을 모시기는 했지만, 장공이 너무나 무도하였기에 진심으로 따르지는 않았다.

*최자는 崔杼(최저)로 齊(제)나라 대부이다. 자신의 아내와 사통한 莊公(장공)을 시해하고 景公(경공)을 임금으로 세웠는데, 경공은 오히려 안영을 총애하고 최저를 제거한다.

*공자에게 있어서 仁(인)은 군주를 진심으로 섬기고 따르는 것이다. 상술한 인물소개에서 알 수 있듯이, 자문은 백성들을 위한 것이기는 했지만 결국 임금의 호의를 따르지 않았다. 또 진문자는 비록 그가 모시는 장공이 무도했기 때문이기는 했지만, 어쨌든 진심으로

14) 斗縠於菟(두혹우도)의 한글 독음에 대해서는 좀 더 명확한 고증이 필요하다.

섬기고 따르지 않았다. 그러므로 공자는 두 사람이 정성스럽고 청렴하기는 하지만 仁(인)한 인물은 아니라고 한 것인데, 여기서 공자의 관점을 다시 한 번 확인할 수 있다. 즉 자기가 섬기는 군주가 무도한지의 여부에 상관없이 진심으로 섬기고 따라야 한다는 것이니, 이러한 관점은 7-14의 "(백이와 숙제는) 어질음을 추구하여 어질음을 얻었으니, 또 어찌 원망했겠는가?"와 18-1의 "미자는 떠났고, 기자는 그의 노비가 되었고, 비간은 간언을 하다가 죽었다. 공자가 이르시기를: '은나라에는 세 명의 어진 이들이 있었다'"라는 표현에서도 명확하게 드러난다. 다시 말해서, 은나라의 마지막 왕인 紂王(주왕)이 극악무도한 폭정을 펼치자 周(주) 武王(무왕)이 무력으로 정벌하게 되는데, 백이와 숙제 그리고 미자와 기자 비간은 오히려 끝까지 주왕을 섬기고 따랐기 때문에, 공자가 이들을 仁(인)한 인물이라고 칭찬했던 것이다. 공자의 이런 태도는 특히 4-18의 "부모님을 섬김은, 노여움을 사지 않도록 조용하고도 공손하게 간하고, 자식의 뜻을 드러내도 따르지 않으시면, 더욱 공경하여 어기지 않는 것이니, 이러한 모습이 수고롭지만 부모님을 원망하지는 않는 것이다"라는 표현에서 극명하게 부각되고 있다.

　　물론 지금으로서는 이와 같은 공자의 극단적인 가치관을 이해하기 어렵고, 또 이해해서도 안 될 것이다. 하지만 당시가 춘추시대라는 엄청난 혼란기이자 격변기임을 감안한다면, 또 공자가 얼마나 종법제도를 중시하고 따랐는지를 파악한다면, 일정 수준에서 공자의 의도에 대해서 수긍하는 것은 가능할 것이다. 아울러서 공자의 자문에 대한 평가와 관련하여 다음의 기록을 제시하니, 함께 참고하기 바란다.

子曰: "事君, 三違而不出竟, 則利祿也。人雖曰不要, 吾弗信也。"

공자가 이르시기를: "임금을 섬김에, 세 번 원망해도 국경을 나가지 않으면, 곧 녹을 탐하는 것이다. 사람이 비록 (녹을) 원치 않는다고 말해도, 나는 믿지 못한다." 〔禮記(예기)〕〈表記(표기)〉

5-19: 季文子, 三思而後行。子聞之, 曰: "再, 斯可矣。"

계문자는, 세 번 생각하고 그런 후에 행했다. 공자가 그것(계문자의 신중함)을 듣고, 이르시기를: "두 번, 이러면 된다."

　*계문자는 바로 季孫行父(계손행보)로, 노나라의 宣公(선공)과 成公(성공) 그리고 襄公(양공)때 卿(경)을 지낸 인물이다. 〔國語(국어)〕〈周語中(주어중)〉에 따르면, 周(주)나라 定王(정왕)이 劉康公(유강공)을 노나라에 파견해서 대부들에게 예물을 나눠주도록 했는데, 계문자는 매우 검소했다고 한다. 또 〔左傳(좌전)〕〈襄公(양공) 6년〉과 〔國語(국어)〕〈魯語上(노어상)〉에 계문자의 첩은 비단옷을 입지 못하고, 기르는 말은 곡식을 먹지 못했다는 기록이 있는데, 이는 백성들이 굶주림에 지쳐있는데 그들을 이끄는 정치하는 이가 사치할 수는 없다는 취지에서였다.

　*〔左傳(좌전)〕〈文公(문공) 6년〉에 따르면, 그 해 가을 계문자가 晉(진)나라를 방문하려고 했는데, 자신이 진나라에 가서 죽었을 때 받을 수 있는 예우를 확인한 후에야 출발하고자 했다. 이에 수행원이

왜 그러냐고 묻자, 계문자는 "만일의 사태에 대비하는 것이 옛날부터 내려오는 가르침이다. 내가 진나라에 가서 어떤 일이 발생할지 모르는데, 닥쳐서야 처리하려고 하면 때가 너무 늦는다. 미리 준비해 놓으면 나쁠 게 없지 않겠는가?"라고 대답했다고 한다. 5-15에서 언급했다시피, 진나라는 楚(초)나라와 함께 대국이기 때문에, 계문자는 진나라에 가게 되면 자신이 어떻게 될지 몰라서 미리 준비하고자 한 것이다.

또 〔左傳(좌전)〕〈成公(성공) 4년〉에 따르면, 노나라 성공이 晉(진)나라에서 돌아와서는 楚(초)나라와 우호관계를 맺고 진나라를 배반하려고 했다. 이에 계문자는 "진나라가 무도하기는 하지만, 대국이거니와 신하들끼리 화목하고 특히 노나라와 가깝습니다. 또한 진나라는 우리와 동족이지만, 초나라는 이민족이니 우리를 받아들이지 않을 것입니다"고 하여 성공을 설득했다고 한다.

아울러서 〔左傳(좌전)〕〈成公(성공) 7년〉에는, 吳(오)나라가 郯(담)나라와 우호관계를 맺자, 계문자가 "오랑캐가 들어와도 우려를 나타내지 않으니, 이는 지도자의 탓이다. 지도자가 훌륭하면 어찌 재앙을 받겠는가? 우리도 멸망할 날이 멀지 않았다!"고 한탄했고, 이에 군자는 "계문자와 같이 경계를 늦추지 않으면, 멸망하지 않을 것이다!"라고 평가한 기록이 있다.

즉 계문자는 항상 다양한 측면에서 신중하게 고민한 인물이기에, 공자가 본문에서처럼 높게 평가한 것이다. 이와 연계하여 계문자의 文(문)이 어떤 의미를 함축하는지 다시 한 번 되새겨볼 수도 있을 터인데, 계문자는 공자가 태어나기 전의 인물이라서 본문의 내용은 훗날의 평가가 됨을 알 수 있다.

5-20: 子曰: "甯武子, 邦有道, 則知; 邦無道, 則
愚[15]。其知可及也, 其愚不可及也。"
子曰: "甯武子, 邦□道, 則□, 邦□道, 則□。
其□可及也, 其□□可及也。"

【대구법, 대구법】
공자가 이르시기를: "영무자는, 나라에 도가 있으면, 곧
드러내고; 나라에 도가 없으면, 우직했다. 그 드러냄은 (내가)
미칠 수 있지만, 그 우직함은 (내가) 미칠 수 없다."

*영무자는 이름이 兪(유)이고, 衛(위)나라 대부이다.
*본문에 대해서, 일반적으로 위나라 文公(문공) 때는 전성기였으
므로 영무자가 문공에게 충언을 아끼지 않았지만, 그를 이은 成公(성
공)은 무도했으므로 영무자가 말을 아꼈다는 해석을 해온 것이 사실
이다. 하지만 이와 관련하여 다음의 기록들에 주목할 필요가 있다.

1. 〔左傳(좌전)〕〈僖公(희공) 28년〉: 晉(진)나라의 도움으로 성공이
귀국하고, 이에 영무자가 宛濮(원복)에서 위나라 사람들에게 "이제
하늘이 우리를 보우하시니, 남는 사람이 없으면 누가 종묘사직을
보호할 것이고, 군주를 따르는 사람이 없으면 누가 우리 재산을 지
킬 것인가? 이제 맹세하노니, 외부에 있는 사람들은 자기의 공로에
의지하지 말고, 남은 사람은 죄를 얻을까 걱정하지 마시오. 이 맹세

---

15) 愚(우): 1. 어리석다. 2. 우직하다.

를 어기면, 반드시 주살할 것이오!"라고 맹세하자, 사람들이 떠나지 않게 되었다.

2. 〔左傳(좌전)〕〈僖公(희공) 28년〉: 성공이 元咺(원훤)과 소송을 하자 영무자가 성공의 변호를 맡았다가 패소했는데, 같이 성공을 변호한 이들은 모두 죽거나 다리가 잘렸지만 영무자는 충성스럽다는 이유로 사면되었다.

3. 〔左傳(좌전)〕〈僖公(희공) 30년〉: 晉(진)나라 文公(문공)이 의사를 시켜서 성공을 독살하려고 했으나, 영무자가 의사에게 뇌물을 줘서 독약의 양을 적게 타게 했다. 이에 성공은 죽지 않았고, 노나라 희공이 주나라 천자와 진나라 문공에게 옥을 바침으로써, 성공은 석방되었다. 그 뒤 성공은 다시 위나라의 임금으로 복귀했다.

4. 〔左傳(좌전)〕〈僖公(희공) 31년〉: 성공이 相(상) 즉 하나라 啓(계)의 후손에게 제사를 지내려 하자, 영무자는 周(주)나라 成王(성왕)과 周公(주공)이 정한 규정을 위반할 수는 없다며 성공을 설득하여, 결국 제사를 지내지 못하도록 했다.

5. 〔左傳(좌전)〕〈文公(문공) 4년〉: 영무자가 노나라를 방문하자, 노나라 문공은 그를 위해서 〔시경〕의 〈湛露(담로)〉와 〈彤弓(동궁)〉을 연주하게 했다. 하지만 영무자는 이 두 작품은 모두 천자께서나 사용하실 수 있다며, 감히 답사를 하지 못하겠다고 사양했다.

이제 상술한 기록들을 정리해보면, 공자가 영무자를 일컬어 "나라에 도가 없으면 우직했다"고 한 의도를 명확하게 이해할 수 있을 것이다. 다시 말해서, 공자는 영무자가 참된 仁(인: 진심으로 군주를 섬기고 따름)을 따른 인물이라고 칭송하고 있으니, 본문의 "愚(우)"는 바로 "군주의 무도함에 관계없이 그를 진심으로 섬기고 따르니 우직하다"로 해석해야 하는 것이다.

　*56세에 공자는 노나라를 떠나 먼저 衛(위)나라에서 열 달간 머물렀다. 그리고 陳(진)나라로 가려고 匡(광) 지역을 지나는데, 이때 말을 몰던 顔刻(안각)이란 인물이 예전에 이곳을 온 적이 있다고 말했다. 그러자 광 지역 사람들이 안각을 陽虎(양호)의 일행이라고 생각했는데, 양호는 이전에 광 지역 사람들을 괴롭혔었던 인물이다. 또한 공자의 모습이 양호와 닮아서 닷 새 동안이나 그들을 포위했다. 결국 공자는 자기를 따르던 제자 하나를 영무자에게 보내서 위나라의 신하로 삼게 하자, 그곳을 벗어날 수 있었다는 기록이 〔史記(사기)〕〈孔子世家(공자세가)〉에 있는데, 이때 영무자는 이미 죽었으므로 아마도 사마천이 영무자의 후손을 잘못 기록한 것으로 판단된다.[16]

5-21: 子在陳曰: "歸與, 歸與! 吾黨[17]之小子, 狂簡,
　　　斐然成章, 不知所以裁之。"

【영탄법】

공자가 진나라에 있을 때 이르시기를: "돌아가자, 돌아가자! 내 마을의 젊은이는, 기세는 세지만 소홀히 하니(뜻하는 바는 크지만 아직 실천함이 없이 거치니), 아름다운 광채가 나서 밝고 큰 재목을 이루기는 했지만, 그것(세지만 거친 기세)을 다듬고 절제하는 이유를 알지 못한다."

---

16) 〔左傳(좌전)〕을 보면 "甯子(영자)"가 적잖이 보이는데, 이는 시대적 상황에 따라서 영무자 또는 그의 후손으로 번역해야 마땅할 것이다.
17) 黨(당): 마을, 향리.

*〔史記(사기)〕〈孔子世家(공자세가)〉에 따르면, 대략 60세의 공자는 陳(진)나라에서 3년 동안 머물렀다. 이 기간에 대국인 晉(진)나라와 楚(초)나라가 공자가 머무르고 있는 작은 陳(진)나라를 번갈아 공격했고, 심지어 越(월)나라 왕 句踐(구천)을 패배시킨 吳(오)나라마저 진나라를 넘보자, 이에 세상에는 자신의 뜻을 펼칠만한 곳이 없음을 한탄한 공자가 한 말이다. 같은 해 노나라의 卿(경)인 季康子(계강자)가 공자의 제자인 염구를 불러들이자, 공자는 이번에 염구를 불러들이는 것은 높은 자리에 기용하기 위함이라면서 다시 한 번 본문의 말을 하기도 했다.

본문에서 알 수 있듯이 공자는 세상을 떠도는 것에 대해 다소 지친 듯한데, 특히 여기서 노나라로 돌아가려는 이유 즉 "다듬고 절제함"인 禮(예)를 가르쳐야겠다는 의지를 피력하고 있다는 점에 주목할 만하다.

5-22: 子曰: "伯夷叔齊, 不念舊惡, 怨是用希。"

공자가 이르시기를: "백이와 숙제는, 지나간 악행을 생각하지 않아서, 이(백이와 숙제)를 써서 나무람이 드물었다."

*먼저 본문과 관련하여, 다음의 기록을 살펴보자.

天下宗周, 伯夷叔齊恥之, 不食周粟, 隱於首陽山, 作歌曰: 登彼西山兮, 採其薇矣, 以暴易暴兮, 不知其非矣。神農虞夏, 忽焉沒兮, 我安適歸矣。于嗟徂兮, 命之衰矣。遂餓而死。

세상이 주나라를 받드니, 백이와 숙제는 그것을 부끄러워하여, 주나라 곡식을 먹지 않고, 수양산으로 숨어, 노래를 지어 불렀다: 저 서쪽 산에 올라, 고사리를 캐네. 폭력으로 폭력을 바꿨으니, 그 잘 못을 알지 못하네. 신농씨와 순임금 그리고 하나라는 홀연히 없어 졌으니, 나는 어디로 돌아가리오. 아아, 천명이 쇠하였구나. 마침내 굶어 죽었다.　　　　〔十八史略(십팔사략)〈周王朝篇(주왕조편)〉〕

　3-25에서도 언급한 바 있듯이, 은나라의 제후국인 孤竹國(고죽국)의 왕자 伯夷(백이)와 叔齊(숙제)는 周(주)의 武王(무왕)이 무력으로 은나라 紂王(주왕)을 몰아내자, 무왕이 仁義(인의)를 저버렸다고 말하며 首陽山(수양산)으로 들어가 고사리를 캐어먹고 지내다 굶어죽었다. 공자는 그러한 백이와 숙제가 비록 폭군일지라도 끝까지 자기의 군주인 주왕을 진심으로 섬기고 따랐다고 칭송하고 있으니, 여기서도 공자는 바로 仁(인)을 무엇보다 강조하고 있는 것이다.
　사실, 공자가 주창하는 소강사회의 道(도)와 대동사회의 道(도)의 구성요소들은 기본적으로 일치하고 있다. 다만 춘추시대라는 대 혼란기 특히 신하가 임금을 따르지 않고 심지어 시해하는 상황에서, 공자는 이를 바로잡기 위해서 예악제도로 절제하고 통제해야 한다고 강조했는데, 여기서 부각되고 있는 것이 바로 仁(인) 즉 군주의 무도함 여부를 떠나서 진심으로 따르고 섬기는 것이다.

5-23: 子曰: "孰謂微生高直? 或乞醯焉, 乞諸其鄰而與之。"

【설의법】
공자가 이르시기를: "누가 미생고를 바르다고 평하는가? 어떤 이가 식초를 빌려달라고 했더니, 그것(식초)을 그 이웃에서 빌려다 주었다."

*미생고는 노나라 사람으로, 신뢰를 대단히 중시한 인물이라고 전하고 있다. [莊子(장자)] 〈盜跖(도척)〉편에 "미생이 한 여성과 다리 밑에서 기약했는데, 여자는 오지 않고 또 물이 들어차도 가지 않아서, 다리 기둥을 붙잡고 죽었다"는 기록이 있는데, 그가 본문의 미생고와 동일인물인지는 명확하지 않다.

*이는 直(직: 올곧음)이라는 것이 자기의 능력 안에서 해결 가능할 때 성립되는 것이라는 의미이니, 도움을 못줘서 미안해하지 말고, 없으면 없다고 있는 그대로 말하는 것이 바로 진정한 올곧음이다. 2-19에서도 공자는 사사로운 정에 얽매이지 않고 공정하게 판단함으로써 옛날의 直(직)을 따랐다고 숙향을 칭송한 바 있다. 또한 2-17의 "아는 것은 안다고 하고, 모르는 것은 모른다고 하는 것, 이것이 아는 것이다"와 7-25의 "없으면서 있다고 가장하고, 비어있으면서 찼다고 가장하며, 인색하면서 너그럽다고 가장하면, 변치 않고 늘 그렇게 행함이 있기가 어렵다" 및 17-24의 "남의 성과를 훔치는 것을 안다고 여기는 이를 미워합니다"라는 표현을 함께 연결해 생각해 볼 수 있을 것이다.

5-24: 子曰: "巧言, 令色, 足恭, 左丘明恥之, 丘亦恥
之。匿怨而友其人, 左丘明恥之, 丘亦恥之。"
子曰: "□□, □□, □□, □□□恥之, □
亦恥之。□□□□□, □□□恥之, □亦
恥之。"

【열거법, 대구법】

공자가 이르시기를: "교묘히 하는 말, 아첨하는 얼굴빛,
지나치게 공손함, 좌구명은 그것을 부끄러워했는데, 나 역시
그것을 부끄러워한다. 원망을 숨기고 그 사람에게 가까이하는
것, 좌구명은 그것을 부끄러워했는데, 나 역시 그것을
부끄러워한다."

*좌구명은 뛰어난 인격의 소유자로, 노나라의 맹인 史官(사관)이
었다고 전해진다. 그는 〔春秋(춘추)〕의 해설판인 〔左傳(좌전)〕과 〔國
語(국어)〕를 저술했다고 하는데, 〔史記(사기)〕〈孔子世家(공자세가)〉에
는 공자가 노나라에 돌아온 후인 71세에 〔춘추〕를 집필했다는 기록
이 있다. 이를 종합해보면 결국 좌구명은 공자와 동시대 인물인 것으
로 추측할 수 있는데, 이와 관련하여서는 좀 더 확실한 고증이 필요
할 것이다. 아무튼 본문을 통해서, 공자는 좌구명이란 인물의 인격을
대단히 높이 샀음을 알 수 있다.

5-25: 顏淵季路侍。子曰:"盍各言爾志?"子路曰:
"願車馬衣輕裘, 與朋友共, 敝之而無憾。"顏
淵曰:"願無伐善, 無施勞。"子路曰:"願聞
子之志。"子曰:"老者安之, 朋友信之, 少者
懷之。"

【문답법, 대유법】

안연과 계로가 (스승을) 모시고 있었다. 공자가 이르시기를: "어찌
각자 너희의 뜻을 말하지 않는가?" 자로가 말하기를: "수레와
말 그리고 웃옷과 가벼운 가죽옷(비싼 옷)을, 친구와 함께하다가,
그것이 해져도 섭섭함이 없기를 바랍니다." 안연이 말하기를:
"(자기의) 좋은 점을 자랑하지 않고, 공로를 뽐냄이 없기를
바랍니다." 자로가 말하기를: "스승님의 뜻을 듣기를 원합니다."
공자가 이르시기를: "늙은이가 그(나)를 편안해 하고, 친구가
그(나)를 믿으며, 젊은이가 따르는 것이다."

*계로는 자로인데, 여기서는 자로가 이미 季孫氏(계손씨) 즉 노나
라 卿(경)인 季康子(계강자)의 家臣(가신)이었기 때문에 그렇게 표현한
것이다. 공자는 68세 때 노나라로 돌아왔고, 또 안연 즉 안회는 공자
가 71세에 세상을 떠났기 때문에, 본문의 대화는 공자 나이 68~71세
사이에 이뤄진 것으로 짐작할 수 있다.

*본문에서 자로는 모두가 내 것 네 것을 구별하지 않고 함께 공유
하는 세상을 말하고 있고, 안회는 지도자가 항상 스스로를 부족하다
고 여겨 부단히 노력하고도 또 자기의 공로를 자기의 것으로 여기지
않아서 겸손해하는 세상을 말하고 있으며, 공자는 노인 대접하기를
마치 자기의 부모 대하듯이 하고 또 젊은이 대하기를 마치 자기 자식

대하듯 하는 세상을 말하고 있으니, 이 셋의 공통점은 바로 대동사회
이다. 따라서 본문의 요지는 이들이 모두 마음속으로는 이뤄질 수 없
는 이상향인 대동의 사회를 꿈꾸고 있음을 밝히는데 있는 것이다.

　춘추시대라는 이기적인 혼란기에, 아름다운 꿈조차도 꿀 수 없다
면 이 얼마나 비극적인 일인가? 따라서 이들은 모두 대화를 통해서
理想(이상)만으로는 극복할 수 없는 시대의 아픔을 노래하고 있는 것
이리라.

5-26: 子曰: "已矣乎! 吾未見能見其過而內自訟[18]
　　　者也。"

【영탄법】

공자가 이르시기를: "끝났도다! 나는 그 허물을 보고
안으로(마음속으로) 스스로를 꾸짖는(자책하는) 이를 보지 못했다."

*대동사회의 道(도: 통치이념)는 물론이고, 공자가 설파하는 소강의
道(도)를 구성하는 중요한 요소 중 하나가 바로 지도자의 부단히 노
력하여 자신의 허물을 고치는 마음가짐 즉 改過勿吝(개과물린: 허물을
고치는데 인색치 마라)과 過則勿改憚(과즉물개탄: 허물이 있으면 곧 고치기를 거
리끼지 마라)의 자세이다. 그런데 그러한 인물을 보지 못했다니, 이는
무엇을 상징하는 것일까? 결국 공자는 본문을 통해서, 그토록 열망
하는 모든 꿈을 접을 수밖에 없는 현실을 통탄하는 것이다.

---

18)　訟(송): 꾸짖다.

5-27: 子曰: "十室之邑, 必有忠信如丘者焉, 不如
丘之好學也。"

【대유법, 비교법】

공자가 이르시기를: "열 집의 (작은) 읍에도, 반드시
정성스러움과 믿음이 나와 같은 이가 있겠지만, 나의 (성인의 도를)
배우기를 좋아함에는 미치지 못한다."

*이는 공자가 본인의 부단히 道(도)를 배우고 실천하려고 노력하
는 태도를 자평하는 부분으로, 대단한 자부심이 응집되어 있다. 하
지만 또 한편으로는 5-8의 "못하도다. 나와 너는, 회보다 못하도다"
와 6-18의 "도를 아는 이는, 좋아하는 이보다 못하다. 좋아하는 이는,
즐기는 이보다 못하다"라는 표현에서도 알 수 있듯이, 좋아하는 것이
즐기는 것만 못하다고 스스로 겸손해하는 자세 역시 읽을 수 있을 것
이다.

第6章: 雍也(옹야)

6-1: 子曰: "雍也, 可使[1]南面." 仲弓問子桑伯子.
　　 子曰: "可也, 簡[2]." 仲弓曰: "居敬而行簡, 以
　　 臨其民, 不亦可乎? 居簡而行簡, 無乃大簡
　　 乎?" 子曰: "雍之言然."

【문답법, 대유법, 설의법】

공자가 이르시기를: "옹은, 남쪽을 부릴 수 있다(북극성이 북쪽에
처하여 남쪽의 무수한 별들을 이끌 듯 임금의 자리에 오를만하다)." 중궁이
자상백자에 대해서 물었다. 공자가 이르시기를: "괜찮으니,
대범하다." 중궁이 말하기를: "삼가고 정중함에 처하여
대범함을 행하고(자신에게는 삼가는 태도를 지니면서 타인의 실수는 개의치
않는 대범함을 보이고), 그럼으로써 그 백성들을 대하면, 역시 옳지
않겠습니까? 대범함에 처하여 대범함을 행하면(자신에게 신중치
못하고 관대한 태도를 보이면서 타인의 실수를 개의치 않는 대범함을 보이면),
오히려 지나치게 대범한 것이 아닙니까?" 공자가 이르시기를:
"옹의 말이 그러하다(틀림이 없다)."

*공자는 2-1에서 "정치를 행함에 덕으로 하는 것은, 비유하자면,
마치 북두성이 그 곳에 자리를 잡아서 여러 별들이 함께하는 것과도
같다"고 말한 바 있으니, 이는 지도자가 德治(덕치)를 행하면 마치 북
극성 주변에 수많은 별이 위치하듯이, 주변의 수많은 사람이 몰려와
그를 지지하고 따르게 된다는 뜻이다. 따라서 본문의 "남쪽을 부릴
수 있다"는 말은 곧 북극성이 될 수 있다는 것이니, 다름 아닌 임금의

───────────────

1) 使(사): 부리다, 시키다.
2) 簡(간): 대범하다.

자리에 오를 수 있음을 뜻하는 말인 것이다. 공자의 이러한 표현은 15-5의 "무위로 다스리는 이는, 순 임금일 뿐일 것이니? 무엇을 하였는가? 자기 몸을 공손히 하고 남쪽을 바로잡았을 뿐이다"라는 말과도 일맥상통하니, 함께 엮어서 이해할 수 있다.

*자상백자에 대해서는 상세하게 알려진 바가 없다. 노나라 사람으로 隱士(은사: 은거하는 선비)라는 설이 있는데, 본문을 살펴보면 그는 정치에 나선 경험이 있는 듯하다. 또 〔左傳(좌전)〕 〈僖公(희공)〉과 〈文公(문공)〉편에 子桑(자상)이라는 이름이 등장하는데, 자상은 秦(진)나라 穆公(목공)의 대부로 계략이 뛰어나고도 충성스러운 인물로 묘사되고 있으니 참고하기로 한다.

*5-4에서 이미 옹은 德(덕) 즉 성인들이 행한 강함과 부드러움의 통치법을 조화롭게 실천하려는 절개와 지조를 지닌 인물이었음을 알 수 있다고 설명한 바 있다. 따라서 공자는 옹에게는 덕치를 행할 능력이 있다고 판단하고 있는 것이니, 바로 여기서 14-11의 "맹공작이 조나라와 위나라 같은 큰 나라의 장로가 되기에는, 곧 넉넉하다. 하지만 등나라와 설나라 같은 작은 나라의 대부는 될 수 없다"라는 표현이 부각시키는 지도자의 자격, 즉 지도자는 정치적 행정능력보다 德(덕)이 있어야 함을 강조하고 있는 것이다.

그런데 그러한 옹이 공자의 자상백자에 대한 평가에 대해서 의구심을 품고, 나아가 자기의 뜻을 개진한다. "자신에게 엄격하고 타인에게는 관대해야 하는데, 자신에게 관대하고 타인에게도 관대하다면 너무 지나친 것 아닙니까?"

여기서 두 가지 중요한 태도를 배울 수 있으니, 하나는 지도자의 덕은 자기에게 엄격하지만 타인에게는 관대해야 한다는 점이고, 또하나는 공자가 옹의 말을 듣고 바로 자기의 잘못을 고칠 줄 아는 태도 즉 改過勿吝(개과물린: 허물을 고치는데 인색치 마라)과 過則勿改憚(과즉

물개탄: 허물이 있으면 곧 고치기를 거리끼지 마라)의 자세인 것이다. 본문의
내용과 관련하여 다음의 기록을 살펴보면, 보다 쉬이 이해할 수 있을
것이다.

善則稱人, 過則稱己, 則民不爭。善則稱人, 過則稱己, 則怨益亡。
선함은 남을 드러내고, 허물은 자기를 드러내면, 곧 백성들이 다투
지 않는다. 선함은 남을 드러내고, 허물은 자기를 드러내면, 곧 원
망이 더욱 없어진다.　　　　　　　　　　　　〔禮記(예기)〕〈坊記(방기)〉

6-2: 哀公問: "弟子, 孰爲好學?" 孔子對曰: "有顏
回者好學。不遷怒, 不貳[3]過, 不幸短命死矣。
今也, 則亡, 未聞好學者也。"

【문답법】
애공이 묻기를: "제자들 중에서, 누가 (성인의 도를) 배움을
좋아하오?" 공자가 대답하기를: "안회라는 이가 있으니 (성인의
도를) 배움을 좋아합니다. 화를 옮기지 않고(엉뚱하게 다른 이에게
화풀이하지 않고), 잘못을 거듭하지 않는데, 불행히 단명하여
죽었습니다. 지금은, 곧 없으니, 배우기를 좋아하는 이를 듣지
못했습니다."

*공자에게는 뛰어난 제자들이 많았는데, 공자는 유독 안회만이

---

3) 貳(이): 거듭하다.

道(도)를 배우기를 좋아한다고 말하고 있다. 이는 앞에서도 누차 언급했거니와 6-9에도 나오듯이, 안회는 굶주림과 누추한 곳에서 살았지만 道(도)를 진정으로 즐긴 인물이었기 때문이다.

아울러 뒤에서도 계강자 역시 똑같은 질문을 하는데, 공자는 11-6에서 "안회라는 이가 있어서 배우기를 좋아합니다. 불행하게도, 단명하여 죽었습니다. 이제는, 없습니다"라고 간략하게만 대답한다. 이를 통해서, 공자는 신하로서 자기의 군주를 진심으로 섬기고 따르지 않는 三桓(삼환)중의 하나인 계손씨 즉 계강자에게, 애공과는 사뭇 다른 태도를 보이고 있음을 엿볼 수 있다.

  *〔史記(사기)〕〈孔子世家(공자세가)〉에 따르면, 애공 14년 즉 공자가 71세 때 안회가 죽었고, 공자는 73세를 일기로 세상을 떠난다. 따라서 위의 대화는 공자 나이 71~73세 사이에 이뤄진 것으로 판단할 수 있다.

6-3: 子華使於齊, 冉子爲其母請粟。子曰:"與之釜。"請益。曰:"與之庾。"冉子與之粟五秉。子曰:"赤之適齊也, 乘肥馬, 衣輕裘。吾聞之也, 君子周急, 不繼富。"原思爲之宰, 與之粟九百, 辭。子曰:"毋。以與爾鄰里鄕黨乎。"

【대유법】

자화가 사신으로 제나라에 가니, 염자가 그(자화) 어머니를 위해서 식량을 청했다. 공자가 이르시기를: "여섯 말 넉 되를 주라." (염자가) 더 청했다. (공자가) 이르시기를: "열여섯 말을 주라." (하지만) 염자는 (공자의 말을 따르지 않고) 식량 여든 섬을 주었다. 공자가 이르시기를: "적이 제나라에 갈 때, 살찐 말을 타고, 가벼운 갖옷을 입었다. 내가 듣기로는, 군자는 궁핍한 이를 돕지, 부유한 이에게 보태 주지는 않는다고 했다." 원사가 (한 고을의) 원님이 되었다. (공자가) 구백의 (많은) 식량을 주자, (원사가) 사양했다. 공자가 이르시기를: "(사양하지) 말라. 네 이웃마을과 네가 사는 마을(의 여러 사람들)에게 나누어주라."

*자화는 5-7의 공서적(=공서화)이고, 염자는 3-6에 등장하는 염구(=염유)이다.

*원사는 原憲(원헌)으로, 字(자)가 子思(자사)이다. 그는 공자의 손자인데, 〔禮記(예기)〕〈中庸(중용)〉의 저자로 더 잘 알려져 있다. 〔史記(사기)〕의 〈仲尼弟子列傳(중니제자열전)〉에 따르면 그는 공자보다 36세 어렸는데, 공자가 세상을 떠나자 초야에 묻혀 살았다고 한다. 하루는 자공이 자사를 찾아와 그의 초췌한 모습을 보고는 병이 들었냐고 묻자, 자사는 "재물이 없는 것을 가난하다고 하고, 도를 배우고도 실천하지 못하는 것을 병들었다고 하오. 나는 가난하기는 하지만 병이 들지는 않았소"라고 대답했고, 자공은 이에 평생을 부끄러워했다고 한다.

*이제 본문과 관련하여 다음의 기록들을 살펴보면, 공자의 뜻을 보다 명확하게 이해할 수 있을 것이다.

禹爲人敏給克勤; 其筍不違, 其仁可親。其言可信; 聲爲律, 身爲度。稱以出; 亹亹穆穆, 爲綱爲紀。(생략) 禹傷先人父鯀功之不成受誅, 乃勞身焦思, 居外十三年, 過家門不敢入。薄衣食, 致孝於鬼神。卑宮室, 致費於溝淢。(생략) 食少, 調有餘相給, 以均諸侯。

우는 사람됨이 민첩하고도 부지런했으니; 싹(바탕)은 어긋남이 없고, 인자함은 가까이할 수 있었다. 말은 믿을 수 있었으니; 말하면 규율이 되고, 행하면 법도가 되었다. (명확하게) 헤아려 드러내었으니; 부지런하고도 온화하여, 기강이 되었다. (생략) 우는 돌아가신 아버지 곤이 공을 이루지 못해 형벌을 당한 것이 마음 아팠기에, 이에 몸을 수고롭게 하고 애태우며, 밖에서 지낸 지 13년 동안, 집 문을 지나도 감히 들어가지 않았다. 입고 먹는 것을 소홀히 하고, 귀신을 극진히 섬겼다. 거처를 누추하게 하고, 수로에 비용을 다 썼다. (생략) 식량이 적으면, 남음이 있는 곳에서 옮겨 서로 공급하여, 그럼으로써 제후들을 고르게 하였다.〔史記(사기)〕〈夏本紀(하본기)〉

帝舜謂禹曰：“女亦昌言。”禹拜曰：“於, 予何言! 予思日孜孜。”皋陶難禹曰：“何謂孜孜?”禹曰：“(생략) 與益予衆庶稻鮮食。(생략) 與稷予衆庶難得之食。食少, 調有餘補不足, 徙居。衆民乃定, 萬國爲治。”皋陶曰：“然, 此而美也。”

순임금이 우에게 말했다：“그대 또한 덕이 있는 말을 해보시오.” 우가 절하여 답했다：“아! 제가 어찌 말하겠습니까! 저는 하루 종일 부지런함을 생각하고 있습니다.” 고요가 삼가 우에게 말했다：“무엇을 부지런하다고 일컫습니까?” 우가 말했다：“(생략) 직과 더불어 백성들에게 구하기 어려운 음식을 주고, 음식이 모자라면, 남음이 있는 것을 옮겨 부족함을 보충해주었으며, 옮겨 살게 했습니다. 백성들이 이에 안정되고 ,온 나라가 다스려졌습니다.” 고요가 말했다：“그렇습니다. 이는 훌륭합니다.”　　　〔史記(사기)〕〈夏本紀(하본기)〉

다시 말해서, 공자는 上古(상고)의 대동사회로부터 소강사회까지 이어온 공통적인 道(도) 즉 태평성대를 이끈 옛 성현들의 통치이념을 몸소 실천하고자 한 것이다.

6-4: 子謂仲弓曰: "犁牛[4]之子, 騂[5]且角, 雖欲勿用, 山川其舍諸?"

【대유법, 설의법】
공자가 중궁을 평하여 이르시기를: "얼룩소의 새끼라도(비천한 출신이라도), 붉고 또 뿔이 나면(훌륭한 인재라면), 비록 쓰지 않으려고 해도, 산천(의 신)이 그것을 버리겠는가(하늘이 결코 버리지 않는다)?"

*공자는 6-1에서 옹 즉 중궁을 참된 지도자가 될 만한 인물 즉 군자라고 평가한 바 있다. 본문을 통해서 그의 출신이 상당히 비천했음을 엿볼 수 있는데, 공자는 그럼에도 불구하고 그를 높이 평가하고 있다. 따라서 공자는 周公(주공)이 완성한 종법제도를 따르기는 했지만, 또 한편으로는 신분으로 차별하지 않고 오직 재능만으로 그 사람을 평가하는 객관적인 안목의 태도를 견지했음을 알 수 있다. 공자의 이러한 자세는 7-7의 "몸소 마른 고기 한 묶음 이상의 예물을 들고 찾아오면, 내가 일찍이 가르쳐주지 아니한 적이 없다"는 표현에서도 드러나고 있으니, 함께 엮어서 이해할 수 있을 것이다.

---

4) 犁牛(이우): 얼룩소.
5) 騂(성): 붉은말, 붉다.

6-5: 子曰: "回也, 其心三月不違仁。其餘, 則日月至焉而已。"

공자가 이르시기를: "안회는, 그 마음이 석 달 동안(오랫동안) 어질음에 위배되지 않는다. 그 밖의 사람들은, 곧 하루나 한 달 동안(잠시) 이를 뿐이다."

*[논어]에는 三(삼)이란 단어가 적잖이 나오고 있는데, 상황에 따라서 三(삼)은 말 그대로 "셋"으로 해석되기도 하지만, 본문의 경우에서는 多(다: 많다)로 해석해야 함에 유의해야 한다. 특히 후자인 경우는 7-21의 "세 사람이 함께 가면, 반드시 나의 스승이 있다. 그 선한 것을 택하여 쫓고, 그 선하지 못한 것으로 허물을 고친다"는 표현에도 적용된다.

*여기서 공자는 안회의 경우를 통해서, 두 가지를 부각시키고 있음에 유의해야 한다. 하나는 常(상) 즉 변치 않고 부단히 노력하는 初志一貫(초지일관)된 태도이고, 또 하나는 안회가 그럼으로써 仁(인) 즉 자기의 상관이나 군주(안회는 벼슬을 하지 않았으니, 여기서는 스승 즉 공자를 가리킴)를 진심으로 따르고 섬겼음을 드러내고 있는 것이다. 안회의 이러한 자세는 특히 2-9의 "내가 안회와 함께 온종일 말하면, 내 말에 다르지 않아서 어리석은 듯했으나, 물러나 그 머무는 곳을 살피니, 역시 내가 한 말을 이루어 밝히고 있었다. 안회여, 어리석지 않도다" 라는 말과도 함께 연계하여 이해할 수 있을 것이다.

6-6: 季康子問: "仲由, 可使從政也與?" 子曰: "由
也, 果。於從政乎, 何有?" 曰: "賜也, 可使從政
也與?" 曰: "賜也, 達。於從政乎, 何有? 曰: "求
也, 可使從政也與?" 曰: "求也, 藝[6]。於從政乎,
何有?"

季康子問: "□□, 可使從政也與?" 子曰: "□
也, □。於從政乎, 何有?" 曰: "□也, 可使從政
也與?" 曰: "□也, □。於從政乎, 何有? 曰: "□
也, 可使從政也與?" 曰: "□也, □。於從政乎,
何有?"

【문답법, 대구법, 설의법】

계강자가 묻기를: "중유는, 정치에 종사하게 할 만 하오?"
공자가 이르시기를: "중유는, 과단성이 있습니다. 정치에
종사함에, 어떤 것(어려움)이 있겠습니까?" (계강자가) 말하기를:
"사는, 정치에 종사하게 할 만 하오?" 공자가 이르시기를: "사는,
현달합니다(현명하고 사물의 이치에 통합니다). 정치에 종사함에, 어떤
것(어려움)이 있겠습니까?" (계강자가) 말하기를: "구는, 정치에
종사하게 할 만 하오?" 공자가 이르시기를: "구는 재주가
있습니다(육예에 능합니다). 정치에 종사함에, 어떤 것(어려움)이
있겠습니까?"

*2-12와 5-3에서 이미 설명했듯이, 공자는 정치하는 이를 聖人(성

---

6) 藝(예): 재주, 기예. 여기서는 六藝(육예) 즉 禮(예: 예절), 樂(악: 음악), 射(사: 활쏘기),
御(어: 말타기), 書(서: 서예), 數(수: 수학)를 뜻한다.

인: 대동사회의 지도자) - 君子(군자: 소강사회의 지도자) - 器(기: 전문가)의 순서로 서열화하고 있다. 따라서 공자는 계강자의 질문에 제자들마다 가지고 있는 전문가적 자질 즉 정치에 필요한 요소를 강조하고 있음을 알 수 있다.

하지만 본문의 문맥을 살펴보면, 사실 계강자는 공자의 제자들이 자기를 진심으로 섬기고 따르겠냐고 넌지시 묻고 있음을 엿볼 수 있을 것이다. 이와 관련하여서는 2-6에서 계강자가 맹무백과 함께 그의 임금인 哀公(애공)에게 대단히 무례했다고 설명한 바 있으니, 공자는 마치 계강자의 의도를 못 알아들은 척, 질문의 본질을 피해서 형식적인 대답만 간략하게 하고 있음을 알 수 있다.

6-7: 季氏使閔子騫爲費宰。閔子騫曰:"善爲我辭焉。如有復我者, 則吾必在汶上矣。"

【대유법】
계씨가 민자건으로 하여금 비 지역의 원님이 되게 했다. 민자건이 말하기를: "나를 위해서 (계씨를) 잘 타일러주시오. 만일 나에게 돌아옴이 있으면(나를 다시 찾아온다면), 곧 나는 분명히 문강(북쪽으로는 제나라, 남쪽으로는 노나라의 경계가 되는 강) 위쪽에 있을 것이오(노나라를 떠나 제나라로 갈 것이오)."

*민자건은 閔孫(민손)인데, 字(자)가 子騫(자건)이다. 〔史記(사기)〕의 〈仲尼弟子列傳(중니제자열전)〉에 따르면 그는 공자보다 15세 어렸다고 하는데, 민자건이 閔子馬(민자마)라는 인물과 동일인이라는 설이 있다.

〔左傳(좌전)〕〈襄公(양공) 23년〉과 〈昭公(소공) 18년〉에 기록된 민자마의 행적들을 살펴보면 그는 대단히 현명한 인물로 소개되고 있으니, 언뜻 보면 두 사람이 동일인물이라는 설도 제법 타당성이 있을 법하다. 하지만 공자는 양공 22년에 태어났는데 반해, 민자마는 양공 23년에 이미 왕성하게 정치활동을 하고 있었으니, 이러한 주장은 분명히 잘못된 것임을 알 수 있다.

*본문을 통해서, 민자건은 3-18에서 설명한 바 있는 "도가 없으면 떠나는 것이 이치"라는 당시의 불문율을 따랐던 것으로 판단된다.

6-8: 伯牛有疾, 子問之。自牖[7]執其手, 曰: "亡之, 命矣夫! 斯人也而有斯疾也。斯人也而有斯疾也!"

【영탄법】

백우가 병에 걸리자, 공자가 그를 찾았다. 들창(들어서 올리는 창)을 말미암아(통해서) 그 손을 잡고는 이르시기를: "그를 잃는 것이, 하늘의 뜻인가! 이 사람(이렇게 덕망이 있는 백우)이 이런 병에 걸리다니. 이 사람이 이런 병에 걸리다니!"

*백우는 공자의 제자 冉耕(염경)이다. 字(자)가 伯牛(백우)이므로 염백우라고도 칭하는데, 11-2에서 공자는 그의 德行(덕행)이 매우 뛰어나다고 평가한 바 있다. 이와는 별도로, 필자는 본문의 내용을 통

---

7) 牖(유): 들창.

해서 백우가 걸린 병이 아마도 한센 병 이른바 나병이 아니었을까하고 추측해본다. 왜냐면 당시 한센 병은 전염력이 극히 강한 질병이었고, 공자는 감염을 피하기 위해서 부득이하게 창문을 통해서 백우의 손을 잡은 것이기 때문이다.

*본문은 "塞翁之馬(새옹지마)"의 도리를 설명하고 있다. "새옹지마"는 〔淮南子(회남자)〕에 기록되어 있는데, 그 내용을 간략하게 소개하면 다음과 같다. 중국 邊方(변방)에 한 노인이 살고 있었는데, 어느 날 그가 기르던 말이 달아나 버렸다. 이에 마을 사람들이 위로하자, 노인은 오히려 덤덤하게 福(복)이 될지 누가 알겠느냐고 말했다. 몇 달이 지나 그 말이 駿馬(준마)와 함께 돌아왔고, 마을 사람들이 이에 축하하자 노인은 뜻밖에도 禍(화)가 될지 누가 알겠느냐며 오히려 불안해했다. 어느 날 노인의 아들이 그 준마를 타다가 떨어져 다리가 부러졌는데, 마을 사람들이 이에 노인을 위로하자 노인은 또 복이 될지 누가 알겠느냐며 태연하게 말했다. 후에 전쟁이 발생하고 마을 젊은 이들이 徵集(징집)되어 대부분 전쟁터에서 죽었으나, 노인의 아들은 落馬(낙마)로 절름발이가 되었기 때문에 전쟁에 나가지 않게 되어 죽음을 면했다. 이 "새옹지마"라는 成語(성어)는 世上萬事(세상만사) 어느 것이 禍(화)가 되고, 어느 것이 福(복)이 될지 알 수 없다는 말로, 吉凶禍福(길흉화복)은 변화가 많아 사람이 함부로 판단할 수 없다는 뜻으로 통용된다. 특히 이 성어의 참된 뜻은 여기서 끝나는 것이 아니라, 이처럼 하늘의 뜻은 아무도 알 수 없으므로 더욱 더 삼가여 부단히 노력해야 한다는데 그 핵심이 있음에 주의해야 할 것이다.

6-9: 子曰: "賢哉, 回也。一簞食,[8] 一瓢飮,[9] 在陋
巷,[10] 人不堪其憂。回也, 不改其樂。賢哉,
回也。"

【대유법】

공자가 이르시기를: "현명하구나, 안회여. 대나무 그릇의
밥, 표주박의 물, 누추하고 좁은 마을에 기거함, 사람들은 그
고통을 견디지 못한다. 안회는, (어려운 환경 속에서도) 그(도를 배우는)
즐거움을 고치지 않으니, 현명하구나, 안회여."

*6-18의 "도를 아는 이는, 좋아하는 이보다 못하다. 좋아하는 이
는, 즐기는 이보다 못하다"라는 표현에서도 드러나듯이, 공자에게 있
어 최상의 경지는 굶주림과 누추함 속에서도, 그것을 싫어하지 않고
道(도)를 즐기는 것이다. 반면에 공자는 5-27에서 "열 집의 읍에도, 반
드시 정성스러움과 믿음이 나와 같은 이가 있겠지만, 나의 배우기를
좋아함에는 미치지 못한다"고 자평한 바 있다. 따라서 공자는 道(도)
를 즐기는 안회가 道(도)를 좋아하는 자기보다 더 뛰어난 인물이라고
칭찬한 것이다.

---

8) 簞食(단사): 도시락에 담은 밥, 대나무 그릇에 담은 밥.
9) 瓢飮(표음): 표주박의 물.
10) 陋巷(누항): 누추하고 좁은 마을.

6-10: 冉求曰:"非不說子之道, 力不足也。"子曰: "力不足者, 中道而廢, 今女畫。"

염구가 말하기를: "스승의 도를 따르지 않는 것은 아니지만, (저의) 힘이 부족합니다." 공자가 이르시기를: "힘이 부족한 이는, 중도에서 버리는데, 지금 너는 (미리부터 선을) 긋고 있구나."

*여기서 공자는 道(도)의 두 가지 중요한 구성요소를 부각시키고 있는데, 바로 常(상: 변치 않고 부단히 노력하는 초지일관의 태도)과 愼(신: 몸가짐과 언행을 조심함)이다. 특히 끝까지 노력하지 않는 半途而廢(반도이폐: 중도에 그만둠) 즉 作心三日(작심삼일)을 대단히 경계하고 있다.

6-11: 子謂子夏曰:"女爲君子儒, 無爲小人儒。"
子謂子夏曰:"□爲□□儒, □爲□□儒。"

【대구법】
공자가 자하를 가리켜 이르시기를: "너는 군자(의 기품을 가진) 선비가 되지, 소인(의 기질을 지닌) 선비가 되지 말라."

*공자에게 있어서 군자는 道(도)를 배우고 부단히 노력하여 실천하는 올바른 지도자이고, 소인은 道(도)를 따르지 않고 사사로운 이익만을 탐하는 올바르지 못한 인격의 소인배라고 설명한 바 있다. 공

자는 3-8에서 "나를 계발하는 이는, 상이로다. 비로소 함께 〔시경〕을 말할 수 있겠구나"라고 했고, 또 11-2에서는 "文(문) 즉 〔詩經(시경)〕이나 〔尙書(상서)〕 등의 전적들에 기록된 성현의 통치이념인 도를 배움으로는: 자유, 자하이다"고 말했을 정도로 그의 정치적 자질을 높게 평가했다. 그런데 왜 여기서는 굳이 이와 같이 자하를 지목하여 질책하고 있는 것일까?

그 이유를 알기 위해서는, 13-17의 내용을 살펴볼 필요가 있다. 자하가 거보의 원님이 되었는데 스승에게 정치란 무엇인지 묻자, 공자는 "빨리 하려고 하지 말고, 작은 이익을 보지 말 것이다. 빨리 하려고 들면, 곧 이루지 못하고, 작은 이익을 보면, 곧 큰일을 이루지 못한다"고 대답했다. 즉 빨리 업적을 이루려고 하는 것은 명성에 눈이 멀어서이니 백성들을 다그치게 되어 결국 그들의 원성을 사게 되고, 사사로운 이익을 탐하게 되면 결국 백성들을 착취하게 되어 또한 그들이 등을 돌리게 된다는 것이다. 따라서 공자는 자하의 이러한 모습을 보고 본문과 같이 질책하여 훈계한 것이니, 정치적 자질을 갖춘 器(기: 전문가적 자질의 그릇)와 참된 지도자인 君子(군자)는 별개의 것이다.

자하는 또 19-11에서 "큰 덕은 울타리를 넘지 않는 것이지만, 작은 덕은 넘나들어도 괜찮다"고도 하였으니, 이렇듯 자의적으로 해석하려는 자하의 모습에 공자는 깊은 우려감을 나타낸 것이다.

*본문을 통해서 알 수 있듯이, 士(사)는 당시 종법제도에 의거하여 벼슬길로 나설 수 있는 최소한의 조건이었다. 공자 역시 이러한 신분제도를 극복하지는 못했는데, 이는 어디까지나 시대와 환경의 한계이지, 공자 일개인의 한계는 아님에 유의해야 할 것이다.

아울러서 또 본문을 통해서 군자와 소인의 차이는 신분에 달려있는 것이 아니라, 그 자질 즉 道(도)를 추구하는지의 유무에 달려있음을 알 수 있을 것이다.

【문답법, 대유법】
자유가 무성이라는 읍의 원님이 되었다. 공자가 이르시기를: "너는 사람을 얻었느냐?" (자유가) 말하기를: "담대멸명이라는 이가 있는데, 다니는데 지름길로 말미암지 않고, 공적인 일이 아니면, 저의 거처에 이른 적이 없습니다."

*담대멸명은 武城(무성) 사람으로 字(자)가 子羽(자우)이며, 공자보다 39세 어렸다고 한다. 〔史記(사기)〕〈仲尼弟子列傳(중니제자열전)〉에 따르면, 담대멸명이 공자에게 가르침을 받으러 왔을 때 공자는 그가 너무 못생겨서 모자란 사람으로 여겼다고 한다. 하지만 후에 그를 따르는 제자가 300명에 이르렀고 제후들에게까지 그 명성이 알려지자, 공자는 "재아가 말을 잘하는 것만 믿었다가 잘못 판단했고, 자우가 못생겼다고 해서 잘못 판단했다"고 술회했다고 한다. 참고적으로, 외모로 사람을 판단한다는 뜻의 "以貌取人(이모취인)"은 바로 여기서 유래했음을 일러둔다.
　*노자 〔道德經(도덕경)〕의 53장에는 "大道甚夷, 而民好徑。(큰 길은 대단히 평탄한데, 사람들은 좁은 길을 좋아한다.)"는 구절이 있다. 이는 道(도)

를 깨달으면 쉽고도 평탄하게 살 수 있는데, 사람들은 그러한 도리를 깨우치지 못하여 오히려 더 어렵게 살고 있음을 慨歎(개탄)한 것으로, 이와 관련하여 다음의 기록을 살펴보자.

故君子居易以俟命, 小人行險以徼幸。
따라서 군자는 평온함에 머물면서 명을 기다리고, 소인은 위험을 행하면서 요행을 바란다.　　　　　　　　〔禮記(예기)〕〈中庸(중용)〉

상술한 내용을 음미해보면, 道(도)에 대한 노자와 공자의 가치관이 대단히 흡사한 면모를 보이고 있음을 단편적으로나마 엿볼 수 있을 것이다.

6-13: 子曰: "孟之反不伐。奔而殿, 將入門, 策其馬, 曰: "非敢後也, 馬不進也。"

공자가 이르시기를: "맹지반은 자랑하지 않는다. 패전하여 도망갈 때 후군이었다가(퇴각군의 후미에 쳐져 쫓아오는 적군들을 상대하다가), 성문을 들어가려할 때, 그 말을 채찍질하며, 말하기를: '감히 뒤쳐진 것이 아니라, 말이 나아가지 않은 것이다'"

*맹지반은 노나라 대부 孟側(맹측)인데, 字(자)가 지반이기 때문에 맹지반이라고도 칭한다.
*여기서 공자는 道(도)의 또 다른 구성요소 즉 자기의 공로를 스

스로 떠벌리지 않는 謙(겸: 겸손함)을 논하고 있는데, 〔左傳(좌전)〕〈哀公(애공) 11년〉의 기록을 통해서 본문의 함의가 무엇인지 좀 더 구체적으로 살펴보자.

노나라와 齊(제)나라가 교외에서 전쟁을 했다. 이 때 노나라 군대가 강을 건너지 못하자, 樊遲(번지)는 左軍(좌군)을 이끌던 염유에게 군사들이 그대를 믿지 못하니 賞罰(상벌)에 대해서 세 번 말하면 건너게 될 것이라고 했다. 이에 염유가 번지의 말을 따르니, 노나라 군사들이 정말로 강을 건너 제나라 군사들과 용감하게 싸웠다. 그런데 노나라의 右軍(우군)은 오히려 도망을 갔고, 제나라 군사들이 노나라 군사들을 추격하게 되었다. 이때 우군에 있던 장수 맹지반은 일부로 뒤쳐져서 제나라 군대의 추격을 뿌리침으로써, 자신의 부하들을 보호한 것이다.

〔史記(사기)〕〈孔子世家(공자세가)〉에 따르면, 상술한 전쟁은 애공 11년 즉 공자 나이 68세 때 발생했다. 이 때 공자는 염유의 공적을 치하하며 "그는 義(의)로운 사람이다!"라고 치켜세운 바 있으니, 이는 제자인 염유가 군주인 애공과 노나라를 위해서 목숨을 걸고 싸운 공로를 치하한 것이다. 하지만 나중에 염유가 계씨 즉 계강자를 위해서 백성들을 괴롭히자 공자는 그를 맹비난하는데, 이는 11-16의 "염구는 나의 제자가 아니다. 너희들은 그를 조리돌리어 책망해도 좋다"는 구절을 참고하기로 한다.

이제 여기서 道(도)와 道(도)를 이루는 각각의 구성요소들 간의 관계에 대해서 보다 명확하게 정의내릴 수 있으니, 공자에게 있어서 義(의: 계급상의 서열을 명확하게 하고 그 서열에서 마땅히 지켜야 할 바를 목숨을 걸고 지키는 것)는 道(도: 태평성대를 이끈 지도자의 통치이념)의 중요한 구성요소이기는 하지만, 다른 구성요소들과 유기적인 조화를 이루지 못하고 단독으로만 존재한다면, 결국 참된 지도자인 君子(군자)가 될 수 없는 것이다.

道(도): 각 구성요소들의 유기적인 조화가 필요.

6-14: 子曰: "不有祝鮀[11]之佞[12]而有宋朝之美, 難乎
免於今之世矣。"

【대유법】
공자가 이르시기를: "(종묘를 관장한 위나라 대부) 축타의 말재주와
송나라(의 공자) 조의 미려함(잘생긴 외모의 호색한)이 있지 않고서는,
지금의 세상에서 (화를) 피하기가 어렵다."

*축타는 衛(위)나라 대부인데, 이름이 鮀(추)이고 字(자)가 子魚(자
어)이다. 大祝(대축: 땅의 신에 제사지내는 벼슬)을 맡았기 때문에 축타라
고 불렸고, 史鮀(사추)라고도 칭한다. 15-7에 등장하는 史魚(사어)가
바로 축타이다. 그런데 [左傳(좌전)]에는 그의 이름이 祝佗(축타)로 표
기되어 있는 것으로 보아, 朱熹(주희)가 [論語集註(논어집주)]를 저술
할 때 오류가 있었던 것으로 짐작된다.

[左傳(좌전)] 〈定公(정공) 4년〉에 따르면, 周(주)나라 劉文公(유문공)
이 楚(초)나라를 공격할지 여부를 상의하기 위해서, 召陵(소릉)에서

---

11) [左傳(좌전)]에는 祝佗(축타)로 표기되어 있다.
12) 佞(녕): 말재주.

제후들을 소집했다. 衛(위)나라 靈公(영공)은 축타를 萇弘(장홍)에게 보내서 蔡(채)나라가 위나라보다 먼저 歃血(삽혈: 동물의 피를 마시거나 입에 발라서 맹세하는 것)하게 되는지를 묻자, 장홍은 채나라의 시조 蔡叔(채숙)이 위나라의 시조인 康叔(강숙)의 형이므로 먼저 하는 것이 맞다고 대답했다.[13] 이에 축타는 "채숙이 강숙의 형이기는 하지만 반란을 주도한 인물인데, 주나라가 문왕과 무왕의 법도를 회복하려면 나이보다는 덕행을 봐야하지 않겠습니까?"라는 감언이설로 장홍을 기쁘게 했고, 장홍은 유문공에게 축타의 말을 전함으로써 결국 위나라가 채나라보다 먼저 삽혈을 한 것이다.

*조는 子朝(자조)로 본래 宋(송)나라 公子(공자)였다. 후에 衛(위)나라 대부가 되었는데, 잘생긴 외모로 명성이 자자했다고 한다.〔左傳(좌전)〕〈哀公(애공) 11년〉에 따르면, 衛(위)나라 大叔疾(대숙질)이 宋(송)나라로 도망가 子朝(자조)의 딸과 결혼했는데, 당시 관습에 따라 그녀의 여동생 역시 언니를 따라서 대숙질에게 시집을 갔다. 그 후 자조는 衛(위)나라로 가서 靈公(영공)의 총애를 받는데, 그는 오히려 영공의 부인 南子(남자)와 사통하게 되었다. 하지만 이러한 일이 발각되자 자조는 이웃나라로 도망쳤는데, 남자는 자조의 잘생긴 외모를 잊지 못하였기에 영공에게 부탁하고, 영공은 결국 부인인 남자를 위해서 다시 자조를 위나라로 불러들이게 된다.

---

13) 주나라 武王(무왕)이 죽은 후에 무왕의 동생 周公(주공)이 어린 成王(성왕)을 도와 섭성하자, 무왕의 또 나른 동생인 管叔(관숙)과 蔡叔(채숙) 그리고 霍叔(곽숙)은 주공이 왕위를 찬탈하려 한다는 소문을 퍼뜨렸다. 또한 이를 바로잡는다는 명분으로 은나라의 유민들을 이끌던 武庚(무경)과 함께 반란을 일으켰는데, 주공은 召公(소공)의 도움으로 이를 진압했다. 결국 관숙과 무경은 사형당하고 채숙은 유배되는데, 여기서 말하는 강숙은 이 반란에 참여하지 않은 채숙의 동생을 가리킨다. 즉 장홍은 종법제도의 서열을 논하고 있는 것이다. 참고로 강숙과 관련하여서는 13-7과 연계하여 살펴볼 수 있다.

*여기서 공자는 감언이설과 형식으로 얼룩져서 혼란스러워진 세상을 개탄하고 있으니, 당시에도 이미 뛰어난 변론과 외모만으로 세상을 살아갈 수 있었음을 알 수 있다. 특히 공자는 본문에서 축타의 논리를 부정적으로 보고 있음을 엿볼 수 있는데, 이는 공자가 종법제도를 매우 중시했기 때문이다.

 *정공 4년이면 공자 나이 46세 때이고, 애공 11년이면 68세일 때이다. 그런데 공자는 68세에 노나라로 돌아온다. 따라서 본문의 내용은 공자가 노나라에 돌아온 후에 한 말임을 짐작할 수 있다. 아울러서 상술한 내용은 5-14의 해설 및 14-19의 "중숙어가 빈객을 접대하고, 축타는 종묘를 맡으며, 왕손가는 군대를 맡고 있다. 무릇 이와 같은데, 어찌 망하겠습니까?"라는 구절과 함께 살펴볼 필요가 있으니 참고한다.

6-15: 子曰: "誰能出不由戶, 何莫由斯道也?"

【대유법, 설의법】
공자가 이르시기를: "누가 출입구(대문)로 말미암지 않고 나갈 수 있겠는가마는, 어찌하여 이 도로 말미암지 않는가?"

 *여기서 공자는 道(도: 태평성대를 지도자의 통치이념)가 바로 세상으로 나가는 유일한 출입구와도 같다고 말하고 있으니, 오로지 道(도)로 세상을 다스려야만 나라가 안정될 수 있다고 강조하고 있다.

6-16: 子曰: "質勝文, 則野; 文勝質, 則史。文質彬彬[14], 然後君子。"

子曰: "○勝●, 則□; ●勝○, 則□。文質彬彬, 然後君子。"

【대구법, 대유법】

공자가 이르시기를: "바탕이 무늬보다 지나치면, 곧 거칠고; 무늬가 바탕보다 지나치면, 곧 (지나치게) 화려하다. 바탕과 무늬가 (조화를 이뤄서) 겸비되어야 하니, 그러한 후에야 군자인 것이다."

*1-13에서 공자는 내용과 형식을 모두 중시하고 있다고 했고, 3-8에서도 먼저 내용이 되는 仁(인)과 義(의)를 실천하고 그 다음에 형식인 禮(예)로서 그것들을 수식해야 비로소 완전해진다고 설명한 바 있다. 따라서 본문에서 말하는 바탕은 仁(인)과 義(의)이고 무늬는 禮(예)인 것이다. 이를 좀 더 구체적으로 설명하자면, 공자는 仁(인)과 義(의)만 강조하면 투박하고 禮(예)만 강조하면 허례허식에 불과하므로, 仁義(인의)와 禮(예)를 조화롭게 했을 때 비로소 道(도)를 배우고 부단히 노력하여 실천하는 올바른 지도자가 될 수 있다고 강조하고 있다.

---

14) 文質彬彬(문질빈빈): 형식과 내용이 잘 갖춰져서 훌륭하다.

6-17: 子曰: "人之生也直, 罔[15]之生也幸而免。"
子曰: "□之生也□, □之生也□□□。"

【대구법】

공자가 이르시기를: "사람의 삶은 올바른 것이니, 그것(올바름) 없이 사는 것은 운이 좋아서 (화를) 모면하는 것이다."

*2-19와 5-23에서 直(직)은 사사로운 정에 얽매이지 않고 공정하게 판단하는 것이라고 설명한 바 있다. 따라서 공자는 올곧게 살지 않으면서도 세상에서 살아남는 것은 단순히 운이 좋아서일 뿐이라고 경고하고 있다. 하지만 당시에는 올바르게 살지 않아도 잘사는 경우가 많았으니, 공자는 아마도 이러한 세태에 푸념하고 있는 듯하다.

6-8에서 塞翁之馬(새옹지마)는 吉凶禍福(길흉화복)은 변화가 많아 사람이 함부로 판단할 수 없다는 뜻이지만, 특히 하늘의 뜻은 아무도 알 수 없으므로 더욱 더 삼가여 부단히 노력해야 한다는 심오한 의미를 지니고 있다고 설명한 바 있다. 그러므로 공자가 본문을 통해서 피력하는 바는 이 새옹지마와 연결시켜서 생각해 볼 수 있으니, 바로 인생이란 사사로운 정에 얽매이지 않고 공정하게 판단하며 살아가야 하는데, 설혹 그 결과가 좋지 않더라도 원망하지 말고 더욱 더 삼가여 부단히 노력해야 한다는 것이다.

---

15) 罔(망): 말다, 없다.

6-18: 子曰: "知之者, 不如好之者。好之者, 不如樂
之者。"
子曰: "□之者, 不如●之者。●之者, 不如○
之者。"

【대구법, 연쇄법】
공자가 이르시기를: "그것(도)을 아는 이는, 좋아하는 이보다
못하다. 좋아하는 이는, 즐기는 이보다 못하다."

*道(도)를 배워서 아는 것은, 그것을 좋아하여 실천하려고 노력하
는 것만 못하다. 하지만 좋아하여 실천하려고 노력하는 것은, 자연스
럽게 몸에 배어들고 부지불식간에 습관이 되어 즐기는 것보다 못한
것이다. 5-8에서 "못하도다. 나와 너는, 안회보다 못하도다"고 피력한
바 있듯이, 굶주림과 누추한 곳에서 살면서도 道(도)를 즐기는 경지
는 안회만이 할 수 있었다고 공자는 술회한 바 있다. 공자 본인 역시
道(도)를 배우고 좋아하지만 스승을 뛰어넘는 즐김의 자세를 보인 안
회를 극도로 칭찬했는데, 그의 이러한 모습은 〔史記(사기)〕〈孔子世家
(공자세가)〉에서도 찾아볼 수 있다.
　공자가 蔡(채)나라에 머문 지 3년이 되는 63세일 때 吳(오)나라가
陳(진)나라를 공격했고, 楚(초)나라는 그런 陳(진)나라를 돕기 위해서
군대를 파견하면서 공자를 초빙했다. 공자가 초나라로 가려고 하자
陳(진)나라와 蔡(채)나라 대부들이 두려워하여 공자를 포위했고, 이
에 공자 일행은 중간에서 식량까지 떨어지는 상황에 봉착했다. 제자
들의 불만이 점점 커지자, 공자는 자로를 불러서 "나의 道(도)에 어떤

잘못이 있기에 이 지경에 이르게 되었을까?"라고 묻는데, 자로는 "저희가 어질지 못하고 또 지혜롭지 못해서입니다"고 대답한다. 실망한 공자는 곧 자공에게 같은 질문을 하고, 자공은 "스승의 도가 너무 커서 받아들여지지 않으니, 조금 낮추시는 것이 좋지 않겠습니까?"라고 대답한다. 뒤이어 안회에게도 같은 질문을 하자, 안회는 "스승의 도가 너무 커서 받아들여지지 않으나, 도가 받아들여지지 않는 것은 우리의 치욕이고 또 인재를 기용하지 못하는 것은 지도자의 치욕입니다. 받아들여지지 못할 때 비로소 군자의 참모습이 드러나니, 무슨 걱정이 있겠습니까?"라고 대답했다. 이에 공자는 "안씨 집안에 이런 인재가 있었던가! 네가 높은 자리에 있게 되면, 나는 네 밑에서 일하겠다!"라고 말하며 크게 기뻐했다고 한다. 따라서 공자는 안회가 만약 대동사회에 태어났다면, 요임금이나 순임금과도 같은 성인이 되었을 것이라고 생각했을 것이다.

6-19: 子曰: "中人以上, 可以語[16]上也。中人以下, 不可以語上也。"
子曰: "中人以□, 可以語上也。中人以□, □ 可以語上也。"

【대구법】
공자가 이르시기를: "중등이상의 사람은 상급(의 도리)을 가르칠 수 있다. 중등이하의 사람은 상급(의 도리)을 가르칠 수 없다."

---

16) 語(어): 가르치다, 깨우치다.

*7-7에서 "몸소 마른 고기 한 묶음 이상의 예물을 들고 찾아오면, 내가 일찍이 가르쳐주지 아니한 적이 없다"고 하고 있으니, 공자는 신분으로 가르침의 대상을 차별하지 않았다.[17] 하지만 곧 뒤이어 7-8에서 "배우는 이가 분발하지 않으면 일깨워주지 않고, 깨달은 이치를 표현하려고 애쓰지 않으면 밝혀주지 않는다. 한 모퉁이를 들어서, 세 모퉁이를 유추하지 못하면, 곧 다시 가르쳐주지 않는다"고 말하듯이, 공자는 "응용"을 대단히 중시하고 있는 것이다. 1-15의 자공과 3-8의 자하는 바로 이러한 공자의 교육철학인 응용을 이해하고 있었기에, 공자가 대단히 기뻐한 것이다.

6-20: 樊遲問知。子曰: "務民之義, 敬鬼神而遠之, 可謂知矣。" 問仁。曰: "仁者先難而後獲, 可謂仁矣。"

번지가 지혜에 대해서 물었다. 공자가 이르시기를: "백성들의 공적인 것(공익)에 힘쓰고, 귀신을 공경하되 멀리하면(의지하지 않으면), 지혜롭다고 할 수 있다." (번지가) 어질음에 대해서 물었다. (공자가) 이르시기를: "어진 이는 어려운 일을 (잘) 이끌고 그러한 후에 얻으니, (그렇게 하면) 어질다고 할 수 있다."

*여기시 공자의 知(지: 지혜로움)는 바로 "사사로운 이익을 탐히지

않고 오직 백성과 나라를 위한 공익을 꾀하며, 초자연적인 힘에 의탁하지 않는 객관적인 판단력"을 뜻하는 것임이 확연히 드러난다.

> 知(지): "사사로운 이익을 탐하지 않고 오직 백성과 나라를 위한 공익을 꾀하며, 초자연적인 힘에 의탁하지 않는 객관적인 판단력"

이와 관련하여서는, 7-20의 "공자는 괴이한 초자연적인 힘과 신령을 어지럽힘에 대해서는 말하지 않으셨다"와 7-34의 자로와 공자의 祈禱(기도)에 대한 대화를 참고할 수 있다.

*본문에서 공자는 仁(인)의 의미를 재차 확인시켜 주고 있으니, "먼저 자기의 군주를 진심으로 섬기고 따라서 어려운 일을 극복한 후에, 사적인 명예나 공로 등의 이익을 추구하는 것"이다.

6-21: 子曰: "知者樂水, 仁者樂山。知者動, 仁者靜。知者樂, 仁者壽。"
子曰: "○者樂□, ●者樂□。○者□, ●者□。○者□, ●者□。"

【대구법, 열거법, 대유법】
공자가 이르시기를: "지혜로운 이는 물을 좋아하고(사리에 밝아 물과 같이 계속 나아가고), 어진 이는 산을 좋아한다(신중하고 후덕하므로 산과 같이 중후하게 한 곳을 지킨다). 지혜로운 이는 동적이고(변화하고),

어진 이는 정적이다(고요하게 머문다). 지혜로운 이는 (물이 나아가는 것처럼 변하는 것을) 즐기고, 어진 사람은 (산과 같이 한 곳을 지키기에) 자신이 받은 천성을 다하게 된다."

*여기서 공자는 "옛것을 익히고 새것을 알면, 스승이 될 수 있다"는 溫故而知新(온고이지신)을 다시 한 번 강조하고 있다. 2-11에서 이미 설명한 바 있듯이, 옛것을 익힌다는 것은 옛 성현의 통치이념인 道(도)를 배우며 부단히 내 것으로 만들려고 노력한다는 뜻이고, 새것을 안다는 것은 이 道(도)를 익히는데서 그치는 것이 아니라 오늘날의 현상에 접목시키고 나아가 새로운 지식으로 확장시켜야 한다는 뜻이다.

따라서 공자는 사사로운 이익을 탐하지 않고 오직 백성들과 나라를 위한 공익을 꾀하며 초자연적인 힘에 의탁하지 않는 객관적인 판단력을 지닌 지혜로운 사람은 앞으로 나아가 계속 변화하고, 자기의 군주를 진심으로 섬기고 따르는 어진 사람은 중후하게 한 곳을 지킨다고 말하는 것이다. 즉 공자는 知(지)와 仁(인)을 모두 긍정적인 것으로 보고 있는데, 이는 4-2의 "어진 사람은 어질음에 편안해하고, 지혜로운 자는 어질음을 이롭게 한다"는 표현을 통해서도 확인할 수 있다.

6-22: 子曰: "齊一變, 至於魯, 魯一變, 至於道。"
子曰: "□一變, 至於○, ○一變, 至於●。"

【대구법, 연쇄법】

공자가 이르시기를: "제나라가 한 번 변하면, 노나라에 이를 것이고, 노나라가 한 번 변하면, 도에 이를 것이다."

*姜太公(강태공) 즉 太公望(태공망)이 武王(무왕)을 도와 은나라를 멸하고 분봉을 받은 땅이 제나라이고, 무왕의 동생인 周公(주공)이 분봉을 받은 땅이 바로 노나라이니, 공자는 제나라와 노나라의 관계를 마치 형제와도 같이 보았다. 또한 3-14에서 "주나라는 하나라와 은나라를 살폈으니, 찬란하도다, 주나라의 文(문)이여! 나는 주나라를 따르리라"고 표명했듯이, 공자의 道(도)는 바로 소강사회 지도자의 통치이념인 것이다. 그렇다면 공자는 왜 본문과 같이 말한 것일까? 이와 관련하여서는 〔史記(사기)〕〈孔子世家(공자세가)〉를 살펴볼 필요가 있다.

定公(정공) 10년 즉 공자가 51세일 때, 제나라 대부 黎鉏(여서)가 景公(경공)에게 "노나라에서 공자를 등용했으니 이는 제나라에 큰 위협이 됩니다"라고 아뢰었다. 이에 제나라는 노나라와 우호관계를 맺었는데, 노나라 정공과 제나라 경공이 협곡에서 만나 예법에 따라 단상에 올라 헌수(獻酬: 술잔을 주고받는 예절)했다. 이어서 제나라 담당 관리가 음악을 연주했는데, 창과 칼을 들고 북을 두드리며 떠들썩한 오랑캐의 음악을 연주하자, 공자는 분노하여 담당 관리를 처벌하게 했고, 이에 경공은 제나라의 예법이 노나라에 못 미침을 알고 크게 부끄러워했다고 한다. 다시 말해서 공자는 본문을 통해서, 제나라가 예악제도를 정비하게 되면 지금의 노나라 수준을 회복할 것이고, 지금의 노나라가 더 분발하여 나라를 다스리면, 주나라의 소강사회 좀 더 구체적으로는 문왕과 무왕 그리고 주공이 성왕을 보필했던 시대로 복귀할 수 있을 것이라고 말하는 것이다.

6-23: 子曰: "觚, 不觚, 觚哉? 觚哉?"

【설의법, 대유법】
공자가 이르시기를: "(모가 난 술잔인) 고에, 모가 나지 않으면, (모가 난 술잔인) 고이겠는가? (모가 난 술잔인) 고이겠는가?"

*공자는 道(도)라는 것이 내용뿐 아니라 형식 역시 갖춰야 하는 것이라고 줄곧 주장했다. 따라서 본문은 형식의 중요성을 부각시키고 있는 것으로 봐야 할 것이다. 하지만 좀 더 구체적으로 말하자면, 공자는 궁극적으로 名實相符(명실상부) 즉 형식과 내용이 병행되어야 한다고 말함으로써, 예악제도란 반드시 그 내용과 형식이 함께 갖춰져야 함을 강조하고 있는 것이니, 이는 17-11의 "禮(예)로다 예로다라고 하는데, 옥과 비단을 말하는 것이겠느냐? 음악이로다 음악이로다라고 하는데, 종과 북을 말하는 것이겠느냐?"라는 표현과 일맥상통한다.

6-24: 宰我問曰: "仁者, 雖告之曰: '井有仁焉', 其
從之也?" 子曰: "何爲其然也? 君子, 可逝也,
不可陷也; 可欺也, 不可罔也."
宰我問曰: "仁者, 雖告之曰: '井有仁焉', 其從
之也?" 子曰: "何爲其然也? 君子, 可□也, 不
可□也; 可□也, 不可□也."

【문답법, 설의법, 대구법】
재아가 묻기를: "어진 이는, (어떤 이가) 비록 그(어진 이)에게
말하기를: '우물에 어질음이 있소'라고 하면, 그(어진 이)가
그것(어질음)을 따르는(우물 속으로 들어가는) 것입니까?" 공자가
이르시기를: "어찌 그렇게 하겠는가? 군자는, 그곳(우물)에
갈 수는 있지만, 빠뜨릴 수는 없고; 속일 수는 있지만, 사리에
어둡게 할 수는 없다."

*공자는 여기서 仁(인) 즉 자기의 군주를 진심으로 섬기고 따르는
것이, 군자 즉 道(도)를 배우고 부단히 노력하여 실천하는 올바른 지
도자가 지켜야 할 바라고 천명하고 있다. 다시 말해서, 仁(인)이 道
(도)의 중요한 구성요소임을 재차 확인시켜주고 있는데, 여기서 유의
해야 할 점이 있다.

즉 공자는 17-8에서 "어질음을 좋아하면서, 성인의 도를 배우기를
좋아하지 않으면, 그 결점은, 공정하게 판단하지 못해서 맹목적으로
추종하게 된다"고 자로를 훈계한 바 있으니, 仁(인)이 道(도)와 결부
되지 못하고 단독으로 존재하게 되면, 자기의 군주를 맹목적으로 섬

기고 따르게 된다는 것이다. 따라서 공자는 仁(인)이란 道(도)의 범위 내에서 다른 요소들과 조화를 이루고 있을 때, 비로소 자기의 군주를 맹목적이 아닌 진심으로 섬기고 따르게 된다고 설명하고 있다.

6-25: 子曰: "君子博學於文, 約之以禮, 亦可以弗畔矣夫。"

공자가 이르시기를: "군자가 文(문)을 널리 배우고, 예로 규제하면, 역시 (도에) 위배되지 않을 것이다."

*공자는 본문을 통해서, 올바른 지도자는 널리 文(문: 통치에 필요한 모든 법도와 그러한 법도들의 구체적인 내용) 즉 〔詩經(시경)〕이나 〔尙書(상서)〕 등 옛 전적들에 기록된 성현들의 말씀 및 업적들의 구체적인 내용들을 배우고, 나아가 禮(예: 조화로움을 위한 절제와 통제)로 文(문)을 수식하므로, 道(도) 즉 태평성대를 이끈 지도자의 통치이념에서 벗어나는 행동을 하지 않는다고 밝히고 있다. 따라서 공자는 여기서도 道(도)라는 것이 형식인 禮(예)와 내용인 文(문)이 겸비되어야 함을 재차 강조하고 있음을 알 수 있는 것이다.

6-26: 子見南子, 子路不說。夫子矢之曰: "予所否者, 天厭之! 天厭之!

공자가 (위나라 영공의 부인) 남자를 만나자, 자로는 (그녀가 음란한 요부였기 때문에) 기뻐하지 않았다. 스승께서 그(자로)에게 맹세하여 이르시기를: "내가 비루하거나 악하다면, 하늘이 그것(나를)을 싫어한다! 하늘이 그것(나를)을 싫어한다!"

*〔史記(사기)〕〈孔子世家(공자세가)〉에 다음과 같은 기록이 있다. 陽虎(양호)와 닮았다는 이유로 匡(광) 지역에서 포위되었다가 겨우 벗어난 공자는, 대략 57세에 蒲(포) 지역에서 한 달 정도 머무르다가 다시 衛(위)나라로 돌아와 蘧伯玉(거백옥)의 집에 머물렀다. 이 기간에 위나라 靈公(영공)의 부인인 남자가 공자에게 한 번 보기를 청했는데, 그녀는 수많은 남자와의 사통으로 평판이 아주 좋지 않았다. 공자는 극구 사양했으나 결국에는 예의상 어쩔 수 없이 그녀를 만났는데, 이 소식을 들은 자로가 기뻐하지 않자, 공자가 자로를 지적하여 한 말이 본문의 내용이다. 즉 공자가 먼저 자로에게 가서 변명하는 상황은 아님에 주의해야 할 것이다.

6-27: 子曰: "中庸之爲德也, 其至矣乎! 民鮮久矣。"

공자가 이르시기를: "중용 즉 항상 공변됨(한쪽으로 치우치지 않고 공평함)의 덕을 행하는 것이, 지극한 것이다! (하지만) 백성들이 (덕을 행하는 것이) 드문지 오래되었다."

*이 문장은 〔禮記(예기)〕〈中庸(중용)〉편에도 나오고 있다.

子曰: "中庸其至矣乎, 民鮮能久矣。"
공자가 말씀하시기를: "중용은 지극한 것이니, 백성들에 능한 이가 드문지 오래되었구나."

그런데 여기서 두 가지 부분에 주의해야 하니, 하나는 2-1에서 언급했듯이, 德(덕)이란 성인들이 행한 강함과 부드러움의 통치법을 조화롭게 실천하려는 節操(절조: 절개와 지조)이므로, 中庸(중용)이란 다름 아닌 "강경한 통치나 부드러운 통치 어느 한 쪽에 치우쳐서 다스리지 않고, 상황에 따라 신축적인(융통성 있는) 공정한 태도를 꾸준히 견지하는 것"이라는 점이다.

中庸(중용): "강경한 통치나 부드러운 통치 어느 한쪽에 치우쳐서 다스리지 않고, 상황에 따라 신축적인(융통성 있는) 공정한 태도를 꾸준히 견지하는 것"

또 하나는 12-19에서 "그대는 정치를 함에, 어찌 죽임을 사용하십니까? 그대가 선을 행하고자 하면 백성이 선을 행할 것입니다. 군자의 덕은, 바람이고; 소인의 덕은, 풀입니다. 풀 위에 바람이 불면 반드시 쓰러지는 법입니다"고 언급한 바 있듯이, 백성들이 德(덕)을 행하는 것이 드문지 오래되었다는 말은 결국 지도자가 덕을 행하는 것이 드문지 오래되었다는 뜻이 된다는 점이다. 다시 말해서, 공자는 백성을 통해서 사실 완곡하게나마 지도자를 비판하고 있는 것이다.

6-28: 子貢曰: "如有博施於民而能濟衆, 何如? 可謂仁乎?" 子曰: "何事於仁? 必也聖乎! 堯舜其猶病諸。夫仁者, 己欲立而立人, 己欲達而達人。能近取譬, 可謂仁之方也已。"
子貢曰: "如有博施於民而能濟衆, 何如? 可謂仁乎?" 子曰: "何事於仁? 必也聖乎! 堯舜其猶病諸。夫仁者, 己欲□而□人, 己欲□而□人。能近取譬, 可謂仁之方也已。"

【문답법, 설의법, 대구법】

자공이 말하기를: "만일 백성들에게 (덕을) 널리 베풀어서 모든 사람을 구제할 수 있다면, 어떻습니까? 어질다고 할 수 있습니까?" 공자가 이르시기를: "어찌 어질음만 힘쓰는 것이겠는가? 필히 성스러운 것일지니! 요순임금도 그것을 오히려 어려워하셨다. 무릇 어진 이는, 자기가 확고히 서고자 하면 다른 사람을 (먼저) 세워주고, 자기가 이르고자 하면 다른 사람을 (먼저) 이르게 한다. 가까운 데서(멀리서 찾지 않고 먼저 자기

주변에서 이러한) 깨우침을 받아들일 수 있으면, 어질음의 도리라고
할 수 있다."

*본문을 이해하기 위해서는, 7-25의 "성인은, 내가 만나볼 수 없
구나. 군자를 만나볼 수 있다면, 이것만으로도 좋겠다"와 5-3에서 공
자는 정치하는 이를 聖人(성인: 대동사회의 지도자) - 君子(군자: 소강사회
의 지도자) - 器(기: 전문가)의 순서로 서열화하고 있다고 설명한 점을
함께 연결시켜서 접근해야 한다. 즉 공자는 애당초 성인이 다스리던
대동사회로의 복귀를 외친 적이 없으니, 신하가 군주를 능멸하고 시
해하는 춘추시대에서는 먼저 仁(인)을 부각시킴으로써 자기의 군주
를 진심으로 섬기고 따라야 한다고 강조한 것이다. 바꿔 말해서, 공
자는 仁(인)을 통한 소강사회로의 복귀를 외치고 있고, 대동사회는
현재의 문제점을 해결한 후에 고려해야 할 최종적인 이상향인 것이
다. 따라서 널리 은덕을 베풀어 백성들을 구제하는 것은 비단 소강사
회를 회복할 수 있는 요소인 仁(인)일 뿐만 아니라, 요임금이나 순임
금과도 같은 성인조차 하기 힘든 고차원의 대동사회에서나 실현 가
능한 단계라고 말하고 있다.
    *여기서 공자는 仁(인)에 대해서 좀 더 구체적으로 보충설명을 하
고 있으니, 즉 내가 확고하게 서고자 한다면 먼저 진심으로 섬기고
따름으로써 자기 군주의 입지를 확고하게 세워줘야 하고, 내가 이르
고자 한다면 먼저 진심으로 섬기고 따름으로써 자기 군주를 이르게
해야 한다고 말하는 것이다.

第7章: 述而(술이)

7-1: 子曰: "述而不作, 信而好古, 竊[1]比於我老彭。"
子曰: "□而□□, □而□□, 竊比於我老彭。"

【대구법】
**공자가 이르시기를: "서술하지만 창작하지 않고, 믿어서 옛
것을 좋아하니, 슬그머니 나를 노팽에 견주어본다."**

*老彭(노팽)이 누구를 지칭하는 것인지에 대해서는 두 가지 주장
이 있다. 하나는 老子(노자)와 은나라의 彭祖(팽조)를 말하는 것이라
는 설이고, 또 하나는 은나라의 팽조만을 가리킨다는 설이다. 그런
데 공자는 [논어]에서 여러 인물들을 열거할 때 18-8처럼 반드시 시
대적 순서에 따라서 언급하고 있다. 따라서 주나라 말기 즉 춘추시대
의 노자가 은나라의 팽조 앞에 놓인다는 것은 다소 어폐가 있어 보인
다. 다시 말해서, 노팽은 두 사람이 아닌 한 사람을 지칭하는 것으로
추정된다는 것이다. 또한, 공자는 인물을 언급할 때 약칭으로 말하지
않고, 반드시 그 사람의 온전한 호칭을 다 썼다는 점 역시 유의해야
할 것이다.

[國語(국어)] 〈鄭語(정어)〉에는 大彭(대팽)이라는 인물이 祝融(축융)
의 손자로서 은나라 때 제후들의 우두머리였는데, 바로 그가 彭祖(팽
조)였다는 기록이 있다. 또 팽씨가 대대로 제후들의 수장을 지냈지
만, 周(주)나라 이후로는 공로를 세우지 못해서 그러한 전통이 단절

---

1) 竊(절): 슬그머니, 살짝, 남몰래.

되었다고도 했다. 따라서 공자가 말하는 노팽은 아마도 은나라 제후들의 수장이었던 팽조이거나, 혹은 그의 후손인 주나라 때의 인물을 가리키는 것으로 추측할 수 있는데, 이와 관련하여서는 좀 더 정확한 고증이 필요할 것이다. 다만 중국에서는 현재까지도 자기보다 연장자인 사람의 姓(성) 앞에 老(노)를 붙여서 친숙하게 호칭하고 있으므로, 어쩌면 본문의 노팽은 공자보다 연장자인 주나라 때의 인물이었을 수도 있다는 추측도 가능할 것이다.

또 〔左傳(좌전)〕〈文公(문공)〉에는 彭生(팽생)이란 인물이 등장하는데, 그는 魯(노)나라 文公(문공)때 卿(경)을 지낸 인물로 叔仲惠伯(숙중혜백)으로 기록되기도 한다. 문공은 인덕이 훌륭한 팽생을 세자의 스승으로 삼았다고 하니, 어쩌면 노팽이 바로 팽생을 가리키는 것일 수도 있지 않을까?

*여기서 공자는 객관적인 사실만을 있는 그대로 기록하고, 확실하지 않은 것은 임의로 지어내지 않으며, 또 옛 성현들의 道(도)를 믿고 따르는 자신의 모습을 노팽에 비유하여 강조하고자 한 것임을 알 수 있다. 따라서 〔논어〕에 나오는 道(도)와 관련된 공자의 발언은 자신이 임의로 만들어 낸 말이 아니라, 옛 기록에 근거한 성현들의 말씀들을 전달하고 있다는 점을 분명하게 확인할 수 있을 것이다.

*〔史記(사기)〕〈孔子世家(공자세가)〉에 따르면 공자는 哀公(애공) 14년 즉 71세가 되던 해에 역사기록에 의거하여 〔春秋(춘추)〕를 집필했다고 했으니, 어쩌면 본문의 내용은 그 당시에 한 말이 아니었을까 하고 조심스럽게 추측해본다.

7-2: 子曰: "默而識之, 學而不厭, 誨人不倦, 何有
於我哉?"
子曰: "□而□□, □而不□, □□不□, 何有
於我哉?"

【대구법, 열거법, 설의법】
공자가 이르시기를: "묵묵히 (고인의 도를) 알아내고, 배움에
싫증내지 않으며, 사람들을 가르침에 게을리 하지 않으니, 어떤
것이 나에게 있겠는가(어떤 것이 나를 곤혹스럽게 하겠는가)?"

*본문의 내용은 6-12의 해설에서 인용했던 내용을 다시 한 번 상
기할 필요가 있으니, 노자 〔道德經(도덕경)〕의 53장에는 "大道甚夷,
而民好徑。(큰 길은 대단히 평탄한데, 사람들은 좁은 길을 좋아한다.)"는 구절이
있다. 이는 道(도)를 깨달으면 거칠 것 없이 당당하고도 평탄하게 살
수 있는데, 사람들은 오히려 잔꾀를 쓰고 위험을 무릅쓰면서 조마조
마하게 살고 있다는 뜻으로, 다음의 기록 역시 같은 맥락에서 이해할
수 있다.

故君子居易以俟命, 小人行險以徼幸。
따라서 군자는 평온함에 머물면서 명을 기다리고, 소인은 위험을
행하면서 요행을 바란다.   〔禮記(예기)〕〈中庸(중용)〉

즉 공자는 본문을 통해서, 자신은 옛 성현들이 깨우쳐준 대로 큰
길을 걸음으로써 거칠 것 없이 당당하고도 평탄하게 살고 있음을 강
조하는 것이다.

7-3: 子曰: "德之不修, 學之不講[2], 聞義不能徙[3], 不
善不能改, 是吾憂也。"
子曰: "□之不□, □之不□, □□不能□, □
□不能□, 是吾憂也。"

【대구법, 대구법, 열거법】

공자가 이르시기를: "덕을 닦지 않고, 배운 것을 익혀서 외우지
않으며, 의로움을 듣고도 교화되지 못하고, 선하지 못함을
고치지 못하는 것, 이것을 내가 걱정한다."

*〔史記(사기)〕〈孔子世家(공자세가)〉에 따르면, 본문의 내용은 공자
가 56세에 노나라를 떠났다가 68세에 돌아와서 한 말이라고 한다. 이
때는 제자 수가 삼천 명에 달했는데, 5-21의 "돌아가자, 돌아가자! 내
마을의 젊은이는, 기세는 세지만 소홀히 하니, 아름다운 광채가 나서
밝고 큰 재목을 이루기는 했지만, 그것을 다듬고 절제하는 이유를 알
지 못한다"라는 말에서 알 수 있듯이, 공자는 자기의 뜻이 세상에 알
려지지 못함을 알고 노나라에 돌아와 교육에 전념하게 된다. 그렇다
면 공자의 교육목적은 어디에 있을까?

위에서 공자가 언급한 항목을 다시 한 번 살펴볼 것 같으면, 德
(덕)이란 성인들이 행한 강함과 부드러움의 통치법을 조화롭게 실천
하려는 節操(절조: 절개와 지조)이고, 學(학: 배움)의 대상은 文(문)과 道

---

2) 講(강): 외우다, 암송하다.
3) 徙(사): 교화되다.

(도)인데, 道(도)는 옛 태평성대를 이끌었던 성현들의 통치이념이다. 또 義(의)는 계급상의 서열을 명확하게 하고 그 서열에서 마땅히 지켜야 할 바를 목숨을 걸고 지키는 것이고, 마지막으로 언급한 선하지 못함을 고치지 못하는 것은 過則勿憚改(과즉물탄개: 허물이 있으면 곧 고치기를 거리끼지 마라)이다. 즉 이를 종합해보자면, 공자의 궁극적인 교육목적은 바로 참된 지도자인 군자 양성에 있는 것이다.

7-4: 子之燕居, 申申如也, 夭夭如也。
子之燕居, □□如也, □□如也。

【대구법】
공자께서 집에 한가히 계시면, 마음이 편안하시고, 얼굴빛이 온화하셨다.

*이 말은 바꿔서 해석할 필요가 있으니, 즉 공자는 밖에 나가면 항상 몸가짐과 언행에 조심하는 신중한 태도와 중후한 얼굴빛을 취했음을 알 수 있다.

7-5: 子曰: "甚矣, 吾衰也! 久矣, 吾不復夢見周
公!"
子曰: "□矣, 吾□□! □矣, 吾□□□□
□!"

【대구법, 영탄법, 대유법】

공자가 이르시기를 "심하구나, 나의 쇠약함이! 오래되었구나,
내가 다시 꿈에서 주공을 만나보지 못했음이!"

*앞에서 누차 언급했듯이, 공자는 예악제도와 종법제도를 완성한
周公(주공)을 가장 존경하여 그 당시 소강사회로의 복귀를 외쳤던 인
물이다. 따라서 그러한 주공을 더 이상 꿈에서 볼 수 없다는 것은 즉
자기의 포부가 이뤄질 수 없는 안타까움을 토로하고 있음을 뜻한다.

7-6: 子曰: "志於道, 據於德, 依於仁, 游於藝。"
子曰: "□於□, □於□, □於□, □於□。"

【대구법, 열거법】

공자가 이르시기를: "도에 뜻을 두고, 덕에 의거하며, 어질음에
의지하고, 예에서 노닌다."

*다시 한 번 언급하자면, 공자의 道(도)는 소강사회의 통치이념인

人道(인도: 사람의 도)이다. 그러한 道(도)에 뜻을 두고 실현시키기 위해서, 공자는 德(덕) 즉 성인들이 행한 강함과 부드러움의 통치법을 조화롭게 실천하려는 節操(절조: 절개와 지조)에 행동준칙을 둔다고 했다. 또한 이러한 德(덕)을 위해서는 仁(인) 즉 자기의 군주를 진심으로 섬기고 따라야 한다고 했으니, 여기서 道(도)-德(덕)-仁(인)의 순서가 명확해짐을 알 수 있다.

道(도)	• 소강사회를 이끌었던 성현들의 통치이념인 人道(인도: 사람의 도)
德(덕)	• 성인들이 행한 강함과 부드러움의 통치법을 조화롭게 실천하려는 節操(절조: 절개와 지조)
仁(인)	• 자기의 상관과 군주를 진심으로 섬기고 따르는 것

그렇다면 藝(예: 재주)에서 노닌다는 것은 어떤 의미일까? 이는 6-6의 "구는 재주가 있습니다. 정치에 종사함에, 어떤 것이 있겠습니까?" 및 9-6의 "내가 세상에 쓰이지 못해서, 고로 재주가 있다"라는 말을 통해서 알 수 있듯이, 바로 六藝(육예) 즉 禮(예: 예절), 樂(악: 음악), 射(사: 활쏘기), 御(어: 말타기), 書(서: 서예), 數(수: 수학)의 교육과목을 뜻한다.

따라서 공자는 본문을 통해서 정치에 참여하고자 하는 이들이 거쳐야 하는 필수과정을 언급하고 있음을 알 수 있으니, 5-3에서 공자는 정치하는 이를 聖人(성인: 대동사회의 지도자) - 君子(군자: 소강사회의 지도자) － 器(기: 전문가)의 순서로 서열화했다고 설명한 바 있다. 이는 다시 말해서 정치에 종사하고자 하는 이는 먼저 육예를 배워서 器(기: 전문가)가 되고, 그 다음으로 仁(인)을 배움으로써 자기의 임금을 진심으로 섬기고 따라야 하며, 이어서 德(덕)으로 다스림으로써, 최종적으로는 道(도)를 실천해야 한다는 뜻이 된다. 즉 공자는 여기서 정치에 참여하고자 하는 이들의 성장과정을 道(도)-德(덕)-仁(인)-藝(예)의 순서로 서열화하고 있는 것이다.

하지만 여기서 주의해야 할 것이 있으니, 공자는 14-11에서 "맹공작이 조나라와 위나라 같은 큰 나라의 장로가 되기에는, 곧 넉넉하다. 하지만 등나라와 설나라 같은 작은 나라의 대부는 될 수 없다"라고 말한 바 있다. 즉 공자의 교육목표는 궁극적으로 군자를 양성하는데 있으므로, 藝(예)는 정치에 있어서의 실질적인 전문가가 되는데 필요한 요소이지, 군자가 되는데 필요한 요소는 아니라는 점이다.

7-7: 子曰:"自行束脩以上, 吾未嘗無誨焉。"

【대유법】
공자가 이르시기를: "몸소 마른 고기 한 묶음 이상의 예물을 들고 찾아오면, 내가 일찍이 가르쳐주지 아니한 적이 없다."

*여기서 공자는 신분으로 사람을 차별하지 않고, 배우고자 하는 의지가 있는 사람 모두에게 공정한 교육기회를 제공했음을 밝히고 있다. 하지만 당시 종법제도를 따랐던 공자에게 있어서, 이는 어디까

지나 士(사)의 신분에게까지만 허락된 것이라는 시대적 한계의 사실 만큼은 인지해야 할 것이다. 이와 관련하여서는, 8-8의 "士(사)는 마음이 넓고 뜻이 굳세지 않으면 안 되니, 책임은 무겁고 길은 멀기 때문이다. 어질음을 자기의 책임으로 삼아야 하니, 또한 무겁지 아니한가? 죽은 뒤에야 그치니, 또한 멀지 아니한가?"라는 표현을 참고하기로 한다.

> 7-8: 子曰: "不憤不啓, 不悱不發。擧一隅, 不以三隅反, 則不復也。"
> 子曰: "不□不□, 不□不□。擧一隅, 不以三隅反, 則不復也。"

【대구법, 대유법】

공자가 말씀하시기를, "(배우는 이가) 분발하지(힘쓰지) 않으면 일깨워주지 않고, (깨달은 이치를) 표현하려고 애쓰지 않으면 밝혀주지 않는다. 한 모퉁이를 들어서, 세 모퉁이를 유추하지 못하면, 곧 다시하지(다시 가르쳐주지) 않는다."

*[史記(사기)] 〈孔子世家(공자세가)〉에 따르면, 이는 공자가 56세에 노나라를 떠났다가 68세에 돌아와서 한 말인데, 이 때 제자 수가 삼천 명에 달했다고 한다.

*본문에서 공자는 배우고자 하는 모든 이에게 공정한 교육기회를 제공하기는 했지만, 제한된 조건들이 있음을 밝히고 있다. 하나는 부단히 노력하지 않는 이에게는 가르쳐주지 않고, 또 하나는 배운 것

을 토대로 새로운 것을 응용하지 못한다면 역시 가르쳐주지 않는다는 것이다. 공자가 얼마나 응용을 중시했는지는 이미 누차 앞에서 강조한 바 있고, 공자가 부단히 노력하지 않는 이를 어떻게 대했는지에 대해서는 5-9의 "재여가 낮잠을 잤다. 공자가 이르시기를: '썩은 나무는, 조각할 수 없고; 썩은 흙의 담장은, 흙손질을 할 수 없다. 여에게 어떠한 벌을 주겠는가?'"라는 표현을 참고하기로 한다.

7-9: 子食於有喪者之側, 未嘗飽也。子於是日哭, 則不歌。

공자는 상제 노릇을 함이 있는 이(상주)의 곁에서 먹으면, 일찍이 배불리 먹은 적이 없으셨다. 공자는 이 날(상갓집에 다녀온 날)에 곡을 하면(슬퍼하여 울면), 곧 노래를 부르지 않으셨다.

*〔史記(사기)〕〈孔子世家(공자세가)〉에 따르면, 이는 공자가 56세에 노나라를 떠났다가 68세에 돌아와서 한 말이라고 한다. 공자는 17-11에서 "禮(예)로다 예로다라고 하는데, 옥과 비단을 말하는 것이겠느냐? 음악이로다 음악이로다라고 하는데, 종과 북을 말하는 것이겠느냐?"라고 말함으로써, 형식주의에 빠진 예악제도를 비판한 바 있다. 따라서 공자는 易地思之(역지사지)함으로써 忠(충) 즉 정성을 다하는 태도를 몸소 실천한 것이다.

7-10: 子謂顏淵曰: "用之, 則行; 舍之, 則藏。惟我
與爾有是夫。"
子謂顏淵曰: "□之, 則□; □之, 則□。惟我
與爾有是夫。"

【대구법】

공자가 안연에게 이르시기를: "등용되면, 곧 행하고; 버리면, 곧
간직하는 것이다. 오직 나와 너만이 이렇게 함이 있다."

*본문과 관련하여, 먼저 다음의 기록을 살펴보자.

君子素其位而行, 不願乎其外。

군자는 그 처한 자리에서 정성을 다해 행동하고, 처한 자리 이외의

것을 바라지 않는다.　　　　　　　　　〔禮記(예기)〕〈中庸(중용)〉

즉 이 말은 자신에게 주어진 직위에 私心(사심)없이 최선을 다하
고, 그 직위에 집착하거나 연연해하지 말고 때가 되면 물러나야 하
며, 그 직위에 있지 않으면 그 일에 대해 관여하지 말아야 함을 강조
하는 것이다. 반면에 대다수 공자의 제자들은 어떠했는가? 그들은
하나같이 세상에 나아가 벼슬하는 것 즉 오늘날의 출세를 목표로 삼
았으니, 공자가 이와 같이 말한 것도 무리는 아니었으리라.

7-11: 子曰: "富, 而可求也, 雖執鞭之士, 吾亦爲之。如不可求, 從吾所好。"

【대유법】

공자가 이르시기를: "부유함이, 만일 추구할 만한 것이라면, 비록 말채찍을 잡는 土(사)일지라도, 나 역시 그러한 일을 할 것이다. 만일 추구할 만한 것이 아니라면, 내가 좋아하는 바를 따를 것이다."

*이와 관련하여, 먼저 다음의 기록들을 살펴보자.

順天地之紀, 幽明之占, 死生之說, 存亡之難。時播百穀草木, 淳化鳥獸蟲蛾, 旁羅日月星辰水波土石金玉, 勞勤心力耳目, 節用水火材物。有土德之瑞, 故號黃帝。

천지의 규율, 음양의 점, 죽음과 삶의 말씀, 국가 존망의 어려움을 따랐다. 때마다 온갖 곡식과 초목을 뿌리고, 금수와 곤충을 순화시켰으며, 일월성신, 물결, 토석, 금옥을 두루 망라하고, 마음과 힘 귀와 눈에 힘쓰며, 물불 목재와 재물을 아껴 썼다. 토덕의 상서로움이 있어서, 따라서 황제라고 불렸다.

〔史記(사기)〕〈五帝本紀(오제본기)〉

高辛生而神靈, 自言其名。普施利物, 不於其身。聰以知遠, 明以察微。順天之義, 知民之急。仁而威, 惠而信, 脩身而天下服。取地之財而節用之, 撫教萬民而利誨之, 曆日月而迎送之, 明鬼神而敬事之。其

色郁郁, 其德嶷嶷。其動也時, 其服也士。帝嚳漑執中而遍天下, 日月
所照, 風雨所至, 莫不從服。

고신(제곡)은 태어나면서 신통하고 영묘하여, 스스로 자신의 이름을
말했다. 두루 베풀어 만물을 이롭게 하였지만, 자신에게는 아니었
다(자신을 돌보지 않았다). 귀가 밝아 멀리까지 알았고, 눈이 밝아 작
은 것을 살폈다. 하늘의 법도를 따르고, 백성의 긴요함을(백성들이 무
엇을 긴요하게 생각하는지를) 알았다. 어질면서도 위엄 있고, 은혜로우
면서도 믿음이 있었으며, 자신을 닦았기에 세상이 복종했다. 땅의
재물을 얻어 아껴 쓰고, 백성을 위로하고 가르치면서 이롭게 인도
하였으며, 해와 달을 셈하여 맞이하거나 전송하였고, 귀신을 밝혀
서 공손히 섬겼다. 그 얼굴빛은 그윽하고, 그 덕은 높았다. 그 움직
임은 때에 맞았고, 그 의복은 士의 것이었다(임금의 복장이 아니었다).
제곡은 이미 중을 잡아 두루 세상에 미쳤으므로, 해와 달이 비치는
곳과, 바람과 비가 이르는 곳이면, 복종하지 않는 것이 없었다.

〔史記(사기)〕〈五帝本紀(오제본기)〉

帝堯陶唐氏, 伊祈姓, 或曰名放勳, 帝嚳子也。其仁如天, 其知如神,
就之如日, 望之如雲, 以火德王, 都平陽, 茅茨不剪, 土階三等。

제요 도당씨는, 이기가 성인데, 혹자가 말하기를 이름은 방훈이라
하니, 제곡의 아들이다. 그 인자함은 하늘과 같았고, 그 지혜로움은
귀신과 같아서, 따르기를 마치 해같이하고, 우러르기를 마치 구름
같이하였으니, 불의 덕으로 임금이 되고, 평양을 도읍으로 하여, 지
붕을 이는 짚을 자르지 않고, 흙 계단은 세 단이었다.

〔十八史略(십팔사략)〕〈五帝篇(오제편)〉

觀于華, 華封人曰: 噫, 請祝聖人, 使聖人壽富多男子。堯曰: 辭, 多
男子則多懼, 富則多事, 壽則多辱。

화 지역을 살피니, 화의 봉인(수령)이 말했다: 아, 성인을 축복하나
니, 성인께서 장수하고 부유하며 아들이 많기를 바랍니다. 요임금
이 말했다: 사양하겠소. 아들이 많으면 곧 두려워할 일이 많고, 부
유하면 곧 일이 많으며, 장수하면 곧 욕된 일이 많소.

〔十八史略(십팔사략)〕〈五帝篇(오제편)〉

다시 말해서, 삶이 넉넉해지면 다른 생각이 마음속에 둥지를 틀
기 마련이고, 다른 생각이 둥지를 틀기 시작하면, 전념하여 道(도) 즉
태평성대의 통치이념을 견지할 수 없기 마련이다. 따라서 옛 성현들
은 이처럼 道(도)의 구성요소 중 하나인 儉(검: 검소함)을 항상 몸소 실
천하려고 노력한 것임을 알 수 있다.

7-12: 子之所愼: 齊, 戰, 疾。

【열거법】
**공자가 삼가신 바는: 재계(공손하고 엄숙하여 몸가짐과 언행을 조심함),
전쟁, 질병이다.**

*공자는 원칙적으로 폭력을 반대한 인물이다. 하지만 13-30의 "전
쟁하는 법을 가르치지 않은 백성들로 전쟁을 하는 것, 이를 일컬어
그들을 버리는 것이라고 한다" 및 14-21의 "진항이 그 임금을 시해했

으니, 청컨대 그를 토벌하십시오"라는 표현을 보면 전쟁 자체를 부인하지는 않은 것으로 보이는데, 이는 당시 춘추시대라는 시대적 상황에서 나라의 안위와 명분을 지키기 위한 부득이한 선택이었을 것이다.

그렇다면 공자는 왜 질병에 대해서 이처럼 삼간 것일까? 6-8의 "그를 잃는 것이, 하늘의 뜻인가! 이렇게 덕망이 있는 백우가 이런 병에 걸리다니. 이 사람이 이런 병에 걸리다니!"라는 말을 통해서도 이해할 수 있듯이, 공자는 어느 누구도 하늘의 뜻을 알 수 없으므로 더욱 더 삼가여 부단히 노력해야할 따름이라고 본 것이다. 따라서 이는 塞翁之馬(새옹지마)의 참뜻과 연계하여 살펴야 함을 강조하고 있는 것이다.

7-13: 子在齊聞韶, 三月不知肉味, 曰: "不圖爲樂之至於斯也。"

공자가 제나라에 있으면서 소(순임금 때의 음악)를 듣고는, 오랜 시간동안 고기 맛을 알지 못하셨으니, 이르시기를: "음악의 지극함이 이 (경지)에 이를 줄 생각하지 못했다."

*3-25에서 공자는 소(순임금 때의 음악)를 평하면서 "지극히 아름답고, 또 지극히 선하도다"라고 표현한 바 있다. 이는 순임금 때는 신하가 임금이 바른 길을 걷도록 충언하고, 임금은 신하들에게 하늘의 뜻을 받들어 신중을 기하라고 근엄하게 명령하고 있으며, 나아가 무력으로 진압하지 않고 진심어린 덕을 펼쳐서 오랑캐들마저 감복시켰기

때문이니, 필자는 공자에게 있어서 음악은 단순한 음률 그 자체만을 지칭하는 것이 아니라, 歌辭(가사) 즉 인물의 업적을 고려한 종합적인 형태로 인식하고 있는 것이라고 설명한 바 있다.

　*이와 관련하여〔左傳(좌전)〕〈昭公(소공) 25년〉과〔史記(사기)〕〈孔子世家(공자세가)〉의 기록을 살펴보자. 공자가 35세가 되던 해에 季平子(계평자)가 邱昭伯(후소백)과 닭싸움을 했는데, 가죽옷을 입은 계평자의 닭이 금속 발톱을 채운 후소백의 닭에게 지자, 계평자는 분노하여 후소백을 질책했고, 이에 후소백은 계평자를 원망하게 되었다. 후에 公若(공약)과 公爲(공위)가 계씨 즉 계평자를 칠 계획을 소공에게 아뢰자, 소공은 후소백의 의견을 묻게 되는데, 후소백은 닭싸움에서 생긴 복수심에 그래도 된다고 대답한다. 결국 소공이 군대를 거느리고 계평자를 공격하자 계평자는 맹손씨 숙손씨와 힘을 합쳐 소공을 공격했고, 오히려 소공이 패하여 齊(제)나라로 달아나게 된다. 그렇게 노나라에 난이 일어나자 공자는 제나라로 가서 高昭子(고소자)의 가신이 되었고, 5년 전 제나라 景公(경공)이 晏嬰(안영)과 함께 공자를 찾아왔던 인연을 이용하여 경공과 접촉하려고 하였다. 본문은 바로 이 시기에 공자가 제나라 太師(태사)와 음악에 대해서 나눈 대화이다. 아울러서 이때 경공이 공자를 만나서 정치에 대해서 묻자, 공자가 대답한 내용이 12-11의 "임금은 임금다워야 하고, 신하는 신하다워야 하며, 아비는 아비다워야 하고, 자식은 자식다워야 합니다"라는 말이니, 함께 참고하기로 한다.

7-14: 冉有曰:"夫子爲衛君乎?"子貢曰:"諾。吾將
問之。"入曰:"伯夷叔齊, 何人也?"曰:"古之
賢人也。"曰:"怨乎?"曰:"求仁而得仁, 又何
怨?"出曰:"夫子不爲也。"

【문답법, 설의법】

염유가 말하기를: "스승께서는 위나라 임금을 위하실까요?
(도와주실까요?)." 자공이 말하기를: "알았습니다. 내가 장차
여쭈어 보겠습니다." (자공이) 들어가서 말하기를: "백이와
숙제는, 어떤 인물입니까?" (공자가) 이르시기를: "옛날의
현명한 사람들이다." (자공이) 말하기를: "(그들은 자신의 선택을)
원망하였습니까?" (공자가) 이르시기를: "어질음을 추구하여
어질음을 얻었으니, 또 어찌 원망했겠는가?" (자공이) 나와서
말하기를: "스승께서는 위하지(돕지) 않을 것입니다."

*염유는 왜 공자가 위나라 임금을 도울지 궁금해 했을까? 〔左傳
(좌전)〕〈哀公(애공) 11년〉과 〔史記(사기)〕〈孔子世家(공자세가)〉에 따르
면, 공자 나이 68세가 되던 해에 염유가 계강자를 위해서 군대를 이
끌고 齊(제)나라와 싸워 이겼다. 이에 계강자가 염유에게 군대에 대
해서 배운 적이 있느냐고 묻자, 염유는 공자에게 배웠노라고 대답한
다. 결국 계강자는 공자의 능력을 깨닫고, 염유를 통해서 다시 공자
를 노나라로 불러들이려 하였던 것이다. 마침 衛(위)나라 孔文子(공문
자)는 大叔疾(대숙질)을 공격하기 위해서 공자에게 계책을 물었고, 이
에 공자는 "새는 나무를 선택할 수 있지만, 나무는 새를 선택할 수 없

다."며 거절했다. 더군다나 계강자가 예의를 갖추어 공자를 영접하였으니, 공자는 노나라로 돌아가게 된 것이다.

따라서 염유는 아마 스승인 공자가 싫어한 계강자의 뜻을 직접 전하기가 어려워 자공에게 대신 물어달라고 부탁한 것으로 보이는데, 자공은 3-6에서 설명한 바와 같이 염유가 계강자의 부름을 받고 노나라로 돌아가게 되었을 때, 염유에게 노나라에서 벼슬을 하게 되면 꼭 스승을 모셔가 달라고 부탁한 바 있다. 즉 자공은 이번 기회에 스승께서 노나라로 돌아가시기를 간절히 바랐기 때문에, 적극적으로 염유를 도운 것으로 볼 수 있는 것이다. 또 이를 통해서 추론해보자면, 본문은 공자가 노나라로 돌아오기 직전인 68세 때의 대화인 것으로 보인다.

*그렇다면, 자공은 왜 여기서 굳이 백이와 숙제를 통해서 공자의 의중을 엿보려 한 것일까? 은나라의 제후국인 孤竹國(고죽국) 임금의 첫째 아들인 백이는 아버지가 셋째 아들인 숙제에게 왕위를 물려주라고 유언하자 그 뜻을 따랐는데, 숙제는 그럴 수 없다며 다시 백이에게 양보한다. 이에 백이는 아버지의 뜻이라며 도망가게 되고, 숙제 역시 도망을 가버리는 바람에, 결국 둘째 아들이 왕위를 물려받게 된다. 후에 周(주)의 武王(무왕)이 무력으로 폭군인 은나라 紂王(주왕)을 몰아내자, 이 둘은 무왕이 仁義(인의)를 저버렸다고 말하며 首陽山(수양산)으로 들어가 고사리를 캐어먹고 지내다 굶어죽었다.

바로 여기서 유의해야 할 것이, 백이는 아버지의 뜻을 따랐고 숙제는 종법제도를 따랐으며 둘 다 모두 자기가 섬긴 紂王(주왕)을 위해서 굶어죽었으므로, 공자가 이들을 仁(인)했다며 칭송한 것이라는 점이다. 즉 자공은 공자의 대답을 통해서, 공자께서 위나라 임금인 出公(출공)을 돕지 않을 것이라고 확신하게 된 것이다.

*그렇다면, 당시 위나라의 상황은 또 어떠했던 것일까? 위나라 영공이 살아있을 때 南子(남자)의 사통을 부끄러워한 세자 蒯聵(괴외)가 그녀를 죽이려다 실패하자, 宋(송)나라로 달아났다가 다시 晉(진)나라로 도망갔다. 노나라 애공 2년 즉 공자 나이 59세에 영공이 죽자, 남자는 괴외의 아들이자 영공의 손자인 輒(첩)을 왕위에 앉히는데, 그가 바로 出公(출공)이다. 하지만 아버지 괴외는 밖에서 호시탐탐 아들을 몰아내서 왕이 되려했고, 아들은 자기의 왕위를 뺏기게 될까봐 항상 두려워했다. 결국 자공이 스승께서는 위나라 임금을 돕지 않을 것이라고 확신한 이유가, 출공이 아버지의 뜻을 거스르고 심지어 임금 자리에만 욕심을 부리는 것은 不仁(불인)한 것인데, 이는 백이와 숙제의 뜻에 위배되기 때문이었던 것이다. 바꿔 말해서 공자는 백이와 숙제를 仁(인)한 인물이었다고 칭송하였으니, 아버지의 뜻을 거스르고 임금 자리에만 급급했던 不仁(불인)한 출공을 결코 도우려고 하지 않을 것이라는 뜻인 것이다. 훗날 괴외와 출공의 세력싸움으로 인해서 결국 공자가 아끼던 제자 자로가 죽게 되는데, 이와 관련하여서는 11-12를 참고할 수 있다.

  *상술한 내용의 역사는 비교적 복잡하게 얽혀있으므로 5-14, 6-14, 13-7, 14-19, 15-1과 연계하여 이해할 수 있다.

7-15: 子曰: "飯疏食飮水, 曲肱而枕之, 樂亦在其中矣。不義而富且貴, 於我如浮雲。"

【대유법】

공자가 이르시기를: "거친 밥을 먹고, 물을 마시며, 팔을 베고 자니, 즐거움이 그 안에 있다. 의롭지 아니하고도 부귀한 것은, 나에게는 뜬 구름과도 같다."

*7-11에서 이미 언급한 바 있듯이, 삶이 넉넉해지면 다른 생각이 마음속에 둥지를 틀기 마련이고, 다른 생각이 둥지를 틀기 시작하면, 전념하여 道(도) 즉 태평성대의 통치이념을 견지할 수 없기 마련이다. 따라서 공자는 옛 성현들과 마찬가지로 검소함을 몸소 실천하려고 노력한 것임을 알 수 있다. 특히 이를 통해서, 공자가 왜 안회를 그토록 칭찬했는지 역시 명확하게 이해할 수 있을 것이다.

*1-13에서 공자가 왜 "見得思義(견득사의)" 즉 이익을 보면 항상 의로움을 생각하라고 강조했는지에 대해서 구체적으로 설명한 바 있으니, 역사적 교훈을 통해서 사사로운 이익 즉 자신이 처한 서열에서 취하면 안 되는 이익을 탐하면 義(의: 의로움)를 잃는다는 사실을 알았기 때문이다. 아울러서, 이를 통해서 공자의 易地思之(역지사지)를 실천하는 모습 역시 확인할 수 있다.

7-16: 子曰: "加我數年, 五十以學易, 可以無大過矣。"

공자가 이르시기를: "나에게 몇 년을 더하여, 마침내 [역]을 배우면, 큰 허물이 없을 수 있다."

*본문의 [易(역)]은 다름 아닌 [周易(주역)]으로, 혹은 [易經(역경)] 이라고도 불린다. 여기서 易(역)이란 變易(변역)이라는 의미로 "변하다" 혹은 "바뀌다"라는 뜻을 내포한다. 다시 말해서, 이 서적은 천지 만물이 끊임없이 변화하는 자연현상의 원리를 설명하고 풀이한 것인데, 그 궁극적인 목표는 凶運(흉운)을 물리치고 吉運(길운)을 찾는데 있다.[4]

*[史記(사기)] 〈孔子世家(공자세가)〉에 따르면, 공자는 노나라에 돌아온 68세 이후에 이 말을 했다고 한다. 따라서 본문의 五十(오십)은 기록상의 오류임이 확실하니, 朱熹(주희)가 [論語集註(논어집주)]에서 언급한 바대로 卒(졸: 마침내, 드디어)로 바꿔서 해석해야 할 것이다. 아울러서 [사기] 〈공자세가〉에는 다음과 같이 기록되어 있으니, 참고하기로 한다.

假我數年, 若是, 我于易則彬彬矣。

만약 나에게 몇 년(몇 년이 더해져서), 이렇게 된다면, 나는 [주역]에 대해서 곧 충실해져 조화를 이룰 수 있을 것이다.

---

4) 필자의 또 다른 저서인 [中國古典入門(중국고전입문)] (어문학사, 2011년)의 2장 [13경]편을 참고했다.

또한 본문의 허물은 공자 일개인의 삶에 있어서의 허물을 가리키는 것이 아니라, 정치를 함에 있어서의 허물을 뜻하는 것임에 유의해야 할 것이니, 이는 7-20의 "공자는 초자연적인 힘과 신령을 어지럽힘에 대해서는 말하지 않으셨다"는 말과 함께 연계해서 이해해야 한다. 따라서 공자는 앞날을 예측하는 일이나 기도하는 일은 개인적인 일이 아닌 오로지 국가의 중대사 즉 정치에 있어서만 할 수 있는 것이라고 말하고 있으니, 공자의 이러한 뜻은 7-34에서도 확인할 수 있다.

7-17: 子所雅言; 詩書執禮, 皆雅言也。

공자가 말을 바르게 한 바(규범에 맞게 한 바)는 [시경]과 [서경] 그리고 예식(예악제도)을 집행함이셨으니, (이 세 가지의 경우에는) 모두 말을 바르게(규범에 맞게) 하셨다.

*雅言(아언)에 대해서는, 세 가지 설이 있다. 하나는 주희의 주장대로 雅(아)가 常(상)과 같은 뜻으로 쓰여, 공자께서 늘 말씀하셨다고 해석하는 경우이다. 두 번째는 표준말로 해석해야 한다는 경우이고, 마지막으로 규범 즉 節度(절도)가 있는 말로 해석해야 한다는 것이다.

그런데 본문에서 언급한 세 가지는 [시경]과 [서경] = [尙書(상서)] 그리고 예악제도 = [三禮(삼례)]⁵⁾를 뜻하니, 이는 모두 文(문: 통

---

5) [삼례]는 구체적으로 [周禮(주례): 周代(주대)의 官制(관제)나 정치제도를 기록한 책]와 [儀禮(의례): 중국 고대 지배자 계급의 관례·혼례·장례·제례 등을 다룬 책]

치에 필요한 모든 법도와 그러한 법도들의 구체적인 내용)의 범주에 속한다. 다시 말해서, 공자가 文(문) = 道(도)를 말씀하실 때는 특히 삼가여 규범에 맞는 말로 하셨다고 번역하는 것이 타당할 것이다. 따라서 필자는 전체 문맥을 고려하여, 세 번째 설로 번역하였음을 밝혀둔다.

> 7-18: 葉公問孔子於子路, 子路不對。子曰:"女奚
> 不曰:'其爲人也, 發憤忘食, 樂以忘憂, 不知
> 老之將至云爾。"

섭공이 자로에게 공자는 어떠한 사람이냐고 물었으나, 자로는 대답하지 않았다. 공자가 말씀하시기를: "너는 어찌 (이렇게) 말하지 않았느냐: '그 사람됨은, 분발하여 힘씀에 밥을 먹는 것도 잊고, 즐거움에 근심을 잊어 버렸으며, 늙음이 장차 이르는 것조차도 깨닫지 못했을 따름'이라고."

*섭공은 楚(초)나라 대부 沈諸梁(심제량)으로, 字(자)가 子高(자고)이다. 昭王(소왕)때 섭 지역에 봉해져서 통치했기 때문에 섭공이라고 불렸는데, 그가 섭 지역에 가서 통치하자 섭 지역이 부유하고도 강성해졌다고 한다. 후에 白公勝(백공승)이 반란을 일으키자 惠王(혜왕)을 도와서 백공승을 물리쳤고, 그 공로로 令尹(영윤)과 司馬(사마)를 겸직하게 되지만 오히려 다른 이들에게 양보하고 자신은 섭 지역으로 돌

그리고 [禮記(예기): 周代(주대)의 禮(예)에 대한 학술, 예절 및 공자와 그 제자들의 중요한 언행들을 체계 없이 잡다하게 기록한 책]을 가리킨다.

아가 노년을 보냈다.

　*3-6에서 이미 〔史記(사기)〕〈孔子世家(공자세가)〉의 기록을 들어서 설명한 바 있듯이, 공자가 60세일 때 제자 염구는 계강자의 부름을 받고 노나라로 돌아간다. 그리고 그 이듬해 공자는 陳(진)나라에서 蔡(채)나라로 옮겨가고, 또 1년 뒤에는 葉(섭) 지역으로 옮겨간다. 본문의 섭공과의 대화는 바로 이 때 즉 공자 나이 62세에 이루어진 것으로 보이는데, 〔國語(국어)〕〈楚語下(초어하)〉와 〔左傳(좌전)〕〈哀公(애공)〉편의 섭공과 관련된 기록들을 보면 모두 그에 대한 객관적이고도 긍정적인 내용들만 있을 뿐이다. 다시 말해서, 섭공의 인품이 훌륭하지 못했기 때문에 자로가 그의 질문에 대답하지 않은 것은 아니라는 것이다. 다만 13-18에는 섭공이 공자에게 "내 고을에 직궁이라는 자가 있는데, 그 아비가 양을 훔치자 아들이 고발했소"라며 자랑하는 구절이 있는데, 이를 통해서 섭공은 아마도 공자가 강조하는 孝(효)와 그 사회적 확장 형태인 仁(인: 자기의 군주를 진심으로 섬기고 따름)에 충실하지 못했기 때문에, 자로가 섭공을 다소 존중하지 않은 것이 아닐까 추측해볼 수 있다.

7-19: 子曰: "我非生而知之者, 好古敏以求之
者也。"
子曰: "我非□□□之者, □□□□□之
者也。"

【대구법】
공자가 이르시기를: "나는 나면서부터 아는 사람이 아니라,
옛것을 좋아하여 민첩하게 그것을 구하는 사람이다."

*이와 관련하여, 먼저 다음의 기록을 살펴보자.

高辛生而神靈, 自言其名。普施利物, 不於其身。聰以知遠, 明以察
微。順天之義, 知民之急。仁而威, 惠而信, 脩身而天下服。取地之財
而節用之, 撫教萬民而利誨之, 曆日月而迎送之, 明鬼神而敬事之。其
色郁郁, 其德嶷嶷。其動也時, 其服也士。帝嚳溉執中而遍天下, 日月
所照, 風雨所至, 莫不從服。

고신(제곡)은 태어나면서 신통하고 영묘하여, 스스로 자신의 이름을
말했다. 두루 베풀어 만물을 이롭게 하였지만, 자신에게는 아니었
다(자신을 돌보지 않았다). 귀가 밝아 멀리까지 알았고, 눈이 밝아 작
은 것을 살폈다. 하늘의 법도를 따르고, 백성의 긴요함을(백성들이 무
엇을 긴요하게 생각하는지를) 알았다. 어질면서도 위엄 있고, 은혜로우
면서도 믿음이 있었으며, 자신을 닦았기에 세상이 복종했다. 땅의
재물을 얻어 아껴 쓰고, 백성을 위로하고 가르치면서 이롭게 인도
하였으며, 해와 달을 셈하여 맞이하거나 전송하였고, 귀신을 밝혀

서 공손히 섬겼다. 그 얼굴빛은 그윽하고, 그 덕은 높았다. 그 움직임은 때에 맞았고, 그 의복은 士의 것이었다(임금의 복장이 아니었다). 제곡은 이미 중을 잡아 두루 세상에 미쳤으므로, 해와 달이 비치는 곳과, 바람과 비가 이르는 곳이면, 복종하지 않는 것이 없었다.

〔史記(사기)〕〈五帝本紀(오제본기)〉

16-9에서 공자는 "태어나서 아는 이는, 상등이고; 배워서 아는 이는, 그 다음이며; 곤란하여 배우는 이는, 또 그 다음이다. 곤란함을 겪는데도 배우지 않으면, 백성들이 이에 하등으로 삼는다"고 함으로써, 태어나서 아는 이는 聖人(성인) 즉 대동사회를 이끈 지도자이고, 배워서 아는 이는 君子(군자) 즉 소강사회를 이끈 지도자라고 밝히고 있다. 또 5-3에서는 정치하는 이를 세 부류로 나누고 있으니, 聖人(성인: 대동사회의 지도자) - 君子(군자: 소강사회의 지도자) - 器(기: 전문가)의 순서로 서열화하고 있다고 설명한 바 있다. 따라서 본문에서 공자는 스스로를 성인이 아니라고 말하고 있는 것이다. 다시 말해서, 공자는 본문을 통해서 겸손해하고 있는 것이 아니라, 객관적으로 자신을 파악하여 명확하게 드러내고 있는 것으로 봐야 할 것이다.

7-20: 子不語怪力亂神。

공자는 괴이한 힘(초자연적인 힘)과 신령을 어지럽힘에 대해서는 말하지 않으셨다.

이는 6-20의 "백성들의 공익에 힘쓰고, 귀신을 공경하되 의지하지 않으면, 지혜롭다고 할 수 있다" 및 2-24의 "자기 선조의 혼백이 아닌 데도 제사지내면, 간특한 것이다"라는 표현을 보면, 쉬이 이해할 수 있다. 즉 공자는 여기서도 사사로운 이익을 탐하지 않고 오직 백성들과 나라를 위한 공익을 꾀하며 초자연적인 힘에 의탁하지 않는 객관적인 판단력을 지닌 知(지: 지혜로움)에 대해서 강조하고 있는 것이다. 공자의 이러한 태도는 7-34에서도 드러나니, 참고할 수 있다.

*〔史記(사기)〕〈孔子世家(공자세가)〉에 따르면, 본문은 공자가 노나라로 돌아온 68세 이후에 한 말인데, 이 때는 제자 수가 삼천 명에 달했다고 한다.

7-21: 子曰: "三人行, 必有我師焉。擇其善者而從
之, 其不善者而改之。"
子曰: "三人行, 必有我師焉。□□善者而□
之, □□善者而□之。"

【대구법】

공자가 이르시기를 "세 사람이 함께 가면, 반드시 나의 스승이
있다. 그 선한 것을 택하여 쫓고, 그 선하지 못한 것으로
그것(허물)을 고친다."

*6-5에서 三(삼)은 말 그대로 "셋"으로 해석하기도 하지만, 상황에
따라서 多(다: 많다)로 해석해야 한다고 설명한 바 있다. 따라서 여기
서도 세 사람은 많은 사람으로 번역해야 그 맥락이 통할 것이다.

이제 본문의 뜻을 살펴보면, 이는 4-17의 "현명함을 보면 그를 배
워서 민첩하게 따름을 생각하고, 현명하지 못함을 보면 자신은 그렇
지 않은지 안으로 스스로를 살피는 것이다"에서 설명한 他山之石(타
산지석) 즉 다른 산의 돌이라도 나를 다듬는데 쓸 수 있음을 다시 한
번 강조하고 있는 것이다.

*〔史記(사기)〕〈孔子世家(공자세가)〉에 따르면, 본문 역시 공자가 노
나라로 돌아온 68세 이후에 한 말인데, 이 때는 제자 수가 삼천 명에
달했다고 한다.

7-22: 子曰: "天生德於予, 桓魋其如予何?"

【설의법, 대유법】
공자가 이르시기를: "하늘이 나에게 덕이 있도록 하셨으니, 환퇴가 나를 어찌 하겠는가?"

*환퇴는 宋(송)나라 사람으로, 景公(경공)의 총애를 등에 업고 전권을 휘둘렀던 인물이다. 姓(성)이 向(상)이므로, 〔左傳(좌전)〕에는 向魋(상퇴)로 기록되어 있는 경우도 있다.

*〔史記(사기)〕〈孔子世家(공자세가)〉에 따르면, 공자는 대략 57세에 衛(위)나라에 머물렀다. 하루는 靈公(영공)이 부인 南子(남자)와 마차를 타고 궁궐을 나왔는데, 공자는 뒤의 수레를 타고 쫓아오게 하는 수치심을 주자 曹(조)나라로 갔다가 다시 宋(송)나라로 향했다. 도중에 큰 나무 아래에서 제자들에게 禮(예)에 대해서 강의를 하는데, 송나라의 司馬(사마)인 환퇴가 공자를 죽이려고 그 나무를 뽑아버렸다. 이에 제자들이 두려워하여 어서 떠나자고 권하자, 공자는 초연하게 본문의 말을 했다고 한다.

*환퇴가 공자를 왜 죽이려 했는지는 정확하게 알 수 없지만, 이와 관련하여 두 가지 설이 있다. 하나는 공자가 이전에 그의 부패를 적나라하게 질책하여 모욕을 주었기 때문이라는 설과, 또 하나는 송나라 경공이 공자를 등용하고 자기를 내쫓을까봐 두려워해서라는 설이 그것이다. 하지만 이와 관련하여서는 어떤 史書(사서)에도 명확하게 기록된 바가 없으므로, 단지 참고로 삼기만 한다.

*2-1에서 이미 설명했듯이, 德(덕)은 성인들이 행한 강함과 부드러움의 통치법을 조화롭게 실천하려는 節操(절조: 절개와 지조)이다. 즉 공자는 7-19에서 언급한 바 있듯이 비록 자신이 태어나면서부터 깨달은 성인은 아니지만, 부단한 노력을 통해서 덕을 갖출 수 있었다고 말하고 있는 것이다. 그렇다면 본문은 구체적으로 어떠한 의미를 함축하고 있는 것일까?

　노자〔道德經(도덕경)〕의 59장에는 "重積德則無不克, 無不克則莫知其極。(덕을 쌓는 것을 중시한다는 것은 곧 극복하지 못할 것이 없다는 것이니, 극복하지 못할 것이 없다는 것은 곧 그 끝을 알 수 없다는 것이다.)"라는 구절이 있다. 다시 말해서, 이는 德(덕)을 지닌 인물은 쉬이 환난에 빠지지 않는다는 의미를 지니고 있으니, 이와 관련하여 다음의 기록들을 살펴보면 공자의 뜻을 쉬이 이해할 수 있을 것이다.

　瞽叟尚複欲殺之, 使舜上塗廩, 瞽叟從下縱火焚廩。舜乃以兩笠自扜而下, 去, 得不死。後瞽叟又使舜穿井, 舜穿井爲匿空旁出。舜既入深, 瞽叟與象共下土實井, 舜從匿空出, 去。
　고수는 오히려 거듭 그를 죽이려고 하여, 순으로 하여금 올라가 곳간을 매흙질하게 하고, 고수는 아래에서 불을 질러 곳간을 태웠다. 순은 이에 두 개의 삿갓으로 스스로를 막고 내려와, 피하여, 죽지 않았다. 후에 고수는 또 순으로 하여금 우물을 파게 했는데, 순은 우물을 파면서 몰래 옆으로 나오는 구멍을 만들었다. 순이 깊이 들어가자, 고수와 상은 함께 흙을 부어 우물을 매웠지만, 순은 몰래 파놓은 구멍으로 나가, 피했다. 〔史記(사기)〕〈五帝本紀(오제본기)〉

　위의 기록은 순이 임금이 되기 전의 일화이다. 장님인 아버지 고수와 배다른 동생 象(상)이 순을 미워하여 죽이려 했지만, 순이 德(덕)을 갖췄으므로 아무리해도 죽일 수 없었다고 한다.

禹濟江, 黃龍負舟, 舟中人懼, 禹仰天歎曰: 吾受命於天, 竭力以勞萬民, 生寄也, 死歸也。視龍猶蝘蜓, 顏色不變, 龍俛首低尾而逝。

우임금이 양자강을 건너는데, 황룡이 배를 짊어지니, 배 안의 사람들이 두려워했는데, 우임금이 하늘을 우러러 탄식해 말했다: 나는 하늘에서 명을 받아, 힘을 다해 만백성을 위해 애썼는데, 사는 것은 임시로 얹혀사는 것이고, 죽는 것은 돌아가는 것이다. 용을 보기를 마치 도마뱀처럼 하여, 안색이 변치 않으니, 용이 머리를 숙이고 꼬리를 밑으로 내리고 갔다.

〔十八史略(십팔사략)〕〈夏王朝篇(하왕조편)〉

周后稷[6], 名棄。其母有邰氏女, 曰姜原。姜原爲帝嚳元妃。姜原出野, 見巨人迹, 心忻然說, 欲踐之, 踐之而身動如孕者。居期而生子, 以爲不祥, 棄之隘巷, 馬牛過者皆辟不踐; 徙置之林中, 適會山林多人; 遷之而棄渠中冰上, 飛鳥以其翼覆薦之。

주나라 후직은, 이름이 기다. 그 어머니는 유태씨의 딸로, 강원이라 불렸다. 강원은 제곡의 정실부인이다. 강원이 들에 나갔다가, 거인의 발자취를 보고, 마음이 흔연히 기뻐하여, 그것을 밟고 싶었는데, 그것을 밟으니 몸의 감응이 마치 임신한 사람과도 같았다. 1년이 지나고 아이를 낳았으니, 상서롭지 않다고 여겨, 좁은 골목에 버렸는데, 말과 소가 지나면서도 모두 피하여 밟지 않고; 숲으로 옮겨 놓

---

6) 후직이라는 인물은 周(주)나라 사람으로, 4-15의 설명부분에서 언급한 稷(직)과는 다른 인물이다.

으니, 마침 산속에 많은 사람이 모여 있었으며; 아이를 옮겨 도랑의 얼음 위에 버렸으나, 날아다니는 새들이 날개로 아이를 덮어주고 깔아주었다.　　　　　　　　〔史記(사기)〕〈周本紀(주본기)〉

즉 공자는 역사기록들을 통해서, 환퇴와 같은 소인배가 자기와 같이 德(덕)을 갖춘 인물을 어쩌지는 못한다고 자신 있게 말하고 있는 것이다.

7-23: 子曰: "二三子以我爲隱乎? 吾無隱乎爾。吾 無行而不與二三子者, 是丘也。"

공자가 이르시기를: "너희들은 내가 숨긴다고 여기느냐? 나는 너희에게 숨기는 것이 없다. 나는 너희와 더불어 행하지 않는 것이 없으니, 이가 바로 (내) 공구이다."

*여기서 공자가 강조하고 있는 道(도)의 중요한 구성요소 중 하나가 바로 中(중: 한쪽으로 치우치지 않고 공정한 태도)이다. 이와 관련하여서는, 16-13의 "하나를 물어 셋을 얻었으니; 시를 듣고, 예를 듣고, 또 군자는 자기 자식을 멀리함을 들었다"는 말과 연계하여 살펴볼 수 있다.

7-24: 子以四教, 文行忠信。

【열거법】

공자는 네 가지로 가르치셨으니, 文(문: 통치에 필요한 모든 법도)과
行(행: 실천) 그리고 忠(충: 정성스러움)과 信(신: 믿음)이었다.

*여기서 공자는 道(도)의 구성요소 네 가지를 언급하고 있으니,
바로 文(문: 통치에 필요한 모든 법도와 그러한 법도들의 구체적인 내용이 기록되
어 있는 서적들) 즉 이론과 行(행: 배운 이론을 행동으로 옮기는 것) 즉 실천
그리고 忠(충: 정성스러움)과 信(신: 믿음) 즉 말한 것은 반드시 실천하는
성실함이었다.

*〔史記(사기)〕〈孔子世家(공자세가)〉에 따르면, 본문 역시 공자가 노
나라로 돌아온 68세 이후에 한 말인데, 이때는 제자 수가 삼천 명에
달했다고 한다.

7-25: 子曰：“聖人, 吾不得而見之矣。得見君子者,
斯可矣。”子曰：“善人, 吾不得而見之矣。得
見有恒者, 斯可矣。亡而爲有, 虛而爲盈, 約
而爲泰, 難乎有恒矣。”
子曰：“□人, 吾不得而見之矣。得見□□者,
斯可矣。”子曰：“□人, 吾不得而見之矣。得
見□□者, 斯可矣。□而爲□, □而爲□, □
而爲□, 難乎有恒矣。”

【대구법, 대구법, 열거법】

공자가 이르시기를: "성인은, 내가 만나볼 수 없구나. 군자를
만나볼 수 있다면, 이것만으로도 좋겠다." 공자가 이르시기를:
"선량한 사람은, 내가 만나볼 수 없구나. 변치 않고 늘 그렇게
행함이 있는 이를 만나볼 수 있다면, 이것만으로도 좋겠다.
없으면서 있다고 가장하고, 비어있으면서 찼다고 가장하며,
인색하면서 너그럽다고 가장하면, 변치 않고 늘 그렇게 행함이
있기가 어렵다."

*이와 관련하여, 먼저 다음의 기록을 다시 한 번 살펴보자.

昔者仲尼與于蠟賓。事畢, 出遊于觀之上, 喟然而歎。仲尼之歎, 蓋歎
魯也。言偃在側, 曰：“君子何歎？”孔子曰：“大道之行也, 與三代之
英, 丘未之逮也, 而有志焉。大道之行也, 天下爲公。選賢與能, 講信
修睦。故人不獨親其親, 不獨子其子。使老有所終, 壯有所用, 幼有所
長, 矜寡孤獨廢疾者皆有所養。男人分, 女有歸。貨, 惡其棄于地也,

不必藏于己; 力, 惡其不出于身也, 不必爲己。是故謀閉而不興, 盜竊
亂賊而不作。故外戶而不閉。是謂大同。

今大道既隱, 天下爲家。各親其親, 各子其子。貨、力爲己。大人世
及以爲禮, 城郭溝池以爲固, 禮義以爲紀; 以正君臣、以篤父子、以
睦兄弟, 以和夫婦, 以設制度, 以立田裏, 以賢勇智, 以功爲己。故謀
用是作, 而兵由此起。禹、湯、文、武、成王、周公由此其選也。此
六君子者, 未有不謹于禮者也。以著其義, 以考其信, 著有過, 刑仁
講讓, 示民有常。如有不由此者, 在執 (勢) 者去, 衆以爲殃。是謂
小康。

예전에 공자가 납빈(신들의 가호에 보답하기 위해 올리던 제사)에 참여했
다. 일이 끝나고, 누각에 올라 둘러보고는, 길게 탄식을 하였다. 공
자가 탄식한 것은, 아마도 노나라를 한탄한 것이리라. 언언이 곁에
있다가, 말했다: "군자(스승)께서는 어찌하여 탄식하십니까?" 공자
가 말했다: "<u>큰 도가 실행될 때와, 삼대(夏, 商, 周)의 훌륭한 인물들
이 정치를 하던 때는, 내가 이를 수 없었으나, 기록이 남아있다. 큰
도가 실행되던 때는, 세상이 公天下(공천하)였다.</u> 어질고 재능 있는
이들을 선발하고, 신용을 중시하며 화목함을 갖췄다. 그러므로 사
람들은 자신의 어버이만이 어버이가 아니었고, 자신의 자식만이 자
식이 아니었다. 노인들로 하여금 귀속되는 바가 있게 하였고, 장년
은 쓰임이 있었으며, 어린이들은 키워짐이 있었고, 늙어 부인이 없
는 이, 늙어 남편이 없는 아낙, 부모 없는 아이, 자식이 없는 노인,
장애인들이 모두 부양받는 바가 있었다. 사내에게는 직분이 있었
고, 아낙은 媤家(시가)가 있었다. 재물은, 땅에 버려지는 것을 싫어
하였지만(지니고 싶어 하였지만), 반드시 자기가 소유하지는 않았고;
힘은, 자기 몸에서 나오지 않음을 싫어하였지만(자신이 직접 쓰려 하였

지만), 반드시 자신을 위해서 쓰지는 않았다. 이 때문에 계략이 막혀 일어나지 못하고, 도적이나 반란이 발생하지 않았다. 그러므로 밖의 대문을 잠그지 않았다. 이를 대동이라고 일컫는다.

오늘날에는 큰 도가 사라졌으니, 세상이 家天下(가천하)가 되었다. 각각 자신의 어버이만이 어버이가 되고, 자신의 자식만이 자식이 되었다. 재물과 힘은 자신을 위해 썼다. 대인(천자와 제후)은 세습을 예의로 삼았고, 성곽을 쌓고 그 주변에 못을 파서 (적들이 침입하지 못하도록) 공고히 하였으며, 예의로 기강을 삼았으니; 그럼으로써 군신관계를 바로 하고, 그럼으로써 부자관계를 돈독히 하였으며, 그럼으로써 형제간에 화목하게 하고, 그럼으로써 부부 사이를 조화롭게 하였으며, 그럼으로써 제도를 설치하고, 그럼으로써 밭을 구획하였으며, 그럼으로써 용감하고 지혜로운 자를 존중하고, 공적을 자기의 것으로 여겼다. 그러므로 권모술수가 이때부터 흥기하고, 전쟁이 이때부터 발생하였다. 우, 탕, 문왕, 무왕, 성왕, 주공은 이것(예의)로 그것(시비)을 선별했다. 이 여섯 군자는, 예의에 삼가지 않는 이가 없었다. 그럼으로써 그 의로움을 분명히 하고, 그럼으로써 그 신의를 깊이 헤아렸으며, 허물을 드러내고, 형벌과 어질음을 꾀하고 꾸짖어, 백성들에게 항상 그러함을 보여주었다. 만약 이에 말미암지 못하는(이에 따르지 않는) 이가 있다면, 집정자(권세가 있는 사람)일지라도 물리쳐, 대중들이 재앙으로 삼았다. 이를 일컬어 소강이라고 한다. 〔禮記(예기)〕〈禮運(예운)〉

공자는 태평성대를 큰 道(도)가 실행될 때와 夏(하) 商(상) 周(주) 삼대의 훌륭한 인물들이 정치를 하던 때의 두 시기로 나누고 있는데, 큰 道(도)가 실행되던 때는 세상이 公天下(공천하)로서, 대동이라고 일컫는다. 그리고 우, 탕, 문왕, 무왕, 성왕, 주공 여섯 군자가 예의로 시비를 선별했으니, 소강이라고 일컫는다. 따라서 공자는 정치하는 이를 세 부류로 나누고 있으니, 聖人(성인: 대동사회의 지도자) – 君子(군자: 소강사회의 지도자) – 器(기: 전문가)이다. 이제 이 분류법으로 다시 본문을 보면, 공자의 현실적인 목표가 대동사회로의 복귀가 아닌 소강사회에 있음을 분명히 알 수 있는데, 이는 앞에서도 언급한 바 있듯이 대동의 사회는 현재의 문제점들을 해결한 후에 고려해야 할 최종적인 이상향이 되기 때문이다.

아울러서 공자는 "없으면서 있다고 가장하고, 비어있으면서 찼다고 가장하며, 인색하면서 너그럽다고 가장하면, 변치 않고 늘 그렇게 행함이 있기가 어렵다"고 했으니, 이는 常(상)을 강조한 것으로 5-23의 "누가 미생고를 바르다고 평하는가? 어떤 이가 식초를 빌려달라고 했더니, 식초를 그 이웃에서 빌려다 주었다"라는 말과 연계하여 살펴볼 수 있을 것이다. 즉 공자는 直(직: 사사로운 정에 얽매이지 않고 공정하게 판단하는 것)과 常(상: 부단한 노력, 항상 변치 않는 태도)을 불가분의 관계로 보고 있음을 알 수 있다.

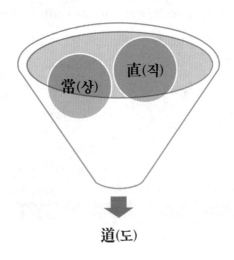

7-26: 子釣⁷⁾而不網, 弋⁸⁾不射宿。

【대유법】

공자는 낚시질을 하지만 그물질을 하지 않으셨고, 주살(화살로 사냥)을 하지만 잠든 새는 쏘지 않으셨다.

이와 관련하여, 먼저 다음의 기록을 살펴보자.

湯出, 見野張網四面, 祝曰: "自天下四方皆入吾網。" 湯曰: "嘻, 盡之矣!" 乃去其三面, 祝曰: "欲左, 左; 欲右, 右; 不用命, 乃入吾網。" 諸侯聞之, 曰 : "湯德至矣, 及禽獸。"
탕이 나가서, 들에 사면으로 그물을 펼쳐놓고, "세상 사방 모두가 내 그물로 들어오게 하소서"라고 비는 이를 보았다. 탕이 말했다: "아, 다 잡으려 하는구나!" 이에 삼면을 거두고, "왼쪽으로 가려면, 왼쪽으로, 오른쪽으로 가려면, 오른쪽으로 가게 하소서; 명령을 따르지 않으면, 이에 내 그물로 들어오게 하소서"라고 빌었다. 제후들이 듣고, 말했다: "탕의 덕이 지극하니, 금수에게까지 미쳤구나."

〔史記(사기)〕〈殷本紀(은본기)〉

7-22에서 공자는 "하늘이 나에게 덕이 있도록 하셨으니, 환퇴가 나를 어찌 하겠는가?"라고 말한 바 있는데, 德(덕)은 성인들이 행한

---

7) 釣(조): 낚시.
8) 弋(익): 주살, 활에 줄을 매어 쏘는 화살.

강함과 부드러움의 통치법을 조화롭게 실천하려는 節操(절조: 절개와 지조)이다. 위에서 인용한 기록을 보면, 탕은 금수를 잡기 위해서 그물을 펼치기는 했지만, 活路(활로)를 내어주면서 잡으니 사람들이 그의 德(덕)을 칭송했다. 따라서 본문의 내용은 공자 역시 옛 성현들의 도리를 배워서, 낚시질과 주살을 하는 强(강: 강함)과 더불어 그들이 빠져나갈 수 있는 활로를 주는 弱(약: 부드러움)의 조화로움 즉 德(덕)을 몸소 실천했다는 뜻인 것이다.

7-27: 子曰: "蓋有不知而作之者, 我無是也。多聞擇其善者而從之, 多見而識之。知之次也。"
子曰: "蓋有不知而作之者, 我無是也。多□□□□□而□之, 多□而□之。知之次也。"

【대구법】

공자가 이르시기를 "무릇, 알지 못하고 저술하는 이가 있으니, 나는 이러한 적이 없다. 많이 들어서 선한 것을 택하여 따르고, 많이 보아서 그것을 기록한다. 이것이 앎의 순서이다."

*7-1에서 공자는 "서술하지만 창작하지 않고, 믿어서 옛 것을 좋아하니, 슬그머니 나를 노팽에 견주어본다"고 말한 바 있다. 따라서 본문은 다시 한 번 객관적인 사실만을 있는 그대로 기록하고, 확실하지 않은 것은 임의로 지어내지 않으며, 옛 성현들의 道(도)를 믿고 따르는 태도를 강조하고 있는 것으로 볼 수 있다.

7-28: 互鄉難與言。童子見, 門人惑。子曰:"與其進
也, 不與其退也, 唯何甚? 人潔己以進, 與其
潔也, 不保其往也。"
互鄉難與言。童子見, 門人惑。子曰:"與其□
也, 不□其□也, 唯何甚? 人潔己以進, 與其
□也, 不□其□也。"

【대구법, 설의법】

호향 지역 사람들은 더불어 말하기가 어려웠다. (그 마을의)
소년을 만나니, 제자들이 의아해했다. 공자가 이르시기를:"그
나아감을 인정하고, 그 퇴보함을 인정하지 않는 것인데, 어찌
지나치다는 것인가? 사람이 자신의 품행을 바로 하여 나아가려
하면, 그 품행을 바로 함을 인정하지, 그 지나간 일(허물)에
얽매이지 않는다.

*호향은 지역 명칭인데, 일설에 의하면 그 고장 사람들의 풍속이
선하지 못했다고 한다.

*공자는 여기서 다시 한 번 改過勿吝(개과물린: 허물을 고치는데 인색치
마라)과 過則勿改憚(과즉물개탄: 허물이 있으면 곧 고치기를 거리끼지 마라)의
자세를 강조하고 있다. 사람은 누구든지 허물이 있을 수 있다. 잘못
이 있으면 고쳐야 하고, 고치려고 하면 누구든지 차별하지 않고 장려
해 주는 것이 참교육의 본질인 것이다.

7-29: 子曰: "仁遠乎哉? 我欲仁, 斯仁至矣。"

공자가 이르시기를: "어질음이 먼가?(멀리 있는가?) 내가 어질고자 하면, 이에 어질음이 이르는 것이다(어질음에 가까이 할 수 있는 것이다)."

*여기서는 부단한 노력을 통한 실천을 강조하고 있음을 알 수 있다. 공자는 6-10에서 "힘이 부족한 이는, 중도에서 버리는데, 지금 너는 미리부터 선을 긋고 있구나"라고 하여, 초지일관하여 최선을 다하는 태도를 지녀야 한다고 말한 바 있다. 따라서 자기의 군주를 진심으로 섬기고 따르고자 노력한다면 틀림없이 그렇게 될 수 있다고 가르치고 있으니, 공자는 진심어린 마음가짐과 노력을 통해서 춘추시대의 혼란 즉 신하가 임금을 부정하고 몰아내며 심지어 시해하는 사태를 충분히 극복할 수 있다고 설파하고 있는 것이다. 이와 관련하여서는 9-18의 "예를 들어서 산을 만드는데, 흙을 담아 나르는 그릇 한 삼태기가 모자란데, 포기하면, 내가 그만두는 것이다. 예를 들어서 땅을 고르게 하는데, 비록 한 삼태기의 흙을 덮더라도, 포기하지 않고 힘써 노력하면, 내가 앞으로 향하는 것이다" 및 9-30의 "생각하지 않는 것이니, 생각한다면 어찌 멀리 있겠는가?"라는 표현과도 연계하여 살펴볼 수 있을 것이다.

7-30: 陳司敗問:"昭公知禮乎?"孔子曰:"知禮。"
孔子退, 揖巫馬期而進之, 曰:"吾聞君子不
黨, 君子亦黨乎? 君取於吳, 爲同姓, 謂之吳
孟子。君而知禮, 孰不知禮?"巫馬期以告。子
曰:"丘也, 幸。苟有過, 人必知之。"

【문답법, 설의법】

진나라 사패가 (공자에게) 묻기를: "소공이 예를 압니까?"
공자가 이르시기를: "예를 아십니다." 공자가 물러나고, (사패가)
무마기에게 읍하고 나아가 말하기를: "내가 듣기로는 군자는
편들지 않는다고 하였는데, 군자 역시 (다른 이를) 두둔합니까?
(노나라) 임금이 오나라의 여자를 부인으로 맞이했는데,
同姓(동성)이라, 오맹자라고 (바꿔서) 부릅니다. 임금이 예를
안다면, 누가 예를 모르겠습니까?" 무마기가 공자에게 말했다.
공자가 이르시기를: "(나) 공구는, 운이 좋구나. 만약 허물이
있으면, 남들이 반드시 이를 안다."

*사패는 오늘날의 司法官(사법관)에 해당하는 관직인데, 현재로서
는 진나라의 사패가 구체적으로 누구를 가리키는 것인지 알 수 없다.
또한 〔左傳(좌전)〕과 〔國語(국어)〕에는 사패가 楚(초)나라의 관직명으
로 기록되어 있는데, 陳(진)나라에서도 동일한 관직명을 썼는지에 대
해서는 별도의 고증이 필요할 것이다.

*무마기는 巫馬施(무마시)인데, 字(자)가 子期(자기)라서 무마기라
고도 불렸다. 〔史記(사기)〕〈仲尼弟子列傳(중니제자열전)〉에 따르면, 그
는 공자보다 30세 어렸다고 한다.

*〔左傳(좌전)〕〈哀公(애공) 12년〉에 다음과 같은 기록이 있다. 그 해는 공자가 69세일 때인데, 昭公(소공)의 부인 孟子(맹자)가 죽었다. 맹자는 소공과 同姓(동성)의 吳(오)나라 여자였는데, 이제 맹자가 죽으니 그 소식을 다른 제후국에 알리지 않았으며, 反哭禮(반곡례: 장사를 지내고 돌아와 다시 곡하는 예절)도 하지 않았다. 이 세 가지는 분명히 당시의 禮(예)에 어긋나는 것이었는데, 공자는 왜 그럼에도 불구하고 소공이 禮(예)를 안다고 대답한 것일까?

〔左傳(좌전)〕〈僖公(희공) 28년〉에는, 晉(진)나라 제후가 천자를 초청하여 사냥을 하게 했는데, 이에 대해서 공자는 신하로서 천자를 부르는 것은 준칙이 될 수 없다고 평가했다는 기록이 있다. 또 〔史記(사기)〕의 〈仲尼弟子列傳(중니제자열전)〉에는, 공자가 본문의 대화 뒤에 연결하여 "그러나 신하는 자기가 섬기는 임금의 잘못을 다른 이에게 말해서는 안 된다. 그것을 숨기는 것이 예이다"라고 추가적으로 말했다는 기록도 있다. 따라서 이 둘을 종합해서 살펴보면 공자의 의중을 헤아릴 수 있으니, 공자는 천자와 제후 등의 계급 예절을 대단히 중시했기 때문이다. 다시 말해서, 공자는 종법제도를 따르는 투철한 보수 관념의 소유자였기 때문에, 자기가 섬기는 군주의 인격이 어떤지와 관계없이 그를 진심으로 섬기고 따르는 仁(인)을 실천하고자 한 것이다.

*하지만 진나라 사패가 나가서 제자 무마기에게 공자의 잘못을 지적하자, 공자는 오히려 "남들이 허물을 반드시 지적해주니, 자기는 운이 좋은 사람이다"고 말한다. 따라서 공자는 비록 仁(인)을 따르기 위해서 그렇게 말은 했지만, 사실 소공의 잘못을 분명히 인지하고 있었던 것이다. 아울러서 본문을 통해서도 공자는 改過勿吝(개과물린: 잘못을 고치는데 인색하지 마라)과 過則勿改憚(과즉물개탄: 허물이 있으면 곧 고치

기를 거리끼지 마라)의 자세를 곧바로 실천하였던 인물임을 다시 한 번
확인할 수 있다.

7-31: 子與人歌而善, 必使反之, 而後和之。

공자는 다른 사람과 함께 노래를 부르는데 (그가) 잘하면, 반드시
반복하게 하고, 그런 후에 그것(그 노래)에 응하여 합쳤다.(노래를
따라 부르셨다.)

*본문을 통해서, 공자가 얼마나 상대방의 장점을 인정하고 배우
려고 노력했으며, 또 배워서 그것을 다른 이들과 함께 공유하고자 했
음을 알 수 있다. 이는 7-23의 "너희들은 내가 숨긴다고 여기느냐? 나
는 너희에게 숨기는 것이 없다. 나는 너희와 더불어 행하지 않는 것
이 없으니, 이가 바로 (나) 공구이다"라는 표현을 좀 더 구체적으로
드러낸 문장으로 이해할 수 있다.
*〔史記(사기)〕〈孔子世家(공자세가)〉에 따르면 이는 공자가 노나라
로 돌아온 68세 이후에 한 말인데, 이 때는 제자 수가 삼천 명에 달했
다고 한다.

7-32: 子曰: "文, 莫吾猶人也。躬行君子, 則吾未之有得。"

공자가 이르시기를: "文(문)은, 내가 다른 사람과 비슷할 것이다. 군자의 도를 몸소 행하는 것은, 곧 내가 아직 이르지 못했다."

*여기서 공자는 다시 한 번 아는 것과 실천하는 것은 전혀 별개라는 점을 부각시키고 있다. 앞에서 누차 강조했듯이, 文(문)은 통치에 필요한 모든 법도와 그러한 법도들의 구체적인 내용들이고, 좀 더 구체적으로 말하면 太平聖代(태평성대)를 이룬 성현들이 지킨 도리가 고스란히 담겨있는 詩, 書, 禮, 樂, 易, 春秋(시, 서, 예, 악, 역, 춘추) 즉 하나라와 상나라 주나라에 대한 역사기록인 것이다.[9] 그런데 공자는 그러한 文(문) 즉 이론에 대해서는 다른 사람만큼 안다는 자신이 있지만, 그 이론을 응집시킨 통치이념인 道(도)를 몸소 실천하기에는 아직 부족한 점이 많다고 겸손해 하고 있으니, 이는 7-24의 "공자는 네 가지로 가르치셨으니, 文(문: 통치에 필요한 모든 법도)과 行(행: 실천) 그리고 忠(충: 정성스러움)과 信(신: 믿음)이었다"라는 말을 다시 한 번 상기할 필요가 있다.

---

9) 공자를 시조로 모시는 유가사상이 중시하는 [六經(육경)]이 바로 詩, 書, 禮, 樂, 易, 春秋(시, 서, 예, 악, 역, 춘추)이다. 하지만 [春秋(춘추)]는 공자가 말년에 지은 것으로 알려져 있기 때문에, 공자가 중시한 文(문)에서 이 [춘추]는 사실상 제외되어야 한다. 그럼에도 불구하고 통상적으로 [육경]으로 불리기 때문에, 이해를 돕기 위한 차원에서 함께 거론함을 밝혀둔다.

7-33: 子曰: "若聖與仁, 則吾豈敢? 抑爲之不厭, 誨 人不倦, 則可謂云爾已矣。" 公西華曰: "正唯 弟子不能學也。"

【대유법, 설의법】

공자가 이르시기를: "성스러움과 어질음은, 곧 내가 어찌 감당하겠는가! 삼가 행함에 싫증내지 않고, 가르치기를 게을리 하지 않으니, 곧 이와 같을 따름이라고 할 수 있다." 그러자 공서화가 말했다. "이것이 바로 제자들이 배울 수 없는 것입니다."

*공자는 정치하는 이를 聖人(성인: 대동사회의 지도자) — 君子(군자: 소 강사회의 지도자) — 器(기: 전문가)의 순서로 서열화하고 있다. 따라서 성 스럽다는 것은 대동사회의 지도자를 일컫고, 어질음은 소강사회의 지도자를 뜻한다. 즉 공자는 여기서 자신이 성인이나 군자가 아니라, 단지 부단히 배우며 실천하는 태도를 견지할 따름이라고 다시 한 번 겸손해하고 있는 것이다. 이와 관련하여서는 7-2의 "묵묵히 고인의 도를 알아내고, 배움에 싫증내지 않으며, 사람들을 가르침에 게을리 하지 않으니, 어떤 것이 나를 곤혹스럽게 하겠는가?"와 7-19의 "나는 나면서부터 아는 사람이 아니라, 옛것을 좋아하여 민첩하게 그것을 구히는 사람이다"라는 말을 다시 한 번 살펴볼 필요가 있다.

7-34: 子疾病, 子路請禱。子曰: "有諸?" 子路對曰:
  "有之。誄曰: '禱爾于上下神祇。'" 子曰: "丘
  之禱, 久矣。"

【문답법, 인용법】

공자가 병에 걸렸는데 위중해지자, 자로가 기도하기를 청했다.
공자가 이르시기를: "그것(아프면 낫게 해달라고 기도한 사례)이
있느냐?" 자로가 대답하기를: "있습니다. [誄]에 이르기를:
'하늘과 땅의 신에게 너를 기도한다'고 했습니다." 공자가
이르시기를: "나의 기도함은(내가 그러한 기도를 한 지는), 오래
되었다."

*[誄]가 고유명사인지, 아니면 誄詞(뇌사) 즉 생전의 공덕을 칭송
하며 죽은 이를 애도하는 일반적인 추도문인지는 명확하지 않다. 다
만 [左傳(좌전)] 〈哀公(애공) 16년〉에서, 공자가 죽었을 때 애공이 공자
를 애도했다는 뜻으로 誄(뇌)를 쓴 것으로 보아, 현재로서는 후자일
가능성이 더 높다고 할 수 있다.

*이는 7-20의 "공자는 초자연적인 힘과 신령을 어지럽힘에 대해
서는 말하지 않으셨다"는 표현을 상기해보면 쉬이 이해가 갈 것이다.
즉 공자는 기도라는 것이 개인적인 일로 비는 것이 아님을 강조한 것
인데, 이제 2-24의 楚(초)나라 昭王(소왕)이 黃河(황하)의 신에게 제사
지내기를 반대한 일에 대한 공자의 평가를 다시 한 번 살펴보기로
하자.

楚昭王知大道矣。其不失國也, 宜哉! 夏書曰: "惟彼陶唐, 帥彼天常, 有此冀方。今失其行, 亂其紀綱, 乃滅而亡。" 又曰: "允出兹, 在兹。" 由己率常, 可矣。

초나라 소왕은 큰 도를 안다. 그(소왕)가 나라를 잃지 않는 것은, 마땅하다! 〔하서〕에 이르기를: "저 도당(요임금)부터, 이 기 나라가 있었는데, 지금 그 도를 잃고, 그 기강을 어지럽혀, 이에 멸망했다." 또 이르기를: "진실로 이에서 나오니, 이에 있도다." 자기로 말미암아 常(상: 변치 않는 법도)을 따르는 것이, 옳다.

이를 정리해 보면, 기도라는 것은 개인적인 일이 아닌 국가의 중대사에 있어서만 할 수 있는 것이다. 그러므로 공자가 "내가 그러한 기도를 한 지는 이미 오래 되었다"고 한 말의 취지는, "자로 네가 추도문의 뜻을 오해하고 있으니, 기도는 개인적인 일로 비는 것이 아니다. 네가 말한 추도문의 의미대로라면, 나는 이미 나 자신으로 말미암아 세상에 道(도)가 펼쳐질 수 있기를 항상 기도해왔다"는 뜻인 것이다. 따라서 이를 통해서도 공자는 개인의 사적인 안위가 아니라, 오직 백성들과 나라의 공적인 안위를 걱정하고 생각한 인물이었음을 분명히 확인할 수 있다.

7-35: 子曰: "奢, 則不孫; 儉, 則固[10]。與其不孫也,
寧固。"
子曰: "□, 則□□; □, 則□。與其不孫也,
寧固。"

【대구법(형식), 대조법(내용)】
공자가 이르시기를: "사치하면, 곧 겸손치 못하고; 검소하면, 곧
평온해진다. 겸손치 못하느니, 차라리 평온해하리라."

*이와 관련하여서는, 이미 7-11에서 삶이 넉넉해지면 다른 생각
이·마음속에 둥지를 틀기 마련이고, 다른 생각이 둥지를 틀기 시작하
면, 전념하여 道(도) 즉 태평성대의 통치이념을 견지할 수 없기 마련
이라고 설명한 바 있다. 따라서 공자는 옛 성현들과 마찬가지로 검소
함을 항상 몸소 실천하려고 노력한 것임을 알 수 있다.

---

10) 固(고): 평온하다, 편안하다.

7-36: 子曰:"君子坦蕩蕩[11], 小人長戚戚[12]。"
子曰:"□□○◇◇, □□○◇◇。"

【대구법(형식), 대조법(내용)】

공자가 이르시기를 "군자는 아량이 넓고, 소인은 항상
근심스럽다."

*이는 7-2에서 설명한 바와 같이, 道(도)를 배우고 부단히 노력하
여 실천하는 올바른 지도자는 당당하고도 평탄하게 살지만, 道(도)를
따르지 않고 사사로운 이익만을 탐하는 올바르지 못한 人格(인격)의
소인배는 오히려 잔꾀를 쓰고 위험을 무릅쓰면서 조마조마하게 살고
있다는 뜻이다. 이와 관련하여, 다시 한 번 다음의 기록을 참고하기
로 한다.

故君子居易以俟命, 小人行險以徼幸。
따라서 군자는 평온함에 머물면서 명을 기다리고, 소인은 위험을
행하면서 요행을 바란다. 〔禮記(예기)〕〈中庸(중용)〉

---

11) 蕩蕩(탕탕): 사사로움이 없다, 관대하다.
12) 戚戚(척척): 근심하다, 우려하다.

7-37: 子, 溫而厲, 威[13]而不猛[14], 恭而安。

공자는, 온화하면서도 힘쓰시고, 가까이 할 수 있으면서도
세차지 않으셨으며, 공손하면서도 (마음을) 평안히 하셨다.

　*일반인들은 온화하면 지나치게 느긋해지고, 친해지면 지나치게
느슨해지며, 공손하면 지나치게 긴장한다. 따라서 이는 공자의 어느
한쪽에 치우치지 않는 中(중)과 强(강)과 弱(약)을 조화롭게 하는 和
(화)의 인품을 묘사한 문장이니, 이와 관련하여 다시 한 번 다음의 기
록을 살펴보면 본문의 취지를 깨달을 수 있을 것이다.

> 喜怒哀樂之未發, 謂之中, 發而皆中節, 謂之和。中也者, 天下之大本
> 也, 和也者, 天下之達道也。致中和, 天地位焉, 萬物育焉。
> 희로애락이 드러나지 않은 것, 그것을 중이라고 일컫고, 드러나지
> 만 모두 절도에 맞은 것, 그것을 화라고 한다. 중이라는 것은, 세상
> 의 큰 근본이고, 화라고 하는 것은, 세상이 도에 닿은 것이다. 중과
> 화에 이르면, 천지가 자리를 잡고, 만물이 자란다.
>
> 　　　　　　　　　　　　　　　　　　　〔禮記(예기)〕〈中庸(중용)〉

　다시 말해서, 〔논어〕의 편찬자는 본문을 통해서 공자가 이미 道
(도)를 온전히 이해하여 실천한 인물임을 밝히고자 한 것이다.

---

13)　戚(척): 가까이 하다.
14)　猛(맹): 세차다, 맹렬하다.

第8章: 泰伯(태백)

공자가 이르시기를: "태백은, 그 덕이 지극하다고 할 수 있다.
세 번 천하를 사양하였으나, (몰래 도망감으로써 왕위를 양보하였으니)
백성들이 칭송할 수조차 없었다."

*태백은 吳泰伯(오태백)으로, 周(주)나라 太王(태왕) 즉 古公亶父(고
공단보)의 長子(장자)이다. 〔史記(사기)〕〈吳泰伯世家(오태백세가)〉에 따
르면, 태왕의 셋째 아들 季歷(계력)에게 아들이 하나 있었는데, 그는
지도자로서의 德(덕)이 출중했다고 한다. 따라서 태왕은 훗날 계력
의 아들이 왕위를 잇도록 하기 위해서 태백이 아닌 계력에게 왕위를
잇게 했는데, 태백은 그러한 아버지의 뜻을 알고 荊越(형월)지역으로
도망가 은둔했다고 한다. 바로 이 계력의 아들이 훗날 文王(문왕)이
된다.

*태백은 아버지의 뜻을 따르기 위해서 몰래 도망갔기 때문에, 백
성들은 그런 사실조차도 몰랐다. 따라서 공자는 본문을 통해서, 태백
의 孝(효)와 仁(인) 즉 부모 나아가 임금의 뜻을 진심으로 섬기고 따른
것을 칭송하고자 한 것이다. 또한 1-1에서 "사람들이 알아주지 않아
도, 원망하거나 성내지 않으면, 또한 군자가 아니겠는가?"라고 한 바
있듯이, 태백의 행동은 남들이 자기를 알아주기를 바라고 한 것이 아
님을 역시 부각시키고 있다.

8-2: 子曰: "恭而無禮, 則勞; 愼而無禮, 則葸; 勇而
無禮, 則亂; 直而無禮, 則絞。"
　　子曰: "□而無□, 則□; □而無□, 則□; □
而無□, 則□; □而無□, 則□。

【대구법, 열거법】

공자가 이르시기를: "공손하지만 무례하면, 곧 고달프고;
삼가지만 무례하면, 곧 주눅이 들어 안절부절 못하며;
용맹하지만 무례하면, 곧 포악해지고; 곧지만 무례하면, 곧
(타인을) 헐뜯는다."

*이 말은 17-8의 내용과도 상당 부분이 중복되는데, 즉 恭(공: 공
손함)과 愼(신: 신중함) 그리고 勇(용: 용감함)과 直(직: 올곧음)이라는 것
은 禮(예: 조화로움을 위한 절제와 통제)를 갖추지 못하면, 中(중: 한쪽으로
치우치지 않는 공정함)을 잃게 되어서 결국 道(도)에 이르지 못하는 폐단
이 생기게 된다는 뜻이다. 다시 말해서, 공자는 본문을 통해서 禮(예)
의 중요성을 부각시키고 있는데, 아울러서 恭(공: 공손함)과 愼(신: 신중
함) 그리고 勇(용: 용감함)과 直(직: 올곧음)이라는 것이 禮(예)라는 형식
과 더불어 道(도)의 중요한 내용상의 구성요소들임이 됨을 확인할 수
있다.

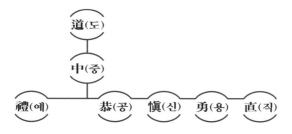

8-3: "君子篤於親, 則民興於仁。故舊不遺, 則民不偸[1]。"

"군자가 친척에게 도탑게 하면, 곧 백성들이 어질음에 흥기할 것이다. 그러므로 옛 친구를 저버리지 않으면, 곧 백성들이 야박해지지 않는다."

*이 말을 이해하기 위해서는, 周公(주공)이 아들 魯公(노공)에게 한 말인 18-10의 "군자는 친척을 버리지 않고, 대신들로 하여금 써주지 않는다고 원망치 않게 하며, 오래된 친구는 큰 이유가 없으면, 곧 버리지 아니한다. 한 사람에게 완벽하게 갖추기를 요구하지 않는다"와 함께 살펴볼 필요가 있는데, 이제 이와 관련하여 또 다음의 기록들을 살펴보자.

孔子之故人曰原壤。其母死, 夫子助之沐槨。原壤登木曰: "久矣, 子之不託於音也。" 歌曰: "貍首之斑然, 執女手之卷然。" 夫子爲弗聞也者而過之。從者曰: "子未可以已乎?" 夫子曰: "丘聞之, '親者毋失其爲親也, 故者毋失其爲故也。'"

공자의 오랜 친구(이름)는 원양이라고 불렸다. 그의 어머니가 죽자, 공자가 그를 도와 외관을 손질했다. 원양이 (어머니의 시신을 안치할) 나무(외관)에 올라 말하기를: "오래되었구나, 아들이 노래 소리에 의탁하지 못함이(오랫동안 노래를 부르지 못했구나)." (그러고는) 노래하여 이르기를: "삵 머리의 얼룩이요(외관 나무의 무늬는 삵의 머리처럼 알

1) 偸(투): 야박하다, 인정이 박하다.

록달록하고), 여인의 손을 잡는 아름다움이로다(외관 나무의 결은 여인의
손을 잡은 듯 부드럽구나)." 공자가 못들은 척하고 지나갔다. 따르던 이
가 말하기를: "선생께서는 그만두지(그와 절교하지) 않으십니까?" 공
자가 이르시기를: "(나) 구가 듣기로는, '친척이 되는 이는 그 친척
이 됨을 잃을 수 없고, 오랜 친구는 그 오랜 친구가 됨을 잃을 수 없
다'고 했소."   〔禮記(예기)〕〈檀弓下(단궁하)〉

仁者, 人也。親親, 爲大。義者, 宜也。尊賢, 爲大。
어질음이라는 것은, 인격이다. 친족을 가까이하는 것이, 큰 것이 된
다. 의로움이라는 것은, 마땅함이다. 현명한 이를 존경하는 것이,
큰 것이 된다.   〔禮記(예기)〕〈中庸(중용)〉

仁(인: 군주를 진심으로 섬기고 따름)은 인격이니, 친족을 가까이하는
것이 대단히 중요하다. 왜냐하면 친족은 부모의 가족이라서, 친족을
가까이하는 것이 바로 부모의 뜻에 따르는 것이 되기 때문이다. 이와
관련하여 또 다음의 기록을 보면, 그 의미를 명확하게 이해할 수 있
을 것이다.

帝堯者, 放勳。其仁如天, 其知如神。就之如日, 望之如雲。富而不驕,
貴而不舒。(생략) 能明馴德, 以親九族。九族旣睦, 便章百姓。百姓昭
明, 合和萬國。
요임금은, 방훈이다. 그 인자함은 하늘과 같았고, 그 지혜로움은 귀
신과도 같았다. 그를 좇으면 태양과 같았고, 그를 바라보면 구름과
도 같았다. 부유하면서도 교만하지 않고, 고귀하면서도 오만하지
않았다. (생략) 능히 덕을 밝히고 따름으로써, 구족(같은 종족의 9대:
고조부터 현손까지)이 가까워졌다. 구족이 이미 화목해지니, 수많은

성씨(귀족)를 상의하여 처리했다. 수많은 성씨(귀족)가 명확히 구분되어지자, 온 나라가 합하여 잘 어울리게 되었다.

〔史記(사기)〕〈五帝本紀(오제본기)〉

즉 공자는 이를 통해서 지도자가 仁(인)을 따르면 백성들 역시 지도자를 믿고 따르게 된다고 말하고 있으니, 부모의 가족인 친척이나 오래된 친구와 같이 인연을 맺게 된 사람은 쉬이 내쳐서는 안 된다는 옛 성현들의 道(도)를 강조하고 있는 것이다.

*〔論語集註(논어집주)〕에는 8-2와 8-3이 한 문장으로 되어있다. 하지만 필자는 이 두 문장이 맥락상 서로 관련이 없다고 판단했기 때문에, 그 의미에 따라 두 부분으로 나눴음을 밝혀둔다.

8-4: 曾子有疾。召門弟子曰:"啓予足, 啓予手。詩云:'戰戰兢兢, 如臨深淵, 如履薄氷。'而今而後, 吾知免夫。小子。"

曾子有疾。召門弟子曰:"啓予□, 啓予□。詩云:'戰戰兢兢, 如臨深淵, 如履薄氷。'而今而後, 吾知免夫。小子。"

【대구법, 인용법】

증자가 위중한 병이 있었다. 문하생들을 불러 말하기를:" 내 발을 펴고, 내 손을 펴라.(내 발을 펴 보고, 내 손을 펴 보거라.) [시경]에 이르기를:'겁을 먹고 벌벌 떨고 몸을 삼가고 조심할지니, 깊은 못에 이른 듯, 엷은 얼음을 밟는 듯하다'고 하였다. 지금 이후로, 나는 (부모님에게서 받은 몸을 보존하느라 벌벌 떨고 삼가여 조심함을) 면함(곧 죽어서 그렇게 조심하지 않아도 됨)을 알겠노라. 제자들아."

*본문에서 증자가 인용한 것은 [詩經(시경)]의 〈小雅(소아)·小旻(소민)〉편에 나오는 구절이다. [毛詩傳(모시전)]에서는 이 작품의 주제를 "大夫刺幽王也。(대부들이 유왕을 비난한 것이다.)"라고 보았으니, 통치자가 소인배들을 등용하고 음흉한 책략에 미혹되어 잘못된 정책을 폄으로써 국가를 위험에 빠뜨렸음을 비난한 작품이다.

周(주)나라 유왕은 宣王(선왕)의 아들로 성격이 난폭하고 酒色(주색)을 좋아했는데, 특히 褒姒(포사)라는 여인을 만나면서 더욱 정사를 돌보지 않았다. [國語(국어)] 〈晉語一(진어일)〉과 [左傳(좌전)] 〈昭公(소공) 26년]에 기록된 내용들을 살펴보면, 유왕은 웃지 않는 포사를 웃기기 위하여 온갖 횡포를 저질렀다. 매일 비단 백 필을 찢기도 하였지만 포사가 웃지 않자, 심지어는 거짓으로 烽火(봉화)를 올리게 하여 제후들을 모이도록 하였는데, 전쟁이 일어난 줄 알고 허겁지겁 모여든 제후들을 보고 포사가 미소를 짓자, 유왕은 수시로 거짓 봉화를 올려 포사를 즐겁게 하였다고 한다.

이제 본문에서 증자가 인용한 詩句(시구)가 포함된 이 작품의 마지막 6장을 감상해보자.

不敢暴虎, 不敢憑河。
人知其一, 莫知其他。
戰戰兢兢, 如臨深淵, 如履薄冰。
감히 맨손으로 호랑이를 잡지 못하고, 감히 걸어서 황하를 건너지는 못하네.
사람들은 그 하나는 알지만, 그 밖의 것들은 알지 못하네.
두려워서 벌벌 떨고 삼갈지니, 깊은 못에 다가선 듯, 살얼음을 밟는 듯.

이는 본래 지도자란 신중에 신중을 기해서 정치에 임해야 함을 강조한 것이므로, 증자의 의도와는 차이가 있음을 알 수 있다. 그럼에도 불구하고 증자는 단순히 신중해야 한다는 면에서 착안하여 이 시구를 인용했으니, 어느 정도는 일맥상통한다고 볼 수도 있을 것이다.

8-5: 曾子有疾, 孟敬子問之。曾子言曰: "鳥之將死, 其鳴也哀; 人之將死, 其言也善。君子所貴乎道者三: 動容貌, 斯遠暴慢矣; 正顔色, 斯近信矣; 出辭氣, 斯遠鄙[2]倍[3]矣。籩豆之事, 則有司存。"

曾子有疾, 孟敬子問之。曾子言曰: "□之將死, 其□也□; □之將死, 其□也□。君子所貴乎道者三: □□□, 斯□□□矣; □□□, 斯□□矣; □□□, 斯□□□矣。籩豆之事, 則有司存。"

【대구법, 열거법, 대유법】

증자가 병이 위중하여, 맹경자가 문병을 하였다. 증자가 말하기를: "새가 장차 죽을 때에는, 그 울음이 슬프고; 사람이 장차 죽을 때에는, 그 말이 선해집니다. 군자는 귀히 여겨야 할 도가 세 가지 있으니: 몸가짐과 행동거지를 함은, 이에 난폭함과

---

2) 鄙(비): 속되다, 천하다.
3) 倍(패): 등지다, 위배되다.

거만함을 멀리하고; 얼굴빛을 바르게 함은, 이에 믿음을 가깝게 하며; 말을 함은, 이에 속되고 위배됨을 멀리 하는 것입니다. 변두(제사 때 쓰는 목기)의 일은, 곧 유사(사무를 맡아보는 직무)가 관장합니다."

*맹경자는 仲孫捷(중손첩)으로, 孟武伯(맹무백)의 아들이다. 이름으로 추측컨대 둘째 아들로서 노나라 대부를 지냈을 터인데, 일설에 의하면 孟子(맹자)의 증조부가 바로 맹경자라고 한다. 하지만 이에 대해서는 보다 엄밀한 고증이 필요할 것이다.

〔禮記(예기)〕〈檀弓下(단궁하)〉에서는 맹경자에 대해서 한 차례 언급하고 있다. 悼公(도공)이 죽자 季昭子(계소자)는 임금의 상을 당했을 때는 무엇을 먹어야 하는지 물었는데, 이에 맹경자는 "본래 죽을 먹어야 한다. 하지만 우리 맹손씨 숙손씨 계손씨는 신하의 예로 임금을 섬기지 못했고, 또 세상 사람들 모두가 역시 그러함을 안다. 이제 와서 죽을 먹어 야윈 몸을 하고 있으면, 사람들이 거짓으로 슬퍼한다고 의심하지 않겠는가? 나는 차라리 밥을 먹겠다"고 대답했다고 한다.

참고로 도공은 哀公(애공)의 아들로서, 애공의 뒤를 이어 임금이 되었다. 따라서 본문의 대화는 애공 16년 즉 공자가 73세를 일기로 세상을 떠난 후에 있었던 것으로 짐작할 수 있을 것이다.

*본문을 통해서 증자는 군자 즉 참된 지도자가 갖춰야 할 道(도)의 세 가지 구성요소를 언급하고 있으니, 바로 柔(유: 온유함)와 謙(겸: 겸손함) 그리고 信(신: 믿음)이다.

8-6: 曾子曰: "以能問於不能, 以多問於寡, 有若無, 實若虛, 犯而不校。昔者, 吾友嘗從事於斯矣。"

曾子曰: "以□問於□□, 以□問於□, □若□, □若□, 犯而不校。昔者, 吾友嘗從事於斯矣。"

【대구법, 대구법】

증자가 말하기를: "재능이 있으면서 재능이 없는 이에게 묻고, (지식이) 많으면서도 적은 이에게 물으며, 차있으면서도 빈 것처럼 하고, 공격해도(타인이 시비를 걸어도) 따지지 아니한다(용서한다). 예전에 내 벗(안회)이 일찍이 이처럼 하였다."

*여기서 증자는 안회를 빗대어 道(도)의 구성요소를 언급하고 있으니, 바로 好問(호문: 묻기를 좋아함)의 愼(신: 신중함)과 謙(겸: 겸손함) 그리고 容(용: 포용과 용서)이다.

8-7: 曾子曰: "可以託六尺之孤[4], 可以寄百里之命,
　　　臨大節而不可奪也, 君子人與? 君子人也。"
　　　曾子曰: "可以□□□之□, 可以□□□之
　　　□, 臨大節而不可奪也, 君子人與? 君子人也。"

【대구법】

증자가 말하기를: "육척(나이 14~15세)의 어린 후계자를 부탁할
수 있고(권력을 탐하지 않고 성심성의로 보필할 수 있고), 백리(면적이 백리인
제후의 나라)의 운명을 맡길 수 있으며, 죽음을 각오하여 지키는
절개를 지켜서 (다른 이가 그 큰 절개를) 빼앗을 수 없다면, 군자인
자인가? 군자인 자이다."

*본문에서 증자가 구체적으로 거론하는 이는 아마도 周公(주공)일
것이다. 주지하다시피 주공은 공자가 가장 존경했던 인물인데, 그는
노나라 제후로 봉해졌지만 그의 아들을 보냄으로써 어린 成王(성왕)
을 진심으로 보필하고, 예악제도와 종법제도를 확립하여 주나라를
강하게 만들었다. 또 이를 시기한 동생 管叔(관숙)과 蔡叔(채숙) 그리
고 霍叔(곽숙)이 은나라의 유민들을 이끌던 武庚(무경)과 함께 반란을
일으키자, 召公(소공)의 도움을 받아 진압하기도 했던 것이다. 증자는
마지막으로 이러한 주공이 군자 즉 道(도)를 배우고 부단히 노력하여
실천하는 올바른 지도자였다고 평가하고 있으니, 이와 관련하여 다
음의 기록을 살펴보자.

―――――――――
4) 六尺之孤(육척지고): 14~15세의 어린 나이로 아버지를 이어 임금이 되는 후계자.

禹, 湯, 文, 武, 成王, 周公由此其選也。此六君子者, 未有不謹于禮者也。

우, 탕, 문왕, 무왕, 성왕, 주공은 이것(예의)로 그것(시비)을 선별했다. 이 여섯 군자들은, 예의에 삼가지 않는 이가 없었다.

〔禮記(예기)〕〈禮運(예운)〉

따라서 증자는 공자의 가르침을 계승함으로써, 이와 같은 표현을 한 것임을 알 수 있다.

8-8: 曾子曰: "士不可以不弘毅[5], 任重而道遠。仁以爲己任, 不亦重乎? 死而後已, 不亦遠乎?"
曾子曰: "士不可以不弘毅, 任重而道遠。□□□□□, 不亦□乎? □□□□, 不亦□乎?"

【대구법, 설의법】
증자가 이르기를: "士(사)는 마음이 넓고 뜻이 굳세지 않으면 안 되니, 책임은 무겁고 길은 멀기 때문이다. 어질음을 자기의 책임으로 삼아야 하니, 또한 무겁지 아니한가? 죽은 뒤에야 그치니, 또한 멀지 아니한가?"

*2-5에서 종법제도를 설명할 때 士(사)에 대해서 소개한 바 있으니, 이는 나아가 벼슬할 수 있는 최소한의 신분을 뜻한다. 따라서

---

5) 毅(의): 굳세다, 강인하다.

7-7에서 "몸소 마른 고기 한 묶음 이상의 예물을 들고 찾아오면, 내가 일찍이 가르쳐주지 아니한 적이 없다"고 말한 공자 역시 이러한 시대적 한계를 극복하지는 못했다. 아울러서 공자의 궁극적인 교육목표가 참된 지도자 양성에 있다는 점을 감안한다면, 본문의 뜻을 쉬이 이해할 수 있을 것이다.

특히 신하가 임금을 경시하는 혼란기를 직접 목도한 공자에게 있어서 가장 시급히 실천해야 하는 道(도)의 구성요소가 바로 仁(인)이었으니, 이를 통해서 증자가 얼마나 공자의 가르침을 충실히 받아들이고 실천했는지를 알 수 있다.

8-9: 子曰: "興⁶⁾於詩, 立於禮, 成於樂。"
子曰: "□於□, □於□, □於□。"

【대구법, 열거법】
공자가 이르시기를 "시로 다스리고, 예로 확고히 하며, 음악으로 이룬다."

*이는 3-8의 자하와 공자의 대화를 생각해보면 쉬이 이해할 수 있을 것이다. 詩(시)는 [시경]을 가리키는 것으로, 통치에 필요한 모든 법도와 그러한 법도들의 구체적인 내용이 담겨있는 文(문)의 하나 즉 道(도)의 내용이 된다. 그리고 禮(예: 조화로움을 위한 절제와 통제)는 예악

---

6) 興(흥): 다스리다.

제도에 있어서의 禮(예) 즉 오늘날의 儀典(의전)이나 儀式(의식) 혹은 典禮(전례)를 포함하는 것으로, 道(도)의 형식이 된다. 앞에서도 누차 강조한 바 있듯이, 공자는 바로 이 형식과 내용의 조화를 대단히 중시하고 있는 것이다.

그렇다면 악은 예악제도에 있어서의 樂(악) 즉 음악을 가리키는데, 공자는 왜 樂(악)으로 이룬다고 말한 것일까? 이제 그 이유를 밝히기 위해서, 다음의 기록들을 살펴보자.

仁近於樂, 義近於禮。
仁(인)은 樂(악)에 가깝고, 義(의)는 禮(예)에 가깝다.

〔禮記(예기)〕〈樂記(악기)〉

먼저 공자는 仁(인) : 義(의) ≒ 樂(악) : 禮(예)의 관계에 있다고 정의하고 있는데, 여기서 우선 설명해야 할 점은 仁(인)과 義(의)는 내용의 범주에 속하는데 반해서, 樂(악)과 禮(예)는 형식의 범주에 속한다는 사실이다. 그렇다면 樂(악)과 禮(예)의 관계를 알기 위해서는, 먼저 仁(인)과 義(의)의 관계부터 다시 한 번 살펴봐야 할 것이다.

仁者, 義之本也, 順之體也。
어질음이라는 것은, 의로움의 근본이며 순응함의 격식이다.

〔禮記(예기)〕〈禮運(예운)〉

이에 따르면, 仁(인)은 義(의)의 근본이 된다. 따라서 樂(악) 역시 禮(예)의 근본이니, 또 다음의 기록을 살펴보자.

厚於仁者, 薄於義, 親而不尊; 厚於義者, 薄於仁, 尊而不親。

어질음을 두터이 하는 이는, 의로움에 박하므로, (백성들이) 가까이 하지만 공경하지는 않는다. 의로움을 두터이 하는 이는, 어질음에 박하므로, (백성들이) 공경하지만 가까이하지는 않는다."

〔禮記(예기)〕〈表記(표기)〉

하지만 仁(인)과 義(의)가 분리되면 한쪽으로 치우친다. 따라서 仁(인)과 義(의)는 단순히 縱的(종적) 관계에 있는 것이 아니라, 상호 불가분의 관계를 맺는 것이다. 이를 토대로 樂(악)과 禮(예)의 관계를 정리해보면, 樂(악)은 禮(예)의 근본이지만, 이 둘은 종적 관계에 있는 것이 아니라, 상호 불가분의 관계에 있다.

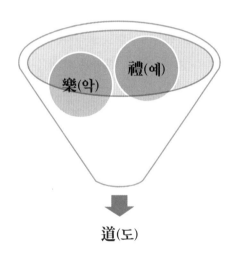

좀 더 구체적으로 말해서, 仁(인)은 부드럽기 때문에 백성들이 가까이 하지만 공경하지는 않고, 義(의)는 엄격하기 때문에 백성들이 공경하지만 가까이하지는 않게 되듯이; 樂(악)은 부드럽기 때문에 백성들이 가까이 하지만 공경하지는 않고, 禮(예)는 엄격하기 때문에

백성들이 공경하지만 가까이하지는 않는 것이다. 그러므로 樂(악)과 禮(예)의 관계에 대해서, 또 다음과 같이 설명하고 있다.

禮之報, 樂之反, 其義一也。
예의 나아감과, 악의 물러남은 그 뜻이 하나이다.

〔禮記(예기)〕〈樂記(악기)〉

報(보)는 갚기 위해서 앞으로 나아가는 것이고, 反(반)은 되갚기 위해서 뒤로 물러나는 것이니, 禮(예)와 樂(악)의 동작은 표면적으로 상반되지만, 사실 의미는 모두 보답 즉 갚는데 있다.

이제 상술한 내용들을 통해서 간단하게나마 樂(악)과 禮(예)의 관계에 대해서 정리해보자. 樂(악)은 禮(예)의 근본이 되지만 홀로 존재하면 폐단이 생긴다. 또 樂(악)은 뒤로 물러나는 것이므로 仁(인)과 마찬가지로 弱(약: 부드러움)이 되고, 반면에 禮(예)는 앞으로 나아가는 것이므로 義(의)와 마찬가지로 强(강: 강함)인 것이다. 즉 樂(악)과 禮(예)는 모두 형식의 범주에 속하지만, 이 형식은 다시 부드러움의 樂(악)과 엄격함의 禮(예)로 나뉜다. 따라서 樂(악: 음악)은 바로 엄격한 禮(예: 조화로움을 위한 절제와 통제)의 형식을 보완하는 또 하나의 부드러운 형식 즉 "조화로움을 위한 온유함"인 것이다.

樂(악: 음악): "조화로움을 위한 온유함"

이제 상술한 개념들을 종합해보면, 상호관계를 다음과 같이 도식화할 수 있다.

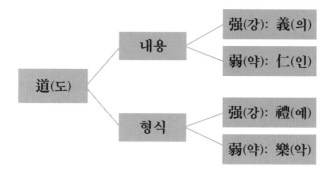

그렇다면, 공자는 왜 이렇게 强(강: 강함)과 弱(약: 부드러움)이 반드시 공존해야 한다고 말하고 있는 것일까? 이제 다음의 기록을 다시한 번 살펴보면, 그 취지를 명확하게 이해할 수 있을 것이다.

喜怒哀樂之未發, 謂之中, 發而皆中節, 謂之和。中也者, 天下之大本也, 和也者, 天下之達道也。致中和, 天地位焉, 萬物育焉。
희로애락이 드러나지 않은 것, 그것을 중이라고 일컫고, 드러나지만 모두 절도에 맞은 것, 그것을 화라고 한다. 중이라는 것은, 세상의 큰 근본이고, 화는 세상이 도에 닿은 것이다. 중과 화에 이르면, 천지가 자리를 잡고, 만물이 자란다.

〔禮記(예기)〕〈中庸(중용)〉

공자는 이처럼 어느 한쪽으로만 치우치면 中(중: 공정함)을 유지할수 없고, 또 그렇게 되면 결국 和(화: 조화로움)의 道(도)에 이를 수 없다고 말하는 것이다. 이제 상술한 내용들을 토대로, 또 다음의 기록들을 살펴보기로 하자.

子貢問於孔子曰: "敢問。君子貴玉而賤珉者, 何也? 爲玉之寡而珉之多與?" 孔子曰: "非爲珉之多, 故賤之也; 玉之寡, 故貴之也。夫昔者, 君子比德於玉焉。溫潤而澤, 仁也。縝密以栗, 知也。廉而不劌, 義也。垂之如隊, 禮也。叩之, 其聲淸越以長, 其終詘然, 樂也。瑕不掩瑜, 瑜不掩瑕, 忠也。孚尹旁達, 信也。氣如白虹, 天也。精神見于山川, 地也。圭璋特達, 德也。天下莫不貴者, 道也。詩云: '言念君子, 溫其如玉。' 故君子貴之也。"

자공이 공자에게 묻기를: "감히 묻습니다. 군자가 옥을 중시하고 옥돌을 경시하는 것은, 어째서입니까? 옥은 적지만 옥돌은 많아서입니까?" 공자가 이르시기를: "옥돌의 많음으로, 경시하고; 옥의 적음으로, 중시하는 것이 아니다. 무릇 옛날에, 군자는 덕을 옥에 비유했다. (옥이) 온화하여 윤이 나는 것은, 어질음이다. (옥이) 촘촘하여 단단한 것은, 지혜로움이다. (옥이) 모나지만 상처를 입히지 않는 것은, 의로움이다. 그것(옥)을 (오가는) 길과도 같이 드리운 것이, 예이다. 그것(드리운 옥)을 두드려서, 그 소리가 맑게 흐트러져 나아가다가, 그(소리)가 짧게 뚝 그치는 것은, 음악이다. (옥의) 티가 아름다움을 가리지 못하고, 아름다움이 티를 가리지 않는 것은, 정성스러움이다. (옥의) 미더움이 널리 드러나는 것은, 믿음이다. (옥의) 기운이 하얀 무지개와 같은 것은, 하늘이다. (옥의) 성령이 산천에 드러나는 것은, 땅이다. 규장(옥으로 만든 그릇)이 특별하게(귀중하게) 쓰이는 것은, 덕이다. (옥이) 세상에서 귀히 여겨지지 않음이 없는 것은, 도이다. 〔시경〕에 이르기를: '요컨대 군자를 생각하면, 온화함이 그 옥과도 같다.[7]'고 했다. 따라서 군자는 그것(옥)을 중시한다."

〔禮記(예기)〕〈聘義(빙의)〉

---

7) 〔詩經(시경)〕〈秦風(진풍)·小戎(소융)〉의 첫 장에 나온다.

여기서 공자는 玉(옥)의 특징으로 仁(인), 知(지), 義(의), 禮(예), 樂(악), 忠(충), 信(신), 天(천), 地(지), 德(덕), 道(도)를 비유적으로 설명하고 있는데, 이제 天(천)과 地(지)를 제외한 나머지를 앞에서 풀이했던 의미들과 비교하여 도표화해서 정리해보자.

	眞義(진의)	玉(옥)
仁(인)	군주를 진심으로 섬기고 따름.	온화하여 윤이 남.
知(지)	공익을 꾀하고, 초자연적인 힘에 의탁하지 않는 객관적인 판단력.	촘촘하여 단단함.
義(의)	자기의 서열에서 지켜야 할 바를 목숨을 걸고 지킴.	모나지만 상처를 입히지 않음.
禮(예)	조화로움을 위한 절제 및 통제.	길과도 같이 드리움.
樂(악)	조화로움을 위한 온유함.	소리가 맑게 흐트러져 나아가다가 그침.
忠(충)	정성스러움.	티와 아름다움이 서로 가리지 않음.
信(신)	성실함.	미더움이 널리 드러남.
德(덕)	성인들이 행한 강함과 부드러움의 통치법을 조화롭게 실천하려는 절조.	규장이 귀중하게 쓰임.
道(도)	태평성대를 이끈 옛 성현들의 통치이념.	세상에 귀히 여겨지지 않음이 없음.

공자는 이처럼 옥을 통해서 비유적으로 군자의 道(도)를 설명하고 있는데, 여기서도 禮(예)와 樂(악)을 옥의 내적인 성질(내용)이 아

닌 외적인 효과(형식)로 표현하여, 다른 요소들과 구분하고 있음을 알 수 있다. 이제 禮(예)와 樂(악)의 관계에 대해서 좀 더 구체적으로 살펴보자.

樂者, 爲同; 禮者, 爲異。同, 則相親; 異, 則相敬。樂勝, 則流; 禮勝, 則離。合情飾貌者, 禮樂之事也。禮義立, 則貴賤等矣。樂文同, 則上下和矣。好惡著, 則賢不肖別矣。刑禁暴, 爵擧賢, 則政均矣。仁以愛之, 義以正之。如此, 則民治行矣。

음악이라는 것은, 같이하여 다스리는 것이고; 예라는 것은, 달리하여 다스리는 것이다. 같이한다는 것은, 곧 서로 가까이하는 것이고; 달리한다는 것은, 곧 서로 정중한 것이다. 음악이 지나치면, 곧 번져서 퍼지게 되고; 예가 지나치면, 곧 흩어진다. 이치에 맞게 하고 표면(형식)을 수식하는 것이, 예악의 기능이다. 예악이 확고히 서면, 곧 귀함과 천함이 구별된다. 음악(형식)과 文(문: 내용)이 같이하면, 위와 아래가 조화롭게 된다. 좋아함과 미워함이 드러나면, 곧 현명함과 못나고 어리석음이 나눠진다. 제어하여 난폭함을 누르고, 벼슬을 주어 현명한 이를 추천하면, 곧 나라를 다스리는 것이 고르게 된다. 어질음으로써 역성들고(옳고 그름에 상관없이 무조건 따르고), 의로움으로써 바로잡는 것이다. 이렇게 하면, 곧 백성들을 다스림이 행해지게 된다.　　　　　　　　〔禮記(예기)〕〈樂記(악기)〉

상술한 내용을 자세히 살펴보면, 여기서도 공자는 樂(악)의 부드러움과 禮(예)의 엄격함을 강조하고 있다. 이는 결국 和(화: 조화로움)를 위한 것인데, 특히 아랫부분에서 仁(인)을 부드러움으로 그리고 義(의)를 엄격함으로 나누고 있음에도 유의할 필요가 있다.

이제 지금까지 설명한 내용들을 토대로 다시 한 번 본문을 살펴 보면, 그 함의가 "〔詩經(시경)〕은 다스림의 내용 즉 文(문)이고, 禮(예) 는 다스림의 형식이니, 道(도)는 이러한 내용과 형식의 조화로 이뤄 지는 것이다. 하지만 禮(예)는 엄격하기만 하므로, 형식에 있어서도 엄격함과 부드러움의 조화가 필요하다. 따라서 또 하나의 형식인 부 드러움의 樂(악)으로 엄격한 禮(예)와 조화를 이뤄서 道(도)를 완성시 키는 것이다"라는 뜻이 됨을 알 수 있다.

또 이와 관련하여 다음의 기록을 살펴보면, 공자가 말하고자 하 는 바가 무엇인지 종합적으로 이해할 수 있다.

於是夔行樂, 祖考至, 群后相讓, 鳥獸翔舞, 簫韶九成, 鳳皇來儀, 百 獸率舞, 百官信諧。帝用此作歌, 曰: "陟天之命, 維時維幾。" 乃歌曰: "股肱喜哉! 元首起哉! 百工熙哉!" 皋陶拜手稽首揚言曰 : "念哉! 率爲興事, 愼乃憲。敬哉!" 乃更爲歌曰: "元首明哉, 股肱良哉, 庶事 康哉!" 又歌曰: "元首叢脞哉, 股肱惰哉, 萬事墮哉!" 帝拜曰: "然, 往 欽哉!"

그래서 기가 악기를 연주하자, 돌아가신 선조(귀신)께서 이르고, 여 러 왕후들이 서로 양보하였으며, 조수가 날면서 춤추었는데, 소 아 홉 곡 연주가 끝나자, 봉황이 와서 예절을 갖추고, 모든 짐승들이 모두 춤추었으며, 모든 관리들이 믿고 화합했다. (순)임금은 이에 노래를 지어, 불렀다: "하늘의 명을 공경하여 받들어, 때에 맞추기 를 살피리니." 이에 노래하여 불렀다: "팔 다리(중신)가 행복하니! 원수(임금)가 입신하고! 온갖 장인이 흥성하리니!" 고요가 손을 들 어 맞잡고 절하며 머리를 조아려 소리 높여 말했다: "삼가소서! 대 략 국가의 대사를 일으킴에, 삼가면 이에 흥성합니다. 공경하소서!"

이에 다시 노래를 불렀다: "원수(임금)가 명철하면, 팔 다리(중신)가 어질어져, 모든 일이 편안하네!" 또 노래를 불렀다: "원수(임금)가 통일성이 없으면, 팔 다리(중신)들이 불경해져, 만사가 무너지네!" 임금이 절하며 말했다: "그렇소, 가서 삼가시오!"

〔史記(사기)〕〈夏本紀(하본기)〉

　다시 말해서 노래는 詩(시) 즉 다스림의 내용이 되고, 서로 양보하고 공경하는 것은 禮(예) 즉 다스림의 엄격한 형식이 되며, 樂(악)은 禮(예)라는 엄격한 형식을 조화롭게 하기 위한 부드러움의 형식인 것이다.

　아울러서 공자는 내용뿐만 아니라 형식 역시 동등하게 중시하여 정성을 다해야 한다고 강조하고 있으니, 이와 관련하여서는 17-11의 "禮(예)로다 예로다라고 하는데, 옥과 비단을 말하는 것이겠느냐? 음악이로다 음악이로다라고 하는데, 종과 북을 말하는 것이겠느냐?" 및 9-10의 "우러를수록 더욱 높고, 파고들수록 더욱 굳으며, 바라볼 때에 앞에 계시더니, 홀연히 뒤에 계시다! 스승께서는 순리적으로 사람을 이끄시고, 文(문)으로 나를 넓히시며, 禮(예)로 나를 제약하시니, 멈추고자 해도 능히 못 하여, 나의 재능을 다하게 하신다. 높이 뛰어나 의젓하게 서 있는 듯하니, 따르고 싶어도, 말미암지 못한다"라는 내용을 참고할 수 있다.

8-10: 子曰: "民可使由⁸⁾之, 不可使知之。"
子曰: "□可使□之, □可使□之。"

【대구법, 반어법】

공자가 이르시기를 "백성은 따르게는 할 수 있지만, 그 이유를
알게 할 수는 없다."

*본문의 뜻을 "백성들은 그저 지도자의 결정에 따르는 존재이므
로, 굳이 왜 그렇게 해야 하는지를 설명하지 않아도 된다"고 해석하
는 경우가 있는데, 그렇게 해석하는 것은 오역이므로 특히 주의해야
한다. 왜냐하면 오늘날과 달리 과거에는 지도자의 정치적 결정에 대
해서 왜 그렇게 해야 하는지 해명해달라고 요구하는 백성들이 없었
고, 마찬가지로 백성들이 요구하지도 않았는데 굳이 설명하려고 한
지도자 역시 없었기 때문이다. 그렇다면 본문이 과연 어떤 의미를 지
니는지 알아보아야 할 터인데, 이와 관련하여 먼저 다음의 기록을 살
펴보자.

治天下五十年, 不知天下治歟, 不治歟, 億兆願戴己歟, 不願戴己歟。
問左右, 不知, 問外朝, 不知, 問在野, 不知。乃微服, 游於康衢, 聞
童謠曰: 立我烝民, 莫非爾極, 不識不知, 順帝之則, 有老人, 含哺鼓
腹, 擊壤而歌曰: 日出而作, 日入而息, 鑿井而飮, 耕田而食, 帝力,
何有於我哉。

---

8) 由(유): 좇다, 따르다.

세상을 다스린 지 50년, 세상이 다스려지는지 다스려지지 않는지, 억조(수많은 백성)가 자기를 원하는지 원하지 않는지 알 수가 없었다. 좌우에 물었으나, 알지 못하고, 조정 바깥으로 물었으나, 알지 못했으며, 재야에 물었으나, 알지 못했다. 이에 미복하고, 큰 거리로 나아가니, 동요가 들렸는데 이르기를: 우리 많은 백성을 일으킴에, 그대의 지극함이 아닌 것이 없네. 알지 못하는 사이에, 임금의 법을 따른다고 하였다. 한 노인이 있어, 입에 음식을 잔뜩 물고 배를 두드리며, 땅을 치며 노래하기를: 해가 뜨면 일하고, 해가 지면 쉬며. 우물을 파서 마시고, 밭을 갈아서 먹으니, 임금의 힘이, 어찌 나에게 있을까라고 하였다. 〔十八史略(십팔사략)〕〈五帝篇(오제편)〉

이는 "鼓腹擊壤歌(고복격양가: 배를 두드리고 땅을 치며 부른 노래)"로 더 잘 알려져 있는데, 요임금이 오로지 백성들과 나라를 위해서 온 힘을 기울였지만, 정작 백성들은 정치에 대해서 크게 관심을 가지지 않았다는 의미를 함축하고 있다. 다시 말해서, 뛰어난 지도자는 밤낮 할 것 없이 오로지 백성들과 나라를 위해서 삼가여 노력하지만, 그로 인해서 태평성대를 살아가는 백성들은 오히려 자기의 지도자가 누구인지조차 알 필요가 없게 된다. 즉 공자는 이처럼 지도자가 삼가여 道(도)를 실천하려고 노력하면, 자연스레 백성들이 정치에 큰 관심을 가지지 않게 된다고 반어적으로 설명하고 있는 것이다. 백성들이 자기의 지도자가 누구인지조차 모르는 정치는, 의심할 여지없이 오늘날에도 최고의 가치로 인정받는다.

堯辟位凡二十八年而崩。百姓悲哀, 如喪父母。三年, 四方莫舉樂, 以思堯。

요는 임금 자리를 벗어난 지 무릇 28년 만에 죽었다. 귀족들이 슬퍼했으니, 마치 부모를 잃은 듯하였다. 3년 동안, 사방에서 음악을 행하지 않음으로써, 요를 그리워했다.

〔史記(사기)〕〈五帝本紀(오제본기)〉

물론 세월이 흐르고 난 후, 언젠가는 결국 그런 지도자를 잊지 못하고 그리워하겠지만 말이다.

8-11: 子曰: "好勇疾貧, 亂也。人而不仁, 疾之已甚, 亂也。"
子曰: "□□□□, 亂也。□□□□, □□□□, 亂也。"

【대구법】
공자가 이르시기를: "용맹함을 좋아하면서 가난함을 싫어하면, (세상을) 어지럽힌다. 사람됨이 어질지 못하면서, 그것(가난함)을 미워함이 지나치게 심하면, (세상을) 어지럽힌다."

*7-11과 7-35에서도 누차 강조했듯이, 삶이 넉넉해지면 다른 생각이 마음속에 둥지를 틀기 마련이고, 다른 생각이 둥지를 틀기 시작하면, 전념하여 道(도) 즉 태평성대의 통치이념을 견지할 수 없기 마련이다. 따라서 道(도)를 배우고 실천하려는 이가 용맹하지만 이러한 가난을 싫어하게 되면, 道(도)를 버리고 무력을 일삼게 되는 것이다. 道(도)를 배우고 실천하려는 이가 군주를 진심으로 섬기지 않고 또 가난을 싫어하게 되면, 道(도)를 버리고 자기의 군주를 배신하는 역모를 꾀하는 것이다.

8-12: 子曰: "如有周公之才之美, 使驕且吝, 其餘 不足觀也已。"

【대유법】

공자가 이르시기를: "만약 주공의 재능의 아름다움(훌륭한 정치적 재능)을 지녔지만, 교만하고도 인색함을 부린다면, 그 나머지는 바라보기에 부족하다."

*공자는 14-11에서 "맹공작이 조나라와 위나라 같이 큰 나라의 장로가 되기에는, 곧 넉넉하다. 하지만 등나라와 설나라 같은 작은 나라의 대부는 될 수 없다"고 하여, 지도자로서의 인격과 실무를 담당하는 정치적 재능은 별개의 것이라고 말한다. 또한 2-12에서 "군자는 그릇으로 쓰지 않는다"고도 하여, 지도자는 한 작은 분야에 치우쳐 전문 기능인이 되지 않는다고 역설한 바 있다. 즉 공자는 정치하는 이를 聖人(성인: 대동사회의 지도자) – 君子(군자: 소강사회의 지도자) – 器(기: 전문가)의 세 부류로 나누고 있으니, 본문이 강조하는 바는 실무를 담당하는 정치적 재능이 있더라도 인격이 뒷받침되지 못한다면 훌륭한 지도자가 될 수 없다는 사실이다. 결국 본문은 공자의 궁극적인 교육목표가 정치실무자 양성이 아닌, 참된 지도자 즉 군자 양성에 있음을 다시 한 번 확인시켜주고 있는 것이다.

8-13: 子曰: "三年學, 不至於穀, 不易得也。"

【대유법】

공자가 이르시기를: "삼 년을 배우고, 녹미(벼슬을 하여 녹봉으로 받는 쌀)**에 힘쓰지 않는 것**(벼슬을 하려고 애쓰지 않는 것)**은, 쉬이 얻지 못한다."**

*여기서 삼 년은 구체적인 기간이 아니라, 多(다) 즉 오랜 세월로 번역하는 것이 문맥상 더 타당할 것이다.

*5-5에서 공자는 칠조개로 하여금 벼슬을 하게 하였는데, 칠조개가 "제가 아직 능력이 부족하여 벼슬을 맡을 수 없습니다"라고 대답하자 기뻐했다. 이는 6-18의 "그것을 아는 이는, 좋아하는 이보다 못하다. 좋아하는 이는, 즐기는 이보다 못하다"는 말과도 같이, 道(도)를 배우는 것과 좋아하는 것 나아가 즐기는 것은 전혀 다른 경지라는 뜻이다.

〔左傳(좌전)〕〈哀公(애공) 10년〉과 〔史記(사기)〕〈孔子世家(공자세가)〉의 기록을 종합해보면, 공자가 67세 일 때 衛(위)나라에 머무르고 있었는데, 그의 제자들 상당수가 위나라에서 벼슬을 하고 있었다고 한다. 이는 즉 공자의 제자들 대다수는 마음을 道(도) 자체의 수련에 두었다기보다, 직접적인 정치활동의 참여에 집착하고 있었음을 방증하는 것이다. 따라서 공자는 7-10에서 안연에게 "등용되면, 곧 행하고; 버리면, 곧 간직하는 것이다. 오직 나와 너만이 이렇게 함이 있다"고 말한 것임을 알 수 있다.

8-14: 子曰: "篤信好學, 守死善道。危邦不入, 亂邦
　　　不居。天下有道, 則見; 無道, 則隱。邦有道,
　　　貧且賤焉, 恥也; 邦無道, 富且貴焉, 恥也。"
　　　子曰: "篤信好學, 守死善道。危邦不入, 亂邦
　　　不居。天下□道, 則□; □道, 則□。邦□道,
　　　□且□焉, 恥也; 邦□道, □且□焉, 恥也。"

【대구법, 대구법】

공자가 이르시기를: "믿음을 도탑게 하고 (성인의 도를) 배우기를
좋아하며, 목숨을 걸고 선한 도를 지키는 것이다. 위태로운
나라에는 들지 아니하고, 어지러운 나라에는 살지 않는다.
세상에 도가 있으면, 곧 드러내고(벼슬을 하고); 도가 없으면, 곧
숨는다(물러난다). 나라에 도가 있는데도 빈천하면, 부끄러운
것이요; 나라에 도가 없는데도, 부귀하면, 부끄러운 것이다."

**"위태로운 나라에는 들지 아니하고, 어지러운 나라에는 살지 않
는다. 세상에 도가 있으면, 곧 벼슬을 하고; 도가 없으면, 곧 물러난
다"는 말은 과연 어떠한 의미를 함축하고 있을까? 이는 〔史記(사기)〕
〈孔子世家(공자세가)〉의 몇몇 기록들을 살펴보면, 어렵지 않게 이해할
수 있을 것이다.

공자는 대략 60세에 衛(위)나라 靈公(영공)에게 실망하여 晉(진)나
라의 卿(경) 趙簡子(조간자)를 찾아가려 하지만, 그가 竇鳴犢(두명독)
과 舜華(순화)를 죽였다는 소식을 듣고는, 黃河(황하)를 바라보며 내가
이 강을 못 건너는 것도 운명이라고 했다. 이에 자공이 무슨 뜻이냐

고 묻자, 공자는 "조간자는 두명독과 순화의 도움으로 정치에 참여할 수 있었는데, 이제 이 둘을 죽였다. 내가 듣기로, 배를 갈라서 태아를 꺼내 죽이면 麒麟(기린)이 이르지 않고, 연못을 마르게 하여 물고기를 잡으면 蛟龍(교룡)이 조화를 이루지 못하며, 둥지를 뒤엎어 알을 망가뜨리면 鳳凰(봉황)이 오지 않는다고 한다. 이는 군자는 같은 부류가 피해를 입는 것을 꺼리기 때문이다. 禽獸(금수: 날짐승과 들짐승)도 의롭지 못하면 피하는데, 하물며 나는 말할 필요가 있겠는가?"라고 대답했다. 즉 공자는 위태로운 나라에 들어가거나 어지러운 나라에서 살면 군자가 피해를 입기 때문에, 들어가거나 살아서는 안 된다고 말하고 있는 것이다.

定公(정공) 14년에 공자는 56세의 나이로 대부가 되었다. 그가 정치를 한 지 석 달이 지나자 상인들이 값을 속이지 않았고, 남녀가 멀리 떨어져서 걸었으며, 또 길에 물건이 떨어져 있어도 줍는 이가 없었다. 심지어는 외부의 손님들이 방문해도, 담당 관리를 군이 찾아갈 필요가 없었을 정도로 나랏일이 잘 돌아갔다. 하지만 齊(제)나라가 이 소식을 듣고 두려워하여, 말 120필과 미인 80명을 노나라 국경에 보내 康樂舞(강락무)를 추게 했다. 그러자 노나라의 卿(경)이었던 季桓子(계환자)는 이에 지역 순시라는 핑계로 매일 그곳으로 가서 강락무를 관람했고, 심지어는 제사에 쓴 음식을 대부들에게 나누어주지 않았다. 이에 공자는 결국 "여인은 신하를 떠나게 할 수 있고, 또 신하를 죽음에 이르게도 할 수 있다"라는 말을 남기고는, 대부의 자리를 버리고 노나라를 떠나게 된 것이다. 즉 공자는 나라에 道(도)가 없는데도 간언을 해봤자 소용이 없으므로, 아무런 미련 없이 노나라를 떠난 것이다.

*그렇다면 "나라에 도가 있는데도 빈천하면, 부끄러운 것이요; 나

라에 도가 없는데도, 부귀하면, 부끄러운 것이다"는 말은 또 어떠한 의미를 함축하고 있을까? 이와 관련하여서는, 다음의 기록들을 살펴보기로 하자.

禹爲人敏給克勤; 其笥不違, 其仁可親。其言可信; 聲爲律, 身爲度。稱以出; 亹亹穆穆, 爲綱爲紀。(생략) 禹傷先人父鯀功之不成受誅, 乃勞身焦思, 居外十三年, 過家門不敢入。薄衣食, 致孝於鬼神。卑宮室, 致費於溝淢。(생략) 食少, 調有餘相給, 以均諸侯。

우는 사람됨이 민첩하고도 부지런했으니; 싹(바탕)은 어긋남이 없고, 인자함은 가까이할 수 있었다. 말은 믿을 수 있었으니; 말하면 규율이 되고, 행하면 법도가 되었다. (명확하게) 헤아려 드러내었으니; 부지런하고도 온화하여, 기강이 되었다. (생략) 우는 돌아가신 아버지 곤이 공을 이루지 못해 형벌을 당한 것이 마음 아팠기에, 이에 몸을 수고롭게 하고 애태우며, 밖에서 지낸 지 13년 동안, 집 문을 지나도 감히 들어가지 않았다. 입고 먹는 것을 소홀히 하고, 귀신을 극진히 섬겼다. 거처를 누추하게 하고, 수로에 비용을 다 썼다. (생략) 식량이 적으면, 남음이 있는 곳에서 옮겨 서로 공급하여, 그럼으로써 제후들을 고르게 하였다.

〔史記(사기)〕〈夏本紀(하본기)〉 ·

帝舜謂禹曰:"女亦昌言。"禹拜曰:"於, 予何言! 予思日孳孳。"皋陶難禹曰:"何謂孳孳?"禹曰:"(생략) 與益予衆庶稻鮮食。(생략) 與稷予衆庶難得之食。食少, 調有餘補不足, 徙居。衆民乃定, 萬國爲治。"皋陶曰:"然, 此而美也。"

순임금이 우에게 말했다: "그대 또한 덕이 있는 말을 해보시오." 우가 절하여 답했다: "아! 제가 어찌 말하겠습니까! 저는 하루 종일 부지런함을 생각하고 있습니다." 고요가 삼가 우에게 말했다: "무엇을 부지런하다고 일컫습니까?" 우가 말했다: "(생략) 직과 더불어 백성들에게 구하기 어려운 음식을 주고, 음식이 모자라면, 남음이 있는 것을 옮겨 부족함을 보충해주었으며, 옮겨 살게 했습니다. 백성들이 이에 안정되고 ,온 나라가 다스려졌습니다." 고요가 말했다: "그렇습니다. 이는 훌륭합니다."   〔史記(사기)〕〈夏本紀(하본기)〉

이처럼 나라를 다스리는 지도자가 옛 성현들의 道(도: 통치이념)를 따라서 다스리면, 남는 것을 옮겨 부족함을 보충하게 된다. 그런데 어찌 가난에 허덕이는 백성들이 있을 수 있겠는가?

歷太丁、帝乙, 至帝辛, 名受, 號爲紂, 資辯捷疾, 手格猛獸, 智足以拒諫, 言足以飾。始爲象箸, 箕子歎曰: 彼爲象箸, 必不盛以土簋, 將爲玉盃, 玉盃象箸, 必不羹藜藿衣短褐而舍筯茨之下則, 錦衣九重, 高臺廣室, 稱此以求, 天下不足矣。

태정 제을을 거쳐, 신임금에 이르러, 이름은 수인데, 주라고 일컬었으니, 천성적으로 말솜씨가 좋고 행동이 빨랐으며, 맨손으로 맹수와 맞서고, 지혜는 충분히 간언을 막을 수 있었으며, 말은 충분히 거짓으로 꾸며낼 수 있었다. 당초에 상아 젓가락을 사용하니, 기자가 탄식하여 말했다: 그(주임금)가 상아 젓가락을 사용하니, 반드시 토기에 담아 먹지 않고, 장차 옥배로 삼을(쓸) 것이요, 옥배와 상아 젓가락이면, 반드시 명아주와 콩잎으로 국을 끓이거나, 거친 베옷을 입고 이엉으로 덮은 지붕에서 지내며 아래로 모범을 보이지 않을 것이니, 겹겹의 비단옷, 높은 누대와 넓은 궁궐, 이에 걸맞게 구하면, 세상(의 재물)이 부족하다.

〔十八史略(십팔사략)〕〈殷王朝篇(은왕조편)〉

반면에 나라를 다스리는 지도자가 옛 성현들의 道(도)를 따르지 않고 사치를 부리면, 백성들이 지도자를 원망하게 된다. 즉 공자는 역사기록들을 면밀하게 살폈고, 그 결과를 이처럼 핵심적으로 귀결시키고 있음을 알 수 있다.

8-15: 子曰: "不在其位, 不謀⁹⁾其政¹⁰⁾。"
子曰: "不□其□, 不□其□。"

【대구법】
공자가 이르시기를: "그 자리에 있지 않으면, 그 직무를 논하지 않는다."

*이는 14-26에도 보이고 있다. 그만큼 공자에게 있어서 대단히 중요하다고 볼 수 있는데, 그렇다면 이 말은 어떤 의미를 함축하고 있을까? 이와 관련하여, 먼저 다음의 기록을 살펴보자.

行爵出祿, 必當其位。
벼슬을 행하고 녹봉을 내주는 것은, 반드시 그 자리에 마땅해야 한다.   〔禮記(예기)〕〈月令(월령)〉

즉 공자는 자기의 직무 이외의 것에 대해서 논하거나 결정하는

---

9) 謀(모): 의논하다, 상의하다.
10) 政(정): 직무, 관직.

越權(월권)행위를 대단히 반대했는데, 이는 그가 중시한 종법제도와 무관하지 않다. 특히 신하가 임금에게 반역하고 내쫓으며 심지어 시해하는 일이 비일비재하게 발생한 춘추시대에, 그것도 노나라에서 三桓(삼환)이 대대로 임금을 진심으로 섬기지 않았으니, 이에 본문처럼 완곡하게 말함으로써 비판한 것이다. 아울러 본문에 함축된 보다 구체적인 의미에 대해서는 14-26에서 보다 자세하게 서술하기로 한다.

8-16: 子曰：“師摯之始，關雎之亂，洋洋乎盈耳哉。”
子曰：“□□之□，□□之□，洋洋乎盈耳哉。”

【대구법, 대유법】
공자가 이르시기를: "(노나라) 악사 지의 시작에(처음 악사 관직을 맡아 연주한), ([시경]의 첫 작품인) <관저>의 끝장이, 한없이 넓게(아름답고 성하게) 귀에 차는구나."

*9-14에서 공자는 "내가 위나라에서 노나라로 돌아오고, 그러한 후에 음악이 바로 잡혀서, <아>와 <송>이 각각 제 자리를 찾게 되었다"고 한 바 있으니, 본문은 공자가 노나라로 돌아온 후인 68세 또는 그 이후에 한 말임을 알 수 있다.

*3-25에서 언급했듯이, 공자가 말하는 음악은 단순한 음률 그 자체만을 지칭하는 것이 아니라, 歌辭(가사) 즉 〔시경〕 작품의 내용과

음악이라는 형식이 합쳐진 종합적인 형태로 인식되어야 한다. 그렇
다면 여기서 다시 한 번 〈관저〉를 살펴볼 필요가 있다.

關關雎鳩, 在河之洲。
구구 (지저귀는) 물수리가, 황하의 모래톱에 있네.
窈窕淑女, 君子好逑。
얌전하고도 정숙한 아리따운 여인은, 군자가 짝으로 하기를 좋아
하네.
參差荇菜, 左右流之。
들쭉날쭉한 노랑어리연꽃을, 이리저리 헤치네.
窈窕淑女, 寤寐求之。
얌전하고도 정숙한 아리따운 여인은, 자나 깨나 (군자가) 구한다네.
求之不得, 寤寐思服。
(군자가) 구하여도 얻지 못하니, 자나 깨나 마음속에 간직하네.
悠哉悠哉！輾轉反側。
아, 아! (잊지 못하여) 이리 뒤척이고 저리 뒤척인다네.
參差荇菜, 左右采之。
들쭉날쭉한 노랑어리연꽃을, 이리저리 뜯네.
窈窕淑女, 琴瑟友之。
얌전하고도 정숙한 아리따운 여인은, 거문고와 비파(부부사이의 정)
로 가까이하네(사랑하네).
參差荇菜, 左右芼之。
들쭉날쭉한 노랑어리연꽃을, 이리저리 뽑네.
窈窕淑女, 鍾鼓樂之。
얌전하고도 정숙한 아리따운 여인은, 쇠북과 북(예악)으로 즐거워
하네.

〈관저〉는 총 5章(장)으로 구성되어 있다. 그런데 공자는 본문에서 마지막 장이라고 설명했으니, 이는 마지막 다섯 번째 장인 "들쭉날쭉한 노랑어리연꽃을, 이리저리 뽑네. 얌전하고도 정숙한 아리따운 여인은, 쇠북과 북으로 즐거워하네."를 가리킨다.

이제 5장의 마지막 구절을 다시 두 부분으로 나눠서 분석해보면, "얌전하고도 정숙한 아리따운 여인"은 禮(예)를 갖췄음을 뜻하고, "쇠북과 북으로 즐거워하네"는 17-11의 "樂云樂云, 鐘[11]鼓云乎哉?(음악이로다 음악이로다라고 하는데, 종과 북을 말하는 것이겠느냐?)"라는 표현에서 알 수 있듯이 음악을 뜻하는 것임을 알 수 있다. 다시 말해서, 본문에서 공자가 "〈관저〉의 끝장이, 아름답고 성하게 귀에 차는구나"라고 말한 이유는 마지막 장이 禮(예)와 樂(악)이 합쳐진 예악제도의 완성을 뜻하기 때문이다. 즉 이는 8-9에서 말한 엄격한 형식의 禮(예)와 부드러운 형식의 樂(악)이 和(화: 조화로움)를 이룬 것을 나타내므로, 공자가 이처럼 극도로 찬미한 것이다.

---

11) 鍾(종)과 鐘(종)은 둘 다 "쇠북 종"으로, 의미상 서로 통한다.

8-17: 子曰: "狂[12]而不直, 侗[13]而不愿[14], 悾悾[15]而不
信, 吾不知之矣。"
子曰: "□而不□, □而不□, □□而不□, 吾
不知之矣。"

【대구법, 열거법】

공자가 이르시기를: "기세가 세지만 바르지 않고, 무지하지만
삼가지 않으며, 겉으로는 성실한듯하지만 신용을 지키지 않는
이는, 나는 그 이유를 모르겠다."

*기세가 세면 한쪽으로 치우칠 수 있으므로, 사사로운 정에 얽매
이지 않고 공정하게 판단하는 直(직)의 자세가 필요하다. 무지하면
쉬이 실수를 저지를 수 있으므로, 말과 행동에 더욱 신중해야 한다.
즉 앞에서 누차 강조했듯이, 참된 지도자는 신중하면서도 공정하며
또 겸손해야 하는 것이다.

그렇다면 "겉으로는 성실한듯하지만 신용을 지키지 않는 이"는 누
구를 가리키는 것일까? 이는 17-13의 "향원(겉으로는 선량한 척하면서 백
성들에게 돌아가야 할 혜택을 중간에서 가로채는 촌락의 토호)은, 덕을 갉아먹
는 해충이다"라는 표현을 통해서 알 수 있듯이, 겉과 속이 다른 인물
을 뜻한다. 따라서 공자는 본문을 통해서 허물이 있는 이들이 그 잘

---

12) 狂(광): 기세가 세다, 사납다.
13) 侗(통): 무지하다, 어리석다, 미련하다.
14) 愿(원): 공손하다, 정중하다, 삼가다.
15) 悾悾(공공): 겉으로만 성실한 모양.

못을 고치려고 하지 않음을 신랄하게 비판하고 있는 것이니, 바로 15-16의 "어찌하나, 어찌하나? 라고 말하지 않는 자는, 내가 어찌할 도리가 없다"는 말과도 상통한다고 할 수 있다.

8-18: 子曰:"學如不及, 猶恐失之。"

【직유법】

공자가 이르시기를: "배움은 못 미친 듯이 하고, 배우면 그것을 잃을까 두려워하는 듯 하는 것이다."

*배움의 대상인 道(도) 즉 옛 성현들의 통치이념이라는 것은, 사실 완성되는 것이 아니다. 삼가여 부단히 실천하려고 노력하는 모습 그 자체가 道(도)에 다가서는 유일한 길인 것이다. 따라서 항상 겸손한 마음으로 자기가 부족하다고 느끼는 사람은, 삼가여 더욱 분발하려고 노력한다. 그러므로 이 문장 역시 15-16의 "어찌하나, 어찌하나? 라고 말하지 않는 자는, 내가 어찌할 도리가 없다"는 말과도 상통한다고 할 수 있을 것이다.

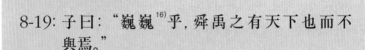

8-19: 子曰: "巍巍[16]乎, 舜禹之有天下也而不
　　　與焉。"

공자가 이르시기를: "숭고하도다, 순임금 우임금은 세상을
가졌으나 간섭하지 않으셨다."

*본문에서 언급하는 것은 바로 공자가 이상향으로 생각한 사회
즉 無爲自然(무위자연)의 정치를 실현한 大同(대동)의 사회를 가리킨
다. 無爲(무위)는 아무 것도 하지 않는 소극적인 의미가 아니라 억지
로 작위 하지 않는다는 것이고, 自然(자연)은 우리가 알고 있는 자연
이 아닌 글자 그대로 스스로 그러함을 뜻한다. 다시 말해서 무위자연
이란 엄격한 제도와 형벌로 통제하는 것이 아니라, 백성들의 천성에
따라서 순리대로 다스리는 대동사회의 통치를 일컫는 것이다.
　　주지하다시피, 대동사회란 伏羲氏(복희씨)와 神農氏(신농씨) 그리
고 女媧氏(여와씨)의 三皇(삼황)과 黃帝軒轅(황제헌원), 顓頊高陽(전욱고
양), 帝嚳高辛(제곡고신), 帝堯放勳(제요방훈), 제순중화(帝舜重華)의 五帝
(오제)가 禪讓制(선양제: 덕망이 있는 이에게 임금 자리를 양보하는 제도)를 통
해서 왕위를 계승하던 시기를 일컫는다. 반면에 소강사회는 世襲制
(세습제)로 왕위를 계승했는데, 특히 夏(하)나라의 禹(우), 商(상)나라
의 湯(탕), 周(주)나라의 文王(문왕)과 武王(무왕) 그리고 成王(성왕)과
周公(주공)이 禮樂制度(예악제도)를 기반으로 통치하던 시대를 일컫는
다. 이제 이와 관련하여, 다음의 기록을 살펴보자.

---

16)　巍巍(외외): 우뚝 솟은 모양. 뛰어난 인격.

出見罪人, 下車問而泣曰: "堯舜之人, 以堯舜之心爲心, 寡人爲君,
百姓各自以其心爲心, 寡人痛之."

(우 임금이) 밖으로 나가다가 죄인을 보고, 수레에서 내려 묻고는 울
며 말했다: "요순시절의 사람들은, 요순임금의 마음을 마음으로 삼
았는데, 과인이 임금이 되고는, 백성들 각자 그들의 마음을 마음으
로 삼으니, 과인이 그것을 애석히 여긴다."

〔十八史略(십팔사략)〕〈夏王朝篇(하왕조편)〉

禹(우)임금은 본래 舜(순)임금에게서 왕위를 선양받아 마찬가지로
대동의 통치이념을 펼쳤다. 하지만 이때부터 백성들이 나의 것과 남
의 것을 구분하고 권모술수를 쓰기 시작했으므로, 우임금은 부득이
하게 예악제도로 그들을 통제하기 시작한 것이다. 따라서 禹(우)임금
을 대동에서 소강사회로 넘어가는 전환점으로 삼는 이유가 여기에
있다. 그럼에도 불구하고, 공자는 왜 본문에서처럼 대동사회의 순임
금과 소강사회의 우임금이 모두 대동사회의 통치이념인 무위자연을
실현했다고 말하는 것일까? 이와 관련하여서는, 다음의 기록을 살펴
볼 필요가 있다.

子啓賢, 能繼禹道, 禹嘗薦益於天, 謳歌朝覲者, 不之益而之啓曰, 吾
君之子也. 啓遂立.

아들 계가 어질어, 능히 우임금의 도를 계승할 수 있었다. 우임금
이 일찍이 익을 하늘에 천거했는데, 노래를 하는 사람과 조정에 알
현하러 오는 이들이, 익에게 가지 않고 계에게로 가서 말했다: 우리
임금의 아들이다. 계가 마침내 임금이 되었다.

〔十八史略(십팔사략)〕〈夏王朝篇(하왕조편)〉

순임금에게서 왕위를 선양받은 우임금 이후로는 아들에게 왕위를 물려주는 세습제가 시작되었고, 이것이 바로 소강사회의 시작이다. 하지만 위의 기록을 살펴보면, 왜 우임금부터 선양제가 단절되고 세습제가 실시되었는지 명확하게 이해할 수 있으니, 우임금은 본래 堯舜(요순)의 뜻을 계승하여 왕위를 선양하려고 하였지만, 주변 사람들이 그의 아들 계를 왕위에 추대함으로서 세습제가 시작된 것임을 알 수 있다. 따라서 공자는 순임금과 우임금 모두 무위자연의 통치를 편 지도자로 함께 논하고 있는 것이다. 즉 공자에게 있어서 우임금은, 요임금 순임금과 같이 여전히 대동사회의 통치이념을 실천한 聖人(성인)인 것이다.

8-20: 子曰: "大哉, 堯之爲君也! 巍巍乎! 唯天爲大, 唯堯則之。蕩蕩乎, 民無能名焉。巍巍乎, 其有成功也! 煥乎, 其有文章!"
子曰: "大哉, 堯之爲君也! 巍巍乎! 唯天爲大, 唯堯則之。蕩蕩乎, 民無能名焉。□□乎, 其有□□也! □乎, 其有□□!"

【대구법】

공자가 이르시기를: "위대하다, 요의 임금 됨이여! 숭고하도다! 오직 하늘만이 크고, 다만 요임금만이 본받으셨다. 넓디넓으니, 백성들이 이름 짓지 못하는구나. 숭고하니, 그 공을 이룸이여. 빛나니, 그 문장(모든 법도)이 있음이여!"

*이와 관련하여, 먼저 요임금과 관련된 기록들을 살펴보자.

帝堯陶唐氏, 伊祈姓, 或曰名放勳, 帝嚳子也。其仁如天, 其知如神,
就之如日, 望之如雲, 以火德王, 都平陽, 茅茨不剪, 土階三等。
제요 도당씨는, 이기가 성인데, 혹자가 말하기를 이름은 방훈이라
하니, 제곡의 아들이다. 그 인자함은 하늘과 같았고, 그 지혜로움은
귀신과 같아서, 따르기를 마치 해같이하고, 우러르기를 마치 구름
같이하였으니, 불의 덕으로 임금이 되고, 평양을 도읍으로 하여, 지
붕을 이는 짚을 자르지 않고, 흙 계단은 세 단이었다.

〔十八史略(십팔사략)〕〈五帝篇(오제편)〉

觀于華, 華封人曰: 噫, 請祝聖人, 使聖人壽富多男子。堯曰: 辭, 多
男子則多懼, 富則多事, 壽則多辱。
화 지역을 살피니, 화의 봉인(수령)이 말했다: 아, 성인을 축복하나
니, 성인께서 장수하고 부유하며 아들이 많기를 바랍니다. 요임금
이 말했다: 사양하겠소. 아들이 많으면 곧 두려워할 일이 많고, 부
유하면 곧 일이 많으며, 장수하면 곧 욕된 일이 많소.

〔十八史略(십팔사략)〕〈五帝篇(오제편)〉

堯知子·丹朱之不肖, 不足授天下, 於是乃權授舜。授舜, 則天下得其
利而丹朱病; 授丹朱, 則天下病而丹朱得其利。堯曰: "終不以天下之
病而利一人", 而卒授舜以天下。堯崩, 三年之喪畢, 舜讓辟丹朱於南
河之南。諸侯朝覲者不之丹朱而之舜, 獄訟者不之丹朱而之舜, 謳歌
者不謳歌丹朱而謳歌舜。舜曰"天也", 夫而後之中國踐天子位焉, 是爲
帝舜。

요임금은 아들 단주가 못나고 어리석어, 세상을 넘겨주기에 부족하다는 것을 알았고, 그래서 이에 정권을 순에게 주었다. 순에게 주면, 곧 세상이 이로움을 얻고 단주가 원망을 하지만; 단주에게 주면, 곧 세상이 원망하고 단주가 이로움을 얻게 되는 것이다. 요임금이 말했다: "결국에는 세상이 원망함으로써 한 사람을 이롭게 할 수 없다", 그래서 마침내 세상을 순에게 주었다. 요임금이 죽고, 3년상이 끝나자, 순은 단주에게 양보하고 남하의 남쪽으로 물러났다. 제후 중에 조정에 알현하는 이들이 단주에게 가지 않고 순에게 갔으며, 소송을 하는 이들이 단주에게 가지 않고, 순에게 갔으며, 칭송하는 이들이 단주를 칭송하지 않고 순을 칭송했다. 순이 "운명이로다!"라고 말하고, 대저 중원으로 돌아가 천자의 자리에 올랐으니, 이가 순임금이다. 〔史記(사기)〕〈五帝本紀(오제본기)〉

이처럼 검소하고도 겸손한 마음으로 일관하여 나랏일에 임했기 때문에, 공자는 요임금을 극도로 칭송하고 있는 것이다. 특히 본문에서 "넓디넓으니, 백성들이 이름 짓지 못하는구나"라는 부분에 주목할 필요가 있는데, 이는 요임금의 道(도)가 너무나도 숭고하여 말로 다 표현할 수 없다는 뜻으로, 老子(노자) 〔道德經(도덕경)〕 1장의 "道, 可道, 非常道 ; 名, 可名, 非常名。(도라는 것은, 말할 수 있으면, 변치 않고 영원한 도가 아니고; 이름이라는 것은, 부를 수 있으면, 변치 않고 영원한 이름이 아니다.)"이라는 표현과 함께 연계하여 이해할 수 있다.

*5-12에서, 공자가 말하는 文章(문장)은 하나라와 상나라 그리고 주나라 3대의 예악과 제도에 대한 구체적인 내용이라고 설명한 바 있다. 하지만 본문에서 언급하는 것은 3대보다 앞선 요임금이므로, 여기서는 대동사회 특히 요임금이 통치하던 시기의 法道(법도)와 그 법도들의 구체적인 내용으로 해석해야 할 것이다.

8-21: 舜有臣五人, 而天下治。武王曰: "予有亂[17] 臣十人。"孔子曰: "才難, 不其然乎? 唐虞之 際, 於斯爲盛, 有婦人焉, 九人而已。"

【설의법】

순임금은 신하 다섯 사람이 있어, 세상을 다스렸다. 무왕이 말씀하시기를: "나에게는 (나를 도와서 나라를) 다스린 신하가 열 사람이 있다." 공자가 이르시기를: "인재는 (얻기가) 어렵다. 그렇지 아니한가? 당우(요임금과 순임금) 이후로, 이(주나라)에 (인재)들이 많았지만, (무왕의 신하 열 명중에) 부인이 있으니, 아홉 사람일 뿐이었다."

*朱熹(주희)는 순임금의 다섯 신하가 禹(우), 稷(직), 契(설), 皐陶(고요), 伯益(백익)이라고 했는데, 이와 관련하여 〔史記(사기)〕〈夏本紀(하본기)〉의 기록을 살펴볼 필요가 있다.

순임금은 인재를 적재적소에 배치하여, 그 능력을 최대한 발휘할 수 있도록 하였다. 四嶽(사악)이 伯禹(백우) 垂(수) 益(익) 伯夷(백이)[18] 를 추천하였고, 순임금이 이들을 임명하였으나, 백우는 稷(직) 契(설) 皐陶(고요)에게, 수는 殳(설) 斨(장) 伯與(백여)에게, 익은 朱(주) 虎(호) 熊(웅) 羆(비)에게, 백이는 夔(기)와 龍(용)에게 사양하였다. 그러자 순임금은 이들 모두에게 알맞은 자리를 주어, 그 능력을 십분 발휘할 수 있도록 하였다는 것이다.

---

17) 亂(란): 다스리다.
18) 여기서 伯夷(백이)는 백이, 숙제의 백이가 아님에 유의한다.

여기서 주목해야 할 부분이 있으니, 사악이 순임금에게 추천한 네 명 즉 伯禹(백우) 垂(수) 益(익) 伯夷(백이)이다. 다시 말해서, 순임금은 사악이 추천한 이 네 명을 임명하려고 했으나, 이 네 명이 하나같이 모두 다른 이들을 추천하며 사양하자, 순임금은 결국 이들 모두에게 일을 맡겼다는 것이다. 즉 사악이 추천한 최초의 네 명은 바로 각 분야의 책임자인 것이니, 순임금의 네 신하는 다름 아닌 伯禹(백우) 垂(수) 益(익) 伯夷(백이)일 것이라고 추측할 수 있다는 것이다.

그렇다면 한 명이 부족하게 되는데, 이에 대해서는 다시 두 가지 가설을 내세울 수 있다. 하나는 이 네 명을 추천한 四嶽(사악)일 것이라는 가설인데, 이 사악이 네 명이라는 설이 있고, 하나의 관직명이라는 설도 있다. 또 하나는 바로 皐陶(고요)일 것이라는 가설인데, 이와 관련하여 다음의 기록들을 살펴보기로 하자.

皐陶作士以理民。帝舜朝, 禹、伯夷、皐陶相與語帝前。
고요는 士(사: 선비)로서 백성을 다스렸다. 순임금이 조회하면 우, 백이, 고요는 순임금 앞에서 서로 더불어 임금 앞에서 의논하였다.
〔史記(사기)〕〈夏本紀(하본기)〉

이처럼 고요는 士(사)의 신분이었지만, 항상 순임금과 함께 나랏일을 논했다. 따라서 필자는 마지막 다섯 번째 인물은 다름 아닌 고요가 아닐까 추측해본다.

*그렇다면 무왕의 신하 열 명은 구체적으로 누구를 가리키는 것일까? 주희는 周公(주공), 召公(소공), 太公望(태공망), 畢公(필공), 榮公(영공), 太顚(태전), 閎夭(굉요), 散宜生(산의생), 南宮括(남궁괄) 그리고 文母(문모)라고 했다. 그런데 공자가 인용한 무왕의 말은 본래 〈泰誓

(태서)〉에 기록된 것으로, 이 〈태서〉는 馬融(마융) 등에 의해 僞書(위서)로 분류되었다. 따라서 이 부분에 대해서는 일단 주희의 말에 따르기로 하지만, 향후 별도의 고증이 필요할 것이다.

8-22: 三分天下有其二, 以服事殷, 周之德, 其可謂 至德也已矣。

(문왕은) 천하를 삼분하여 둘을 가졌지만, 은나라를 섬겼으니, 주나라의 덕이야말로, 지극한 덕이라고 할 수 있는 것이다.

*본문에서 은 = 상나라 말기에 여전히 은나라를 섬겼다고 하고 있으니, 이 문장의 주어가 文王(문왕)이라는 이론에 대해서는 의심의 여지가 없다. 이제 이 문장이 무엇을 뜻하는지, 다음의 기록들을 살펴보기로 하자.

公季卒, 子昌立, 是爲西伯。西伯曰文王。遵后稷 · 公劉之業, 則古公 · 公季之法, 篤仁, 敬老, 慈少。禮下賢者, 日中不暇食以待士, 士以此多歸之, 伯夷 · 叔齊在孤竹, 聞西伯善養老, 盡往歸之。
공계가 죽고 아들 창이 즉위하니, 이 사람이 서백이다. 서백은 (후대에) 추존된 문왕으로, 후직과 공류의 사업을 따르고 고공과 공계의 법도를 본받아 성실하고 인자하며 늙은이를 공경하고 아랫사람에게 사랑을 베풀었다. 어진 사람에게는 예의로 자신을 낮추었는데, 한낮에는 식사할 겨를도 없이 士(사)들을 접대하였으므로, 士들은

이 때문에 서백에게 많이 몰려들었다. 백이와 숙제는 고죽에 있었
는데 서백이 노인을 잘 봉양한다는 소문을 듣고 함께 가서 서백에
게 귀의했다.　　　　　　　　　　　　〔史記(사기)〕〈殷本紀(은본기)〉

昌退而修德, 諸侯多叛紂歸之。
창이 물러나 덕을 닦으니, 제후들 대부분이 주왕을 배반하고 그에
게 귀속되었다.　　　　　　〔十八史略(십팔사략)〕〈殷王朝篇(은왕조편)〉

古公卒, 公季立, 公季卒, 昌立, 爲西伯。西伯修德, 諸侯歸之。
고공이 죽자, 공계가 즉위했고, 공계가 죽자, 창이 즉위했으니, 서
백(서쪽 제후의 우두머리)이 되었다. 서백이 덕을 닦으니 제후들이 귀
속하였다.　　　　　　　　〔十八史略(십팔사략)〕〈周王朝篇(주왕조편)〉

　즉 본문은 문왕이 德(덕)을 닦아서 제후 대부분이 폭군인 紂王(주
왕)을 배반하고 그에게 몰려들었지만, 문왕은 여전히 紂王(주왕)을 天
子(천자)로 극진히 섬겼다는 의미이다. 다시 말해서, 공자는 여기서
仁(인)의 중요성을 다시 한 번 강조하고 있는 것이다.
　*천하를 삼분하여 둘을 가졌다는 말은, 당시 중국이 세상을 九州
(구주)로 불렀다는 점을 감안하면 쉬이 이해할 수 있을 것이다. 다시
말해서 주희는 〔左傳(좌전)〕〈襄公(양공) 4년〉의 "文王帥殷之叛國以事
紂[19], 唯知時也。(문왕이 은나라를 배반한 나라들을 이끌어서 주왕을 섬긴 것은,
오로지 기회를 엿보는 슬기로움이었다.)"라는 말을 들어서, 9의 2/3 즉 여섯
제후국인 荊(형) 梁(양) 雍(옹) 豫(예) 徐(서) 揚(양)이 문왕을 따랐고,

---

19)　〔論語集註(논어집주)〕에는 "文王率商之叛國以事紂。"로 기록되어 있다.

나머지 靑(청) 袞(곤) 冀(기)의 세 제후국만이 주왕을 옹호한 것이라고 설명하고 있다.

   *〔論語集註(논어집주)〕에는 8-21과 8-22가 한 문장으로 되어있다. 하지만 필자는 이 두 문장이 맥락상 서로 관련이 없다고 판단했기 때문에, 그 의미에 따라 두 부분으로 나눴음을 밝혀둔다.

8-23: 子曰: "禹, 吾無間然矣。菲飮食而致孝乎鬼
     神, 惡衣服而致美乎黻冕, 卑宮室而盡力乎
     溝洫。禹, 吾無間然矣。"
     子曰: "禹, 吾無間然矣。□□□而致□乎□
     □, □□□而致□乎□□, □□□而□
     乎□□。禹, 吾無間然矣。"

【대구법, 열거법】

공자가 이르시기를 "우임금은, 내가 흠을 잡을 수 없다. 음식을 간소하게 하였지만 귀신(선조의 혼령)에게 효성을 다했고(지극히 제사를 지내고), 의복을 누추하게 했지만 제례의 의관은 지극히 아름답게 하였으며, 궁실은 검소하게 하였지만 수로(치수사업)에 힘을 다하셨다. 우임금은, 내가 흠을 잡을 수 없다!"

*본문과 관련하여, 먼저 다음의 기록을 살펴보자.

   子曰: 鬼神之爲德, 其盛矣乎。視之而弗見, 聽之而弗聞, 體物而不可遺。

공자가 말씀하시기를: 귀신(귀-음. 신-양)의 덕을 행함은 성대하다. 그것은 보려 해도 볼 수 없고, 들으려 해도 들리지 않으며, 만물의 본체가 되어있어 버릴 수 없다.　　　　　　〔禮記(예기)〕〈中庸(중용)〉

　　즉 귀신에게 지극히 제사를 지내는 것은 陰(음)과 陽(양)의 和(화: 조화로움)를 뜻한다. 따라서 본문을 통해서 공자가 강조하는 바는, 우임금이 요임금과 순임금의 뜻을 이어서 검소하고도 조화로움을 살폈으며, 자기의 몸을 돌보지 않고 오로지 나라와 백성들을 위해서 헌신했을 뿐만 아니라, 나아가 禮(예)를 중시했다는 점이다. 결국 공자는 여기서 그의 심리를 적나라하게 드러내고 있으니, 바로 공자의 최종 목표가 소강사회로의 복귀에 있는 것이다. 그러므로 마지막에 "우임금은, 내가 흠을 잡을 수 없다!"라고까지 표현하고 있다.

　　앞에서도 언급한 바 있지만, 공자에게 있어서 대동사회는 어디까지나 도달할 수 없는 이상향이고, 실현가능한 목표가 바로 소강사회이다. 하지만 한 가지 주의해야 할 것은, 소강사회의 통치이념 즉 道(도)의 구성요소들은 원칙적으로 대동사회의 그것들을 그대로 계승한다는 점이다. 다만 이기주의와 권모술수가 세상에 나타나자 이를 억제하기 위해서, 부득이하게 내용상의 仁(인)과 義(의) 그리고 형식상의 禮(예)와 樂(악)을 부각시켜 강조함으로써 통제하는 것이 다를 뿐이다.

第9章: 子罕(자한)

9-1: 子罕言利與命與仁。

【열거법】
공자께서는 이익과 천명과 어질음에 대해서는 드물게
말씀하셨다.

*4-12에서 공자는 "지도자가 이익에 의지하여 널리 펴서 행하면,
백성들의 원성이 높아진다"고 말한 바 있는데, 이는 지도자가 사사
로운 이익을 탐하면 오로지 백성과 나라를 생각하며 통치하는 道(도)
를 잃기 때문이다. 따라서 항상 見得思義(견득사의) 즉 나에게 이익이
될 만한 것을 보면, 그것이 자기의 서열에서 지켜야 할 바를 목숨을
걸고 지키는 義(의)에 어긋나는 것인지 먼저 확인해야 한다고 강조
했다.

*5-12의 "스승의 문장은 얻어들을 수 있지만, 스승의 천성과 하늘
의 도에 대한 말씀은, 얻어들을 수가 없다"는 표현에서 이미 구체적
으로 설명한 바 있듯이, 공자는 천명이 신분상으로는 천자, 道(도)를
이해하는 측면에서는 삼황오제와 같은 성인들만이 할 수 있는 존재
라고 생각한 것이기 때문이다. 즉 당시 춘추시대에는 하늘이 부여한
천성에 따르는 대동사회의 통치이념인 天道(천도: 하늘의 도) = 大道
(대도)를 행할 수 없다고 판단했기 때문에, 공자는 예악제도로 절제하
고 통제하는 소강사회의 통치이념인 人道(인도: 사람의 도) = 小道(소
도)만을 언급한 것이다.

이와 관련하여 또 하나 언급해야 할 것은 10-16의 "맹렬한 우레와

사나운 바람에는, 반드시 (표정과 몸가짐을) 고치셨다"라는 말이니, 공자는 하늘의 뜻은 알 수가 없기 때문에 항상 신중한 태도를 갖춰야 한다고 강조하고 있다. 즉 이 역시 塞翁之馬(새옹지마)의 도리를 관철하는 표현으로도 이해할 수 있다.

*14-6에서 공자는 "군자임에도 어질지 않은 사람은 있다"고 말한 바 있다. 결국 이 말은 道(도)를 배우고 부단히 노력하여 실천하는 올바른 지도자일지라도 자기의 군주를 진심으로 섬기고 따르지 않는 이가 있다는 뜻이니, 대표적으로 周(주)나라 武王(무왕)이 그런 경우가 아니겠는가? 백성들의 안위를 걱정하고 부단히 노력하여 주나라의 興盛(흥성)을 주도한 무왕이었지만, 폭군일지라도 필경 자기의 윗사람인 紂王(주왕)을 몰아내고 그 자리에 앉은 것이므로 仁者(인자)가 될 수는 없는 것이다. 따라서 이처럼 상술한 세 가지는 모두 행하기가 대단히 어려우므로, 공자 역시 제자들에게 함부로 언급하는 것을 피했던 것임을 알 수 있다.

*〔史記(사기)〕〈孔子世家(공자세가)〉에 따르면, 본문의 말은 공자가 노나라로 돌아온 68세에 한 것이라고 한다. 이때는 제자 수가 삼천 명에 달했다.

9-2: 達巷黨人曰:"大哉, 孔子! 博學而無所成名。"
子聞之謂門弟子曰:"吾何執¹⁾? 執御乎? 執射²⁾
乎? 吾執御矣。"
達巷黨人曰:"大哉, 孔子! 博學而無所成名。"
子聞之謂門弟子曰:"吾何執? 執□乎? 執□
乎? 吾執御矣。"

【대구법】

달항 마을의 사람이 말하기를: "지나치다, 공자여! 널리
배웠지만 (어느 한 분야에서도) 이름을 이룬 바가 없구나." 공자가 그
말을 들으시고 제자들에게 이르시기를: "내가 어떤 것을 맡을
것인가? 마부를 맡을 것인가? 야라는 벼슬을 맡을 것인가? (굳이
어느 한 분야에서 이름을 이뤄야 한다면) 나는 (벼슬보다는) 마부를 맡겠다."

*9-6에서 공자는 "태재가 나를 아는구나! 나는 젊었을 때 비천해
서, 고로 많은 비근하고 자차분한 일에 능하였다. 군자가 재능이 많
겠는가? 많지 않다!"고 하였다. 이는 2-12에서 "군자는 그릇으로 쓰
지 않는다"고 한 것처럼, 참된 지도자란 한 분야에 치우치는 전문 기
능인이 돼서는 안 된다는 뜻이다. 다시 말해서, 본문은 달항 마을 사
람의 비꼼을 반박하는 내용인 것이니, 여기서도 공자의 교육목표가
정치실무자 양성이 아닌 참된 지도자 즉 군자 양성에 있음을 알 수
있다.

---

1) 執(집): 맡아 다스리다.
2) 射(야): 벼슬 이름.

그렇다면 공자는 왜 굳이 전문 기능인이 되라고 한다면 射(야)라는 벼슬보다는 차라리 마부가 되겠다고 했을까? 현재로서는 射(야)가 어떤 벼슬인지는 구체적으로 알 수 없으나, 한 가지 분명한 사실은 射(야)는 벼슬로써 조정에 나아가 정치에 참여하는 신분이라는 점이다. 그리고 정치에 종사하는 이는 궁극적으로 道(도)를 배워서 실천하는 군자가 되어서 백성들과 나라를 안정시키는데 그 최종목표로 두어야 하는 것이지, 개인의 명성을 날리는데 힘써서는 안 된다. 이제 이와 관련하여, 12-20의 자장과 공자의 대화를 먼저 살펴보기로 하자.

> 子張問: "士, 何如斯, 可謂之達矣?" 子曰: "何哉? 爾所謂達者!" 子張對曰: "在邦必聞, 在家必聞." 子曰: "是聞也, 非達也. 夫達也者, 質直而好義, 察言而觀色, 慮以下人. 在邦必達, 在家必達."
> 자장이 물었다. "士(사)는, 어떤 것을 다해야, 통달한다고 할 수 있습니까?" 공자가 이르시기를 "어떤 것인가? 네가 말하는 '통달'이라는 것이!" 자장이 대답하기를: "나라에서 반드시 명성이 있고, 집에서 반드시 명성이 있는 것입니다." 공자가 이르시기를: "그것은 이름을 날리는 것이지, 통달하는 것이 아니다. 무릇 통달이란, 올곧고 의를 좋아하며, 말을 헤아리고 얼굴빛을 헤아려서 남에게 낮추는 것이다. (그러면) 나라에서 반드시 통달하고, 집에서 반드시 통달한다."

자장이 어떻게 해야 達(달: 통달)할 수 있는지 묻자, 공자는 자장이 말하는 達(달)이 구체적으로 무엇인지 묻고, 이에 자장은 "가문과 나라에서 명성을 날리는 것입니다"라고 대답한다. 그러자 공자는 "네가 말하는 것은 聞(문: 명성을 날리는 것)이다. 達(달: 통달)이란 "直(직: 사사로운 정에 얽매이지 않고 공정하게 판단하는 것)과 義(의: 계급상의 서열을 명확하게 하고 그 서열에서 마땅히 지켜야 할 바를 목숨을 걸고 지키는 것) 그리고 愼(신: 말과 행동 그리고 표정을 삼감)과 謙(겸: 자기를 타인의 아래에 두는 겸손함)의 실천을 통해서 道(도: 옛 성현들의 통치이념)를 깨닫는 것이다"고 설명한다.

따라서 달항 마을의 사람이 공자에게 "널리 배웠지만 이름을 이룬 바가 없구나"라며 비꼬아서 한 말은, 결국 공자의 귀에는 "널리 배웠지만, 어느 한 분야에서도 聞(문: 명성을 날리는 것)을 이루지 못했구나"라는 말로 들릴 수밖에 없는 것이다. 하지만 주지하다시피 공자의 목표는 참된 지도자 즉 군자가 되어서 道(도)로 백성들과 나라를 안정시키는 것이지, 한 분야 전문가로서의 聞(문: 명성을 날리는 것)을 이루는데 있지 않다. 그러므로 공자는 마지막에서 "만약 굳이 한 분야에서 전문 기능인으로서 명성을 날려야 한다면 射(야)라는 벼슬은 타당하지 않으므로, 마부가 되어서 한 분야 전문가로서의 명성을 날리겠다"고 말한 것이다.

*射를 "사"로 읽어서, 六藝(육예) 즉 禮(예: 예절), 樂(악: 음악), 射(사: 활쏘기), 御(어: 말타기), 書(서: 서예), 數(수: 수학)의 기술로 보아야 한다는 주장도 있다. 물론 그렇게 해석하면 射(사: 활쏘기)와 御(어: 말 타기)를 손쉽게 해석할 수 있다는 장점도 있지만, 과연 어떤 기준으로 이 둘의 높낮이를 판단해야 하는가? 라는 또 다른 문제점에 봉착할 수 있는 것이다.

*[史記(사기)] 〈孔子世家(공자세가)〉에 따르면, 이 역시 공자가 노나라로 돌아온 68세에 한 말이라고 한다.

9-3: 子曰: "麻冕, 禮也。今也純, 儉, 吾從衆。拜下,
禮也。今拜乎上, 泰[3]也, 雖違衆, 吾從下。"
子曰: "□□, 禮也。今□□, □, 吾從□。□
□, 禮也。今□□□, □□, 雖違衆, 吾從□。"

【대구법, 대유법】

공자가 이르시기를: "삼으로 짠 면류관은, 예의이다.
오늘날에는 검은 명주로 짠 것을 쓰니, (이는) 검소한 것으로,
나는 여러 사람을 따르겠다. (신하가 임금을 알현할 때는 정방: 정무를 보는
곳) 아래에서 절하는 것이, 예의이다. 오늘날에는 (정방) 위에서
절을 하니 거만하다. 비록 여러 사람에게 위배되더라도, 나는
(정방) 아래에서 절을 하는 것을 따른다."

*이 부분은 오해의 여지가 있으니, 특히 주의해야 한다. 여기서
공자가 부각시키고 있는 것은 바로 儉(검: 검소함)과 泰(태: 교만함)인
데, 이는 다름 아닌 道(도)의 중요한 구성요소인 儉(검: 검소함)과 謙
(겸: 겸손함)을 강조한 것이다. 따라서 공자는 삼으로 짠 면류관을 쓰
는 것이 본래의 예의이나, 검은 명주로 짠 것을 쓰는 것이 검소한 것
이므로 道(도)를 따르겠다고 한 것이다. 마찬가지로 정방 아래에서
절하는 것이 본래의 예의이나, 정방 위에서 절하는 것은 거만하여 道
(도)에 위배되기 때문에, 이를 따르지는 않겠다고 한 것이다.

---

3)   泰(태): 교만하다.

9-4: 子絶四; 母意, 母必, 母固⁴⁾, 母我。
子絶四; 母□, 母□, 母□, 母□。

【대구법, 열거법】
공자는 네 가지를 끊으셨으니; 사욕을 부리지 않고, 기필(꼭 이루어지기를 기약)하지 않으며, 독점하지 않고, 아집을 부리지 않으셨다.

*사사로운 이익을 탐하여 눈이 멀게 되면 道(도)에 전념할 수 없게 된다. 그리고 하늘의 뜻은 아무도 알 수 없어서 반드시 그렇게 된다는 것은 없으므로, 어느 무엇 하나 함부로 장담할 수 없는 것이다. 또한, 공자는 7-23에서 "너희들은 내가 숨긴다고 여기느냐? 나는 너희에게 숨기는 것이 없다. 나는 너희와 더불어 행하지 않는 것이 없으니, 이가 바로 (나) 공구이다"고 말한 바 있듯이, 모든 것을 제자들과 함께 나누고자 했다. 마지막으로 3-15의 종묘에 들어가 매사에 대해서 묻는 모습을 통해서 알 수 있듯이, 공자는 아는 것이라도 다시 한 번 물음으로써 이상이 없는지 확인하는 신중함을 보인 것이다.

*〔史記(사기)〕〈孔子世家(공자세가)〉에 따르면, 이 또한 공자가 노나라로 돌아온 68세에 한 말이라고 한다.

---

4) 固(고): 독점하다.

9-5: 子畏於匡, 曰: "文王既没, 文不在玆乎? 天之
將喪斯文也, 後死者不得與於斯文也。天之未
喪斯文也, 匡人其如予何?"

【설의법】

공자께서 광 지역에서 위협을 당하자, 이르시기를: "문왕이
이미 돌아가셨지만, 文(문)이 여기에 있지 아니한가? 하늘이
장차 이 文(문)을 없애려 하였으면, 뒤에 죽을 사람(공자 자신)이
이 文(문)을 장악하지 못했을 것이다. 하늘이 이 文(문)을 없애지
않으시니, 광 지역의 사람들이 나를 어찌 하겠는가?"

*1-1에서 文(문)은 통치에 필요한 모든 법도와 그 법도들의 구체
적인 내용으로, 사실상 道(도)와 일맥상통한다고 언급한 바 있다. 따
라서 본문에서의 文(문)은 옛 典籍(전적)들에 기록된 주나라 문왕의
통치업적 및 일련의 정책들을 일컫는다. 이러한 문왕의 통치이념인
道(도)가 사라지지 않고 공자에게까지 이어질 수 있었다는 것은, 바
로 하늘이 아직 세상을 버리지 않았음을 나타낸다. 그리고 공자는 그
러한 文(문)에 담겨져 있는 道(도)를 세상에 알리려고 고군분투하고
있는 것이니, 하늘이 역사적인 사명감을 포기하지 않은 공자를 결코
버리지 않을 것이라는 믿음에서 이처럼 말한 것임을 알 수 있다.

*〔史記(사기)〕〈孔子世家(공자세가)〉에 따르면, 56세의 공자는 노나
라를 떠난 후 먼저 衛(위)나라에서 열 달간 머물렀다. 그리고 다시 陳
(진)나라로 가려고 匡(광) 지역을 지나는데, 이때 말을 몰던 顏刻(안각)
이란 인물이 예전에 이곳에 와 본 적이 있다고 했다. 그러자 광 지역

사람들은 안각을 陽虎(양호)의 일행이라고 오해했는데, 양호는 이전에 광 지역을 통치하면서 백성들을 괴롭혔던 인물이다. 더군다나 공자의 생김새가 양호와 닮았기 때문에, 광 지역 사람들은 닷 새 동안이나 공자의 일행을 포위했던 것이다. 이에 제자들이 두려워하자, 공자가 그들을 안심시키기 위해서 말이 바로 본문의 내용이다. 이 사건은 11-22의 내용과도 연결되고 있으니, 함께 엮어서 이해할 수 있다.

9-6: 大宰問於子貢曰: "夫子聖者與? 何其多能也?" 子貢曰: "固天縱之將聖, 又多能也." 子聞之曰: "大宰知我乎! 吾少也賤, 故多能鄙事. 君子多乎哉? 不多也!" 牢曰: "子云: '吾不試, 故藝.'"

【문답법, 설의법】

대재가 자공에게 묻기를: "스승은 성인입니까? 어찌 그렇게 능한 것이 많습니까?" 자공이 대답하기를: "본디 하늘이 그로 하여금 장차 성인이 되게 하셨으니, 또한 재능이 많습니다." 공자가 듣고는 이르시기를: "대재가 나를 아는구나! 나는 젊었을 때 비천해서, 고로 많은 비근하고 자차분한 일에 능하였다. 군자가 재능이 많겠는가? 많지 않다!" 뇌가 말하기를: "선생님께서 말씀하시기를: '내가 세상에 쓰이지 못해서, 고로 (여러) 재주가 있다'고 하셨다."

*[左傳(좌전)] 〈哀公(애공) 7년〉에는 吳(오)나라 太宰(태재) 嚭(비)가

노나라의 季康子(계강자)를 불러들였는데, 계강자는 공자의 제자 자공을 시켜 사절했다는 기록이 있다. 〔左傳(좌전)〕〈哀公(애공) 12년〉에는 오나라 왕이 태재 비를 보내서 오나라와 노나라의 맹약을 되새기게 하자 애공은 자공을 보내 완곡하게 거절했고, 또 같은 해 가을에 태재 비가 衛(위)나라 왕을 구금하자 자공이 태재 비를 설득하여 석방시켰다는 기록이 있다. 따라서 본문의 대재는 바로 吳(오)나라의 太宰(태재) 嚭(비)를 가리키는데, 일반적으로 중국 고대의 관직에 있어서 大(대)는 太(태)와 통용되므로 太宰(태재)라고도 한다. 大宰(대재)는 六曹(육조)의 으뜸으로, 오늘날의 총리와도 같다.

　*牢(뢰)는 子牢(자뢰)로, 공자의 제자인 子張(자장)이다. 15-6의 "자장이 허리띠에 (이 말을) 적었다"는 말에서 알 수 있듯이, 그는 스승인 공자의 말씀을 잘 기록했던 인물이다.

　*본문의 의미는 9-2와 연계하여 살펴볼 필요가 있다. 즉 오나라 태재 비의 말은 "참된 지도자 즉 성인과 군자는 한 분야에 치우치는 전문 기능인이 아니라던데, 그대의 스승 공자는 어찌 그렇게 다양한 분야에서 전문적인 재능을 발휘할 수 있습니까?"라는 의미를 함축하고 있으니, 사실상 완곡하게 공자를 비꼬아 폄하하고 있는 것이다.

　〔國語(국어)〕〈越語上(월어상)〉에 따르면, 태재 비는 월나라에서 준 뇌물을 받고, 그가 섬기는 임금 夫差(부차)에게 越(월)나라 임금 句踐(구천)의 죄를 사면해달라고 요청한 바 있다. 또한 충신 伍子胥(오자서)를 모함하여 죽임으로써, 결국 오나라를 멸망에 이르게 한 인물이기도 하다. 따라서 공자는 태재 비가 완곡하게 자기를 비꼬고 있음을 알고, 역시 완곡하게나마 무시하는 투로 대답한 것이다. 다만 위에서 설명했다시피 태재 비는 노나라의 卿(경)인 계강자를 불러들일 정도의 권력자였기 때문에, 공자는 노나라의 안위를 걱정하여 노골적으

로 불쾌감을 표현하지는 않았을 것이다. 태재 비는 13-7의 해설에도 등장하니, 참고하기로 한다.

　*〔史記(사기)〕〈孔子世家(공자세가)〉에 따르면, 이는 공자가 68세의 나이로 노나라에 다시 돌아온 후에 한 말이라고 한다.

9-7: 子曰: "吾有知乎哉? 無知也。有鄙夫問於我, 空空如也。我叩⁵其兩端而竭⁶焉。"

【직유법】
공자가 이르시기를: "내가 아는 것이 있는가? 아는 것이 없다. 필부(보잘 것 없는 사내)가 나에게 물으면, 텅 빈 것과도 같이 아는 바가 없다. 나는 그 양 끝을 잡아서 말할 따름이다."

　*이 말의 참뜻을 이해하려면, 먼저 4-15의 "삼아, 나의 도는 하나로 꿰뚫고 있으니, 충(정성스러움)과 서(남의 처지에 서서 이해하고 동정하는 마음)일 뿐이다"라는 표현을 다시 한 번 살펴보아야 한다. 즉 공자는 본문을 통해서 다시 한 번 자신이 오로지 옛 성현들의 통치이념인 道(도)를 배우고 실천하고자 노력하고 있음을 강조하고 있으니, 여기서는 특히 道(도)의 중요한 구성요소인 中(중: 한쪽으로 치우치지 않는 객관적이고도 공정한 태도)을 부각시키고 있다. 이러한 中(중)이 왜 그렇게 중요한지는 다음의 기록들을 살펴보면, 쉬이 이해할 수 있을 것이다.

---

5) 叩(고): 끌다, 잡다.
6) 竭(갈): 말하다.

喜怒哀樂之未發, 謂之中, 發而皆中節, 謂之和。

희로애락이 드러나지 않은 것, 그것을 중이라고 일컫고, 드러나지만 모두 절도에 맞은 것, 그것을 화라고 한다.

〔禮記(예기)〕〈中庸(중용)〉

中也者, 天下之大本也, 和也者, 天下之達道也。

중이라는 것은, 세상의 큰 근본이고, 화라고 하는 것은, 세상이 도에 닿은 것이다.

〔禮記(예기)〕〈中庸(중용)〉

致中和, 天地位焉, 萬物育焉。

중과 화에 이르면, 천지가 자리를 잡고, 만물이 자란다.

〔禮記(예기)〕〈中庸(중용)〉

子曰: 舜其大知也與, 舜好問而好察邇言, 隱惡而揚善。執其兩端, 用其中於民, 其斯以爲舜乎。

공자가 말씀하시기를: 순임금은 크게 지혜로우셨으니, 순임금은 묻기를 좋아하시고 천근한 말(깊이가 없는 얕은 말)도 살피기를 좋아하셨으며, 악함은 숨기시고 선함을 드러내셨다. 그 양 극단을 잡아, 백성들에게 그 중간을 쓰셨으니, 이 때문에 순임금이 되셨다.

〔禮記(예기)〕〈中庸(중용)〉

誠者天之道也, 誠之者人之道也。誠者, 不勉而中, 不思而得, 從容中道, 聖人也。誠之者, 擇善而固執之者也。

진실함은 하늘의 도이고, 진실하게 하는 것은 사람의 도이다. 진실한 사람은 힘쓰지 않아도 중하고, 생각하지 않아도 얻게 되어, 차분하게 도에 들어맞는 것이니, 성인이다. 진실하게 한다는 것은, 선을 가리어 굳게 잡는 것이다. 〔禮記(예기)〕〈中庸(중용)〉

帝嚳漑執中而遍天下, 日月所照, 風雨所至, 莫不從服。
<u>제곡은</u> 이미 중을 잡아 두루 세상에 미쳤으므로, 해와 달이 비치는 곳과, 바람과 비가 이르는 곳이면, 복종하지 않는 것이 없었다.
〔史記(사기)〕〈五帝本紀(오제본기)〉

帝曰: "(생략) 予懋乃德, 嘉乃丕績, 天之歷數在汝躬, 汝終陟元后。人心惟危, 道心惟微, 惟精惟一, 允執厥中。(생략)。"
(순)임금이 말했다: "(생략) 나는 그대의 덕을 독려하고, 그대의 큰 공을 기리니, 하늘의 헤아림이 그대 몸에 있어서, 그대가 결국에는 임금에 오를 것이오. 사람의 마음은 위태롭고, 도의 마음은 희미하니, 정성스럽고도 한결같이, <u>그 중을 진실로 잡아야 하오.</u> (생략)."
〔尚書(상서)〕〈大禹謨(대우모)〉

"佑賢輔德, 顯忠遂良, 兼弱攻昧, 取亂侮亡, 推亡固存, 邦乃其昌。德日新, 萬邦惟懷, 志自滿, 九族乃離, 王懋昭大德, 建中于民。(생략)"
어진 이를 돕고 덕이 있는 이를 도우며, 충성스러운 이를 드러내고 어진 이를 이루게 하며, 약한 이는 포용하고 어리석은 이는 책망하며, 어지러운 이를 돕고 망하는 이를 업신여기며, 없애야 할 것을 밀어내고 존재해야 할 것을 튼튼히 하면, 나라가 이에 번창합니다. 덕이 날로 새로워지면, 만방이 그리워하고, 마음이 자만하면, 구족이 이에 떠날 것이니, 임금께서는 힘써 큰 덕을 밝혀, <u>백성들에게 중을 세워야 합니다.</u> (생략)"   〔尚書(상서)〕〈仲虺之誥(중훼지고)〉

王曰: "君陳, 爾惟弘周公丕訓, 無依勢作威, 無倚法以削。寬而有制, 從容以和。殷民在辟, 予曰辟, 爾惟勿辟, 予曰宥, 爾惟勿宥, 惟厥中。"

임금(성왕)이 말했다: "군진이여, 그대는 주공의 큰 교훈을 넓히고, 권세에 의지하여 위세를 떨치지 말며, 법에 의거하여 모질게 하지 마시오. 너그럽고도 법도가 있고, 침착하고 덤비지 않음으로써 화합하시오. 은나라 백성들이 벗어났을 때(위법을 했을 때), 내가 벌하라고 말해도, 그대는 벌하지 말고, 내가 용서하라고 말해도, 그대는 용서하지 말며, 오직 중을 따르시오." 〔尙書(상서)〕〈君陳(군진)〉

無偏無黨, 王道蕩蕩, 無黨無偏, 王道平平, 無反無側, 王道正直, 會其有極, 歸其有極。

치우치지 않고 편들지 않으면, 임금의 도는 평탄하고, 편들지 않고 치우치지 않으면, 임금의 도는 평평하며, 어기지 않고 배반하지 않으면, 왕의 도는 정직해지고, 지극함이 있는 이들을 모으면, 지극함이 있음으로 돌아가게 됩니다. 〔尙書(상서)〕〈洪範(홍범)〉

9-8: 子曰: "鳳鳥不至, 河不出圖, 吾已矣夫!"

【대유법, 영탄법】

공자가 이르시기를 "봉황이 오지 않고, 伏羲氏(복희씨) 시대에
황하에서 용마가 지고 나왔다는 八卦圖(팔괘도: 즉 성군이 천명을 받는
징조)가 나타나지 않으니, 내 일생이 곧 끝나가는구나!"

*8-23에서 설명했다시피, 대동사회는 공자에게 있어 어디까지나
도달할 수 없는 이상향이고, 실현가능한 목표가 바로 소강사회이다.
하지만 소강사회의 道(도)는 원칙적으로 대동사회의 道(도)를 그대로
계승하는데, 다만 이기주의와 권모술수를 억제하기 위해서 仁(인),
義(의), 禮(예), 樂(악)으로 통제하는 것이 다를 뿐인 것이다. 따라서
공자는 본문에서 봉황과 복희씨 그리고 팔괘도를 언급함으로써, 자
신이 널리 알리고자 한 道(도)가 세상에 통하지 않으니 더 이상 살아
야 할 의미가 없음을 밝히고 있는 것이다.

〔左傳(좌전)〕〈哀公(애공) 14년〉과 〔史記(사기)〕〈孔子世家(공자세가)〉
에 따르면, 공자가 대략 71세일 때 叔孫氏(숙손씨)의 마부였던 鉏商(서
상)이 기이한 짐승을 잡았다. 공자가 보고는 麒麟(기린)이라고 했는데
도 풀어주지 않고 잡아가자, 이에 공자가 한탄하면서 한 말이 바로
본문의 내용이라고 한다. 공자는 73세에 세상을 떠났으니, 그는 어쩌
면 정말로 더 이상 살아갈 의미가 없다고 좌절하여 삶의 끈을 놓아버
린 것인지도 모르겠다.

*그렇다면 공자는 무엇을 근거로, 봉황이 오지 않으니 세상에 더
이상 道(도)가 통하지 않음을 알았을까? 공자는 대략 57세에 匡(광)

지역에서 벗어나 蒲(포) 지역에서 한 달 정도 머무르다가, 다시 衛(위)나라로 돌아와 거백옥의 집에 머물렀다. 그리고 대략 60세에 衛(위)나라 靈公(영공)에게 실망하여 晉(진)나라의 卿(경) 趙簡子(조간자)를 찾아가려 하지만, 그가 竇鳴犢(두명독)과 舜華(순화)를 죽였다는 소식을 듣고는, 황하를 바라보며 이 강을 못 건너는 것도 운명이라고 했다. 이에 자공이 무슨 뜻이냐고 묻자, 공자는 "조간자는 두명독과 순화의 도움으로 정치에 참여할 수 있었는데, 이제 이 둘을 죽였다. 내가 듣기로, 배를 갈라서 태아를 꺼내 죽이면 麒麟(기린)이 이르지 않고, 연못을 마르게 하여 물고기를 잡으면 蛟龍(교룡)이 조화를 이루지 못하며, 둥지를 뒤엎어 알을 망가뜨리면 鳳凰(봉황)이 오지 않는다고 한다. 이는 군자는 같은 부류가 피해를 입는 것을 꺼리기 때문이다. 금수도 의롭지 못하면 피하는데, 하물며 나는 말할 필요가 있겠는가?"라고 대답했다. 즉 공자는 세상이 道(도)를 버려서 너무나 혼탁하기 때문에, 봉황이 오지 않는 것이라고 판단한 것이다.

9-9: 子見齊衰[7]者, 冕衣裳者, 與[8]瞽者, 見之, 雖少必作, 過之必趨[9]。

공자는 상복을 입은 이, 면류관을 쓰고 의상(관복)을 입은
이, 장님을 돕는(부축하는) 이를 만나면, 그들을 만남에 비록
(그들이) 젊더라도 반드시 일어났고, 그들을 지나침에 반드시
추창하셨다.

  *禮(예)는 道(도)에 있어서 형식이 되지만, 이 역시 정성을 다하는
마음이 필요하다. 그러므로 공자는 17-11에서도 "禮(예)로다 예로다
라고 하는데, 옥과 비단을 말하는 것이겠느냐? 음악이로다 음악이로
다라고 하는데, 종과 북을 말하는 것이겠느냐?"라고 하여, 정성스러
운 마음 없이 형식에만 치우치는 예악제도를 경계한 것이다. 따라서
공자는 상복을 입은 이를 만나면 진심으로 애도하고, 관복을 입은 사
람을 보면 그가 왕의 명령으로 정사를 맡으므로 진심으로 공경하는
태도를 보였으며, 장님을 부축하는 이를 만나면 진심으로 동정하는
모습을 보였기에, 일어나 禮(예)를 표하고 또 예법에 맞게 허리를 굽
히고 빨리 걸어간 것이다.
  아울러 본문을 통해서, 공자는 1-6의 "나가서는, 곧 공손할 것이
다"와 2-20의 "그들을 다스림에 정중함으로 하면, 곧 삼가게 됩니다"
라는 말을 몸소 실천한 인물이었음을 다시 한 번 확인할 수 있다.

---

7) 齊衰(자최): 상복을 입다.
8) 與(여): 돕다, 부축하다.
9) 趨(추): 빨리 걷다, 종종걸음을 치다.

9-10: 顏淵喟然歎曰: "仰之彌高, 鑽[10]之彌堅, 瞻之
在前, 忽焉在後! 夫子循循然善誘人, 博我以
文, 約我以禮, 欲罷不能, 既竭吾才。如有所
立卓爾, 雖欲從之, 末由也已!"
顏淵喟然歎曰: "□之彌□, □之彌□, 瞻之
在前, 忽焉在後! 夫子循循然善誘人, □我以
□, □我以□, 欲罷不能, 既竭吾才。如有所
立卓爾, 雖欲從之, 末由也已!"

【직유법, 대구법, 대구법】

안연이 탄식하여 말하기를: "우러를수록 더욱 높고, 파고들수록
더욱 굳으며, 바라볼 때에 앞에 계시더니, 홀연히 뒤에 계시다!
스승께서는 순리적으로 사람을 이끄시고, 文(문)으로 나를
넓히시며, 禮(예)로 나를 제약하시니, 멈추고자 해도 능히 못
하여, 나의 재능을 다하게 하신다. 높이 뛰어나 의젓하게 서
있는 듯하니, 따르고 싶어도, 말미암지 못한다."

*본문의 내용을 통해서, 공자는 道(도)를 직접 실천한 인물이었음
을 명확하게 알 수 있다. 우선 "우러를수록 더욱 높고, 파고들수록 더
욱 굳다"는 말은 常(상: 초지일관하여 부단히 노력함)의 실천이고, "바라볼
때에 앞에 계시더니, 홀연히 뒤에 계시다"는 말은 謙(겸: 감히 앞에 나서
지 않는 겸손함)의 실천이며, "순리적으로 사람을 이끄시다"는 말은 無

10) 鑽(찬): 뚫다, 파고들다.

爲自然(무위자연: 억지로 작위 하지 않고, 천성에 따라서 스스로 그러하게 함)의 실천이고, "文(문)으로 나를 넓히시다"는 말은 敎(교: 옛 성현들의 법도를 기록한 내용들로 가르침)의 실천이니, 그 가르침의 대상은 다름 아닌 道(도)이다. 특히 敎(교)의 함의에 대해서는, 다음의 기록을 살펴보기로 하자.

> 天命之謂性, 率性之謂道, 修道之謂敎。
> 하늘이 명한 것을 성이라 하고, 성을 따르는 것을 道(도)라하며, 도를 닦는 것을 교라고 한다.　　　　　　　〔禮記(예기)〕〈中庸(중용)〉

즉 옛 성현들의 통치이념인 道(도)를 가르치고 또 배우는 것이 바로 敎(교)인데, 敎學相長(교학상장)이라고 했듯이 가르침과 배움은 따로 떨어진 것이 아니라 함께 나아가는 것이다. 이 교학상장의 함의에 대해서는, 11-3에서 보다 구체적으로 설명하기로 한다.

이어서 안회는 "禮(예)로 나를 제약하시다"고 했으니, 이는 바로 소강사회의 道(도)를 말하는 것이다. 다시 말해서 공자는 대동사회의 道(도)를 원칙으로 하였지만, 춘추시대라는 현실에 맞춰서 내용인 文(문)과 형식인 禮(예)의 조화를 강조하는 소강사회의 道(도)를 가르친 것이다. 공자의 내용과 형식의 조화를 강조하는 모습은 3-8과 6-25에서도 확인할 수 있으니, 참고하기로 한다.

*〔史記(사기)〕〈孔子世家(공자세가)〉에 따르면, 이는 공자가 노나라로 다시 돌아온 68세에 한 말이라고 한다. 안회는 41세를 일기로 세상을 떠났는데, 그는 공자보다 30세가 어렸으니 哀公(애공) 14년 즉 공자 나이 71세 때 죽은 것이다. 그런데 본문은 안회가 살아있을 때 옛일을 회고하여 한 말이니, 〔史記(사기)〕의 저자인 司馬遷(사마천)의 주장은 충분한 설득력이 있음을 알 수 있다.

9-11: 子疾病, 子路使門人爲臣。病間[11], 曰: "久矣
哉, 由之行詐也! 無臣而爲有臣。吾誰欺? 欺
天乎? 且予與其死於臣之手也, 無寧死於
二三子之手乎! 且予縱[12]不得大葬, 予死於道
路乎?"

【설의법】

공자의 병환이 위중하자, 자로가 자기의 제자를 보내 공자의
가신이 되게 했다. 병이 조금 나아지자, 공자가 이르시기를:
"오래되었구나, 유가 속임을 행한 것이! 가신이 없는데 있게
되었으니, 내가 누구를 속일 것인가? 하늘을 속일 것인가? 또
내가 가신의 손에 죽는 것보다는, 차라리 너희들의 손에 죽는
것이 낫다! 또 내가 설령 큰 장례는 얻지 못한다한들, 내가
길에서 죽겠느냐?"

*공자는 56세에 대부 자리를 그만두고 노나라를 떠난 이후로, 단
한 차례도 벼슬을 한 적이 없다. 벼슬을 하지 않으면 그 일을 돕는 家
臣(가신)을 둘 수 없다. 그런데도 자로는 스승인 공자를 걱정하여 자
기의 제자를 보내 공자의 가신이 되게 했으니, 이는 禮(예)를 어긴 것
이고 나아가 하늘을 기만한 것이 된다. 따라서 공자는 자로를 꾸짖은
것이다. 또한 만약 누구인지도 모르는 가신보다는 차라리 제자들의
품에서 죽겠다고 했으니, 공자의 제자들에 대한 애틋한 감정도 엿볼

---

11) 間(간): 차도가 있다.
12) 縱(종): 비록, 설령.

수 있다. 아울러 제자들이 있는데 설마 자기가 장례도 치러지지 않고 길에 버려지겠느냐고도 했으니, 그의 제자들에 대한 믿음이 얼마나 강했는지 역시 확인할 수 있을 것이다.

9-12: 子貢曰: "有美玉於斯, 韞匵而藏諸? 求善賈
而沽諸?" 子曰: "沽之哉, 沽之哉! 我待賈者
也!"
子貢曰: "有美玉於斯, □□而□諸? □□□
而□諸?" 子曰: "沽之哉, 沽之哉! 我待賈者
也!"

【문답법, 대구법, 대유법】

자공이 말하기를: "아름다운 옥이 여기에 있다면, 궤 속에 감추어 두겠습니까? 좋은 가격을 구하여 팔겠습니까?" 공자가 이르시기를: "팔아야지, 팔아야지! (하지만) 나는 값어치를 기다리겠다."

*8-9에서 玉(옥)은 君子(군자)에 비유된다고 설명한 바 있고, 군자는 道(도)를 배우고 부단히 노력하여 실천하는 올바른 지도자를 뜻한다. 따라서 자공은 옥으로 완곡하게 비유하여, 스승이 벼슬을 하여 나라를 다스릴 생각이 있는지를 물은 것이다. 이에 공자는 팔기는 하겠지만 때를 기다리겠다고 했으니, 분명히 나라를 다스리고자 하는 의지는 있지만 자기의 道(도)가 받아들여질 수 있는 기회를 살펴서 하겠다고 밝힌 것이다.

〔史記(사기)〕〈孔子世家(공자세가)〉에 따르면, 공자는 定公(정공) 14년 즉 56세에 대부가 되어 노나라를 잘 다스렸다. 齊(제)나라는 공자를 방해할 심산으로 말 120필과 미인 80명을 노나라 국경으로 보내 康樂舞(강락무)를 추게 했는데, 노나라의 卿(경) 季桓子(계환자)는 그 여인들의 춤에 빠져 정사를 돌보지 않았고, 심지어 제사에 쓴 음식을 대부들에게 나누어주지도 않았다. 공자는 이에 크게 실망하여 대부의 자리를 버리고 노나라를 떠났으니, 나라에 道(도)가 없으면 간언을 해도 아무런 소용이 없기 때문이었다. 그 이후 전국을 돌며 자기의 道(도)를 받아들이는 나라를 찾았지만, 결국 실패하고 68세에 노나라로 다시 돌아왔다. 그리고 그 후로는 오직 지도자 양성교육에만 전념했으니, 이러한 자공의 질문은 아마도 공자 나이 68세 이후에 이뤄진 것이 아닐까 추측해본다.

9-13: 子欲居九夷。或曰: "陋如之何?" 子曰: "君子居之, 何陋之有?"

【문답법】
공자가 구이에 옮겨 살고자 하였다. 누군가 말하기를: "누추한데, 어떻게 그러합니까?" 공자가 이르시기를: "군자가 그곳에 살면, 어찌 누추함이 있겠는가?"

*九夷(구이)는 오랑캐가 살고 있는 지역이다. 당시 오랑캐가 사는 지역은 중국과 달리 예악제도가 없었고 또 문화적으로도 낙후되었기 때문에, 이처럼 폄하하여 말한 것이다. 그러자 공자는 道(도)를 배

우고 부단히 노력하여 실천하는 올바른 지도자가 오랑캐를 다스린다면, 그들 역시 중국과 마찬가지로 예악제도를 따르는 문화적인 생활을 할 수 있다고 말하고 있다. 다시 말해서, 공자는 여기서 자신의 지도자적 능력에 대한 자신감을 피력하고 있는 것이다.

〔史記(사기)〕〈孔子世家(공자세가)〉에 따르면, 공자는 56세에 대부가 되어 노나라를 다스리자 석 달 만에 상인들이 값을 속이지 않았고, 남녀가 멀리 떨어져서 걸었으며 또 길에 물건이 떨어져 있어도 줍는 이가 없었다고 한다. 심지어 외부의 손님들이 방문해도, 담당 관리를 굳이 찾아갈 필요가 없었을 정도였다고 하니, 실제로 그의 지도자적 능력이 얼마나 탁월했는지 알 수 있다.

*혹자는 이 대목에서 공자가 스스로를 군자라고 치켜세웠다며, 부정적인 시각으로 공자를 바라보는 경우가 있다. 또 9-6에서는 "대재가 나를 아는구나! 나는 젊었을 때 비천해서, 고로 많은 비근하고 자차분한 일에 능하였다. 군자가 재능이 많겠는가? 많지 않다!"라고 해놓고 여기서는 다시 자신을 군자라고 하고 있으니, 공자는 일관된 자세를 견지한 인물이 아니었다고 말하기도 한다. 하지만 공자가 9-6에서 말하고자 한 의도는 태재 비가 자기를 비꼬고 있음을 알고 완곡하게나마 무시한 것이고, 또 본문의 의도는 지역이나 백성들의 소양이 어떤가가 아닌 어떤 지도자가 어떻게 다스리느냐가 중요하다는 것을 부각시키고자 한 것임을 이해한다면, 그러한 오해는 충분히 해소될 수 있을 것이다.

9-14: 子曰: "吾自衛反魯, 然後樂正, 雅頌各得其所。"

공자가 이르시기를: "내가 위나라에서 노나라로 돌아오고, 그러한 후에 음악이 바로 잡혀서, <아>와 <송>이 각각 그 자리를 얻게 되었다.(제 자리를 찾게 되었다)."

*[시경]은 총 311首(수)로 이뤄져 있지만, 제목만 있는 6수를 제외하면 305수가 남아있다. 이는 〈風(풍)〉과 〈雅(아)〉 그리고 〈頌(송)〉의 체제로 나뉘는데, 〈풍〉은 15개 제후국의 가요로 이뤄졌기 때문에 〈15國風(국풍)〉이라고도 하며, 모두 160수로 되어있다. 당시 사회모습을 사실적이고도 소박하게 반영한 현실주의적 작품들이 많다.

〈아〉는 周(주)나라 도읍부근의 樂歌(악가)로, 모두 105수가 있다. 중원일대에서 유행하여 朝廷(조정)에서 숭상되던 正樂(정악)인데, 〈풍〉에 비해 조정 公(공)卿(경)大夫(대부)들의 제사 및 연회에 관한 내용이 많으므로, 조정의 악가라고도 한다. 이 〈아〉는 다시 〈小雅(소아)〉와 〈大雅(대아)〉로 나뉘는데, 〈소아〉는 주로 잔치하고 즐길 때의 음악으로 총 74편(제목만 있는 6편을 포함하면 80편)이 있다. 하지만 현실을 비판하거나 喪亂(상란)을 반영한 작품도 적잖다. 〈대아〉는 朝會(조회)에 사용되던 음악으로, 주나라 민족의 역사를 통한 축복과 훈계를 노래한 가사위주이다. 歌唱(가창)의 대상은 통치계층이고, 귀빈 접대와 제후에게 賞(상)을 하사하거나 병사를 위로하는 내용 위주로 모두 31편이 있다.

〈송〉은 왕이 제사를 지낼 때 사용한 악장인데, 이 頌(송)은 形容(형용) 또는 모습이라는 容(용)과 상통하여 노래에 춤을 겸한다는 뜻이다. 〈송〉의 주된 내용은 제사 지낼 때 신을 찬양하거나 조상들의 은덕을 찬송하는 것인데, 이는 다시 〈周頌(주송)〉과 〈魯頌(노송)〉 그리고 〈商頌(상송)〉으로 나뉘므로 三頌(삼송)이라고도 한다. 〈주송〉은 西周(서주) 초기 왕조의 종묘 제사에 사용된 歌舞曲(가무곡)이고, 〈노송〉은 春秋(춘추)시대 초기 노나라에서 조상과 하늘에 제사를 지낼 때 사용된 음악이며, 〈상송〉은 춘추시대 초기 商(상)나라의 후손인 宋(송)나라에서 조상과 하늘에 제사를 지낼 때 사용된 음악이다.[13]

　*위에서 설명한 것처럼 〈아〉와 〈송〉은 모두 조정의 음악을 뜻한다. 따라서 본문에서 〈아〉와 〈송〉이 제 자리를 찾게 되었다는 것은, 바로 공자가 노나라에 돌아와 음악을 바로 잡음으로써 왕과 신하들이 각자의 신분과 상황에 맞춰 음악을 연주하게 되었음을 뜻한다. 이는 3-2의 "'임금과 제후가 서로 돕고, 천자께서는 조용히 생각하시네.'라는 내용의 〈옹〉을, 어찌 셋의 집에서 취하는가?"라는 말과 연계하여 살펴볼 필요가 있다. 아울러 〔史記(사기)〕〈孔子世家(공자세가)〉에 따르면, 이는 공자가 68세의 나이로 노나라에 다시 돌아온 후에 한 말이라고 한다.

---

13) 〔시경〕과 관련한 내용은, 필자의 저서 〔中國古典入門(중국고전입문)〕(어문학사, 2011년) 1장 〔시경〕편을 참고했다.

9-15: 子曰: "出, 則事公卿; 入, 則事父兄。喪事不
敢不勉, 不爲酒困, 何有於我哉?"
子曰: "□, 則事□□; □, 則事□□。喪事不
敢不勉, 不爲酒困, 何有於我哉?"

【대구법, 설의법】

공자가 이르시기를: "나가면, 곧 공(임금)과 경을 섬기고;
들면(집에 머무르면), 곧 아버지와 형님을 섬긴다. 상을 당하면 감히
정성을 다하지 않음이 없고, 술에 곤혹스럽지 아니하니, 어떤
것이 나에게 있겠는가?(어떤 것이 나를 곤혹스럽게 하겠는가?)"

*집에서 孝(효: 부모를 공경함)하고 밖에서는 悌(제: 어른을 공경함)한
후에, 나아가 사회에서 해야 할 것이 仁(인)이라고 했다. 〔史記(사기)〕
〈孔子世家(공자세가)〉에 따르면, 공자는 定公(정공) 14년 즉 56세에 대
부가 되어 노나라를 다스렸다. 즉 공자는 대부를 지냈기 때문에, 仁
(인: 진심으로 섬기고 따름)의 대상을 대부의 윗사람인 公(공: 제후국의 임
금)과 卿(경)으로 특별히 언급한 것임을 알 수 있다.

또한 喪(상)을 당하면 3-4의 "상을 치름은 마음을 편안히 하느니,
차라리 슬퍼하는 것이다"와 3-26의 "상을 당함에 슬퍼하지 않으면,
내가 어찌 그것을 보겠는가?" 그리고 7-9의 "공자는 상제 노릇을 함
이 있는 이의 곁에서 먹으면, 일찍이 배불리 먹은 적이 없으셨다. 공
자는 이 날에 곡을 하면, 곧 노래를 부르지 않으셨다."에서도 언급했
듯이, 형식이 아닌 진심으로 정성스럽게 치루는 것이 중요하다고 줄
곧 강조하고 있다.

그리고 10-8에는 "오직 술은 제한된 양이 없으나, 버릇없는 행동으로 미치지는 않으셨다"는 말이 있는데, 이로 미뤄보아 공자는 애주가였으나 결코 술이 사람을 이기는 경우는 없도록 신중했음을 알 수 있다.

이제 이 셋을 종합해보면, "집에서는 부모에게 孝(효)하고, 밖에 나가서는 어른을 공경하여 梯(제)를 행하며, 사회에 나가서는 윗사람과 나아가 임금을 진심으로 섬기고 따르는 仁(인)을 실천해야 한다. 또 상을 당하면 형식이 아닌 진심으로 정성을 다하는 忠(충)을 실천하고, 술을 마시며 사람들과 편하게 교제하더라도 자기를 통제하여 실수하는 법이 없는 愼(신)을 행하니, 어떤 것도 자기를 곤혹스럽게 할 수는 없다"는 뜻인 것이다. 따라서 공자는 본문을 통해서 다시 한 번, 孝(효)와 梯(제) 그리고 이들의 사회 확장형인 仁(인)과 忠(충), 愼(신)을 강조하고 있음을 알 수 있다.

9-16: 子在川上曰: "逝者如斯夫, 不舍[14]晝夜。"

【직유법】

공자가 내 위에서 말씀하시기를: "(시냇물이) 달리는 것이 이와 같으니, 낮과 밤을 쉬지 않는구나."

*1-1에서 常(상)은 부단한 노력, 항상 변치 않는 태도를 의미한다

---

14) 舍(사): 개의치 않다.

고 설명한 바 있다. 따라서 공자는 여기서 다시 한 번 道(도)의 중요한 구성요소인 常(상) 즉 初志一貫(초지일관)하는 자세를 부각시키고 있음을 알 수 있다.

9-17: 子曰: "吾未見好德如好色者也。"

【직유법】
공자가 이르시기를: "나는 덕을 좋아하기를 색을 좋아하는 것과 같이 하는 사람을 만나보지 못했다."

*〔史記(사기)〕〈孔子世家(공자세가)〉에 따르면, 대략 57세에 匡(광) 지역에서 벗어난 공자는 蒲(포) 지역에서 한 달 정도 머무르다가, 다시 衛(위)나라로 돌아와 거백옥의 집에 머물렀다. 이 기간에 위나라 靈公(영공)이 하루는 그의 부인 南子(남자)와 함께 궁문을 나섰는데, 宦官(환관)인 雍渠(옹거)는 그의 곁에 있게 하면서 정작 공자는 뒤의 수레를 타고 따라오게 했다. 그때 공자가 이를 수치스럽게 여겨서 한 말이 본문의 내용이라고 한다. 이는 15-13에도 다시 한 번 나오고 있는데, 이와 관련하여 다음의 기록을 살펴보자.

好德如好色, 諸侯不下漁色。故君子遠色, 以爲民紀。
덕을 좋아함을 (여)색을 좋아하는 것처럼 하므로, 제후(임금)는 여색을 특히 좋아함에 빠지지 않는 것이다. 그러므로 군자는 (여)색을 멀리하고, 그럼으로써 백성들의 기강으로 삼는다.

〔禮記(예기)〕〈坊記(방기)〉

즉 이를 통해서, 공자가 처한 춘추시대는 이미 지도자들이 德治 (덕치)를 멀리 하고 사리사욕만을 탐하는 풍조가 팽배했음을 알 수 있다.

9-18: 子曰: "譬如爲山, 未成一簣, 止, 吾止也。譬 如平地, 雖覆一簣, 進, 吾往也。"
子曰: "譬如□□, □□一簣, □, 吾□也。譬 如□□, □□一簣, □, 吾□也。"

【대구법, 대유법】

공자가 이르시기를: "예를 들어서 산을 만드는데, 삼태기(흙을 담아 나르는 그릇) 하나가 갖춰지지 않았는데(한 삼태기가 모자란데), 그만두면(포기하면), 내가 그만두는 것이다. 예를 들어서 땅을 고르게 하는데, 비록 한 삼태기(의 흙)를 덮더라도, 나아하면(포기하지 않고 힘써 노력하면), 내가 (앞으로) 향하는 것이다."

*이는 모든 것이 자기의 결심과 노력에 달려있음을 강조한 것으로, 7-29의 "어질음이 먼가? 내가 어질고자 하면, 이에 어질음이 이르는 것이다"는 말과 서로 통한다. 이제 이와 관련하여, 다음의 기록을 살펴보자.

"嗚呼! 夙夜, 罔或不勤, 不矜細行, 終累大德。爲山九仞, 功虧一簣"
"아! 아침저녁으로, 혹시라도 부지런히 힘쓰지 않음이 없어야 하니, 공경하여 세심하게 행하지 않으면, 결국 큰 덕이 더럽혀지오. 아홉 길의 산을 만드는데, 공로가 한 삼태기로 무너지오."

〔尚書(상서)〕〈旅獒(여오)〉

　　오랫동안 준비한 계획이 마지막 단 한 번의 실수 또는 부족함으로 인해서 순식간에 무너질 수 있으니, 이는 周(주)나라 武王(무왕)의 동생인 김公(소공) 奭(석)이 무왕이 주나라를 건국한 후 혹시 자만하여 정치를 등한시할까 염려하여 이른 말이다. 아울러 이를 통해서, 공자의 수많은 명언은 그만의 독창적인 사상에서 나온 것이 아니라, 文(문) 즉 옛 성현들의 뛰어난 업적들을 기록한 典籍(전적)들을 정독하면서 깨달은 사실들을 요약한 것임을 다시 한 번 확인할 수 있다.

9-19: 子曰: "語之而不惰者, 其回也與。"

　　공자가 이르시기를 "말을 듣고도 게으르지 않는 이는, 안회일 것이다!"

　　*이는 안회의 常(상) 즉 부단한 노력, 항상 변치 않고 실천하는 태도를 칭찬한 말이다.

9-20: 子謂顔淵曰: "惜乎! 吾見其進也, 未見其止也! "

子謂顔淵曰: "惜乎! □見其□也, □見其□也! "

【영탄법, 대구법】

공자가 안연을 일컬어 이르시기를: "애석하다! 나는 그 나아감을 보았으나, 그 멈춤을 보지 못했다."

*9-16에서 "달리는 것이 이와 같으니, 낮과 밤을 쉬지 않는구나"라고 말한 바 있으니, 여기서 공자는 안회의 常(상)을 견지하는 모습을 높이 사고 있다. 하지만 건강을 해쳐가면서까지 그런 태도를 견지하는 안회의 모습에 안타까운 마음을 숨기지 않고 드러내고 있으니, 실제로 안회는 41세의 짧은 나이로 생애를 마감하게 된다.

9-21: 子曰: "苗[15]而不秀者, 有矣夫。秀而不實者,
有矣夫。"

子曰: "□而不□者, 有矣夫。□而不□者, 有
矣夫。"

【대구법, 대유법】

공자가 이르시기를: "모종하지만(어린 식물을 심지만) 꽃을 피우지
못하는 것은, 있다. 꽃을 피우지만 곡식이 익지 못하는 것은,
있다."

*德行(덕행)에 매우 뛰어났던 백우가 병에 걸리자, 6-8에서
공자는 "그를 잃는 것이, 하늘의 뜻인가! 이 사람이 이런 병에
걸리다니. 이 사람이 이런 병에 걸리다니!"라고 한탄했다. 또
안회가 죽자, 11-8에서는 "아아! 하늘이 나를 잊었구나, 하늘이
나를 잊었구나!"라고 절망하기까지 했다.

이는 바로 6-17에서 언급한 "사람의 삶은 올바른 것이니, 그것이
없이 사는 것은 운이 좋아서 모면하는 것이다"라는 말과 연계하여 살
펴볼 필요가 있으니, 여기서 공자는 다시 한 번 塞翁之馬(새옹지마)의
도리를 강조하고 있다. 이미 앞에서 언급했다시피 吉凶禍福(길흉화복)
은 변화가 많아 사람이 함부로 판단할 수 없고, 특히 하늘의 뜻은 아
무도 알 수 없으므로 더욱 더 심가여 부단히 노력히는 태도를 끝까지
견지해야 한다. 다시 말해서 하늘의 뜻은 아무도 알 수 없기 때문에

---

15) 苗(묘): 모종하다.

바른 삶을 살지 않아도 운이 좋아서 살아가는 이가 있듯이, 마찬가지로 바른 삶을 살아도 운이 나빠서 주어진 삶을 다 영위하지 못하는 이도 있는 것이다. 그렇다면 과연 우리는 어떠한 삶을 살아야 할 것인가? 요행을 바라면서 올바른 삶을 거절할 것인가? 설혹 주어진 삶을 다 영위하지 못해도, 최선을 다하는 삶을 살 것인가? 본문을 통해서, 공자는 이미 그 문제에 대한 해답을 제시하고 있다.

9-22: 子曰: "後生可畏。焉知來者之不如今也? 四十五十而無聞¹⁶⁾焉, 斯亦不足畏也已。"

【설의법】
공자가 이르시기를: "뒤에 태어난 이는 두려워할 만하다. 어찌 (앞으로) 올 것이 지금만 못하다는 것을 알겠는가? (하지만 그가) 사십이나 오십에 깨우침이 없다면, 이 역시 두려워하기에 부족할 따름이다."

*젊은 후학들은 두려워할 만한 존재이다. 그들은 선배들보다 젊고 열정적이므로, 더 큰 인물이 될 수 있기 때문이다. 하지만 공자는 17-26에서 "나이가 사십인데도 추악함을 드러내면, 그것은 끝이다"고 했듯이, 그들이 나이 마흔이나 오십이 되었는데도 道(도)에 대한 깨우침이 없다면 더 이상 두려운 존재가 될 수 없다고 말한다. 그 정도 나이가 되었는데도 깨우침이 없다면, 더 이상은 기대할 것이 없기 때문이다.

---

16) 聞(문): 깨우치다, 알다.

9-23: 子曰:"法語之言,能無從乎? 改之爲貴。巽與
之言,能無說乎? 繹[17]之爲貴。說而不繹,從而
不改,吾末如之何也已矣!"

子曰:"□□之言,能無□乎? □之爲貴。□
□之言,能無□乎? □之爲貴。□而不□,□
而不□,吾末如之何也已矣!"

【설의법, 대구법, 대구법】

공자가 이르시기를: "바르게 깨우쳐 주는 말은, 따르지 않을 수
있겠는가? (하지만 허물을) 고치는 것이 귀한 것이다. 남의 마음을
거스르지 않는 온화한 말은, 기쁘지 않을 수 있겠는가? (하지만
핵심을) 끌어내는 것이 귀한 것이다. 기뻐하되 (핵심을) 끌어내지
못하고, 따르되 (허물을) 고치지 않으면, 내가 결국 어찌해야
하나!"

*아무리 훌륭한 말이라고 할지라도 자기의 허물을 먼저 고치지
않으면, 지도자로서 그 훌륭한 말을 실천할 수 없게 된다. 신하는 심
기를 건드리지 않기 위해서 완곡하게 아뢰지만 지도자가 그 숨겨진
참된 뜻을 발견하지 못하면, 그것은 지도자에게 하는 아부에 불과할
뿐이다. 15-16에서 공자는 "어찌하나, 어찌하나? 라고 말하지 않는
자는, 내가 어찌할 도리가 없다"고 말한 바 있다. 따라서 공자는 지도
자란 자기 자신이 잘하고 있다고 자부하지 말고, 신중하게 판단하여
잘못된 점이 없는가를 찾아내 고치는 것이 중요하다고 역설하는 것

---

17) 繹(역): 풀다, 끌어내다.

이다. 이제 이와 관련하여, 다음의 이야기를 소개하고자 한다.

漢(한)나라 司馬相如(사마상여)는 〈子虛賦(자허부)〉를 지어 武帝(무제)에게 바쳤는데, 사실 그 작품을 쓴 이유는 사치와 향락에 젖은 생활을 조심하라는 의도였다. 하지만 사마상여는 무제의 심기를 건드리지 않기 위해서 작품의 말미에 겨우 한두 줄의 완곡한 어조로 그 취지를 언급했을 뿐이었고, 정작 무제가 〈자허부〉를 읽었을 때는 그 미려한 언어와 화려한 궁중생활 묘사에 감탄한 나머지 사마상여를 불러 벼슬까지 주게 된다. 이를 일컬어 勸百諷一(권백풍일: 풍자하는 글은 겨우 하나에 불과하고, 나머지 백 가지는 은근하게 권고함으로써 그 본래의 취지를 상실하는 것)라고 하는데, 공자는 본문에서 바로 이러한 당시의 풍조를 비판함과 더불어, 그 핵심을 잡아내지 못하는 지도자 역시 완곡하게나마 비판하고 있는 것이다.

9-24: 子曰：“主忠信, 毋友不如己者, 過, 則勿憚改。”

공자가 이르시기를: "忠(충)과 信(신)을 근본으로 하고, 자기만 못한 자를 벗으로 삼지 말며, 허물이 있으면, 곧 고치기를 거리끼지 말라."

*본문의 내용은 이미 1-8의 "군자가, 진중하지 않으면, 곧 존엄하지 못하고; 배움에, 곧 확고해지지 못한다. 정성스러움과 믿음을 기본으로 하고, 자기보다 못한 사람을 가까이하지 말며, 잘못을 저지르면, 곧 고치기를 거리끼지 말라"는 표현을 통해서 강조한 바 있듯이,

공자는 여기서도 참된 지도자가 갖춰야 할 도리 즉 道(도)의 구성요소들을 열거하고 있다.

9-25: 子曰: "三軍, 可奪帥也; 匹夫, 不可奪志也."
子曰: "□□, 可奪□也; □□, □可奪□也."

【대구법, 대유법】

공자가 이르시기를: "삼군(주나라의 세력이 큰 제후가 출병시킨 상군, 중군, 하군)에게서, 장수(우두머리)를 빼앗을 수 있지만; 필부(보잘 것 없는 사내)에게서, 뜻(의지)을 빼앗을 수 없다."

*차라리 규모가 큰 군대의 우두머리 장수를 빼앗아오는 것이 쉽지, 일개 보잘 것 없는 사내라도 그의 굳은 의지를 꺾는 것은 오히려 더 어려운 일이다. 즉 본문에서 공자는 자기 자신의 의지가 가장 중요하다고 강조하고 있는데, 이러한 취지는 7-29의 "어질음이 먼가? 내가 어질고자 하면, 이에 어질음이 이르는 것이다", 9-18의 "예를 들어서 산을 만드는데, 삼태기 하나가 갖춰지지 않았는데, 그만두면, 내가 그만두는 것이다. 예를 들어서 땅을 고르게 하는데, 비록 한 삼태기를 덮더라도, 나아하면, 내가 향하는 것이다" 및 9-30의 "생각하지 않는 것이니, 생각한다면 어찌 멀리 있겠는가?"에서도 보이고 있으니, 서로 연계하여 살펴볼 수 있다. 다시 말해서, 공자는 여기서 다시 한 번 마음이 굳세어 사사로운 탐욕을 부리지 않는 剛(강: 강직함, 굳셈)을 부각시키고 있는 것이다.

9-26: 子曰: "衣[18]敝[19]縕袍[20], 與衣狐貉[21]者立, 而不恥者, 其由也與。'不忮不求, 何用不臧[22]?'" 子路終身誦之。子曰: "是道也。何足以臧[23]?"

【대유법, 인용법, 설의법】

공자가 이르시기를: "해진 헌솜의 도포를 입고, 여우와 담비(의 털로 만든 갖옷)를 입은 이와 같이 서지만, 부끄러워하지 않는 이, 그것은 유이다. ([시경]에 이르기를:) '(남의 부귀를) 질투하지 않고 (남의 부귀를) 탐하지 않으면, 어찌 착하지 않겠는가?'라고 했다." 자로는 (이 말을) 죽을 때까지 외우고 다녔다. 공자가 이르시기를: "이것은 바탕이다. 어찌 좋아하기에 충분하겠는가?"

*이는 5-6의 "도가 행해지지 않아서, 뗏목을 타고 바다로 떠다닌 다면, 나를 따르는 사람, 그것은 유이다"라는 표현과 함께 엮어서 이 해할 필요가 있으니, 바로 공자의 제자 자로는 道(도)의 중요한 구 성요소인 勇(용: 용감함)과 儉(검: 검소함)을 지닌 인물이었음을 알 수 있다.

본문에서 공자는 자로의 검소함을 칭찬하기 위해서 [詩經(시경)]

---

18) 衣(의): 입다.
19) 敝(폐): 해지다.
20) 縕袍(온포): 솜옷.
21) 狐貉(호학): 여우와 담비(의 털로 만든 갖옷), 값비싸고 화려한 옷.
22) 臧(장): 착하다.
23) 臧(장): 좋아하다.

〈邶風(패풍)·雄雉(웅치)〉의 한 구절을 인용했는데, 〔모시전〕에서는 이 작품의 주제를 "刺衛宣公也。(위나라 선공을 비판한 것이다.)"로 보았다. 즉 선공이 음란하고 나랏일에 심혈을 기울이지 않았거니와 전쟁을 수차례 일으켜 대부들이 오랫동안 원정을 나감으로써, 백성들의 원망이 깊어지자 이 시를 지었다는 것이다.

衛(위)나라 선공에 대해서는 적잖은 기록이 남아있는데, 〈邶風(패풍)·新臺(신대)〉 역시 그와 관련이 있다. 위나라 선공이 夷姜(이강)을 총애하여 太子(태자) 伋(급)을 낳았는데, 후에 아들인 태자 급과 혼인을 올리기로 한 齊(제)나라 여자가 마음에 들자, 선공이 그 여자를 차지했다는 것이다.

〔左傳(좌전)〕〈桓公(환공) 16년〉과 〔史記(사기)〕〈衛康叔世家(위강숙세가)〉에는, 그 이후의 이야기가 기록되어 있으니 좀 더 살펴보기로 하자. 위나라 선공은 제나라 여자를 통해서 朔(삭)과 壽(수)를 낳았는데, 세월이 흘러서 본래 선공의 정실인 宣姜(선강: 이강은 선공의 아내이므로 선강이라고도 함)과 朔(삭)이 음모를 짜고는 급을 모해한다. 이에 선공은 태자 급을 미워하여 齊(제)나라로 보내는데, 사실은 가는 길에 그를 암살시킬 계획이었다. 하지만 이를 알아챈 壽(수)가 쫓아가 급을 술에 취하게 하고는, 자신이 급인 것처럼 꾸미고 대신 제나라로 가다가 죽임을 당하고, 태자 급 역시 결국 죽게 된다. 이 내용은 〈邶風(패풍)·二子乘舟(이자승주)〉에도 보이고, 또 14-40과도 연결되니, 함께 엮어서 이해할 수 있다.

이제 본문에서 인용한 시구가 포함된 작품의 맨 마지막 장인 4장을 살펴보기로 하자.

百爾君子, 不知德行.

不忮不求, 何用不臧.

많은 너희 군자들이여, 덕을 행함을 모르네.

질투하지 않고 탐하지 않으면, 어찌 착하지 않겠는가.

즉 공자가 인용한 작품의 주제와 본문의 상황은, 사실 서로 연관성이 전혀 없는 전형적인 斷章取義(단장취의: 전체의 뜻과는 상관없이 필요한 부분만 따서 임의로 해석하는 것)이다. 다만 인용되고 있는 시구와 자로의 인격에는 분명한 관련이 있으니, 나름대로 공자는 자신이 강조하는 興(흥: 연상과 상상)을 발휘하고 있는 것으로 볼 수 있다. "興(흥)"의 의미와 관련하여서는, 17-9에서 구체적으로 논하기로 한다.

또 자로가 기뻐하여 이 시구를 죽을 때까지 외우고 다니자, 공자는 "이것은 바탕이다. 어찌 좋아하기에 충분하겠는가?"라고 말했는데, 이는 머무르지 말고 계속 나아가라고 채찍질하고 있는 것임을 알 수 있다. 다시 말해서, 공자는 11-21의 "구는, 움츠리고 사양하여, 따라서 나아가 힘쓰게 하였다. 유는, 혼자서 몇 사람을 당해내기에, 따라서 움츠리고 사양하게 하였다"라는 신축적인 中(중: 한쪽으로 치우치지 않고 공평함)의 교육철학을 몸소 실천하였던 것이다.

9-27: 子曰: "歲寒, 然後知松栢之後彫也。"

【대유법】
공자가 이르시기를: "한 겨울의 추위, 그런 후에야 소나무와 잣나무가 (다른 나무들) 뒤에 시들게 됨을 알게 된다."

*여기서 한 겨울의 추위는 어려운 시절을 비유적으로 표현한 것이고, 소나무와 잣나무는 道(도)로 나라를 다스린 지도자들을 역시 비유적으로 표현한 것이다. 따라서 이 말은 성인과 군자가 道(도)로 다스릴 때는 백성들이 그들의 지도자가 누구인지조차 모르지만, 세월이 지난 후에는 그 때가 얼마나 아름다운 시절이었는지 절실하게 깨닫게 된다는 의미인 것이다. 이제 이와 관련하여 다음의 기록들을 살펴보면, 자연스레 본문의 의미를 깨달을 수 있을 것이다.

治天下五十年, 不知天下治歟, 不治歟, 億兆願戴己歟, 不願戴己歟。問左右, 不知, 問外朝, 不知, 問在野, 不知。乃微服, 游於康衢, 聞童謠曰: 立我烝民, 莫非爾極, 不識不知, 順帝之則, 有老人, 含哺鼓腹, 擊壤而歌曰: 日出而作, 日入而息, 鑿井而飮, 耕田而食, 帝力, 何有於我哉。
세상을 다스린 지 50년, 세상이 다스려지는지 다스려지지 않는지, 억조(수많은 백성)가 자기를 원하는지 원하지 않는지 알 수가 없었다. 좌우에 물었으나, 알지 못하고, 조정 바깥으로 물었으나, 알지 못했으며, 재야에 물었으나, 알지 못했다. 이에 미복하고, 큰 거리로 나아가니, 동요가 들렸는데 이르기를: 우리 많은 백성을 일으킴에, 그대의 지극함이 아닌 것이 없네. 알지 못하는 사이에, 임금의 법을 따른다고 하였다. 한 노인이 있어, 입에 음식을 잔뜩 물고 배를 두드리며, 땅을 치며 노래하기를: 해가 뜨면 일하고, 해가 지면 쉬며. 우물을 파서 마시고, 밭을 갈아서 먹으니, 임금의 힘이, 어찌 나에게 있을까라고 하였다. 〔十八史略(십팔사략)〕〈五帝篇(오제편)〉

이처럼 태평성대를 살아가는 이들은 지도자가 누구인지 모르고, 심지어 지도자가 자기에게 해준 것이 무엇이냐고 푸념하기조차 한다.

堯辟位凡二十八年而崩。百姓悲哀, 如喪父母。三年, 四方莫擧樂, 以思堯。

요는 임금 자리를 벗어난 지 무릇 28년 만에 죽었다. 귀족들이 슬퍼했으니, 마치 부모를 잃은 듯하였다. 3년 동안, 사방에서 음악을 행하지 않음으로써, 요를 그리워했다.

〔史記(사기)〕〈五帝本紀(오제본기)〉

하지만 세월이 흘러 다른 환경에 처하게 되면, 그때서야 비로소 지도자의 존재와 역량을 깨닫게 되는 것이다.

9-28: 子曰: "知者不惑, 仁者不憂, 勇者不懼。"
子曰: "□者不□, □者不□, □者不□。"

【대구법, 열거법】

공자가 이르시기를: "지혜로운 이는 미혹되지 않고, 어진 이는 근심하지 않으며, 용감한 이는 두려워하지 않는다."

*6-20에서 설명했듯이, 知(지: 지혜로움)는 사사로운 이익을 탐하지 않고 오직 백성들과 나라를 위한 공익을 꾀하며, 초자연적인 힘에 의탁하지 않는 객관적인 판단력이다. 따라서 지혜로운 이는 이러한 판단력으로 유혹을 뿌리칠 수 있게 되는 것이다.

또 2-4에서 不惑(불혹)은 단순히 "현혹되다, 미혹되다"라는 의미가 아니라, "노여움으로 인해서 자신의 통제력을 잃고, 나아가 어버이에게 미치게 하지 않는 평정심"을 뜻한다고 설명한 바 있으므로, 해석에 유의하도록 한다.

*1-2에서 설명한 바 있듯이, 仁(인: 어질음)은 사회에 나가 군주를 진심으로 섬기고 따르는 것이다. 따라서 어진 이는 딴 생각을 품지 않고 오직 군주에게 정성을 다하기 때문에, 마음을 편안히 할 수 있다는 것이다.

*2-24에서도 설명했듯이, 勇(용: 용감함)이란 義(의: 계급상의 서열을 명확하게 하고 그 서열에서 마땅히 지켜야 할 바를 목숨을 걸고 지킴)를 몸으로 실천하는 것이다. 따라서 용감한 이는 목숨조차도 걸 수 있으므로, 더 이상 두려울 것이 없는 것이다.

9-29: 子曰: "可與共學, 未可與適道。可與適道, 未
可與立。可與立, 未可與權。"
子曰: "可與□□, 未可與○○。可與○○, 未
可與●。可與●, 未可與◇。"

【대구법, 열거법, 연쇄법】
공자가 이르시기를: "(도를) 쫓아서 함께 배울 수는 있더라도,
쫓아서 도에 전일(마음과 힘을 모아 오직 한 곳에만 몰두)할 수는 없다.
쫓아서 도에 전일할 수는 있더라도, (도를) 쫓아서 확고히 할
수는 없다. (도를) 쫓아서 확고히 할 수는 있더라도, (도를) 쫓아서
꾀(실천)할 수는 없다."

*공자는 여기서 이론과 실천, 중도 포기와 초지일관의 차이점에
대해서 논하고 있다. 아는 것과 실천하는 것은 별개의 문제이고, 중
도에 포기하는 것과 끝까지 견지하는 것은 하늘과 땅의 차이인 것
이다.

9-30: "唐棣之華, 偏其反而。豈不爾思, 室是遠 而。" 子曰: "未之思也, 夫何遠之有?"

【인용법, 설의법】

([시경]에 이르기를:) "산 앵두나무의 꽃이여, 나부껴서 뒤집어지네. 어찌 너를 생각지 않느냐만, 집이 여기서 멀기만 하네." 공자가 이르시기를: "생각하지 않는 것이니, (생각한다면) 어찌 멀리 있겠는가?"

*이 역시 자기 자신의 의지가 가장 중요함 즉 마음이 굳세어 사 사로운 탐욕을 부리지 않는 剛(강: 강직함, 굳셈)을 부각시키고 있는데, 이러한 뜻은 7-29의 "어질음이 먼가? 내가 어질고자 하면, 이에 어질 음이 이르는 것이다", 9-18의 "예를 들어서 산을 만드는데, 삼태기 하 나가 갖춰지지 않았는데, 그만두면, 내가 그만두는 것이다. 예를 들 어서 땅을 고르게 하는데, 비록 한 삼태기를 덮더라도, 나아하면, 내 가 향하는 것이다" 및 9-25의 "삼군에게서, 장수를 빼앗을 수 있지만; 필부에게서, 뜻을 빼앗을 수 없다"는 표현에서도 찾아볼 수 있다.

*본문에서 공자가 인용한 구절의 출처는 불분명하다. 다만 〔詩經 (시경)〕의 〈小雅(소아)〉에 〈常棣(상체)〉라는 작품이 있는데, 이와 연관 시켜 추론해 볼 수는 있을 것이다. 다시 말해서 9-14에서 〈소아〉는 총 74편으로 이뤄져 있지만 제목만 있는 6편을 포함하면 모두 80편이라 고 설명한 바 있는데, 어쩌면 본문에서 인용된 구절은 현재 제목만 전하는 이 6편의 작품 중 한 구절일 수도 있다는 것이다. 〔毛詩傳(모 시전)〕이나 〔爾雅(이아)〕의 〈釋木(석목)〉편을 보면 常棣(상체)는 棣(체:

산 앵두나무 체)이고 唐棣(당체)는 栘(체, 이: 산 앵두나무 체, 산이스랏나무 이)라고 언급하고 있는데, 이는 결국 常棣(상체)와 唐棣(당체)가 같은 의미를 지닐 수도 있다는 가능성을 보여준다.

또 이와 관련하여 [시경]〈召南(소남)·何彼穠矣(하피농의)〉를 보면, "何彼穠矣, 唐棣之華。(어찌 저리도 무성할까, 산 앵두나무의 꽃이여.)"라는 구절이 나온다. [毛詩傳(모시전)]에서는 이 작품의 주제를 "美王姬也。(왕희를 찬미한 것이다.)"라고 보았는데, 왕희는 천자의 딸을 의미한다. 즉 이는 周(주)나라 平王(평왕)의 손녀가 齊(제)나라 임금의 아들에게 시집을 가는 정경을 그린 작품인데, 비록 천자의 손녀가 자신보다 낮은 제후국 집안에 시집을 가지만 감히 거만하거나 사치하지 않아서 그녀의 덕을 찬미하여 지은 것이다.

여기서 주목해야 할 것이 바로 唐棣之華(당체지화: 산앵두나무의 꽃)인데, 漢(한)나라 鄭玄(정현)은 [毛詩傳箋(모시전전)]에서 이를 "王姬顔色之美盛。(주나라 평왕의 손녀 안색의 아름다움)"을 형용한 興(흥)의 표현이라고 보았다. 따라서 본문에서 공자가 인용한 구절은 어쩌면 제목만 전하는 〈소아〉 6편의 작품 중 하나이며, 이는 주나라 평왕의 손녀가 제나라에 시집간 후에 고향인 주나라를 그리워하는 마음을 묘사한 작품이라는 추측이 가능하다. 또 만약 이러한 추측이 맞는다면, 공자는 여기서 다시 한 번 작품의 주제와 본문의 상황에 연관성이 전혀 없는 斷章取義(단장취의: 전체의 뜻과는 상관없이 필요한 부분만 따서 임의로 해석하는 것)를 한 것이 된다. 하지만 이 역시 인용되고 있는 시구와 본문에서 강조하는 내용에는 분명한 관련이 있으니, 나름대로 興(흥: 연상과 상상)이 발휘하고 있는 것으로 볼 수 있을 것이다. "興(흥)"의 함의와 관련하여서는, 17-9에서 구체적으로 논하기로 한다.

第10章: 鄕黨(향당)

10-1: 孔子於鄕黨, 恂恂如也, 似不能言者。其在宗
廟朝廷, 便便言, 唯謹[1]爾[2]。

공자가 자신의 마을에 있으면, 두려워하여, (함부로 지혜를
드러내지 않아서) 마치 말을 못하는 사람 같았다. (하지만) 그 종묘와
조정에 있으면, (예법과 정사를 명확하게 밝혀야하기 때문에) 말을
잘하였지만(조리 있게 말하였지만), 다만 몸가짐과 언행만큼은
조심하셨다.

*[史記(사기)] 〈孔子世家(공자세가)〉에 따르면, 본문은 공자가 노나
라로 돌아온 68세 이후에 한 말이라고 한다. 이때는 제자 수가 삼천
명에 달했다고 하는데, 이 〈향당편〉은 기본적으로 공자가 노나라로
돌아오고 나서의 모습을 정리한 것으로 봐야 할 것이다.

---

1) 謹(근): 삼가다, 몸가짐이나 언행을 조심하다.
2) 爾(이): 어조사.

10-2: 朝, 與下大夫言, 侃侃如也; 與上大夫言, 誾
誾如也。君在, 踧踖如也, 與與如也。
朝, 與□大夫言, □□如也; 與□大夫言, □
□如也。□□, □□如也, □□如也。

【대구법, 열거법】
조정에서, 하대부와 함께 말씀하시면, 강직하셨지만; 상대부와
함께 말씀하시면, 온화(화기애애)하셨다. 임금이 계시면, 삼가고
공손하셨고, (임금과) 더불어 쫓았다(몸을 항상 임금 쪽으로 향하셨다).

*10-1과 10-2는 공자가 孝(효)와 悌(제) 나아가 仁(인)을 실천하는
모습을 묘사한 것이다. 3-18에서 공자는 "임금을 섬김에 예를 다하
니, 사람들은 아첨한다고 여긴다"고 한탄한 바 있는데, 이는 공자의
아랫사람과 윗사람을 대하는 태도가 달랐기 때문에, 사람들이 그가
윗사람에게 아부한다고 오해한 것이리라. 하지만 본문의 내용을 자
세히 살펴보면, 공자의 이러한 태도는 분명히 일리가 있다. 즉 아랫
사람에게는 바르고도 굳센 모습을 보였지만, 상대부는 卿(경)과 같은
말로 윗사람이니 임금과 마찬가지로 진심으로 섬기고 따르는 仁(인)
의 태도를 보인 것이다. 이제 이와 관련하여, 다음의 기록을 다시 한
번 살펴보자.

三德, 一曰正直, 二曰剛克, 三曰柔克, 平康正直, 彊弗友剛克, 燮友
柔克, 沈潛剛克, 高明柔克。
삼덕(세 가지 덕)이라 함은, 첫 번째는 정직함을 말하는 것이요, 두

번째는 강직함으로 다스림을 말하는 것이요, 세 번째는 유함으로 다스림을 말하는 것이니, 평화롭고 안락하면 정직함으로 하고, 굳어서 따르지 않으면 강직함으로 다스리며, 화해하여 따르면 유함으로 다스리고, 성정이 가라앉아 겉으로 드러나지 않으면 강직함으로 다스리며, 식견이 높으면 유함으로 다스리는 것입니다.

〔尙書(상서)〕〈周書(주서)〉

주지하다시피, 노나라를 포함한 춘추시대는 신하가 군주를 진심으로 섬기고 따르는 상황이 아니었다. 따라서 공자는 이와 같이 윗사람과 아랫사람에게 대하는 태도를 달리함으로써 德(덕)을 따른 것이다.

10-3: 君召使擯, 色勃如也, 足躩如也。揖所與立, 左右手, 衣前後, 襜如也。趨進, 翼如也。賓退, 必復命曰: "賓不顧矣。"
□□□□, □□如也, □□如也。□□□ □, 左右手, 衣前後, □如也。□□, □如也。賓退, 必復命曰: "賓不顧矣。"

【대구법, 열거법】

임금이 (공자를) 불러 인도하는 사람으로 부리면(손님접대를 시키시면), 얼굴빛이 우쩍 일어나(급히 긴장된 표정을 하여), 발은 바삐 가셨다(발걸음을 바삐 하셨다). 읍하는 위치에서 (손님들과) 함께 서게 되면, (왼쪽과 오른쪽의 읍하는 손님들에게 번갈아가며) 손을 왼쪽으로 하고 오른쪽으로 하고는, 옷을 앞으로 뒤로 하여, (흩어진 옷맵시를

논어, 그 오해와 진실 | 난세의 지도자 양성서

다시) 단속하셨다.(단정하게 모으셨다.) 종종걸음으로 나아가면, (몸을 마치 새가 날듯이) 빠르게 하셨다. 손님이 물러가면, 반드시 결과를 보고해 이르기를: "손님이 돌아보지 않았습니다(아쉬움 없이 잘 갔습니다)"라고 하셨다.

10-4: 入公門, 鞠躬如也, 如不容。立不中門, 行不
　　　履閾。過位, 色勃如也, 足躩如也, 其言似不
　　　足者。攝齊升堂, 鞠躬如也, 屛氣似不息者。
　　　出降一等, 逞顔色, 怡怡如也。沒階趨進, 翼
　　　如也。復其位, 踧踖如也。
　　　□□□, □□如也, 如不容。立不中門, 行不
　　　履閾。□□, □□如也, □□如也, 其言似不
　　　足者。□□□□, □□如也, 屛氣似不息者。
　　　□□□□, 逞顔色, □□如也。□□□□,
　　　如也。□□□, □□如也。

【직유법, 대구법, 열거법】

대궐 문에 들 때는, 존경하여 몸을 굽히셨는데, (굽히는 정도가 몸을 문 안에) 담을 수 없는 듯했다(잔뜩 굽히셨다). 서있을 때는 문 가운데 있지 않고, 다닐 때는 문지방을 밟지 않으셨다. 임금이 계신 자리를 지날 때는, 얼굴빛이 우쩍 일어나(급히 긴장된 표정을 하여), 발은 바삐 가셨고(발걸음을 바삐 하셨고), 그 말함은 마치 부족한 사람과도 같았다.(말을 잘 못하는 사람처럼 하셨다). 옷사락을 잡고 대청에 오르시면, 존경하여 몸을 굽히셨는데, 숨을 죽이는데 마치 숨을 쉬지 않는 것과도 같이 하셨다. (일을 마치고) 나와서 섬돌 한 층계를 내려서면, 얼굴빛을 풀고, 온화하게 기뻐하셨다. 층계를 다 내려와서는, 종종걸음으로 나아가, (몸을 마치 새가 날듯이) 빠르게 하셨다. 그(자신의) 자리에 돌아가서는, 삼가고 공손하셨다.

10-5: 執圭, 鞠躬如也, 如不勝。上如揖, 下如授, 勃
如戰色, 足蹜蹜如有循。享禮, 有容色, 私覿,
愉愉如也。
□□, □□如也, 如不勝。□如□, □□如□,
□如□□, □□□如□□。□□, 有容色, 私
覿, □□如也。

【직유법, 대구법, 열거법】

홀(천자가 제후를 봉할 때 증표로 쓰는 옥)을 잡으시면(신을 모셔 제사를 지내려고 대부에게 홀을 전달하면), 존경하여 몸을 굽히셨는데, 마치 (그 무게를) 견디지 못하듯이 하셨다. (홀을 받으려고 손을) 올릴 때는 읍하듯 하고, (받아서 손을) 내릴 때는 (물건을) 주듯이 하셨으며, 얼굴빛이 우쩍 일어나(급히 긴장된 표정으로) 두려워서 떠는 듯했고, 발은 종종걸음을 하여 머뭇거리듯 하셨다. 신을 공경하여 제사를 지낼 때는, 조용하고 느긋한(부드럽고 순한) 안색을 지녔지만; (제사가 끝나고) 임금을 개인적으로 알현할 때는, 마음이 평화로워 기뻐하셨다.

*본문의 앞 문장을 "노나라 임금이 이웃나라에 대부를 보내 자신의 뜻을 전달하고자 하면"으로 해석하는 경우가 있는데, 그렇게 되면 앞뒤의 맥락이 통하지 않는다. 앞부분이 대부를 사신으로 보내는 예절이라면, 왜 느닷없이 그 뒤에서 제사를 지내는 상황이 전개되겠는가?

10-6: 君子, 不以紺緅飾; 紅紫, 不以爲褻服。當暑,
袗絺綌, 必表而出之。緇衣, 羔裘; 素衣, 麑
裘; 黃衣, 狐裘。褻裘長, 短右袂。必有寢衣,
長一身有半。狐貉之厚以居。去喪, 無所不
佩。非帷裳, 必殺之。羔裘玄冠, 不以吊。吉
月, 必朝服而朝。

　□□, 不以□□□; □□, 不以□□□。當
暑, 袗絺綌, 必表而出之。□衣, □裘; □衣,
□裘; □衣, □裘。褻裘長, 短右袂。必有寢
衣, 長一身有半。狐貉之厚以居。去喪, 無所不
佩。非帷裳, 必殺之。羔裘玄冠, 不以吊。吉月,
必朝服而朝。

【대구법, 대구법, 열거법】

군자는 연보라나 검붉은 비단으로 꾸미지 않고; 붉은 빛과
자주 빛으로 평상복을 만들지 않는다. 더울 때는, 발을 곱게 짠
갈포와 굵게 짠 갈포의 홑옷을, 반드시 입고 나간다. 검은 옷은,
양 갖옷이고; 흰 옷은, 사슴 갖옷이요; 누른 옷은, 여우 갖옷이다.
평상시의 갖옷은 길게 하되, 오른 소매를 짧게 한다. 반드시
잠옷이 있는데, 길이는 한 배 반이다. 여우와 담비의 두터운
갖옷을 입음으로써 거처한다. 상을 당했을 때를 피하면(상을
당했을 때가 아니면), 패물을 차지 않는 바가 없다. 가리는 바지(조회나
제례 때 입는 예복바지)가 아니면, 반드시 줄인다(좁게 한다). 양 갖옷과
검은 관으로는(을 착용하고는), 조문하지 않는다. 길한 달(매월
초)에는 반드시 조복(조정에 나갈 때 입는 예복)을 입고, 임금을
배알한다.

*여기서 군자를 공자로 번역하는 경우가 있는데, 7-32의 "文(문)은, 내가 다른 사람과 비슷할 것이다. 군자의 도를 몸소 행하는 것은, 곧 내가 아직 이르지 못했다"와 9-6의 "태재가 나를 아는구나! 나는 젊었을 때 비천해서, 고로 많은 비근하고 자차분한 일에 능하였다. 군자가 재능이 많겠는가? 많지 않다!"는 표현을 통해서 이해할 수 있듯이, 공자는 자기 스스로를 군자라고 칭한 적이 없다. 따라서 본문의 군자는 일반명사로 보아, 道(도)를 배우고 부단히 노력하여 실천하는 올바른 지도자라고 해석해야 한다.

하지만 9-13에서 공자가 구이로 가려하는데 누군가가 "누추한데, 어떻게 그러합니까?"라고 묻자, 공자는 "군자가 그곳에 살면, 어찌 누추함이 있겠는가?"라고 대답한다. 물론 이는 표면적으로 보면 공자가 스스로를 군자라고 표현하는 것으로 보일 수도 있다. 그렇지만 공자가 여기서 강조하는 것은 자기가 군자라는 것이 아니라, 어떤 지도자가 이끄느냐가 중요하다는 점을 부각시키기 위함임에 유의해야 할 것이다.

10-7: 齊, 必有明衣, 布。齊, 必變食; 居, 必遷坐。
□, 必□□□, □。□, 必□□; □, 必□□。

【대구법, 열거법】

(제사를 지내기 위해서) 재계하게 되면, 반드시 명의(맨 먼저 입는 깨끗한 옷)가 있었는데, 베였다(베로 만든 것이었다). (제사를 지내기 위해서) 재계하게 되면, 반드시 음식을 바꾸셨고; 거처함에는, 반드시 자리를 옮기셨다.

10-8: 食不厭精, 膾不厭細。食饐而餲, 魚餒而肉
敗, 不食; 色惡, 不食; 臭惡, 不食; 失飪, 不
食; 不時, 不食; 割不正, 不食; 不得其醬, 不
食。肉雖多, 不使勝食氣。唯酒無量, 不及亂。
沽酒市脯, 不食。不撤薑。食, 不多食。祭於
公, 不宿肉; 祭肉, 不出三日。出三日, 不食之
矣。食不語, 寢不言。雖疏食菜羹, 瓜³⁾祭, 必
齊如也。

□不厭□, □不厭□。□□□□, □□□□
□, 不食; □□, 不食; □□, 不食; □□, 不
食; □□, 不食; □□□, 不食; □□□□,
不食。肉雖多, 不使勝食氣。唯酒無量, 不及亂
。□□□□, 不食。不撤薑。食, 不多食。祭於
公, 不宿肉; 祭肉, 不出三日。出三日, 不食之
矣。□不□, □不□。雖疏食菜羹, 瓜祭, 必齊
如也。

【대구법, 대구법, 대구법, 열거법】

밥은 깨끗한 것(잘 도정된 쌀)을 싫어하지 않고, 회는 가는 것(잘게
썬 것)을 싫어하지 않으셨다. 밥이 상하여 맛이 변하고, 생선이
썩거나 고기가 썩으면, 먹지 않고; 빛깔이 나쁘면, 먹지 않으며;
냄새가 나쁘면, 먹지 않고; 익힘을 잃으면(익지 않으면), 먹지
않으며, 때를 맞추지 않으면(아직 설익은 것은), 먹지 않고; 자른
것이 바르지 않으면(정갈하게 자르지 않으면), 먹지 않으며, 그

---

3) 〔魯論(노론)〕에는 瓜(과)가 必(필)로 나와 있는데, 문맥상 必(필)로 번역하기로 한다.

장(적절한 양념)을 얻지 못하면(간이 맞지 않으면), 먹지 않으셨다. 고기가 비록 많더라도, 밥을 이기도록 부리지 않았다. 오직 술은 제한된 양이 없으나, 버릇없는 행동으로 미치지는 않으셨다. 파는 술과 저자의 포는, 먹지 않으셨다. 생강 (먹는 것)을 그만두지 않으셨다. 밥은, 많이 먹지 않으셨다. 공적으로(나라의 종묘에서) 제사를 지내면, (하사받은) 고기는 묵히지 않으셨으니; 제사지낸 고기는, 삼일을 넘기지 않았다. 삼일이 지나면, 먹지 않으셨다. 먹을 때 말하지 않고, 자리에 누우면 말하지 않으셨다. 비록 변변치 못한 음식과 나물국이라도, 반드시 (처음 음식을 창안한 이에게 고마움의) 제사를 올렸는데, 반드시 공손하고 엄숙하게 하셨다.

*본문을 살펴보면 공자는 식사예절을 대단히 중시했음을 알 수 있으니, 이와 관련하여 다음의 기록을 살펴보자.

夫禮之初, 始諸飮食。
무릇 예의 처음은, 음식에서 시작한 것이다.

〔禮記(예기)〕〈禮運(예운)〉

따라서 禮(예)를 강조한 공자는, 그 기원이 되는 식사예절에 대단히 삼가는 모습을 보였음을 알 수 있다.

10-9: 席, 不正, 不坐。
席, 不□, 不□。

【대구법】
자리는, 바르지 않으면, 앉지 않으셨다.

10-10: 鄉人飲酒, 杖者出, 斯出矣。鄉人儺, 朝服而
立於阼階。

같은 고향 사람들이 술을 마심에, 지팡이를 짚은 이(마을 어르신)가
나가셔면, 이에 (뒤를 따라서) 나가셨다. 같은 고향사람들이
푸닥거리를 하면, 조복(조정에 나갈 때 입는 예복)으로 동쪽 섬돌에
서계셨다.

*본문의 내용은 공자가 道(도)의 내용과 형식을 모두 중시하여 실
천했음을 밝히고 있으니, 앞의 문장은 孝(효) - 悌(제) - 仁(인)으로 이
어지는 내용을 나타내고, 뒤의 문장은 형식이 되는 禮(예)의 실천을
나타낸다.

10-11: 問人於他邦, 再拜而送之。康子饋藥, 拜而
受之, 曰: "丘未達, 不敢嘗。"

다른 나라에 있는 사람(의 안부)을 물게 되면, 두 번 절하고
(심부름하는 이를) 보내셨다. 강자(계강자)가 약을 보냈는데, (공자는)
절을 하고 그것을 받고는, 이르시기를: "저는 아직 이르지
못하여(이 약이 어떠한지 잘 모르므로), 감히 맛보지 못하겠습니다."

*계강자가 공자에게 약을 보냈다는 사실은, 공자가 이미 노나라
로 돌아온 이후임을 간접적으로 증명한다. 따라서 본문 역시 공자 나
이 68세 이후에 발생했던 일임을 알 수 있다.

10-12: 廐焚。子退朝, 曰: "傷人乎?" 不問馬。

마구간이 불에 탔다. 공자가 조정에서 물러나, 이르시기를:
"사람이 다쳤느냐?" 말에 대해서는 묻지 않으셨다.

*본문을 통해서, 공자의 以人爲本(이인위본: 사람이 가장 중요함)의 가
치관을 엿볼 수 있다.

10-13: 君賜食, 必正席, 先嘗之。君賜腥, 必熟而薦
之; 君賜生, 必畜之。侍食於君, 君祭先飯。
疾, 君視之, 東首, 加朝服, 拖紳。君命召, 不
俟駕行矣。
君賜□, 必□□, 先嘗之。君賜□, 必□□
□□; 君賜□, 必□□。侍食於君, 君祭先
飯。疾, 君視之, 東首, 加朝服, 拖紳。君命召,
不俟駕行矣。

【대구법, 열거법】

임금이 음식을 하사하시면, 반드시 앉음새를 바로 잡고, 먼저
그것(하사한 음식)을 맛보셨다. 임금이 날 것을 하사하시면, 반드시
익혀서 그것을 (조상께) 올리시고, 임금이 산 것을 하사하시면,
반드시 그것을 기르셨다. 임금을 모시고 식사를 할 때, 임금이
제사를 지내고(고수레를 하시면 즉 제사 음식의 일부를 덜어 만든 이에게 먹게
하시면 독이 있을까 봐) 먼저 드셨다. 병을 앓아서, 임금이 그(공자)를
보시면, 동쪽으로 머리를 향하고, 조복(조정에 나갈 때 입는 예복)을
몸에 붙여서(덮어서), 큰 띠를 풀어놓으셨다(입을 수 없으니 그렇게라도
하여 경의를 표하셨다). 임금이 명하여 부르시면(수레를 몰기 위해서 먼저
마소의 목에), 멍에 매는 것을 기다리지 않고(수레가 준비되기 전에 바로)
가셨다.

*주지하다시피, 공자는 형식과 내용을 모두 중시하고 있다. 하지
만 본문의 맨 마지막 구절을 보면, 공자는 수레를 타고 조정에 가는
道(도)의 형식-禮(예)보다, 임금이 부르면 지체하지 않고 달려가는 道
(도)의 내용-仁(인)을 먼저 따랐음을 알 수 있다.

10-14: 入太廟, 每事問。

종묘에 들면, 모든 일을 물으셨다.

*이는 알면서도 다시 한 번 물음으로써 확인하는 好問(호문)의 태도이니, 바로 愼(신: 신중함)을 강조하는 표현이다.

10-15: 朋友死, 無所歸, 曰: "於我殯。" 朋友之饋, 雖車馬, 非祭肉, 不拜。

벗이 죽었는데, 의탁할 바가 없자(그를 장사지내 줄 가족이나 친척이 없자), 이르시기를: "나에게 초빈하라(우리 집에 빈소를 차려서 안치하라)." 벗의 선사(보내준 음식이나 선물)는, 비록 수레와 말이라도(아무리 고가의 물건이라도), 제사지낸 고기가 아니면 (절을 함으로써 예우를 갖출 필요가 없다고 생각하고), 절하지 않으셨다(벗이 제사를 지내고 보낸 고기는 마치 자기가 제사를 지낸 것처럼 그 예를 극진히 표했다).

*여기서는 두 가지를 부각시키고 있으니, 하나는 8-3의 "그러므로 옛 친구를 저버리지 않으면, 곧 백성들이 야박해지지 않는다"라는 구절을 통해서 설명한 바 있는 친구의 禮(예)이다. 이는 18-10의 "오래된 친구는 큰 이유가 없으면, 곧 버리지 아니한다"라는 표현과도 연

계되니, 함께 엮어서 이해할 수 있다.

그리고 또 하나는 7-9의 "공자는 상제 노릇을 함이 있는 이의 곁에서 먹으면, 일찍이 배불리 먹은 적이 없으셨다. 공자는 이 날에 곡을 하면, 곧 노래를 부르지 않으셨다"라는 구절에서 드러나듯이, 공자는 비록 자기 자신의 제사가 아닐지라도 마치 자기 자신의 제사인 것처럼 忠(충: 정성스러움)을 다하는 恕(서: 남의 처지에 서서 이해하고 동정하는 마음)의 태도를 견지했음을 알 수 있는 것이다.

10-16: 寢不尸, 居不容。見齊衰者, 雖狎, 必變; 見冕者與瞽者, 雖褻, 必以貌。凶服者, 式之, 式負版者。有盛饌, 必變色而作。迅雷風烈, 必變。
寢不尸, 居不容。見□□者, 雖□, 必□; 見□者與□者, 雖□, 必□□。凶服者, 式之, 式負版者。有盛饌, 必變色而作。迅雷風烈, 必變。

【대구법】

자리에 누우면 시체와 같지 않고(죽은 이처럼 몸을 펴서 눕지 않고), 집에 머무르면 치장을 하지 않으셨다. 상복을 입은(상을 당한) 이를 만나면, 비록 매우 친하더라도, 반드시 (표정과 몸가짐을) 고쳤고, 면류관을 쓴 이(벼슬하는 이)와 장님을 만나면, 비록 매우 친하더라도, 반드시 예모(예절에 맞는 몸가짐)로 하셨다. 상복을 입은 이는, (머리를 숙여) 그에게 애도의 뜻을 표하고, 호적부를 짊어진 이(나랏일을 하는 이)에게 (머리를 숙여) 경의를 표하셨다.

풍성하게 차린 음식이 있으면(성대한 접대를 받게 되면), 반드시 얼굴빛을 고쳐서 일어나셨다(정중하게 감사의 뜻을 표하셨다). 맹렬한 우레와 사나운 바람에는, 반드시(표정과 몸가짐을) 고치셨다(하늘의 뜻으로 여겨 경건한 자세를 취하셨다).

*본문 중간 부분은 9-9의 "공자는 상복을 입은 이, 면류관을 쓰고 의상을 입은 이, 장님을 돕는 이를 만나면, 그들을 만남에 비록 젊더라도 반드시 일어났고, 그들을 지나침에 반드시 추창하셨다"라는 표현과 중복된다. 이는 공자에게 있어 禮(예)라는 것이 道(도)의 형식이지만 역시 정성을 다하는 마음이 필요하다는 의미로, 정성스러운 마음이 없는 형식에 치우치는 예악제도를 거듭 경계한 것이다. 그러므로 상을 당한 이를 만나면 진심으로 애도하고, 벼슬하는 이를 보면 그가 왕의 명령을 집행하는 것이기에 진심으로 공경하는 태도를 보였으며, 장님을 부축하는 이를 만나면 진심으로 동정하는 모습을 보인 것이다.

*공자는 왜 우레가 치고 사나운 바람이 불면, 표정과 몸가짐을 다시 바로잡았을까? 여기서 다시 한 번 塞翁之馬(새옹지마)의 도리를 상기할 필요가 있으니, 길흉화복이란 것은 변화무상하여 사람이 함부로 판단할 수 없고, 특히 하늘의 뜻은 아무도 알 수 없으므로 더욱 삼가여 부단히 노력하는 태도를 지녀야 한다. 따라서 공자는 우레와 바람을 하늘의 뜻으로 여겨서, 다시 한 번 몸가짐을 바로잡는 경건한 자세를 취한 것이다.

10-17: 升車, 必正立執綏。車中, 不內顧, 不疾言, 不親指。

升車, 必正立執綏。車中, 不□□, 不□□, 不□□。

【대구법, 열거법】

수레에 오르면, 반드시 바로 서서 끈(수레의 고삐)을 잡으셨다. 수레 안에서는, 안을 살피지 않고(고개를 돌아보지 않고), 말을 빨리 하지 않았으며, 친히 손가락으로 가리키지 않으셨다.

*이를 통해서, 공자의 경거망동하여 鎭重(진중)함을 잃지 않으려 는 모습을 찾아볼 수 있다.

10-18: 色斯擧矣, 翔而後集。曰: "山梁雌雉, 時哉! 時哉!" 子路共之, 三嗅而作。

생기가 도니 이에 (날개를) 들어서, 빙빙 난 후에 (나무 가지에 다시) 모였다. (공자가) 이르시기를: "산등성 마루(산마루)의 암꿩이여, 때를 만났구나! 때를 만났구나(위험이 지나가니 다시 평온을 되찾고 본래의 자리로 돌아왔는데, 우리는 아직까지도 혼란스러운 상태가 계속되는구나)!" 자로가 그것(꿩)을 향하니(꿩이 있는 곳으로 다가가니), (꿩이) 세 번(수차례) 1.날갯짓을 하고는 2.울고는 일어났다(날아갔다).

*朱熹(주희)는 〔論語集註(논어집주)〕에서 邢氏(형씨)의 말을 빌어서 梁(량)을 橋(교: 다리)라고 해설했지만, 현대중국어에 있어서 山梁(산량)은 보편적으로 산등성마루 즉 산마루를 뜻한다. 더군다나 山梁(산량)을 "산에 설치된 다리"로 번역하면 문장 전체의 맥락과도 통하지 않거니와, 지금으로부터 2500여 년 전의 당시에 과연 산에 다리를 설치할 기술이 있었는지도 미지수다. 따라서 필자는 현대중국어의 의미를 따르기로 한다.

*東漢(동한) 許愼(허신)이 편찬한 〔說文解字(설문해자)〕에 嗅(후)라는 글자는 없다. 이를 확인하기 위해서 필자는 〔시경〕〔도덕경〕〔국어〕〔좌전〕〔전국책〕등을 모두 찾아보았지만, 단 한 군데에도 이 글자가 보이지 않았다. 다시 말해서, 공자가 살던 시대까지 이 글자는 쓰이지 않았던 것이다. 주희는 嗅(후)에 대해서 劉聘君(유빙군)의 말을 빌어서 戛(격: 날개를 펴다)을 잘못 기록한 것으로 보았는데, 필자는 유빙

군의 주장도 일리가 있지만 혹은 새가 운다는 뜻의 문자를 잘못 기록한 것이 아닐까? 하고 추측해본다. 좀 더 구체적으로 말해서 狊(격)과 嗅(후)의 모양이 비슷하므로 유빙군의 주장은 설득력이 있어 보이지만, 또 한편으로는 嗅(후)가 口(구: 입) 변이므로 鳴(명: 울다)을 誤判(오판)한 것으로 볼 수도 있다는 말이다. 이와 관련하여서는, 다시 한 번 원본을 확인하여 고증할 필요성이 있다.

*본문은 앞 문장인 10-17과 그 맥락을 비교했을 때 내용상 너무 뜬금이 없다. 따라서 이 부분은 잘못 편집되었거나 혹은 이 문장의 앞부분이 빠진 듯한데, 불완전하나마 본문의 전체 맥락을 살펴보면, 대략 다음과 같은 의미가 될 것이다. 어떤 상황인지는 모르지만 위기가 지나고, 암꿩에게 다시 생기가 돌면서 날개를 들어 빙빙 난 후에 나무 가지에 다시 모였다. 그 모습을 본 공자가 이르시기를: "산마루의 암꿩이 때를 만났으니, 위험이 지나가고 다시 평온을 되찾아 본래의 자리로 돌아왔도다. 하지만 우리는 아직까지도 나라 사이에 전쟁이 빈번히 발생하고, 심지어 신하가 임금을 따르지 않는 혼란스러운 춘추시대를 계속 살아가고 있구나!" 이에 자로가 꿩이 있는 곳으로 다가가니, 꿩이 수차례 1.날갯짓을 하고는 2.울고는 날아가 버렸다.

第11章: 先進(선진)

11-1: 子曰: "先進¹⁾於禮樂, 野人也。後進於禮樂, 君
子也。如用²⁾之, 則吾從先進。"
子曰: "□進於禮樂, □□也。□進於禮樂, □
□也。如用之, 則吾從先進。"

【대구법, 대유법】
공자가 이르시기를: "선조들이 예악에 힘씀은, 야인이다(꾸미지
않고 질박하다). 후대가 예악에 힘씀은, 군자이다(화려하게 치장한다).
만약 그것(예악)**을 시행한다면, 곧 나는 선조들의 힘씀을**
따르겠다."

　*본문의 野人(야인)은 벼슬을 하지 않는 平民(평민)을 가리키고, 君
子(군자)는 道(도)를 배우고 부단히 노력하여 실천하는 올바른 지도자
를 뜻한다. 그런데 여기서 군자는 기존의 小人(소인)이 아닌 야인의
반대말로 쓰였으므로, "벼슬이 높은 사람"으로 해석해야 할 것이다.
따라서 야인은 꾸미지 않고 질박함을 나타내는 표현임에 반해, 군자
는 화려하게 치장함을 나타내는 표현인 것이다. 즉 공자는 여기서 만
약 자신이 道(도)의 형식이 되는 禮樂(예악)을 시행한다면, 화려하게
치장하는 형식보다 정성을 다하는 내용에 더 힘쓸 것이라고 피력하
고 있다. 이는 17-11의 "禮(예)로다 예로다라고 하는데, 옥과 비단을
말하는 것이겠느냐? 음악이로다 음악이로다라고 하는데, 종과 북을
말하는 것이겠느냐?"라는 표현과도 깊은 관계를 맺고 있으니, 함께
엮어서 이해할 필요가 있다.

---

1) 進(진): 나아가다, 힘쓰다.
2) 用(용): 시행하다.

11-2: 子曰: "從我於陳蔡者, 皆不及門也。德行: 顔
淵, 閔子蹇, 冉伯牛, 仲弓; 言語: 宰我, 子貢;
政事: 冉有, 季路; 文學: 子游, 子夏。"

【열거법】

공자가 이르시기를: "진과 채 지역에서 나를 따르던 이들은, (이제) 모두 문하생이 아니다(모두 내 곁을 떠났다). 덕행(덕을 몸소 실천함)으로는: 안연, 민자건, 염백우, 중궁이었고; 언어(말재간)로는: 재아, 자공이었으며; 정치로는: 염유, 계로이고; 문학(文을 배움 즉 고대 전적에 기록된 성현의 통치이념인 도를 배움)으로는: 자유, 자하이다."

*진과 채 지역의 사건을 이해하기 위해서는, 〔左傳(좌전)〕〈哀公(애공) 6년〉과 〔史記(사기)〕〈孔子世家(공자세가)〉의 기록을 살펴볼 필요가 있다. 공자가 蔡(채)나라에 머문 지 3년이 되는 63세일 때 吳(오)나라가 陳(진)나라를 공격했고, 楚(초)나라는 그런 陳(진)나라를 돕기 위해서 군대를 파견하면서 공자를 초빙했다. 공자가 초나라로 가려고 하자 陳(진)나라와 蔡(채)나라 대부들이 두려워하여 공자를 포위했고, 이에 공자 일행은 중간에서 식량까지 떨어지는 상황에 봉착했다. 즉 공자가 본문에서 언급하는 바는, 절체절명의 순간에 생사고락을 함께 했던 제자들을 뜻하는 것이다. 또 이를 통해서, 본문의 내용은 공자가 노나라로 돌아온 68세 이후에 당시를 회고하면서 한 말임을 짐작할 수 있을 것이다. 아울러서 이 사건은 15-2와도 관련이 있으니, 참고하기로 한다.

*계로는 자로이다. 5-25에서도 설명한 바 있듯이, 자로가 당시에는 이미 季孫氏(계손씨) 즉 노나라 卿(경)인 季康子(계강자)의 家臣(가신)이었기 때문에 그렇게 표현한 것이다.

*본문에 나오는 文學(문학)은 오늘날의 문학이 아니라, 文(문: 고대전적들에 기록된 옛 성현들의 통치이념과 그 업적)을 學(학: 배움)하는 것으로 이해해야 한다. 즉 語順(어순)이 뒤바뀐 學文(학문)으로 해석해야 하는 것이다. 공자는 자유와 자하가 文(문)에 뛰어났다고 평가했는데, 자유에 관해서는 2-7과 17-4를 그리고 자하에 대해서는 3-8의 내용을 참고하면, 文(문)의 함의를 더욱 확실하게 깨달을 수 있을 것이다.

11-3: 子曰: "回也, 非助我者也。於吾言, 無所不說。"

공자가 이르시기를: "안회는, 나를 돕는 이가 아니다. 내가 말한 것에, 기뻐하지 않는 바가 없다."

*9-10에서 언급한 바 있듯이 이 역시 敎學相長(교학상장) 즉 가르침과 배움은 서로 성장하는 것이라는 도리를 천명하고 있는데, 여기서 다시 한 번 가르침의 의미가 무엇인지 살펴보기로 하자.

天命之謂性, 率性之謂道, 修道之謂敎。
하늘이 명한 것을 성이라 하고, 성을 따르는 것을 道(도)라 하며, 도를 닦는 것을 교라고 한다.　　　　　　　　〔禮記(예기)〕〈中庸(중용)〉

즉 옛 성현들의 통치이념인 道(도)를 갈고 닦는 것이 바로 敎(교: 가르침)이니, 이제 여기서 교학상장의 참뜻에 대해서 살펴보기로 하자.

玉不琢, 不成器; 人不學, 不知道。是故, 古之王者建國君民, 敎學爲先。兌命曰: "念終始典于學。" 其此之謂乎! 雖有嘉肴, 弗食不知其旨也; 雖有至道, 弗學不知其善也。是故, 學然後知不足, 敎然後知困。知不足, 然後能自反也; 知困, 然後能自强也。故曰: "敎學相長也。" 兌命曰: "學學半。" 其此之謂乎!

옥은 다듬지 않으면, 그릇이 되지 못하고; 사람은 배우지 않으면, 도를 알지 못한다. 이러한 까닭에, 옛날의 임금 된 자는 나라를 세우고 백성들을 다스림에, 가르침과 배움을 먼저 했다. 〔尙書(상서)〕〈說命(열명)〉에 이르기를: "삼가여 처음부터 끝까지 배움에 종사한다." 그것은 이를 일컫는 것일지니! 비록 좋은 안주가 있어도, 먹지 않으면 그 맛을 알지 못하고; 비록 지극한 도가 있어도, 배우지 않으면 그 선함을 알지 못한다. 이러한 까닭에, 배운 후에야 부족함을 알고, 가르친 후에야 어려움을 안다. 부족함을 알면, 그런 후에야 능히 스스로 돌이켜보고; 어려움을 알면, 그런 후에야 능히 스스로 힘쓴다. 따라서 이르기를: "가르침과 배움은 서로 성장한다." 〔尙書(상서)〕〈說命(열명)〉에 이르기를: "가르침[3]은 배움의 절반이 된다." 그것은 이를 일컫는 것일지니!   〔禮記(예기)〕〈學記(학기)〉

敎(교: 가르침)는 道(도: 성현들의 통치이념)를 닦는 것이고, 學(학: 배

---

3) 〔尙書(상서)〕〈說命(열명)〉을 보면 원문이 "惟斅學半。(가르침은 배움의 절반이 된다.)"로 되어있다. 따라서 〔예기〕는 잘못 기록된 것임을 알 수 있다.

움)은 文(문: 성현들의 통치이념과 업적의 기록)을 이해하는 것이다. 道(도)를 닦아야 道(도)의 어려움을 알고, 文(문)을 배워야 文(문)의 부족함을 알게 된다. 그리고 1-1이래로 줄곧 강조했듯이, 道(도)와 文(문)은 사실상 서로 통하는 말이다. 따라서 가르침과 배움은 결국 서로 성장하는 것이다.

이와 관련하여 6-1을 보면, 중궁이 자상백자의 인품이 어떤지 묻자, 공자는 괜찮은 인물이라고 대답한다. 이에 중궁이 "자신에게 신중치 못하고 관대한 태도를 보이면서 타인의 실수를 개의치 않는 대범함을 보이면, 오히려 지나치게 대범한 것이 아닙니까?"라며 반문하고, 공자는 중궁의 말이 옳다면서 자신의 잘못을 바로 시인한다.

또 17-4를 보면, 공자가 거문고에 맞춰 부르는 노랫소리를 듣고는 미소를 지으며, 닭을 잡는데 어찌 소 잡는 칼을 쓰느냐고 말한다. 이에 자유가 "예전에 스승께서 군자가 도를 배우면 타인을 사랑하고, 소인이 도를 배우면 쉬이 부릴 수 있다고 말씀하셨잖습니까?"라며 반문하고, 공자는 자유의 말이 옳다면서 자신의 잘못을 바로 시인한다.

이제 다시 본문의 내용을 살펴보면, 공자의 취지를 명확하게 이해할 수 있다. 즉 공자는 안회와의 敎學(교학)을 통해서 자기의 허물을 발견하고 또 고치고자 했는데, 안회는 매번 자기의 가르침을 받아들이기만 할 뿐이어서 정작 자기에게는 별 도움이 되지 않았다는 뜻이다. 여기서 공자는 道(도)의 중요한 구성요소들을 부각시키고 있음을 엿볼 수 있으니, 하나는 常(상: "부단한 노력, 항상 변치 않는 태도")이고, 또 하나는 改過勿吝(개과물린: 잘못을 고치는데 인색하지 마라) 즉 過則勿改憚(과즉물개탄: 허물이 있으면 곧 고치기를 거리끼지 마라)의 자세인 것이다.

11-4: 子曰: "孝哉, 閔子騫! 人不間於其父母昆弟之言。"

공자가 이르시기를: "효성스럽구나, 민자건이여! 사람들이 그 부모 형제의 (민자건을 칭찬하는) 말을 헐뜯지 않는다."

　*본문을 통해서 그의 가족들만 민자건을 효성스럽다고 칭찬한 것이 아니라, 모두가 그 가족들의 말에 동의하고 있음을 알 수 있다. 따라서 공자는 여기서 名實相符(명실상부)함이 중요하다는 것을 강조하고 있으니, 이는 일방적이 아닌 모두가 공감해야만 비로소 올바른 것이라는 뜻이다.

11-5: 南容三復白圭。孔子以其兄之子妻之。

남용이 ([시경]의) 맑게 잘 다듬은 서옥(이라는 구절)을 세 번(수차례) 되풀이했다. 공자는 그런 까닭에 형의 자식을 그(남용)에게 시집보냈다.

　*본문의 三(삼) 역시 세 번이 아니라 "수차례, 여러 차례"로 번역해야 한다. 5-1에서 비교적 자세하게 설명한 바 있듯이, 남용이 [詩經(시경)] 〈大雅(대아)·抑(억)〉의 "흰 구슬의 흠은, 오히려 갈아서 고칠 수 있지만; 이 말의 흠은 갈아 고칠 수 없네"라는 구절을 여러 번 되

풀이하자, 공자는 남용이 말을 신중하게 하는 인물임을 깨닫고 형의 딸을 그에게 시집보냈다. 그래서 공자는 5-1에서도 "남용은 말을 신중하게 하므로 나라에 도가 있으면 충언을 다함으로써 버려지지 않을 것이고, 나라에 도가 없으면 말을 아끼기 때문에 임금의 심기를 건드리지 않아서 사형을 면할 것이다"라고 평가한 것이다.

〈大雅(대아)·抑(억)〉의 주제에 대해서, 〔毛詩傳(모시전)〕은 "衛武公刺厲王, 亦以自警也。(위나라 무공이 여왕을 비판했는데, 또한 그럼으로써 스스로를 경계한 것이다.)"라고 밝힌 바 있다. 이제 이 구절이 포함된 2장을 살펴보자.

質爾人民, 謹爾侯度, 用戒不虞。
愼爾出話, 敬爾威儀, 無不柔嘉。
白圭之玷, 尙可磨也; 斯言之玷, 不可爲也。

그대의 백성들이 질박하도록 하고, 그대의 제후(선조)의 법도를 삼가며, 조심하고 주의하여 편안해하지 말 것이니.

그대의 말을 함을 삼가고, 그대의 몸가짐을 삼가면, 온화한 미덕이 없음이 없네.

흰 구슬의 흠은, 오히려 갈아서 고칠 수 있지만; 이 말의 흠은 갈아 고칠 수 없네.

3-8에서 설명했다시피, 춘추시대에는 〔시경〕을 인용하여 자신의 의중을 피력하는 것이 매우 보편화되어있었는데, 그 이유는 유력한 근거를 인용하여 말함으로써 자신의 말에 설득력을 높이기 위해서이다. 이러한 〔시경〕의 인용은 크게 작품과 본인의 뜻이 완전히 부합되는 경우와 어느 정도 일맥상통하는 경우 그리고 전혀 맞지 않는 견강

부회의 세 가지로 나눌 수 있는데, 이제 위 본문의 상황과 이 작품의 주제 및 세부 구절의 함의를 연결해서 살펴보면, 모두 그 취지가 맞아떨어지고 있음 즉 첫 번째 경우에 해당되고 있음을 알 수가 있다.

11-6: 季康子問: "弟子, 孰爲好學?" 孔子對曰: "有顔回者好學。不幸, 短命死矣。今也, 則亡。"

【문답법】
계강자가 묻기를: "제자들 중에서, 누가 배움을 좋아하오?"
공자가 대답하기를: "안회라는 이가 있어서 배우기를 좋아합니다. 불행하게도, 단명하여 죽었습니다. 이제는, 없습니다."

*1-1에서 "배우고 늘 그것을 익히면, 또한 기쁘지 아니한가?"라고 했다. 안회는 누추한 곳에 살면서 늘 굶주림에 허덕이면서도 이를 항상 실천함으로써 즐거워한 인물이었기에, 공자가 이처럼 대답한 것이다.

*이러한 내용은 6-2에도 보이고 있다. 애공이 "제자들 중에서, 누가 배움을 좋아하오?"라고 묻자, 공자는 "안회라는 이가 있으니 배움을 좋아합니다. 화를 옮기지 않고, 잘못을 거듭하지 않는데, 불행히 단명하여 죽었습니다. 지금은, 곧 없으니, 배우기를 좋아하는 이를 듣지 못했습니다"라고 대답했다. 이제 이 둘을 비교해보면, 공자는 임금인 애공이 묻자 비교적 상세하게 대답한 반면, 卿(경)인 계강

자의 물음에는 상대적으로 간략하게 대답하고 있음을 알 수 있다. 그렇다면 공자는 왜 같은 질문에 이처럼 다른 태도를 취한 것일까?

　　이는 당시 노나라의 상황을 고려해야하니, 三桓(삼환) 중 하나인 계씨 즉 계강자가 임금인 애공을 진심으로 섬기고 따르지 않았기 때문이다. 공자가 무엇보다도 강조한 道(도)의 구성요소가 仁(인)일진데, 어찌 계강자를 기꺼운 마음으로 대할 수 있었겠는가? 하지만 공자는 9-15에서 "나가면, 곧 공(임금)과 경을 섬기고; 들면, 곧 아버지와 형님을 섬긴다"고 했다. 따라서 卿(경) 역시 필경 자기의 윗사람이기에, 仁(인)을 실천하고자 한 것이다. 공자의 이러한 심리는 14-21의 "나는 대부의 말석을 따랐기 때문에, 감히 알리지 않을 수 없는 것이다"라는 말에서도 여지없이 드러나고 있으니, 함께 연계하여 살펴볼 필요가 있다.

11-7: 顔淵死。顔路請子之車以爲之槨。子曰: "才不才, 亦各言其子也。鯉也死, 有棺而無槨。吾不徒行以爲之槨。以吾從大夫之後, 不可徒行也。"

【대유법】

안연이 죽었다. 안로가 공자의 수레로 외관을 해줄 것을 청했다. 공자가 이르시기를: "재능이 있건 없건, 역시 각자 그 자식을 말한다. 리가 죽었을 때, 내관은 있지만 외관은 없었다. 나는 (수레를 팔아서) 걸음으로써 외관을 해주지는 않을 것이다. 나는 대부를 지냈기 때문에, 걸어 다닐 수 없다."

*안로는 顔無繇(안무요)인데, 字(자)가 路(노)이다. 〔史記(사기)〕〈孔子世家(공자세가)〉에 의하면 그는 안연의 부친이었고, 역시 공자의 제자였다고 한다.

 *〔孔子家語(공자가어)〕에 따르면, 공자는 20세에 아들을 얻었다고 한다. 당시 노나라 昭公(소공)이 鯉魚(리어: 잉어)를 보내 축하했으므로 아들의 이름을 鯉(리)라고 지었다고 하는데, 주지하다시피 〔공자가어〕는 현재 僞書(위서)로 판단되기 때문에 참고만 하기로 한다.

 또 〔史記(사기)〕〈孔子世家(공자세가)〉에 따르면, 리는 字(자)가 伯魚(백어)이고 50세에 죽었다고 한다. 결국 공자가 70세일 때 세상을 떠난 것인데, 본문을 통해서도 알 수 있듯이 공자가 71세일 때 41세를 일기로 죽은 안연보다 1년 먼저 세상을 떠난 것이다.

 *〔史記(사기)〕〈孔子世家(공자세가)〉에 의하면, 안연은 哀公(애공) 14년 즉 공자가 71세 때 죽었다고 한다. 또 〔史記(사기)〕의 〈仲尼弟子列傳(중니제자열전)〉에서 안연은 공자보다 30세 어리다고 했으니, 그는 41세를 일기로 세상을 떠난 것이다. 이때는 공자가 이미 衛(위)나라에서 노나라로 돌아온 68세 이후인데, 만약 이때 공자가 아직 노나라로 돌아오지 않았다면 제자들과 함께 계속 이동했을 터이니, 안로가 수레를 팔자고 요구하지도 않았을 것이다. 즉 司馬遷(사마천)의 주장은 상당히 타당성이 있다.

 *〔史記(사기)〕〈孔子世家(공자세가)〉에 의하면, 공자는 정공 14년 즉 56세에 大司寇(대사구: 형조판서)에서 대부가 되었다. 그런데 공자의 얼굴에 기쁜 기색이 있자, 제자들이 "군자는 화가 닥쳐도 두려워하지 않고, 복이 찾아와도 기뻐하지 않는다고 들었습니다"라며 그 까닭을 물었고, 이에 공자는 "그와 같은 말이 있다. (하지만) 아랫사람을 귀히 여김으로써 그들을 기쁘게 한다고 하지 않더냐?"라고 대답했다고 한다.

여기서 "아랫사람을 귀히 여김으로써 그들을 기쁘게 한다고 하지 않더냐?"라는 말에 주의할 필요가 있는데, 이 말의 원문을 보면 "不曰樂其以貴下人乎?"이니, 其(기)와 下人(하인)은 아랫사람으로 바로 백성들을 가리킨다. 즉 공자의 말은 "나는 대부가 되어서도 백성들 위에서 군림하거나 함부로 명령하지 않고, 오히려 그들을 공경하고 아끼며 소중히 여길 것이다. 그렇기 때문에 백성들이 이에 기뻐하게 될 것이다"라는 의미를 함축하고 있는 것이다. 따라서 공자가 대부가 되었을 때 기뻐한 이유는, 다름 아닌 道(도)를 펼침으로써 백성들을 기쁘게 할 수 있는 기회를 얻게 되어서임을 알 수 있다.

이제 상술한 개념과 본문의 마지막 구절인 "나는 대부를 지냈기 때문에, 걸어 다닐 수 없다"는 말과 연결시켜보면, 공자는 자신이 대부를 지냈다는 사실에 대해서 대단한 자부심을 지닌 것이 아니라, 예악제도를 중시하기 때문에 대부의 직위에 해당되는 규율을 어길 수 없다는 취지로 그렇게 말한 것임을 알 수 있다.

하지만 여기서 공자는 형식인 禮(예)보다 내용이 되는 仁(인)이 더 우선 되어야 한다고 보았음을 다시 한 번 강조해야 하니, 10-13의 "임금이 명하여 부르시면, 멍에 매는 것을 기다리지 않고 가셨다"라는 표현을 상기할 필요가 있다.

*본문에서 공자는 자기의 아들 리가 죽었을 때도 외관을 해주지는 않았으니, 안연에게 외관을 해줄 수는 없다며 안로의 요청을 거절한다. 이는 어떤 의미를 함축하고 있을까? 7-23에서 공자는 "너희들은 내가 숨긴다고 여기느냐? 나는 너희에게 숨기는 것이 없다. 나는 너희와 더불어 행하지 않는 것이 없으니, 이가 바로 나 공구이다"라고 말한 바 있으니, 즉 공자는 지식과 처우에 있어서 모두에게 공평에게 대한다는 의미인 것이다. 공자의 이러한 中(중: 한쪽으로 치우치지

않고 공정함)을 견지하는 자세는 16-13의 "또 군자는 자기 자식을 멀리 함을 들었다"라는 표현에서도 명확하게 드러나고 있으니, 함께 연결 하여 이해할 필요가 있다.

11-8: 顏淵死。子曰: "噫! 天喪予, 天喪予!"

【영탄법】

안연이 죽었다. 공자가 이르시기를: "아아! 하늘이 나를 잊었구나, 하늘이 나를 잊었구나!"

*6-8에서 제자 백우가 병에 걸리자, 공자는 그의 손을 잡고 "그를 잃는 것이, 하늘의 뜻인가! 이 사람이 이런 병에 걸리다니. 이 사람이 이런 병에 걸리다니!"라며 한탄했는데, 공자는 이를 통해서 하늘의 뜻은 아무도 알 수 없으므로 더욱 더 삼가여 부단히 노력해야 한다는 새옹지마의 도리를 강조한 것이라고 설명한 바 있다. 그런데 안연이 죽자, 공자는 한 걸음 더 나아가 "아아! 하늘이 나를 잊었구나!"라며 대성통곡하고 있으니, 공자의 안연에 대한 기대가 얼마나 컸는지 충분히 짐작하고도 남음이 있다.

주지하다시피, 공자에게는 훌륭한 제자가 많이 있었으나, 그래도 가장 으뜸이라고 할 수 있는 인물이 안연이었다. 특히 6-18에서 설명한 바 있듯이, 공자와 제자들이 陳(진)나라와 蔡(채)나라 사이에서 곤경에 처하자 제자들의 불만이 점점 커졌고, 공자는 안회에게 "나의 道(도)에 어떤 잘못이 있기에 이 지경에 이르게 되었을까?"라며 물었다. 이에 안회는 "스승의 도가 너무 커서 받아들여지지 않으나, 도가 받아들여지지 않는 것은 우리의 치욕이고 또 인재를 기용하지 못하는 것은 지도자의 치욕입니다. 받아들여지지 못할 때 비로소 군자의 참모습이 드러나니, 무슨 걱정이 있겠습니까?"라고 대답했고, 공자는 "안씨 집안에 이런 인재가 있었던가! 네가 높은 자리에 있게 되면, 나는 네 밑에서 일하겠다!"라고 말하며 크게 기뻐했으니, 공자는 안회가 대동사회의 요임금이나 순임금과도 같은 성인이 될 그릇이라고 생각했던 것이다.

그렇다면, 공자는 어떤 이유로 하늘이 자기를 잊었다고 한 것일까? 7-22에서 "하늘이 나에게 덕이 있도록 하셨으니, 환퇴가 나를 어찌 하겠는가?"라고 자신 있게 말한 바 있듯이, 공자는 德(덕)을 지닌 인물은 쉬이 환난에 빠지지 않는다고 굳게 믿고 있었다. 그런데 하늘이 이제 자기가 가장 아끼는 제자마저 데려갔으니, 더 이상 공자에게 존재의 이유를 부여하지 않았다는 것이다. 즉 하늘이 애초에 공자로 하여금 세상에 道(도)를 알리도록 했는데, 이제 공자의 가장 큰 버팀목인 안연을 죽게 했으니, 더 이상은 공자에게 세상에 道(도)를 알리는 임무(세상에 존재해야 할 이유)를 부여하지 않는다는 뜻인 것이다. 공자에게 있어서, 과연 이것보다 더 큰 실망의 이유가 있을까?

11-9: 顏淵死。子哭之慟⁴⁾。從者曰: "子慟矣。"曰: "有慟乎? 非夫人之爲慟而誰爲?"

【설의법】

안연이 죽었다. 공자가 곡을 하는데 너무나도 슬퍼하셨다. 따르는 이가 말하기를: "스승께서 너무나도 슬퍼하십니다.(지나치게 슬퍼하시니 걱정됩니다.)"(공자가) 이르시기를: "너무나도 슬퍼함이 있더냐?(내가 그리도 슬퍼하더냐?) 저 사람(안회)을 위해서 너무나도 슬퍼하지 않으면 누구를 위하겠는가?(누구를 위해서 이처럼 슬퍼하겠는가?)"

*본문의 내용은 11-15의 過猶不及(과유불급)과 반드시 함께 엮어서 이해해야 하니, 즉 자하는 슬픔을 누르지 못해서 선왕의 예를 다하지 못했으니 부족한 것이고, 반면에 자장은 슬픔이 모자라서 선왕의 예를 다했으니 지나친 것이다. 따라서 공자는 이를 통해서 中(중: 한쪽으로 치우치지 않는 객관성과 공정함)을 강조하고 있는데, 정작 본문에서는 공자가 지나치게 슬퍼하자 제자들이 이처럼 걱정한 것이다.

11-3에서 언급했듯이, 敎學相長(교학상장) 즉 배운 후에야 부족함을 알고 가르친 후에야 어려움을 안다고 했던가? 이를 보면, 이성과 감성의 조절은 참으로 쉬운 일이 아닌 듯하다. 그럼에도 불구하고 공사의 이러한 모습을 보면, 그 역시 우리와 같은 감정을 지닌 사람이었다는 사실을 새삼 깨달을 수 있지 않은가?

---

4) 慟(통): 서러워하다, 대단히 슬퍼하다.

11-10: 顔淵死。門人欲厚葬之。子曰：“不可。”門
人厚葬之。子曰：“回也，視予猶父也，予不
得視猶子也。非我也，夫二三子也。”

【직유법】
안연이 죽었다. 문하의 제자들이 그에게 후하게 장례를
치러주고자 했다. 공자가 이르시기를: “허락할 수 없다.”
문하의 제자들이 그에게 후하게 장례를 치러주었다. 공자가
이르시기를: “회는, 나를 아비와도 같이 보았는데, 나는
아들과도 같이 볼 수 없다. 내가 아니라, 저 몇몇 이들이다.”

　*여기서 공자는 11-7에서 이미 언급한 바 있는 道(도)의 중요한 구
성요소인 中(중), 즉 공정하고도 객관적인 태도를 다시 한 번 강조하
고 있다. 따라서 이 역시 7-23의 “너희들은 내가 숨긴다고 여기느냐?
나는 너희에게 숨기는 것이 없다. 나는 너희와 더불어 행하지 않는
것이 없으니, 이가 바로 나 공구이다” 및 16-13의 “또 군자는 자기 자
식을 멀리함을 들었다”라는 표현과 함께 엮어서 이해할 필요가 있다.
좀 더 구체적으로 말해서, 안회는 공자를 아비처럼 따랐고 공자 역시
안회를 아들처럼 여겨서 자기의 친아들 鯉(리)와 똑같이 장례를 치러
주고자 했는데, 제자들의 반대로 그렇게 하지 못했으니 너무나 안타
깝다며 한탄하고 있는 것이다.

11-11: 季路問事鬼神。子曰："未能事人, 焉能事鬼?""敢問死。"曰："未知生, 焉知死?"

季路問事鬼神。子曰："未□□□, 焉□□□?""敢問死。"曰："未□□, 焉□□?"

【대구법, 문답법, 설의법】

계로가 귀신을 섬기는 것에 대해 물었다. 공자가 이르시기를: "아직 사람을 섬길 수 없는데, 어찌 귀신을 섬길 수 있겠는가?" (계로가 말하기를:) "감히 죽음에 대해서 여쭙습니다." (공자가) 이르시기를: "아직 삶을 알지 못하는데, 어찌 죽음을 알겠는가?"

*이는 6-20의 "백성들의 공적인 것에 힘쓰고, 귀신을 공경하되 멀리하면, 지혜롭다고 할 수 있다"와 7-20의 "공자는 괴이한 힘과 신령을 어지럽힘에 대해서는 말하지 않으셨다"는 말을 살펴보면 쉬이 이해할 수 있으니, 바로 현실에서의 삶을 중시하는 태도를 강조하고 있는 것이다. 특히 7-34에서 공자가 병에 걸리자 자로가 기도하기를 청했는데, 이에 공자는 "아프면 낫게 해달라고 기도한 사례가 있느냐?"며 오히려 자로에게 반문하고 있으니, 바로 이것이 초현실적인 힘에 의탁하려고 하지 않는 자세이다. 이와 관련하여 다시 한 번 鬼(귀)와 神(신)의 의미에 대해서 짚고 넘어갈 필요가 있다.

氣也者, 神之盛也; 魄也者, 鬼之盛也。合鬼與神, 敎之至也。衆生必死, 死必歸土, 此之謂鬼。骨肉斃于下, 陰爲野土; 其氣發揚于上, 爲昭明。焄蒿悽愴, 此百物之精也, 神之著也

氣(기)는 神(신)의 왕성함이고; 魄(백)은 鬼(귀)의 왕성함이다. 鬼(귀)와 神(신)을 합한 것이, 敎(교: 가르침)의 지극함이다. 살아있는 모든 것은 반드시 죽고, 죽으면 반드시 흙으로 돌아가는데, 이를 鬼(귀)라고 한다. 뼈와 살은 아래(흙)로 엎어져서, 陰(음)으로 들판의 흙이 되고; 그 氣(기)는 위로 일어나서, 밝고 명확하게 된다. 기운이 서려 올라 오싹해지는 것, 이는 온갖 것들의 精氣(정기)이니, 神(신)의 분명히 드러남이다. 〔禮記(예기)〕〈祭義(제의)〉

즉 공자는 鬼(귀)와 神(신)이란 죽은 선조들의 기백이니 정성을 다해서 모셔야하지만, 현실적인 삶은 귀신과는 상관없으므로 스스로의 의지에 따라야한다고 천명하고 있는 것이다.

11-12: 閔子侍側, 誾誾如也; 子路, 行行如也; 冉有子貢, 侃侃如也。子樂。"若由也, 不得其死然。"
□□□□, □□如也; □□, □□如也; □□□, □□如也。子樂。"若由也, 不得其死然。"

【대구법, 직유법, 대유법】

번역: 민자건이 곁에서 (공자를) 모심에, 온화하였고; 자로는, 의지가 굳세었으며; 염유와 자공은 안온하였으니, 공자가 (이러한 태도를) 즐거워하셨다. (하지만) "자로와 같은 이는, 제 명에 죽지 못할 것이다"라고 하셨다.

*본문의 취지를 이해하기 위해서는, 먼저 7-14의 내용을 살펴봐야 한다. 이어서 〔左傳(좌전)〕〈哀公(애공) 15년〉과 〔史記(사기)〕의 〈仲尼弟子列傳(중니제자열전)〉에 따르면, 공자가 衛(위)나라에서 노나라로 다시 돌아온 후 72세가 되었을 때, 자로는 위나라 出公(출공) 輒(첩)의 대부인 孔悝(공회)가 다스리는 지역의 邑宰(읍재: 고을 원님)를 맡고 있었다. 이때 靈公(영공)의 부인인 南子(남자)를 죽이려다 실패하고 달아났던 첩의 아비 蒯聵(괴외)는 공회와 결탁하여 출공을 쫓아내고 임금이 되는데, 그가 바로 위나라 莊公(장공)이다. 이 소식을 들은 자로는 자신이 섬기는 군주를 배신한 공회를 죽이려했고, 子羔(자고)가 이를 말렸지만 결국 듣지 않고 공회를 죽이려하다가 오히려 목숨을 잃게 된다. 공자는 노나라에서 위나라가 혼란스럽다는 말을 듣고 "자고는 돌아오겠지만, 자로는 죽을 것이다"라고 예언했으니, 공자는 이처럼 자로의 굳건한 성격을 간파하고 말한 것이다. 이 사건은 13-7 및 15-1과도 연계되니, 함께 엮어서 이해할 수 있다.

11-13: 魯人爲長府。閔子騫曰:“仍舊貫, 如之何?
何必改作?”子曰:“夫人不言, 言必有中。”

【설의법】

노나라 사람이 장부라는 창고를 (다시) 만들었다. 민자건이
말하기를: “옛 것을 그대로 쓰면, 어떠한가? 굳이 고쳐지어야
하는가?” 공자가 이르시기를: “이 사람은 말을 (자주) 하지
않지만, 말을 하면 반드시 정곡을 찌른다.”

*여기서 공자는 민자건의 말을 통해서 道(도)의 중요한 구성요소
인 儉(검: 검소함)과 不言(불언: 말을 함부로 하지 않음)을 강조하고 있다.
특히 6-7과 11-4를 살펴보면 공자가 왜 11-2에서 “덕행으로는: 안연,
민자건, 염백우, 중궁이었다”고 평가했는지 짐작하고도 남음이 있으
니, 이처럼 민자건은 德(덕)을 몸소 실천함으로써 儉(검)과 不言(불언)
의 가르침을 일깨웠기 때문에 칭찬한 것이다.

11-14: 子曰:“由之瑟, 奚爲於丘之門?”門人不敬
子路。子曰:“由也, 升堂矣。未入於室也。”

【설의법, 대유법】

공자가 이르시기를: “유의 거문고를, 어찌 공구(나)의 집안에서
(연주)하는가?” (그 이후로) 문하생들이 자로를 정중하게 대하지

않았다. 공자가 이르시기를: "유는, 대청에 올랐으나(일정 수준에 올랐으나), 아직 방에 들어가지 못한 것이다(성인의 도를 깨우치지 못한 것이다)."

*여기서 거문고는 음악을 비유적으로 표현한 것인데, 8-9에서 음악은 엄격한 禮(조화로움을 위한 절제와 통제)의 형식을 보완하는 또 하나의 부드러운 형식으로, 조화로움을 위한 온유함을 의미한다고 설명한 바 있다. 그리고 11-12에서 공자는 자로의 지나치게 굳건하여 타협을 모르는 성격을 지적한 바 있다. 따라서 본문의 뜻은 자로가 道(도)의 구성요소인 義(의)와 勇(용)의 강함만을 깨닫고, 그 강함을 보완하는 부드러움의 요소들을 갖추지 못했다고 지적한 것이다. 이에 다른 제자들이 자로의 수준이 떨어진다고 생각하여 무시하자, 공자는 그들의 오해를 막기 위해서 좀 더 구체적으로 설명하고 있다. "자로의 수준이 떨어지는 것이 아니다. 道(도)는 强(강: 강함)과 柔(유: 부드러움)의 조화인데, 자로는 이미 義(의)와 勇(용)의 강함을 갖췄다. 나는 이제 자로에게 그 다음 단계인 부드러움을 갖춰야 참된 道(도)를 깨닫게 된다고 가르친 것이다."

이제 이와 관련하여 다음의 기록을 살펴보면, 본문의 뜻을 보다 명확하게 이해할 수 있을 것이다.

子路問强。子曰: 南方之强與, 北方之强與, 抑而强與? 寬柔以教, 不報無道, 南方之强也, 君子居之。衽金革, 死而不厭, 北方之强也, 而强者居之。故君子和而不流, 强哉矯! 中立而不倚, 强哉矯! 國有道, 不變塞焉, 强哉矯! 國無道, 至死不變, 强哉矯。

자로가 강함을 물었다. 공자가 말씀하시기를: 남방의 강함인가, 북방의 강함인가, 아니면 너의 강함인가? 너그럽고 부드러움으로 가르치고, 무도함에 보복하지 않는 것은, 남방의 강함이니, 군자가 머문다. 병기와 갑옷을 깔고(늘 전쟁을 하고), 죽어도 싫증내지 않는 것은, 북방의 강함이니, 따라서 흉포한 자가 머문다. 따라서 군자는 중에 서지 한쪽에 기대지 않으니, 강하도다 꿋꿋함이여! 중에 서서 기울어지지 않으니, 강하도다 꿋꿋함이여! 나라에 도가 있으면, 성실함이 변하지 않으니, 강하도다 꿋꿋함이여! 나라에 도가 없으면, 죽음에 이르러도 변하지 않으니, 강하도다 꿋꿋함이여!

〔禮記(예기)〕〈中庸(중용)〉

즉 진정한 강함이란, 바로 강함과 부드러움이 조화를 이룬 道(도)인 것이다.

11-15: 子貢問: "師與商也, 孰賢?" 子曰: "師也, 過; 商也, 不及。" 曰: "然則師愈與?" 子曰: "過猶不及。"
子貢問: "師與商也, 孰賢?" 子曰: "□也, □; □也, □□。" 曰: "然則師愈與?" 子曰: "過猶不及。"

【비교법, 대구법】
자공이 묻기를: "사(자장)와 상(자하) 중에, 누가 더 현명합니까?" 공자가 이르시기를: "사는, 지나치고; 상은, 모자란다." (자공이) 말하기를: "그렇다면 사가 더 낫습니까?" 공자가 이르시기를: "지나친 것은 모자라는 것과 같다."

*여기서는 不及(불급: 모자람)과 過(과: 지나침)의 기준이 무엇인지 명확하게 파악하는 것이 무엇보다 중요하다. 이를 이해하기 위해서는 먼저 1-12의 "예의 시행은 조화로움을 귀함으로 삼는다. 선왕의 도는, 조화를 좋은 일로 여기니, 작고 큰 것이 조화로 말미암는다. 하지만 행하지 않아야 할 바가 있으니, 조화로움만 알아서 조화롭고, 예로 조화로움을 절제하지 않으면, 역시 행해서는 안 된다"는 말을 살펴보아야 하니, 바로 禮(예)를 통해서 和(화: 조화로움)를 절제 및 통제하는 것이다. 이제 이와 관련하여, 다음의 기록을 살펴보자.

子貢越席而對曰: "敢問。將何以爲此中者也?" 子曰: "禮乎, 禮! 夫禮所以制中也。"

자공이 자리를 넘어가 대답하기를: "감히 묻습니다. 장차 무엇을 가지고 이러한 중을 행하는 것입니까?" 공자가 이르시기를: "예일지니, 예로다! 무릇 예라는 것은 중을 바로잡는 조건(원인)이다."

〔禮記(예기)〕〈仲尼燕居(중니연거)〉

禮(예)로 말미암아서 中(중: 한쪽으로 치우치지 않는 객관성과 공정함)을 바로잡는다고 했으니, 이는 바로 禮(예)를 통해서 和(화: 조화로움)를 절제 및 통제하는 것이 된다. 그렇다면 공자에게 있어서 中(중)과 和(화)는 어떤 의의를 지니고 있을까?

喜怒哀樂之未發, 謂之中, 發而皆中節, 謂之和。中也者, 天下之大本也, 和也者, 天下之達道也。致中和, 天地位焉, 萬物育焉。

희로애락이 드러나지 않은 것, 그것을 중이라고 일컫고, 드러나지만 모두 절도에 맞은 것, 그것을 화라고 한다. 중이라는 것은, 세상의 큰 근본이고, 화라고 하는 것은, 세상이 도에 닿은 것이다. 중과 화에 이르면, 천지가 자리를 잡고, 만물이 자란다.

〔禮記(예기)〕〈中庸(중용)〉

　윗글에 따르면 中(중)은 어느 한 쪽에 치우치지 않는 객관적이고 도 공정한 태도이고, 和(화)는 中(중)을 바탕으로 나아가 양쪽의 모순을 없애고 어우러지게 하는 것이다. 즉 먼저 中(중)을 갖추고 이를 기반으로 나아가 和(화)를 이뤄야 하는 것이다. 따라서 공자는 여기서도 道(도)의 내용이 되는 中(중)과 和(화)는 道(도)의 형식이 되는 禮(예)로 절제 및 통제해야한다고 말하고 있으니, 바로 내용과 형식을 모두 중시하는 태도이다. 이제 상술한 개념을 바탕으로 다음의 기록을 살펴보자.

> 子夏旣除喪而見。予之琴, 和之而不和, 彈之而不成聲。作而曰: "哀未忘也。先王制禮而弗敢過也。" 子張旣除喪而見。予之琴, 和之而和, 彈之而成聲。作而曰: "先王制禮不敢不至焉。"
> 자하가 이미 상을 치루고 (공자를) 뵈었다. (공자가) 그와 함께 거문고를 탔는데, 화답하기는 했지만 합치지 못했으니, 연주를 하기는 했지만 소리를 이루지는 못했다. (자하가) 일어나서 말하기를 "슬픔을 아직 잊을 수 없습니다. (하지만) 선왕께서 예를 제정하신 것이라서 감히 지나치지 못합니다." 자장이 이미 상을 치루고 (공자를) 뵈었다. (공자가) 그와 함께 거문고를 탔는데, 화답하여 합쳐졌으니, 연주를 하여 소리를 이뤘다. (자장이) 일어나서 말하기를: 선왕께서 예를 제정하신 것이라서 감히 지나치지 못합니다."

〔禮記(예기)〕〈檀弓上(단궁상)〉

11-9에서도 이미 언급했듯이, 자하는 슬픔을 누르지 못해서 선왕의 禮(예)를 다하지 못했으니 부족한 것이고, 반면에 자장은 슬픔이 모자라서 선왕의 禮(예)를 다했으니 지나친 것이다. 즉 공자에게 있어서 不及(불급: 모자람)과 過(과: 지나침)의 기준은 다름 아닌 禮(예)라서, 禮(예)가 지나치거나 禮(예)가 모자라면 둘 다 中(중)과 和(화)에 이르지 못하니, 결국에는 같은 것이다.

따라서 공자는 禮(예)를 통해서 이성과 감성을 조율하는 中(중: 한쪽으로 치우치지 않는 객관성과 공정함)과 和(화: 양쪽을 모두 아우르는 조화로움)를 강조하고 있는데, 바로 여기서 賢(현: 현명함)의 정의가 명확하게 드러나니 "禮(예)로 이성과 감성을 조율하여 中(중)과 和(화)로 이르게 함"이다.

賢(현: 현명함): "禮(예)로 이성과 감성을 조율하여 中(중)과
和(화)로 이르게 함"

---

*1-7에서 자하는 공자가 죽은 후 사람들을 가르치면서 여생을 보냈는데, 훗날 아들이 죽자 너무나 서럽게 울어 결국 장님이 되었다고 소개한 바 있다. 이를 통해서 자하는 슬픔을 절제하지 못하는 성격의 소유자였음을 다시 한 번 확인할 수 있는데, 자유는 19-14에서 "초상을 치름은, 슬픔에 이르러서 멈추는 것이다"라고 한 바 있으니, 왜 슬픔에 이르러서 멈춰야 하는지 그 이유를 쉬이 이해할 수 있을 것이다.

*14-30에서 자공이 곧잘 사람들을 비교하여 평가하자, 공자는 "사는, 현명한가? 나는, 곧 겨를이 없다"고 말하여 자공의 그러한 태도

를 완곡하게 비판한 바 있으니, 본문에서도 자공의 타인을 비교하여
평가하려는 태도가 여과 없이 잘 드러나고 있음을 알 수 있다.

11-16: 季氏富於周公, 而求也爲之聚斂而附益之。
子曰:"非吾徒也。小子鳴鼓而攻之可也!"

【비교법, 대유법】
계씨는 주공보다 더 부유한데도, 염구는 그(계씨)를 위해
수탈하여 보태주었다. 공자가 이르시기를: "(염구는) 나의 제자가
아니다. 너희들은 그를 조리돌리어 책망해도(북에 그의 이름을 써서
붙인 다음에 북을 치며 돌아다님으로써 널리 알려도) 좋다."

*이는 7-14와 연계하여 살펴볼 필요가 있는데, 〔左傳(좌전)〕〈哀公
(애공) 11년〉에는 염유가 계강자를 위해서 군대를 이끌고 齊(제)나라
와 싸워 이기자, 당시 68세였던 공자가 염유를 義(의)로운 인물이라
고 평가했다는 기록이 있다. 義(의)는 계급상의 서열을 명확하게 하
고 그 서열에서 마땅히 지켜야 할 바를 목숨을 걸고 지키는 것이니,
공자는 염유가 노나라를 위해서 목숨을 건 사실에 대해서 높게 평가
한 것이다. 하지만 본문에서 공자는 그런 염유를 자기 제자가 아니라
며 신랄하게 비판하고 있으니, 이는 어찌 된 이유일까?
　이미 누차 설명한 바 있듯이, 공자에게 있어서 義(의)는 道(도)의
중요한 구성요소임이 틀림없다. 하지만 지금의 염유는 이미 충분히
부유한 계강자를 위해서 그렇지 못한 백성들을 다시 수탈했으니, 이
는 道(도)의 또 다른 구성요소인 儉(검: 검소함)과 和(화: 양쪽을 모두 아우

르는 조화로움)에 위배되는 행동인 것이다. 이제 이와 관련하여 다음의 기록들을 살펴보면, 공자의 뜻을 명확하게 이해할 수 있을 것이다.

禹爲人敏給克勤; 其笱不違, 其仁可親。其言可信; 聲爲律, 身爲度。稱以出; 亹亹穆穆, 爲綱爲紀。(생략) 禹傷先人父鯀功之不成受誅, 乃勞身焦思, 居外十三年, 過家門不敢入。薄衣食, 致孝於鬼神。卑宮室, 致費於溝淢。(생략) 食少, 調有餘相給, 以均諸侯。

우는 사람됨이 민첩하고도 부지런했으니; 싹(바탕)은 어긋남이 없고, 인자함은 가까이할 수 있었다. 말은 믿을 수 있었으니; 말하면 규율이 되고, 행하면 법도가 되었다. (명확하게) 헤아려 드러내었으니; 부지런하고도 온화하여, 기강이 되었다. (생략) 우는 돌아가신 아버지 곤이 공을 이루지 못해 형벌을 당한 것이 마음 아팠기에, 이에 몸을 수고롭게 하고 애태우며, 밖에서 지낸 지 13년 동안, 집 문을 지나도 감히 들어가지 않았다. 입고 먹는 것을 소홀히 하고, 귀신을 극진히 섬겼다. 거처를 누추하게 하고, 수로에 비용을 다 썼다. (생략) 식량이 적으면, 남음이 있는 곳에서 옮겨 서로 공급하여, 그럼으로써 제후들을 고르게 하였다. 〔史記(사기)〕〈夏本紀(하본기)〉

帝舜謂禹曰: "女亦昌言。" 禹拜曰: "於, 予何言! 予思日孳孳。" 皐陶難禹曰: "何謂孳孳?" 禹曰: "(생략) 與益予衆庶稻鮮食。(생략) 與稷予衆庶難得之食。食少, 調有餘補不足, 徙居。衆民乃定, 萬國爲治。" 皐陶曰: "然, 此而美也。"

순임금이 우에게 말했다: "그대 또한 덕이 있는 말을 해보시오." 우가 절하여 답했다: "아! 제가 어찌 말하겠습니까! 저는 하루 종일 부지런함을 생각하고 있습니다." 고요가 삼가 우에게 말했다: "무엇을 부지런하다고 일컫습니까?" 우가 말했다: "(생략) 직과 더불어 백성들에게 구하기 어려운 음식을 주고, 음식이 모자라면, 남음이 있는 것을 옮겨 부족함을 보충해주었으며, 옮겨 살게 했습니다. 백성들이 이에 안정되고 ,온 나라가 다스려졌습니다." 고요가 말했다: "그렇습니다. 이는 훌륭합니다."　　　〔史記(사기)〕〈夏本紀(하본기)〉

즉 道(도)는 그 구성요소 하나만 가지고 되는 것이 아니다.

道德仁義, 非禮不成。
도와 덕 그리고 어질음과 의로움은, 예가 아니면 완성시킬 수 없다.
〔禮記(예기)〕〈曲禮上(곡례상)〉

이처럼 모든 구성요소들이 유기적인 조화를 이루는 상호작용을 통해서 이뤄지는 것이다. 또한 본문을 통해서, 공자는 일관되게 그 사람의 장점과 단점을 명확하게 구분하여 객관적으로 판단하였음을 알 수 있다.

*〔史記(사기)〕〈孔子世家(공자세가)〉에 따르면, 대략 60세에 공자는 陳(진)나라에 머물렀다. 이때 季桓子(계환자)는 아들 季康子(계강자)를 불러 "옛날 노나라가 흥성할 수 있었음에도 내가 공자에게 죄를 지어 그러하지 못했다. 내가 죽으면 네가 내 뒤를 이을 터이니, 그때 반드시 공자를 불러들여라"고 유언했다. 이에 계강자는 아버지의 유언대로 공자를 불러들이려 했으나, 대부 公之魚(공지어)가 공자를 등용하면 끝이 좋지 않으니 그의 제자 冉求(염구 =염유)를 불러들이는 것이 낫다고 간언했고, 이에 계강자는 사신을 보내 염구를 불렀다. 따라서 본문의 계씨는 바로 계강자를 가리키는 것이다. 그리고 이때부터 염구는 계씨 집안의 가신이 된 것이니, 본문은 공자 나이 60세 이후의

일로 봐야 할 것이다. 하지만 위에서 이미 언급한대로 공자는 68세에 염유를 의로운 인물이라고 한 바 있으니, 결국 본문은 공자가 노나라에 돌아온 68세 이후에 있었던 일임이 틀림없다.

11-17: 柴也, 愚[5]; 參也, 魯; 師也, 辟; 由也, 喭。
□也, □; □也, □; □也, □; □也, □。

【대구법, 열거법】

시(자고)는, 고지식하고; 삼은, 둔하며(재빠르지 못하고 둔하며), 사는 편벽되고(한쪽으로 치우쳐 객관적이지 못하고); 유는 거칠다.(다듬어지지 않았다.)

*시는 高柴(고시)로 字(자)가 子羔(자고)이다. 〔史記(사기)〕의 〈仲尼弟子列傳(중니제자열전)〉에 따르면, 그는 공자보다 30세 어렸다고 한다.

*삼은 증삼 즉 증자를 뜻하고, 사는 자장을 가리키며, 유는 자로이다.

*11-16에서 道(도)는 그 구성요소 하나만 가지고 되는 것이 아니라, 모든 구성요소들의 상호작용을 통해서 이뤄지는 것이라고 설명한 바 있다. 따라서 공자는 본문을 통해서 각 제자들의 부족한 요소들을 지적함으로써, 그늘이 더욱 분발할 것을 요구하고 있는 것이다.

---

5) 愚(우): 고지식하다, 융통성이 없다.

11-18: 子曰: "回也, 其庶乎, 屢空。賜, 不受命而貨殖焉, 億, 則屢中。"

공자가 이르시기를 "안회는, (도에) 가까웠지만, (식량은) 자주 떨어졌다. 자공은, 천명을 받아들이지 않고 재물을 늘렸는데, 예측하면, 곧 자주 맞아떨어졌다."

 *안회는 잦은 굶주림 속에서 누추한 곳에 살았지만 道(도)를 배움에 항상 즐거워하였으니, 공자는 자기조차도 따라 하기 힘든 경지라고 극찬했다. 하지만 안회는 결국 41세라는 젊은 나이로 세상을 떠나게 된다. 반면에 자공은 뛰어난 언변과 예측으로 재물을 늘리고 출세했으니, 공자는 결국 여기서 다시 한 번 새옹지마의 도리를 논하고 있는 것이다.

 *자공이 예측하면 자주 맞아떨어졌다고 했으니, 이와 관련하여 [左傳(좌전)] 〈定公(정공) 15년〉의 기록을 살펴볼 필요가 있다. 邾(주)나라 隱公(은공)이 노나라를 방문하여 정공에게 玉(옥)을 선물로 주었다. 그런데 은공은 옥을 너무 높이 들어 몸이 올라갔고, 정공은 반대로 받는 자세가 너무 낮아 몸이 구부러졌다. 이에 자공은 그 모습을 보고 "몸이 올라간 것은 교만한 것이고 몸이 구부러지는 것은 기운이 없기 때문인데, 교만하면 난을 일으키고 기운이 없으면 병들기 쉽다. 정공이 주인이니, 먼저 돌아가실 것이다"라고 말했다. 그런데 실제로 정공이 그 해에 죽자, 공자는 "자공이 한 말이 불행하게도 맞아떨어졌다. 이 일로 자공은 말이 많은 인물이 될 것이다"라고 말했다.

11-19: 子張問善人之道。子曰: "不踐迹, 亦不入 於室。"

【대유법】

자장이 착한 사람의 도에 대해서 물었다. 공자가 이르시기를: "(성인의) 자취를 밟지 않으면, 방에 들어가지 못할 따름이다.(성인의 도를 깨우치지 못한다.)"

*자장은 2-18에서 녹봉 즉 벼슬 하는 것에 대해서 배우고자 했고, 12-14에서는 정치에 대해 물었으며, 12-20에서 士(사)의 통달이라는 것이 나라에서 반드시 명성이 있고, 집에서 반드시 명성이 있는 것이라고 답했고, 20-2에서는 어떻게 해야 정치에 종사할 수 있는지를 묻고 있다. 또한 19-15에서 자유는 "나의 벗 자장은, 어려운 일을 함에는 재능이 있는데, 그러하지만 아직 어질지는 못하다"고 했고, 19-16에서 증자는 "당당하도다! 자장이여. 하지만 함께 아울러서 어질음을 행하기는 어렵다"고 평가한 바 있다. 따라서 공자는 자장의 이러한 점을 지적하고 있는 것이니, 11-17에서 "사는 편벽되다"라고 평가한 바 있듯이 성급하게 정치에 참여하고자 하는 마음을 버리고, 옛 성현들의 통치이념인 道(도)의 구성요소들을 하나씩 배워가면서 실천하라고 훈계하고 있는 것이다.

14-45에서 공자는 "내가 (어른의) 자리에 자리를 잡음을 보고, 그 어른과 나란히 걸음을 보았소. 향상됨을 구하는 아이가 아니라, 빨리 이루기를 바라는 아이요"라는 말을 한 바 있다. 어쩌면 이는 자장에게도 적용되는 말이 아닐까?

11-20: 子曰: "論篤, 是⁶⁾與⁷⁾, 君子者乎? 色莊者乎?"
子曰: "論篤, 是與, □□者乎? □□者乎?"

【대구법, 설의법】

공자가 이르시기를: "논지가 독실하다고, 이에 따르면,
군자인가? 얼굴빛만 장엄한 사람인가?"

*본문은 6-14의 "축타의 말재주와 송나라 조의 미려함이 있지 않
고서는, 지금의 세상에서 화를 피하기가 어렵다"는 말을 다시 한 번
강조하고 있는 것으로 봐야 한다. 축타는 蔡(채)나라의 시조 蔡叔(채
숙)이 衛(위)나라의 시조인 康叔(강숙)의 형이므로 채나라가 먼저 歃血
(삽혈)하는 것이 맞는다는 것을 알면서도, 결국 감언이설로 위나라가
채나라보다 먼저 삽혈을 하게 만든 인물이다. 따라서 공자는 이를 통
해서, 논리적으로 말만 잘한다고 해서 道(도)를 배우고 부단히 노력
하여 실천하는 올바른 지도자는 아니라며 한껏 목소리를 높이고 있
는 것이다.

---

6) 是(시): 이에.
7) 與(여): 따르다, 쫓다.

11-21: 子路問: "聞, 斯行諸?" 子曰: "有父兄在, 如
之何其聞, 斯行之?" 冉有問: "聞, 斯行諸?"
子曰: "聞, 斯行之." 公西華曰: "由也, 問:
'聞, 斯行諸?' 子曰: '有父兄在.' 求也, 問:
'聞, 斯行諸?' 子曰: '聞, 斯行之.' 赤也, 惑,
敢問." 子曰: "求也, 退, 故進之. 由也, 兼
人, 故退之."

子路問: "聞, 斯行諸?" 子曰: "有父兄在, 如
之何其聞, 斯行之?" 冉有問: "聞, 斯行諸?"
子曰: "聞, 斯行之." 公西華曰: "由也, 問:
'聞, 斯行諸?' 子曰: '有父兄在.' 求也, 問:
'聞, 斯行諸?' 子曰: '聞, 斯行之.' 赤也, 惑,
敢問." 子曰: "□也, □, 故□之. □也, □
□, 故□之."

【문답법, 대구법】

자로가 묻기를: "(도를) 들으면, 이에 그것(들은 도)을 행합니까?"
공자가 이르시기를: "부형(아버지와 형님)이 계신데, 어찌
듣고, 이에 행하겠는가?" 염유가 묻기를: "(도를) 들으면,
이에 행합니까?" 공자가 이르시기를: "들으면, 이에 행하는
것이다." 공서화가 말하기를: "유가 묻기를: '들으면, 이에
행합니까?' 공자께서 이르시기를: '부형(아버지와 형님)이
계시다.' 구가, 묻기를: '들으면, 이에 행합니까?' 공자께서
이르시기를: '들으면, 이에 행하는 것이다.' 적은, 의아하여, 감히
여쭙습니다." 공자가 이르시기를: "구는, 움츠리고 사양하여(너무
소극적이라서), 따라서 나아가 힘쓰게 하였다. 유는, 혼자서 몇

사람을 당해내기에(너무 적극적이라서), 따라서 움츠리고 사양하게
하였다."

  *여기서 공자는 그의 교육관의 핵심인 "높은 것은 낮추고, 낮은
것은 높여주는 신축적인 中(중: 한쪽으로 치우치지 않고 공평함)을 다시 한
번 실천하고 있으니, 즉 사람의 특성에 맞춰서 변형시키는 맞춤형 교
육인 것이다. 따라서 자로는 義(의)와 勇(용)이 너무나도 강하여 쉬이
목숨을 버리려 하기 때문에 그러면 안 된다고 타이른 것이고, 염구는
자로에 비해 상대적으로 소극적이었기 때문에 적극적인 태도를 독려
한 것이다.

11-22: 子畏於匡, 顏淵後。子曰: "吾以女爲死矣。" 曰: "子在, 回何敢死?"

【설의법】
공자가 광 지역에서 위협을 당했는데(광 지역 사람들이 공자를
자신들을 괴롭혔던 양호라는 인물로 오인해 잡으려 들었는데), 안연이 뒤로
쳐졌다.(공자의 일행에서 뒤쳐졌다가 후에 따라왔다.) 공자가 이르시기를:
"나는 네가 죽었다고 생각했다." (안연이) 말하기를: "스승께서
계신데, 회(回)가 어찌 감히 죽겠습니까?"

*〔史記(사기)〕〈孔子世家(공자세가)〉에 따르면, 공자는 56세에 노나
라를 떠나 衛(위)나라에서 열 달간 머물렀다. 그리고 陳(진)나라로 가
려고 匡(광) 지역을 지나는데, 이때 말을 몰던 顏刻(안각)이란 인물이
예전에 이곳에 온 적이 있다고 했다. 그러자 광 지역 사람들은 안각
을 양호의 일행이라고 생각했는데, 양호는 이전에 광 지역 사람들을
다스리며 괴롭혔던 인물이다. 더군다나 공자의 모습이 양호와 닮아
서, 그들은 닷새 동안이나 공자 일행을 포위했다. 이 때 안연이 일행
과 떨어지게 되어 뒤쳐진 것이다. 이 사건은 9-5와 연계하여 이해할
수 있으니 참고하기로 한다.

*11-7과 11-8 그리고 11-9와 11-10을 보면, 공자와 안회가 師弟之
間(사제지간)을 뛰어넘어 父子之間(부자지간)에 버금가는 관계를 형성
하고 있었음을 알 수 있다. 따라서 자식이 아버지보다 먼저 죽는 것
은 도리가 아니기에, 안회가 이처럼 말한 것이다.

11-23: 季子然問: "仲由冉求, 可謂大臣與?" 子曰: "吾以子爲異之問, 曾由與求之問。所謂大臣者, 以道事君, 不可, 則止。今由與求也, 可謂具臣矣。" 曰: "然則從之者與?" 子曰: "殺父與君, 亦不從也。"

【문답법, 대유법】

계자연이 묻기를: "중유와 염구는, 큰 신하라고 말할 수 있습니까?" 공자가 이르시기를: "나는 그대가 다른 것에 대해 묻는다고 여겼는데, 이에 유와 구에 대해 묻는 것이군요. 소위 큰 신하란, 도로서 임금을 섬기다가, 안되면, 그만두는 것입니다. 지금 유와 구는, 평범한 신하라고 할 수 있지요." (계자연이) 말하기를: "그러면 (우리를) 따를 인물입니까?" 공자가 이르시기를: "아비와 임금을 죽이는 것은, 역시 따르지 않을 것입니다."

*계자연이 누구인지는 확실치 않다. 다만 季孫氏(계손씨)의 일가 사람인 것으로 판단할 뿐이다.

*본문을 통해서 공자는 자로와 염구가 비록 큰 신하가 될 재목은 아니지만, 그렇다고 仁(인: 임금을 진심으로 섬기고 따름)을 버리면서까지 계손씨를 돕지는 않을 것이라고 말하고 있다. 앞에서도 누차 말했지만, 노나라의 三桓(삼환) 즉 孟孫氏(맹손씨)와 叔孫氏(숙손씨) 그리고 계손씨는 대대로 임금을 진심으로 섬기지 않았다.

11-24: 子路使子羔爲費宰。子曰: "賊夫人之子。"
子路曰: "有民人焉, 有社稷焉。何必讀書,
然後爲學?" 子曰: "是故, 惡夫佞者。"

子路使子羔爲費宰。子曰: "賊夫人之子。"
子路曰: "有□□焉, 有□□焉。何必讀書,
然後爲學?" 子曰: "是故, 惡夫佞者。"

【대구법, 설의법】

자로가 자고로 하여금 비 지역의 원님이 되게 했다. 공자가
이르시기를: "저 사람의 자식을 해치는구나." 자로가 말하기를:
"백성들이 있고, 사직(나라)이 있습니다. 어찌 반드시 독서를
하고, 그런 후에야 배운다고 하겠습니까?(나랏일을 하면서도 배울 수
있지 않습니까?)" 공자가 이르시기를: "이런 이유로, 대저 말 잘하는
이를 미워한다."

*11-17에서 공자는 자고가 고지식한 단점이 있다고 지적한 바 있
다. 따라서 아직은 정치를 하기에 부족한 점이 많다고 생각한 것인
데, 자로는 오히려 나랏일을 하면서도 배울 수 있다는 그럴싸한 논리
로 공자를 설득하자, 공자가 이에 자로를 꾸짖은 것이다.

정치는 오직 백성들과 나라를 위해서 온 힘을 바치고 또 실수가
없어야 하니, 더욱이 연습이라는 것은 있을 수도 없다. 따라서 공자
는 옛 성현들의 통치이념인 道(도)를 충분히 이해한 후에야 정치를
해야 한다고 설명한 것인데, 자로는 오히려 나랏일을 하면서도 道(도)
를 배울 수 있다고 말하니, 이 얼마나 황당한 노릇이겠는가?

11-25: 子路, 曾晳, 冉有, 公西華, 侍坐。子曰：“以吾一日長乎, 爾毋吾以也。居, 則曰：‘不吾知也。’如或知爾, 則何以哉？”子路率爾而對曰：“千乘之國, 攝乎大國之間, 加之以師旅, 因之, 以饑饉, 由也, 爲之, 比及三年, 可使有勇, 知方也。夫子哂之。”求, 爾何如？”對曰：“方六七十, 如五六十, 求也, 爲之, 比及三年, 可使足民。如其禮樂, 以俟君子。”“赤, 爾何如？”對曰：“非曰能之, 願學焉。宗廟之事, 如會同, 端, 章甫, 願爲小相焉。”“點, 爾何如？”鼓瑟希, 鏗爾, 舍瑟而作。對曰：“異乎三子者之撰。”子曰：“何傷乎？亦各言其志也。”曰：“莫春者, 春服既成, 冠者五六人, 童子六七人, 浴乎沂, 風乎舞雩, 詠而歸。”夫子喟然嘆曰：“吾與點也。”三子者出, 曾晳後。曾晳曰：“夫三子者之言, 何如？”子曰：“亦各言其志也已矣。”曰：“夫子何哂由也？”曰：“爲國以禮, 其言不讓, 是故哂之。”“唯。求, 則非邦也與？”“安見方六七十, 如五六十 而非邦也者？”“唯。赤, 則非邦也與？”“宗廟, 會同, 非諸侯而何？赤也, 爲之小, 孰能爲之大？”

【문답법, 대유법, 설의법】

자로, 증석, 염유, 공서화가 (공자를) 모시고 앉았다. 공자가 이르시기를: "내가 (너희들보다) 하루 어른이라고 해서(나이가 좀 더 많다고 해서), 너희들은 나를 (어른으로) 여기지 말라.(어려워하지 말고 말해 보거라.) 평상시에, 곧 말하기를: '나를 알아주지 않는다'고 하니, 만일 혹 너희를 알아준다면, 어찌 하겠느냐?" 자로가 급작스럽게 대답하기를: "천승의 나라(제후국)가 큰 나라 사이에 끼어있고, 거기에 전쟁까지 더하여, 그로 인해서, 기근(식량이 모자라 백성들이 굶주리는 상태)이 있는데, 유가 다스려, 삼년이 되면, (백성들로) 하여금 용맹스러움이 있고, 도리를 알도록 하겠습니다." 스승께서, 미소를 지으셨다. (공자가 이르시기를:) "구야, 너는 어떠하냐?" (구가) 대답하기를: "나라가 육칠십 리 (혹은) 오육십 리에 필적한데, 구가, 다스려서, 삼년이 되면, 백성들을 충족하게 하겠습니다. 예악과 같은 것은, 그럼으로써 군자를 기다리겠습니다." "적아, 너는 어떠하냐?" (적이) 대답하기를, "할 수 있다고 말할 수 없으니, 배우기를 원합니다. 종묘의 일 (나랏일), 가령 회동(제후들의 회합)에서, 단(예복)과, 장보(예관)를 갖춘, 작은 보좌관이 되기를 원합니다." (공자가 이르시기를:) "점아, 너는 어떠하냐?" (점이) 거문고를 연주하다가 (소리가) 드물어지더니, 순간 치고는(거문고 줄을 짧고도 강하게 한 번 튕기고는), 거문고를 내려놓고 일어났다. (점이) 대답하기를: "세 사람의 사항(말한 내용)과 다릅니다." 공자가 이르시기를: "어찌 근심하는가? 단지 각자 그 뜻을 말한 것일 뿐이다." (점이) 말하기를: "늦은 봄, 봄철에 입는 옷이 다 만들어지면, 관을 쓴 이(성인) 대여섯 명, 동자(사내 아이) 예닐곱 명과, 기하에서 목욕하고, 무우(기우제를 지내는 곳)에서 바람을 쐬다가, 노래를 부르며 돌아오겠습니다." 스승께서 한숨을 쉬며 탄식하여 이르시기를: "나는 점을 따르겠다." 세 사람이 나가고, 증석이 뒤섰다.(뒤에 남았다.) 증석이 말하기를: "저 세 사람의 말이, 어떠합니까?" 공자가 이르시기를: "단지 각자 그 뜻을 말했을 따름이다." (증석이) 말하기를: "스승께서는 어찌 유에게 (유의 말에) 미소를 지으셨습니까?" (공자가) 이르시기를: "나라를 다스림은 예로서 하는 것인데, 그 말이 겸손하지 못했으니, 이 때문에 웃었다." (증석이 말하기를:) "예. 구는, 나라가 아닙니까? (구는 나라를 말한 것이 아닙니까?)" (공자가 이르시기를:) "어찌 육칠십 리 (혹은) 오육십 리에 필적함을 보고도, 나라가 아니라고 보겠는가?" (증석이 말하기를:) "예. 적은, 나라가 아닙니까? (적은 나라를 말한 것이 아닙니까?)" (공자가 이르시기를:) "종묘, 회동은, 제후가 아니고 무엇이겠는가? 적이 그것을 작다고 생각하면, 무엇이 큰 것이 될 수 있겠는가?"

*〔史記(사기)〕의 〈仲尼弟子列傳(중니제자열전)〉에 따르면, 증석은 曾蔵(증점)으로 字(자)가 晳(석)이다. 증자의 아버지로 알려져 있다.

*본문을 통해서 알 수 있는 것은 크게 두 가지로 압축할 수 있다. 하나는 공자의 제자들은 안회 등의 극소수를 제외하고는, 기본적으로 모두 정치에 참여하여 나라를 다스리고자 하였다는 점이다.

두 번째로 공자는 증점의 뜻에 따르겠다고 했으니 두 사람의 가치관이 일치하는데, 여기서 증점의 말에 주목할 필요가 있다. 늦은 봄 관을 쓴 성인 대여섯 명이 사내 아이 예닐곱 명을 데리고 나들이에 나섰다가 노래를 부르며 돌아오겠다는 것은, 결국 정치에 관심을 가질 필요가 없는 태평성대를 일컫는 것이니, 바로 공자의 도달할 수 없는 이상향인 대동의 사회를 그리고 있는 것이다. 그리워해도 닿을 수 없는 춘추시대라는 현실에서, 공자는 역설적이게도 시대의 아픔을 노래하며 웃고 있는 것이다. 여기서 대동사회의 단면을 보여주는 鼓腹擊壤歌(고복격양가)를 다시 한 번 음미해보도록 하자.

治天下五十年, 不知天下治歟, 不治歟, 億兆願戴己歟, 不願戴己歟。
問左右, 不知, 問外朝, 不知, 問在野, 不知。乃微服, 游於康衢, 聞
童謠曰: 立我烝民, 莫非爾極, 不識不知, 順帝之則, 有老人, 含哺鼓
腹, 擊壤而歌曰: 日出而作, 日入而息, 鑿井而飮, 耕田而食, 帝力,
何有於我哉。

세상을 다스린 지 50년, 세상이 다스려지는지 다스려지지 않는지,
억조(수많은 백성)가 자기를 원하는지 원하지 않는지 알 수가 없었
다. 좌우에 물었으나, 알지 못하고, 조정 바깥으로 물었으나, 알지
못했으며, 재야에 물었으나, 알지 못했다. 이에 미복하고, 큰 거리
로 나아가니, 동요가 들렸는데 이르기를: 우리 많은 백성을 일으킴
에, 그대의 지극함이 아닌 것이 없네. 알지 못하는 사이에, 임금의
법을 따른다고 하였다. 한 노인이 있어, 입에 음식을 잔뜩 물고 배
를 두드리며, 땅을 치며 노래하기를: 해가 뜨면 일하고, 해가 지면
쉬며. 우물을 파서 마시고, 밭을 갈아서 먹으니, 임금의 힘이, 어찌
나에게 있을까라고 하였다.   〔十八史略(십팔사략)〕〈五帝篇(오제편)〉

하지만 이 부분을 통해서 공자는 궁극적으로 정치에 관심이 없었
던 것이라고 주장하는 경우가 있는데, 이는 공자의 생애를 살펴보면
쉬이 알 수 있듯이 詭辯(궤변)에 불과하다. 공자는 한평생을 道(도) 즉
성인들의 통치이념을 세상에 전파하는데 힘썼는데, 어찌 정치에 관
심이 없었다고 말할 수 있겠는가?

또 벼슬에 관심이 없었던 것이라고 주장하는 경우도 있는데, 이
역시 근거 없는 주장이다.〔史記(사기)〕〈孔子世家(공자세가)〉에 의하
면, 공자는 정공 14년 즉 56세에 大司寇(대사구: 형조판서)에서 대부가
되었다. 이에 공자는 기뻐하며 "不曰樂其以貴下人乎?(아랫사람을 귀히

여김으로써 그들을 기쁘게 한다고 하지 않더냐?)"라고 말했으니, 이는 "내가 대부가 되었으니 백성들 위에서 군림하거나 함부로 명령하지 않고, 오히려 그들을 공경하고 아끼며 소중히 여길 것이다. 그렇기 때문에 백성들이 이에 기뻐하게 될 것이다"라는 의미를 함축하고 있다. 즉 공자는 높은 벼슬에 오를수록, 道(도)를 세상에 알리기가 더 쉽다고 판단한 것이다.

第12章: 顔淵(안연)

12-1: 顏淵問仁。子曰:"克己復禮爲仁。一日克己
復禮, 天下歸仁焉。爲仁由己, 而由人乎哉?
顏淵曰:"請問其目。子曰:"非禮勿視, 非禮
勿聽, 非禮勿言, 非禮勿動。"顏淵曰:"回, 雖
不敏, 請事斯語矣。"

顏淵問仁。子曰:"克己復禮爲仁。一日克己
復禮, 天下歸仁焉。爲仁由己, 而由人乎哉? 顏
淵曰:"請問其目。子曰:"非禮勿□, 非禮勿
□, 非禮勿□, 非禮勿□。"顏淵曰:"回, 雖不
敏, 請事斯語矣。"

【대구법, 열거법, 설의법, 문답법】

안연이 어질음에 대해서 물었다. 공자가 이르시기를: "자기를
이겨내고 예를 회복하는 것이 어질음을 행하는 것이다.
하루라도 자기를 이겨내고 예를 회복하면, 천하가 어질음을
회복할 것이다. 어질음을 행하는 것은 자기로부터 비롯되는
것이지, 남으로부터 비롯되는 것이겠는가?" 안연이 말하기를:
"그 강령을 듣고 싶습니다." 공자가 이르시기를: "예가 아니면
보지 말고, 예가 아니면 듣지 말며, 예가 아니면 말하지 말고,
예가 아니면 행하지 말라." 안연이 말하기를: "회가, 비록
총명하지는 못하나, 이 말에 힘쓰기를 바랍니다."

*[左傳(좌전)] 〈昭公(소공) 12년〉에 다음과 같은 기록이 있다. 楚
(초)나라 임금 靈王(영왕)이 子革(자혁)과 상의하여 "天子(천자)께서 나

에게 九鼎(구정)¹⁾을 하사하겠소? 또 鄭(정)나라가 許(허) 지역을 나에게 주겠소?"라고 묻자, 자혁은 그럴 것이라며 임금의 기분을 맞춰준다. 임금이 잠시 자리를 비운 사이 析父(기보)가 자혁의 그러한 태도는 仁(인)이 아니라 맹목적으로 따르는 아부라고 비판하자, 이에 자혁은 임금이 잘못된 말을 하면 그 자리에서 칼로 왕을 베어버리겠다고 맹세했다. 임금이 나와서 다시 자혁과 대화를 나누는데 마침 左史(좌사) 倚相(의상)이 그들을 지나가자, 임금은 저 사관이 뛰어나 옛 책을 잘 읽는다고 칭찬했다. 이에 자혁은 "일찍이 저 좌사에게 물어본 적이 있습니다. 옛 천자이신 穆王(목왕)께서 천하를 두루 다녀 모든 땅에 자신의 수레바퀴 자취를 남기고자 하니, 祭公(제공) 謀父(모보)가 〈祈招(기초)〉라는 시를 지어 목왕의 뜻을 막았습니다. 그래서 저는 그 시에 대해서 물었는데, 뜻밖에도 좌사는 알지 못했습니다"라고 말했다. 임금이 자혁에게 "그대는 아는가?"라고 묻자, 자혁은 "그 시의 내용은 임금의 덕이 울려 퍼지기를 기원하노니, 우리 임금께서 왕도를 생각하시어, 안일함에 빠지지 말고 백성들을 잘 보살피기를 바란다는 뜻입니다"라고 설명했다. 이에 초나라 임금은 훌륭한 말을 해준 자혁에게 읍하고 들어가 고민했으나, 스스로의 욕망을 자제하지 못해서 결국 화를 당했다. 이에 공자는 옛 기록에 자기를 이겨내고 예를 회복하는 것이 어질음을 행하는 것이라는 말이 있다며, 본문의 말을 인용하여 이 사건을 평가한 것이다.

이를 통해서 두 가지 사실을 확인할 수 있는데, 하나는 "克己復禮(극기복례)"라는 말이 공자에게서 처음 나온 표현이 아니라는 점이다. 그리고 또 하나는 道(도)의 내용이 되는 仁(인: 임금을 진심으로 섬기고 따

---

1) 禹王(우왕) 때 九州(구주)에서 금을 모아 만든 솥으로, 하 은 주 삼대 이래로 천자에게 물려지는 보물.

름)이란, 道(도)의 형식이 되는 禮(예: 조화로움을 위한 절제 및 통제)와 병행될 때 비로소 道(도)의 和(화: 조화로움)를 이룰 수 있게 된다는 것이니, 禮(예)가 수반되지 않는 仁(인)은 맹목적이고도 무조건적인 복종 즉 맹종이나 아부 아첨이 된다는 점이다. 아울러서 여기서 다시 한 번 공자의 내용과 형식을 모두 중시하는 태도를 확인할 수도 있으니, 이와 관련하여 다음의 기록들을 살펴보자.

孔子曰: "夫禮, 先王以承天之道, 以治人之情。故失之者死, 得之者生。"
공자가 이르시기를: "예라는 것은, 선왕께서 하늘의 도를 받드는 것으로 여기시고, 사람의 본성을 다스리는 것으로 여기셨다. 따라서 그것(예)을 잃는 이는 죽고, 그것(예)을 얻는 이는 산다."

〔禮記(예기)〕〈禮運(예운)〉

是故禮者, 君之大柄也。所以別嫌明微, 儐鬼神考制度。別仁義, 所以治政安君也。
이러한 까닭에 예라는 것은, 임금의 큰 근본이다. 따라서 혼동하기 쉬운 것을 구분하고 어렴풋한 것을 밝히며, 귀신을 접대하고 제도를 살핀다. 어질음과 의로움을 구분하기에, 따라서 정치가 다스려지고 임금을 편안하게 한다. 〔禮記(예기)〕〈禮運(예운)〉

공자는 안연이 仁(인)이 무엇인지 물었을 때 禮(예)를 언급함으로써 이 둘은 불가분의 관계를 맺고 있음을 시사하고 있는데, 사실 공자는 이처럼 禮(예)를 治國(치국)의 중요한 외형적인 기준으로 보고 있는 것이다. 따라서 혼동하기 쉽거나 어렴풋한 내용의 仁(인)과 義

(의)를 명확하게 구분하는 형식적 기준이 된다고 설명하고 있다.

　*5-24에서 간략하게 언급했다시피, 〔左傳(좌전)〕은 左丘明(좌구명)이 지은 것으로 〔春秋(춘추)〕의 해설서이다. 〔史記(사기)〕〈孔子世家(공자세가)〉에 의하면 공자가 71세에 〔春秋(춘추)〕를 집필했다고 하는데, 마침 안연 역시 이 해에 41세를 일기로 죽었다. 따라서 본문의 대화는 공자 나이 71세 이전에 이뤄진 것으로 짐작할 수 있다.

12-2: 仲弓問仁。子曰：“出門如見大賓, 使民如承大祭。己所不欲, 勿施於人。在邦無怨, 在家無怨。”仲弓曰：“雍, 雖不敏, 請事斯語矣。”
仲弓問仁。子曰：“□□如□大□, □□如□大□。己所不欲, 勿施於人。在□無怨, 在□無怨。”仲弓曰：“雍, 雖不敏, 請事斯語矣。”

【직유법, 대구법, 대구법】

중궁이 어질음에 대해서 물었다. 공자가 이르시기를: “문 밖에 나서거든 귀빈을 뵙는 듯이 하고, 백성을 부림에는 중대한 제사를 받들 듯이 하는 것이다. 자기가 하고 싶지 않은 바는, 남에게 시키지 말아야 한다. (그러면) 나라에는 원망이 없고 집에도 원망이 없을 것이다.”중궁이 말하기를: “옹이, 비록 총명하지는 못하나, 이 말에 힘쓰기를 바랍니다.”

　*임금을 진심으로 섬기고 따르는 仁(인)은, 집안에서는 부모에게 효도(孝: 효)하고 밖에 나가서는 웃어른을 공손(悌: 제)하게 대하는 태

도의 사회적 확장 형태가 된다고 설명한 바 있다. 따라서 공자는 다음과 같이 말하고 있다.

> 子云: "孝以事君, 弟以事長。示民不貳也。"
>
> 공자가 이르시기를: "효도로서 임금을 섬기고, 공경함으로서 어른을 섬기는 것이다. (이렇게 하는 것은) 백성들에게 (자신이 윗사람의 뜻을) 어기지 않음을 보이는 것이다." 〔禮記(예기)〕〈坊記(방기)〉

결국 仁(인: 어질음)을 행하는 것은 백성들에게 자기가 윗사람과 임금의 뜻을 어기지 않음을 보이기 위한 것이니, 仁(인) 자체는 道(도)에 있어서 정치적 색채가 대단히 농후한 구성요소가 된다.[2]

그렇다면 공자는 또 어떤 의도에서 백성들을 다스릴 때는 마치 제사를 지내는 것처럼 하는 것이 仁(인)이라고 하는 것일까? 이에 대한 해답은 3-12에서 찾을 수 있으니, 공자는 제사를 지낼 때 마치 신령이 앞에 계신 듯 정성을 다해서 지냈다. 따라서 "내가 제사에 참여하지 않으면, 제사를 지내지 않은 것과 같다"고까지 말한 것이다. 이와 관련하여 다음의 기록을 참고한다.

> 宗廟之祭, 仁之至也。喪禮, 忠之至也。
>
> 종묘의 제사는, 어질음의 지극함이다. 상례는, 충후함의 지극함이다. 〔禮記(예기)〕〈禮器(예기)〉

---

2) 노자는 〔도덕경〕 38장의 38-4에서 "上仁爲之而無以爲。(상급의 인은 작위하는 바가 있으나 의도하는 바가 없다.)고 한 바 있으니, 사실상 노자와 공자는 仁(인)의 개념에 대해서 공통된 견해를 가지고 있는 것이다. 이와 관련하여서는 역시 추후 노자와 공자의 사상비교에서 보다 구체적으로 논하기로 한다.

이는 다시 말해서, 지도자가 종묘의 제사 즉 선왕께 제사를 지내는 것은 진심으로 섬기고 따름을 보이는 것이니 仁(인: 어질음)의 지극함인 것이고, 상례를 치르는 것은 정성을 다하는 것이니 忠(충: 정성스러움)의 지극함이 된다는 뜻이 된다. 따라서 공자는 상례를 치를 때와 같이 정성을 다하는 마음으로 백성들을 다스려야 한다고 말한 것이다.

이처럼 정성을 다하는데 어찌 자기가 싫어하는 바를 남에게 행할 수 있겠는가? 특히 12-22에서 번지가 어질음이 무엇이냐고 묻자, 공자는 "사람을 사랑하는 것이다"라고 대답하고 있으니, 사랑한다는 것은 자기 자신을 아끼고 잘되기를 바라듯 상대방을 아끼고 잘되기를 바라는 마음이 아니겠는가? 그러므로 자기가 하고 싶지 않은 바는, 남에게 시키지 말아야 한다고 말하는 것이다. 또 그렇게 되면 자연히 나라에 원망이 없고, 집에도 원망이 없게 되는 것이다.

12-3: 司馬牛問仁。子曰: "仁者, 其言也訒[3]。" 曰:
　　"其言也訒, 斯謂之仁矣乎?" 子曰: "爲之難,
　　言之得無訒乎?"

【문답법, 설의법】

사마우가 어질음에 대해서 물었다. 공자가 이르시기를:
"어질음이라는 것은, 그 말을 함부로 하지 않는 것이다."
(사마우가) 말하기를: "그 말을 함부로 하지 않으면, 이를
어질음이라고 할 수 있습니까?" 공자가 이르시기를:
"실행하기가 어려운데, 말하기를 함부로 하지 않음이 없을 수
있겠는가?(말을 함부로 할 수 있겠는가?)"

　　*사마우는 司馬耕(사마경)으로 字(자)가 子牛(자우)이다. 〔史記(사
기)〕의 〈仲尼弟子列傳(중니제자열전)〉에 따르면, 그는 말이 많고 성격이
급했다고 한다.

　　*누차 강조했듯이 仁(인: 어질음)은 자기의 상관 궁극적으로는 임
금을 진심으로 섬기고 따르는 것이다. 진심으로 섬긴다는 것은 결국
忠(충: 정성을 다함)이니, 그만큼 신중을 기함으로써 자기가 섬기는 임
금에게 누를 끼치지 말아야 하는 것이다.

　　그렇다면 신중을 기하는 것과 말하는 것은 또 어떠한 관계가 있
는 것일까? 이와 관련해서는 이미 4-22의 "옛사람이, 말을 내지 않는
것은, 몸이 미치지 못함을 부끄러워 한 것이다"라는 구절을 설명하면

---

3) 訒(인): 말을 함부로 하지 않다, 말을 더듬다.

서 구체적으로 언급한 바 있으니, 바로 "信(믿을 신)"과 "誠(성실할 성)"
이다. 人(인: 사람)이 言(언: 말)하는 것이 信(신: 믿음)이고, 言(언: 말)을
成(성: 이룸)한 것이 誠(성: 성실함)이니, 어찌 말을 함부로 뱉을 수 있
겠는가? 노자 역시 [도덕경]의 5장 5-4에서 "말이 많으면 누차 곤궁
해지니, 중간을 지키는 것이 낫다"고 한 바 있으니, 지도자가 갖춰야
할 道(도)의 구성요소인 不言(불언: 말을 신중하게 하는 것)이 얼마나 중요
한지 상상하고도 남음이 있을 것이다.

> ### 12-4: 司馬牛問君子。子曰: "君子不憂不懼。" 曰:
> "不憂不懼, 斯謂之君子矣乎?" 子曰: "內省
> 不疚, 夫何憂何懼?"

【문답법, 설의법】

사마우가 군자에 대해 물었다. 공자가 이르시기를: "군자는
근심하지 않고 두려워하지 않는다." (사마우가) 말하기를:
"근심하지 않고 두려워하지 않으면, 이를 군자라고 할 수
있습니까?" 공자가 이르시기를: "안으로 성찰하여 부끄러움이
없는데 어찌 근심하고 두려워하겠는가?"

*1-1에서 공자는 "배우고 늘 그것을 익히면, 또한 기쁘지 아니한
가?"라고 말한 바 있다. 그리고 군자란 道(도)를 배우고 부단히 노력
하여 실천하는 올바른 지도자를 말한다. 이러한 지도자는 항상 스스
로를 성찰하여 허물을 고치려고 노력하고, 자신이 통치를 잘한다고
자만하지 않으며, 사리사욕을 탐하지 않고 검소한 생활을 견지한다.

이렇듯 성인의 道(도)를 배우고 실천하며 기뻐할 진데, 어찌 근심하거나 두려워함이 있을 수 있겠는가?

12-5: 司馬牛憂曰:"人皆有兄弟, 我獨亡。"子夏曰:"商, 聞之矣: 死生有命, 富貴在天。君子敬而無失, 與人恭而有禮, 四海之內, 皆兄弟也。君子何患乎無兄弟也?"
司馬牛憂曰:"人皆有兄弟, 我獨亡。"子夏曰:"商, 聞之矣: 死生有命, 富貴在天。□□□而□□, □□□而□□, 四海之內, 皆兄弟也。君子何患乎無兄弟也?"

【대유법, 설의법】
사마우가 근심하여 말하기를: "사람들은 모두 형제가 있는데, 나 홀로 없구나." 자하가 말하기를: "상이, 듣기로는: 죽고 사는 것은 자연의 이치가 있고, 부와 귀는 하늘에 있다. 군자가 공경하여 허물이 없고, 다른 이들과 함께 함에 있어 공손하고 예가 있으면, 사방의 바다 안(은 세상)이, 모두 형제이다. 군자가 어찌 형제 없음을 근심하겠는가?"

*일설에 의하면 7-22에 등장하는 宋(송)나라 대부 환퇴가 사마우의 친형이라고 하는데, 〔左傳(좌전)〕〈哀公(애공) 14년〉을 보면 틀림없는 사실임을 알 수 있다. 환퇴는 景公(경공)의 총애를 등에 업고 전권을 휘둘렀는데, 경공이 그를 경계하여 제거하려고 하자 반란을 일으켰다. 하지만 반란이 결국 실패하자 衛(위)나라로 도망갔다가, 다시 齊(제)

나라로 가서 陳成子(진성자)의 도움을 받게 된다. 이때 제나라에 있던 동생 사마우는 환퇴가 제나라로 오자, 吳(오)나라로 피했다가 다시 宋(송)나라로 돌아온다. 그 후 晉(진)나라의 趙簡子(조간자)와 제나라의 진성자가 불러들이자, 사마우는 그들의 부름에 길을 나섰다가 노나라의 수도 외곽에서 죽게 되는데, 이때 공자는 71세였다. 상술한 내용을 통해서 아마도 사마우와 그의 형 환퇴는 사이가 그리 좋지 않았던 것으로 보인다.

　*본문에서 자하가 한 말은 비록 사마우의 형제들이 뿔뿔이 흩어졌지만, 道(도)를 배우고 부단히 노력하여 실천하는 올바른 지도자는 1-1에서 공자가 말한 것처럼 "무리들이 있어서 먼 곳으로부터 찾아오면, 또한 즐겁지 아니한가?"라는 상황을 맞이하게 되니, 결국 道(도)를 배워서 실천하는 참된 지도자가 되면 혼자가 아니라는 뜻으로 사마우를 위로하고 또 격려하고 있는 것이다. 아울러 이를 통해서, 공자의 제자 상당수는 그들의 궁극의 목표가 정치에 참여하여 지도자가 되려는데 있었음을 간접적으로나마 엿볼 수 있다.

12-6: 子張問明。子曰: "浸潤之譖[4], 膚受之愬[5], 不
行焉, 可謂明也已矣。浸潤之譖, 膚受之愬,
不行焉, 可謂遠也已矣。"

子張問明。子曰: "浸潤之譖, 膚受之愬, 不行
焉, 可謂□也已矣。浸潤之譖, 膚受之愬, 不行
焉, 可謂□也已矣。"

【대구법】

자장이 밝음에 대해 묻자, 공자가 이르시기를 "서서히 스며드는
비방과, 피부에 닿는 무고가, 통하지 않으면, 밝다고 할 수 있다.
서서히 젖어드는 비방과, 피부로 느껴지는 무고가, 통하지
않으면, 멀리 보는 식견이 있다고 할 수 있다."

*여기서 자장은 明(명: 밝히다)이 구체적으로 어떤 의미를 지니는
것인지를 묻고 있는데, 먼저 이와 관련하여 다음의 기록을 살펴보자.

康誥曰: "克明德。" 太甲曰: "顧諟天之明命。" 帝典曰: "克明峻德。"
皆自明也。

〈강고〉에 이르기를: "능히 덕을 밝힌다"라고 하였다. 〈태갑〉에 이르
기를: "이 하늘의 밝은 명을 돌아본다"라고 하였다. 〈제전〉에 이르
기를: "능히 큰 덕을 밝힌다"라고 하였다. 모두가 스스로 밝히는 것
이다.   〔禮記(예기)〕〈大學(대학)〉

---

4) 譖(참): 참소하다, 헐뜯다.
5) 愬(소): 하소연하다, 비방하다.

위의 내용을 살펴보면, 결국 明(명)이란 다름 아닌 "德(덕)을 밝히는 것"이 된다.

明(명): "德(덕)을 밝히는 것"

이와 관련하여, 먼저 德(덕)이 구체적으로 무엇인지 다시 한 번 살펴보자.

皋陶曰: "都! 亦行有九德。亦言, 其人有德, 乃言曰, 載采采。" 禹曰: "何?" 皋陶曰: "寬而栗, 柔而立, 愿而恭, 亂而敬, 擾而毅, 直而溫, 簡而廉, 剛而塞, 彊而義。彰厥有常, 吉哉! 日宣三德, 夙夜浚明, 有家。日嚴祗敬六德, 亮采, 有邦。翕受敷施, 九德咸事, 俊乂在官, 百僚師師。百工惟時, 撫于五辰, 庶績其凝。"

고요가 말했다: "아! 행함에는 또한 구덕(아홉 가지 덕)이 있습니다. 그 사람에게 덕이 있으면, 이에 가리고 가려 행했다고 말합니다." 우가 말했다: "어떤 것입니까?" 고요가 말했다: "관대하면서도 엄격하고, 온유하면서도 확고히 서며, 정중하면서도 함께하고, 다스리면서도 공경하며, 길들이면서도 강인하고, 정직하면서도 부드러우며, 질박하면서도 청렴하고, 강직하면서도 정성스러우며, 굳세면서도 의로운 것이니, 항상 그러함을 밝히면, 길합니다. 날마다 세 가지 덕을 널리 펴고, 아침저녁으로 삼가 밝히면 가문을 소유할 수 있습니다. 날마다 여섯 가지 덕을 엄격하게 떨치고 공경하며, 명확하게 분간하면, 나라를 소유할 수 있습니다. 합해 거두어 널리 베풀어

서, 아홉 가지 덕을 모두 섬기면, 뛰어난 인재가 관직에 있게 되어, 모든 관료가 기준으로 삼고 따를 것입니다. 모든 관료가 때에 맞춰, 오진(오행)을 따르면, 모든 공적이 이루어질 것입니다."

〔尙書(상서)〕〈皐陶謨(고요모)〉

2-1에서도 설명한 바 있듯이, 德(덕)이란 이처럼 성인들이 행한 강함과 부드러움의 통치법을 조화롭게 실천하려는 節操(절조: 절개와 지조)를 뜻한다. 따라서 공자는 지도자가 德(덕)을 밝히게 되면, 상대방의 없는 죄를 있는 것처럼 꾸며서 헐뜯고 비방하며 무고하는 행위가 통하지 않게 된다고 설명하고 있는 것이다. 이는 바꿔 말해서 당시 노나라를 포함한 춘추시대에 이러한 행위가 비일비재했음을 간접적으로 보여주고 있으니, 이제 이와 관련된 대표적인 두 사례를 살펴보기로 하자.

〔史記(사기)〕〈伍子胥列傳(오자서열전)〉에 따르면, 吳(오)나라의 임금 부차(夫差)가 越(월)나라와의 전투에서 승리하자 월나라 임금 句踐(구천)은 오나라에 강화를 요청했다. 이에 오나라의 장수 오자서는 구천을 반드시 제거해야 한다고 했으나, 9-6에서 소개한 바 있는 太宰(태재) 嚭(비)의 감언이설에 넘어간 부차는 오히려 오자서를 점차 멀리했다. 오자서는 그런 오나라가 불안해서 자기의 아들을 제나라에 맡겼는데, 태재 비가 이 일을 핑계로 임금에게 오자서를 모함했다. 그러자 부차는 오자서에게 명검을 내려 자결하도록 했고, 오자서는 자기가 죽으면 오나라가 월나라에 멸망당하는 것을 지켜볼 수 있도록 눈알을 도려내 동문 위에 걸어달라고 하고는 자결했다. 그로부터 9년 후, 월나라는 오나라를 공격하여 멸망했고, 부차는 오자서의 말을 듣지 않은 것을 후회하며 자결했다고 한다.

또 〔左傳(좌전)〕〈僖公(희공)〉과 〈莊公(장공) 28년〉에는 다음의 기록이 있다. 晉(진)나라 獻公(헌공)이 驪姬(여희)를 총애했는데, 여희는 자기가 낳은 아들인 亥齊(해제)를 태자로 세우고자 했다. 이에 헌공의 전처가 낳은 아들들을 모함하여 결국 태자이던 申生(신생)은 죽고, 重耳(중이)와 夷吾(이오)는 진나라를 떠나 도망치게 되었다.

따라서 공자는 본문에서 역사적 사실을 통해서 깨달은 절실한 마음을 드러낸 것이니, 만약 오나라 임금 부차와 진나라 임금 헌공이 德(덕)을 밝혀서 현명하게 나라를 다스렸다면, 이처럼 상대방을 헐뜯고 비방하며 무고하는 행위가 통하지 않았을 것이다. 또 그렇게 되었다면 나라가 망하거나 무고한 이들이 죽는 일이 없었을 것이니, 이것이야말로 멀리 보는 식견이 아니겠는가?

12-7: 子貢問政。子曰: "足食, 足兵, 民信之矣。"
子貢曰: "必不得已而去, 於斯三者何先?"
曰: "去兵。" 子貢曰: "必不得已而去, 於斯
二者何先?" 曰: "去食。自古皆有死, 民無信
不立。"
子貢問政。子曰: "足□, 足□, 民信之矣。" 子
貢曰: "必不得已而去, 於斯□者何先?" 曰:
"去□。" 子貢曰: "必不得已而去, 於斯□者何
先?" 曰: "去□。自古皆有死, 民無信不立。"

【문답법, 대구법, 대구법】

자공이 정치에 대해 물었다. 공자가 이르시기를: "식량이
충분하고, 군비가 충족하며, 백성들이 (통치자를) 믿는 것이다."
자공이 말하기를: "반드시 부득이하게 버려야 한다면, 이
세 가지 중 어느 것이 먼저입니까?" 공자가 이르시기를:
"군비를 버려야 한다." 자공이 말하기를: "반드시 부득이하게
버려야 한다면 이 두 가지 중 어느 것이 먼저입니까?" 공자가
이르시기를: "먹을 것을 버려야 한다. 자고로 모두가 죽는
법이니, 백성들이 (통치자에 대한) 신뢰가 없으면 (나라가) 존립할 수
없다."

*본문은 공자에게 있어 정치를 잘 한다는 것이 과연 어떠한 요소
들을 충족시켜야 하는 것인지를 구체적으로 제시하고 있다. 특히 무
력을 통한 전쟁은 가장 하위의 것이고, 그 다음이 백성들이 편안하게
살도록 해주는 것이며, 지도자에 대한 신뢰가 가장 중요하다는 점은

오늘날에도 공감을 이끌어내기에 충분하다. 신뢰라는 것은 잃기는 쉽지만, 얻기는 참으로 어렵다. 따라서 공자는 다음과 같이 언급하기도 했다.

子曰: "民以君爲心, 君以民爲體。 (생략) 君以民存, 亦以民亡。"
공자가 이르시기를: "백성은 임금을 그 마음으로 삼고, 임금은 백성을 몸으로 삼는다. (생략) 임금은 백성 때문에 살고, 또한 백성 때문에 죽는다." 〔禮記(예기)〕〈緇衣(치의)〉

지도자는 백성들이 믿고 따르며 지지하기 때문에 그 자리에 있을 수 있고, 또 백성들이 등을 돌리기 때문에 그 자리를 잃을 수 있다는 도리는 오늘날에도 그대로 적용된다. 그러므로 19-19에서 증자가 "윗사람이 도를 잃어서, 백성들이 떠난 지 오래되었다. 만약 그 (백성들의) 감정을 헤아린다면, 곧 삼가여야지 기뻐하지 말라"고 한 말은 본문과 일맥상통하다고 볼 수 있을 것이다. 아울러 여기서도 공자는 지도자의 常(상) 즉 변치 않고 초지일관하는 태도를 더불어서 강조하고 있는 것은 아닐까?

12-8: 棘子成曰: "君子質而已矣, 何以文爲?" 子貢
　　　曰: "惜乎, 夫子之說君子也! 駟不及舌! 文
　　　猶質也, 質猶文也。虎豹之鞟猶犬羊之鞟。"
　　　棘子成曰: "君子質而已矣, 何以文爲?" 子貢
　　　曰: "惜乎, 夫子之說君子也! 駟不及舌! □猶
　　　□也, □猶□也。□□之□猶□□之□。"

【설의법, 대유법, 직유법, 대구법】

극자성이 말하기를: "군자는 본질일 뿐이지, 어찌 아름다운
외관(형식)을 위하는가?" 자공이 말하기를: "애석하게도,
어른께서는 그렇게 군자를 말하시는군요! 네 마리 말이 혀
하나를 따르지 못합니다! 형식은 본질과 같고, 본질은 형식과
같은 것입니다. 호랑이와 표범의 털 없는 가죽은 개나 양의 털
없는 가죽과도 같습니다."

　　*〔論語集註(논어집주)〕에서 朱熹(주희)는 극자성이 衛(위)나라 대
부였다고 설명한다. 현재로서 필자가 섭렵한 전적들에서는 그와 관
련한 다른 기록을 찾아볼 수 없으므로, 일단 주희의 말을 따르기로
한다.

　　*군자는 道(도)를 배우고 부단히 노력하여 실천하는 올바른 지도
자이다. 여기서 극자성은 참된 지도자는 道(도)의 내용만을 중시하면
된다고 말하고 있는 반면, 자공은 道(도)의 내용과 형식을 함께 병행
해야 한다고 반박하고 있다. 좀 더 구체적으로 말해서, 극자성은 道
(도)의 형식이 되는 禮(예)와 樂(악)을 반대하고 있는 반면, 자공은 공

자의 뜻을 이어받아서 형식인 禮樂(예악) 역시 중시해야 한다고 강조하는 것이다. 이는 마치 老子(노자)와 孔子(공자)의 道(도)에 대한 관점의 차이와 대단히 흡사한 면모를 보이고 있는데, 이에 대해서는 차후선보일 노자와 공자의 관점 비교에서 구체적으로 언급할 것을 약속하는 바이다.

12-9: 哀公問於有若曰:"年饑, 用不足, 如之何?" 有若對曰:"盍徹乎!"曰:"二, 吾猶不足, 如之何其徹也?"對曰:"百姓足, 君孰與不足? 百姓不足, 君孰與足?"

哀公問於有若曰:"年饑, 用不足, 如之何?"有若對曰:"盍徹乎!"曰:"二, 吾猶不足, 如之何其徹也?"對曰:"百姓○, 君孰與●●? 百姓●●, 君孰與○?"

【문답법, 대구법, 설의법】

애공이 유약에게 묻기를: "가뭄이 들어, 씀씀이가 부족하니, 어찌해야 하는가?" 유약이 대답하기를: "어찌 철(10%를 세금으로 받는 조세법)을 시행하지 않으십니까?" (애공이) 말하기를: "20%도, 나는 오히려 부족한데, 어찌 철을 시행하겠는가?" (유약이) 대답하기를: "백성이 넉넉하면, 임금이 누구와 부족함을 같이 하겠습니까? 백성이 넉넉하지 못하면, 임금이 누구와 넉넉함을 같이 하겠습니까?"

*이와 관련하여 다음의 기록들을 다시 한 번 살펴보면, 본문의 의미를 보다 명확하게 이해할 수 있을 것이다.

禹爲人敏給克勤; 其筍不違, 其仁可親。其言可信; 聲爲律, 身爲度。稱以出; 亹亹穆穆, 爲綱爲紀。(생략) 禹傷先人父鯀功之不成受誅, 乃勞身焦思, 居外十三年, 過家門不敢入。薄衣食, 致孝於鬼神。卑宮室, 致費於溝淢。(생략) 食少, 調有餘相給, 以均諸侯。

우는 사람됨이 민첩하고도 부지런했으니; 싹(바탕)은 어긋남이 없고, 인자함은 가까이할 수 있었다. 말은 믿을 수 있었으니; 말하면 규율이 되고, 행하면 법도가 되었다. (명확하게) 헤아려 드러내었으니; 부지런하고도 온화하여, 기강이 되었다. (생략) 우는 돌아가신 아버지 곤이 공을 이루지 못해 형벌을 당한 것이 마음 아팠기에, 이에 몸을 수고롭게 하고 애태우며, 밖에서 지낸 지 13년 동안, 집 문을 지나도 감히 들어가지 않았다. 입고 먹는 것을 소홀히 하고, 귀신을 극진히 섬겼다. 거처를 누추하게 하고, 수로에 비용을 다 썼다. (생략) 식량이 적으면, 남음이 있는 곳에서 옮겨 서로 공급하여, 그럼으로써 제후들을 고르게 하였다. 〔史記(사기)〕〈夏本紀(하본기)〉

帝舜謂禹曰: "女亦昌言。" 禹拜曰: "於, 予何言! 予思日孳孳。" 皋陶難禹曰: "何謂孳孳?" 禹曰: "(생략) 與益予衆庶稻鮮食。(생략) 與稷予衆庶難得之食。食少, 調有餘補不足, 徙居。衆民乃定, 萬國爲治。" 皋陶曰: "然, 此而美也。"

순임금이 우에게 말했다: "그대 또한 덕이 있는 말을 해보시오." 우가 절하여 답했다: "아! 제가 어찌 말하겠습니까! 저는 하루 종일 부지런함을 생각하고 있습니다." 고요가 삼가 우에게 말했다: "무엇을 부지런하다고 일컫습니까?" 우가 말했다: "(생략) 직과 더불어 백성들에게 구하기 어려운 음식을 주고, 음식이 모자라면, 남음이 있는 것을 옮겨 부족함을 보충해주었으며, 옮겨 살게 했습니다. 백성들이 이에 안정되고 ,온 나라가 다스려졌습니다." 고요가 말했다: "그렇습니다. 이는 훌륭합니다."   〔史記(사기)〕〈夏本紀(하본기)〉

정치란 남는 부분에서 덜어서 부족한 부분을 채움으로써 조화를 이루도록 하는 것이니, 이것이 바로 道(도)의 중요한 구성요소인 中(중: 객관성과 공정함)과 和(화: 조화로움)이다.

子曰: "民以君爲心, 君以民爲體。 (생략) 君以民存, 亦以民亡。"
공자가 이르시기를: "백성은 임금을 그 마음으로 삼고, 임금은 백성을 몸으로 삼는다. (생략) 임금은 백성 때문에 살고, 또한 백성 때문에 죽는다."   〔禮記(예기)〕〈緇衣(치의)〉

또한 정치를 하는 대상이 바로 백성이니, 백성들이 없으면 지도자도 존재할 수 없는 것이다.

12-10: 子張問崇德辨惑。子曰: "主忠信, 徙義, 崇
德也。愛之欲其生, 惡之欲其死。既欲其生
又欲其死, 是惑也! 誠不以富, 亦祇以異。"
子張問崇德辨惑。子曰: "主忠信, 徙義, 崇德
也。□之欲其□, □之欲其□。既欲其生又
欲其死, 是惑也! □□以□, □□以□。"

【대구법, 대구법, 인용법】

자장이 덕을 높이고 현혹됨을 분별하는 방법을 물었다. 공자가
이르시기를: "정성스러움과 믿음을 중히 여기고, 의로움에
따르는 것이, 덕을 높이는 것이다. 사랑하면 그가 살기를
바라고, 미워하면 그가 죽기를 바란다. 살기를 바랐다가 또
죽기를 바라는 것, 이것이 현혹됨이다. (<시경>에 이르기를:)
'넉넉함 때문에 공경하는 것이 아니라, 다만 진귀함 때문에
공경할 따름이네'라고 했다."

*성인들이 행한 강함과 부드러움의 통치법을 조화롭게 실천하려
는 절조인 德(덕)을 숭상하기 위해서, 공자는 정성을 다하는 忠(충)과
뱉은 말은 반드시 책임지고 지키는 信(신) 그리고 계급상의 서열을
명확하게 하고 그 서열에서 마땅히 지켜야 할 바를 목숨을 걸고 지키
는 義(의)의 태도로 임해야 한다고 역설하고 있다. 그러므로 공자는
본문을 통해서, 道(도)의 중요한 구성요소인 德(덕)과 忠(충) 그리고
信(신)과 義(의)를 강조하고 있음을 알 수 있다. 특히 뒤에서 현혹됨을
분별하는 방법으로 忠(충)을 부각시키고 있으니, 정성스러움으로 대
하면 현혹됨을 분별할 수 있다는 것이다. 그렇다면 정성스러우면 왜

현혹됨을 분별할 수 있다고 하는 것일까?

忠(충)은 사실상 中(중: 객관성과 공정함)과 心(심: 마음)이 합쳐진 문자이다. 이를 풀이해보면 마음을 객관적이고도 공정하게 한다는 것이니, 즉 공변됨(한쪽으로 치우치지 않고 공평함)이다. 다시 말해서 忠(충)은 공변됨을 견지함으로써 명확하게 판단하는 것이니, 이것이야말로 정성을 다하지 않으면 안 되는 것이고, 또 그렇게 되면 현혹됨을 분별할 수 있기 때문이다. 현혹됨의 의미와 관련하여서는 이미 2-4에서 不惑(불혹)이 단순히 "현혹되다, 미혹되다"라는 의미가 아니라, "노여움으로 인해서 자신의 통제력을 잃고, 나아가 어버이에게 미치게 하지 않는 평정심"을 뜻한다고 설명한 바 있다.

이어서 공자는 자기의 논리를 증명하기 위해서 [詩經(시경)]의 한 작품을 인용한다. 이는 〈小雅(소아)·我行其野(아행기야)〉의 한 구절인데, [毛詩傳(모시전)]에서는 이 작품의 주제를 "刺宣王也。(선왕을 비판한 것이다.)"로 보았다. 선왕은 周(주)나라를 다시 흥성케 하여 宣王中興(선왕중흥)이라는 말까지 생겨났지만, 말년에는 노나라 제후를 세우는 일에 간섭하여 혼란을 야기하는 등 불미스런 일들을 적잖이 저질렀다. [毛詩正義(모시정의)]의 저자인 孔穎達(공영달)은 선왕이 말년에 부인인 姜后(강후)가 잘못된 일을 한 적도 없는데도 버리고, 또 수차 결혼함으로써 천자로서의 禮(예)를 다하지 못하여 정치를 혼란스럽게 하였다고 언급한 바 있다.

따라서 필자는 [좌전]과 [국어] 그리고 [사기] 등을 조사했지만, 아쉽게도 이와 관련된 기록을 찾지는 못했다. 그나마 漢(한)나라 때 劉向(유향)이 쓴 [烈女傳(열녀전)]에, 강후는 남편 선왕이 德(덕)에 힘쓰지 않자 자신의 부덕함 때문이라고 자책하고, 이에 깨달음을 얻은 선왕이 정신을 차린다는 내용이 있으니 참고할 수 있다. 이제 전체 3장 중 본문에서 인용된 시구가 있는 마지막 장을 살펴보기로 하자.

我行其野, 言采其蓄。

不思舊姻, 求爾新特。

成⁶⁾不以富, 亦祗以異。

나는 들판을 거닐다가, 메꽃의 뿌리(순무)를 뜯는다네.

옛날의 혼인을 그리워하지 않고, 그대의 새로운 배필을 구하네.

(하지만 새로운 배필을 구하는 것은 그녀의) 넉넉함 때문이 아니라, 다만
진귀함 때문에 기대할 따름이네.

결국 공자는 정성을 다하는 忠(충)과 더불어, 중간에 변치 않고 초
지일관해야 한다는 常(상)의 태도까지도 더불어 부각시키고 있음을
알 수 있다. 또한 여기에서 공자는 "살기를 바랐다가 또·죽기를 바라
는 것"을 "넉넉함 때문이 아니라, 다만 진귀함 때문에 기대할 따름이
네"라는 시구로 연상하여 초지일관하지 못하는 마음을 표현하고 있
으니, 작품의 전체 주제와 완벽하게 떨어진다고까지는 할 수 없을지
라도, 최소한 일정 부분 일맥상통한다고는 말할 수 있을 것이다.

---

6) 〔시경〕에는 成(성)으로 표기되어 있으나 〔논어집주〕에는 誠(성)으로 쓰고 있으니, 여
기서도 주희의 원문 인용에 오류가 있었음을 알 수 있다.

12-11: 齊景公問政於孔子。孔子對曰: "君君, 臣
臣, 父父, 子子。"公曰: "善哉。信如君不君,
臣不臣, 父不父, 子不子, 雖有粟, 吾得而
食諸?"

제나라 경공이 공자에게 정치에 대해서 물었다. 공자가
대답하시길: "임금은 임금다워야 하고, 신하는 신하다워야
하며, 아비는 아비다워야 하고, 자식은 자식다워야 합니다."
(경)공이 말하기를: "훌륭하도다. 정말로 만약 임금이 임금답지
못하고, 신하가 신하답지 못하며, 아비가 아비답지 못하고,
자식이 자식답지 못하면, 비록 양식이 있어도, 내가 얻어서
그것을 먹겠는가?"

*〔左傳(좌전)〕〈昭公(소공) 25년〉과 〔史記(사기)〕〈孔子世家(공자세
가)〉에 다음의 기록이 있다. 공자가 35세가 되던 해에 季平子(계평자)
가 郈昭伯(후소백)과 닭싸움을 했는데, 가죽옷을 입은 계평자의 닭이
금속 발톱을 채운 후소백의 닭에게 지자, 계평자는 분노하여 후소백
을 질책했고, 이에 후소백이 계평자를 원망하게 되었다. 후에 公若(공
약)과 公爲(공위)가 계씨 즉 계평자를 칠 계획을 소공에게 아뢰게 되
고 이에 소공이 후소백의 의견을 묻자, 후소백은 복수심에 그래도 된
다고 대답한다. 결국, 소공이 군대를 거느리고 계평자를 공격하자 계
평자는 맹손씨 숙손씨와 힘을 합쳐 소공을 공격했고, 오히려 소공이
패하여 齊(제)나라로 달아나게 된다. 그렇게 노나라에 난이 일어나자
공자는 제나라로 가서 高昭子(고소자)의 가신이 되었고, 5년 전 제나
라 景公(경공)이 晏嬰(안영)과 함께 공자를 찾아와 秦(진)나라 穆公(목

공)이 천하의 우두머리가 된 이유에 대해서 물었던 인연을 이용하여 경공과 접촉하려고 하였다. 이때 경공과 공자가 나눈 대화가 본문의 내용이다.

　*본문에서 공자가 전달하고자 한 의미는 무엇이었을까? 이와 관련하여 먼저 다음의 기록을 살펴보자.

> 何謂人義? 父慈、子孝、兄良、弟弟、夫義、婦聽、長惠、幼順、君仁、臣忠、十者謂之人義。
> 무엇을 의라고 일컫는가? 아버지는 자애롭고, 아들은 효도하며, 형은 착하고, 아우는 공경하며, 남편은 합당한 행동을 하고, 아내는 순종하며, 어른은 은혜를 베풀고, 어린이는 따르며, 임금은 진심으로 섬겨서 따르고, 신하는 충후해야 하니, (이) 열 가지를 사람의 의라고 일컫는다.　　　　　　　　　　　　　〔禮記(예기)〕〈禮運(예운)〉

　이는 바로 1-13에서 설명한 바 있는 義(의) 즉 계급상의 서열을 명확하게 하고 그 서열에서 마땅히 지켜야 할 바를 목숨을 걸고 지키는 것이다. 결국 공자는 제나라 임금인 경공이 義(의)를 모른다고 완곡하게나마 질책한 것이니, 16-12의 "제나라 경공은 말 사천 마리를 소유하였지만, 죽는 날에, 백성들이 칭송할만한 덕이 없었다"라는 평가와 18-3의 "계씨와 같으면, 곧 나는 할 수 없다. 계씨와 맹씨의 사이로 그를 대우하겠다"라고 말했다가 다시 "나는 늙었으니, 등용할 수가 없다"라고 번복한 상황들을 보면, 단편적으로나마 경공이 지도자로서의 자질이 어떠했는지 이해할 수 있을 것이다.

12-12: 子曰: "片言可以折獄[7]者, 其由也與。子路
無宿諾[8]。"

공자가 이르시기를: "한 마디 말(간단한 말)로 송사를 판결할 수
있는 이는, 유이다. 자로는 승낙만 하고 실행하지 않음이 없다."

*11-14에서 공자는 道(도)는 强(강: 강함)과 柔(유: 부드러움)의 和(화:
조화로움)인데, 자로는 道(도)의 구성요소인 義(의)와 勇(용)의 강함만
을 깨닫고, 그 강함을 보완하는 부드러움의 요소들을 갖추지 못했다
고 지적한 바 있다. 이제 여기서 공자는 자로의 또 다른 장점을 칭찬
하고 있으니, 바로 말을 뱉으면 반드시 지키는 信(신: 성실함)의 결단
력과 誠(성: 정성을 다함)의 실천력이다.

---

7) 折獄(절옥): 송사를 판결하다.
8) 宿諾(숙낙): 승낙만 하고 실행하지는 않다.

12-13: 子曰: "聽訟, 吾猶人也, 必也使無訟乎。"

공자가 이르시기를: "재판하기 위해 송사를 들음은, 내가 다른 사람과 같으나, 반드시 송사를 없도록 해야 할 것이다."

*본문의 내용은 다음의 기록에서도 보이고 있다.

子曰: "聽訟, 吾猶人也, 必也使無訟乎!" 無情者不得盡其辭。大畏民志, 此謂知本。

공자가 말씀하시기를: "송사를 들음에 있어 나도 다른 사람과 같으나, 반드시 송사가 없도록 할 것이다!" 성심이 없는 이는 그 말을 다 하지 못한다. 백성의 뜻을 크게 두려워하는 것, 이를 근본을 안다고 일컫는 것이다.　　　　　　　　　　　　〔禮記(예기)〕〈大學(대학)〉

공자는 자신이 재판을 맡게 되면 中(중: 객관적이고 공정함)의 태도로 판결할 것이지만, 그보다 더 중요한 것은 소송 자체가 없게 하는 것이라고 말한다. 또 그렇게 하기 위해서는 지도자가 백성들을 두려워해야 한다고 말하고 있으니, 이는 지도자가 道(도) 즉 성현들의 통치이념으로 나라를 다스려야 한다는 것이다. 이제 이와 관련하여, 다음의 기록을 살펴보자.

成王崩, 子康王釗立, 成康之際, 天下安寧, 刑錯四十餘年不用。

성왕이 죽고, 아들 강왕 쇠가 즉위하니, 성왕과 강왕의 시대에는, 세상이 안녕하여, 형벌을 시행했지만 40여 년간 쓰이지 않았다.

〔十八史略(십팔사략)〕〈周王朝篇(주왕조편)〉

지도자가 道(도)로 다스리면 세상이 평화로워져서, 법이 있어도 적용할 대상이 없다. 즉 공자는 지도자가 법으로 통제하는 法治(법치)보다, 道(도)로 다스리는 德治(덕치)의 태평성대를 더욱 간절히 바라고 있음을 알 수 있다.

12-14: 子張問政。子曰:"居之無倦, 行之以忠。"
子張問政。子曰:"□之□□, □之□□。"

【대구법】

자장이 정치에 대해 물었다. 공자가 이르시기를: "처함(관직에 있음)에 게으름이 없어야 하고, 행함에 정성스러움으로 해야 한다."

*11-15에서 공자는 자장이 지나치다고 했는데, 이는 슬픔이 모자라서 선왕의 예를 다했으니 지나친 것이라고 설명한 바 있다. 이는 좋게 말하면 이성이 감성을 통제하는 것이지만, 나쁘게 말하면 매정한 것이다. 바꿔 말해서 자장은 知的(지적)으로 총명할 수는 있어도, 가슴으로 배우고 느껴야 하는 道(도)를 배우기에는 부족함이 많은 것이다. 또 11-19에서 공자는 자장이 서둘러서 정치에 참여하고자 하는 모습을 보고, 성인들의 통치이념인 道(도)의 구성요소들을 하나씩 배워가면서 실천하라고 훈계한 바 있다. 이는 12-20에서도 확인할 수 있으니, 공자가 자장에게 있어서 통달은 어떤 것인지 묻자, "나라에서 반드시 명성이 있고, 집에서 반드시 명성이 있는 것입니다"라고 대답하는 모습에서도 찾아볼 수 있다.

이처럼 道(도)의 요소들을 가슴으로 느끼고 실천해가는 것이 참된 지도자가 되어가는 과정인데도, 자장은 그저 서둘러 정치에 참여하여 명성을 날리는 데만 급급해 했다. 따라서 19-15에서 자유는 "나의 벗 자장은, 어려운 일을 함에는 재능이 있는데, 그러하지만 아직 어질지는 못하다"라고 평가했고, 또 19-16에서 증자는 "당당하도다! 자장이여. 하지만 함께 아울러서 어질음을 행하기는 어렵다"고 평가한 것이다. 仁(인: 어질음)은 자기의 임금을 진심으로 섬기고 따르는 것이다. 그러므로 공자는 본문과 같이, 삼가여 한결같은 태도로 정성을 다하는 것이 정치를 하는 바탕이라고 훈계하는 것이다.

12-15: 子曰: "博學於文, 約之以禮, 亦可以弗畔矣夫。"

공자가 이르시기를: "文(문)을 널리 배우고, 예절로 규제하면, 역시 (도에) 위배되지 않을 것이다."

이는 9-10의 "스승께서는 순리적으로 사람을 이끄시고, 文(문)으로 나를 넓히시며, 禮(예)로 나를 제약하시니, 멈추고자 해도 능히 못하여, 나의 재능을 다하게 하신다"라는 말과도 일치하고 있으니, 바로 공자가 제자들에게 道(도)를 가르친 방법 즉 道(도)의 내용이 되는 文(문: 통치에 필요한 모든 법도. 그리고 옛 전적에 기록된 그러한 법도들의 구체적인 내용)과 형식이 되는 禮(예)의 병행 교육법이다. 따라서 공자는 일관되게 형식과 내용을 모두 중시하고 있음을 알 수 있다.

12-16: 子曰: "君子, 成⁹⁾人之美, 不成人之惡; 小人, 反是。"

【대조법】

공자가 이르시기를: "군자는, 사람의 좋은 일을 일으키고 (장려하고), 사람의 잘못된 것을 일으키지 않는데(장려하지 않는데), 소인은, 이에 어긋난다."

　*道(도)를 배우고 부단히 노력하여 실천하는 올바른 지도자는, 사람들에게 옳은 삶을 살도록 장려한다. 하지만 道(도)를 따르지 않고 사사로운 이익만을 탐하는 올바르지 못한 인격의 소인배는, 자신의 이익을 위해서라면 설령 그것이 타인에게 피해를 주는 행위라고 할지라도 감수한다.

---

9) 成(성): 일으키다. 흥기하다.

12-17: 季康子問政於孔子。孔子對曰:"政者, 正也。子帥以正, 孰敢不正?"

【설의법】

계강자가 공자에게 정치에 대해 물었다. 공자가 이르시기를:
"정치는 바르다는 것이니, 그대가 올바름으로 이끌면, 누가
감히 바르지 않겠습니까?"

*본문의 뜻을 이해하기 위해서는, 먼저 다음의 기록을 살펴볼 필
요가 있다.

先王克謹天戒, 臣人克有常憲, 百官修輔, 厥后惟明明。
선왕께서 하늘이 보이는 경계를 삼가면, 신하들이 변치 않는 법도
를 지닐 수 있어, 백관들이 행하고 보필하였기에, 그 임금이 명확히
밝혔다.   〔尙書(상서)〕〈胤征(윤정)〉

즉 이는 12-19와 직결되어 있으니, 바로 윗물이 맑아야 아랫물도
맑다는 도리를 천명하고 있는 것이다. 2-20에서 설명했다시피, 계강
자는 아버지 季桓子(계환자)를 이어서 노나라의 卿(경)이 된 인물인데,
그는 임금인 哀公(애공)에게 대단히 무례했다. 따라서 공자는 정치를
잘 하려면 윗사람부터 잘해야 한다고 말하면서, 완곡하게 계강자의
不仁(불인)을 지적하고 있음을 알 수 있다.

이어서 공자는 政(정)의 의미를 구체적으로 밝히고 있는데, 政(정:
다스림)이란 正(정: 바로잡다)과 文(문: 통치에 필요한 모든 법도. 그리고 옛 전

적에 기록된 그러한 법도들의 구체적인 내용)이 합쳐진 의미라고 설명하고 있다. 다시 말해서 政(정)이란 "옛 典籍(전적)에 기록된 성현들의 통치이념과 그 구체적인 업적의 내용대로 나라를 바로잡는 것"이다.

政(정): "옛 典籍(전적)에 기록된 성현들의 통치이념과 그 구체적인 업적의 내용대로 나라를 바로잡는 것"

---

*〔史記(사기)〕〈孔子世家(공자세가)〉에 따르면, 본문은 공자가 衛(위)나라에서 노나라로 돌아온 68세 이후에 한 말이라고 한다.

12-18: 季康子患盜, 問於孔子。孔子對曰: "苟子之
不欲, 雖賞之不竊[10]。"
季康子患盜, 問於孔子。孔子對曰: "□□之
不□, □□之不□。"

【대구법】

계강자가 도둑질을 우려하여, 공자에게 물었다. 공자가
이르시기를: "만약 그대가 탐하지 않으면, 비록 장려하더라도
도둑질하지 않을 것입니다."

*이 역시 12-19의 내용과 직결되니, 윗물이 맑아야 아랫물도 맑다
는 도리를 천명하고 있다. 三桓(삼환)의 하나인 季氏(계씨)는 대대로
전횡을 일삼았으니, 그들의 행태가 어느 정도였는지는 3-1의 "팔일
을 뜰에서 추게 하니, 이것을 용서할 수 있다면, 무엇을 용서할 수 없
겠는가?"와 3-6의 "계씨가 태산에서 여를 지냈다" 및 11-16의 "계씨는
주공보다 더 부유한데도, 염구는 그를 위해 수탈하여 보태주었다"는
말을 통해서도 쉬이 찾아볼 수 있다.
*〔史記(사기)〕〈孔子世家(공자세가)〉에 따르면, 이 역시 공자가 衛
(위)나라에서 노나라로 돌아온 68세 이후에 한 말이라고 한다.

---

10) 竊(절): 훔치다, 도둑질하다.

12-19: 季康子問政於孔子曰:"如殺無道, 以就有
道, 何如?"孔子對曰:"子爲政, 焉用殺? 子
欲善而民善矣。君子之德, 風; 小人之德,
草。草上之風必偃[11]。"
季康子問政於孔子曰:"如殺無道, 以就有
道, 何如?"孔子對曰:"子爲政, 焉用殺? 子欲
善而民善矣。□□之德, □; □□之德, □。
草上之風必偃。"

【문답법, 설의법, 대유법, 대구법】

계강자가 공자에게 정치에 대해 묻기를: "만일 무도한 사람을
죽여, 도가 있도록 이루면 어떻겠소?" 공자가 대답하시기를:
"그대는 정치를 함에, 어찌 죽임을 사용하십니까? 그대가
선을 행하고자 하면 백성이 선을 행할 것입니다. 군자의 덕은,
바람이고; 소인의 덕은, 풀입니다. 풀 위에 바람이 불면 반드시
쓰러지는 법입니다."

*여기서 왜 백성들을 民草(민초)라고 부르는지 이해할 수 있다. 계
강자가 강력한 법으로 백성들을 통제하고 이를 어기면 엄벌에 처함
으로써, 백성들이 이에 겁을 먹고 바르게 살 수 있도록 하는 공포정
치를 행하면 어떤지 묻자, 공자는 그러한 엄격한 법치를 반대했으니,
지도자를 바람으로 그리고 백성들을 풀에 비유함으로써 먼저 지도자

---

11)   偃(언): 쓰러지다.

가 올바른 길을 걸어야 백성들 역시 지도자를 믿고 따르게 된다고 말하고 있다. 즉 이는 윗물이 맑아야 아랫물이 맑게 된다는 이른바 率先垂範(솔선수범)인 것이다. 이제 이와 관련하여 다음의 기록들을 살펴보면, 솔선수범의 정치란 과연 어떤 것인지 명확하게 알 수 있을 것이다.

> 堯舜帥天下以仁, 而民從之; 桀紂帥天下以暴, 而民從之。其所令反其所好, 而民不從。
>
> 요순이 세상을 거느림에 인으로 하니, 백성들이 따르고; 걸주가 세상을 거느림에 포악함으로 하니, 백성들이 따랐다. 명령하는 바가 좋아하는 바에 반하면, 백성이 따르지 않는다.
>
> 〔禮記(예기)〕〈大學(대학)〉

> 子曰: "下之事上也, 不從其所令, 從其所行。上好是物, 下必有甚者矣。故上之所好惡, 不可不愼也。是民之表也。"
>
> 공자가 이르시기를: "아랫사람이 윗사람을 섬기는 것은, 그 명령을 따르는 것이 아니라, 그 행한 바를 따르는 것이다. 윗사람이 옳은 일을 좋아하면, 아랫사람은 반드시 (그보다) 심한 이가 있게 된다. 따라서 윗사람의 좋아하거나 미워하는 바는 삼가지 않을 수 없다. 이것이 백성들의 모범이다."
>
> 〔禮記(예기)〕〈緇衣(치의)〉

> 子曰: "上好仁, 則下之爲仁爭先人。故長民者章志貞敎尊仁, 以子愛百姓, 民致行己, 以說其上矣。"
>
> 공자가 이르시기를: "윗사람이 어질음을 좋아하면, 곧 아랫사람의 어질음을 행함이 남들보다 앞서려고 다투게 된다. 따라서 백성들의

우두머리인 자는 뜻을 밝히고 가르침을 바르게 하며 어질음을 공경하여, 자식으로서(자식처럼) 백성들을 사랑하면, 백성들은 면밀하게 자기를 살피게 되어, 그럼으로써 그 윗사람을 기쁘게 한다."

〔禮記(예기)〕〈緇衣(치의)〉

子曰: "有國者章善癉惡, 以示民厚, 則民情不貳。"

"국가를 가진 이가 선함을 밝히고 악함을 노여워하여, 그럼으로써 백성들에게 정성스러움을 보이면, 곧 백성들의 진심이 둘이 되지 않는다."

〔禮記(예기)〕〈緇衣(치의)〉

이러한 솔선수범의 정치를 주장하는 공자의 일관된 모습은 13-6의 "그 몸이 바르면, 명령하지 않아도 행하고; 그 몸이 바르지 않으면, 비록 명령을 내려도 따르지 않는다"라는 말에서도 드러나고 있으니, 함께 연계하여 이해할 수 있다.

*〔史記(사기)〕〈孔子世家(공자세가)〉에 따르면, 이 또한 공자가 衛(위)나라에서 노나라로 돌아온 68세 이후에 한 말이라고 한다.

12-20: 子張問:"士, 何如斯, 可謂之達矣?"子曰: "何哉?爾所謂達者!"子張對曰:"在邦 必聞, 在家必聞。"子曰:"是聞也, 非達也 。夫達也者, 質直而好義, 察言而觀色, 慮 以下人。在邦必達, 在家必達。"夫聞也者, 色取仁而行違, 居之不疑, 在邦必聞, 在家 必聞。"

子張問:"士, 何如斯, 可謂之達矣?"子曰: "何哉?爾所謂達者!"子張對曰:"在□必 聞, 在□必聞。"子曰:"是聞也, 非達也。夫 達也者, □□而□□, □□而□□, 慮以下 人。在□必達, 在□必達。"夫聞也者, 色取 仁而行違, 居之不疑, 在邦必聞, 在家必聞。"

【문답법, 대구법, 대구법, 대구법】

자장이 물었다. "士(사)는, 어떤 것을 다해야, 통달한다고 할 수 있습니까?" 공자가 이르시기를 "어떤 것인가? 네가 말하는 '통달'이라는 것이!" 자장이 대답하기를: "나라에서 반드시 명성이 있고, 집에서 반드시 명성이 있는 것입니다." 공자가 이르시기를: "그것은 이름을 날리는 것이지, 통달하는 것이 아니다. 무릇 통달이란, 올곧고 의를 좋아하며, 말을 헤아리고 얼굴빛을 살피며, 헤아려서 남에게 낮추는 것이다. (그러면) 나라에서 반드시 통달하고, 집에서 반드시 통달하게 된다. 무릇 이름을 날린다는 것은, 얼굴빛은 어질음을 받아들이지만 행동은 위배되는 것이니, 그러한 상태에 놓여도 주저하지 않으므로, 나라에서 반드시 명성이 있고, 집에서 반드시 명성이 있다."

*본문의 대화를 통해서, 達(달: 통달함)은 바로 "直(직: 사사로운 정에 얽매이지 않고 공정하게 판단하는 것)과 義(의: 계급상의 서열을 명확하게 하고 그 서열에서 마땅히 지켜야 할 바를 목숨을 걸고 지키는 것) 그리고 愼(신: 말과 행동 그리고 표정을 삼감)과 謙(겸: 자기를 타인의 아래에 두는 겸손함)의 실천을 통해서 道(도: 옛 성현들의 통치이념)를 깨닫는 것"임을 알 수 있다.

達(달: 통달함): "直(직: 사사로운 정에 얽매이지 않고 공정하게 판단하는 것)과 義(의: 계급상의 서열을 명확하게 하고 그 서열에서 마땅히 지켜야 할 바를 목숨을 걸고 지키는 것) 그리고 愼(신: 말과 행동 그리고 표정을 삼감)과 謙(겸: 자기를 타인의 아래에 두는 겸손함)의 실천을 통해서 道(도: 옛 성현들의 통치이념)을 깨닫는 것"

12-21: 樊遲從遊於舞雩之下曰: "敢問崇德, 脩[12] 慝[13], 辨惑." 子曰: "善哉問! 先事後得, 非崇德與? 攻其惡, 無攻人之惡, 非脩慝與? 一朝之忿, 忘其身以及其親, 非惑與?"

【문답법, 설의법】

번지가 무우(기우제를 지내는 곳) 아래서 공자를 모시고 걷다가 말하기를: "덕을 높이는 것, 사특(간사)함을 경계하는 것, 현혹됨을 분별하는 방법을 감히 여쭙습니다." 공자가 이르시기를: "좋은 질문이다! 먼저 일을 하고 나중에 얻는 것이 덕을 높이는 것이 아닌가? 그 (자신의) 나쁜 점을 공격하고, 타인의 나쁜 점을 공격하지 않는 것이, 사특함을 경계하는 것이 아니겠는가? 하루아침의 노여움으로, 자신을 잊고 그럼으로써 어버이에게 미치게 하는 것이 현혹됨이 아니겠는가?"

*12-10에서 공자는 德(덕) 즉 성인들이 행한 강함과 부드러움의 통치법을 조화롭게 실천하려는 절조를 숭상하기 위해서, 정성을 다하는 忠(충)과 뱉은 말은 반드시 책임지고 지키는 信(신) 그리고 계급상의 서열을 명확하게 하고 그 서열에서 마땅히 지켜야 할 바를 목숨을 걸고 지키는 義(의)의 태도로 임해야 한다고 가르친 바 있다. 이제 여기서는 먼저 해야 할 일을 하고 난 후에 이익을 얻는 것이라고 말하고 있으니, 바로 1-13에서 설명한 見得思義(견득사의: 자신이 처한 서열

---

12) 脩(수): 고치다, 경계하다.
13) 慝(특): 사특하다, 요사스럽고 간사하다.

에서 얻는 이익이 마땅한 것인지를 먼저 판단하는 것)인 것이다. 따라서 본문과 12-10은 서로 통한다고 할 수 있다.

이어서 사특함을 경계하기 위해서는 자기의 단점을 엄격하게 꾸짖는 한편 타인의 단점은 감싸줘야 한다고 하고 있으니, 이는 改過勿吝(개과물린: 허물을 고치는데 인색하지 말라)과 容(용: 너그러이 포용함)의 조화로운 태도인 것이다.

마지막으로 현혹됨을 분별하는 법에 대해서, 공자는 12-10에서 忠(충) 즉 객관적이고도 공정한 태도로 정성스럽게 판단해야 한다고 했다. 그런데 이제 여기서는 순간의 노여움으로 부모를 괴롭게 하지 않는다고 하고 있으니, 이는 바로 2-4의 不惑(불혹)과 일치하고 있다. 이제 상술한 내용을 요약하면 辨惑(변혹) = 不惑(불혹)의 의미를 이해할 있으니, "상황을 忠(충) 즉 객관적이고도 공정한 태도로 정성스럽게 판단함으로써, 부모가 괴로워하지 않도록 하는 것"이다.

辨惑(변혹) = 不惑(불혹): "상황을 忠(충) 즉 객관적이고도 공정한 태도로 정성스럽게 판단함으로써, 부모가 괴로워하지 않도록 하는 것"

12-22: 樊遲問仁。子曰：“愛人。”問知。子曰：“知
人。”樊遲未達。子曰：“舉直錯諸枉, 能使
枉者直。”樊遲退, 見子夏曰：“鄉也吾見於
夫子而問知, 子曰：‘舉直錯諸枉, 能使枉者
直。’何謂也?”子夏曰：“富哉, 言乎! 舜有
天下, 選於衆, 舉皋陶, 不仁者遠矣。湯有天
下, 選於衆, 舉伊尹, 不仁者遠矣。”

樊遲問仁。子曰：“愛人。”問知。子曰：“知
人。”樊遲未達。子曰：“舉直錯諸枉, 能使
枉者直。”樊遲退, 見子夏曰：“鄉也吾見於
夫子而問知, 子曰：‘舉直錯諸枉, 能使枉者
直。’何謂也?”子夏曰：“富哉, 言乎! □有
天下, 選於衆, 舉□□, 不仁者遠矣。□有天
下, 選於衆, 舉□□, 不仁者遠矣。”

【대구법, 대유법, 문답법】

번지가 어질음에 대해 물었다. 공자가 이르시기를: “사람을
사랑하는 것이다.” (번지가) 앎에 대해 물었다. 공자가
이르시기를: “타인을 아는 것이다.” 번지가 (그 말뜻을) 깨닫지
못했다. 공자가 이르시기를: “곧은 이를 뽑아 굽은 이에
섞으면, 굽은 이를 곧게 할 수 있다.” 번지가 물러나, 자하를
만나 말하기를: “방금 내가 스승을 뵙고 앎에 대해 물었는데,
스승께서 말씀하시기를: ‘곧은 이를 뽑아 굽은 이에 섞으면,
굽은 이를 곧게 할 수 있다’ 고 하셨습니다. 그게 무슨
뜻입니까?” 자하가 말하기를: “풍부하구나, (그) 말씀이여! 순
임금이 천하를 가지심에, 많은 사람 중에서 선발하여, 고요를

등용하자, 어질지 못한 사람들이 멀어졌습니다. 탕 임금이 천하를 가지심에, 많은 사람 중에서 선발하여, 이윤을 등용하자, 어질지 못한 사람들이 멀어졌습니다."

*1-2와 1-6에서 孝(효: 부모님을 섬김)와 悌(제: 웃어른을 공경함)의 사회적 확장 형태가 仁(인: 자기의 임금을 진심으로 섬기고 따르는 것)의 근본이라고 했다. 또 4-18에서 공자는 孝(효)를 춘추시대의 혼란을 막을 수 있는 仁(인)의 유일한 근본으로 여겨서, 가깝게는 부모 멀리는 자기가 섬기는 임금의 결정이 잘못된 것이어도 따라야 한다고 강조한 것이라고 설명한 바 있다.

이제 여기서 공자는 仁(인)이 사랑하는 것이라고까지 설명하고 있으니, 즉 설령 임금이 잘못된 판단을 내려서 간언을 했는데도 듣지 않으면 결국 진심으로 따라야 한다고 역설하는 것이다. 따라서 본문의 人(인)은 자기의 상관 더 나아가서 궁극적으로는 임금을 가리키는 것임 또한 알 수 있다. 이와 관련하여, 다음의 기록을 살펴보자.

古之爲政, 愛人爲大。不能愛人, 不能有其身, 不能安土; 不能安土,
不能樂天; 不能樂天, 不能成其身。
옛날의 나라를 다스림은, 타인을 사랑하는 것을 큰 것으로 삼았습니다. 타인을 사랑할 수 없으면, 그 몸(자기)을 가질 수 없고, 영토를 편안하게 할 수 없으며; 영토를 편안하게 할 수 없으면, 하늘을 편안하게 할 수 없고; 하늘을 편안하게 할 수 없으면, 그 몸을 이룰 수 없습니다.　　　　　〔禮記(예기)〕〈哀公問(애공문)〉

이는 노나라 애공의 질문에 공자가 대답한 내용으로, 타인을 사랑하지 못하면 자기의 신분을 지킬 수 없거니와 나라를 편안하게 지킬 수도 없고, 또 그렇게 되면 天命(천명)을 따르는 것이 아니기에 결국 자기의 이름을 후세에 알릴 수도 없게 된다는 뜻이다.

여기서 주의해야 할 점은 윗글의 愛人(애인)과 본문의 愛人(애인)을 동일시하면 안 된다는 사실인데, 주지하다시피 사랑은 윗사람에게도 베풀 수 있고, 또 아랫사람에게도 베풀 수 있다. 그런데 본문에서는 仁(인)을 설명하는 것이기 때문에 윗사람을 사랑하는 것으로 이해해야 하고, 반면에 위에서 제시한 [예기]의 기록은 지도자의 자세를 설명하는 것이기 때문에 아랫사람 즉 백성들을 사랑하는 것으로 이해해야 하는 것이다.

*6-20에서 知(지: 지혜로움)는 사사로운 이익을 탐하지 않고 오직 백성들과 나라를 위한 공익을 꾀하며, 초자연적인 힘에 의탁하지 않는 객관적인 판단력이라고 설명했다. 따라서 공자가 타인을 아는 것이라고 말한 의도는, 다름 아닌 그러한 객관적인 판단력으로 올바른 인재를 선발해야 한다는 의미를 함축하고 있는 것이다. 그런데도 번지가 이해하지 못하자, 공자는 直(직) 즉 사사로운 정에 얽매이지 않고 공정하게 판단하는 인재를 등용하면 다른 관료들도 그렇게 된다고 부가적으로 설명한 것이다. 하지만 번지는 이번에도 명확하게 이해하지 못한다. 결국 자하를 찾아가 다시 한 번 가르침을 청하자, 자하는 구체적으로 순 임금의 신하인 고요와 은나라 탕 임금의 신하 이윤을 예로 들어 설명했으니, 이제 다음의 기록들을 살펴보면 공자의 참뜻을 파악할 수 있을 것이다. 먼저 고요의 말들을 살펴보자.

皐陶曰: "帝德罔愆, (생략) 好生之德, 洽于民心, 玆用不犯于有司。"
帝曰: "俾予從欲以治, 四方風動, 惟乃之休。"
고요가 말했다: "임금의 덕에 허물이 없어서, (생략) 죽일 형벌에 처

한 죄인을 특별히 살려주는 임금의 덕이, 백성들의 마음을 적셔, 이러한 효용이 관리들을 거스르지 않았습니다." (순)임금이 말했다: "내가 하고자 하는 바에 따라 다스려, 사방이 감화되었으니, 그대의 훌륭함이오."

〔尙書(상서)〕〈大禹謨(대우모)〉

曰若稽古, 皋陶曰: "允迪厥德, 謨明弼諧。" 禹曰: "俞!如何?"皋陶曰: "都!慎厥身, 修思永。惇敍九族, 庶明勵翼, 邇可遠在茲。"

이에 옛일을 상고하여, 고요가 말했다: "진실로 그 덕을 따르면, 계책이 밝아져 조화롭도록 도울 것입니다." 우가 말했다: "그렇습니다! 어찌해야 합니까?" 고요가 말했다: "아! 그 몸을 삼가고, 의지를 오래 닦아야 합니다. 구족을 도탑게 펴고, 많은 어진 사람들이 힘써 도우면, 가까운 곳에서 먼 곳으로 갈 수 있음이 여기에 있습니다."

〔尙書(상서)〕〈皋陶謨(고요모)〉

天敍有典, 勅我五典五惇哉! 天秩有禮, 自我五禮有庸哉! 同寅協恭和衷哉! 天命有德, 五服五章哉! 天討有罪, 五刑五用哉! 政事, 懋哉! 懋哉!

하늘의 질서에는 법이 있으니, 나를 타일러 오전과 오돈(사람이 지켜야 할 다섯 가지 도리)을 경계하게 합니다! 하늘의 질서에는 예가 있으니, 내가 오례(나라의 다섯 가지 의례)에 쓰임이 있음을 따르게 합니다! 함께 나아가 마음을 합하여 진정으로 화목해야 합니다! 하늘이 덕 있는 이에게 명할 때는, 오복과 오장(다섯 등급의 의복 모양)으로 합니다! 하늘이 죄 있는 이를 벌할 때는, 오형과 오용(다섯 가지 형벌)으로 합니다! 정치상의 업무는, 힘써야 합니다! 힘써야 합니다!

〔尙書(상서)〕〈皋陶謨(고요모)〉

皋陶曰: "都! 亦行有九德. 亦言, 其人有德, 乃言曰, 載采采。" 禹曰:
"何?" 皋陶曰: "寬而栗, 柔而立, 愿而恭, 亂而敬, 擾而毅, 直而溫,
簡而廉, 剛而塞, 彊而義。彰厥有常, 吉哉! 日宣三德, 夙夜浚明, 有
家。日嚴祗敬六德, 亮采, 有邦。翕受敷施, 九德咸事, 俊乂在官, 百
僚師師。百工惟時, 撫于五辰, 庶績其凝。"

고요가 말했다: "아! 행함에는 또한 구덕(아홉 가지 덕)이 있습니다.
그 사람에게 덕이 있으면, 이에 가리고 가려 행했다고 말합니다."
우가 말했다: "어떤 것입니까?" 고요가 말했다: "관대하면서도 엄격
하고, 온유하면서도 확고히 서며, 정중하면서도 함께하고, 다스리
면서도 공경하며, 길들이면서도 강인하고, 정직하면서도 부드러우
며, 질박하면서도 청렴하고, 강직하면서도 정성스러우며, 굳세면서
도 의로운 것이니, 항상 그러함을 밝히면, 길합니다. 날마다 세 가
지 덕을 널리 펴고, 아침저녁으로 삼가 밝히면 가문을 소유할 수 있
습니다. 날마다 여섯 가지 덕을 엄격하게 떨치고 공경하며, 명확하
게 분간하면, 나라를 소유할 수 있습니다. 합해 거두어 널리 베풀어
서, 아홉 가지 덕을 모두 섬기면, 뛰어난 인재가 관직에 있게 되어,
모든 관료가 기준으로 삼고 따를 것입니다. 모든 관료가 때에 맞춰,
오진(오행)을 따르면, 모든 공적이 이루어질 것입니다."

〔尙書(상서)〕〈皋陶謨(고요모)〉

이처럼 고요와 같이 훌륭한 신하가 옆에서 끊임없이 충언을 올렸
기 때문에, 대동사회를 이끈 순 임금 역시 자만하지 않고 항상 삼가
여 노력할 수 있었던 것이다.

다음은 탕 임금의 신하 이윤과 관련된 기록들을 살펴볼 터인데,
아래의 기록들은 훗날 탕 임금의 손자 太甲(태갑)이 임금 자리에 올라
방탕한 생활을 하자, 이에 이윤이 충언을 올린 내용들이다.

伊尹乃明言烈祖之成德, 以訓于王。曰: "嗚呼! 古有夏先后, 方懋厥
德, 罔有天災。山川鬼神, 亦莫不寧, 曁鳥獸魚鼈咸若。"

이윤이 이에 열조(탕왕)가 이룬 덕을 분명히 말함으로써, 임금을 훈
계하였다. 아! 옛날 하나라의 선왕들은, 바야흐로 그 덕을 힘쓰셨기
에, 천재(天災)가 없었습니다. 산천의 귀신들은, 역시 편안하지 않음
이 없었고, 조수나 어별(물에 사는 동물)들이 더불어 좇았습니다.

〔尙書(상서)〕〈伊訓(이훈)〉

今王嗣厥德, 罔不在初, 立愛惟親, 立敬惟長, 始于家邦, 終于四海。
嗚呼! 先王肇修人紀, 從諫弗咈, 先民時若。居上克明, 爲下克忠, 與
人不求備, 檢身若不及。以至于有萬邦, 玆惟艱哉。

이제 임금(태강)께서 그 덕을 이으시려면, 처음부터 살피지 않으면
안 되니, 사랑을 세우는 것은 부모를 생각하시고, 공경함을 세우는
것은 연장자를 생각하시며, 집안과 나라에서 시작하여 온 천하에서
마쳐야 합니다. 아! 선왕께서는 백성의 기강을 바로잡아 다스리셨
고, 간언을 따라 어기지 않으셨으니, 이전의 백성들은 늘 따랐습니
다. 윗자리에 있으면 능히 밝히고, 아랫자리에 있으면 능히 충성하
며, 사람들과 함께 함에 모든 것을 갖추기를 바라지 않았고, 자신의
몸을 단속함에 미치지 못하는 것처럼 하셨습니다. 그럼으로써 만방
을 소유하기에 이르렀으니, 이것은 어려운 것입니다.

〔尙書(상서)〕〈伊訓(이훈)〉

敢有恒舞于宮, 酣歌于室, 時謂巫風。敢有殉于貨色, 恒于遊畋, 時謂
淫風。(생략) 爾惟德罔小, 萬邦惟慶。爾惟不德罔大, 墜厥宗。

감히 궁중에서 항상 춤을 추거나, 집에서 술을 마시고 흥겨워 노래

를 부르면, 이때를 무풍이라 이릅니다. 감히 재화와 여색을 탐하고, 늘 유람과 사냥을 다니면, 이때를 음풍이라 이릅니다. (생략) 그대가 덕을 생각함에 작다고 여기지 않으면, 만방이 기뻐할 것입니다. 그대가 부덕한 것을 생각함에 크다고 여기지 않으면, 그 종묘가 무너질 것입니다."　　　　　　　　　〔尙書(상서)〕〈伊訓(이훈)〉

伊尹乃言曰: 先王昧爽丕顯, 坐以待旦, 旁求俊彦, 啓迪後人, 無越厥命以自覆。愼乃儉德, 惟懷永圖。若虞機張, 往省括于度, 則釋, 欽厥止, 率乃祖攸行。惟朕以懌, 萬世有辭。

이윤이 이에 말했다: "선왕께서는 먼동이 틀 무렵에 크게 밝히고자, 앉아서 아침을 기다리셨고, 뛰어난 인재와 훌륭한 선비들을 두루 찾아 구하여, 후인들을 계도하셨으니, 그 명을 어김으로써 스스로 엎어지지 마십시오. 신중하여 이에 검소한 덕을 행하시고, 장구한 계책을 품으십시오. 우인이 쇠뇌에 활시위를 얹어, 가서 화살 끝이 법도에 맞는지 살피고, 곧 (활을) 발사하는 것처럼, 그 행동거지를 공경하고, 이에 선조가 행하신 바를 따르면, 제가 그럼으로써 기쁘고, 만세(萬世)에 말씀이 남을 것입니다.

〔尙書(상서)〕〈太甲上(태갑상)〉

伊尹申誥于王曰, 嗚呼! 惟天無親, 克敬惟親, 民罔常懷, 懷于有仁, 鬼神無常享, 享于克誠, 天位艱哉。德惟治, 否德亂。與治同道, 罔不興。與亂同事, 罔不亡。終始愼厥與, 惟明明后。

이윤이 거듭 임금에게 고하였다: "아! 하늘은 친한 이가 없어서, 능히 공경하는 이만을 친근히 대하고, 백성들은 항상 그리워하는 사람이 없어서, 어진 이를 그리워하며, 귀신은 항상 흠향하는 사람이 없어서, 능히 정성스러운 사람에게 흠향하니, 하늘이 준 지위는 어렵습니다. 덕으로 다스려야 하니, 덕을 부정하면 어지러워집니다. 바로잡음을 베풀어서 함께 이끌면, 흥하지 않을 수 없고, 무도함을 베풀어서 함께 부리면, 망하지 않을 수 없습니다. 시종 베풂에 신중하면, 훌륭한 임금을 밝힐 것입니다.

〔尙書(상서)〕〈太甲下(태갑하)〉

若升高, 必自下。若陟遐, 必自邇。
높은 곳에 오르려면, 반드시 낮은 곳에서 시작해야 합니다. 먼 곳에 가려면, 반드시 가까운 곳에서 시작해야 하는 것과 같습니다.

〔尙書(상서)〕〈太甲下(태갑하)〉

無輕民事惟難, 無安厥位惟危, 愼終于始。
백성의 일을 가벼이 여기지 말고 어려움을 생각하며, 그 지위를 편안하게 여기지 말고, 끝을 삼가려면 시작부터 삼가야 합니다.

〔尙書(상서)〕〈太甲下(태갑하)〉

有言逆于汝心, 必求諸道。有言遜于汝志, 必求諸非道。
그대의 마음에 거슬리는 말이 있으면, 반드시 그것이 도(道)에 맞는지 가려야 합니다. 그대의 뜻에 따르는 말이 있으면, 반드시 그것이 도에 어긋나는지 가려야 합니다.   〔尙書(상서)〕〈太甲下(태갑하)〉

君罔以辯言亂舊政, 臣罔以寵利居成功。邦其永孚于休。
임금이 교묘한 말 때문에 옛 정치를 어지럽히지 않고, 신하가 총애와 이익 때문에 성공에 머무르지 않으면, 나라가 오래도록 아름답게 빛날 것입니다."

〔尙書(상서)〕〈太甲下(태갑하)〉

세상에 혼자만 잘한다고 이뤄지는 일이 있겠는가? 뛰어난 임금 곁에는 반드시 뛰어난 신하들이 있기에 태평성대를 구가할 수 있다는 것은 역사의 가르침이니, 사사로운 정에 얽매이지 않고 공정하게 판단하는 인재를 등용하는 것이 얼마나 중요한 것인지 깨달을 수 있을 것이다. 아울러서 본문의 뜻은 2-19의 "정직한 이를 등용하여 정직하지 못한 이에 섞으면, 곧 백성들이 복종할 것이고; 정직하지 못한 이를 등용하여, 정직한 이에 섞으면, 곧 백성들이 복종하지 않습니다"라는 말과도 서로 통하니, 함께 엮어서 이해하기로 한다.

12-23: 子貢問友。子曰: "忠告而善道[14]之, 不可, 則止。無自辱焉。"

자공이 벗에 대해서 물었다. 공자가 이르시기를: "정성스럽게 말해주고 잘 이끌지만, 안 되면, 곧 그만두어야 한다. 자기를 욕되게 하지 말라."

*진심어린 마음으로 정성을 다해서 친구가 자기와 함께 道(도)를 배우고 실천할 수 있도록 이끌어주는 것이 도리이다. 하지만 아무리 해도 친구가 자기의 뜻을 알아주지 않는다면, 그를 구제할 다른 방법이 있겠는가? 결국 혼자라도 묵묵히 道(도)를 배우고 실천하려고 노력해야 할 것이다. 그렇지 않으면 자기조차도 道(도)를 향한 배움의 자세를 잃을 수도 있으니까 말이다.

---

14) 道(도): 이끌다.

12-24: 曾子曰:"君子,以文會友; 以友輔仁。"
曾子曰:"君子,以□□□; 以□□□。"

【대구법】

증자가 말하기를: "군자는, 文(문)으로 벗을 모으고; 벗으로
어질음을 돕는다(그러한 벗으로 하여금 자신의 어질음을 갈고 닦는데 돕도록
한다)."

*文(문)은 통치에 필요한 모든 법도와 그러한 법도들의 구체적인
내용이니, 〔詩經(시경)〕이나 〔尙書(상서)〕 등 옛 전적들에 기록된 성현
들의 말씀 및 업적들의 구체적인 내용들이다. 따라서 본문은 "참된
지도자는 文(문)을 배워 옛 성현들의 통치이념인 道(도)를 깨우치려는
공통의 목표를 지닌 사람들끼리 교류하고, 나아가 그런 이들로 하여
금 자신이 임금을 진심으로 섬기고 따를 수 있도록 곁에서 부단히 충
고하고 격려하게 한다"는 뜻인 것이다.

第13章: 子路(자로)

13-1: 子路問政。子曰: "先之, 勞之。"請益。曰:
"無倦。"
子路問政。子曰: "□之, □之。"請益。曰:
"無倦。"

【대구법】

자로가 정치에 대해 물었다. 공자가 이르시기를: "앞에
서고(남보다 먼저 실천하고), 부지런해야 하는 것이다." (자로가)
보충해달라고 청했다. 공자가 이르시기를: "해이함이 없어야
한다."

*본문은 敏(민: 민첩함)과 勤(근: 근면함) 그리고 愼(신: 삼감)과 常(상:
변치 않음)을 말하고 있는데, 주지하다시피 이는 道(도)의 중요한 구성
요소이다. 따라서 공자의 道(도)는 바로 정치하는 이가 반드시 갖춰
서 실천해야 하는 통치이념임을 다시 한 번 확인할 수 있다.

13-2: 仲弓爲季氏宰, 問政。子曰:"先有司, 赦小
　　　過, 擧賢才。"曰:"焉知賢才而擧之?"曰:"擧
　　　爾所知, 爾所不知, 人其舍諸?"

【문답법, 설의법】

중궁이 계씨의 가신이 되어, 정치에 대해 물었다. 공자가
이르시기를: "유사(사무를 맡아보는 직무)를 이끎에, 작은 허물은
사면해주며, 현명한 인재를 등용하는 것이다." (중궁이) 말하기를:
"어찌 현명한 인재인지를 알아보고 등용합니까?" 공자가
이르시기를 "네가 아는 이를 등용하고, 네가 알지 못하는 이는,
남들이 그를 버려두겠느냐?"

*타인의 허물을 감싸주는 것은 너그러움이니 12-21에서 말한 바
있는 容(용: 포용)이고, 현명한 인재를 등용하는 것은 12-22에서 설명
한 知(지: 지혜로움)이다. 또한 道(도)는 정치하는 이들이 배워서 실천
해야 할 옛 성현들의 통치이념이니, 공자는 본문을 통해서 道(도)의
또 다른 구성요소들을 언급하고 있음을 알 수 있다.

그렇다면 중궁의 질문에, 공자는 어떤 의도로 "네가 알지 못하는
이는, 남들이 그를 버려두겠느냐?"라고 말한 것일까? 이를 설명하기
위해서는 〔史記(사기)〕〈五帝本紀(오제본기)〉의 기록을 살펴볼 필요가
있다. 순임금이 자신을 도와줄 인재를 찾자, 사악은 伯禹(백우) 垂(수)
益(익) 伯夷(백이)를 추천했다. 그래서 순임금이 이들을 임명하자, 뜻
밖에도 백우는 稷(직) 契(설) 皋陶(고요)에게, 수는 殳(설) 斨(장) 伯與
(백여)에게, 익은 朱(주) 虎(호) 熊(웅) 羆(비)에게, 백이는 夔(기)와 龍

(용)에게 각각 사양하였다. 그러자 순임금은 이들 모두에게 알맞은 자리를 주어 능력을 십분 발휘할 수 있도록 하였으니, 그 결과 나라가 안정되고 백성들이 모두 순 임금을 따르게 되었다.

> 此二十二人咸成厥功: 皐陶爲大理, 平, 民各伏得其實; 伯夷主禮, 上下咸讓; 垂主工師, 百工致功; 益主虞, 山澤辟; 棄主稷, 百穀時茂; 契主司徒, 百姓親和; 龍主賓客, 遠人至; 十二牧行而九州莫敢辟違; (생략)。
>
> 이 스물두 사람은 모두 그 공적을 세웠는데: 고요는 대리가 되어, 가지런하게 하니, 백성들이 모두 실제에 맞아 복종했고, 백이가 예를 주관하니, 위아래가 모두 양보했으며; 수가 공사를 책임지니, 모든 공인들이 공적을 이루었고; 익이 우를 맡으니, 산과 물이 다스려졌으며; 기가 직을 맡으니, 온갖 곡식이 때맞춰 무성하였고; 설이 사도를 맡으니, 귀족들이 화목해졌고; 용이 빈객을 책임지니, 멀리 있는 사람들이 왔으며; 12목이 실행하자 9주(나라 안)가 감히 회피하거나 어기지 않게 되었으니; (생략).
>
> 〔史記(사기)〕〈五帝本紀(오제본기)〉

이는 즉 지도자가 容(용: 포용)과 知(지: 지혜로움)를 실천함으로써 자기 주변에 있는 현명한 인재들을 발탁하면, 이들 역시 지도자의 뜻을 깨닫고 또 자기 주변의 훌륭한 인재들을 추천하여 발탁하게 된다는 의미인 것이다.

13-3: 子路曰: "衛君待子而爲政, 子將奚先?" 子
曰: "必也正名¹⁾乎!" 子路曰: "有是哉, 子之
迂也! 奚其正?" 子曰: "野哉, 由也! 君子於
其所不知, 蓋闕如也。名不正, 則言不順; 言
不順, 則事不成; 事不成, 則禮樂不興; 禮樂
不興, 則刑罰不中; 刑罰不中, 則民無所措手
足。故君子, 名之必可言也, 言之必可行也。
君子於其言, 無所苟而已矣!"

子路曰: "衛君待子而爲政, 子將奚先?" 子曰:
"必也正名乎!" 子路曰: "有是哉, 子之迂也!
奚其正?" 子曰: "野哉, 由也! 君子於其所不
知, 蓋闕如也。☆不☆, 則★不★; ★不★, 則
○不○; ○不○, 則●●不●; ●● 不●,
則◇◇不◇; ◇◇不◇, 則◆無◆◆◆◆。
故君子, ☆之必可★也, ★之必可■也。君子
於其言, 無所苟而已矣!"

【문답법, 직유법, 대구법, 연쇄법】

자로가 말하기를: "위나라 임금이 스승님께 정치를 맡기려고
하는데, 스승님께서는 무엇을 먼저 하시렵니까?" 공자가
이르시기를: "반드시 명분을 바로잡아야 한다." 자로가
말하기를: "그렇군요. 스승님께서는 옳지 않으십니다!
(명분을) 어찌 바로잡을 수 있겠습니까?" 공자가 이르시기를:
"투박하구나, 유(자로)야! 군자는 모르는 일에는, 모자라는

---

1) 名(명): 외관, 형식, 명분.

듯하다(판단을 유보한다). 명분이 바로잡히지 않으면, 곧 말이 순리적이지 않고; 말이 순리적이지 않으면, 곧 일이 이루어지지 않으며; 일이 이루어지지 않으면, 곧 예악이 흥하지 못하고; 예악이 흥하지 않으면, 형벌이 타당하지 못하게 되며; 형벌이 타당하지 못하게 되면, 곧 백성들이 어찌해야 할지 모르게 된다. 그러므로 군자는, 명분이 서야 반드시 말이 가능하고, 말이 서야 반드시 행할 수 있다. 군자는 자신이 한 말에, 미봉하지(이리저리 꾸며대지) 않을 따름이다."

*사리사욕으로 인해 서로가 물고 뜯으며 심지어 신하가 임금을 따르지 않는 혼란스러운 춘추시대를 다스릴 수 있는 유일한 방법은 제도로 통제하는 것이라고 생각했기에, 공자는 예악제도를 바로 잡음으로써 절제하고 통제하는 정치를 펴야 한다고 주장했다. 그러한 그가 정치를 함에 있어서 먼저 名(명: 명분)을 바로잡아야 한다고 했으니, 바로 여기서 노자 〔도덕경〕32-4의 "始制有名(통제하기 시작하면 이름이 있게 됨)"이라는 구절을 함께 연계하여 살펴야한다. 즉 노자는 制(제: 통제하다)와 名(명: 명분)이 동일하다고 보았으니, 名(명: 명분)은 다름 아닌 "制度(제도)"인 것이다.

名(명): "制度(제도)"

이제 노자가 설명한 名(명: 명분)의 개념으로 본문을 다시 살펴보면, "정치를 하기 위해서는 먼저 제도를 바로 잡아야 한다. 제도가 바로 잡히지 않으면, 말과 명령에 그 근거가 없어지므로 설득력을 잃게 되고, 설득력을 잃게 되면 일을 성사시킬 수 없으며, 일을 성사시킬 수 없으면 道(도)의 외형적 형식인 禮(예)와 樂(악)이 바로 서지 못

하게 되고, 禮(예)와 樂(악)이 바로 서지 못하면 道(도)의 외형적 형식이 무너지므로 형벌의 권위가 무너지게 되며, 형벌의 권위가 무너지면 백성들이 맘대로 날뛰게 된다'라고 풀이할 수 있는 것이다. 따라서 노자와 공자의 名(명: 명분)은 모두 제도를 일컫는 것으로, 결국 이들의 관점은 일치하는 것이다. 물론 여기서 말하는 제도란 구체적으로 禮樂制度(예악제도)를 뜻하는 것임은 자명하다.

이제 마지막으로 공자의 말이 어떤 의미를 함축하는지 2-24에서 이미 소개했던 내용을 그 예로 제시하여 확인해보자. 〔左傳(좌전)〕〈哀公(애공) 6年〉에 따르면, 楚(초)나라 昭王(소왕)이 병이 들어서 점을 쳤는데, 黃河(황하)의 신에게 제사를 지내야 한다고 했다. 하지만 소왕이 거절하자, 대부들이 거듭 교외에서 제사를 지내야 한다고 청했다. 이에 소왕은 "하나라와 은나라 그리고 주나라 삼 대의 天子(천자)들께서는 諸侯(제후)들의 제사 범위를 정해주셨으니, 자기 영토를 넘지 않는 범위의 山川(산천)에게만 제사를 지내는 것이다. 그런데 황하는 우리의 영토 밖이니, 내 부덕함을 황하의 신께서 벌 줄만한 것은 아니다"라고 말했다. 공자는 이 말을 전해 듣고 다음과 같이 평한다.

楚昭王知大道矣。其不失國也, 宜哉! 夏書曰: "惟彼陶唐, 帥彼天常, 有此冀方。今失其行, 亂其紀綱, 乃滅而亡。" 又曰: "允出玆, 在玆。" 由己率常, 可矣。

초나라 소왕은 큰 도를 안다. 그(소왕)가 나라를 잃지 않는 것은, 마땅하다! 〔하서〕에 이르기를: "저 도당(요임금)부터, 이 기 나라가 있었는데, 지금 그 도를 잃고, 그 기강을 어지럽혀, 이에 멸망했다." 또 이르기를: "진실로 이에서 나오니, 이에 있도다." 자기로 말미암아 常(상: 변치 않는 법도)을 따르는 것이, 옳다.

즉 초나라 소왕은 옛 천자들이 세운 제도를 근거로 대부들의 불합리한 요구를 물리칠 수 있었으니, 이것이 바로 공자가 본문에서 "그러므로 군자는, 명분이 서야 반드시 말이 가능하고, 말이 서야 반드시 행할 수 있다"라고 말한 본연의 취지인 것이다.

반면에 공자는 이와 반대로 제도를 바로잡지 않으면 말을 이리저리 꾸며대게 된다고 했으니, 6-14에서 이미 소개했던 내용을 다시 한 번 살펴보기로 하자. 〔左傳(좌전)〕〈定公(정공) 4년〉에 따르면, 周(주)나라 劉文公(유문공)이 楚(초)나라를 공격할지 여부를 상의하기 위해서, 召陵(소릉)에서 제후들을 소집했다. 衛(위)나라 靈公(영공)은 축타를 萇弘(장홍)에게 보내서 蔡(채)나라가 위나라가 보다 먼저 歃血(삽혈)하게 되는지를 묻자, 장홍은 채나라의 시조 蔡叔(채숙)이 위나라의 시조인 康叔(강숙)의 형이므로 먼저 하는 것이 맞는다고 대답했다. 이에 축타는 "채숙이 강숙의 형이기는 하지만 반란을 주도한 인물인데, 주나라가 문왕과 무왕의 법도를 회복하려면 나이보다는 덕행을 봐야 하지 않겠습니까?"라는 감언이설로 장홍을 기쁘게 했고, 장홍은 유문공에게 축타의 말을 전함으로써 결국 위나라가 채나라보다 먼저 삽혈을 하게 되었다. 하지만 공자는 이 사건에 대해서 종법제도를 어기고 감언이설로 상대를 기만했으므로, 축타는 변론에만 능한 인물에 불과하다고 폄하한 것이다.

*〔左傳(좌전)〕〈哀公(애공) 10年〉과 〔史記(사기)〕〈孔子世家(공자세가)〉에 따르면, 공자가 楚(초)나라에서 衛(위)나라로 돌아온 이듬해인 59세 때 위나라 영공이 죽자, 부인 南子(남자)는 자기를 죽이려다 실패하고 이웃나라로 도피한 蒯聵(괴외)의 아들 輒(첩)을 왕으로 앉혔다. 하지만 그 이후로도 괴외가 오랫동안 나라 밖에서 떠돌자 제후들이 수차례 그를 꾸짖는 등, 위나라는 아직 대단히 혼란스러웠다. 이

때 공자의 적잖이 제자들은 위나라에서 벼슬을 하고 있었으므로, 위나라 임금이 공자를 등용하고자 한 것이다. 따라서 본문의 내용은 공자가 67세일 때 이뤄진 대화였을 것으로 짐작할 수 있는데, 이렇듯 혼란스러운 위나라의 상황은 7-14와 15-1에서도 확인할 수 있으니 참고하기로 한다.

13-4: 樊遲請學稼[2]。子曰: "吾不如老農。" 請學爲圃[3]。曰: "吾不如老圃。" 樊遲出, 子曰: "小人哉, 樊須也! 上好禮, 則民莫敢不敬; 上好義, 則民莫敢不服; 上好信, 則民莫敢不用情。夫如是, 則四方之民襁負其子而至矣, 焉用稼?"
樊遲請學稼。子曰: "吾不如老□。" 請學爲圃。曰: "吾不如老□。" 樊遲出, 子曰: "小人哉, 樊須也! 上好□, 則民莫敢不□; 上好□, 則民莫敢不□; 上好□, 則民莫敢不□□。夫如是, 則四方之民襁負其子而至矣, 焉用稼?"

【반복법, 대구법, 열거법, 대유법, 설의법】
번지가 농사일에 대해 가르침을 청했다. (공자가) 이르시기를: "나는 노련한 농사꾼보다 못하다." (이에 번지가) 채소를 심는 일에 대해 가르침을 청했다. (공자가) 이르시기를 "나는 노련한 원예사보다 못하다." 번지가 밖으로 나가자, 공자가

---

2) 稼(가): 곡식을 심다, 농사.
3) 圃(포): 채소밭, 채소밭을 가꾸다.

이르시기를: "소인이로다. 번지여! 윗사람이 예를 좋아하면, 곧 백성들이 감히 공경하지 않을 수 없고; 윗사람이 의를 좋아하면, 곧 백성들이 감히 불복하지 않을 수 없으며; 윗사람이 신뢰를 좋아하면, 곧 백성들이 감히 진심으로 하지 않을 수가 없다. 무릇 이와 같으면, 곧 주변 나라의 백성들이 자기 자식을 업고 몰려올 것이니, 어찌 스스로 농사를 짓겠는가?"

*번지는 정치 지도자 수업을 받다말고, 뜬금없이 왜 공자에게 농사일과 채소를 심는 일에 대해서 질문을 했을까? 그렇다면 번지에게 있어서, 지도자적 자질과 농사는 모종의 관련이 있다는 뜻이 아닐까? 이러한 의문점을 풀기 위해서는, 먼저 다음의 기록들을 살펴볼 필요가 있다.

> 炎帝欲侵陵諸侯, 諸侯鹹歸軒轅。軒轅乃修德振兵, 治五氣, 藝五種, 撫萬民, 度四方, (생략)。
> 염제가 제후들을 침해하여 욕보이려 하자, 제후들은 다 헌원에게 귀의했다. 헌원은 이에 덕을 닦고 군대를 정돈했으며, 오행의 기를 바로 잡고, 오곡을 심었으며, 만백성을 위로하고, 사방을 헤아려서, (생략).　〔史記(사기)〕〈五帝本紀(오제본기)〉

> 順天地之紀, 幽明之占, 死生之說, 存亡之難。時播百穀草木, 淳化鳥獸蟲蛾, 旁羅日月星辰水波土石金玉, 勞勤心力耳目, 節用水火材物。有土德之瑞, 故號黃帝。
> 천지의 규율, 음양의 점, 죽음과 삶의 말씀, 국가 존망의 어려움을 따랐다. 때마다 온갖 곡식과 초목을 뿌리고, 금수와 곤충을 순화시켰으며, 일월성신, 물결, 토석, 금옥을 두루 망라하고, 마음과 힘 귀

와 눈에 힘쓰며, 물불 목재와 재물을 아껴 썼다. 토덕의 상서로움이 있어서, 따라서 황제라고 불렸다. 〔史記(사기)〕〈五帝本紀(오제본기)〉

乃命羲和, 欽若昊天, 厤象日月星辰, 敬授民時。分命羲仲, 宅嵎夷, 曰暘穀。寅賓出日, 平秩東作。日中, 星鳥, 以殷仲春。厥民析, 鳥獸孳尾。申命羲叔, 宅南交。平秩南訛, 敬致。日永, 星火, 以正仲夏。厥民因, 鳥獸希革。分命和仲, 宅西, 曰昧穀。寅餞納日, 平秩西成。宵中, 星虛, 以殷仲秋。厥民夷, 鳥獸毛毨。申命和叔, 宅朔方, 曰幽都。平在朔易。日短, 星昴, 以正仲冬。厥民隩, 鳥獸氄毛。帝曰:"咨! 汝羲暨和。期三百有六旬有六日, 以閏月定四時, 成歲。允釐百工, 庶績咸熙。"

이에 (요임금은) 희씨와 화씨에게 명하여, 큰 하늘을 공손히 좇고, 일 월성신에 따라, 삼가 백성들에게 계절을 전수했다. 희중에게 따로 명하여, 욱이에 살게 하였으니, 양곡이라고 불렸다. 뜨는 해를 공경 하여 대접하고, 봄 농사를 가지런하게 했다. 해가 중간에 오면, 성 조(28수중의 하나)로 춘분을 바로잡았다. 백성들은 흩어졌고(일을 하 고), 조수는 교미하여 새끼를 가졌다. 거듭 희숙에게 명하여, 남교 에 살게 하였다. 여름 농사를 가지런히 하여, 삼가 다하도록 했다. 일을 고르게 다스리도록 하고 공경하여 다루게 했다. 해가 길어지 면, 화성으로, 중하(한여름)를 바로 잡았다. 백성들은 이어 받고(계 속 농사를 지었고), 조수는 털갈이를 하느라 털이 적었다. 화중에게 따 로 명하여, 서쪽에 살게 하니, 매곡이라 불렸다 지는 해를 공손히 보내, 가을 추수를 가지런하게 했다. 밤이 중간에 오면, 성허로, 추 분을 바로잡았다. 백성들은 평안해지고, 조수는 털에 윤기가 돌았 다. 거듭 화숙에게 명하여, 북쪽에 살게 하니, 유도라고 불렸다. 해가 바뀜을 가지런하게 했다. 해는 짧아지면, 묘성으로, 동지를 바로 잡았다. 백성들은 따뜻하였고, 조수는 털이 무성했다. 임금(요)께서 말씀하셨다: 아! 그대 희씨와 화씨여. 일 년을 366일로 하고, 윤달로 사계절을 바로잡아서, 일 년을 이루었도다. 진실로 모든 관리들을 다스리니, 여러 공적이 모두 흥하게 되었다.

〔尙書(상서)〕〈堯典(요전)〉

耕歷山, 民皆讓畔, 漁雷澤, 人皆讓居, 陶河濱, 器不苦窳, 所居, 成聚, 二年, 成邑, 三年, 成都。堯聞之聰明, 擧於畎畝, 妻以二女, 曰娥皇女英, 釐降於嬀汭。

(순이) 역산에서 경작하니, 백성들이 모두 밭두둑을 양보하고, 뇌택에서 낚시를 하니, 사람들이 모두 자리를 양보하였으며, 황하 가에서 그릇을 구우니, 그릇이 이지러지지 않고, 머무르니, 무리가 되고, 2년이 지나자, 고을을 이뤘으며, 3년이 되자, 도시를 이뤘다. 요임금이 그의 총명함을 듣고, 밭두렁에서 올려 두 딸을 아내로 삼게 하니, 아황과 여영이라고 하고, 규와 예로 내려와 다스렸다.

〔十八史略(십팔사략)〕〈五帝篇(오제편)〉

周公曰: 嗚呼! 我聞曰: 昔在殷王中宗, 嚴恭寅畏, 天命自度, 治民祗懼, 不敢荒寧。肆中宗之享國七十有五年。其在高宗, 時舊勞于外, 爰曁小人。作其卽位, 乃或亮陰, 三年不言。其惟不言, 言乃雍, 不敢荒寧, 嘉靖殷邦。至于小大, 無時或怨。肆高宗之享國五十有九年。其在祖甲, 不義惟王, 舊爲小人。作其卽位, 爰知小人之依, 能保蕙于庶民, 不敢侮鰥寡。肆祖甲之享國三十有三年。

주공이 말했다: '아! 제가 듣건대: 옛날 은나라 임금 중종은, 엄숙

히 삼가며 공경하고 두려워하여, 천명을 스스로 헤아렸고, 백성을 다스림에 공경하고 두려워하여, 감히 편안함에 빠지지 않았습니다. 드디어 중종은 나라를 칠십오 년 누리셨습니다. 고종이 재위했을 때, 오랫동안 밖에서 수고로우셨고, 이에 소인(신분이 낮은 백성)들과 함께하였습니다. 그 즉위를 해서는, 이에 상을 입으시고, 삼 년 동안 말하지 않았습니다. 말하지 않았으나, 말하면 온화했지만, 감히 편안함에 빠지지 않았으니, 은나라가 아름답고도 평안해졌습니다. 낮은 사람이건 높은 사람이건, 원망하는 이가 없게 되었습니다. 드디어 고종은 나라를 오십구 년 누리셨습니다. 조갑이 재위해서는, 의로운 왕이 아니라 하고, 오래 소인(신분이 낮은 백성)이 되었습니다. 즉위하여서는, 이에 소인(신분이 낮은 백성)의 의지함을 알고, 수많은 백성을 능히 보호하고 사랑하였으며, 감히 홀아비나 과부를 업신여기지 않았습니다. 드디어 조갑은 나라를 삼십삼 년 누리셨습니다.

〔尙書(상서)〕〈無逸(무일)〉

대동 사회는 三皇五帝(삼황오제) 즉 伏羲氏(복희씨)와 神農氏(신농씨) 그리고 女媧氏(여와씨)의 三皇(삼황)과 黃帝軒轅(황제헌원), 顓頊高陽(전욱고양), 帝嚳高辛(제곡고신), 帝堯放勳(제요방훈), 제순중화(帝舜重華)의 五帝(오제)가 통치하던 시기를 일컫는다. 이 삼황오제 중 하나인 신농씨가 농업을 보급한 이래로 사람들이 농사를 짓기 시작했는데, 주지하다시피 농업의 보급은 바로 집단정착생활과 직결된다. 다시 말해서, 농업은 집단체제 즉 한 나라를 이끄는 지도자의 통치와 불가분의 관계를 맺게 되는 것이다. 따라서 지도자는 농업을 통치의 가장 중요한 내용 중 하나로 인지했고, 또 그렇기 때문에 솔선수범하여 농사에 참여했던 것이다. 이러한 면모는 노자 〔도덕경〕의 39장에서도 찾아볼 수 있는데, 39-4에서 "是以侯王自謂孤寡不穀。(이 때문에 천자와 제후는 스스로를 고, 과, 불곡이라고 칭하였다.)"라고 한 바 있으니, 즉 지도자가 스스로를 不穀(불곡)이라고 칭하여, 자기가 백성들을 배불리 먹이는 곡식보다도 못한 존재라고 겸손한 모습을 보인 것이다.[4]

그리고 8-23에서도 언급한 바 있듯이, 소강사회의 통치이념 즉 道(도)의 구성요소들은 원칙적으로 대동사회의 그것들을 그대로 계승한다. 따라서 하나라와 상나라 그리고 주나라의 천자들 역시 농업을 중시한다는 가치관을 보여주기 위해서 매년 형식적으로나마 농사를 짓는 모습을 보였는데, 〔史記(사기)〕〈周本紀(주본기)〉에는 周(주)나라 宣王(선왕)이 매년 籍田(적전: 천자 소유의 밭)에서 농사를 짓는 시늉을 함으로써, 농사를 중히 여긴다는 것을 보여주는 周禮(주례)의 전통을 소홀히 하였다는 기록이 남아있다.

이제 상술한 내용들을 토대로 諸子百家(제자백가) 중 하나인 農家思想(농가사상)에 대해서 살펴보기로 하자. 현재까지 농가사상의 대표적인 인물로는 戰國時代(전국시대) 楚(초)나라의 許行(허행)이 알려져 있는데, 〔漢書(한서)〕〈藝文志(예문지)〉에 농사는 君臣(군신)이 함께 경작해야 한다는 기록이 남아있다. 즉 농가사상은 단순히 농업기술을 언급한 것이 아니라 농업을 통한 통치사상을 설파하려한 것으로 추측할 수 있으니, 왕을 포함한 모든 사람이 자신의 노동으로 생활을 유지함으로써 대동사회 지도자의 治世方法(치세방법)을 회복해야 한다고 주장한 것이다.

그러므로 〔논어〕에 등장하여 공자의 사상을 반대한 대다수의 인

---

4) 우리나라에서도 自古(자고)로 임금이 스스로를 "寡人(과인)"이라고 호칭하였으니, 바로 이러한 지도자가 백성들의 아래에 처해야 한다는 도리에서 나온 것임을 알 수 있다.

물들은 모두 정치와 인연을 끊고 농사짓는데 힘쓴 것이니, 이는 18-6의 "씨앗 덮는 일을 멈추지 않았다"와 18-7의 "사지를 부지런히 하지 않고, 오곡을 구분하지 못하니, 누가 스승이란 말인가!"라는 말과 연계하여 살펴볼 수 있다. 결국 본문에서 번지는 농사를 언급함으로써, 공자에게 대동 사회의 치세에 대해서 가르침을 구하고 있는 것이다.

그러자 공자는 "지도자가 禮(예)와 義(의) 그리고 信(신)을 익혀서 다스리는 소강사회의 道(도: 통치이념)를 실천하면, 백성들이 그를 공경하고 복종하며 진심으로 대할 것이다. 또 그렇게 되면 주변 나라의 백성들이 그 지도자를 섬기기 위해서 먼 곳을 마다하지 않고 몰려올 것이니, 어찌 지금과 같은 세상에 현실적으로 실행될 가능성이 없는 이상적인 대동사회의 치세에 대해서 묻고 있단 말인가?"라고 답함으로써, 힘을 쓰는 것은 아랫사람이나 하는 것이라고 말하고 있다.

이를 통해서 공자의 궁극적인 지향점은 바로 소강사회로의 복귀임이 다시 한 번 확연하게 드러나고 있으니, 대동사회로의 복귀는 어디까지나 손을 뻗어도 닿을 수 없는 이상향인 것이다. 공자의 이러한 가치관은 4-11의 "군자는 덕을 생각하고, 소인은 땅을 생각한다" 및 14-34의 "천리마는 그 힘을 일컫는 것이 아니라, 그 덕을 일컫는 것이다"라는 말에서도 여실히 드러나고 있으니, 함께 연계하여 이해할 수 있다.

13-5: 子曰: "誦詩三百, 授之以政, 不達; 使於四方, 不能專對; 雖多, 亦奚以爲?

【대유법, 설의법】

공자가 이르시기를: "시 삼백([시경])을 외워서, 그를 제수하여(임금이 직접 벼슬을 내려) 나랏일을 주지만(정무를 담당하게 하지만), 능숙하지 못하고; 주변 나라에 사신으로 보내지만, 혼자의 지혜만으로 대답하지 못하면; 비록 많다고 해도([시경]을 많이 외웠다고 해도), 또 어찌 생각하겠는가?(뭐라고 여기겠는가?)"

*이 문장은 두 부분으로 나눠서 이해할 필요가 있는데, 본문의 첫 부분과 유사한 내용이 다음의 기록에도 보이고 있다.

誦詩三百, 不足以一獻。

〔시경〕 3백 편을 외워도, 일헌(간단한 제사)을 행하기에 부족하다.

〔禮記(예기)〕〈禮器(예기)〉

이는 禮(예)를 모르면 아무리 〔시경〕 삼백 편을 외워도 간소한 작은 제사조차 감당할 수 없다는 뜻으로, 바로 道(도)의 내용인 文(문)과 형식인 禮(예)의 조화를 강조하고 있는 것이다.

또 뒷부분은 아무리 〔시경〕 삼백 편을 외워도 돌발 상황이 발생했을 때 그 내용들을 응용해내지 못하면 의미가 없다는 뜻으로, 바로 興(흥) 즉 연상과 상상의 응용력을 강조하고 있는 것이다. 이제 이와 관련하여 다음의 기록을 살펴보면, 공자의 의도를 이해할 수 있을 것이다.

齊慶封來聘, 其車美。孟孫謂叔孫曰: "慶季之車, 不亦美乎？" 叔孫曰: "豹聞之; ‘服美不稱, 必以惡終。’ 美車何爲？" 叔孫與慶封食, 不敬。爲賦《相鼠》, 亦不知也。

제나라 경봉이 (노나라를) 방문했는데, 그의 수레가 아름다웠다. 맹손씨가 숙손씨에게 말하기를: "경봉의 수레가, 아름답지 않습니까?" 숙손씨가 말하기를: "표가 듣기로는: ‘의복과 장신구가 걸맞지 않으면, 필히 나쁜 결과를 갖게 될 것이다’라고 했는데, 아름다운 수레가 무슨 필요가 있겠소?" 숙손씨와 경봉이 식사를 하는데, (경봉의 태도가) 불경스러웠다. (이에) 〈상서〉를 연주케 하였더니, 역시 알지 못했다.　　　　　　　　　　　　　　　　　〔左傳(좌전)〕〈襄公(양공) 27년〉

〈상서〉는 〔시경〕〈鄘風(용풍)〉의 한 작품으로, 〔毛詩傳(모시전)〕에서는 이 작품의 주제를 "刺無禮也。(무례함을 비판한 것이다.)"로 보았다. 이는 본래 衛(위)나라 사람들이 통치자들의 구차하고도 어리석으며 염치없는 행위를 비판한 것인데, 숙손씨는 이를 빌어서 완곡하게 경봉의 무례함을 비꼬았다. 하지만 경봉은 그 의도를 전혀 이해하지 못했으니, 사람들이 그를 어떻게 생각했을지는 굳이 상상할 필요도 없을 것이다. 사실 이러한 해석태도는 위의 상황과 작품의 주제가 완벽하게 맞아떨어지는 것은 아니지만, 무례함이라는 공통점을 부각시키고 있으니 일맥상통한다고 할 수 있다. 또 다음의 기록을 살펴보기로 하자.

夏, 宋華定來聘, 通嗣君也。享之, 爲賦《蓼蕭》。弗知, 又不答賦。昭子曰; 必亡！宴語之不懷, 寵光之不宣, 令德之不知, 同福之不受, 將何以在？

여름, 송나라 화정이 (노나라를) 방문했는데, (이를) 통하여 (송나라의 새로운 임금과 노나라 임금의 우정을) 잇게 함이었다. (그를 위해서 연회를 열어주고는) 〈요소〉를 연주케 했다. (그런데) 알지 못했고, 또한 다른 [시경] 작품을 연주케 하여 그에 화답하지도 못했다. 소자가 말하기를: "반드시 망하리라! 연회에서 쓰이는 언어를 생각지 못하고, 총애와 신임의 영화로움을 널리 알리지 못하며, 아름다운 덕을 알지 못하고, 함께하는 복을 받지 못하는데, 장차 어찌 그 자리에 있겠는가?"   〔左傳(좌전)〕〈昭公(소공) 12년〉

　　〈요소〉는 [시경] 〈小雅(소아)〉의 한 작품으로, 〔毛詩傳(모시전)〕에서는 이 작품의 주제를 "澤及四海也。(군자의 덕이 사방에 미친다.)"로 보았다. 이는 본래 천자의 德(덕)이 사방에 퍼짐을 칭송한 노래인데, 제후국의 왕들이 우정을 맺음으로써 세상을 윤택하게 하라는 의도로 연주했으니, 당시의 예악제도를 따르지 않은 무례한 행위이다. 하지만 이미 천자의 지위가 하늘에 떨어졌기에 이렇듯 제후들 역시 맘대로 연주했는데, 아무튼 화정은 노나라의 의도를 알아채지 못했거니와 그에 대해 화답하지도 못했으니, 일개인으로서는 말할 것도 없고 나아가 자기가 섬기는 임금을 얼마나 망신시킨 경우였겠는가? 이렇듯 공자가 연상과 상상의 응용력을 강조한 점은 1-15와 3-8 그리고 17-9에서도 찾아볼 수 있으니, 함께 연계하여 이해할 필요가 있다.

13-6: 子曰: "其身正, 不令而行; 其身不正, 雖令
不從。"
子曰: "其身正, □令□□; 其身□正, □令□□。"

【대구법】

공자가 이르시기를: "그 몸이 바르면, 명령하지 않아도 (백성들이
스스로) 행하고; 그 몸이 바르지 않으면, 비록 명령을 내려도
따르지 않는다."

*이는 12-19의 "그대가 선을 행하고자 하면 백성이 선을 행할 것
입니다. 군자의 덕은, 바람이고; 소인의 덕은, 풀입니다. 풀 위에 바
람이 불면 반드시 쓰러지는 법입니다"라는 말과 일치하고 있으니, 바
로 지도자의 率先垂範(솔선수범) 즉 윗물이 맑아야 아랫물이 맑다는
도리를 천명하고 있다.

13-7: 子曰: "魯衛之政, 兄弟也。"

【대유법】
공자가 이르시기를: "노나라와 위나라의 정치는 형제로다."

*본문의 대략적인 의미는 周(주)나라 文王(문왕)의 아들 周公(주공)이 분봉 받아 세운 노나라와, 역시 문왕의 아들 康叔(강숙)[5]이 분봉 받아 세운 위나라는 본디 형제의 나라인데, 이제는 그 정치적 혼란스러움조차도 마치 형제와 같다는 것이다. [左傳(좌전)]〈哀公(애공) 10년〉과 [史記(사기)]〈孔子世家(공자세가)〉에 따르면, 67세의 공자는 楚(초)나라에서 衛(위)나라로 돌아왔다. 그리고 그 이듬해 吳(오)나라는 노나라에게 百牢(백뢰: 제사에 쓸 가축 백인 분)를 요구했는데, 이는 周禮(주례: 주나라의 예악제도)에 부합되지 않는 분량이었다. 여기에다 오나라의 太宰(태재) 嚭(비)는 심지어 계강자까지도 불러들였는데, 계강자는 자공을 보내 교섭을 하고나서야 그것을 면할 수 있었으니, 본문은 공자가 이러한 노나라의 상황을 전해 듣고 평한 말이다. 이와 관련하여서는 9-6을 참고할 수 있다.

한 편 위나라는 이 무렵 蒯聵(괴외)의 아들 輒(첩)이 임금으로 있었는데, 괴외는 호시탐탐 위나라로 돌아가서 왕위를 되찾을 궁리를 하느라 나라 전체가 뒤숭숭한 분위기였으니, 당시 위나라에 머물면서 노나라의 상황을 전해들은 공자가 어떠한 심경이었는지 짐작할 수 있다. 위나라의 구체적인 상황에 대해서는 13-3을 참고하기로 한다.

---

5) 강숙에 대해서는 6-14에서 간략하게나마 소개한 바 있으니 참고하기로 한다.

13-8: 子謂衛公子荊。"善居⁶⁾室。始有, 曰苟⁷⁾合矣。
少有, 曰苟完矣。富有, 曰苟美矣。"
子謂衛公子荊。"善居室。□有, 曰苟□矣。□
有, 曰苟□矣。□有, 曰苟□矣。"

【대구법, 점층법】

공자가 위나라 공자인 형에 대해 언급하였다. "집에 (재물을) 잘
모은다. 처음 (재물이) 생기자, 참으로 (많이) 모았다고 말했다.
조금 (더) 생기자, 참으로 온전하다고 말했다. 부유해지자,
참으로 좋다고 말했다."

*공자 형은 字(자)가 南楚(남초)로, 위나라 獻公(현공)의 아들이다.

*〔左傳(좌전)〕〈襄公(양공) 29년〉에 吳(오)나라 公子(공자) 季札(계찰)
이 위나라를 방문하여 공자 형 등의 인물들을 만나보고는, 위나라에
는 군자가 많아서 나라에 환난이 생기지 않을 것이라고 말했다는 기
록이 있다. 이 무렵 공자는 10세가 채 안 되었을 때이니, 이는 공자
가 직접 목도한 것이 아니라, 역사기록을 통해서 간접적으로나마 군
자 즉 참된 지도자가 갖춰야 할 道(도)의 구성요소인 儉(검: 검소)을 강
조한 것으로 봐야 할 것이다. 즉 공자는 본문을 통해서 위나라 공자
형이 물질적인 富(부)에 크게 집착하지 않았음을 칭찬한 것이니, 사
람이 만족함을 모르면 끊임없이 더 요구하게 되고, 그렇게 되면 나중
에는 자기의 부를 너 키우기 위해서 수단과 방법을 가리지 않게 되어
서, 결국 못할 일이 없게 된다.

6) 居(거): 쌓다, 저축하다.
7) 苟(구): 참으로, 진실로.

13-9: 子適衛, 冉有僕[8]。子曰: "庶[9]矣哉。" 冉有曰:
"旣庶矣, 又何加焉?" 曰: "富之。" 曰: "旣富
矣, 又何加焉?" 曰: "敎之。"
子適衛, 冉有僕。子曰: "庶矣哉。" 冉有曰:
"旣□矣, 又何加焉?" 曰: "○之。" 曰: "旣○
矣, 又何加焉?" 曰: "●之。"

【문답법, 대구법, 연쇄법】

공자가 위나라에 감에, 염유가 마부였다.(염유가 마차를 몰고
공자를 모셨다.) 공자가 이르시기를: "(백성이) 많구나." 염유가
말하기를: "이미 (백성이) 많으면, 또 무엇을 더하는 것입니까?"
(공자가) 이르시기를: "그들을 부유하게 하는 것이다." (염유가)
말하기를: "이미 부유하면, 또 무엇을 더하는 것입니까?" (공자가)
이르시기를: "그들을 가르치는 것이다."

*본문을 통해서 공자가 머릿속에 그리는 부강한 나라란 어떤 요
소들이 필요한지를 알 수 있으니, 먼저 넓은 영토에 백성들이 많아야
하고, 다음으로는 그 백성들이 풍요로운 삶을 누릴 수 있도록 하며,
마지막으로 그들에게 道(도)를 가르침으로써 정신적으로 윤택한 삶
을 누릴 수 있도록 해야 한다는 것이다.

이는 현대사회의 생활을 먼저 풍요롭게 한 후에 정신적인 생활을
충족시켜야 한다는 목표와도 매우 흡사한 면모를 보이고 있는데, 특

---

8) 僕(복): 마부.
9) 庶(서): 여러, 무리.

히 노자가 이상향으로 주장하는 小國寡民(소국과민: 나라가 작고 백성들이 적어야 이상적으로 다스릴 수 있음)과는 정반대의 입장을 취하고 있음을 알 수 있다. 이러한 노자와 공자 가치관의 공통점과 차이점에 대해서는, 추후 또 다른 지면을 통해서 구체적으로 비교하기로 한다.

다시 본문으로 돌아와서 한 가지를 더 언급하자면, 부강한 국가의 필수조건으로 넓은 영토에 많은 백성들을 강조한 공자의 가치관은 〔史記(사기)〕의 〈仲尼弟子列傳(중니제자열전)〉에서도 찾아볼 수 있으니, 자천이 單父(선보)의 원님으로 있을 때 이곳에는 자기보다 훌륭한 인물이 다섯 사람이나 있다고 하자, 공자는 자천이 다스리는 땅이 너무 좁다고 애석해했다고 한다.

13-10: 子曰: "苟[10]有用我者, 朞月而已可也, 三年有成。"

공자가 이르시기를: "만약 나를 등용하는 이가 있다면, 일 년뿐이면(일 년만 있어도) 가하고(모양새를 갖출 수 있고), 삼 년이면 이루어짐이 있다."

*〔史記(사기)〕〈孔子世家(공자세가)〉에 따르면, 衛(위)나라 靈公(영공)의 푸대접에 실망한 공자는 대략 57세에 위나라를 떠나 陳(진)나라에서 삼 년 동안 머물렀다. 하지만 晉(진)나라와 楚(초)나라 심지어 吳(오)나라까지 陳(진)나라를 공격하므로, 결국 다시 위나라로 돌아갔으

---

10) 苟(구): 만약, 만일.

니 이때는 대략 60세였다. 영공은 기뻐하여 교외까지 마중 나가서 공자를 반겼지만, 시간이 지나면서 영공이 늙고 정사에 게을러지자, 자연스레 공자를 등용하지 않게 되었다. 이에 공자가 크게 한탄하면서 한 말이 본문의 내용이라고 한다. 물론 공자는 크게 실망하여 다시 위나라를 떠났다.

　*앞에서도 〔史記(사기)〕〈孔子世家(공자세가)〉의 내용을 몇 차례 소개한 바 있는데, 공자가 56세에 대부가 되어 노나라를 다스리자 석 달 만에 상인들이 값을 속이지 않았고, 남녀가 멀리 떨어져서 걸었으며 또 길에 물건이 떨어져 있어도 줍는 이가 없었다. 심지어 외부의 손님들이 방문해도 담당 관리를 굳이 찾아갈 필요가 없었을 정도였다고 하는데, 이후 공자는 대부를 맡은 지 1년이 채 안 되어 노나라를 떠나게 되었다. 즉 본문은 공자가 실제 노나라에서의 경험을 토대로 우러나오는 자신감에서 한 말임을 알 수 있는 것이다.

13-11: 子曰: "善人爲邦百年, 亦可以勝殘去殺矣。誠哉, 是言也!"

【인용법, 영탄법】
공자가 이르시기를: "선한 이가 백 년 동안 나라를 다스리면, 잔혹함을 없애고 사형제도를 없앨 수 있다고 하였다. 참되구나, 이 말이!"

*이와 관련하여, 먼저 다음의 기록을 살펴보자.

周公曰: 嗚呼! 厥亦惟我周太王王季, 克自抑畏。文王卑服卽康功田功, 徽柔懿恭, 懷保小民, 惠鮮鰥寡。自朝至于日中昃, 不遑暇食, 用咸和萬民。文王不敢盤于遊田, 以庶邦惟正之供, 文王受命惟中身, 厥享國五十年。周公曰, 嗚呼。

주공이 말했다: '아! 또한 우리 주나라 태왕과 그의 아들 왕계는, 능히 스스로 조심하고 두려워하셨습니다. 문왕은 허름한 옷을 입고 곧 편히 해주는 일과 밭일을 하셨으니, 아름답게 복종하고 훌륭하게 공경하여, 신분이 낮은 백성들을 아끼고 보호하며, 홀아비와 과부들을 사랑하고 새로이 하셨습니다. 아침부터 한낮을 거쳐 해가 기울 때까지, 한가하게 밥을 먹지 못하고, 모든 백성들을 다 화목하게 하셨습니다. 문왕은 감히 노닐거나 사냥하지 않고, 그럼으로써 온 나라를 올바름으로 받드셨으니, 문왕이 천명을 받은 것이 단지 마흔이었고, 나라를 오십년 누리셨습니다.

〔尚書(상서)〕〈無逸(무일)〉

문왕은 50년 동안 임금 자리에 있으면서 다스림에 항상 삼가고 백성들을 억지로 누르지 않았으며 그 천성을 누릴 수 있도록 최선을 다했다. 그의 아들 武王(무왕) 역시 13년 동안 임금 자리에 있으면서 태평성대를 구가했고, 뒤이은 成王(성왕)과 康王(강왕)은 각각 22년과 26년 동안 재위하면서 成康之治(성강지치)의 시대를 이끌었다.

旣黜殷命, 襲淮夷, 歸在豐, 作周官。興正禮樂, 度制於是改, 而民和睦, 頌聲興。

(성왕은) 은나라의 명을 물리치고, 회이를 습격하고, 돌아와 풍 지역에 있으면서, 주관을 지었다. 일으켜 예와 악을 바로잡고, 법도가

여기에서 고쳐져, 백성들이 화목하고, 여러 사람이 기리어 기뻐하였다.　　　　　　　　　　　〔史記(사기)〕〈周本紀(주본기)〉

成王崩, 子康王釗立, 成康之際, 天下安寧, 刑錯四十餘年不用。
성왕이 죽고, 아들 강왕 쇠가 즉위하니, 성왕과 강왕의 시대에는, 세상이 안녕하여, 형벌을 시행했지만 40여 년간 쓰이지 않았다.
　　　　　　　　　　〔十八史略(십팔사략)〕〈周王朝篇(주왕조편)〉

그 결과 주나라에는 형벌이 있어도 어기는 백성들이 없어서 이를 쓸 일이 없었다고 하니, 공자가 본문에서 말한 백 년은 바로 주나라 초기의 태평성대를 일컬은 것이 아니었겠는가?

13-12: 子曰: "如有王者, 必世而後仁。"

공자가 이르시기를: "만일 (현명한) 왕이 있다 하더라도, 반드시 한 세대가 지난 뒤에라야 어질게 될 것이다."

*이는 위의 13-11과 연결해서 이해해야 하는데, 먼저 다음의 기록들을 다시 한 번 살펴볼 필요가 있다.

道德仁義, 非禮不成。
도와 덕 그리고 어질음과 의로움은, 예가 아니면 완성시킬 수 없다.
　　　　　　　　　　　　　　〔禮記(예기)〕〈曲禮上(곡례상)〉

故君子欲觀仁義之道, 禮其本也。

따라서 군자가 어질음과 의로움의 도를 살피는 데는, 예가 그 근본
인 것이다.   〔禮記(예기)〕〈禮器(예기)〉

仁(인: 자기의 임금을 진심으로 따르고 섬기는 것)은 禮(예: 조화로움을 위한
절제 및 통제)가 없이는 완성시킬 수 없으니, 본문의 어질게 된다는 것
은 바로 道(도)의 형식인 禮樂制度(예악제도)가 道(도)의 내용인 仁(인)
과 조화를 이루게 됨을 뜻한다. 그런데 주지하다시피, 예악제도는 바
로 成王(성왕)을 보필하던 周公(주공)에 의해서 완성되었다.

따라서 본문은 "주나라의 문왕과 무왕이 德治(덕치)를 펼쳤지만
이때는 예악제도가 완성되지 않았기 때문에 신하들이 자기의 임금을
진심으로 따르고 섬기지 못했는데, 그 다음 세대인 성왕에 이르러 그
를 보필하던 주공에 의해서 예악제도가 완성됨에 따라, 道(도)의 형
식인 예악제도가 道(도)의 내용인 仁(인)을 수식함으로써, 비로소 참
된 仁(인)을 실천할 수 있게 되었다"는 의미를 지니게 되는 것이다.
즉 공자는 여기서 업적을 이루기 위해서 기초가 얼마나 중요한지 강
조하고 있음을 알 수 있다.

13-13: 子曰: "苟正其身矣, 於從政乎何有? 不能正 其身, 如正人何?"

【설의법】

공자가 이르시기를: "진실로 그 몸을 바르게 하면, 정치를 하는데 어떠함이 있겠는가?(어떠한 어려움이 있겠는가?) 그 몸을 바르게 하지 못하면, 어찌 남을 바르게 하겠는가?"

*12-17에서 政(정)은 옛 典籍(전적)에 기록된 성현들의 통치이념과 그 구체적인 업적의 내용대로 나라를 바로잡는 것이라고 설명한 바 있다. 그렇게 하기 위해서 공자는 본문에서 먼저 자기의 몸을 바르게 해야 한다고 밝히고 있으니, 바로 1-2에서 설명한 바 있는 孝(효: 집안 에서의 효도) - 悌(제: 밖에서의 웃어른 공경) - 仁(인: 사회에 나가 군주를 진심 으로 섬기고 따름)의 修身齊家治國平天下(수신제가치국평천하) 도리를 피 력하고 있는 것이다.

13-14: 冉子退朝。子曰:"何晏也?"對曰:"有政。"
　　　子曰:"其事也。如有政, 雖不吾以, 吾其與
　　　聞之。"

【문답법】

염자가 조회에서 물러나왔다. 공자가 이르시기를: "어찌
늦었느냐?" (염자가) 대답하기를: "나랏일이 있었습니다."
공자가 이르시기를: "그것은 (계씨 집안의) 일이다. 만일 나랏일이
있었다면, 비록 나를 거느리지 않지만(내가 나랏일에 참여하지는
않지만), 내가 함께 그것을 들었을 것이다."

*공자는 仁(인: 자기의 임금을 진심으로 섬기고 따름)을 대단히 중시하고
있는데, 이는 그만큼 공자가 처한 춘추시대에는 그렇지 못했음을 반
증하는 것이기도 하다. 주지하다시피 계씨를 포함한 三桓(삼환)은 대
대로 노나라 임금을 진심으로 섬기지 않고 전횡을 일삼았으므로, 공
자는 항상 이에 대해서 불만을 가져왔다. 따라서 계씨집안의 계강자
를 돕는 염구의 일은 한 나라의 정사가 아니라 일개 집안일에 불과하
다고 말한 것이다. 즉 이를 통해서, 공자는 계강자를 노나라의 지도
자로 인정하고 있지 않음을 알 수 있다.

*염자는 염구(염유)이다. 그가 계강자의 가신으로 일하고 있을 때
공자를 찾아뵌 것이니, 이는 공자가 노나라로 돌아온 68세 이후의 대
화임을 짐작할 수 있다.

13-15: 定公問: "一言而可以興邦, 有諸?" 孔子對曰: "言不可以若是, 其幾也! 人之言曰: '爲君難, 爲臣不易.' 如知爲君之難也, 不幾乎一言而興邦乎?" 曰: "一言而喪邦, 有諸?" 孔子對曰: "言不可以若是, 其幾也! 人之言曰: '予無樂乎爲君, 唯其言而莫予違也.' 如其善而莫之違也, 不亦善乎? 如不善而莫之違也, 不幾乎一言而喪邦乎?"

定公問: "一言而可以□邦, 有諸?" 孔子對曰: "言不可以若是, 其幾也! 人之言曰: '爲君難, 爲臣不易.' 如□□□之□也, 不幾乎一言而□邦乎?" 曰: "一言而□邦, 有諸?" 孔子對曰: "言不可以若是, 其幾也! 人之言曰: '予無樂乎爲君, 唯其言而莫予違也.' 如□□□□之□也, □□□□? 如□□□□之□也, 不幾乎一言而□邦乎?"

【문답법, 대구법, 인용법, 설의법】

정공이 묻기를: "한 마디 말로 나라를 일으킬 수 있다고 하니, 그런 말이 있소?" 공자가 대답하기를: "말로는 그처럼 할 수 없으나, 그 비슷한 말은 있습니다. 어떤 이가 말하길: '임금 노릇하기가 어려우며, 신하 노릇하기가 쉽지 않다.' 만일 임금 노릇하기가 어렵다는 것을 알면, 한 마디 말로 나라를 일으키는 것과 비슷하다고 할 수 있지 않겠습니까?" (정공이) 말하기를: "한 마디 말로 나라를 잃는다고 하는데, 그런 말이 있소?" 공자가 대답하기를: "말로는 그처럼 할 수 없지만, 그 비슷한 말은

있습니다. 어떤 이가 말하길: '내가 임금이 되어 즐거울 것이 없는데, 다만 그 말(나의 명령)을 거역하는 것을 용서하지 않는다.' 만일 그 (임금이) 선하여 거역하지 않는다면, 또한 좋은 일이 아닙니까? 만일 (그 임금이) 선하지 않은데도 거역하지 않는다면, 한 마디 말로 나라를 잃게 된다는 것과 비슷하다고 할 수 있지 않겠습니까?"

*나라를 흥성하게 하는 한 마디 말이 있다면, 그것은 임금과 신하가 그 자리를 어려워함으로써 더욱 삼가여 부단히 노력하는 것이 아니겠는가? 공자는 정공의 물음에 다음의 기록들을 생각해내어 대답했으니, 이제 원문의 내용을 살펴보자.

曰: "后克艱厥后, 臣克艱厥臣, 政乃乂, 黎民敏德。" 帝曰: "俞！允若茲, 嘉言罔攸伏, 野無遺賢, 萬邦咸寧。稽于衆, 舍己從人, 不虐無告, 不廢困窮, 惟帝時克。"

(우가) 말했다: "임금이 능히 그 임금 자리를 어려워하고, 신하가 능히 그 신하 자리를 어려워하면, 정치가 이에 다스려지고, 수많은 백성들이 덕에 힘쓰게 될 것입니다." (순)임금이 말했다: "그렇소! 진실로 이와 같다면, 좋은 말이 숨겨지는 바가 없고, 현명한 이들이 모두 등용되어 민간에 인물이 없게 되어, 만방이 모두 평안할 것이오. 여러 사람에게 상의하고, 자기를 버리고 남을 따르며, 의지할 곳이 없는 이들을 깔보지 않고, 곤궁한 이들을 버리지 않는 것은, 오지 (요)임금만이 늘 해내셨소."　　〔尙書(상서)〕〈大禹謨(대우모)〉

君罔以辯言亂舊政, 臣罔以寵利居成功。邦其永孚于休。

임금이 교묘한 말 때문에 옛 정치를 어지럽히지 않고, 신하가 총애와 이익 때문에 성공에 머무르지 않으면, 나라가 오래도록 아름답게 빛날 것입니다." 〔尙書(상서)〕〈太甲下(태갑하)〉

또한 나라를 망하게 하는 한 마디 말이 있다면, 그것은 임금이 백성들을 소유하려 들고 탄압함으로써 백성들이 임금의 명령을 거역하는 것이 아니겠는가? 공자는 정공의 물음에 역시 다음의 기록을 생각해내어 대답한 것이니, 이제 원문의 내용을 살펴보자.

子厲王胡立, 無道暴虐侈傲, 得衛巫, 使監國人之謗者, 以告則殺之, 道路以目。王喜曰: "吾能弭謗矣。" 或曰: "是障也, 防民之口, 甚於防川, 水壅而潰, 傷人必多。" 王弗聽, 於是國人相與畔, 王出奔彘。

아들 여왕 호가 즉위하였으니, 무도하고 잔악하며 사치스럽고도 거만하였는데, 위나라의 무당을 불러, 백성들 중에 비방하는 자를 감시하게 하고, 보고하면 곧 죽였으니, (백성들이) 길에서 눈짓으로만 전달했다. 왕이 기뻐하여 말했다: "나는 능히 비방을 그치게 할 수 있다." 어떤 사람이 말했다: "이는 막는 것으로, 백성의 입을 막는 것은, 냇물을 막는 것보다 심하니, 물이 막히면 무너져, 많은 이들이 필히 다치게 됩니다." 왕이 듣지 않자, 나라 사람들이 서로 더불어 배반하니, 왕이 체 땅으로 달아났다.

〔十八史略(십팔사략)〕〈周王朝篇(주왕조편)〉

이미 앞에서 누차 설명했다시피 文(문)은 통치에 필요한 모든 법도와 그러한 법도들의 구체적인 내용이니, 〔詩經(시경)〕이나 〔尙書(상서)〕 등 옛 전적들에 기록된 성현들의 말씀 및 업적들의 구체적인 내용들이다. 즉 공자는 정공의 물음에 상술한 기록들을 생각해낸 것이므로, 이는 바로 공자가 文(문)에 뛰어났음을 증명하는 것이다. 따라서 공자는 7-32에서도 "文(문)은, 내가 다른 사람과 비슷할 것이다. 군자의 도를 몸소 행하는 것은, 곧 내가 아직 이르지 못했다"라고 말한 바 있다.

　*〔史記(사기)〕〈孔子世家(공자세가)〉에 따르면 昭公(소공)이 죽자 정공이 왕위에 올랐는데, 이때 공자는 42세였다. 정공은 재위 10년 즉 52세의 공자를 中都(중도) 지역의 원님으로 삼았다가 다시 司空(사공: 공조판서)으로 그리고 또 오래지 않아서 大司寇(대사구: 형조판서)의 자리에 앉혔으니, 이때가 바로 정공이 공자를 중시하기 시작한 시기였던 것이다. 그런데 공자는 정공 14년 즉 56세에 노나라를 떠나고 또 그 이듬해에 정공이 죽게 되므로, 아마도 본문의 대화는 공자 나이 52세에서 56세 사이에 이뤄진 것으로 추측할 수 있다.

13-16: 葉公問政。子曰:"近者說, 遠者來。"
葉公問政。子曰:"□者□, □者□。"

【대구법, 대유법】
섭공이 정치에 대해 물었다. 공자가 이르시기를: "가까이 있는 사람을 기쁘게 하고, 먼 데 있는 사람이 오게 하는 것입니다."

　*이는 1-1의 "무리들이 있어서 먼 곳으로부터 찾아오면, 또한 즐겁지 아니한가?"라는 표현과 일치하니, 가까이 있는 사람은 바로 참된 지도자가 통치하는 영토 안의 본래 백성들을 뜻하고, 먼 데 있는

사람은 그 영토 밖에 살던 백성들을 뜻한다. 다시 말해서 참된 정치
란 지도자가 통치하는 영토 안에 살고 있는 백성들을 행복하게 하고,
또 그 소식을 전해들은 타 지역 백성들이 몰려와 참된 지도자를 섬기
게 하는 것이라는 뜻이다.

  *7-18에서도 언급한 바 있듯이, 〔史記(사기)〕〈孔子世家(공자세가)〉
에 따르면 공자가 60세일 때 제자인 염구가 계강자의 부름을 받고 노
나라로 돌아간다. 그리고 그 이듬해 공자는 陳(진)나라에서 蔡(채)나
라로 옮겨가고, 다시 1년 뒤에는 葉(섭) 지역으로 옮겨간다. 본문의
섭공과의 대화는 바로 이 때 즉 공자 나이 62세에 이루어진 것으로
보인다.

> 13-17: 子夏爲莒父宰, 問政。子曰: "無欲速, 無見
> 小利。欲速, 則不達; 見小利, 則大事不成。"
> 子夏爲莒父宰, 問政。子曰: "無欲速, 無見小
> 利。□□, 則不□; □□□, 則□□不□。"

【대구법】

자하가 거보의 원님이 되어, 정치에 대해 물었다. 공자가
이르시기를: "빨리 하려고 하지 말고, 작은 이익을 보지 말
것이다. 빨리 하려고 들면, 곧 이루지 못하고, 작은 이익을 보면,
곧 큰일을 이루지 못한다."

  *이는 6-11에서 이미 함께 묶어서 설명한 바 있으니, 공자는 빨

리 업적을 이루려고 하는 것은 명성에 눈이 멀어서이니 백성들을 다 그치게 되어 결국 그들의 원성을 사게 되고, 사사로운 이익을 탐하게 되면 결국 백성들을 착취하게 되어 또한 그들이 등을 돌리게 된다고 가르치고 있다.

13-18: 葉公語孔子曰: "吾黨有直躬者, 其父攘羊 而子證之." 孔子曰: "吾黨之直者, 異於 是。父爲子隱, 子爲父隱。直在其中矣."

【대유법】

섭공이 공자에게 말하여 이르기를: "내 고을에 직궁이라는 자가 있는데, 그 아비가 (남의) 양을 훔치자 아들이 고발했소." 공자가 이르시기를: "제 마을의 곧은 자는, 이에 다릅니다. 아비는 자식을 위하여 숨기고, 자식은 아비를 위하여 숨깁니다. 곧음은 그 가운데 있는 것입니다."

*〔莊子(장자)〕와 〔呂氏春秋(여씨춘추)〕에도 직궁이라는 인물에 대한 기록이 보이는데, 그는 楚(초)나라 사람으로 자기 아버지가 남의 집 양을 훔치는 모습을 보고 고발했다.

*2-19에서 直(직)은 사사로운 정에 얽매이지 않고 공정하게 판단 하는 것이라고 설명한 비 있으니, 섭공의 말은 원칙적으로 공자의 뜻 에 위배되지 않는다. 하지만 공자는 뜻밖에도 왜 여기서 아버지와 자 식이 서로 잘못하면 그 죄를 숨겨주는 것이 直(직)이라고 말하고 있 을까?

〔孟子(맹자)〕〈盡心章上(진심장상)〉을 보면, 맹자는 桃應(도응)의 질문에 "만약 舜(순)이 임금일 때 장님인 아버지 瞽瞍(고수)가 살인을 저질렀다면, 그는 천하를 헌 짚신 버리듯이 하여 아버지를 업고 바닷가로 달아나 살면서도, 죽을 때까지 즐거워하며 천하를 잊었을 것이다"라고 대답한다. 즉 맹자와 공자의 가치관은 일치하고 있으니, 바로 여기서 공자는 孝(효)가 直(직)보다 더 상위에 있는 개념이라고 설명하는 것이다.

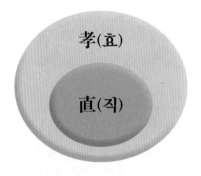

그렇기 때문에 공자는 4-18에서도 "부모님을 섬김은, 조용하고도 공손하게 간하고, (자식의) 뜻을 드러내도 따르지 않으시면, 더욱 공경하여 어기지 않는 것이니, 수고롭지만 원망하지는 않는 것이다"라고 하여, 부모에게 잘못이 있어서 조심스럽게 말씀드려도 따르지 않으시면, 더욱 공경하여 부모의 뜻을 어기지 말아야 한다고 가르친 것이다.

1-2와 13-13에서 孝(효)는 사회에 나아가 자신의 군주를 진심으로 섬기고 따르는 仁(인)의 출발점이므로, 공자는 孝(효: 집안에서의 효도) - 悌(제: 밖에서의 웃어른 공경) - 仁(인: 사회에 나가 군주를 진심으로 섬기고 따름)의 修身齊家治國平天下(수신제가치국평천하) 도리를 피력하고 있다

고 설명한 바 있다. 따라서 공자는 비록 直(직)이 道(도)의 중요한 구
성요소이기는 하지만, 춘추시대의 혼란을 막을 수 있는 仁(인)의 유
일한 근본인 孝(효)를 더 강조한 것이다.

　*〔史記(사기)〕〈孔子世家(공자세가)〉에 따르면, 공자가 대략 60세일
때 제자 염구는 계강자의 부름 때문에 노나라로 돌아가고, 그 이듬해
에 공자는 陳(진)나라에서 蔡(채)나라로 옮겨갔다. 그리고 또 1년 뒤,
공자는 다시 葉(섭) 지역으로 옮겨가는데, 섭공과의 대화는 바로 이
때 이루어진 것이니, 본문은 공자가 대략 62세 때 이뤄진 대화로 추
측할 수 있다. 아울러서 섭공과 관련하여서는, 7-18 및 13-16의 내용
을 참고하기로 한다.

13-19: 樊遲問仁。子曰: "居處恭, 執事敬, 與人忠。
　　　　雖之夷狄, 不可棄也。"
　　　　樊遲問仁。子曰: "□□□, □□□, □□
　　　　□。雖之夷狄, 不可棄也。"

【대구법】
번지가 어질음에 대해 물었다. 공자가 이르시기를: "거처할
때에는 공손히 하고, 일을 맡을 때에는 정성껏 하며, 남과 함께
할 때에는 정성을 다해야 한다. 비록 오랑캐 나라에 가더라도,
(이 세 가지를) 버리면 안 된다."

　*본문은 "동사+명사+형용사"의 구조가 반복된 대구법으로 쓰
였다.

*여기서 공자는 어떻게 하는 것이 참된 仁(인: 자기의 군주를 진심으로 섬기고 따름)을 실천하는 것인지 구체적으로 설명하고 있으니, "혼자 있을 때는 공손한 몸가짐을 지니고, 형식이 아닌 진심에서 우러나오는 공경하는 마음으로 모시며, 정성을 다해서 나랏일을 처리함으로써 임금에게 누가 되지 않도록 하는 것"이다.

13-20: 子貢問曰: "何如斯, 可謂之士矣?" 子曰: "行己有恥, 使於四方, 不辱君命, 可謂士矣." 曰: "敢問其次." 曰: "宗族稱孝焉, 鄉黨稱弟焉." 曰: "敢問其次." 曰: "言必信, 行必果, 硜硜然, 小人哉, 抑亦可以爲次矣." 曰: "今之從政者, 何如?" 子曰: "噫! 斗筲之人, 何足算也?"

子貢問曰: "何如斯, 可謂之士矣?" 子曰: "行己有恥, 使於四方, 不辱君命, 可謂士矣." 曰: "敢問其次." 曰: "□□稱□焉, □□稱□焉." 曰: "敢問其次." 曰: "□必□, □必□, 硜硜然, 小人哉, 抑亦可以爲次矣." 曰: "今之從政者, 何如?" 子曰: "噫! 斗筲之人, 何足算也?"

【문답법, 대구법, 대구법, 설의법】

자공이 묻기를: "어떤 것을 다해야, 선비라고 할 수 있습니까?"
공자가 이르시기를: "몸을 관찰함에 (자기의 행동을 돌아봄에) 부끄럼이 있고, 주변 나라에 사신으로 보냄에, 임금의 명령을

욕되게 하지 않으면, 선비라고 할 수 있다." (자공이) 말하기를: "감히 그 다음을 묻습니다." (공자가) 이르시기를: "일가족이 효성스럽다고 일컫고, 마을 (사람들)이 공손하다고 일컫는 것이다." (자공이) 말하기를: "감히 그 다음을 묻습니다." (공자가) 이르시기를: "말을 함에 반드시 신용이 있고, 행함에 반드시 과단성이 있으면, 고집스럽고 천박한 소인이라도, 또한 그 다음이 될 수 있다." (자공이) 말하기를: "지금의 정치에 종사하는 이들은, 어떠합니까?" 공자가 이르시기를: "아! 한 말이나 한 말 두되들이 대그릇(도량이 좁은 사람)을, 어찌 족히 셈 하겠는가?(헤아릴 수 있겠는가?)"

*본문에서 공자는 士(사: 선비)가 마땅히 갖춰야 할 道(도)의 구성 요소들을 구체적으로 열거하고 있다. 즉 먼저 謙(겸: 자기가 항상 부족하다고 여기는 겸손함)과 改過勿吝(개과물린: 허물을 고치는데 인색하지 마라) 그리고 仁(인: 자기의 임금을 진심으로 섬기고 따름)이 필요하고, 그 다음은 孝(효: 부모를 진심으로 섬김)와 悌(제: 웃어른을 공경함)이며, 또 그 다음은 信(신: 말을 뱉으면 반드시 지키는 성실함)과 勇(용: 자기의 서열에서 마땅히 지켜야 할 바를 목숨을 걸고 지키는 의로움을 몸으로 실천하는 것)인 것이다.

또한 여기서 당시의 정치인이 어떠했는지 구체적으로 드러나고 있으니, 道(도)를 따르지 않고 사사로운 이익만을 탐하며 올바르지 못한 소인배보다도 못한 존재였음을 명확하게 알 수 있을 것이다.

13-21: 子曰: "不得中行而與之, 必也狂狷乎。狂者
　　　進取, 狷者有所不爲也。"

공자가 이르시기를: "중용(변치 않고 항상 어느 한쪽으로 치우치지 않고
공평함)을 지키는 행위를 얻지 못하면, 반드시 기세가 지나치게
세거나 의심하여 주저하게 된다. 기세가 지나치게 세면 (무조건)
나서서 취하려 들고, 의심하여 주저하면 (행해야 함에도 불구하고)
행하지 못하는 바가 있게 된다."

*공자는 여기서 道(도)의 중요한 구성요소인 中(중) 즉 "한쪽으로
치우치지 않고 객관적으로 판단하는 공정한 태도"를 강조하고 있다.
따라서 이러한 中(중)의 태도를 지니지 못하면 나서야 할 때 제때 나
서지 못하고, 나서지 말아야 함에도 불구하고 무조건 나섬으로써 해
를 입게 되는 것이다.

13-22: 子曰: "南人有言曰: '人而無恒, 不可以作
　　　 巫醫[11]。' 善夫! 不恒其德, 或承之羞。"
　　　 子曰: "不占而已矣。"

【인용법】

공자가 이르시기를: "남쪽 나라 사람이 말하길: '사람이
항상심이 없으면, 점을 칠 수 없다'고 하였는데, 옳도다. 덕을
항상 유지하지 않으면 수치스러운 일이 생긴다."
공자가 이르시기를: "점을 치지 못할 따름이려니."

*본문에서 공자가 말하려는 의도는 과연 무엇일까? 이와 관련하
여, 먼저 다음의 기록을 살펴보자.

　子曰: "南人有言曰: '人而無恒, 不可以爲卜筮。' 古之遺言與! 龜筮猶
不能知也, 而況於人乎!"
　"남쪽 나라 사람이 말하기를: '사람이 항상심이 없으면, 점을 칠 수
없다.' (이는) 옛날의 유언이려니! 거북이(의 등껍질로) 점을 쳐도 오
히려 알 수 없는데, 하물며 사람에 있어서야!"

〔禮記(예기)〕〈緇衣(치의)〉

吉凶禍福(길흉화복)은 변화가 많고 하늘의 뜻은 아무도 알 수 없으

---

11) 巫醫(무의): 여기서는 무당이나 점성술사를 가리키는 것이 아니라, 무당이나 점성술
　　사가 하는 일 즉 점치는 일을 뜻함에 유의해야 한다.

므로, 무당(주술사)이 거북의 등껍질로 점을 쳐도 정확하게 미래를 예측할 수가 없다. 하물며 사람에게 常(상) 즉 부단한 노력과 항상 변치 않는 자세가 없다면, 어찌 그 사람에게서 미래를 볼 수 있겠는가? 그저 불행한 결과만이 기다릴 뿐이다. 따라서 공자는 마지막에 그런 사람은 반드시 수치스러운 일을 당한다고 경고하고 있으니, 본문을 통해서 道(도)의 또 다른 구성요소인 常(상) 즉 부단한 노력과 항상 변치 않는 태도를 강조하고 있는 것이다.

13-23: 子曰: "君子和而不同, 小人同而不和。"
子曰: "□□□而不□, □□□而不□。"

【대구법(형식), 대조법(내용)】

공자가 이르시기를: "군자는 조화롭게 지내지만 같이 하지는 않고, 소인은 같이 하지만 조화롭게 지내지는 못한다."

*공자가 본문을 통해서 부각시키고자 하는 것은 다름 아닌 和(화)와 同(동)의 개념이다. 이를 이해하려면 노자 [도덕경] 4장 4-3의 "和其光, 同其塵。(그 광채를 조화롭게 하고, 그 속세와 함께 한다.)"이라는 표현에 주목할 필요가 있으니, 노자는 和(화)와 同(동)을 모두 긍정적으로 보는 반면, 공자는 和(화)와 同(동)을 차별화함으로써 和(화)만을 긍정적으로 보고 同(동)에 대해서는 부정적으로 보고 있음을 알 수 있다. 이와 관련하여 다시 한 번 다음의 기록을 살펴보자.

喜怒哀樂之未發, 謂之中, 發而皆中節, 謂之和。中也者, 天下之大本也, 和也者, 天下之達道也。致中和, 天地位焉, 萬物育焉。

희로애락이 드러나지 않은 것, 그것을 중이라고 일컫고, 드러나지만 모두 절도에 맞은 것, 그것을 화라고 한다. 중이라는 것은, 세상의 큰 근본이고, 화라고 하는 것은, 세상이 도에 닿은 것이다. 중과 화에 이르면, 천지가 자리를 잡고, 만물이 자란다.

〔禮記(예기)〕〈中庸(중용)〉

즉 和(화)란 喜怒哀樂(희로애락)의 감정을 숨기지 않고 자연스럽게 모두 드러내 표출시키는 것이니, 기쁨과 분노 그리고 슬픔과 즐거움이 각각 고유의 특성을 유지하면서도 서로 충돌하지 않고 조화를 이루는 것이다. 다시 말해서 和(화)는 "서로의 수준이 다름을 인식하면서도, 함께 어우러져 사이가 좋은 상태"를 뜻하는 것이다.

> 和(화): "서로의 수준이 다름을 인식하면서도, 함께 어우러져 사이가 좋은 상태"

그렇다면 同(동)은 이와 상대적인 개념이 되어 부정적인 의미를 지니게 되므로, 곧 "같은 수준으로 합쳐져서, 구별이 없이 똑같아지는 상태"를 뜻하게 된다.

> 同(동): "같은 수준으로 합쳐져서, 구별이 없이 똑같아지는 상태"

따라서 본문은 "道(도)를 배우고 부단히 노력하여 실천하는 올바른 지도자는 서로 수준이 다른 이들과 함께 어우러져 사이가 좋지만, 그들과 같은 수준으로 합쳐져서 구별이 없이 똑같아지지는 않는다. 하지만 道(도)를 따르지 않고 사사로운 이익만을 탐하는 올바르지 못한 人格(인격)의 소인배는 다른 이들과 같은 수준으로 합쳐져서 구별이 없이 똑같아질 뿐, 서로의 수준이 다름을 인식하면서도 함께 어우러질 수는 없다"는 뜻이 된다.

그렇다면 공자는 본문의 말을 통해서, 구체적으로는 어떤 의지를 피력하고자 한 것일까? 이는 바로 13-4의 "소인이로다. 번지여! 윗사람이 예를 좋아하면, 곧 백성들이 감히 공경하지 않을 수 없고; 윗사람이 의를 좋아하면, 곧 백성들이 감히 불복하지 않을 수 없으며; 윗사람이 신뢰를 좋아하면, 곧 백성들이 감히 진심으로 하지 않을 수가 없다. 무릇 이와 같으면, 곧 주변 나라의 백성들이 자기 자식을 업고 몰려올 것이니, 어찌 스스로 농사를 짓겠는가?"라는 말을 압축하여 요약한 뜻이 된다. 즉 지도자가 소강사회의 道(도: 통치이념)를 실천하면 백성들이 복종하고 또 주변 나라의 백성들조차도 몰려와 그를 섬길 것이니, 힘을 쓰는 것은 아랫사람이나 하는 것이라고 말하고 있다.

따라서 여기서도 공자의 최종 목표가 소강사회로의 복귀에 있음을 다시 한 번 확인할 수 있는데, 노자와 달리 공자가 이처럼 차별성을 강조한 이유가 바로 예악제도와 종법제도를 대단히 중시했기 때문이었음은 11-7의 "나는 대부를 지냈기 때문에, 걸어 다닐 수 없다"는 표현에서도 여실히 드러나고 있다.

13-24: 子貢問曰:"鄕人皆好之,何如?"子曰:"未可也.""鄕人皆惡之,何如?"子曰:"未可也.不如鄕人之善者好之,其不善者惡之."
子貢問曰:"鄕人皆□之,何如?"子曰:"未可也.""鄕人皆□之,何如?"子曰:"未可也.不如□□□□者□之,□□□者□之."

【문답법, 비교법, 대구법】

자공이 여쭙기를: "고을 사람들이 모두 그를 좋아하면, 어떠합니까?" 공자가 이르시기를: "옳지 않다." "고을 사람들이 모두 미워하면, 어떠합니까?" 공자가 이르시기를: "옳지 않다. 고을 사람 중에서 선한 이는 좋아하고, 선하지 못한 이는 미워하느니만 못하다."

*이 역시 13-23의 和(화)와 同(동)을 차별화하고 있는 것과 일맥상통하니, 공자는 4-3에서 "오직 어진 이만이, 사람을 좋아할 수 있고, 사람을 미워할 수 있다"라고 말한 이래로 선한 것과 선하지 못한 것 그리고 좋은 것과 좋지 못한 것을 구별해야 한다고 강조하고 있다. 이와 관련하여 다음의 기록을 살펴보면, 공자의 이러한 태도는 더욱 분명해진다.

唯仁人放流之, 迸諸四夷, 不與同中國。此謂唯仁人爲能愛人, 能惡人。

오직 어진 사람만이 그들을 내쫓아, 사방의 오랑캐 지역으로 물리쳐, 나라 안에서 더불지 못하게 한다. 이를 일컬어 오직 어진 사람만이 능히 타인을 사랑할 수 있고, 능히 타인을 미워할 수 있다고 하는 것이다. 〔禮記(예기)〕〈大學(대학)〉

즉 소강사회는 대동사회의 道(도)를 바탕으로 하여 禮(예: 조화로움을 위한 절제와 통제)를 더 강화함으로써 시시비비를 구별한 것이니, 공자는 분명 소강사회의 道(도)를 따르고 있는 것이다. 따라서 선한 이들의 和(화)만을 따르고, 선하지 못한 이들의 同(동)은 배척한 것이다.

13-25: 子曰: "君子易事而難說也。說之不以道, 不說也; 及其使人也, 器之。小人難事而易說也。說之雖不以道, 說也; 及其使人也, 求備焉。"
子曰: "□□□事而□□也。說之□□□, □□也; 及其使人也, □□。□□□事而□□也。說之□□□□, □也; 及其使人也, □□□。"

【대구법(형식), 대조법(내용)】

공자가 이르시기를: "군자는 섬기기는 쉬우나 기쁘게 하기는 어렵다. 기쁘게 함에 도에 부합되지 않으면, 기뻐하지 않고; 그 사람을 부림에 있어, 그릇으로 여긴다(그 그릇에 맞게 시킨다). 소인은 섬기기는 어려우나, 기쁘게 하기는 쉽다. 기쁘게 함에 비록 도에 부합되지 않아도 기뻐하고; 사람을 부림에 있어, 완벽함을 구한다."

*군자는 옛 성현들의 통치이념인 道(도)를 배우고 부단히 노력하여 실천하는 올바른 지도자이다. 이런 지도자는 항상 바른 마음가짐과 행동으로 초지일관되기 때문에 섬기기 쉽지만, 道(도)에 부합되지 않으면 거리끼므로 기쁘게 하기란 여간 어려운 일이 아니다.

반면에 소인은 道(도)를 따르지 않고 사사로운 이익만을 탐하는 올바르지 못한 인격의 소인배이다. 이런 지도자는 사리사욕에 눈이 멀어서 일관되지 못하므로 섬기기가 어렵지만, 그의 비위를 맞춰가며 아부하기만 하면 되므로 오히려 쉬이 기쁘게 할 수 있다.

또한 앞에서 누차 설명했다시피 공자는 정치하는 이를 聖人(성인: 대동사회의 지도자) - 君子(군자: 소강사회의 지도자) - 器(기: 전문가)의 순서로 서열화하고 있으니, 군자는 인재를 잘 선발하고 또 실무를 담당하는 전문가들의 개별능력에 부합되는 일을 시킨다. 반면에 소인은 그런 안목이 없어서 전문가들의 개별능력을 식별하지 못할 뿐더러, 명령을 하면 반드시 완벽하게 처리할 것만을 요구하여 결국 일을 그르치게 된다.

그렇다면 왜 일을 그르치게 되는 것일까? 이는 지도자란 자기에게는 엄격하고 타인의 실수는 관대하게 용서해야 하는데, 오히려 자기에게는 관대하고 타인에게는 엄격하기 때문이다.

13-26: 子曰: "君子泰而不驕, 小人驕而不泰。"
子曰: "□□□而不□, □□□而不□。"

【대구법(형식), 대조법(내용)】

공자가 이르시기를 "군자는 너그럽고 편안해하지만 교만하지 않고, 소인은 교만하지만 너그럽고 편안해하지 않다."

*이는 다음의 기록들을 살펴보면, 그 뜻을 쉬이 이해할 수 있을 것이다.

帝堯者, 放勳。其仁如天, 其知如神。就之如日, 望之如雲。富而不驕, 貴而不舒。(생략) 能明馴德, 以親九族。九族旣睦, 便章百姓。百姓昭明, 合和萬國。

요임금은, 방훈이다. 그 인자함은 하늘과 같았고, 그 지혜로움은 귀신과도 같았다. 그를 좇으면 태양과 같았고, 그를 바라보면 구름과도 같았다. 부유하면서도 교만하지 않고, 고귀하면서도 오만하지 않았다. (생략) 능히 덕을 밝히고 따름으로써, 구족(같은 종족의 9대: 고조부터 현손까지)이 가까워졌다. 구족이 이미 화목해지니, 수많은 성씨(귀족)를 상의하여 처리했다. 수많은 성씨(귀족)가 명확히 구분되어지자, 온 나라가 합하여 잘 어울리게 되었다.

〔史記(사기)〕〈五帝本紀(오제본기)〉

帝乙崩, 子辛立, 是爲帝辛, 天下謂之紂。帝紂資辨捷疾, 聞見甚敏;
材力過人, 手格猛獸; 知足以距諫, 言足以飾非; 矜人臣以能, 高天下
以聲, 以爲皆出己之下。(생략) 厚賦稅以實鹿臺之錢而盈鉅橋之粟。
(생략) 百姓怨望而諸侯有畔者, 於是紂乃重刑辟, 有炮格之法。

을임금이 죽고, 아들 신이 즉위하니, 이 사람이 신제이다. 세상은
그를 주라고 불렀다. 주임금은 천성적으로 말솜씨가 좋고 행동이
빨랐으며, 보고 들음에 매우 영리했고; 능력이 일반인을 능가했으
며, 맨손으로 맹수와 맞섰고; 지혜는 충분히 간언을 막을 수 있었으
며, 말은 충분히 거짓으로 꾸며낼 수 있었고; 능력을 신하들에게 자
랑하고, 명성을 세상에 드높이려 했으며, 모두가 자기 아래라고 여
겼다. (생략) 부세를 두터이 함으로써 녹대의 돈을 채우고 거교를 곡
식을 메웠다. (생략) 귀족들이 원망하고 제후들 중에는 배반하는 이
들이 있었으니, 그래서 주는 이에 형벌을 무겁게 하여, 포락이라는
형벌이 있게 되었다.   〔史記(사기)〕〈殷本紀(은본기)〉

炮烙(포락)은 기름 바른 쇠기둥을 불로 달군 후 죄인을 건너가게
하여 죽게 한 잔인한 형벌이다. 결국 이처럼 잔인한 紂(주)임금은 殷
(은)나라의 마지막 임금이라는 불행한 최후를 맞이하게 된다.

13-27: 子曰: "剛毅[12]木[13]訥, 近仁。"

【열거법】

공자가 이르시기를: "의지가 굳음, 용기가 있음, 꾸밈이 없는
질박함, 말을 함부로 하지 않음은 어질음에 근접한다."

　*본문에서 공자는 仁(인: 자기의 군주를 진심으로 섬기고 따름)을 이루는
구성요소로서 5-10에서 설명한 剛(강: 마음이 굳세어 사사로운 탐욕을 부리
지 않음)과 毅(의) = 勇(용: 각자의 서열에서 마땅히 지켜야 할 바를 목숨을 걸고
지키는 의로움을 몸소 실천하는 것) 그리고 木(목) = 樸(박: 꾸밈이 없이 질박
함)과 不言(불언: 말을 신중하게 하는 것)을 설명하고 있다.

　그런데 1-13에서 仁(인)과 義(의: 계급상의 서열을 명확하게 하고 그 서열
에서 마땅히 지켜야 할 바를 목숨을 걸고 지키는 것)는 반드시 함께 해야 만이
조화를 이루게 된다고 설명한 바 있다. 그렇다면 공자는 왜 유독 여
기서는 義(의)에 대해서 언급하지 않은 것일까? 이는 毅(의) = 勇(용)
이 바로 義(의)를 몸소 실천하는 것이기 때문에, 굳이 별도로 언급하
지 않고 생략한 것임을 알 수 있을 것이다.

---

12) 毅(의): 굳세다, 용맹스럽다.
13) 木(목): 질박하다, 순박하다.

13-28: 子路問曰: "何如斯¹⁴⁾, 可謂之士矣?" 子曰:
"切切偲偲¹⁵⁾, 怡怡如¹⁶⁾也, 可謂士矣。朋友,
切切偲偲; 兄弟, 怡怡。"

【문답법】

자로가 물기를: "어떤 것을 다해야, 선비라고 할 수 있습니까?"
공자가 이르시기를: "정성스럽게 책선(선한 일을 하도록 격려)하고,
온화하면, 선비라고 할 수 있다. 벗에게는, 정성스럽게
책선하고; 형제끼리는, 온화한 것이다."

*13-20에서 자공의 질문에, 공자는 士(사: 선비)가 마땅히 갖춰야
할 道(도)의 구성요소들로 謙(겸: 자기가 항상 부족하다고 여기는 겸손함),
改過勿吝(개과물린: 허물을 고치는데 인색하지 마라), 仁(인: 자기의 임금을 진심
으로 섬기고 따름), 孝(효: 부모를 진심으로 섬김), 悌(제: 웃어른을 공경함), 信
(신: 말을 뱉으면 반드시 지키는 성실함), 勇(용: 자기의 서열에서 마땅히 지켜야
할 바를 목숨을 걸고 지키는 의로움을 몸으로 실천하는 것)을 들었다.

이제 여기서는 친구끼리 忠(충: 정성스러움)하고, 형제끼리 怡(이: 온
화함)해야 한다고 추가하여 설명하고 있으니, 공자는 12-23에서 친구
에게 "정성스럽게 말해주고 잘 이끌지만, 안 되면, 곧 그만두어야 한
다"고 말한 바 있다. 또한 형제끼리는 온화해야 한다고 하고 있으니,

---

14) 斯(사): 다하다.
15) 切切偲偲(절절시시): 정성스럽게 책선하다.
16) 怡怡如(이이여): 온화하다.

이 말의 함의에 대해서는 다음의 기록을 살펴보자.

何謂人義? 父慈、子孝、兄良、弟弟、夫義、婦聽、長惠、幼順、君
仁、臣忠、十者謂之人義。
무엇을 의라고 일컫는가? 아버지는 자애롭고, 아들은 효도하며, 형
은 착하고, 아우는 공경하며, 남편은 합당한 행동을 하고, 아내는
순종하며, 어른은 은혜를 베풀고, 어린이는 따르며, 임금은 진심으
로 섬겨서 따르고, 신하는 충후해야 하니, (이) 열 가지를 사람의 의
라고 일컫는다.   〔禮記(예기)〕〈(禮運(예운)〉

즉 형은 동생을 사랑으로 감싸고, 동생은 형을 공경함으로써 형
제끼리 온화하게 지내야 한다는 것이다.
*본문의 斯(사)는 동사로 쓰여 "다하다"로 해석되는데, 이는 12-20
과 13-20 그리고 20-2의 斯(사)와도 똑같은 용법으로 활용되었음에
유의해야 한다.

13-29: 子曰:"善人敎民七年, 亦可以卽戎矣。"

【대유법】

공자가 이르시기를: "선한 이가 백성을 칠 년 동안 가르치면, 역시 전쟁에 나아가게 할 수 있다."

*7-12의 "공자가 삼가신 바는: 재계, 전쟁, 질병이다"와 14-16의 "환공이 아홉 번이나 제후들을 모았지만, 전쟁에 쓰는 수레로 하지 않은 것은, 관중의 힘이다. 어질음에 비슷할지니, 어질음에 비슷할지니" 및 15-1의 "조두의 일이라면, 곧 일찍이 들었지만, 군대의 일은 배우지 못했습니다"라는 표현을 통해서, 공자는 근본적으로 무력과 전쟁을 반대한 인물이었음을 알 수 있다.

하지만 당시는 대혼란기인 춘추시대였으니, 상대방이 無道(무도)[17] 하거나 또는 쳐들어오는 등의 피치 못할 상황에서는 결국 무력으로 응해야 했을 것이다. 따라서 이러한 긴급한 상황에는 부득이하게 전쟁에 임할 수밖에 없었는데, 공자는 그 전에 반드시 백성들을 오랜 기간 훈련시켜야 한다고 강조한 것이다. 그렇다면 공자는 왜 군이 7년을 가르치면 백성들이 전쟁에 나아가게 할 수 있다고 했을까? 이와 관련하여 먼저 다음의 기록들을 살펴보자.

---

17) 14-21에서 齊(제)나라 대부 진성자가 임금인 간공을 시해하자, 공자는 애공을 배알하여 그를 토벌해달라고 요청했다.

八十九十曰耄, 七年曰悼。悼與耄, 雖有罪, 不加刑焉。

80세와 90세를 모(늙어 빠지다)라고 하고, 7세를 도(가엾게 여기다)라고
한다. 도와 모는, 비록 죄가 있어도, 형벌을 주지 않는다.

〔禮記(예기)〕〈曲禮上(곡례상)〉

七年男女, 不同席, 不共食。

7세의 남녀는, 자리를 함께하지 않고, 식사를 함께하지 않는다.

〔禮記(예기)〕〈內則(내칙)〉

武王崩。成王幼弱, 周公踐天子之位以治天下。六年, 朝諸侯於明堂,
制禮作樂, 頒度量而天下大服。七年, 致政於成王。

무왕이 붕어하셨다. (하지만) 성왕이 어리고 약했으므로, 주공이 천
자의 직위를 이행함으로써 세상을 다스렸다. 6년 차에, 명당(임금이
조회를 하던 곳)에서 제후들과 회동했고, 예악을 제정하였으며, 도량
형을 반포하여 천하가 크게 복종했다. 7년 차에는, 정사를 성왕에게
내주었다.

〔禮記(예기)〕〈明堂(명당)〉

古之敎者, 家有塾, 黨有庠, 術有序, 國有學。比年入學, 中年考校。
一年, 視離經辨志。三年, 視敬業樂羣。五年, 視博習親師。七年, 視
論學取友；謂之小成。九年, 知類通達, 强立而不反；謂之大成。夫然
後, 足以化民易俗, 近者說服而遠者懷之。此大學之道也。

옛날의 가르침은, 집에는 글방(행랑방)이 있고, 향리에는 향학이 있
으며, 취락에는 학당이 있고, 나라에는 국학이 있었다. 매년마다 입
학하고, 매년 중반에 시험을 치렀다. 1년차에는, 경을 나누고 뜻을
밝히는 것을 본다. 3년차에는, 학업을 공경하고 벗들과 즐기는지를

본다. 5년차에는, 널리 익히고 스승을 가까이하는지 본다. 7년차에는, 배움을 논하고 벗을 골라 뽑는 것을 보니; 이를 일컬어서 소성(기본기 완성)이라고 한다. 9년차에는, 대부분을 깨달아서 통달하고, 굳건히 세워서 어긋나지 않으니; 이를 일컬어서 대성(크게 이룸)이라고 한다. 무릇 그러한 후에는, 백성들을 교화시키고 풍속을 바꿀 수 있으니, 가까운 이들(나라 안 백성들)이 기꺼이 복종하고, 먼 이들(나라 밖의 타 지역 백성들)이 따르게 된다. 이것이 큰 배움의 길이다.

〔禮記(예기)〕〈學記(학기)〉

즉 상술한 내용들의 공통점을 찾아보면, 하나같이 모두 한 사람이 어떤 분야에서 일정 수준의 궤도에 오르려면 최소한 7년이 필요하다는 것이다. 따라서 공자는 백성들에게 무기를 주어주고 전쟁터에 내보내려면, 이처럼 최소한 7년이라는 기본적인 훈련기간이 필요하다고 강조했음을 알 수 있다.

그렇다면 공자는 왜 또 굳이 선한 지도자가 가르치면 백성들이 전쟁에 나아가게 할 수 있다고 했을까? 이는 두 가지 측면에서 이해할 필요가 있으니, 하나는 참된 지도자가 부득이한 상황에서 전쟁을 준비하게 되면 백성들이 지도자를 믿고 따르므로 기꺼운 마음으로 전쟁에 참여하게 된다는 뜻이다. 그리고 또 하나는 참된 지도자는 백성들의 생명을 결코 함부로 하지 않기 때문에, 최소한 小成(소성: 기본기 완성)이 되는 7년간 전쟁하는 법을 가르쳐서 착실하게 훈련시킨다는 뜻이 된다. 공자의 이러한 논리는 바로 밑의 13-30과도 직결되니, 함께 엮어서 이해할 필요가 있다.

13-30: 子曰: "以不敎民戰, 是謂棄之。"

공자가 이르시기를: "(전쟁하는 법을) 가르치지 않은 백성들로 전쟁을 하는 것, 이를 일컬어 그들(백성들)을 버리는 것이라고 한다."

*따라서 최소한 小成(소성: 기본기 완성)이 되는 7년간 전쟁하는 법을 가르치지 않고 백성들을 전쟁터로 내보내는 것은 곧 그들을 사지로 몰아넣는 행위이니, 이는 지도자가 백성들을 아끼고 사랑하지 않는 것이다. 그런 지도자는 지도자로서의 자격이 없다.

第14章: 憲問(헌문)

14-1: 憲問恥。子曰："邦有道, 穀[1]; 邦無道, 穀, 恥
也。""克伐怨欲, 不行焉, 可以爲仁矣?"子
曰:"可以爲難矣。仁, 則吾不知也。"
憲問恥。子曰："邦□道, 穀; 邦□道, 穀, □
也。""克伐怨欲, 不行焉, 可以爲仁矣?"子曰:
"可以爲難矣。仁, 則吾不知也。"

【문답법, 대구법】

헌이 수치에 대해 물었다. 공자가 이르시기를: "나라에 도가
있으면, 녹을 받는데; 나라에 도가 없는데도, 녹을 받는 것은,
수치이다."(헌이 또 물기를:) "승벽(자기 싫어하는 기질), 자랑함, 원망함,
탐욕을, 부리지 않으면, 어질다고 할 수 있습니까?" 공자가
이르시기를: "행하기 어렵다고 할 수 있다. 어진 것인지는, 곧
내가 알지 못한다."

*헌은 原憲(원헌)으로, 바로 공자의 손자인 子思(자사)이다. 〔史記
(사기)〕〈仲尼弟子列傳(중니제자열전)〉에 따르면, 공자가 죽은 뒤에 자
사는 벼슬을 하지 않고 초야에 묻혀 살았다. 당시 衛(위)나라의 재상
이었던 자공이 자사를 찾았다가 그의 초라한 모습을 보고는, 혹시 병
을 앓고 있는 것이 아닌지 물었다. 이에 자사는 "내가 듣기로는 재물
이 없는 것을 가난하다고 하고, 도를 배우고도 실천하지 못하는 것을
병들었다고 하오. 나는 가난하지만 병들지는 않았소"라고 말했고, 자

---

1) 穀(곡): 녹미, 녹봉(을 받다).

공은 자기가 한 말을 평생 부끄러워했다고 한다. 따라서 자사는 공자가 본문에서 말한 내용을 평생토록 실천하고 산 인물이었음을 알 수 있다.

*공자는 여기서 지도자가 無道(무도)하면 벼슬에서 물러나는 것이 도리임을 천명하고 있다. 그 이유는 무도한 지도자에게 충언을 하면 오히려 자기의 신변에 큰 위협이 되었기 때문인데, 이러한 공자의 가치관은 18-1의 "미자는 떠났고, 기자는 그의 노비가 되었고, 비간은 간언을 하다가 죽었다"라는 말에서도 여실히 드러나고 있다.

하지만 공자는 오히려 14-3에서 "나라에 도가 있으면, 말과 행실을 엄정하게 하고; 나라에 도가 없으면, 행실을 엄정하게 하되 말은 공손하게 할 것이다"라고 했고, 18-8에서는 "'그 뜻을 낮추지 않고, 그 몸을 욕되이 하지 않은 이는, 백이와 숙제일 것이니?' 유하혜와 소련을 말함에, '그 뜻을 굽히고, 몸을 욕되이 하였으나, 말이 윤리에 맞고, 행동이 생각에 맞았으니, 이러할 따름이다.' 우중과 이일을 말함에, '은거하면서 말을 맘대로 했으나, 몸을 깨끗이 하고, 그침이 임시변통에 맞았다. 나는, 곧 이들과 달라서, 가함도 없고 불가함도 없다'"라고 말했으니, 이것이 바로 공자가 56세의 나이로 道(도)가 땅에 떨어진 노나라를 떠나, 세상을 周遊(주유)하며 자기의 道(도)가 받아들여질 수 있는 다른 나라를 찾아다닌 이유였던 것이다. 따라서 공자의 가치관은 모순이 있다고 하기보다는, 신축적이고도 유연한 처세술을 보였다고 표현하는 것이 비교적 적절할 것이다.

*仁(인)은 자기의 지도자를 진심으로 섬기고 따르는 것이다. 따라서 원헌이 지기 싫어하는 기질과 자랑함 그리고 원망함과 탐욕을 부리지 않으면 어진 것이냐고 묻자, 공자는 행하기 어렵기는 하지만 그것이 仁(인)인지는 모르겠다고 대답한 것이다.

14-2: 子曰: "士而懷居, 不足以爲士矣! "

공자가 이르시기를: "士(사)로서 편안히 기거함을 생각하면,
士(사)가 되기에 부족하다."

*13-20에서 공자는 士(사: 선비)가 마땅히 갖춰야 할 道(도)의 구성
요소들로 謙(겸: 자기가 항상 부족하다고 여기는 겸손함), 改過勿吝(개과물린:
허물을 고치는데 인색하지 마라), 仁(인: 자기의 임금을 진심으로 섬기고 따름),
孝(효: 부모를 진심으로 섬김), 悌(제: 웃어른을 공경함), 信(신: 말을 뱉으면 반
드시 지키는 성실함), 勇(용: 자기의 서열에서 마땅히 지켜야 할 바를 목숨을 걸고
지키는 의로움을 몸으로 실천하는 것)을 들었다. 또 13-28에서는 여기에 더
하여, 친구끼리 忠(충: 정성스러움)하고 형제끼리는 怡(이: 온화함)해야
한다고도 했다. 따라서 평생토록 상술한 道(도)의 구성요소들을 배우
고 실천하기에도 시간이 모자랄 터인데, 편안히 기거함을 추구한다
면 어찌 士(사: 선비)라고 할 수 있겠는가?

14-3: 子曰:"邦有道,危言危行; 邦無道,危行言孫。"
　　　子曰:"邦□道, 危□□□; 邦□道, 危□□□。"

공자가 이르시기를: "나라에 도가 있으면, 말과 행실을 엄정하게 하고; 나라에 도가 없으면, 행실을 엄정하게 하되 말은 공손하게 할 것이다."

*14-1에서 공자는 나라에 道(도)가 있으면 벼슬을 하지만, 나라에 道(도)가 없는데도 벼슬을 하는 것은 수치라고 말했다. 그런데 여기서는 또 나라에 道(도)가 있으면 말과 행실을 엄정하게 하지만, 나라에 道(도)가 없으면 행실을 엄정하게 하되 말은 공손하게 해야 한다고 말하고 있으니, 여전히 벼슬을 하여 임금을 보필해야 한다는 뜻이다. 따라서 이는 14-1에서 언급한 바 있듯이 가치관의 모순이 아닌, 공자가 수많은 역사의 事例(사례)를 통해서 얻은 신축적이고도 유연한 처세술로 봐야 할 것이다.

　이제 아래에 제시하는 기록을 통해서, 나라에 道(도)가 있으면 말과 행실을 엄정하게 해야 한다는 말의 뜻이 무엇인지 살펴보기로 하자.

　帝舜謂禹曰:"女亦昌言。"禹拜曰:"於, 予何言! 予思日孶孶。"皋陶難禹曰:"何謂孶孶?"禹曰:"(생략) 與益予衆庶稻鮮食。(생략) 與稷予衆庶難得之食。食少, 調有餘補不足, 徙居。衆民乃定, 萬國爲治。"皋陶曰:"然, 此而美也。"

순임금이 우에게 말했다: "그대 또한 덕이 있는 말을 해보시오." 우가 절하여 답했다: "아! 제가 어찌 말하겠습니까! 저는 하루 종일 부지런함을 생각하고 있습니다." 고요가 삼가 우에게 말했다: "무엇을 부지런하다고 일컫습니까?" 우가 말했다: "(생략) 직과 더불어 백성들에게 구하기 어려운 음식을 주고, 음식이 모자라면, 남음이 있는 것을 옮겨 부족함을 보충해주었으며, 옮겨 살게 했습니다. 백성들이 이에 안정되고 ,온 나라가 다스려졌습니다." 고요가 말했다: "그렇습니다. 이는 훌륭합니다."   〔史記(사기)〕〈夏本紀(하본기)〉

禹曰: "於, 帝! 愼乃在位, 安爾止, 輔德, 天下大應。淸意以昭待上帝命, 天其重命用休。"帝曰: "吁, 臣哉, 臣哉! 臣作朕股肱耳目。予欲左右有民, 女輔之; 余欲觀古人之象, 日月星辰, 作文繡服色, 女明之; 予欲聞六律五聲八音, 七始咏, 以出入五言, 女聽。予卽辟, 女匡拂予。女無面諛, 退而謗予。敬四輔臣。諸衆讒嬖臣, 君德誠施皆淸矣。"禹曰: "然, 帝卽不時, 布同善惡則毋功。"

우가 말했다: "아, 임금이시여! 신중하여 이에 재위하시면, 임금님의 거동이 편안하실 것이고, 덕을 도우면, 세상이 크게 응할 것입니다. 맑은 뜻으로 인도하여 하늘의 명을 기다리시면, 하늘이 명을 삼가여 관대함을 베풀 것입니다." 순임금이 말했다: 아! 신하로다, 신하로다! 신하는 짐의 다리 팔 귀 눈(중신)이다. 나는 좌우에 백성이 있기를 원하니, 그대가 도와주시오; 나는 옛사람의 도리와 일월성신을 관찰하여, 의복의 양식을 수놓고자 하니, 그대는 명확히 하시오; 나는 여섯 가지의 소리와 음률의 다섯 가지, 여덟 가지의 악기의 가락, 일곱 가지의 시가로써, 오언(仁, 義, 禮, 智, 信)을 전달하고자 하니, 그대는 경청하시오. 내가 만약 벗어나면, 그대는 나를 바

로 잡으시오. 그대는 앞에서는 아첨하다가, 물러나서 나를 비방해
서는 안 되오. 사방의 보좌하는 신하들을 공경하시오. 아첨으로 총
애를 받는 수많은 신하들에 대해서는, 임금의 덕이 성실하게 베풀
어지면 모두 깨끗해질 것이오." 우가 말했다: "그렇습니다, 임금께
서 만약 때를 맞추지 않으시면, 선과 악이 함께 베풀어져, 공적을
이룰 수 없습니다."　　　　　　　〔史記(사기)〕〈夏本紀(하본기)〉

　이처럼 우는 순임금이 다스림으로써 나라에 道(도)가 있었기 때문
에, 말과 행실을 모두 엄정하게 할 수 있었다. 하지만 이와 반대로 지
도자가 무도한데도 이러한 충언을 계속하면, 결국 18-1의 "미자는 떠
났고, 기자는 그의 노비가 되었고, 비간은 간언을 하다가 죽었다"라
는 역사적 사실과 같이 그 禍(화)가 자기 몸에 미치게 될 것이니, 행
실은 엄정하게 하되 말은 공손하게 하여 지도자의 심기를 거스르면
안 된다고 충고하는 것이다.

14-4: 子曰: "有德者必有言, 有言者不必有德。仁
　　　　者必有勇, 勇者不必有仁。"
　　　　子曰: "□□者必有□, □□者不必有□。□
　　　　者必有□, □者不必有□。"

【대구법】
공자가 이르시기를: "덕이 있는 사람은 반드시 (합당한) 말이
있지만, (합당한) 말이 있는 사람이 반드시 덕을 갖춘 것은 아니다.
어진 사람은 반드시 용기가 있지만, 용기가 있는 사람이 반드시
어진 것은 아니다."

*이미 앞에서 설명했다시피, 德(덕)은 옛 성인들이 행한 강함과 부드러움의 통치법을 조화롭게 실천하려는 절조이다. 그렇다면 공자는 무엇을 근거로 논리적으로 말하는 사람이 반드시 德(덕)을 갖춘 것은 아니라고 한 것일까?

　〔史記(사기)〕〈仲尼弟子列傳(중니제자열전)〉에 따르면, 공자는 재아의 말재주가 탁월하다고 생각하여 그를 제자로 받아들여서 道(도)를 가르쳤다. 하지만 훗날 재아는 齊(제)나라 臨菑(임치) 지역의 대부가 되어 田常(전상)과 역모를 꾀하다가 결국 멸족의 화를 당하게 되니, 이것이야말로 말재주를 가진 사람이 반드시 德(덕)을 갖춘 것은 아니라는 대표적인 實例(실례)가 아니겠는가? 참고로 이 사건은 14-21과 연결되어 있으니, 함께 엮어서 이해할 수 있다.

　*그렇다면 공자는 또 어떤 것을 근거로 용기가 있는 사람이 반드시 어진 것은 아니라고 한 것일까? 이 문제를 풀기 위해서, 이제 아래에 제시하는 몇몇 단서들을 살펴보기로 하자.

1) 공자는 4-18에서 부모에게 잘못이 있어서 조심스럽게 말씀드려도 따르지 않으시면, 더욱 공경하여 부모의 뜻을 어기지 않는 것이 孝(효)라고 하였다.
2) 孝(효)의 사회적 확장 형태가 仁(인)이다.
3) 仁(인: 어질음)은 자기의 임금을 진심으로 섬기고 따르는 것이다.
4) 따라서 자기가 섬기는 임금에게 잘못이 있어서 조심스럽게 간언해도 따르지 않으시면, 더욱 공경하여 임금의 뜻을 따라야 한다.
5) 勇(용: 용감함)은 義(의: 의로움)를 몸소 실천하는 것이다.

6) 義(의)는 계급상의 서열을 명확하게 하고, 그 서열에서 마땅히 지켜야 할 바를 목숨을 걸고 지키는 것이다.

7) 임금이 선왕의 뜻을 따르지 않고 無道(무도)한 것은 義(의)에 위배된다.

8) 義(의)에 위배되면, 그것을 바로 잡기 위해서 勇(용)으로 실천해야 한다.

9) 하지만 공자는 17-8에서 勇(용)을 좋아하면서도 성인의 道(도)를 배우기를 좋아하지 않으면 포악해진다고 했다.

따라서 용감하지만 성인의 道(도)를 배우기를 좋아하지 않는 사람은, 임금이 무도하면 폭력을 써서라도 그 무도함을 바로 잡으려 한다. 그런데 이러한 행동은 임금을 진심으로 섬기고 따르는 仁(인)에 위배된다. 다시 말해서 이 말은 용감하기는 하지만 성인의 도를 배우지 않으면 어질지 못하고, 또 신하가 어질지 못하면 임금의 잘못을 바로잡는다는 명분을 빌미로 역모를 일으킬 수 있다는 뜻인 것이다. 이러한 상황에 적용되는 경우는 춘추시대에 비일비재하게 발생했는데, 아래에 한 예를 들어보기로 하자.

〔史記(사기)〕〈齊太公世家(제태공세가)〉에 의하면, 제나라 簡公(간공)은 田常(전상)과 闞止(감지)를 각각 左相(좌상)과 右相(우상)에 앉혔으나, 감지만 총애했다. 감지는 전상의 세력이 컸기 때문에 간공의 지지 속에서 호시탐탐 그를 제거하려 했는데, 결국 이 일은 실패로 돌아가고 오히려 감지는 전상에게 죽임을 당한다. 이를 두려워 한 간공 역시 제나라를 떠나 도망가다가 전상에 의해서 시해되는데, 공자는 이 일에 격노하여 14-21에서처럼 애공을 찾아가 전상을 치라고 요청한 것이다.

14-5: 南宮适問於孔子曰:"羿善射, 奡盪舟, 俱不
得其死然。禹稷躬稼而有天下。"夫子不答
。南宮适出, 子曰:"君子哉, 若人! 尙德哉,
若人!"

南宮适問於孔子曰:"羿善射, 奡盪舟, 俱不
得其死然。禹稷躬稼而有天下。"夫子不答
。南宮适出, 子曰:"□□哉, 若人! □□哉,
若人!"

【대유법, 대구법】

남궁괄이 공자에게 묻기를: "예는 활을 잘 쏘았고, 오는 배를
움직였지만, 모두 그 죽음을 얻지(제 명에 죽지) 못했습니다. 우와
직은 몸소 곡물을 심었지만(농사를 지었지만) 천하를 얻었습니다."
공자가 대답하지 않았다. 남궁괄이 나가자, 공자가 이르시기를:
"군자로다, 이와 같은 사람은! 덕을 숭상한다, 이와 같은
사람은!"

*예는 夏(하)나라 때 有窮(유궁) 지역을 다스리던 后羿(후예)이다.
〔左傳(좌전)〕〈襄公(양공) 4년〉에 따르면, 하나라 임금 太康(태강)이 사
냥에 빠져 나랏일을 돌보지 않자 그를 몰아내고 中康(중강)을 왕위에
앉혔다가, 결국에는 스스로 왕위에 앉았다. 하지만 후예 역시 자신의
측근인 韓浞(한착)이라는 인물에게 정사를 맡기고 사냥에 빠졌는데,
오히려 한착의 배신으로 의해 죽임을 당했다.

*오는 한착의 장남인데, 〔左傳(좌전)〕〈襄公(양공) 4년〉에는 澆(요)
라는 이름으로 기록되어 있다. 일설에 의하면 오는 육지에서 배를 끌

수 있을 정도로 괴력의 소유자였다고 하는데, 中康(중강)의 아들 相(상)을 죽였다가 후에 相(상)의 아들 少康(소강)에게 오히려 죽임을 당한다.

*우와 직은 舜(순)임금 때 각각 治水(치수)와 農業(농업)을 책임진 인물인데, 우는 그 공로를 인정받아서 결국 순 임금을 이어 왕의 자리에 오르게 되고, 직은 훗날 周(주)나라의 시조가 된다. 이와 관련하여 다음의 기록을 살펴보자.

帝舜謂禹曰: "女亦昌言。" 禹拜曰: "於, 予何言! 予思日孳孳。" 皋陶難禹曰: "何謂孳孳?" 禹曰: "(생략) 與益予衆庶稻鮮食。 (생략) 與稷予衆庶難得之食。食少, 調有餘補不足, 徙居。衆民乃定, 萬國爲治。" 皋陶曰: "然, 此而美也。"

순임금이 우에게 말했다: "그대 또한 덕이 있는 말을 해보시오." 우가 절하여 답했다: "아! 제가 어찌 말하겠습니까! 저는 하루 종일 부지런함을 생각하고 있습니다." 고요가 삼가 우에게 말했다: "무엇을 부지런하다고 일컫습니까?" 우가 말했다: "(생략) 직과 더불어 백성들에게 구하기 어려운 음식을 주고, 음식이 모자라면, 남음이 있는 것을 옮겨 부족함을 보충해주었으며, 옮겨 살게 했습니다. 백성들이 이에 안정되고, 온 나라가 다스려졌습니다." 고요가 말했다: "그렇습니다. 이는 훌륭합니다." 〔史記(사기)〕〈夏本紀(하본기)〉

〔孟子(맹자)〕〈離婁(이루)〉편에 "禹稷顏子, 易地則皆然。(우와 직 그리고 안회는, 입장을 바꿔도 곧 모두 그리했다.)"이라는 말이 있다. 우가 치수를 담당하고 있을 때 홍수에 떠내려가는 백성을 보고 통곡하며 내 탓이라고 한탄했고, 직이 농업을 관장하고 있을 때 굶어죽는 백성을 보고

내 탓이라고 한탄했으며, 안회는 누추한 골목에 살면서 끼니조차 제때 해결하지 못했지만 道(도)를 배우느라 즐거워했다고 한다. 즉 이세 명은 서로의 입장을 바꿔봐도 마찬가지로 최선을 다했을 것이니, 바로 易地思之(역지사지)라는 成語(성어)가 여기서 나온 것이다.

*이제 남궁괄의 말을 다시 살펴보면, 이는 하나라의 예와 오처럼 지도자로서 나라와 백성들의 안위를 걱정하지 않고 사치스러우며 무력을 일삼는 이들은 불행한 최후를 맞이했지만, 순 임금 때의 우와 직처럼 백성들의 안위를 자기의 안위와도 같이 여겨서 최선을 다한 이들은 결국 백성들의 지지를 받아서 지도자의 자리에 올랐다는 의미인 것이다. 따라서 공자 역시 그 말뜻을 알아듣고, 남궁괄이 德治(덕치)의 참뜻을 이해하는 군자라고 칭찬한 것이다.

*그렇다면 공자는 왜 13-4에서 번지가 농사일과 채소를 심는 일에 대해서 묻자 그를 소인배라고 비판해놓고, 여기서 남궁괄이 우와 직은 몸소 농사를 지었지만 천하를 얻었다고 하자 그를 군자라고 칭찬하고 있을까?

먼저 남궁괄과 관련된 내용들을 살펴보면, 공자는 그가 [시경]의 맑게 잘 다듬은 서옥이라는 구절을 수차례 되풀이하자(11-5), 그를 나라에 도가 있으면 버리지 않을 것이고, 나라에 도가 없어도 형륙을 면할 인재라고 평가하여 형의 여식을 시집보냈다(5-1). 이는 바로 남궁괄이 이미 공자가 말하는 道(도)를 온전히 이해한 인물임을 뜻한다.

이어서 번지와 관련된 내용들을 살펴보면, 공자가 그에게 "맹손이 효에 대해 묻자, 어김이 없는 것이라고 대답했다"고 말하자 이해하지 못했고(2-5), 또 공자가 타인을 아는 것이 앎의 참뜻이라고 말하자 알아듣지 못했으며, 심지어는 자하에게 다시 묻기까지 했다(12-22). 이는 바로 번지가 아직 공자가 말하는 道(도)를 온전히 이해하지 못한 인물임을 뜻하는 것이다.

13-4에서 이미 언급한 바 있듯이, 대동사회의 지도자는 농업을 통치의 가장 중요한 내용 중 하나로 인지하고 솔선수범하여 농사에 참여했으니, 왕을 포함한 모든 사람이 자신의 노동으로 생활을 유지해야 한다는 것은 이상적인 사회의 치세법이다. 반면 공자는 지도자가 禮(예)와 義(의) 그리고 信(신)을 익혀서 다스리면 백성들이 따르게 되는 소강사회로의 복귀를 주장한다. 따라서 공자는 남궁괄이 자기가 외치는 소강을 넘어서 대동을 이해하였기에 그의 말을 생각해본 후 군자라고 칭찬한 것이고, 번지는 아직 소강조차도 이해하지 못하면서 대동을 언급하였기에 꾸중한 것임을 알 수 있다.

또한 여기서도 공자의 군자가 어떤 의미를 함축하는지 다시 한번 확인할 수 있으니, 공자는 남궁괄을 군자라고 칭찬했으면서도 정작 7-25에서는 "성인은, 내가 만나볼 수 없구나. 군자를 만나볼 수 있다면, 이것만으로도 좋겠다"라고 말했다는 점이다. 다시 말해서, 남궁괄을 군자라고 평가한 것은 그가 군자가 될 자질을 갖춘 인물이지, 실제로 군자 즉 道(도)를 배우고 부단히 노력하여 실천하는 올바른 지도자는 아니라는 뜻인 것이다.

14-6: 子曰: "君子而不仁者有矣夫, 未有小人而仁者也。"

공자가 이르시기를: "군자임에도 어질지 않은 사람은 있지만, 소인임에도 어진 사람은 없다."

*道(도)를 배우고 부단히 노력하여 실천하는 올바른 지도자가 어찌 어질지 않을 수 있을까? 이 문제의 해답은 의외로 가까운 곳에 있다. 물론 공자의 이러한 가치관은 당시 춘추시대에 비일비재하게 벌어진 하극상을 막기 위함이기는 하지만, 바로 仁(인)이 설령 자기의 군주가 잘못된 판단을 하더라도 진심으로 섬기고 따라야 한다는 것이다.

이제 이 관점으로 다음을 살펴보자. 은나라 紂王(주왕)이 비록 희대의 폭군이었기는 하지만, 주나라 무왕은 신하의 신분으로 임금을 제거하는 易姓(역성)혁명을 일으켰다. 이는 공자에게 있어서 주나라의 태평성대를 이끈 무왕이 훌륭한 지도자 즉 군자이기는 하지만, 仁(인) 즉 어진 사람은 아니었던 것이라는 의미를 지닌다. 따라서 공자는 7-14에서 伯夷(백이)와 叔齊(숙제)에 대해서 "어질음을 추구하여 어질음을 얻었으니, 또 어찌 원망했겠는가?"라고 평가했고, 또 3-25에서는 주나라 무왕 때의 음악을 평하면서 "지극히 아름답지만, 지극히 선하지는 않도다"라고까지 평한 것이다. 하물며 道(도)를 따르지 않고 사사로운 이익만을 탐하는 올바르지 못한 인격의 소인배는 말할 나위가 있겠는가?

14-7: 子曰: "愛之, 能勿勞²⁾乎? 忠焉, 能勿誨乎?"
    子曰: "□□, 能勿□乎? □□, 能勿□乎?"

【대구법, 설의법】
공자가 이르시기를: "사랑한다고 해서, 애쓰지 않을 수 있는가?
정성스럽다고 해서, 가르치지 않을 수 있는가?"

*12-22에서 번지가 仁(인)이 무엇이냐고 묻자, 공자는 임금을 사
랑하는 것이라고 한 바 있다. 그리고 여기서 다시 임금을 진심으로
섬기고 따르는 것에서 그치면 안 되고, 나아가 道(도)를 배우고 부단
히 실천해야 한다고 역설하고 있다. 따라서 본문의 애쓴다는 말은 애
써서 道(도)를 배우고 실천한다는 뜻인 것이다. 공자는 17-8에서 어
질음을 좋아하면서도 성인의 도를 배우기를 좋아하지 않으면, 그 결
점은 공정하게 판단하지 못해서 맹목적으로 추종하게 된다고 경고한
바 있다. 그러므로 애써서 道(도)를 배우지 않으면 仁(인)은 자칫 맹목
적인 추종으로 변질될 수 있는 것이다.
    *주지하다시피, 忠(충: 정성스러움)은 道(도)의 중요한 구성요소이
다. 하지만 이러한 道(도)의 구성요소는 개별적으로 존재해서는 안
되고, 반드시 그 구성요소들이 모두 합쳐져서 유기적으로 일체를 이
뤄야 진정한 道(도)를 실천할 수 있는 것이다. 따라서 공자는 비록 忠
(충)을 갖춘 인물이라도 반드시 道(도)를 가르쳐야 한다고 역설하고

---

2) 勞(로): 애쓰다, 힘들이다.

있으니, 노자 역시 〔도덕경〕 28-7에서 "가공하지 않은 목재가 흩어지면 곧 도구가 되고, 성인이 그것을 이용하면 곧 백관의 수장이 되니, 그러므로 커다란 법도는 분할하지 않는다"라고 설명한 바 있다.

　*이제 상술한 두 부분을 종합해보면, 본문의 "애쓰다"와 "가르치다"의 대상은 다름 아닌 道(도)임을 알 수 있다.

14-8: 子曰: "爲命; 裨諶草創之, 世叔討論之, 行人
　　　子羽修飾之, 東里子産潤色之."
　　　子曰: "爲命; ○○□□之, ○○□□之, ○
　　　○○○□□之, ○○○○□□之."

【대유법, 대구법, 열거법】
공자가 이르시기를: "(정나라의) 규정을 만드는데, 비심이 처음 만들고, 세숙이 연구하고 문제 삼았으며, 행인(외교관) 자우가 다듬어 꾸몄고, 동리에 사는 자산이 매만져 곱게 했다."

　*비심은 鄭(정)나라 대부로, 이름이 皮(피)이다. 〔左傳(좌전)〕〈襄公(양공) 31년〉에 따르면, 그는 대책을 수립하는데 능한 인물이었다고 한다.
　*세숙은 정나라 대부 游吉(유길)이다. 〔左傳(좌전)〕에 그가 수차례 晉(진)나라와 楚(초)나라를 다녀온 기록이 남아있는 것으로 보아, 외교와 언변에 능했던 인물로 보인다.
　*자우는 정나라 대부 公孫揮(공손휘)이다. 〔左傳(좌전)〕〈襄公(양공) 31년〉에 따르면, 그는 각 제후국의 법령 및 대부들의 성씨 그리고 관

직체계 등을 잘 이해한 인물이었다. 특히 외교상의 언변이 남달랐다고 한다.

*5-15에서 이미 언급한 바 있듯이, 자산은 공자가 매우 존경한 인물이다. 〔左傳(좌전)〕〈襄公(양공) 29년〉에 다음의 기록이 남아있다. 정나라 대부들이 동맹을 체결하려하자, 비심은 이런 식의 동맹은 오히려 나라를 혼란스럽게 만든다고 말했다. 이에 然明(연명)이 차기 정권은 누가 차지하겠냐고 묻자, 비심은 "선한 이가 선하지 못한 이를 대신하는 것이 천명인데, 子西(자서)는 이미 죽었으니 마땅히 자산이 다스려야 하오. 그렇지 않으면, 정나라의 미래는 없습니다!"라고 말했다. 따라서 이를 통해서, 자산의 인물됨을 다시 한 번 간접적으로나마 확인할 수 있을 것이다.

*15-11의 "정나라의 소리를 버리고, 아첨하는 사람을 멀리하는 것이다. 정나라의 소리는 도리에 어긋나고, 아첨하는 사람은 위험하다" 및 17-18의 "자색이 붉은색을 빼앗는 것을 미워하고, 정나라의 음악이 아악을 어지럽히는 것을 미워하며, 말을 교묘하게 하여 나라를 뒤엎는 것을 미워한다"는 말을 보면, 공자가 정나라의 정치적 상황을 얼마나 싫어했는지 알 수 있다.

하지만 자산이 인재를 적재적소에 배치하여 각자 맡은 바를 충실히 수행하도록 했기 때문에, 정나라는 작지만 강한 나라가 될 수 있었다. 공자의 이러한 인재선발에 대한 가치관은 14-11 및 14-19에서도 확연하게 드러나므로, 함께 엮어서 이해할 수 있을 것이다.

14-9: 或問子産。子曰: "惠人也。" 問子西。曰: "彼
哉, 彼哉。" 問管仲。曰: "人也。奪伯氏騈邑
三百, 飯疏食, 沒齒無怨言。"

어떤 이가 (정나라의) 자산에 대해서 물었다. 공자가 이르시기를:
"(큰 나라 사이에서도 작은 정나라를 잘 다스리고 있으니 이는 백성들에게
은혜를) 베푸는 사람이다." (이어서 초나라의) 자서에 대해서 물었다.
(공자가) 이르시기를: "그 사람은, 그 사람은 말이다(초나라 임금이
나를 중용하려고 하자 반대하였고, 결국 나라를 환난에 이르게 하였으니, 내가
객관적으로 평가할 수 없다)." (이어서 제나라의) 관중에 대해서 물었다.
(공자가) 이르시기를: "인재이다(덕은 없지만 재능이 있는 인물이다).
백씨(가 소유하고 있던) 병읍(이라는 지역의) 삼백 호를 빼앗았지만,
(백씨는 가난해져서) 변변치 않은 음식을 먹고도(관중이 정당하게
판결했으므로), 한평생 원망하는 말이 없었다."

*자서는 楚(초)나라 슈尹(영윤)으로, 14-8에서 언급했던 정나라의
자서와는 다른 인물임에 유의한다. 〔史記(사기)〕〈孔子世家(공자세가)〉
에 따르면, 공자가 蔡(채)나라에 머문 지 3년이 되는 63세일 때 吳(오)
나라가 陳(진)나라를 공격했다. 楚(초)나라는 그런 陳(진)나라를 돕기
위해서 군대를 파견했는데, 마침 공자가 陳(진)나라와 가까운 蔡(채)
나라에 있다는 소식을 듣고는 그를 초빙했다. 이에 공자가 초나라로
가려고 하자 陳(진)나라와 蔡(채)나라 대부들이 두려워하여 공자를 포
위했고, 공자 일행은 중간에서 식량까지 떨어지는 상황에 봉착했다.
다행히 자공이 초나라로 가서 이 사실을 알리자, 초나라가 군대 파견
하여 풀려날 수 있었다. 그리고 공자 일행이 초나라에 도착한 후 昭

王(소왕)은 공자를 중용하려 했으나, 슈尹(영윤)을 지내던 자서의 반대로 그 뜻을 이루지 못하게 되었던 것이다. 따라서 공자는 자서에 대해서 주관적이고도 복잡한 생각이 있었기에, 평소처럼 객관적으로 명확하게 그를 평가하지 못한 것이다.

*일설에 의하면 伯氏(백씨)의 본명은 伯偃(백언)이라고 하는데, 齊(제)나라의 귀족으로 騈邑(병읍)을 소유하고 있었다. 그는 이 땅을 측근인 覃禾(담화)라는 인물에게 맡겼는데, 담화는 백언 몰래 병읍의 백성들을 갈취했다. 이를 참지 못한 병읍의 몇몇이 백언에게 상소했으나, 담화의 감언이설에 속은 백언은 계속해서 담화를 신뢰한다. 결국 병읍 백성들이 이 일을 관중에게 알리자, 관중은 그 죄를 물어 담화를 극형에 처하고, 백언의 땅 역시 몰수하여 국가에 귀속시켰다고 한다. 하지만 이에 대한 정확한 자료는 현재 찾을 수가 없으므로 참고만 하기로 하고, 추후 더 명확한 고증이 이뤄질 수 있기를 기대한다. 아무튼 본문을 통해서 공자가 하고자 한 말은, 바로 관중이 일을 공명정대하게 판단한 인물이었음을 부각시키고자 한 것임이 틀림없다.

14-10: 子曰: "貧而無怨, 難; 富而無驕, 易。"
子曰: "□而無□, □; □而無□, □。"

【대구법(형식), 대조법(내용)】
공자가 이르시기를: "가난하면서도 원망하지 않기는, 어렵지만; 부유하면서도 교만하지 않기는, 쉽다."

*공자는 이미 1-15에서 "가난해도 즐기고, 부유하지만 예를 좋아하는 이만 못하다"라고 말한 바 있으니, 여기서 공자가 왜 안회를 그렇게 아꼈는지 이해할 수 있을 것이다. 이와 관련하여 다음의 기록을 살펴보자.

> 帝堯者, 放勳。其仁如天, 其知如神。就之如日, 望之如雲。富而不驕, 貴而不舒。(생략) 能明馴德, 以親九族。九族既睦, 便章百姓。百姓昭明, 合和萬國。
>
> 요임금은, 방훈이다. 그 인자함은 하늘과 같았고, 그 지혜로움은 귀신과도 같았다. 그를 좇으면 태양과 같았고, 그를 바라보면 구름과도 같았다. 부유하면서도 교만하지 않고, 고귀하면서도 오만하지 않았다. (생략) 능히 덕을 밝히고 따름으로써, 구족(같은 종족의 9대: 고조부터 현손까지)이 가까워졌다. 구족이 이미 화목해지니, 수많은 성씨(귀족)를 상의하여 처리했다. 수많은 성씨(귀족)가 명확히 구분되어지자, 온 나라가 합하여 잘 어울리게 되었다.
>
> 〔史記(사기)〕〈五帝本紀(오제본기)〉

반면에 공자는 6-9에서 "대나무 그릇의 밥, 표주박의 물, 누추하고 좁은 마을에 기거함, 사람들은 그 고통을 견디지 못한다. 안회는, 그 즐거움을 고치지 않으니, 현명하구나, 안회여"라고 말하여, 안회를 극찬한 바 있다.

이처럼 요임금은 부유하면서도 교만하지 않았지만, 안회는 가난하면서도 원망하지 않았으니, 공자는 어쩌면 안회가 요임금을 뛰어넘을 수 있는 인물이라고 판단한 것은 아닐까?

14-11: 子曰: "孟公綽爲趙魏老, 則優。不可以爲滕薛大夫。"

【대유법】

공자가 이르시기를: "맹공작이 조나라와 위나라(큰 나라)의 장로가 되기에는, 곧 넉넉하다. (하지만) 등나라와 설나라(작은 나라)의 대부는 될 수 없다."

*맹공작은 魯(노)나라의 卿(경)으로, 三桓(삼환)의 하나인 孟孫氏(맹손씨) 사람이다. 〔史記(사기)〕의 〈仲尼弟子列傳(중니제자열전)〉에 따르면, 공자는 周(주)나라의 老子(노자)와 衛(위)나라의 蘧伯玉(거백옥), 齊(제)나라의 晏平仲(안평중)과 楚(초)나라의 老萊子(노래자), 鄭(정)나라의 子産(자산) 및 노나라의 맹공작을 존경했다고 한다.

〔左傳(좌전)〕 〈襄公(양공) 25년〉에는 그에 대한 간략한 기록이 남아 있는데, 齊(제)나라 대부 崔杼(최저)가 한 해 전 孟孝伯(맹효백)이 제나라를 공격한 것에 대해 복수를 하려고 노나라를 침략했다. 양공이 걱정하여 晉(진)나라에 이 일을 보고하자, 맹공작이 "최저는 큰 뜻을 품고 있으니, 우리 노나라를 괴롭히지 않고 금방 철수할 것입니다"라고 했다. 과연 제나라 군사는 별 일 없이 다시 돌아갔다고 한다.

*상술한 내용과 바로 아래 14-11을 종합해보면 맹공작의 사람됨을 어느 정도 이해할 수 있으니, 그는 한 나라의 장로인 卿(경)으로서 부끄럽지 않은 통찰력과 자제력을 견지한 인물이었음을 알 수 있다. 하지만 공자는 여기서 다시 한 번 정치하는 이를 聖人(성인: 대동사회의 지도자) - 君子(군자: 소강사회의 지도자) - 器(기: 전문가)의 순서로 서열화하고 있으니, 군자가 실무를 담당하는 뛰어난 전문가는 아니라고 설명하고 있는 것이다.

14-12: 子路問成人[3]。子曰:"若臧武仲之知,公綽
之不欲,卞莊子之勇,冉求之藝,文之以禮
樂,亦可以爲成人矣!"曰:"今之成人者何
必然?見利思義,見危授命,久要不忘平生
之言,亦可以爲成人矣。"
子路問成人。子曰:"若□□□之□,□□
之□□,□□□之□,□□之□,□之□
□□,亦可以爲成人矣!"曰:"今之成人者
何必然?見□□□,見□□□,久要不忘平
生之言,亦可以爲成人矣。"

【설의법, 대구법, 열거법, 대구법】

자로가 심신의 발달이 완성된 어른에 대해 물었다. 공자가
이르시기를: "만약 장무중의 지혜와, 맹공작의 자제심,
변장자의 용기와, 염구의 재주에다, 예악을 보태어 수식하면,
심신의 발달이 완성된 어른이라고 할 수 있다." (또 공자가)
이르시기를: "오늘날 심신의 발달이 완성된 어른이란 것이 어찌
반드시 그래야만 하겠는가? 이익을 보면 의로움을 생각하고,
위태로움을 보면 목숨을 바치며, 오래된 언약이라도 평생의
약속으로 잊지 않으면, 역시 심신의 발달이 완성된 어른이라고
할 수 있다."

*장무중은 노나라의 대부로 臧孫紇(장손흘)이라고도 하는데, 바로
장문중의 손자이다. 〔左傳(좌전)〕〈襄公(양공) 23년〉에 의하면, 노나라

---

3) 成人(성인): 心身(심신)의 발달이 완성된 어른.

계손씨인 季武子(계무자)에게는 嫡長子(적장자: 본실에게서 난 아들)가 없었고 庶子(서자: 첩에게서 난 아들)로 장남인 公彌(공미)와 차남인 悼子(도자)가 있었지만, 도자를 더 사랑하여 후계자로 삼으려 했다. 계무자가 장무중에게 이 일을 상의하자, 장무중은 술자리를 마련해 도자를 불러서는 자연스럽게 대부들이 그에게 禮(예)를 갖추도록 함으로써 계무자의 뜻을 이루어 주었다.

한편 계무자는 장무중을 좋아했지만, 맹손씨인 孟莊子(맹장자)는 장무중을 미워했다. 훗날 맹장자가 병이 들었는데, 그에게는 장남 秩(질)과 차남 羯(갈)이 있었다. 맹장자의 수레를 몰고 말을 관리하던 豐點(풍점)이란 인물이 갈을 좋아하여, 그를 맹장자의 후계자로 추대하려고 했다. 이에 풍점은 공미를 찾아가 갈이 맹장자의 후계자가 되면 장무중에게 복수를 하는 것이라고 설득했고, 공미는 계무자를 찾아가 맹장자의 후계자를 갈로 추대해달라고 하지만 거절당했다. 맹장자가 죽자 계무자는 질을 후계자로 세우려 했는데, 공미가 "연장자라는 것이 어디 있습니까? 오로지 재능으로 판단할 따름이지요. 게다가 이는 맹장자의 뜻이었습니다"라고 말하여, 결국 차남 갈이 맹장자의 후계자가 되었다.

이윽고 장무자가 맹장자의 장례식에 찾아왔을 때, 맹손씨 집안사람들은 문을 걸어 잠그고 계무자에게 장무중이 난을 일으키려한다고 보고했다. 하지만 계무자는 그 말을 믿지 않았다. 그 해 겨울 맹손씨가 장사를 지내기 위해 길을 넓히려고 장무중에게 도움을 청하자, 장무중은 친히 군사를 이끌고 감시했다 이때 맹손씨 집안이 다시 한번 계무자에게 장무중이 난을 일으키려고 한다고 보고하자, 계무자는 결국 분노하여 장무중을 공격하라고 명령을 내리고, 장무중은 이웃나라로 달아나게 된다.

후에 齊(제)나라 莊公(장공)이 장무중에게 땅을 주려고 했는데, 장무중은 그의 권세가 오래가지 못할 것임을 간파하고, 일부러 이 일에 얽히지 않으려고 했다. 그래서 장무중은 고의로 "제나라 장공께서는 晉(진)나라가 혼란스러울 때는 공격하고, 평안할 때는 섬기려하시는군요. 이러한 태도는 마치 낮에는 엎드려 있다가 밤이면 활동하는 쥐 한 마리와도 같습니다"라고 말했다. 화가 난 제나라 장공은 장무중에게 땅을 주지 않는데, 결국 장공은 얼마 가지 못해서 비참한 최후를 맞이하고 그와 관련된 인물들도 모두 숙청되었다.

이 사건에 대해서, 공자는 장무중이 지혜롭지만 그가 노나라에서 받아들여지지 못한 이유가 두 가지 있으니, 하나는 순서에 맞지 않는 일 즉 차남을 후계자로 올린 일을 했고, 또 하나는 은혜를 베풀어 상대방을 헤아리지 못했기 때문이라고 평가한 바 있다. 장무중과 관련하여서는, 또 14-14를 참고할 수 있다.

*변장자는 노나라의 대부로서 용감하면서도 효성스러운 인물로 묘사되고 있는데, 〔史記(사기)〕〈張儀列傳(장의열전)〉에는 그가 한꺼번에 두 마리 호랑이를 잡았다는 비교적 간단한 기록이 남아있다.

*공자는 6-6에서 "구는 재주가 있습니다. 정치에 종사함에, 어떤 것이 있겠습니까?"라고 말한 바 있고, 11-2에서는 "정치로는: 염유, 계로이다"라고 하여, 염구의 정치적 재능을 높이 평가했다. 또 6-13에서 언급했듯이 염구가 齊(제)나라와의 전쟁에서 승리하자, "그는 의로운 인물이다"라고 하여 칭찬을 아끼지 않았다. 하지만 11-16에서는 염구가 계손씨 즉 계강자를 위해 백성들의 재산을 수탈하여 보태주자, 오히려 "나의 제자가 아니다. 너희들은 그를 조리돌려 책망해도 좋다"라고 비난하기조차 했다. 이는 과연 무엇을 의미하는 것일까?

공자의 이러한 태도를 이해하기 위해서는, 5-3에서 언급한 聖人(성인: 대동사회의 지도자) - 君子(군자: 소강사회의 지도자) - 器(기: 전문가)의 서열 개념을 다시 한 번 상기해야 한다. 다시 말해서, 염구는 정치에 종사하고자 하는 이가 필수적으로 배워야 할 六藝(육예) 즉 禮(예) 樂(악) 射(사) 御(어) 書(서) 數(수)에는 능하지만, 군자가 될 자질은 없다는 의미인 것이다.

*成人(성인)은 통상적으로 육체와 정신의 발육이 완성단계에 이른 어른을 일컫는데, 〔左傳(좌전)〕〈昭公(소공) 25년〉에서는 子大叔(자대숙)의 "사람들이 각기 다른 천성에 따라서 禮(예)에 도달할 수 있으면, 이를 成人(성인)이라고 일컫습니다"라는 말을 빌어서 설명한 바 있고, 〔國語(국어)〕〈晉語(진어)〉에서는 韓獻子(한헌자)의 "삼가여 경계해야 하니, 이를 成人(성인)이라고 일컫습니다. 成人(성인)의 관건은 처음부터 선한 이들을 가까이 한다는 것이니, 선한 이들을 가까이 하면 그 선한 이가 또 다른 선한 이를 추천할 것이므로, 선하지 못한 이들이 주변에 다가갈 수 없게 됩니다"라고 설명하기도 했다. 이와 관련하여, 또 다음의 기록을 살펴보기로 하자.

禮也者, 猶體也。體不備, 君子謂之不成人。
예라는 것은, 마치 몸과도 같다. 몸이 갖춰지지 않으면, 군자는 그것을 일컬어서 성인이 아니라고 한다.　　　〔禮記(예기)〕禮器(예기)

이제 상술한 내용들을 토대로 본문을 정리해보면, 君子(군자)와 成人(성인)은 그 성격에 있어 차이점이 있음을 알 수 있다. 주지하다시피, 군자는 道(도)를 배우고 부단히 노력하여 실천하는 올바른 지도자이다. 따라서 14-7에서도 설명했듯이 道(도)의 구성요소들은 개별적으로 존재해서는 안 되고, 반드시 모두 합쳐져서 유기적으로 일체를 이뤄야 진정한 道(도)를 이룰 수 있다는 점에 유의해야 한다. 그런데 공자가 본문에서 열거한 인물들의 업적을 전반적으로 살펴보면 이들은 단지 도의 일부 구성요소만을 지니고 있을 뿐만 아니라, 이들의 장점을 모두 합쳐도 道(도) 전체를 아우르지는 못하고 있다. 그러므로 여기서 成人(성인)의 의미가 확실하게 드러나니, 바로 "모든 道(도)의 구성요소들이 유기적으로 조화를 이루지는 못하지만, 다만 禮(예)를 포함한 일부라도 이해하여 실천하는 지도자"인 것이다.

成人(성인): "모든 道(도)의 구성요소들이 유기적으로 조화를 이루지는 못하지만, 다만 禮(예)를 포함한 일부라도 이해하여 실천하는 지도자"

---

*이제 이를 토대로, 공자가 생각하는 과거와 춘추시대의 성인 기준에는 어떤 차이가 있는지 살펴보도록 하자.

成人(성인)의 기준	
과거	知(지) : 공익을 꾀하고, 초자연적인 힘에 의탁하지 않는 객관적인 판단력 不欲(불욕) : 사사로운 이익을 탐하지 않음. 勇(용) : 義(의 : 의로움)를 몸으로 실천하는 것.[4] 藝(예) : 禮(예), 樂(악), 射(사), 御(어), 書(서), 數(수). 禮樂(예악) : 道(도)의 형식이 되는 예악제도.
춘추시대	見利思義(견리사의) : 이익을 보면 의로움을 생각함. 見危授命(견위수명) : 위태로움을 보면 목숨을 바쳐서 지킴. 信(신) : 성실함. 誠(성) : 정성을 다함.

먼저 見利思義(견리사의)를 살펴보자. 1-13에서 공자는 역사적 교훈을 통해서 사사로운 이익을 탐하면 의로움을 잃는다는 사실을 알았기 때문에, 利(이 : 이익)를 보면 먼저 義(의 : 의로움)를 생각해야 한다고 강조하고 있다고 설명한 바 있다. 다시 말해서, 이익을 보게 되면 그것이 義(의 : 계급상의 서열을 명확하게 하고 그 서열에서 마땅히 지켜야 할 바를 목숨을 걸고 지키는 자세)에 어긋나는 것인지를 먼저 살펴야 한다는 뜻인 것이니, 공자는 여기서 바로 義(의)를 강조하고 있다.

그리고 그 다음으로 見危授命(견위수명)은 위태로움을 보면 목숨을 바쳐서 지키는 것이니, 이는 바로 勇(용 : 의로움을 몸으로 실천하는 것)을 강조하는 것이다. 따라서 공자는 시대에 상관없이 成人(성인)이 되

---

4) 2-24에서 이미 언급했다시피 義(의)가 없다면 勇(용) 역시 존재할 수 없으므로, 이는 義(의)와 勇(용)을 동시에 언급한 것으로 봐야 한다.

는 필수요소로서 항상 義(의)와 勇(용)을 요구하고 있음을 알 수 있는데, 공자의 이러한 가치관은 16-10에서 군자의 九思(구사: 아홉 가지 생각함)를 소개할 때도 역시 "얻을 것을 보면 의로움을 생각한다"는 점을 강조하고 있는 사실을 통해서 다시 한 번 확인할 수 있다.

그런데 마지막으로 제시한 信(신: 성실함)과 誠(성: 정성을 다함)에 대해서는 좀 더 주의를 기울일 필요가 있으니, 이는 공자가 과거에는 요구한 적이 없다는 점이다. 이와 관련하여서는 5-9의 "당초에 나는 다른 사람에게 있어, 그 말을 들으면 그 행실을 믿었다. 이제 나는 다른 사람에게 있어, 그 말을 듣고 그 행실을 본다. 여로부터 쫓아서 이를 고치게 된 것이다"라는 말을 살펴볼 필요가 있으니, 바로 춘추시대에 들어서 자신이 뱉은 말을 끝까지 책임지지 않는 풍조가 만연했음을 반증하는 결정적 증거인 것이다.

그리고 한 가지 더 주목해야 할 점은, 공자가 과거와 춘추시대의 成人(성인) 기준을 언급할 때 禮樂(예악)에 대해서는 전혀 언급하지 않고 있다는 사실이다. 그 이유는 17-11의 "禮(예)로다 예로다라고 하는데, 옥과 비단을 말하는 것이겠느냐? 음악이로다 음악이로다라고 하는데, 종과 북을 말하는 것이겠느냐?"라는 표현과도 같이, 춘추시대에 들어서는 예악제도가 이미 지나친 형식주의로 치우쳤기 때문임을 알 수 있다.

공자는 7-25에서 "성인은, 내가 만나볼 수 없구나. 군자를 만나볼 수 있다면, 이것만으로도 좋겠다"라고 말하며 시대를 한탄했다. 그가 여기서 시대에 따른 成人(성인) 기준의 변화를 제시한 이유는, 어쩌면 시대의 아픔을 느끼는 동시에 부득이하게 시대의 변화에 타협하는 모습을 보인 것은 아닐까?

14-13: 子問公叔文子於公明賈曰: "信乎? 夫子, 不言, 不笑, 不取乎?" 公明賈對曰: "以告者過也。夫子, 時然後言, 人不厭其言。樂然後笑, 人不厭其笑。義然後取, 人不厭其取。" 子曰: "其然? 豈其然乎?"

子問公叔文子於公明賈曰: "信乎? 夫子, 不□, 不□, 不□乎?" 公明賈對曰: "以告者過也。夫子, □然後□, 人不厭其□。□然後□, 人不厭其□。□然後□, 人不厭其□。" 子曰: "其然? 豈其然乎?"

【문답법, 설의법, 대구법, 열거법, 대구법】

공자가 공명가에게 공숙문자에 대해 물어 이르시기를: "확실한가? 어른께서는, 말하지 않고, 웃지 않으며, (재물을) 취하지 않는다는 것이?" 공명가가 말하기를: "아뢴 사람이 지나쳤기(지나치게 과장했기) 때문입니다. 어른께서는, 기회를 노려서 그런 후에 말하므로, 사람들이 그 말을 싫어하지 않습니다. 즐거워하여 그런 후에 웃으므로, 사람들이 그 웃는 것을 싫어하지 않습니다. (확인해보고) 옳은 것이라야 그런 후에 취하므로, 사람들이 그 취하는 것을 싫어하지 않습니다." 공자가 이르시기를: "그런가? 어찌 그렇게 하는가?(그럴 수 있는가?)"

*공명가에 대한 구체적인 자료는 찾을 수 없다. 다만 공숙문자를 잘 아는 사람인 것으로 보아, 衛(위)나라 사람인 것으로 추측만 할 뿐이다.

*공숙문자는 衛(위)나라 대부 公叔拔(공숙발)이다. [左傳(좌전)] 〈襄公(양공) 29년〉에 吳(오)나라 公子(공자) 季札(계찰)이 위나라를 방문하여 공숙문자 등의 인물들을 만나보고는, 위나라에는 군자가 많아서 나라에 환난이 생기지 않을 것이라고 말했다는 기록이 있다. 또 [禮記(예기)] 〈檀弓下(단궁하)〉에 따르면, 공숙문자가 죽자 그의 아들 戍(수)가 임금에게 부친의 諡號(시호)를 내려달라고 청하자, 임금은 "위나라에 흉년이 들었을 때 죽을 쒀서 굶주린 이에게 주었으니, 惠(혜: 은혜로움)이요. 위나라에 어려움이 있었을 때 죽음을 무릅쓰고 과인을 호위했으니, 貞(정: 곧음)이요. 위나라의 정치를 맡아서 사직을 욕되게 하지 않았으니, 文(문: 빛남)이로다. 따라서 시호를 貞惠文子(정혜문자)라고 하겠다"라고 했다고 한다.

여기서 한 가지 확인하고 넘어가야 할 것이 있는데, 朱熹(주희)는 [論語集註(논어집주)]에서 공숙문자가 위나라 대부를 지낸 公孫枝(공손지)라고 설명했다는 점이다. 하지만 [國語(국어)] 〈晉語(진어)〉와 〈左傳(좌전)〉 〈僖公(희공) 9, 15년〉의 기록에 따르면, 공손지는 秦(진)나라 穆公(목공) 때 卿(경)의 자리에까지 오른 인물이다. 따라서 朱熹(주희)는 이 부분에 대해서 뭔가 혼동했거나, 혹은 임의로 풀이한 것으로 추정된다.

*이제 상술한 내용을 통해서 정리해보면, 공숙문자는 분명 군자다운 풍모를 갖춘 인물이라고 할 수 있다. 하지만 공자는 공숙문자가 과연 그런 인물인지에 대해서는, 상당히 회의적인 태도를 보이고 있다. 왜일까?

이와 관련하여 [左傳(좌전)] 〈定公(정공) 13년〉의 기록을 살펴볼 필요가 있다. 공숙문자가 靈公(영공)을 알현하여 그를 연회에 초대하고, 조정을 나서다가 史鰌(사추)를 만났다. 이때 사추는 "당신은 부유하고 임금은 재물을 탐하니, 임금을 초대한 것은 재앙을 초래하는 일이오"
라고 충고했고, 공숙문자는 "아, 내 잘못입니다. 하지만 임금께서 이
미 허락하셨으니 어쩌지요?"라고 묻는다. 사추는 이에 "그대는 부유
하면서도 삼가여 신하의 도리를 다하고 있으니, 화를 면할 수 있을
것이오. 나는 부유하면서도 교만하지 않은 사람을 단 한 사람 보았
는데, 바로 그대이오. 하지만 그대의 아들 戍(수)는 교만하니, 분명히
나라 밖으로 도망갈 일이 생길 것이오"라고 대답했다.

공명가는 공숙문자를 "기회를 노려서 말하고, 즐거워한 후에야 웃
으며, 옳은 것이라야 비로소 취하는 인물"이라고 평했는데, 사실 이
는 1-12에서 말한 바 있는 "조화로움만 알아서 조화롭고, 예로 그것
을 절제하지 않으면, 역시 행해서는 안 된다"는 和(화: 조화로움)의 극
치이니, 공자에게 있어서 최상의 이상적인 군자인 것이다. 그런데 상
술한 기록을 살펴보면, 공숙문자는 분명 신중하지 못한 구석이 있음
을 알 수 있다. 따라서 공자는 공명가의 평가에 대해서, 회의감을 표
명한 것이다.

14-14: 子曰: "臧武仲, 以防求爲後於魯。雖曰不要君, 吾不信也。"

공자가 이르시기를: "장무중이 (맹손씨 때문에 반역자로 몰려서
도망갔다가), 방읍으로서 (방읍을 점거하여) 노나라에 뒤 (자신의 후계자)를
만들어줄 것을 청했다. 비록 임금에게 요구한 것이 아니라고
말하지만, 나는 믿지 않는다."

*이는 14-12에서 설명한 내용과 이어진다. 계무자는 결국 분노하여 장무중을 공격하라고 명령을 내리고 이에 장무중은 달아나게 되는데, 그는 齊(제)나라로 가기 전에 방읍을 점거하고는 제사가 끊어지지 않도록 자기의 후계자를 세워달라고 임금에게 요구했다. 공자는 장무중의 이러한 태도가 사실상 신하가 임금에게 강요한 것이므로, 그의 不仁(불인)을 비판한 것이다.

14-15: 子曰: "晉文公, 譎⁵⁾而不正; 齊桓公, 正而不譎."
　　　　子曰: "□□□, □而不□; □□□, □而不□."

【대구법(형식), 대조법(내용)】

공자 말씀하시기를, "진나라 문공은 속이고 기만하여 바르지 않지만; 제나라 환공은, 올바르므로 속이고 기만하지 않는다."

　*제나라 환공에 이어서 진나라 문공 역시 楚(초)나라의 영토 확장을 막아냄으로써, 周(주)나라 천자의 권위를 높인 공로를 인정받았다. 따라서 역사적으로는 齊桓晉文(제환진문: 제나라의 환공과 진나라의 문공)이라고까지 칭송하고 있는데, 공자는 여기서 正(정: 올바름)으로 이 두 사람을 구분 짓고 있다. 왜일까?
　〔左傳(좌전)〕 등의 자료들을 정리하여 간단하게 설명하자면, 제나

---

5)　譎(휼): 속이다, 기만하다.

라 환공은 천자의 나라인 주나라에 조공을 바치지 않은 죄를 물어서 초나라를 쳤다. 반면 진나라 문공은 宋(송)나라가 초나라를 배신하도록 하고, 이에 초나라가 송나라를 치려고 하자 진나라는 曹(조)나라와 衛(위)나라를 공격했다. 그런데 초나라는 조나라 및 위나라와 혼인을 통한 동맹관계였기 때문에, 송나라를 포기하고 이 두 나라를 도와줄 수밖에 없었다. 이렇게 진나라와 초나라는 전쟁을 하게 되었고, 초나라는 마침내 城濮(성복)전투에서 패하고 말았다.

결국 공자는 名分(명분)의 유무로 이 두 사람에 대해서 대조적인 평가를 한 것이니, 제나라 환공은 주나라 천자를 위한다는 명분으로 초나라를 격파했지만, 반면 진나라 문공은 아무런 명분도 없이 계략을 써서 초나라와 전쟁을 한 것이다. 이제 여기서 正(정: 올바름)의 의미가 명확하게 드러나니, 바로 "名(명: 명분 즉 제도)에 의거하여 바로 잡는 것"을 뜻한다.

正(정): "名(명: 명분 즉 제도)에 의거하여 바로 잡는 것"

따라서 공자는 이를 통해서 義(의: 의로움)와 名(명: 명분)을 강조했음을 알 수 있으니, 특히 名(명)에 대해서는 13-3을 참고하기로 한다.

14-16: 子路曰: "桓公殺公子糾, 召忽死之, 管仲不
　　　 死." 曰: "未仁乎?" 子曰: "桓公九合諸侯,
　　　 不以兵車, 管仲之力也. 如其仁, 如其仁."

【문답법】

자로가 말하기를: "(제나라) 환공이 공자 규를 죽였는데, (그를
따르던) 소홀은 죽고, (역시 그를 따르던) 관중은 죽지 않았습니다."
(이어서) 말하기를: "(관중은) 어질지 못한 것입니까?" 공자가
이르시기를: "환공이 아홉 번이나 제후들을 모았지만, 전쟁에
쓰는 수레로(무력으로) 하지 않은 것은, 관중의 힘이다. 어질음에
비슷할지니, 어질음에 비슷할지니."

*齊(제)나라 襄公(양공)은 자기 여동생인 魯(노)나라 桓公(환공)의
부인과 사통하다가 발각되자 환공을 죽이는 등, 제나라를 혼란에 몰
아넣은 대단히 무도한 인물이었다. 양공의 두 동생인 公子(공자) 糾
(규)와 公子(공자) 小白(소백)은 각각 노나라와 莒(거)나라로 피신했다
가, 양공이 시해 당하자 돌아와 왕위를 두고 다투었는데, 이때 관중
은 공자 규를 그리고 포숙아는 공자 소백을 각각 섬기고 있었다. 한
번은 대부였던 召忽(소홀)이 관중에게 소백을 죽이라고 하자 관중은
소백에게 활을 쏘았는데, 그 활이 허리띠에 맞아서 소백은 목숨을 구
할 수 있었다. 결국 소백이 왕권을 잡게 되었으니 그가 바로 제나라
환공인데, 이에 공자 규와 소홀은 죽임을 당했고 관중 역시 사형을
당할 처지가 되었다. 하지만 포숙아가 나서서 "임금께서 제나라에 만
족하신다면 저 하나로 충분할 것이나, 천하의 覇者(패자)가 되고자 하

신다면 관중 외에는 인물이 없을 것입니다"라고 간언했고, 관중은 포숙아 덕분에 제나라 재상이 되어 천하를 호령할 수 있었다.

훗날 관중은 "내가 어려서 가난할 때 포숙아와 함께 장사를 했는데, 내 몫을 더 많이 챙겼다. 하지만 포숙아는 나를 욕심쟁이라고 말하지 않았으니, 내가 더 가난했기 때문이다. 내가 사업을 하다가 실패하였으나, 포숙아는 그런 나를 어리석다고 말하지 않았다. 세상일은 함부로 예측할 수 없었기 때문이다. 내가 세 번 벼슬을 했다가 모두 쫓겨났지만, 포숙아는 그런 나를 무능하다고 말하지 않았다. 내가 시대를 만나지 못했음을 알았기 때문이다. 내가 전쟁터에 나가 세 번 모두 도망쳤지만, 포숙아는 나를 겁쟁이라고 하지 않았다. 내게는 늙으신 어머니가 계셨기 때문이다. 나를 낳은 이는 부모님이지만, 나를 알아준 이는 포숙아이다!"라고 말했으니, 이것이 바로 관중과 포숙아의 우정을 표현한 그 유명한 管鮑之交(관포지교)이다.

*따라서 자로는 상술한 내용에 의거하여, 관중은 원래 모시던 공자 규를 버리고 새로이 환공을 따랐으므로 不仁(불인)한 사람이 아니냐고 묻고 있는 것이다. 하지만 공자는 그것보다 더 큰 것 즉 나라와 백성들의 입장에서 생각해야 한다고 말하고 있으니, 바로 여기서 그는 근본적으로 무력과 폭력 그리고 전쟁을 반대하고 있음을 밝히고 있다.

다시 말해서 공자는 仁(인: 자기의 임금을 진심으로 따르고 섬김)을 중시했지만, 그 궁극의 목표를 임금 자체가 아닌 바로 나라와 백성들을 평안하게 하는데 둔 것이니, 자기의 임금을 진심으로 따르고 섬김으로써 결국에는 나라와 백성들을 평안하게 할 수 있다고 주장한 것이다. 공자의 이러한 가치관은 바로 밑의 14-17에서도 여실히 드러나니, 함께 엮어서 이해할 필요가 있다.

14-17: 子貢曰: "管仲, 非仁者與。桓公殺公子糾, 不能死, 又相之。" 子曰: "管仲, 相桓公霸諸侯, 一匡天下, 民到于今受其賜。微管仲, 吾其被髮左衽矣。豈若匹夫匹婦之爲諒[6]也, 自經於溝瀆而莫之知也?"

【대유법, 설의법】

자공이 말하기를: "관중은, 어진 이가 아닙니다. (제나라) 환공이 공자 규를 죽였는데, (같이 따라서) 죽지 못하고, 또한 그(제나라 환공)를 도왔습니다." 공자가 이르시기를: "관중이, 환공을 도와서 제후들을 장악하여, (어지러운) 천하를 바로 잡았으므로, 백성들이 지금에 이르기까지 그 은혜를 받았던 것이다. 관중이 없었다면, 나는 그 머리카락을 풀어 헤치고 옷섶을 왼쪽으로 했을 것이다(오랑캐가 되었을 것이다). 어찌 평범한 남자와 평범한 여자(하찮은 이들)의 고집스러움을 행하여, 스스로 도랑에서 목매어 (다른 사람들이) 알지 못하게 하는 것을 따르겠는가?"

*위에서도 언급했듯이, 仁(인: 자기의 임금을 진심으로 따르고 섬김)의 최종목표는 임금 개인의 안위가 아닌 나라와 백성들을 평안하게 하는데 있는 것이다. 그러므로 공자는 비록 관중이 자기가 섬기던 공자 규를 버리고 새로이 환공을 섬겼지만, 그로 인해서 나라와 백성들이 안녕할 수 있었으므로 仁(인)에 가깝다고 말한 것이다.

만약 관중이 세간의 여론을 의식하여 자기가 모시던 공자 규를

---

6) 諒(량): 고집스럽다.

따라서 죽었다면, 이는 仁(인)의 표면적인 특징에 불과하다. 하지만 관중은 그러한 굴욕을 견디고 환공을 모심으로써 천하를 호령하는 패자로 만들었으니, 이에 세상이 잠시나마 평온을 되찾을 수 있었다. 바로 이것이 공자가 말하는 仁(인)의 大義(대의)인 것이다.

> 仁(인): 자기의 임금을 진심으로 따르고 섬김으로써 나라를 안정시켜, 궁극적으로는 백성들을 평안하게 하는 것.

14-18: 公叔文子之臣大夫僎, 與文子同升諸公。子聞之曰: "可以爲文矣!"

공숙문자의 가신인 대부 선이, 문자와 더불어 같은 公(공)의 자리에 올랐다. 공자가 듣고 이르시기를: "문이라는 시호를 줄만 하도다."

*공자는 5-14에서 "힘써 일하면서 (도를) 배우기를 좋아하고, 아랫사람에게 묻기를 부끄러워하지 않았다. 이 때문에 그를 文(문)이라고 일컫는 것이다"라고 밀했는데, 이에 내해서 필자는 공분자가 정성을 다해 힘써 일하는 忠(충)과, 성현들의 통치이념인 道(도)를 배우기 좋아하며, 아랫사람에게 묻기를 부끄러워하지 않는 好間(호문)의 태도를 견지했기 때문에 文(문)이라고 일컫는 것이라고 설명한 바 있다.

특히 好問(호문: 묻기를 좋아함)의 자세는 愼(신: 신중함)과 常(상: 변치 않고 초지일관하는 태도) 그리고 中(중: 한쪽으로 치우치지 않는 객관적인 태도)과 謙(겸: 겸손함)이라는 道(도)의 네 가지 구성요소를 포함하는 것이라고도 했다.

또 14-13에서 이미 언급한 바 있듯이, 공숙문자가 죽자 그의 아들 戌(수)가 임금에게 부친의 謚號(시호)를 내려달라고 청했다. 그러자 임금은 "위나라에 흉년이 들었을 때 죽을 쒀서 굶주린 이에게 주었으니, 惠(혜: 은혜로움)이요. 위나라에 어려움이 있었을 때 죽음을 무릅쓰고 과인을 호위했으니, 貞(정: 곧음)이요. 위나라의 정치를 맡아서 사직을 욕되게 하지 않았으니, 文(문: 빛남)이로다. 따라서 시호를 貞惠文子(정혜문자)라고 하겠다"라고 했다는 기록이 〔禮記(예기)〕〈檀弓下(단궁하)〉에 남아있다. 여기에 더하여 대부 선이 비록 자기의 아랫사람이지만 그의 능력을 인정하여 자기와 같은 公(공)의 지위로 승격시켰으니, 이는 결코 아무나 할 수 있는 일이 아닌 것이다.

공숙문자와 공문자는 모두 衛(위)나라 대부를 지냈기 때문에, 이 두 인물이 사실 동일인물이라는 설이 있다. 하지만 공숙문자는 襄公(양공) 29년 즉 공자가 8세일 때 이미 정치적으로 활동했던 인물인 반면, 공문자는 哀公(애공) 11년 즉 공자가 68세일 때 大叔疾(대숙질)을 공격하기 위해 공자에게 계책을 물은 적이 있다. 따라서 이 둘은 전혀 다른 인물인 것이다. 그럼에도 불구하고 이들이 죽어서 하나같이 文(문)의 시호를 받을 수 있었던 이유에 대해서, 공자는 두 사람의 언행들이 이처럼 文(문) 즉 〔詩經(시경)〕이나 〔尙書(상서)〕 등 옛 전적들에 기록된 성현들의 말씀 및 업적들의 구체적인 내용들에 부합되었기 때문이라고 거듭 설명하고 있는 것이다.

14-19: 子言衛靈公之無道也。康子曰："夫如是，奚
而不喪？"孔子曰："仲叔圉治賓客，祝駝治
宗廟，王孫賈治軍旅。夫如是，奚其喪？"
子言衛靈公之無道也。康子曰："夫如是，奚
而不喪？"孔子曰："□□□治□□，□□治
□□，□□□治□□。夫如是，奚其喪？"

【문답법, 대유법, 설의법, 대구법, 열거법】
공자가 위나라 영공의 무도함에 대해 말씀하셨다. (계)강자가
말하기를: "무릇 이와 같은데, 어찌 망하지 않소?" 공자가
이르시기를: "중숙어가 빈객을 접대하고, 축타는 종묘를
맡으며, 왕손가는 군대를 맡고 있습니다. 무릇 이와 같은데,
어찌 망하겠습니까?"

*중숙어는 5-14에서, 축타는 6-14에서 그리고 왕손가는 3-13에서
설명했던 인물이다. 이들 각각은 모두 정치에서 나름대로 업적들을
세웠지만, 또 그만큼 군자답지 못한 면모를 보였다. 그럼에도 불구하
고 세 인물들이 모두 각자의 자리에서 능력을 발휘하고 있기 때문에
위나라가 존속할 수 있다고 말하니, 공자는 여기서 다시 한 번 정치
하는 이를 聖人(성인: 대동사회의 지도자) - 君子(군자: 소강사회의 지도자) -
器(기: 전문가)의 순서로 서열화하고 있는 것이다.
　　좀 더 구체적으로 말해서 군자가 반드시 실무를 담당하는 뛰어난
전문가는 아니듯, 실무를 담당하는 뛰어난 전문가가 반드시 군자는
아님을 설명하고 있는 것이니, 공자의 이러한 인재선발에 대한 가치

관은 14-8의 "(정나라의) 규정을 만드는데, 비심이 처음 만들고, 세숙이 연구하고 문제 삼았으며, 행인 자우가 다듬어 꾸몄고, 동리에 사는 자산이 매만져 곱게 했다" 및 14-11의 "맹공작이 조나라와 위나라의 장로가 되기에는, 곧 넉넉하다. (하지만) 등나라와 설나라의 대부는 될 수 없다"는 말에서도 확연히 드러난다.

14-20: 子曰: "其言之不怍, 則爲之也難。"

공자가 이르시기를: "말하는 것을 부끄러워하지 않으면, 곧 행하기 어렵다."

*여기서 공자는 지도자가 갖춰야 할 道(도)의 구성요소 중 하나인 不言(불언: 말을 신중하게 하는 것)을 다시 한 번 강조하고 있다.

14-21: 陳成子弑簡公。孔子沐浴而朝, 告於哀公
　　　 曰：“陳恒弑其君, 請討之！” 公曰：“告夫三
　　　 子。” 孔子曰：“以吾從大夫之後, 不敢不告
　　　 也。君曰：‘告夫三子者。’” 之三子告, 不可。
　　　 孔子曰：“以吾從大夫之後, 不敢不告也。”

(제나라 대부인) 진성자가 (임금인) 간공을 시해했다. 공자가
목욕하고 (임금을) 배알했다. 애공에게 알려서 이르시기를:
"진항이 그 임금을 시해했으니, 청컨대 그를 토벌하십시오."
(애)공이 말하기를: "저 세 사람(맹손씨, 숙손씨, 계손씨)에게
말하라." 공자가 이르시기를: "나는 대부의 뒤(말석)를 따랐기
때문에 (하대부를 지냈기 때문에), 감히 알리지 않을 수 없다. 임금께서
이르시기를: '저 세 사람에게 말하라'고 하시는군." (하지만) 세
사람에게 가서 알리니, 안된다고 했다. 공자가 이르시기를:
"나는 대부의 말석을 따랐기 때문에, 감히 알리지 않을 수 없는
것이다."

　*진성자는 姓(성)이 田(전)씨였기 때문에 田成子(전성자) 혹은 田常
(전상)이라고 불리기도 한다. 또 陳恒(진항)이라고도 불리기도 했는데,
14-4에서 이미 간략하게 언급한 바 있듯이 그는 齊(제)나라 대부였다.
공자의 제자 재아는 그와 역모를 함께 꾀했다가 결국 멸족의 화를 당
하게 되니, 공자는 이를 두고두고 부끄러워했다고 한다.
　*필자는 14-4의 "용기가 있는 사람이 반드시 어진 것은 아니다"라
는 말의 함의를 풀이할 때, 〔史記(사기)〕〈齊太公世家(제태공세가)〉의
기록을 빌어 본문의 상황을 설명한 바 있다. 즉 齊(제)나라 簡公(간공)

이 田常(전상)과 闞止(감지)를 각각 左相(좌상)과 右相(우상)에 앉혔지만 감지만을 총애했고, 그런 감지는 전상의 세력이 컸기 때문에 간공의 지지 속에서 호시탐탐 그를 제거하려 했는데, 이 일은 실패로 돌아가고 오히려 감지와 간공은 전상에게 죽임을 당한 것이다. 따라서 공자는 하극상에 격노하여 애공을 찾아가 전상을 치라고 요청한 것이니, 이는 不仁(불인)한 것으로 자칫 공자의 노나라에까지 영향을 줄 수도 있기 때문이었다. 다시 말해서 당시 노나라의 애공은 11-23의 상황처럼 三桓(삼환: 맹손, 숙손, 계손씨)에 의해 조종당하고 있었으므로, 공자는 제나라의 상황을 방관한다면 노나라 역시 같은 처지가 될까봐 본보기를 보여 삼환을 경계해야한다고 생각했던 것이다.

주지하다시피 공자는 周公(주공)을 가장 존경했는데, 그 이유가 노나라는 주공의 아들 伯禽(백금)이 처음 봉해져서 제정한 예악제도를 계승한 나라였기 때문이다. 즉 주공은 노나라의 始祖(시조)였고 그런 주공이 宗法制度(종법제도)를 확립했으니, 공자에게 있어서 "세상에는 하늘이 준 서열이 존재하고, 또 그 서열은 보호되어야 한다"는 개념은 너무나도 당연한 것이었으리라.

아울러 13-29에서 공자는 근본적으로 무력과 전쟁을 반대했지만, 상대방이 無道(무도)하거나 쳐들어오는 등의 피치 못할 상황에서는 결국 무력으로 응해야 했을 것이라고 언급한 바 있는데, 바로 본문이 대표적으로 이러한 상황에 속하는 경우일 것이다.

*그렇다면, 공자는 왜 두 번이나 "나는 대부의 말석을 따랐기 때문에, 감히 알리지 않을 수 없는 것이다"라고 말한 것일까? 〔史記(사기)〕 〈孔子世家(공자세가)〉에 의하면, 정공 14년 공자는 56세의 나이로 大司寇(대사구: 형조판서)에서 대부로 승진한다. 즉 처음에는 대부를 지냈던 신분으로서 임금에게 마땅히 해야 할 도리를 간언한 것이 仁(인)

을 실천하는 것이라는 의미에서 말한 것이고, 두 번째는 임금의 명령이기도 하거니와 대부의 상관인 卿(경)에게 보고하는 것이 仁(인)을 실천하는 것이라는 의미에서 말한 것임을 알 수 있다.

　*이 사건은 〔左傳(좌전)〕〈哀公(애공)14년〉에 기록되어 있으므로, 본문은 공자가 71세 때 발생한 일임을 알 수 있다.

14-22: 子路問事君。子曰: "勿欺也而犯之。"

　자로가 임금을 섬기는 것에 대해 물었다. 공자가 이르시기를: "속이지 말고 거스르는 것이다(충언으로 간하는 것이다)."

　*자로가 어떻게 임금을 섬겨야 하는지를 물은 것은, 다름 아닌 어떻게 仁(인)을 행해야 하는지를 물은 것이다. 이에 공자는 속이지 말고 충언으로 간하는 것이라고 대답하고 있으니, 이는 4-18의 "부모님을 섬김은, 노여움을 사지 않도록 조용하고도 공손하게 간하고, 자식의 뜻을 드러내도 따르지 않으시면, 더욱 공경하여 부모님의 뜻을 어기지 않는 것이니, 이러한 모습이 수고롭지만 부모님을 원망하지는 않는 것이다"라는 말과 연결해서 이해해야 한다. 다시 말해서 仁(인)은 孝(효)의 사회적 확장 형태이기 때문에, 이 말은 "임금을 섬김에 있어서는 노여움을 사지 않도록 조용하고도 공손하게 간하고, 신하의 뜻을 드러내도 따르지 않으시면, 더욱 공경하여 임금의 뜻을 어기지 않는 것이니, 이러한 모습이 수고롭지만 임금을 원망하지는 않는 것이다"라는 의미로 확대해석해야 한다는 것이다.

이 말은 결국 임금의 판단이 올바르지 않을 경우에는 임금의 뜻을 거스르는 한이 있더라도 반드시 충언을 하여 알려야 한다는 것으로, 만약 그렇지 못하면 임금을 기만하여 아부하는 것에 불과하다는 말이 된다. 하지만 아무리 충언을 올려도 임금이 듣지 않으면 더욱 공경하여 임금의 뜻에 따라야 하니, 공자의 이러한 가치관은 바로 위의 14-21에서도 여실히 드러난다.

14-23: 子曰: "君子上達, 小人下達."
子曰: "□□□達, □□□達."

【대구법(형식), 대조법(내용)】

공자가 이르시기를: "군자는 (도와 덕을 수양함으로써) 위로 통달하고, 소인배는 (재물과 이익을 추구함으로써) 아래로 통달한다."

*군자는 道(도)를 배우고 부단히 노력하여 실천하는 올바른 지도자이고, 소인은 道(도)를 따르지 않고 사사로운 이익만을 탐하는 올바르지 못한 人格(인격)의 소인배이다. 즉 공자는 여기서 재물과 이익이라는 것이 道(도)와 상반된, 즉 아래에 있는 하찮은 것이라고 말하고 있다.

14-24: 子曰: "古之學者爲己, 今之學者爲人。"
子曰: "□之學者爲□, □之學者爲□。"

【대구법, 미화법】

공자가 이르시기를: "옛날의 (성인의 도를) 배우는 이는 자신을
위하였는데(자신의 내적성찰과 수양을 위해서 힘썼는데), 지금의 배우는
이는 남을 위하는구나(남에게 잘 보이기 위해서 힘쓰는구나)."

*이와 관련하여, 먼저 다음의 기록을 살펴보자.

天命之謂性, 率性之謂道, 修道之謂敎。道也者, 不可須臾離也, 可
離, 非道也。是故君子, 戒愼乎其所不睹, 恐懼乎其所不聞。莫見乎
隱, 莫顯乎微, 故君子愼其獨也。

하늘이 명한 것을 성이라 하고, 성을 따르는 것을 도(道)라 하며, 도
를 닦는 것을 교라고 한다. 도라는 것은, 잠시도 떠날 수 없는 것이
니, 떠날 수 있다면, 도가 아니다. 이 때문에 군자는, 보이지 않는
바를 조심하고 삼가며, 들리지 않는 바를 두려워한다. 숨기는 것보
다 더 드러나는 것이 없고, 미세한 것보다 더 잘 나타나는 것이 없
으니, 따라서 군자는 그 홀로 있음을 삼가는 것이다.

〔禮記(예기)〕〈中庸(중용)〉

옛날의 배우는 이는 聖人君子(성인군자)를 가리킨다. 이들은 남들
이 자기를 알아주기를 바라기보다, 부단히 실천함으로써 자신의 허
물을 고치고 德(덕)을 닦는데 힘썼다. 따라서 당시의 군자인 척 하는

이들은 이미 오늘날과 마찬가지로 오로지 남에게 잘 보이기 위해서 시늉만 낼 뿐, 혼자 있을 때는 그 본색을 드러냈음을 확연히 알 수 있다. 이는 1-1의 "사람이 알아주지 않아도, 원망하거나 성내지 않으면, 또한 군자가 아니겠는가?", 1-16의 "다른 이가 자기를 알아주지 않는다고 걱정하지 않고, 다른 이를 알아주지 못함을 걱정하는 것이다", 4-14의 "지위가 없음을 걱정하지 않고, 확고히 할 수 있는 바를 걱정하는 것이다. 자기를 알아주지 않음을 걱정하지 않고, 드러낼 수 있도록 행함을 구하는 것이다", 14-31의 "남이 자기를 알지 못한다고 근심하는 것이 아니라, 재능이 있지 못함을 근심한다" 및 15-19의 "군자는, 무능함을 걱정하지, 남이 자기를 알아주지 않는 것을 걱정하지 않는다"라는 말들과 함께 엮어서 이해할 수 있다.

14-25: 蘧伯玉使人於孔子。孔子與之坐而問焉,
曰:"夫子何爲?"對曰:"夫子欲寡其過而未
能也。"使者出, 子曰:"使乎, 使乎!"

【문답법, 영탄법】

거백옥이 공자에게 使者(사자)를 보냈다. 공자가 그와 더불어 앉아 물으시기를: "선생은 어찌 지내시는가?" (사자가) 대답하기를: "선생께서는 과오를 적게 하려고 하나 그러하지 못하십니다." 사자가 나가자, 공자가 이르시기를: "(훌륭한) 사자로다. (훌륭한) 사자로다!"

*거백옥의 본명은 蘧瑗(거원)이고 字(자)가 백옥인데, 衛(위)나라

대부를 지냈다. 〔左傳(좌전)〕〈襄公(양공) 29년〉에 吳(오)나라 公子(공자) 季札(계찰)이 위나라를 방문하여 거백옥 등의 인물들을 만나보고는, 위나라에는 군자가 많아서 나라에 환난이 생기지 않을 것이라고 말했다는 기록이 있다. 또 〔禮記(예기)〕〈檀弓上(단궁상)〉에는, 公叔文子(공숙문자)가 瑕丘(하구)에 올라가 "참으로 좋으니, 내가 죽게 되면 여기에 묻히기를 바란다"라고 하자, 함께 있던 蘧伯玉(거백옥)이 "그렇게 좋다고 하니, 나는 그대보다 먼저 (묻히기를) 청하겠네"라고 말했다는 기록이 있는데, 이를 통해서 두 사람의 사이가 남달랐음을 엿볼 수 있다.

  *〔史記(사기)〕〈仲尼弟子列傳(중니제자열전)〉에 따르면, 공자가 존경했던 인물 중 하나가 바로 위나라의 거백옥이었다고 한다. 본문을 살펴보면 알 수 있듯이, 거백옥은 道(도)의 중요한 구성요소 중 하나인 改過勿吝(개과물린: 허물을 고치는데 인색치 마라)과 過則勿改憚(과즉물개탄: 허물이 있으면 곧 고치기를 거리끼지 마라)의 자세를 몸소 실천했던 인물이다. 또 거백옥의 사자로 온 사람 역시 거백옥의 인물됨을 잘 이해한 인물이었기 때문에, 칭찬을 아끼지 않은 것임을 알 수 있다.

  그런데 여기서 한 가지 짚고 넘어가야 한 점이 있으니, 〔左傳(좌전)〕의 두 기록을 살펴볼 필요가 있다. 〈襄公(양공) 14년〉에 따르면, 衛(위)나라 孫文子(손문자)는 獻公(헌공)이 포악하여 나라를 망치려 한다며 거백옥을 찾아가 상의했다. 그러자 거백옥은 "어찌 신하가 임금에게 무례할 수 있겠습니까? 또 새로운 임금을 세운다고 해서, 지금의 임금보다 낫다는 보장이 있습니까?"라고 말하고는, 그 길로 국경을 벗어났다고 한다. 또 〈襄公(양공) 26년〉에 따르면, 孫文子(손문자)에 의해 위나라에서 쫓겨나 齊(제)나라에 머무르던 헌공은, 동생인 子鮮(자선)을 불러 자기가 다시 귀국할 수 있도록 도와달라고 했다. 이에 자선은 甯喜(영희)에게 말하기를, "만약 임금이 귀국하게 된다면 그대가 국정을 맡고, 나는 제사만 맡겠소"라고 하여 도움을 청했다. 영희가 이 말을 다시 거백옥에게 전하자, 거백옥은 "저는 임금이 나가신 것을 들은 적이 없으니, 어찌 들어오시는 것을 들을 수 있겠소?"라고 대답하고는 그 길로 국경을 벗어났다고 한다.

이제 상술한 내용을 정리해보면, 거백옥이 처음 손문자의 제안에 거절한 것은 仁(인)을 다한 행동이라고 할 수 있다. 하지만 두 번째 영희의 제안에 거절한 것은 어떻게 해석해야 할까? 본래 자기가 섬기던 헌공이 다시 왕위를 되찾으려하자, 뜻밖에도 거백옥은 그 제안을 거절하고 국경을 벗어났으니, 이는 仁(인)에 위배되는 것이 아니겠는가?

바로 여기서 14-16과 14-17에서 언급했던 내용이 이 문제를 푸는 열쇠가 되니, 즉 공자에게 있어서 仁(인: 자기의 임금을 진심으로 따르고 섬김)의 최종목표는 임금이 아닌 바로 나라와 백성들을 평안하게 하는 데 있는 것이다. 좀 더 구체적으로 말해서, 임금을 진심으로 따르고 섬기는 가장 중요한 목표는 나라와 백성들을 안정시키는데 있다는 말이다. 따라서 거백옥은 헌공이 다시 임금의 자리를 되찾으려고 하면 결국 무력을 행사해야 하고, 그렇게 되면 위나라가 혼란에 빠질 것이기 때문에 국경을 벗어났던 것임을 알 수 있다. 그러므로 공자는 15-7에서 "군자로다, 거백옥이여! 나라에 도가 있으면, 곧 벼슬을 하고; 나라에 도가 없으면, 곧 거두어 품는구나"라고 말하여, 거백옥을 칭찬한 것이다. 이제 공자가 왜 그토록 거백옥을 존경했는지 이해할 수 있으니, 두 사람의 仁(인)에 대한 가치관과 언행은 완벽하게 일치하고 있다.

*[史記(사기)] 〈孔子世家(공자세가)〉에 따르면, 대략 57세에 匡(광)

지역에서 벗어난 공자는 蒲(포) 지역에서 한 달 정도 머무르다가, 다시 衛(위)나라로 돌아와 거백옥의 집에 머물렀다. 그리고 대략 60세에 위나라 영공에게 실망하여 晉(진)나라의 卿(경) 趙簡子(조간자)를 찾아갔다가, 다시 위나라로 돌아와 거백옥의 집에 또 머물렀다. 따라서 본문이 이 두 기간 이전이나 그 사이의 일인지, 아니면 공자가 노나라로 돌아온 68세 이후인지는 명확하게 알 수 없다.

14-26: 子曰:"不在其位, 不謀其政。"
子曰:"不□其□, 不□其□。"

【대구법】
공자가 이르시기를: "그 자리에 있지 않으면, 그 직무를 논하지 않는다."

*이 문장은 8-15에도 나오는데, 그 뜻을 바꿔 말하면 "그 자리에 있으면, 반드시 그 직무를 논해야 한다"라는 뜻이니, 구체적인 함의에 대해서는 다음의 기록을 살펴보자.

君子有五恥。居其位無其言, 君子恥之。有其言無其行, 君子恥之。旣得之而又失之, 君子恥之。地有餘而民不足, 君子恥之。衆寡均而倍焉, 君子恥之。
군자는 다섯 가지 수치스러움이 있다 그 자리에 있으면서 그 (자리에 대한) 견해가 없으면, 군자는 그것을 수치스러워한다. 그 (자리에 대한) 견해가 있어도, 그것을 행하지 못하면, 군자는 그것을 수치스러워한다. 이미 이것을 이뤘다가도 또 그것을 잃으면, 군자는 그것을 수치스러워한다. 땅이 남음이 있지만 백성들이 부족해하면, 군자는 그것을 수치스러워한다. 많음과 적음을 비교했는데 (어느 한 쪽을) 더 많게 하면, 군자는 그것을 수치스러워한다.

〔禮記(예기)〕〈雜記下(잡기하)〉

따라서 본문의 主語(주어)는 당연히 "군자"가 되어야 한다. 그렇다면 위 〔예기〕의 기록은 또 어떤 함의를 지니고 있을까? 이제 다음의 기록을 살펴보면, 그 뜻을 명확하게 이해할 수 있을 것이다.

帝舜謂禹曰: "女亦昌言。" 禹拜曰: "於, 予何言! 予思日孶孶。" 皐陶難禹曰: "何謂孶孶?" 禹曰: "(생략) 與益予衆庶稻鮮食。(생략) 與稷予衆庶難得之食。食少, 調有餘補不足, 徙居。衆民乃定, 萬國爲治。" 皐陶曰: "然, 此而美也。"

순임금이 우에게 말했다: "그대 또한 덕이 있는 말을 해보시오." 우가 절하여 답했다: "아! 제가 어찌 말하겠습니까! 저는 하루 종일 부지런함을 생각하고 있습니다." 고요가 삼가 우에게 말했다: "무엇을 부지런하다고 일컫습니까?" 우가 말했다: "(생략) 직과 더불어 백성들에게 구하기 어려운 음식을 주고, 음식이 모자라면, 남음이 있는 것을 옮겨 부족함을 보충해주었으며, 옮겨 살게 했습니다. 백성들이 이에 안정되고 ,온 나라가 다스려졌습니다." 고요가 말했다: "그렇습니다. 이는 훌륭합니다." 〔史記(사기)〕〈夏本紀(하본기)〉

순임금이 우에게 직책을 맡기고 그 직책에서 마땅히 해야 할 바가 무엇인지 견해를 밝히라고 하자, 우는 백성들을 다스리는 직책은 마땅히 백성들을 위해서 하루 종일 부지런해야 한다는 견해를 밝혔다. 이는 "그 자리에 있으면서 그 견해가 없으면, 군자는 그것을 수치스러워한다"는 뜻이 아니겠는가? 고요가 그 말이 무슨 뜻인지 묻자, 우는 직과 더불어 백성들에게 구하기 어려운 음식을 주고, 음식이 모자라면, 남음이 있는 것을 옮겨 부족함을 보충해주었으며, 옮겨 살게 했다고 대답했다. 이는 "그 견해가 있어도, 그것을 행하지 못하면, 군자는 그것을 수치스러워한다. 땅이 남음이 있지만 백성들이 부족해하면, 군자는 그것을 수치스러워한다. 많음과 적음을 비교했는데 어느 한 쪽을 더 많게 하면, 군자는 그것을 수치스러워한다"는 뜻이 아니겠는가? 우는 그렇게 함으로써 나라와 백성들이 안정되었다고 말했다. 이는 "이미 이것을 이뤘다가도 또 그것을 잃으면, 군자는 그것을 수치스러워한다"는 뜻이 아니겠는가?

14-27: 曾子曰: "君子, 思不出其位。"

증자가 말하기를: "군자는, 그 자리를 벗어나지 않음을 생각한다."

*이는 道(도)를 배우고 부단히 노력하여 실천하는 올바른 지도자는 安分知足(안분지족) 즉 자기 분수에 만족하여 다른 곳에 마음을 두지 않아야 함을 밝히는 것이니, 대표적인 예로 6-9의 "현명하구나, 안회여. 대나무 그릇의 밥, 표주박의 물, 누추하고 좁은 마을에 기거함,

사람들은 그 고통을 견디지 못한다. 안회는, 그 즐거움을 고치지 않으니, 현명하구나, 안회여"라는 표현을 들어, 그 뜻을 다시금 음미해볼 수 있다. 이와 관련하여 다음의 기록을 제시하니, 함께 엮어서 이해할 수 있다.

> 君子, 素其位而行, 不願乎其外; 素富貴, 行乎富貴; 素貧賤, 行乎貧賤; 素夷狄, 行乎夷狄; 素患難, 行乎患難。君子, 無入而不自得焉。
> 군자는, 그 자리를 바탕으로 하여 보고, 그 밖의 것을 부러워하지 않는다. 부귀함을 바탕으로 하면, 부귀함을 보고; 빈천함을 바탕으로 하면, 빈천함을 보며; 오랑캐를 바탕으로 하면, 오랑캐를 보고; 근심과 걱정을 바탕으로 하면, 근심과 걱정을 보는 것이다. 군자는, (어떤 상황에) 들어가면 스스로 만족하지 않음이 없다.
>
> 〔禮記(예기)〕〈中庸(중용)〉

14-28: 子曰: "君子恥其言而過其行。"

공자가 이르시기를: "군자는 말하는 것이 실천하는 것보다 지나침을 부끄러워한다."

*공자는 4-22에서 "옛사람이, 말을 내지 않는 것은, 몸이 미치지 못함을 부끄러워 한 것이다"라고 말한 바 있다. 이는 道(도)의 중요한 구성요소 중 하나인 不言(불언: 함부로 말을 내뱉지 않음)을 뜻하는 것이니, 공자는 여기서도 다시 한 번 信(신: 성실함)과 誠(성: 정성을 다함)을 강조하고 있음을 알 수 있다.

14-29: 子曰: "君子道者三, 我無能焉。仁者不憂,
　　　 知者不惑, 勇者不懼。" 子貢曰: "夫子自
　　　 道也。"

공자가 이르시기를: "군자의 도에는 세 가지가 있는데, 나는
행할 수 있는 것이 없다. 어진 이는 근심하지 않고, 지혜로운
이는 미혹되지 않고, 용감한 이는 두려워하지 않는다." 자공이
말하기를: "스승께서 진심으로 말씀하신 것이다."

*여기서 공자는 道(도)의 세 가지 구성요소를 구체적으로 언급하
고 있으니, 바로 仁(인: 자기의 임금을 진심으로 섬기고 따름)과 知(지: 사사로
운 이익을 탐하지 않고 오직 백성들과 나라를 위한 공익을 꾀하며, 초자연적인 힘에
의탁하지 않는 객관적인 판단력) 그리고 勇(용: 의로움을 몸으로 실천하는 것)이
다. 특히 勇(용)은 이미 앞에서 언급한 바 있듯이, 義(의: 계급상의 서열
을 명확하게 하고 그 서열에서 마땅히 지켜야 할 바를 목숨을 걸고 지키는 것)와 불
가분의 관계에 있음에 유의한다.

　그렇다면 공자는 왜 이 세 가지 중에서 행할 수 있는 것이 하나도
없다고 말한 것일까? 12-4에서 사마우가 군자란 어떤 인물인지 묻
자, 공자는 "군자는 근심하지 않고 두려워하지 않는다. 안으로 성찰
하여 부끄러움이 없는데 어찌 근심하고 두려워하겠는가?"라고 대답
했다. 이는 항상 스스로를 성찰하여 허물을 고치려고 노력하며 성인
의 道(도)를 배우는 군자는 근심하거나 두려워함이 없다는 뜻이니,
이와 관련하여 다음의 기록들을 살펴보자.

三旬, 苗民逆命。益贊于禹曰: "惟德動天, 無遠弗屈。滿招損, 謙受益, 時乃天道。帝初于歷山, 往于田, 日號泣于旻天, 于父母, 負罪引慝。祗載見瞽瞍, 夔夔齋栗, 瞽亦允若。至誠感神, 矧茲有苗。" 禹拜昌言曰: "俞!" 班師振旅。帝乃誕敷文德, 舞干羽于兩階, 七旬, 有苗格。

삼십 일 동안, 묘족이 명을 거역했다. 익이 우를 도와 말했다: "오직 덕만이 하늘을 움직이니, 먼 곳이라도 굴복합니다. <u>자만은 손해를 부르고, 겸손은 이익을 받으니, 늘 이와 같은 하늘의 도리입니다.</u> (순)임금께서는 처음 역산에서, 밭에 나가셨을 때, 매일 하늘과 부모에게 울부짖으시며, 죄를 스스로 짊어지고 사특함을 이끌었습니다(모든 죄를 자기 탓으로 돌렸습니다). 고수를 공경하여 받들고, 조심하고 재계하여 삼가시니, 고수 역시 진실로 따르게 되었습니다. 지극한 정성은 귀신을 감동시키니, 하물며 이 묘족이야." 우는 훌륭한 말에 절하며 말했다: "그렇습니다!" 군사를 돌려 제사를 바로잡았다. (순)임금은 이에 위엄과 덕망을 넓게 펴고, 두 섬돌에서 방패춤(武舞)과 깃털춤(文舞)을 추시니, 칠십 일이 지나, 묘족들이 감복했다. 　　　　　　　　　　〔尙書(상서)〕〈大禹謨(대우모)〉

佑賢輔德, 顯忠遂良, 兼弱攻昧, 取亂侮亡, 推亡固存, 邦乃其昌。德日新, 萬邦惟懷, 志自滿, 九族乃離, 王懋昭大德, 建中于民。以義制事, 以禮制心, 垂裕後昆。予聞曰, 能自得師者王, 謂人莫己若者亡, 好問則裕, 自用則小。嗚呼! 愼厥終, 惟其始, 殖有禮, 覆昏暴。欽崇天道, 永保天命。

현명한 이를 돕고 덕이 있는 이를 도우며, 충성스러운 이를 드러내고 어진 이를 이루게 하며, 약한 이는 포용하고 어리석은 이는 책망하며, 어지러운 이를 돕고 망하는 이를 업신여기며, 없애야 할 것을 밀어내고 존재해야 할 것을 튼튼히 하면, 나라가 이에 번창합니다. 덕이 날로 새로워지면, 만방이 그리워하고, 마음이 자만하면, 구족이 이에 떠날 것이니, 임금께서는 힘써 큰 덕을 밝혀, 백성들에게 중을 세워야 합니다. 의로 일을 바로잡고 예로 마음을 바로잡으면, 후대 자손들에게 넉넉함을 드리울 것입니다. 제가 들으니, 능히 스스로 스승을 얻으면 왕이 되고, 남들이 자기만 못하다고 말하는 자는 망하며, 묻기를 좋아하면 넉넉해지고, 자기 것만 쓰면 작아진다고 합니다. 아! 그 끝을 삼가려면 그 시작을 생각해야 하니, 예가 있으면 키우고, 어둡고 포악하면 엎으십시오. 하늘의 도를 삼가 공경해야, 하늘의 도를 영구히 보존할 것입니다.

〔尙書(상서)〕〈仲虺之誥(중훼지고)〉

즉 공자의 말은 愼(신: 신중함)과 常(상: 변치 않고 초지일관하는 태도) 그리고 中(중: 공정하고도 객관적인 태도)과 謙(겸: 겸손함)이 포함된 의미로 이해해야 한다. 따라서 공자는 仁(인) 知(지) 勇(용)과 더불어서, 사실상 道(도)의 또 다른 네 가지 중요요소인 愼(신) 常(상) 中(중) 謙(겸)까지도 설명하고 있는 것이다. 이제 상술한 내용을 바탕으로 다시 공자의 행할 수 있는 것이 하나도 없다는 말뜻을 음미해보면, 공자 역시 자만하지 않고 삼가여 부단히 노력하는 자세를 견지하고 있다는 것을 밝히고 있음을 알 수 있다.

14-30: 子貢方人。子曰: "賜也, 賢乎哉?" 夫我, 則
不暇。"

【설의법】

자공이 사람들을 비교하여 평가했다. 공자가 이르시기를:
"사는, 현명한가?(그럴 시간이 있는가?) 나는, 곧 (성인의 도를 따르고
실천하느라 그럴) 겨를이 없다."

*이는 위와 마찬가지로, 공자가 자만하지 않고 삼가여 부단히 자
신을 닦는데 노력하고 있음을 나타내고 있다. 또한 자공의 이렇듯 곧
잘 사람들을 비교하여 평가하는 버릇은 11-15에서 확인할 수 있으니,
참고하기로 한다.

14-31: 子曰: "不患人之不己知, 患其不能也。"

공자가 이르시기를: "남이 자기를 알지 못한다고 근심하는 것이
아니라, 재능이 있지 못함을 근심한다."

*이 역시 위와 마찬가지로 삼가여 부단히 자신을 갈고닦는데 심
혈을 기울여야 함을 강조하고 있으니, 1-1의 "사람이 알아주지 않아
도, 원망하거나 성내지 않으면, 또한 군자가 아니겠는가?", 1-16의
"다른 이가 자기를 알아주지 않는다고 걱정하지 않고, 다른 이를 알

아주지 못함을 걱정하는 것이다", 4-14의 "지위가 없음을 걱정하지 않고, 확고히 할 수 있는 바를 걱정하는 것이다. 자기를 알아주지 않음을 걱정하지 않고, 드러낼 수 있도록 행함을 구하는 것이다", 14-24의 "옛날의 배우는 이는 자신을 위하였는데, 지금의 배우는 이는 남을 위하는구나" 및 15-19의 "군자는, 무능함을 걱정하지, 남이 자기를 알아주지 않는 것을 걱정하지 않는다"라는 말들과 함께 엮어서 이해할 수 있다.

14-32: 子曰: "不逆詐, 不億不信。抑亦先覺者, 是賢乎!"

공자가 이르시기를: "(남이 나를) 속일까 생각하지 않고, (남이 나를) 믿지 않을까 추측하지 말아야 할 것이다. (하지만) 삼가여 역시 먼저 (이러한 것을) 깨닫는 사람, 이는 현명하도다!"

*11-15에서 賢(현: 현명함)이란 禮(예)로 이성과 감성을 조율하여 中(중: 공정하고도 객관적인 태도)과 和(화: 조화로움)로 이르게 하는 것이라고 말한 바 있다. 따라서 본문은 이성과 감성을 조율하여 공정하고도 객관적인 태도를 유지하면, 사전에 상황을 명확하게 인지하여 파악할 수 있다고 설명하는 것이다.

14-33: 微生畝謂孔子曰: "丘何爲是栖栖者與? 無乃爲佞乎?" 孔子曰: "非敢爲佞也, 疾[7]固[8]也。"

【문답법】

미생묘가 공자에게 말하기를: "구(공자)는 어찌 이리 바쁜 모양인가(도처로 다니는가)? 사람들을 흘려서 아부하는 것이 아닌가?" 공자가 이르시기를 "감히 사람들을 흘려서 아부하는 것이 아니라, 있는 힘을 다해서 (세상을) 안정시키려는 것이다."

*미생묘가 누구인지는 알 수 없다. 다만 본문을 통해서, 세상을 피해 사는 隱士(은사)였을 것이라고 추측할 뿐이다. 또한 이 미생묘가 노나라 사람이라고도 하는데, 본문의 내용을 보면 공자가 전국을 周遊(주유)하며 유세하는 것을 비판한 것이므로, 이러한 주장 역시 뚜렷한 근거는 없어 보인다.

*56세에 대부를 맡고 있던 공자는 노나라의 道(도)가 땅에 떨어지자 미련 없이 떠나게 되는데, 그 상세한 이유에 대해서는 18-4를 참고하기로 한다. 따라서 공자가 각지를 돌아다니며 유세하는 모습을 보고 그가 아부하여 벼슬을 구하려 한다고 판단한 미생묘의 생각은, 분명 색안경을 끼고 본 선입관인 것이다.

그렇다면 미생묘 아니 당시 상당수의 은사들은 왜 이처럼 세상을 피하려 한 것일까? 이와 관련하여, 먼저 다음의 기록을 살펴보자.

---

7) 疾(질): 있는 힘을 다하다, 진력하다.
8) 固(고): 안정시키다.

是故居上不驕, 爲下不倍, 國有道, 其言足以興, 國無道, 其默足以容。

이 때문에 위에 있어도 교만하지 않고, 아래가 되어도 등지지 않는다. 나라에 도가 있으면, 그 말은 족히 흥하고, 나라에 도가 없으면, 그 침묵은 족히 용납된다.　　　　　　〔禮記(예기)〕〈中庸(중용)〉

즉 〔노자의 재구성〕에서도 언급한 바 있듯이[9], 당시에는 나라에 道(도)가 있으면 더불어 함께하고, 道(도)가 없으면 말을 아끼고 나라를 떠나 세상을 유유히 떠도는 것이 하나의 不文律(불문율)이었던 것이니, 周(주)나라는 춘추시대와 맞물려 천자의 지위가 땅에 떨어지고 빈번하게 전쟁이 발생하는 등, 대단히 혼란스러운 국면이 전개되고 있었다. 이러한 상황에서 임금이 무도한데도 충언을 하게 되면, 18-1의 "미자는 떠났고, 기자는 그의 노비가 되었고, 비간은 간언을 하다가 죽었다"라는 표현처럼 오히려 자신의 안위조차 보장받지 못할 수 있기 때문에 세상을 떠났던 것이다.

이에 노자와 같은 대다수의 인물들은 당시의 불문율에 따라 나라를 떠나 세상을 떠돈 반면, 공자는 오히려 그러한 세상을 떠나지 않았거니와 심지어 적극적으로 바꾸고자 노력한 것이니, 미생묘와 같은 생각을 지닌 인물들이 공자를 오해한 것은 어쩌면 너무나도 당연한 일이었을지도 모른다. 그럼에도 불구하고 공자는 이러한 두 가지의 처세법에 대해서 18-8에서 "나는, 곧 이들과 달라서, 가함도 없고 불가함도 없다"라고 밝힌 바 있으니, 어느 것이 맞고 어느 것이 틀리다는 양분법으로 확연하게 가른 것은 아니었음을 역시 알 수 있을 것이다.

---

9)　53장 53-5(390쪽).

14-34: 子曰: "驥不稱其力, 稱其德也。"

【대유법】
공자가 이르시기를: "천리마는 그 힘을 일컫는 것이 아니라, 그 덕을 일컫는 것이다."

*본문의 천리마는 참된 지도자 즉 군자를 빗대어 표현한 것으로 이해해야 한다. 따라서 이는 4-11의 "군자는 덕을 생각하고, 소인은 땅을 생각한다"와 13-4의 "무릇 이와 같으면, 곧 주변 나라의 백성들이 자기 자식을 업고 몰려올 것이니, 어찌 스스로 농사를 짓겠는가?" 그리고 18-6의 "조수와는 함께 무리를 지을 수 없으니, 내가 이 사람의 무리와 함께하지 않으면, 누구와 함께하겠는가?" 및 18-7의 "벼슬을 하지 않는 것은, 의로운 일이 아니다. 장유유서의 예절은, 없앨 수 없는 것이니; 임금과 신하의 의를, 어찌 폐할 수 있겠는가? 자기의 몸을 깨끗이 하려다 큰 윤리를 어지럽히는 것이다. 군자가 벼슬하는 것은, 그 의를 행하는 것이다. 도가 행해지지 못함은, 이미 알고 있다"라는 말과 연계하여 그 함의를 살펴야 한다.
즉 13-4에서 구체적으로 언급했다시피, 공자는 여기서도 지도자가 禮(예)와 義(의) 그리고 信(신)을 익혀서 다스리는 소강사회의 道(도: 통치이념)를 실천하면 자기 백성들뿐만 아니라 주변 나라의 백성들조차도 먼 곳을 마다하지 않고 몰려와 섬기게 될 것이니, 힘을 쓰는 것은 아랫사람이나 하는 것이라고 역설하고 있다.

14-35: 或曰:"以德報怨, 何如?" 子曰:"何以報德?
以直報怨, 以德報德。"
或曰:"以德報怨, 何如?" 子曰:"何以報德?
以□報□, 以□報□。"

【문답법, 대구법】
어떤 이가 말하기를: "덕으로 원한을 갚으면 어떻습니까?"
공자가 이르시기를: "어떤 것으로 덕을 갚겠는가? 올바름으로
원한을 갚고, 덕으로 덕을 갚아야 한다."

*노자는 〔도덕경〕 63장의 63-1에서 "報怨以德。(원한을 갚음은 덕으로
서 한다.)"라고 말한 바 있으니, 본문에서 어떤 이는 다름 아닌 노자의
가치관에 대해서 물은 것이다. 이제 이와 관련하여 다음의 기록을 살
펴보면, 공자의 대답이 과연 어떤 의미를 함축하고 있는지 알 수 있
을 것이다.

以德報德, 則民有所勸。以怨報怨, 則民有所懲。以德報怨, 則寬身之
仁也。以怨報德, 則刑戮之民也。
"덕으로 덕을 갚으면, 곧 백성들에게 권장하는 바가 있게 된다. 원
한으로 원한을 갚으면, 곧 백성들에게 징계하는 바가 있게 된다. 덕
으로 원한을 갚으면, 곧 자기를 사랑함이 어질음에까지 영향을 미
치게 된다. 원한으로 덕을 갚으면, 곧 죄지은 사람을 죽임이 백성들
에까지 영향을 미치게 된다."   〔禮記(예기)〕〈表記(표기)〉

따라서 공자는 여기서도 以怨報德(이원보덕: 원한으로 덕을 갚는 것) 이외에는 각자 나름대로의 특성이 있다는, 비교적 유연하고도 신축적인 태도를 취하고 있음을 알 수 있다.

그런데 본문에서 공자는 원한은 올곧음으로 갚아야 한다고 했으니, 2-19에서 直(직: 올곧음)은 사사로운 정에 얽매이지 않고 공정하게 판단하는 것이라고 설명한 바 있다. 즉 이는 원한은 상황에 따라서 원한으로 갚을 수도 있고, 또 德(덕)으로 갚을 수도 있다는 말이다. 좀 더 구체적으로 말해서 원한으로 원한을 갚으면 백성들에게 징계하는 바가 있게 되고, 덕으로 원한을 갚으면 자기를 사랑함이 어질음에까지 영향을 미치게 된다는 것이니, 역시 유연하고도 신축적인 태도인 것이다. 그렇다면 공자에게 있어서, 그 상황에 따라 달리하는 판단 기준은 과연 무엇일까?

子夏問於孔子曰: "居父母之仇, 如之何?" 夫子曰: "寢苦枕干, 不仕, 弗與共天下也。 遇諸市朝, 不反兵而鬪。" 曰: "請問。 居昆弟之仇, 如之何?" 曰: "仕, 弗與共國, 銜君命而使, 雖遇之, 不鬪。" 曰: "請問。 居從父昆弟之仇, 如之何?" 曰: "不爲魁。 主人能, 則執兵而陪其後。"
자하가 공자에게 묻기를: "부모의 원수가 있으면, 어찌합니까?" 공자가 이르시기를: "괴로움으로 앓아누워 방패를 (베개 삼아) 베고, 벼슬하지 않으며, (원수와) 더불어 세상을 함께하지 않는다. 그를 저자거리나 조정에서 만나도, 무기를 되돌리지 않고 싸우는 것이다." (자하가) 말하기를: "여쭙겠습니다. 형과 아우의 원수가 있으면, 어찌합니까?" (공자가) 이르시기를: "벼슬을 함에, (원수와) 같은 나라에서 하는 것을 허락하지 않고, 임금의 명령을 받들어 사신으로 가게 되면, 비록 그와 만나도, 싸우지 않는다." (자하가) 말하기를: "여쭙겠

습니다. (아버지와 어머니의 신분이 다를 경우) 아버지의 신분에 따르는
형과 아우(이복형제)의 원수가 있으면, 어찌합니까?" (공자가) 이르시
기를: "우두머리를 행하지(먼저 나서지) 않는다. 당사자가 기량을 보
이면(복수를 하려고 나서면), 무기를 잡고 그 뒤에서 보좌한다."

〔禮記(예기)〕〈檀弓上(단궁상)〉

즉 공자는 종법제도가 정하는 신분등급에 따른 禮(예)에 따라서,
각기 달리 처신해야 한다고 말하고 있는 것이다.

14-36: 子曰: "莫我知也夫!" 子貢曰: "何爲其莫
知子也?" 子曰: "不怨天, 不尤人; 下學而上
達。知我者, 其天乎!"
子曰: "莫我知也夫!" 子貢曰: "何爲其莫知
子也?" 子曰: "不□□, 不□□; 下學而上
達。知我者, 其天乎!"

【문답법, 영탄법, 대구법】
공자가 이르시기를: "나를 알아주는 이가 없구나!" 자공이
말하길: "어찌하여 선생님을 알아주지 않는다고 하십니까?"
공자가 이르시기를: "하늘을 원망하지 않고, 사람을 탓하지
않았으며, 아래로 배워 위로 통달하였으니, 나를 알아주는 이는,
하늘이로구나!"

*공자는 1-1에서 "사람들이 알아주지 않아도, 원망하거나 성내지

않으면, 또한 군자가 아니겠는가?"라고 하였다. 따라서 본문의 이러한 한탄 섞인 목소리는 마치 세상을 원망하는 듯하여, 공자의 이중적인 모순을 드러낸 부분처럼 보일 수도 있다.

하지만 공자는 17-19에서 "하늘이 어찌 말을 하는가! 사계절이 운행되고, 만물이 생겨나는데, 하늘이 어찌 말을 하는가?"라고 말함으로써, 자기를 알아주지만 말이 없는 하늘을 원망하지 않는다고 하였다. 또 14-31에서 "남이 자기를 알지 못한다고 근심하는 것이 아니라, 재능이 있지 못함을 근심한다"고 말하여, 다른 사람을 탓하지 않는다고도 하였다. 그리고 마지막으로 14-23에서는 "군자는 위로 통달하고, 소인배는 아래로 통달한다"고 말하여, 자신이 부단히 道(도)를 향해서 위로 정진했다고 하였으니, 이는 결국 공자 자신은 하늘을 향해 한 점 부끄러움이 없이 살아왔다고 말한 것이 아니겠는가? 그러므로 그렇게 살아온 공자를 알아주는 것은, 오로지 말이 없는 하늘뿐이라고 말한 것이리라.

*[史記(사기)] 〈孔子世家(공자세가)〉에 의하면, 哀公(애공) 14년 즉 공자가 71세일 때 죽어있는 기린을 발견하고 자신이 곧 죽을 것임을 직감했다고 한다. 그리고 공자는 2년 뒤인 73세를 일기를 세상을 떠났으니, 어쩌면 본문은 하늘이 자신에게 내려준 "세상에 道(도)를 널리 전하라!"라는 사명을 더 이상 이행할 수 없음을 깨닫고 안타까워한 것은 아닐까?

14-37: 公伯寮愬子路於季孫。子服景伯, 以告曰:
　　　 "夫子, 固有惑志於公伯寮。吾力猶能肆諸
　　　 市朝。" 子曰: "道之將行也與, 命也; 道之
　　　 將廢也與, 命也。公伯寮, 其如命何?"

　　　 公伯寮愬子路於季孫。子服景伯。子服景伯, 以告曰:
　　　 "夫子, 固有惑志於公伯寮。吾力猶能肆諸市
　　　 朝。" 子曰: "道之將□也與, 命也; 道之將□
　　　 也與, 命也。公伯寮, 其如命何?"

【설의법, 대구법】

공백료가 계손씨에게 자로를 비방했다. 자복경백이, 이
때문에 (공자에게) 알려서 말하기를: "어른께서는, 분명히
현혹됨이 있어서 공백료(의 말)에 뜻을 두고 계십니다. 제 힘이
가히 (공백료를 죽여서) 시정에 늘어놓을 수 있습니다." 공자가
이르시기를: "도가 장차 행해지는 것은, 하늘의 뜻이고; 도가
장차 무너지는 것도, 하늘의 뜻이오. 공백료가, 하늘의 뜻을
어찌 할 수 있겠소?"

*〔史記(사기)〕〈仲尼弟子列傳(중니제자열전)〉에 따르면, 공백료는 공
자의 제자로서 字(자)가 子周(자주)였다고 한다. 그는 자로를 시기했
거나, 혹은 출세에 눈이 먼 인물인 듯하다.

*자복경백은 노나라 대부이다. 〔左傳(좌전)〕〈哀公(애공)〉에는 그가
관여한 일들이 비교적 상세하게 기록되어 있는데, 이 중에서 〈哀公
(애공) 12년〉의 吳(오)나라와 태재 비가 衛(위)나라 왕을 구금하자, 자
복경백이 자공을 태재 비에게 보내 설득시켰고, 이에 위나라 왕이 석

방되었다는 기록이 눈에 띈다. 하지만 그 밖에는 특별히 주목할 만한 것이 없는 것으로 보아서, 뛰어난 재능이나 훌륭한 인품을 소유한 인물은 아닌 듯하다. 또 〔國語(국어)〕〈魯語下(노어하)〉에는 閔馬父(민마보)가 자복경백이 너무 교만하다며 비웃었다는 기록이 있는데, 이를 본문과 연결해보면 자복경백은 자기가 대부라는 사실을 과시한 인물이었을 것이다.

　*본문이 말하고자 하는 바는 하늘의 뜻이 일개인에 의해 좌우되는 것이 아니라는 뜻이다. 또한 道(도)라는 것이 하늘의 뜻 다시 말해서 天性(천성)에 따라 순리대로 행하는 것이라는 말이니, 노자와 공자의 道(도: 옛 성현들의 통치이념)는 일정부분 공감대를 형성하고 있음을 다시 한 번 확인할 수 있다. 이 점에 대해서는, 추후 노자와 공자의 사상비교를 통해서 보다 구체적으로 논하기로 한다.

14-38: 子曰:"賢者辟世, 其次辟地, 其次辟色[10], 其次辟言[11]。" 子曰:"作者七人矣。"
子曰:"□□辟□, 其次辟□, 其次辟□, 其次辟□。" 子曰:"作者七人矣。"

【대구법, 열거법, 점강법】
공자가 이르시기를: "현명한 이는 세상을 피하고, 그 다음가는 자는 지역을 피하며, 그 다음가는 자는 (임금의) 얼굴빛을 피하고,

---

그 다음가는 자는 말을 피한다." 공자가 이르시기를: "(이러한 일을) 행한 자가 일곱 사람이다."

*공자는 18-8에서 "세상에 나서지 않은 사람은: 백이, 숙제, 우중, 이일, 주장, 유하혜, 소련이다"라고 언급한 바 있으니, 바로 본문의 일곱 사람은 이들을 일컫는다. 그리고 뒤이어서 "그 뜻을 낮추지 않고, 그 몸을 욕되이 하지 않은 이는, 백이와 숙제일 것이니? 유하혜와 소련을 말함에, 그 뜻을 굽히고, 몸을 욕되이 하였으나, 말이 윤리에 맞고, 행동이 생각에 맞았으니, 이러할 따름이다. 우중과 이일을 말함에, 은거하면서 말을 맘대로 했으나, 몸을 깨끗이 하고, 그침이 임시변통에 맞았다"라고 했으니, 이는 본문에서 설명한 현명한 정도의 輕重(경중)에 따른 순서일 것이다.

11-15에서 賢(현: 현명함)이란 禮(예)로 이성과 감성을 조율하여 中(중: 공정하고도 객관적인 태도)과 和(화: 조화로움)로 이르게 하는 것이라고 말한 바 있다. 또 14-32에서는 이러한 이성과 감성을 조율하여 공정하고도 객관적인 태도를 유지하면, 사전에 상황을 명확하게 인지하여 파악할 수 있다고도 설명했다. 따라서 공자는 백이와 숙제가 세상을 떠나 首陽山(수양산)으로 들어가 고사리를 캐어먹고 지내다 굶어죽었으니, 이들은 세상을 피한 것이라고 말한 것임을 알 수 있다. 그리고 우중은 각각 周(주)나라를 떠났으니, 이들은 지역을 피한 것이다.

그 다음의 경지인 얼굴빛을 피한다는 것과 말을 피한다는 것은 공자가 1-3과 5-24 그리고 17-17에서 계속해서 언급한 巧言令色(교언영색)을 지칭하니, 아첨하는 얼굴빛과 교묘하게 하는 말을 피한다는 뜻이다. 아첨하는 얼굴빛을 피한 사람이 구체적으로 누구인지는 명확하게 알 수 없는데, 다만 이일과 주장 그리고 소련이 이에 해당되는 인물일 것이라고 추측할 수는 있다. 그리고 마지막으로 말을 피한다고 했는데 이는 道(도)에 부합되지 않고 교묘하게 하는 말을 따르지 않는다는 의미로 해석해야 하니, 이에 해당하는 인물은 아마도 유하혜일 것이다. 위의 일곱 명에 대한 상세한 내용은 18-8에서 설명했으니, 함께 엮어서 이해하기 바란다.

14-39: 子路宿於石門。晨門[12]曰: "奚自?" 子路曰: "自孔氏。"曰: "是知其不可而爲之者與?"

【문답법, 설의법】
자로가 석문에서 묵었다. 문지기가 말하기를: "어디에서 왔소?" 자로가 말하기를: "공씨 쪽에서 왔습니다." (문지기가) 말하기를: "안될 줄 알고도 하려는 사람인가?"

*석문은 당시 楚(초)나라에 있었던 지역이므로, 본문은 공자와 제자들이 초나라에 머물렀을 때 발생한 일임을 알 수 있다. 14-9에서도 이미 설명했듯이 〔史記(사기)〕〈孔子世家(공자세가)〉에 따르면, 공자가 蔡(채)나라에 머문 지 3년이 되는 63세일 때 吳(오)나라가 陳(진)나라를 공격했다. 楚(초)나라는 그런 陳(진)나라를 돕기 위해서 군대를 파

---

12) 晨門(신문): 새벽에 성문을 여는 일을 맡는 문지기.

견했는데, 마침 공자가 陳(진)나라와 가까운 蔡(채)나라에 있다는 소식을 듣고는 그를 초빙했다. 이에 공자가 초나라로 가려고 하자 陳(진)나라와 蔡(채)나라 대부들이 두려워하여 공자를 포위했고, 공자 일행은 중간에서 식량까지 떨어지는 상황에 봉착했다. 다행히 자공이 초나라로 가서 이 사실을 알리자 초나라가 군대 파견하여 풀려날 수 있었고, 공자 일행은 무사히 초나라에 도착한 것이다.

　*본문의 대화를 통해서, 이 문지기는 분명 道(도)가 없어서 세상에 드러내지 않은 隱士(은사)였음이 틀림없다. 특히 "안 될 줄 알고도 하려는 사람인가?"라는 말을 통해서, 道(도)가 없으면 세상을 떠나는 것이 당시의 불문율이었을 것이라는 추측은 사실이었음이 더욱 확실해진다.

　하지만 공자는 오히려 적극적으로 세상을 바꾸고자 노력했으니, 그렇다면 그는 당시의 불문율을 반대했던 것일까? 18-8에서 "나는, 곧 이들과 달라서, 가함도 없고 불가함도 없다"라고 말했지만, 14-33에서는 "감히 사람들을 홀려서 아부하는 것이 아니라, 있는 힘을 다해서 안정시키려는 것이다"라고 말하여 자신의 의지를 강력하게 드러내고 있는 것으로 보아서, 공자에게 있어 이 문제는 맞고 틀리다는 개념이 아니라 두 가지 태도 모두 나름대로의 타당성이 있다고 본 것임을 알 수 있다.

　다만 굳이 한쪽을 선택해야 한다면, 16-11의 "은거함으로써 그 뜻을 구하고, 의로움을 행함으로써 그 도에 이른다. 나는 그런 말을 들었지만, 그런 사람을 보지 못했다"는 말과 18-7에서 "벼슬을 하지 않는 것은, 의로운 일이 아니다. 장유유서의 예절은, 없앨 수 없는 것이니; 임금과 신하의 의를, 어찌 폐할 수 있겠는가? 자기의 몸을 깨끗이 하려다 큰 윤리를 어지럽히는 것이다. 군자가 벼슬하는 것은, 그 의를 행하는 것이다. 도가 행해지지 못함은, 이미 알고 있다"라고 말한 자로가 공자의 입장을 대변한다고 할 수 있을 것이니, 결국 공자는 道(도)가 땅에 떨어져도 끝까지 세상을 포기해서는 안 된다고 외쳤던 것이다.

14-40: 子擊磬於衛。有荷蕢而過孔氏之門者, 曰: "有心哉, 擊磬乎!" 旣而曰: "鄙哉, 硜硜乎! 莫己知也, 斯已而已矣。"深, 則厲; 淺, 則揭。" 子曰: "果哉! 末之難矣!"

子擊磬於衛。有荷蕢而過孔氏之門者, 曰: "□□哉, □□乎!" 旣而曰: "□哉, □□乎! 莫己知也, 斯已而已矣。"深, 則厲; 淺, 則揭。" 子曰: "果哉! 末[13]之難[14]矣!"

【인용법, 영탄법, 대구법】

공자가 위나라에서 경쇠를 치고 있었다. 삼태기를 등에 메고 공자의 집 문을 지나던 사람이 있어, 말하기를: "마음에 뜻이 있구나, 경쇠를 치는 이여!" 이윽고 말하기를: "비속하다, 땅땅 울리는 소리여! 자기를 알아주지 않으면, 이 뿐일 따름이다. ([시경]에 이르지 않던가?:) '깊으면, 곧 의뢰하고(곧 옷을 입은 채 건너고); 얕으면, 곧 높이 들리니(걷어 올리고 건너리니)'라고." 공자가 이르시기를: "과감하구나! 나무랄 것이 없도다."

---

13) 末(말): 없다.
14) 難(난): 힐난하다, 나무라다.

*〔史記(사기)〕〈孔子世家(공자세가)〉에 의하면 공자가 陳(진)나라에서 3년 머물다가 대략 60세에 다시 衛(위)나라로 가자, 영공은 기뻐하여 교외까지 마중 나가서 공자를 반겼다고 한다. 하지만 시간이 지나면서 영공이 늙고 정사에 게을러지자 자연스레 공자를 등용하지 않게 되고, 이에 공자는 결국 위나라를 떠나게 되는데, 본문은 바로 이 시기에 발생한 일이다. 또한 이때는 17-7의 사건이 발생한 시기와 비슷하므로 함께 엮어서 이해할 수 있다.

*본문에서 "자기를 알아주지 않으면, 이 뿐일 따름이다"라고 말한 의도는 다름 아닌 세상에 道(도)가 없으면 떠나면 그 뿐이라는 뜻이니, 이를 통해서 삼태기를 등에 멘 인물 역시 14-39와 마찬가지로 道(도)가 없어서 세상에 드러내지 않은 隱士(은사)였음이 틀림없다. 또한 이를 통해서도 道(도)가 없으면 세상을 떠나는 것이 당시의 불문율이었음을 확실하게 알 수 있다.

*본문에서 인용된 것은 〔詩經(시경)〕〈邶風(패풍)·匏有苦葉(포유고엽)〉의 한 구절인데, 〔毛詩傳(모시전)〕은 이 작품의 주제를 "刺衛宣公也.(위나라 선공을 비판한 것이다.)"라고 보았으니, 이는 좀 더 구체적으로 말해서 衛(위)나라 선공이 부인 夷姜(이강)을 놔두고 아들의 여자를 차지한 일을 비난한 작품이다. 이와 관련하여서는 9-26에서 비교적 상세하게 설명했으니 참고하기로 하고, 이제 본문에서 인용한 구절이 들어있는 1장을 살펴보기로 하자.

匏有苦葉, 濟有深涉。
深, 則厲; 淺, 則揭。
박에는 쓴 잎이 생기고, 물을 건너는 것은 깊숙이 건넘이 있네.
깊으면, 곧 의뢰하고(곧 옷을 입은 채 건너고); 얕으면, 곧 높이 들리니(걷어 올리고 건너리니).

漢(한)나라 鄭玄(정현)은 〔毛詩傳箋(모시전전)〕에서, 박에 쓴 맛의 잎이 생기고 또 물이 깊어지는 계절을 8월 즉 혼인의 계절이라고 보았다. 또 물이 깊고 얕음을 남녀사이에 예절을 지키는 수준으로 보아서, 선공이 아들의 여자를 취한 것은 대단히 무례한 즉 얕은 물을 건넌 행위라고 비판한 것이다.

따라서 이를 기준으로 본문의 상황과 작품 주제 및 본문에서 인용된 시구의 맥락을 비교해보면, 이들 상호간에는 어떠한 관련성도 찾아볼 수 없다는 점을 발견할 수 있다. 즉 삼태기를 등에 멘 인물은 본래 "혼인이란 자고로 중요한 예절인데, 선공은 이처럼 아들을 여자를 취함으로써 무례하다"는 함의를 가진 구절을 자기의 의도에 맞게 "상황에 따라 처세술을 바꾼다"는 의미로 왜곡해서 응용한 것이니, 이 역시 전형적인 斷章取義(단장취의: 작품의 일부를 인용하여 필요한 의미만을 취함) 심지어는 牽强附會(견강부회: 억지로 끌어 붙임)인 것이다.

그럼에도 불구하고 공자는 삼태기를 등에 멘 인물의 의도를 단번에 알아차리고 있으니, 이는 춘추시대 당시에 이미 聯想(연상)과 想像(상상) 즉 응용력을 나타내는 興(흥)이 대단히 보편화되어 있었다는 것을 방증하는데, 興(흥)에 대해서는 17-9에서 구체적으로 논하기로 한다.

이제 본문의 내용을 정리해보면, 공자는 삼태기를 등에 멘 인물의 "도가 없으면 떠나면 그 뿐이다"라는 말을 듣고 "과감하구나! 나무랄 것이 없도다"라고 했으니, 이는 18-8에서 "나는, 곧 이들과 달라서, 가함도 없고 불가함도 없다"라고 말한 것과 연결된다. 좀 더 구체적으로 말해서, 공자에게 있어 세상에 道(도)가 없을 때 떠나거나 안 떠나는 것은 맞거나 틀리다는 개념이 아니라, 두 가지 태도 모두 나름대로의 타당성이 있다는 의미인 것이다. 그러므로 공자는 삼태기를 등에 멘 인물이 자신을 비판했음에도 불구하고 크게 언짢아하는 등의 기색을 보이지 않고, 오히려 "과감하구나! 나무랄 것이 없도다"라고 말함으로써 담담한 반응을 보였음을 알 수 있다.

14-41: 子張曰: "書云: '高宗諒陰, 三年不言.'何謂也?" 子曰: "何必高宗? 古之人皆然。君薨, 百官總己, 以聽於冢宰三年。"

【문답법, 인용법, 설의법】

자장이 말하기를: "[書經(서경)]에 이르기를 '고종이 상을 입으심에, 삼 년 동안 말하지 않았다'고 했습니다. 무슨 말입니까?" 공자가 이르시기를: "어찌 고종만 그랬겠는가? 옛 사람들이 모두 그랬다. 임금이 죽으면, 모든 관리들이 스스로를 묶어(단속하여), 그럼으로써 삼 년 동안 총재(周나라 백관의 수장인 재상)를 따랐다."

*이 내용은 [禮記(예기)] 〈檀弓下(단궁하)〉에도 똑같이 보이고 있는데, 본문의 [서경]＝[尙書(상서)]는 구체적으로 〈無逸(무일)〉편을 뜻한다.

周公曰: "(생략) 其在高宗, 時舊勞丁外, 爰暨小人。作其卽位, 乃或亮陰, 三年不言。其惟不言, 言乃雍, 不敢荒寧, 嘉靖殷邦。至于小大, 無時或怨。肆高宗之享國五十有九年。"

주공이 말했다: "(생략) 고종이 재위했을 때, 오랫동안 밖에서 수고

로우셨고, 이에 소인(신분이 낮은 백성)들과 함께하였습니다. <u>그 즉위를 해서는, 이에 상을 입으시고, 삼 년 동안 말하지 않았습니다.</u> 말하지 않았으나, 말하면 온화했지만, 감히 편안함에 빠지지 않았으니, 은나라가 아름답고도 평안해졌습니다. 낮은 사람이건 높은 사람이건, 원망하는 이가 없게 되었습니다. 드디어 고종은 나라를 오십구 년 누리셨습니다."

〔尙書(상서)〕〈無逸(무일)〉

이는 즉 아버지가 돌아가시면 비록 임금이라고 할지라도 삼년 동안 슬퍼함으로써 자식 된 도리를 지켜야 하므로, 이 기간에는 모든 정사를 총재에게 일임하여 처리하게 했다는 뜻이다. 공자는 1-11에서 "아버지가 살아계시면, 그 생각을 살피고; 아버지가 돌아가시면, 그 행적을 살피며; 삼 년 동안, 아버지의 도리를 고치지 않는다면, 섬긴다고 평할 수 있다"라고 말한 바 있으니, 함께 엮어서 이해해야 할 것이다.

아울러서 12-14에서도 구체적으로 언급한 바 있듯이, 자장은 가슴으로 배우고 느껴야 하는 道(도)를 배우기에는 부족함이 많았으니, 서둘러 정치에 참여하여 명성을 날리는 데만 급급해 했을 뿐, 참된 道(도)의 의미가 담겨져 있는 文(문)조차도 제대로 이해하지 못했음을 알 수 있다.

14-42: 子曰: "上好禮, 則民易使也。"

공자가 이르시기를: "윗사람이 예를 좋아하면, 곧 백성들을
부리기 쉽다."

*이 문장의 참뜻을 이해하려면 12-19의 "그대가 선을 행하고자 하
면 백성이 선을 행할 것입니다. 군자의 덕은, 바람이고; 소인의 덕은,
풀입니다. 풀 위에 바람이 불면 반드시 쓰러지는 법입니다"라는 표현
을 음미해보아야 하는데, 여기서 다음의 두 기록을 다시 한 번 살펴
보기로 하자.

子曰: "下之事上也, 不從其所令, 從其所行。上好是物, 下必有甚者
矣。故上之所好惡, 不可不慎也。是民之表也。"
공자가 이르시기를: "아랫사람이 윗사람을 섬기는 것은, 그 명령을
따르는 것이 아니라, 그 행한 바를 따르는 것이다. 윗사람이 옳은
일을 좋아하면, 아랫사람은 반드시 (그보다) 심한 이가 있게 된다.
따라서 윗사람의 좋아하거나 미워하는 바는 삼가지 않을 수 없다.
이것이 백성들의 모범이다."   〔禮記(예기)〕〈緇衣(치의)〉

子曰: "上好仁, 則下之爲仁爭先人。故長民者章志貞教尊仁, 以子愛
百姓, 民致行己, 以說其上矣。"
공자가 이르시기를: "윗사람이 어질음을 좋아하면, 곧 아랫사람의
어질음을 행함이 남들보다 앞서려고 다투게 된다. 따라서 백성들의

우두머리인 자는 뜻을 밝히고 가르침을 바르게 하며 어질음을 공경하여, 자식으로서(자식처럼) 백성들을 사랑하면, 백성들은 면밀하게 자기를 살피게 되어, 그럼으로써 그 윗사람을 기쁘게 한다."

〔禮記(예기)〕〈緇衣(치의)〉

따라서 공자가 본문을 통해서 하고자 한 말은, 윗사람이 禮(예)를 좋아하면 아랫사람이 명령을 잘 따르게 된다는 뜻이 아니다. 즉 아랫사람은 윗사람이 행한 바를 그대로 따르게 되므로, 윗사람이 禮(예)를 좋아하면 아랫사람 역시 禮(예)를 좋아하게 되어서, 결국 윗사람을 禮(예)로 섬기고 따르게 된다는 의미가 됨에 유의해야 할 것이다. 아울러서 공자는 여기서도 역시 道(도)의 내용뿐만 아니라, 그 형식이 되는 禮(예)를 다시 한 번 강조하고 있음을 알 수 있다.

14-43: 子路問君子。子曰: "修己以敬。" 曰: "如斯而已乎?" 曰: "修己以安人。" 曰: "如斯而已乎?" 曰: "修己以安百姓。修己以安百姓, 堯舜其猶病諸。"
子路問君子。子曰: "修己以□。" 曰: "如斯而已乎?" 曰: "修己以□□。" 曰: "如斯而已乎?" 曰: "修己以□□□。修己以安百姓, 堯舜其猶病諸。"

【문답법, 대유법, 대구법】
자로가 군자에 대해 물었다. 공자가 이르시기를: "자신을 닦아 공손한 태도를 보이는 것이다." (자로가) 말하기를: "이와 같으면 됩니까?" (공자가) 이르시기를: "자신을 닦아 타인을 편안하게 하는 것이다." (자로가) 말하기를: "이와 같으면 됩니까?" (공자가) 이르시기를: "자신을 닦아 백성을 편안하게 해야 한다. 자신을 닦아 백성을 편안하게 하는 것은, 요임금과 순임금도 오히려 그것(그렇게 하지 못함)을 괴로워하셨다."

*주지하다시피 공자의 정치관은 모두 修身齊家治國平天下(수신제가치국평천하)에서 기인하니, 즉 가정에서는 부모에게 孝(효: 효도)를 다하고, 나아가 마을에서는 윗사람에게 悌(제: 공경함)를 다하며, 사회에 나가서는 仁(인: 자기의 임금을 진심으로 섬기고 따름)을 다함으로써, 궁극적으로는 백성들과 나라를 편안하게 하는 것이다. 따라서 공자는 여기서도 먼저 자기를 닦고, 나아가 타인을 편안하게 하며, 이를 바탕으로 궁극적으로는 백성들을 편안하게 해야 한다고 역설하고 있다. 하지만 자로는 공자의 가르침을 온전히 깨닫지 못했으므로 거듭 그렇게 하면 참된 지도자가 될 수 있느냐고 물은 것이고, 이에 공자는 마지막의 백성들을 편안하게 하는 경지는 군자보다 더 높은 성인조차도 늘 하지 못할까봐 괴로워하셨다고 말하고 있는 것이다. 이제 이와 관련하여, 다음의 기록들을 살펴보자.

堯知子丹朱之不肖, 不足授天下, 於是乃權授舜。授舜, 則天下得其利而丹朱病; 授丹朱, 則天下病而丹朱得其利。堯曰: "終不以天下之病而利一人", 而卒授舜以天下。

요임금은 아들 단주가 못나고 어리석어, 세상을 넘겨주기에 부족하다는 것을 알았고, 그래서 이에 정권을 순에게 주었다. 순에게 주면, 곧 세상이 이로움을 얻고 단주가 원망을 하지만; 단주에게 주

면, 곧 세상이 원망하고 단주가 이로움을 얻게 되는 것이다. 요임금
이 말했다: "결국에는 세상이 원망함으로써 한 사람을 이롭게 할 수
없다", 그래서 마침내 세상을 순에게 주었다.

〔史記(사기)〕〈五帝本紀(오제본기)〉

舜曰: "龍, 朕畏忌讒說殄偽, 振驚朕衆。命汝爲納言, 夙夜出入朕命,
惟信。"
순이 말했다: "용, 짐은 참언(위선적인 말)과 혼미한(도리를 망치는) 행
위를 두려워하고 꺼리니, 짐의 백성을 놀라게 하오. 그대를 납언으
로 명하니, 아침저녁으로 짐의 명령을 전달하고, 오직 성실하시오."

〔史記(사기)〕〈五帝本紀(오제본기)〉

出見罪人, 下車間而泣曰: "堯舜之人, 以堯舜之心爲心, 寡人爲君,
百姓各自以其心爲心, 寡人痛之。"
(우 임금이) 밖으로 나가다가 죄인을 보고, 수레에서 내려 묻고는 울
며 말했다: "요순시절의 사람들은, 요순임금의 마음을 마음으로 삼
았는데, 과인이 임금이 되고는, 백성들 각자 그들의 마음을 마음으
로 삼으니, 과인이 그것을 애석히 여긴다."

〔十八史略(십팔사략)〕〈夏王朝篇(하왕조편)〉

즉 이는 요임금이나 순임금과 같은 성인조차도 삼가여 부단히 노
력했음을 증명하는 것이니, 14-30의 "사는, 현명한가? 나는, 곧 겨를
이 없다"와 14-31의 "남이 자기를 알지 못한다고 근심하는 것이 아니
라, 재능이 있지 못함을 근심한다" 및 15-16의 "어찌하나, 어찌하나?
라고 말하지 않는 자는, 내가 어찌할 도리가 없다"는 표현과 함께 연
계하여 이해할 수 있을 것이다.

14-44: 原壤夷[15]俟。子曰: "幼而不孫弟, 長而無述
焉, 老而不死, 是爲賊。" 以杖叩其脛。
原壤夷俟。子曰: "□而不□□, □而無□
□, □而不□, 是爲賊。" 以杖叩其脛。

【대구법, 열거법】

원양이 평평하게(다리를 쭉 뻗은 자세로 무례하게) (공자를) 기다렸다.
공자가 이르시기를: "어려서는 공손하지 못하고, 자라서는
(예절을) 따르지 않으며, 늙어서는 죽지 않으니, 이는 도둑에
속한다." (그러고는) 지팡이로 그의 정강이를 두드렸다.

*원양은 8-3에서도 설명한 바 있는데, 그는 자기의 어머니 관에
올라가 노래를 불렀을 정도로 대단히 무례한 인물이었다. 하지만 공
자는 그런 원양을 끝까지 버리지 않았으니, 다시 한 번 다음의 기록
을 살펴보자.

孔子之故人曰原壤。其母死, 夫子助之沐槨。原壤登木曰: "久矣, 子之
不託於音也。" 歌曰: "貍首之班然, 執女手之卷然。" 夫子爲弗聞也者
而過之。從者曰: "子未可以已乎?" 夫子曰: "丘聞之, '親者毋失其爲
親也, 故者毋失其爲故也。'"

공자의 오랜 친구(이름)는 원양이라고 불렸다. 그의 어머니가 죽자,
공자가 그를 도와 외관을 손질했다. 원양이 (어머니의 시신을 안치할)

---

15) 夷(이): 평탄하다, 평평하다.

나무(외관)에 올라 말하기를: "오래되었구나, 아들이 노래 소리에 의탁하지 못함이(오랫동안 노래를 부르지 못했구나)." (그러고는) 노래하여 이르기를: "삵 머리의 얼룩이요(외관 나무의 무늬는 삵의 머리처럼 알록달록하고), 여인의 손을 잡는 아름다움이로다(외관 나무의 결은 여인의 손을 잡은 듯 부드럽구나)." 공자가 못들은 척하고 지나갔다. 따르던 이가 말하기를: "선생께서는 그만두지(그와 절교하지) 않으십니까?" 공자가 이르시기를: "(나) 구가 듣기로는, '친척이 되는 이는 그 친척이 됨을 잃을 수 없고, 오랜 친구는 그 오랜 친구가 됨을 잃을 수 없다'고 했소."

〔禮記(예기)〕〈檀弓下(단궁하)〉

결국 그토록 무례한 원양을 끝까지 친구의 禮(예)로 감싸주었으니, 공자는 옛 성현들의 道(도)를 몸소 실천한 인물이었음을 다시금 깨달을 수 있다.

14-45: 闕黨[16]童子將命。或問之曰:"益者與?"子
曰:"吾見其居於位也,見其與先生並行也。
非求益者也,欲速成者也。"

闕黨童子將命。或問之曰:"益者與?"子曰:
"吾見其□於□也,見其□□□□□也。非
求益者也,欲速成者也。"

【문답법, 대구법】

궐이라는 마을의 사내아이가 (어른을) 모시며 호위했다. 어떤
이가 묻기를: "향상되고 있는 아이입니까?" 공자가 이르시기를:
"내가 (어른의) 자리에 자리를 잡음을 보고(어른과 같은 자리에 앉고),
그 어른과 나란히 걸음을 보았소. 향상됨을 구하는 아이가
아니라, 빨리 이루기를 바라는 아이요."

*주지하다시피 공자는 禮(예)를 대단히 중시한 인물이었는데, 그
러한 예법에 의하면 아랫사람이 웃어른과 같은 자리에 앉거나 나란
히 가는 것은 큰 실례이다. 그리고 또 禮(예)는 道(도)의 형식으로서
의 구성요소이기 때문에, 급하게 완성할 수 있는 성질의 것이 아니라
하나씩 차곡차곡 배워가면서 실천하는 성실한 자세의 과정이 반드
시 필요하다. 이런 차원에서 보았을 때, 이 말은 서둘러서 정치에 참
여하여 명성을 얻고자 한 자장에게도 적용되는 적절한 표현이 될 것
이다.

---

16) 黨(당): 마을, 향리.

第15章: 衛靈公(위령공)

15-1: 衛靈公問陳於孔子。孔子對曰："俎豆¹⁾之事,
則嘗聞之矣;軍旅之事,未之學也。"明日
遂行。

【대유법】

(위나라 영공의 부인 남자가 음탕하여 이를 수치스럽게 여긴 태자 괴외가 그녀를
죽이려 했으나 실패하자 도망갔다. 이에 태자를 치고자) **위나라 영공이
공자에게 진법(군대의 진을 치는 방법)에 대해서 물었다. 공자가
대답하기를: "조두(제사 때 쓰는 목기)의 일이라면, 곧 일찍이
들었지만, 군대의 일은 배우지 못했습니다."** (그러고는) **다음날
마침내 (위나라를) 떠났다.**

*6-26에서도 언급했듯이, 위나라 영공의 부인인 南子(남자)는 수
많은 남자와의 사통으로 평판이 아주 좋지 않았다. 이에 태자 蒯聵(괴
외)는 그녀를 수치로 여겨 죽이려 했지만 실패하자 宋(송)나라로 도망
갔다가 다시 晉(진)나라로 옮겼고, 위나라 영공은 그런 괴외를 제거
하고자 했던 것이다. 하지만 공자는 전쟁하는 법에 대해서는 배운 적
이 없다고 대답했으니, 이를 통해서 공자는 원칙적으로 전쟁이나 무
력을 반대했음을 다시 한 번 확인할 수 있다.

*[史記(사기)] 〈孔子世家(공자세가)〉에 의하면, 공자가 陳(진)나라에
서 3년 머물다가 대략 60세에 다시 衛(위)나라로 가자, 영공은 기뻐하
여 교외까지 마중 나가서 공자를 반겼다고 한다. 하지만 시간이 지나

---

1) 俎豆(조두): 제사 때 쓰이는 그릇.

면서 영공이 늙고 정사에 게을러지자 자연스레 공자를 등용하지 않게 되고, 이에 공자는 결국 위나라를 떠나 晉(진)나라의 卿(경) 趙簡子(조간자)를 찾아가려 하지만, 그가 竇鳴犢(두명독)과 舜華(순화)를 죽였다는 소식을 듣고는 다시 위나라로 돌아가 蘧伯玉(거백옥)의 집에서 기거했다. 본문은 이때 위나라 영공이 공자에게 물은 것이다.

15-2: 在陳絶糧, 從者病, 莫能興。子路慍見曰:"君子亦有窮乎?" 子曰:"君子, 固窮; 小人, 窮斯濫²)矣。"

【문답법】
진나라에서 양식이 떨어지고, 따르는 이들이 지쳐서, 일어나지 못했다. 자로가 원망하여 (공자를) 뵙고 말하기를: "군자 역시 곤궁함이 있습니까?" 공자가 이르시기를: "군자는, 곤궁함을 버리지만; 소인은, 곤궁하면 이에 함부로 한다."

*여기서도 공자는 자로의 질문에 塞翁之馬(새옹지마)의 도리를 설명하고 있다. 이미 앞에서 吉凶禍福(길흉화복)은 변화가 많아 사람이 함부로 판단할 수 없는데, 이처럼 하늘의 뜻은 아무도 알 수 없으므로 더욱 더 삼가여 부단히 노력해야 한다고 했다. 따라서 군자는 道(도)를 배우고 부단히 노력하여 실천하는 올바른 지도자이기 때문에,

2) 濫(남): 함부로 하다.

곤경에 처해도 원망하지 않고 더욱 삼가여 초지일관하는 마음으로 노력한다. 반면에 소인은 道(도)를 따르지 않고 사사로운 이익만을 탐하는 올바르지 못한 인격의 소인배이므로, 곤경에 처하면 원망하고 이에 함부로 행동하게 되는 것이다.

　*11-2에서 설명한 바 있듯이 [左傳(좌전)] 〈哀公(애공) 6년〉과 [史記(사기)] 〈孔子世家(공자세가)〉에 따르면, 공자가 蔡(채)나라에 머문 지 3년이 되는 63세일 때 吳(오)나라가 陳(진)나라를 공격했고, 楚(초)나라는 그런 陳(진)나라를 돕기 위해서 군대를 파견하면서 공자를 초빙했다. 공자가 초나라로 가려고 하자 陳(진)나라와 蔡(채)나라 대부들이 "공자는 어진 자이고 진나라와 채나라에 머무른 시간이 오래니, 필경 우리의 행위는 그의 뜻에 맞지 않을 것이다. 이제 공자가 초나라에 등용되면 우리가 위험해진다"라고 의논하고는 두려워하여 공자를 포위했고, 이에 공자 일행은 중간에서 식량까지 떨어지는 상황에 봉착했다. 이때 제자들의 불만이 점점 커지자 자로가 공자에게 본문과 같이 질문을 한 것인데, 자세한 내용은 6-18을 참고하기로 한다.

15-3: 子曰: "賜也, 女以予爲多學而識之者與?" 對曰: "然 非與?" 曰: "非也! 予一以貫之."

【문답법, 대유법】

공자가 이르시기를 "사(자공)야, 너는 내가 많이 배워서 그것을 안다고 생각하느냐?" 자공이 대답하여 말하기를: "그렇습니다. 아닙니까?" (공자가) 이르시기를: "아니다. 나는 하나로 일관하는 것이다."

*〔史記(사기)〕〈孔子世家(공자세가)〉에 따르면, 자로가 15-2에서처럼 "군자 역시 곤궁함이 있습니까?"라고 질문하자, 공자는 "군자는, 곤궁함을 버티지만; 소인은, 곤궁하면 이에 함부로 한다"라고 대답했고, 이에 자공의 안색이 변했다고 한다. 그때 공자가 자공에게 이어서 한 말이 바로 본문의 내용이다.

그렇다면 공자가 말하는 "하나"는 어떠한 의미를 함축하고 있을까? 이는 4-15의 "삼아, 나의 도는 하나로 그것을 꿰뚫는다"는 말에서 이미 설명한 바 있듯이, 다름 아닌 純一(순일)한 德(덕) 다시 말해서 사사로운 이익을 탐하지 않고 오로지 백성들과 나라를 생각하는 忠(충: 정성스러움)과 恕(서: 남의 처지에 서서 이해하고 동정하는 마음)의 절조를 뜻한다.

*6-18에서도 설명한 바 있지만, 〔史記(사기)〕〈孔子世家(공자세가)〉에 따르면 공자가 15-2와 같이 말했음에도 불구하고 제자들의 불만이 그치지 않자, 공자는 자로를 불러 다음과 같이 물었다. "〔詩經(시경)〕〈小雅(소아)·何草不黃(하초불황)〉에서 '匪兕匪虎, 率彼曠野。(외뿔소가 아니며 범이 아니거늘, 저 광야를 따라 헤매네.)'라고 했는데, 나의 道(도)에 어떤 잘못이 있기에 이 지경에 이르게 되었을까?" 그러자 자로는 "저희가 어질지 못하고 또 지혜롭지 못해서입니다"라고 대답했다. 실망한 공자는 곧 자공에게 같은 질문을 했는데, 자공은 "스승의 도가 너무 커서 받아들여지지 않으니, 조금 낮추시는 것이 좋지 않겠습니까?"라고 대답했다.

뒤이어 안회에게도 같은 질문을 하자, 안회는 "스승의 도가 너무 커서 받아들여지지 않으나, 도가 받아들여지지 않는 것은 우리의 치욕이고 또 인재를 기용하지 못하는 것은 지도자의 치욕입니다. 받아들여지지 못할 때 비로소 군자의 참모습이 드러나니, 무슨 걱정이 있겠습니까?"라고 대답했다. 이에 공자는 "안씨 집안에 이런 인재가 있었던가! 네가 높은 자리에 있게 되면, 나는 네 밑에서 일하겠다!"라고 말하며 크게 기뻐했다고 한다.

결국 공자는 자공을 초나라로 보내 자기가 들판에 갇혔다는 사실을 알리게 했고, 이에 초나라가 군대를 파견하여 풀려날 수 있었다. 공자 일행이 초나라에 도착하자 昭王(소왕)은 공자를 중용하려 했으나, 令尹(영윤)을 지내던 子西(자서)의 반대로 뜻을 이루지 못하게 되었다.

*공자가 위에서 인용한 〔시경〕의 작품에 대해서 좀 더 구체적으로 알아보자면, 〔毛詩傳(모시전)〕에서는 이 작품의 주제를 "下國刺幽王也.(아래나라가 유왕을 비판한 것이다.)"라고 보았다. 즉 周(주)나라 유왕 때 사방의 오랑캐들이 번갈아 침범하고 중원지역이 배반하는 상황에서 끊임없이 전쟁을 하여 백성들을 짐승 부리듯 하자, 군자가 근심하여 이 작품을 지었다는 것인데, 이제 이 작품을 전체적으로 살펴보기로 하자.

何草不黃? 何日不行? 何人不將, 經營四方?

何草不玄? 何人不矜? 哀我征夫, 獨爲匪民。

匪兕匪虎, 率彼曠野。哀我征夫, 朝夕不暇。

有芃者狐, 率彼幽草。有棧之車, 行彼周道。

어떤 풀인들 누렇게 되지 않을까? 언제쯤이나 행군을 하지 않을까? 누군들 나아가, 사방을 다스리지 않을까?

어떤 풀인들 검게 되지 않을까? 누군들 홀아비가 되지 않을까? 우리 원정나간 군사들을 슬퍼하노니, 홀로 백성이 아니네.

외뿔소가 아니며 범이 아니거늘, 저 광야를 따르네. 우리 원정나간 군사들을 슬퍼하노니, 아침저녁으로 쉴 틈이 없네.

꼬리가 긴 여우가, 저 검은 빛의 풀을 따르네. 세력이 왕성한 수레는, 저 모퉁이 길로 가네.

결국 공자는 백성들이 전쟁에 동원되어 들판을 헤매는 상황을 자신의 처지에 빗대어 말한 것이니, 이는 작품의 주제와는 하등 관련이 없다. 하지만 또 나름대로 興(흥)을 발휘하여 연상과 상상력을 동원한 것으로 간주할 수는 있을 것이다.

15-4: 子曰: "由, 知德者鮮矣。"

공자가 이르시기를: "유(자로)야, 덕을 아는 이가 드물구나."

*2-1에서 德(덕)은 성인들이 행한 강함과 부드러움의 통치법을 조화롭게 실천하려는 절조라고 설명한 바 있다. 지도자가 이러한 德(덕)으로 나라를 다스렸다면, 과연 역사상 춘추시대라는 대혼란기가 존재할 수 있었겠는가?

15-5: 子曰: "無爲而治者, 其舜也與? 夫何爲哉? 恭己正[3]南面而已矣。"

【설의법, 대유법】

공자가 이르시기를: "무위로 다스리는 이는, 순 임금일 뿐일 것이니? 무엇을 하였는가? 자기 몸을 공손히 하고 남쪽을 바로잡았을 뿐이다."

*"남쪽을 바로잡았을 뿐이다"라는 말은 2-1의 "정치를 행함에 덕으로 하는 것은, 비유하자면, 마치 북두성이 그 곳에 자리를 잡아서 여러 별들이 함께하는 것과도 같다" 및 6-1의 "옹은, 남쪽을 부릴 수 있다"라는 표현과 함께 엮어서 이해할 수 있으니, 이는 다름 아닌 순 임금이 나라를 다스리자 마치 북극성 주변에 수많은 별들이 위치하 듯이, 주변의 수많은 사람이 몰려와 그를 지지하고 따르게 되었다는 뜻인 것이다.

*본문에 "無爲(무위)"라는 표현이 나오는데, 주지하다시피 이는 노자가 〔도덕경〕을 통해서 일관되게 주장하는 지도자의 통치이념이다. 그렇다면 무위란 과연 어떤 의미를 함축하고 있을까? 정말로 그간 알려진 것처럼, 아무 것도 하지 않고 자연으로 돌아가는 것이 무위인 것일까? 그렇다면 속세를 떠나라고 해놓고, 또 나라를 다스린다는 것은 도대체 무슨 의미일까? 이제 다음의 기록을 본문과 비교해서 살펴보면, 무위의 참뜻이 무엇인지 확인할 수 있을 것이다.

---

3) 正(정): 바로잡다.

子曰: "舜其大知也與, 舜好問而好察邇言, 隱惡而揚善。執其兩端, 用其中於民, 其斯以爲舜乎。"

공자가 말씀하시기를: "순임금은 크게 지혜로우셨으니, 순임금은 묻기를 좋아하시고 천근한 말(깊이가 없는 얕은 말)도 살피기를 좋아하셨으며, 악함은 숨기시고 선함을 드러내셨다. 그 양 극단을 잡아, 백성들에게 그 중간을 쓰셨으니, 이 때문에 순임금이 되셨다."

〔禮記(예기)〕〈中庸(중용)〉

묻기를 좋아한다는 것은 好問(호문)이다. 이러한 好問(호문)은 愼(신: 신중함)과 常(상: 변치 않고 초지일관하는 태도) 그리고 中(중: 공정하고도 객관적인 태도)과 謙(겸: 겸손함)의 자세를 포함한 것이어야 한다고 2-17에서도 설명한 바 있다. 즉 무위란 아무 것도 하지 않는 것이 아니라, 지도자가 삼가 부단히 노력하여 天性(천성)을 거슬러 억지로 작위 하지 않는 통치를 뜻하는 것이다. 따라서 노자와 공자의 무위는 서로 다른 의미가 아님을 알 수 있거니와, 또 이를 통해서 공자는 이상향으로서 대동의 사회를 그리워 한 것임을 다시 한 번 확인할 수 있는 것이다. 아울러서 진정한 무위의 통치가 과연 무엇을 의미하는 것인지는, 다음의 기록을 통해서 간접적으로나마 확인하기로 한다.

郭橐駝, 不知始何名。病僂, 隆然伏行, 有類橐駝者, 故鄕人號之駝。駝聞之, 曰: "甚善。名我固當。" 因捨其名, 亦自謂橐駝云。其鄕曰豊樂鄕, 在長安西。駝業種樹, 凡長安豪富人爲觀游及賣果者, 皆爭迎取養。視駝所種樹, 或移徙, 無不活; 且碩茂, 蚤實以蕃。他植者雖窺伺效慕, 莫能如也。有問之, 對曰: "橐駝非能使木壽且孶也, 以能順木之天, 以致其性焉爾。凡植木之性, 其本欲舒, 其培欲平, 其土欲故, 其筑欲密。既然已，勿動勿慮，去不復顧。其蒔也若子，其置也若棄，則其天者全，而其性得矣。故吾不害其長而已，非有能碩而茂之也。不抑耗其實而已，非有能蚤而蕃之也。他植者則不然：根拳而土易。其培之也，若不過焉則不及。苟有能反是者，則又愛之太殷，憂之太勤。且視而暮撫，已去而復顧；甚者爪其膚以驗其生枯，搖其本以觀其疏密，而木之性日以離矣。雖曰愛之，其實害之；雖曰憂之，其實仇之，故不我若也，吾又何能爲哉？”問者曰：“以子之道，移之官理，可乎？”駝曰：“我知種樹而已，官理非吾業也。然吾居鄕，見長人者，好煩其令，若甚憐焉，而卒以禍。且暮，吏來而呼曰：‘官命促爾耕，勖爾植，督爾獲，蚤繰而緒，蚤織而縷，字而幼孩，遂而鷄豚！’鳴鼓而聚之，擊木而召之。吾小人輟飧饔以勞吏，且不得暇，又何以蕃吾生而安吾性耶？故病且殆。若是，則與吾業者，其亦有類乎？”問者嘻曰：“不亦善夫！吾問養樹，得養人術。”傳其事以爲官戒也。

곽탁타는 본래 어떤 이름이었는지 알지 못한다. 곱사병을 앓아, 등이 솟아 구부리고 다녀서, 낙타와 비슷함이 있었다. 그래서 마을 사람들이 그를 타(駝)라고 불렀다. 타가 듣고는 말하기를: "참으로 좋구나. 이름이 내게 꼭 맞는다"라고 하였다. 이름을 버리고, 스스로를 역시 탁타라고 불렀다. 그 마을은 풍악이라고 불렸으니, 장안의 서쪽에 있었다. 타는 나무를 심는 것을 업으로 삼았다. 무릇 장안의 세도가, 부자, 觀賞(관상)하며 노니는 이들 및 과일을 파는 이들이 모두 다투어 맞이하여 나무를 키우게 하였다. 타가 심은 나무를 보면, 혹시 옮기더라도 살지 않는 것이 없었고; 또한 무성하여, 빨리 과실이 번성했다. 다른 나무 심는 이들이 비록 엿보고 모방하여도, 능히 같게 할 수 없었다. 어떤 이가 물으니, 대답하여 말했다: "(나) 탁타가 나무를 오래 살게 하고 우거지게 할 수 있는 것이 아니라, 나무의 천성을 능히 따름으로써, 그 본성을 다하게 할 뿐입니다. 무릇 나무의 본성은, 그 뿌리가 펴기를 바라고, 그 흙을 돋움은 고르기를 바라며, 그 흙은 본래의 것이기를 바라고, 흙을 다짐은 촘촘하기를 바라는 것이지요. 이미 그렇게 하면, 건드려서는 안 되고 걱정해서도 안 되고, 떠나면 다시 돌아보지 말아야 합니다. 심을 때는 자식 같이 하지만, 내버려둘 때는 버린 듯이 하면, 곧 그 천성이 온전해져서, 그 본성을 얻게 되는 것이지요. 따라서 나는 그 성장을 해치지 않을 뿐, 크고 무성하게 할 수 있는 것은 아닙니다. 그 열매 맺음을 억누르고 없애지 않을 뿐, 일찍 번성하게 할 수 있는 것은 아닙니다. 다른 나무 심는 이들은 그렇지 않으니: 뿌리를 구부리고 흙을 바꿉니다. 그 흙을 돋움은 지나치지 않으면 곧 미치지 못합니다. 참으로 능히 이와 반대로 하는 이들이 있으니, 곧 그것을 사랑함이 지나치게 두텁고, 그것을 걱정함에 지나치게 부지런합니다. 아침에 보고 저녁에 어루만지며, 이미 떠났으나 다시 돌아와서 돌보니; 심한 자는 그 껍질을 긁어서 그것이 싱싱한지 시들었는지 검사해 보고, 그 뿌리를 흔들어서 심어진 상태가 성긴지 촘촘한지 살펴보아, 나무의 본성이 점차 흩어지게(떠나게) 됩니다. 비록 그것을 사랑한다고 말하지만, 사실은 그것을 해치는 것이요; 비록 그것을 걱정한다 말하지만, 사실은 그것을 죽이는 것이라서, 그러므로 나와 같을 수가 없는 것이니, 내가 또 어찌 할 수 있겠습니까?" 묻는 이가 말했다: "그대의 도(道)를, 관청의 다스림으로 바꾸는 것이, 가능하겠습니까?" 탁타가 말했다: "나는 나무 심는 것을 알 따름이지, 관청의 다스림은 나의 본업이 아닙니다. 그런데 내가 고을에 살면서, (관청의) 수장을 보니, 그 명령을 성가시게 하기를 좋아하던데, (이는 백성들을) 심히 어여삐 여기는 듯하지만, 마침내는 화를 입히게 됩니다. 아침저녁으로, 관리가 와서 소리쳐 말합니다: '관청에서 너희들의 경작을 재촉하게 하고, 너희들의 번식을 권면하게 하며, 너희들의 수확을 감독하게 하고, 서둘러서 우선 누에고치를 켜게 하며, 서둘러서 실로 옷감을 짜게 하고, 어린 아이들을 양육하도록 하며, 닭과 돼지를 키우게 하도록 명령하셨다!' 북을 울려 그들(백성들)을 모으고, 목제 악기를 두드려 그들(백성들)을 소집합니다. 우리 서민들은 저녁밥과 아침밥을 기워(보충하여) 관리들을 위로하기에, 또한 겨를이 없으니, 또 어찌 우리 삶을 번성케 하고, 우리 본성을 편하게 하겠습니까? 그러므로 병들고 게을러집니다. 이와 같으니, 곧 나의 본업과, 또한 비슷한 점이 있지 않을까요?" 묻는 이가 기뻐하며 말했다: "훌륭하지 않은가! 나는 나무 키우는 것을 물었는데, 사람 돌보는 방법을 얻었다. 그 일을 전하여서 관청의 훈계로 삼겠습니다."

윗글은 唐宋八大家(당송팔대가) 중 하나인 宋(송)나라 柳宗元(유종원)의 작품 〔種樹郭橐駝傳(종수곽탁타전)〕이다. 유종원이 말하는 대로라면, 무위란 아무 것도 하지 않고 자연으로 돌아가는 것이 아니라, 그 천성을 다 할 수 있도록 삼가 노력하여 환경을 조성해주고 기초를 탄탄히 다져준 후에는, 마치 버린 듯이 하여 스스로 그 천성을 누리도록 한다는 것이다. 따라서 필자는 유종원이야말로 노자와 공자가 말하는 "무위"의 의미를 가장 온전하게 이해하고 나아가 전승시키려고 노력한 인물이었다고 감히 확신한다.

15-6: 子張問行。子曰："言忠信, 行篤敬, 雖蠻貊[4]
之邦, 行矣。言不忠信, 行不篤敬, 雖州里, 行
乎哉? 立, 則見其參於前也; 在輿, 則見其倚
於衡也, 夫然後行!"子張書諸紳。
子張問行。子曰："言□□, 行□□, 雖□□□
□, 行矣。言□□□, 行□□□, 雖□□, 行
乎哉? □, 則見其□於□也; □□, 則見其□
於□也, 夫然後行!"子張書諸紳。

【대구법, 대구법】

자장이 행함에 대해 물었다. 공자가 이르시기를: "말이
정성스럽고 믿음직하며, 행동이 돈독하고 공경스러우면, 비록
오랑캐의 나라일지라도 행해질 수 있다. 말이 정성스럽고도
믿음직하지 않으며, 행동이 돈독하고도 공경스럽지 않으면,
아무리 작은 지역이라도 행해지겠는가? 서 있으면, 곧 이
말이 앞에 가지런히 보이고; 수레에 타면, 곧 이 말이 수레의
가로장에 의지함(새겨있음)이 보이니, 무릇 그러한 후에야
실행하는 것이다." 자장이 허리띠에 (이 말을) 적었다.

*공자는 본문을 통해서 道(도)의 네 가지 구성요소를 언급하고 있
으니, 다름 아닌 말에 있어서의 忠(충: 정성스러움)과 信(신: 성실함) 그
리고 행동에 있어서의 篤(독: 진심이 깃들어 있음)과 敬(경: 정숙하여 삼감)
이다. 또한 이 문장의 주어는 당연히 지도자가 되므로, 지도자가 몸

---

4) 蠻貊(만맥): 중국 남쪽과 북쪽의 오랑캐 땅.

소 이 네 가지를 실천하면 아무리 오랑캐지역이라고 할지라도 그를 따르게 된다는 의미가 되니, 여기서도 12-19의 "군자의 덕은, 바람이고; 소인의 덕은, 풀입니다. 풀 위에 바람이 불면 반드시 쓰러지는 법입니다"라는 말뜻을 되새겨볼 필요가 있다.

15-7: 子曰: "直哉, 史魚! 邦有道如矢, 邦無道如矢。君子哉, 蘧伯玉! 邦有道, 則仕; 邦無道, 則可卷而懷之。"
子曰: "□哉, □□□! 邦□道如矢, 邦□道如矢。□□哉, □□□! 邦□道, 則□; 邦□道, 則□□□□□。"

【직유법, 대구법, 대구법】
공자가 이르시기를: "곧구나, 사어여! 나라에 도가 있을 때에는 화살과 같고, 나라에 도가 없을 때에도 화살과 같도다. 군자로다, 거백옥이여! 나라에 도가 있으면, 곧 벼슬을 하고; 나라에 도가 없으면, 곧 거두어 품는구나."

*6-14에 등장하는 衛(위)나라 대부 축타가 바로 사어 즉 史鰌(사추)이다. 14-13에서도 언급한 바 있듯이 〔左傳(좌전)〕〈定公(정공) 13년〉에 따르면, 공숙문자가 靈公(영공)을 알현하여 그를 연회에 초대하고, 조정을 나서다가 사추를 만났다. 이때 사추는 "당신은 부유하고 임금은 재물을 탐하니, 임금을 초대한 것은 재앙을 초래하는 일이오"라고 충고했고, 공숙문자는 "아, 내 잘못입니다. 하지만 임금께서 이미 허

락하셨으니 어쩌지요?"라고 묻는다. 사추는 이에 "그대는 부유하면서도 삼가여 신하의 도리를 다하고 있으니, 화를 면할 수 있을 것이오. 나는 부유하면서도 교만하지 않은 사람을 단 한 사람 보았는데, 바로 그대이오. 하지만 그대의 아들 戌(수)는 교만하니, 분명히 나라 밖으로 도망갈 일이 생길 것이오"라고 대답했다고 한다.

또 〔左傳(좌전)〕 〈襄公(양공) 29년〉에는 吳(오)나라 公子(공자) 季札(계찰)이 위나라를 방문하여 사추 등의 인물들을 만나보고는, 위나라에는 군자가 많아서 나라에 환난이 생기지 않을 것이라고 말했다는 기록이 있다.

하지만 무엇보다도 공자가 사어를 올곧다고 말하게 된 계기는 바로 屍諫(시간: 자기를 죽여서 임금에게 간언하는 것) 때문이다. 사어는 靈公(영공)에게 수차례에 걸쳐 遽伯玉(거백옥)을 추천하고 彌子瑕(미자하)를 멀리 하라고 충언했지만, 영공은 사어의 충언을 받아들이지 않았다. 그 후 사어가 병에 걸려 죽게 되자 아들을 불러서 유언을 했는데, 살아서 임금을 올바로 모시지 못했으므로 자기의 시신을 창가에 내버려두라고 한 것이다. 이 소식을 들은 영공은 크게 깨달아서 거백옥을 등용시키고 미자하를 멀리 하게 되었다고 한다. 이 내용은 〔좌전〕이나 〔국어〕에 없고 오늘날 僞書(위서)로 알려진 〔孔子家語(공자가어)〕에 기록되어 있다. 하지만 위나라 영공 때이니만큼 공자가 친히 목도하거나 최소한 당시에 그 소식을 접한 사건일 터이므로, 분명한 史實(사실)로 받아들여도 무방할 것이다.

이제 공자가 사어를 올곧은 인물이라고 평가한 이유에 대해서 살펴보자면, 2-19에서 설명했듯이 直(직)은 사사로운 정에 얽매이지 않고 공정하게 판단하는 것이다. 따라서 상술한 내용들을 토대로 본문을 살펴보면 그 의미를 이해하는데 크게 어려움이 없을 것이니, 사어는 지도자가 道(도: 옛 성현들의 통치이념)를 실천하는 인물이건 아니건 상관없이 일관되게 올곧은 자세로 임했다는 말인 것이다.

그렇다면 공자는 6-14에서 사어를 감언이설로 사람들을 기만하는 인물이라고 비판한 바 있는데, 여기서는 왜 또다시 올곧은 인물이라고 칭찬하고 있을까? 이는 3-22에서도 언급한 바 있는데, 공자가 제나라 관중을 언급할 때마다 그 장점과 단점을 분명하게 구분하여 평가한 태도와 무관하지 않을 터이니, 바로 여기서도 사어의 장점과 단점을 분명하게 갈라서 평가한 것임을 알 수 있다. 이와 관련하여 다시 한 번 다음의 기록을 살펴보면, 공자가 얼마나 객관적이고도 공정한 태도를 견지하고자 노력했는지를 이해할 수 있을 것이다.

愛而知其惡, 憎而知其善.
사랑하지만 그 나쁜 점을 알고, 미워하지만 그 좋은 점을 안다.

〔禮記(예기)〕〈曲禮上(곡례상)〉

*거백옥에 대한 평가와 관련하여서는, 14-25에서 제시한 〔左傳(좌전)〕의 두 기록을 다시 한 번 살펴봐야 한다. 〈襄公(양공) 14년〉에 따르면, 衛(위)나라 孫文子(손문자)는 獻公(헌공)이 포악하여 나라를 망치려 한다며 거백옥을 찾아가 상의했다. 그러자 거백옥은 "어찌 신하가 임금에게 무례할 수 있겠습니까? 또 새로운 임금을 세운다고 해서, 지금의 임금보다 낫다는 보장이 있습니까?"라고 말하고는, 그 길로 국경을 벗어났다고 한다. 또 〈襄公(양공) 26년〉에 따르면, 孫文子(손문자)에 의해 위나라에서 쫓겨나 齊(제)나라에 머무르던 헌공은, 동생인 子鮮(자선)을 불러 자기가 다시 귀국할 수 있도록 도와달라고 했다. 이에 자선은 甯喜(영희)에게 말하기를, "만약 임금이 귀국하게 된다면

그대가 국정을 맡고, 나는 제사만 맡겠소"라고 제안했다. 영희가 이 말을 다시 거백옥에게 전하자, 거백옥은 "저는 임금이 나가신 것을 들은 적이 없으니, 어찌 들어오시는 것을 들을 수 있겠소?"라고 대답하고는 그 길로 국경을 벗어났다고 한다. 따라서 이제 상술한 내용들을 토대로 공자의 거백옥에 대한 평가를 살펴보면, 거백옥은 지도자가 道(도)를 실천하는 인물이면 나아가 벼슬을 하지만, 그렇지 않으면 벼슬을 그만뒀다는 뜻이 됨을 알 수 있다.

그렇다면 공자는 사어와 거백옥의 처세법 중에서 어느 것이 더 낫거나 더 못하다는 비교의 의미로 이 말을 한 것일까? 공자는 18-8에서 "나는, 곧 이들과 달라서, 가함도 없고 불가함도 없다"라고 밝힌 바 있으니, 사어와 거백옥의 처세법이 모두 나름대로의 타당성을 지니고 있다고 본 것임을 알 수 있다.

15-8: 子曰: "可與言而不與之言, 失人; 不可與言而與之言, 失言。知者, 不失人, 亦不失言。"
子曰: "□□□而□□□□, 失□; □□□□而□□□, 失□。知者, 不失□, 亦不失□。"

【대구법】

공자가 이르시기를: "더불어 말할 수 있는데 더불어 말하지 않는 것은, 사람을 잃는 것이고; 더불어 말하면 안 되는데 더불어 말하면, 말을 잃는 것이다. 지혜로운 이는, 사람을 잃지 않고, 말 또한 잃지 않는다."

*6-20에서 知(지: 지혜로움)는 사사로운 이익을 탐하지 않고 오직 백성들과 나라를 위한 공익을 꾀하며, 초자연적인 힘에 의탁하지 않는 객관적인 판단력이라고 설명한 바 있다. 따라서 지혜로운 사람은 임금이 그릇된 판단을 하려 할 때, 어떤 경우라도 마땅히 충언을 하여 임금이 올바른 길로 갈 수 있도록 하는 것이다. 하지만 또 한편으로는 12-23에서 "정성스럽게 말해주고 잘 이끌지만, 안 되면, 곧 그만두어야 한다. 자기를 욕되게 하지 말라"고 했듯이, 아무리 바른 길로 인도해도 자기의 뜻을 알아주지 않는다면 결국 혼자라도 묵묵히 道(도)를 배우고 실천하려고 노력해야 하니, 그렇지 않으면 자기조차도 道(도)를 향한 배움의 자세를 잃을 수 있기 때문이다.

15-9: 子曰: "志[5]士仁人, 無求生以害仁, 有殺身以
　　　成仁。"

공자가 이르시기를: "절개를 지키는 사람과 어진 사람은, 살려고 어질음을 해치지 않고, 몸을 죽여서 어질음을 이룬다."

*본문과 관련하여, 다음의 기록을 다시 한 번 살펴보자.

天下宗周, 伯夷叔齊恥之, 不食周粟, 隱於首陽山, 作歌曰: 登彼西山兮, 採其薇矣, 以暴易暴兮, 不知其非矣。神農虞夏, 忽焉沒兮, 我安適歸矣。于嗟徂兮, 命之衰矣。遂餓而死。

---

5)　志(지): 절개가 있다.

세상이 주나라를 받드니, 백이와 숙제는 그것을 부끄러워하여, 주나라 곡식을 먹지 않고, 수양산으로 숨어, 노래를 지어 불렀다: 저 서쪽 산에 올라, 고사리를 캐네. 폭력으로 폭력을 바꿨으니, 그 잘못을 알지 못하네. 신농씨와 순임금 그리고 하나라는 홀연히 없어졌으니, 나는 어디로 돌아가리오. 아아, 천명이 쇠하였구나. 마침내 굶어 죽었다. 〔十八史略(십팔사략) 〈周王朝篇(주왕조편)〉〕

5-22에서도 언급했듯이 은나라의 제후국인 孤竹國(고죽국)의 왕자 백이와 숙제는 周(주)나라 武王(무왕)이 무력으로 은나라 紂王(주왕)을 몰아내자, 수양산으로 들어가 고사리를 캐어먹고 지내다 굶어죽었다. 공자는 그러한 백이와 숙제가 비록 폭군일지라도 끝까지 자기의 군주인 주왕을 진심으로 섬기고 따랐다고 칭송하고 있으니, 이것이 야말로 몸을 죽여서 仁(인: 어질음)을 이룬 것이 아니겠는가?

15-10: 子貢問爲仁。子曰:"工欲善其事, 必先利其器。居是邦也, 事其大夫之賢者, 友其士之仁者。"

子貢問爲仁。子曰:"工欲善其事, 必先利其器。居是邦也, □其□□之□者, □其□之□者。"

【대구법, 대유법】

자공이 어질음을 행하는 것에 대해서 물었다. 공자가 이르시기를: "장인이 그 일을 잘 하려면, 반드시 먼저 그 도구를 이롭게(자신에게 편리하게) 해야 한다. 이 나라에 머물면, 대부의 현명함을(대부 중에서 현명한 이를) 섬기고, 선비의 어질음을(선비 중에서 어진 이를) 벗하는 것이다."

*본문의 말뜻을 이해하려면 13-23의 "군자는 조화롭게 지내지만 같이 하지는 않고, 소인은 같이 하지만 조화롭게 지내지는 못한다"라는 표현을 다시 한 번 살펴봐야 한다. 이는 즉 和(화: 서로의 수준이 다름을 인식하면서도, 함께 어우러져 사이가 좋은 상태)와 同(동: 같은 수준으로 합쳐져서, 구별이 없이 똑같아지는 상태)을 구별해야 한다는 뜻이니, 차별성을 강조하고 있는 것이다. 공자의 이러한 가치관은 4-3의 "오직 어진 이만이, 사람을 좋아할 수 있고, 사람을 미워할 수 있다"라는 표현에서도 확인할 수 있는데, 이와 관련하여 다시 한 번 다음의 기록을 살펴보자.

> 唯仁人放流之, 迸諸四夷, 不與同中國。此謂唯仁人爲能愛人, 能惡人。
> 오직 어진 사람만이 그들을 내쫓아, 사방의 오랑캐 지역으로 물리쳐, 나라 안에서 더불지 못하게 한다. 이를 일컬어 오직 어진 사람만이 능히 타인을 사랑할 수 있고, 능히 타인을 미워할 수 있다고 하는 것이다. 〔禮記(예기)〕〈大學(대학)〉

따라서 공자는 자기의 임금을 진심으로 섬기고 따르려면, 먼저 그런 사람들과 가까이 하여 배우고, 그렇지 못한 사람들을 멀리해야 한다고 말하고 있는 것이다.

15-11: 顏淵問爲邦。子曰:"行夏之時,乘殷之輅[6],
服周之冕,樂,則韶舞。放鄭聲,遠佞人。鄭
聲淫,佞人殆。"
顏淵問爲邦。子曰:"□□之□,□□之□,
□□之□,樂,則韶舞。放鄭聲,遠佞人。鄭
聲淫,佞人殆。"

【대유법, 대구법, 열거법】

안연이 나라를 다스리는 것에 대해서 물었다. 공자가
이르시기를: "하나라의 때(하력)를 행하고, 은나라의 (질박하고도
튼튼한) 수레를 타며, 주나라의 (화려하지만 사치스럽지 않은)
예관(면류관)을 쓰고, 음악은, 곧 (순 임금 때의) 소무로 하는 것이다.
정 나라의 소리를 버리고, 아첨하는 사람을 멀리하는 것이다.
정나라의 소리는 도리에 어긋나고, 아첨하는 사람은 위험하다."

*본문은 각 구절마다 나눠서 분석해야 마땅하다. 먼저 공자는 왜
하나라의 달력을 따라야 한다고 했을까? 이와 관련하여 다음의 기록
을 살펴보자.

乃命羲和, 欽若昊天, 厤象日月星辰, 敬授民時。分命羲仲, 宅嵎夷,
曰暘谷。寅賓出日, 平秩東作。日中, 星鳥, 以殷仲春。厥民析, 鳥獸
孶尾。申命羲叔, 宅南交。平秩南訛, 敬致。日永, 星火, 以正仲夏。厥
民因, 鳥獸希革。分命和仲, 宅西, 曰昧谷。寅餞納日, 平秩西成。宵

---

6) 輅(노): 수레.

中, 星虛, 以殷仲秋。厥民夷, 鳥獸毛毨。申命和叔, 宅朔方, 曰幽都。
平在朔易。日短, 星昴, 以正仲冬。厥民隩, 鳥獸氄毛。帝曰: "咨! 汝
羲暨和。期三百有六旬有六日, 以閏月定四時, 成歲。允釐百工, 庶績
咸熙。"

이에 (요임금은) 희씨와 화씨에게 명하여, 큰 하늘을 공손히 좇고, 일
월성신에 따라, 삼가 백성들에게 계절을 전수했다. 희중에게 따로
명하여, 욱이에 살게 하였으니, 양곡이라고 불렸다. 뜨는 해를 공경
하여 대접하고, 봄 농사를 가지런하게 했다. 해가 중간에 오면, 성
조(28수중의 하나)로 춘분을 바로잡았다. 백성들은 흩어졌고(일을 하
고), 조수는 교미하여 새끼를 가졌다. 거듭 희숙에게 명하여, 남교
에 살게 하였다. 여름 농사를 가지런히 하여, 삼가 다하도록 했다.
일을 고르게 다스리도록 하고 공경하여 다루게 했다. 해가 길어지
면, 화성으로, 중하(한여름)를 바로 잡았다. 백성들은 이어 받고(계
속 농사를 지었고), 조수는 털갈이를 하느라 털이 적었다. 화중에게 따
로 명하여, 서쪽에 살게 하니, 매곡이라 불렸다. 지는 해를 공손히
보내, 가을 추수를 가지런하게 했다. 밤이 중간에 오면, 성허로, 추
분을 바로잡았다. 백성들은 평안해지고, 조수는 털에 윤기가 돌았
다. 거듭 화숙에게 명하여, 북쪽에 살게 하니, 유도라고 불렸다. 해
가 바뀜을 가지런하게 했다. 해는 짧아지면, 묘성으로, 동지를 바로
잡았다. 백성들은 따뜻하였고, 조수는 털이 무성했다. 임금(요)께서
말씀하셨다: 아! 그대 희씨와 화씨여. 일 년을 366일로 하고, 윤달
로 사계절을 바로잡아서, 일 년을 이루었도다. 진실로 모든 관리들
을 다스리니, 여러 공적이 모두 흥하게 되었다.

〔尙書(상서)〕〈堯典(요전)〉

주지하다시피 당시는 농업위주의 사회였다. 따라서 모든 것이 農曆(농력)에 의거하여 진행되었는데, 이 농력이 바로 오늘날의 陰曆(음력)이다. 또한 음력은 하나라의 달력에 기인하는데, 하나라의 달력은 다름 아닌 요임금 때 시작되어 순임금을 걸쳐 하나라의 시조인 우임금에게까지 이어진 것이니, 이에 공자는 하나라의 달력을 따른다고 한 것이다.

*은나라의 수레는 주나라의 것과는 달리 木輅(목노: 나무로 만든 수레) 즉 외형이 화려하지 않고 질박했다. 따라서 공자는 화려하기 보다는 질박하고도 튼튼한 은나라의 수레를 탄다고 말한 것이다.

*그렇다면 주나라의 면류관을 쓴다는 것은 어떤 의미를 함축하고 있을까? 공자는 3-14에서 "주나라는 두 왕조를 살폈으니, 찬란하도다, 文(문)이여! 나는 주나라를 따르리라"고 말한 바 있다. 따라서 주나라의 文王(문왕)과 武王(무왕) 그리고 주공이 하나라와 은나라의 예악제도를 계승하고 나아가 종법제도를 완성시켰으니, 주나라의 예악제도와 종법제도가 가장 이상적인 것이라는 뜻인 것이다.

*소무와 관련하여서는 이미 3-25에서 상세하게 설명한 바 있는데, 소는 순임금 때의 음악으로, 공자가 "지극히 아름답고, 또 지극히 선하도다."다고 평한 바 있다. 따라서 소무는 순임금 때의 음악과 춤을 일컫는데, 주지하다시피 당시의 음악과 춤은 불가분의 관계이기 때문에 소무라고 표현한 것이다.

*鄭聲(정성)은 정나라 소리로, 즉 〔詩經(시경)·鄭風(정풍)〕을 가리킨다. 공자는 17-18에서도 이 정나라 소리를 노골적으로 싫어한다고 말하고 있는데, 이제 그 이유에 대해서 구체적으로 살펴보기로 하자.

천자의 나라인 周(주)나라와 제후국인 鄭(정)나라는 본디 主從(주종)의 긴밀한 관계를 유지하고 있었다. 하지만 주나라 桓王(환왕) 때

정나라 莊公(장공)은 주나라의 권위를 무시했고, 이에 주나라가 정나라를 공격하지만 오히려 환왕이 부상을 당하게 되었다. 따라서 이것이 공자가 정나라 소리가 바른 정치를 어지럽힌다고 비판한 배경이 되니, 즉 從(종)인 정나라가 主(주)인 주나라를 배신하고 심지어 천자에게 상해를 입혔던 것이다. 이 시기부터 주나라 왕실이 약화되어 역사적으로는 춘추시대의 시작이 되니[7], 종법제도와 예악제도를 지극히 중시한 공자가 정나라를 싫어한 것도 무리는 아니었으리라.

또한 〔左傳(좌전)〕〈襄公(양공) 29년〕을 보면 吳(오)나라 公子(공자) 札(찰)이 노나라를 방문해서 〔詩經(시경)·鄭風(정풍)〕을 감상하고는, "아름답도다! 하지만 그 번거로움이 너무 지나쳐서, 백성들이 참지 못한다. 이에 정나라가 먼저 망하리라!"라고 말했다고 하니, 이러한 관점은 단순히 공자 일개인에 국한된 평가는 분명 아니었던 것이다.

그런데 바로 여기서 다시 한 번 제기될 수 있는 문제가 있으니, 공자가 말하는 정나라 소리가 과연 〔詩經(시경)·鄭風(정풍)〕의 음악만을 말하는 것인지, 아니면 歌辭(가사) 즉 내용을 고려한 종합적인 형태를 지칭하는 것인지를 확인할 필요가 있는 것이다. 따라서 이제 아래에서 〔詩經(시경)·鄭風(정풍)〕에 수록되어 있는 21수의 작품 주제들을 개략적으로나마 모두 살펴봄으로써, 이 문제에 대한 해답을 찾아보기로 하자. 참고적으로 각 작품의 주제는 〔毛詩傳(모시전)〕의 해설을 근거로 함을 미리 밝혀둔다.

---

7) 엄격하게 말하자면, 춘추시대는 환왕이 아닌 바로 윗대의 平王(평왕)부터 시작된 것이다. 평왕이 수도를 오늘날의 西安(서안)에서 洛陽(낙양)으로 옮긴 후부터 東周(동주)시대라고 일컫는데, 이 동주시대가 다름 아닌 춘추시대이다.

1. 〈緇衣(치의)〉: "美武公也。(무공을 찬미한 것이다.)"

2. 〈將仲子(장중자)〉: "刺莊公也。(장공[8]을 비판한 것이다.)"

3. 〈叔于田(숙우전)〉: "刺莊公也。(장공을 비판한 것이다.)"

4. 〈大叔于田(대숙어전)〉: "刺莊公也。(장공을 비판한 것이다.)"

5. 〈清人(청인)〉: "刺文公也。(문공을 비판한 것이다.)"

6. 〈羔裘(고구)〉: "刺朝也。(조정에 충신이 없음을 비판한 것이다.)"

7. 〈遵大路(준대로): "思君子也。(군자를 그리워한 것이다.)"

8. 〈女曰雞鳴(여왈계명)〉: "刺不説德也。(덕을 말하지 않음을 비판한 것이다.)"

9. 〈有女同車(유녀동거)〉: "刺忽也。(장공의 세자 홀을 비판한 것이다.)"

10. 〈山有扶蘇(산유부소)〉: "刺忽也。(장공의 세자 홀을 비판한 것이다.)"

11. 〈蘀兮(탁혜)〉: "刺忽也。(장공의 세자 홀을 비판한 것이다.)"

12. 〈狡童(교동)〉: "刺忽也。(장공의 세자 홀을 비판한 것이다.)"

13. 〈褰裳(건상)〉: "思見正也。(나라가 어지러우니, 큰 나라에 의해서 바로잡혀지기를 바라는 것이다.)"

14. 〈豐(풍)〉: "刺亂也。(나라의 혼란스러움을 비판한 것이다.)"

15. 〈東門之墠(동문지선)〉: "刺亂也。(나라의 혼란스러움을 비판한 것이다.)"

16. 〈風雨(풍우)〉: "思君子也。(군자를 그리워 한 것이다.)"

17. 〈子衿(자금)〉: "刺學校廢也。(도를 가르칠 학교가 폐지됨을 비판한 것이다.)"

18. 〈揚之水(양지수)〉: "閔無臣也。(세자 홀이 왕이 된 후 충신이 없음을 근심한 것이다.)"

---

8) 정나라 장공에 관해서는, 15-27에서 비교적 상세하게 설명했으니 참고하기로 한다.

19. 〈出其東門(출기동문)〉: "閔亂也。(세자 홀이 왕이 된 후 혼란스러움을 근심한 것이다.)"

20. 〈野有蔓草(야유만초)〉: "思遇時也。(전쟁으로 왕의 윤택이 아래로 못가서 남녀가 만날 기회를 놓치니, 때를 만나기를 바라는 것이다.)"

21. 〈溱洧(진유)〉: "刺亂也。(나라의 혼란스러움을 비판한 것이다.)"

이를 정리해보면 〔詩經(시경)·鄭風(정풍)〕은 첫 작품인 〈緇衣(치의)〉 단 하나를 제외하고는, 모두 임금이 不德(부덕)하고 충신이 없어서 나라가 혼란스러워진 것을 개탄하고 있음을 알 수 있다.

또 〔史記(사기)〕〈孔子世家(공자세가)〉에는 다음과 같은 내용의 기록이 있다. 공자가 師襄子(사양자)에게 거문고 타는 방법을 배웠는데, 열흘이 지나도 좀처럼 나아지지 않았다. 이에 사양자가 다른 곡을 배워도 될 것 같다고 하자, 공자는 이미 그 곡을 익혔지만 기술을 아직 터득하지 못했다고 했다. 얼마 후 사양자가 기술을 익혔으니 다른 곡을 배워도 된다고 하자, 공자는 아직 그 곡조의 뜻을 깨닫지 못했다고 했다. 사양자는 또 얼마 후 이제 곡조의 뜻을 익혔으므로 다른 곡을 배워도 된다고 하자, 공자는 그 곡에 있는 사람됨을 터득하지 못했다고 했다. 그리고 또 얼마가 흐른 후 공자가 말하기를, "이제야 그 곡조 속의 사람됨을 이해했으니, 검은 피부에 큰 키, 눈은 큰 바다를 바라보는 듯 하고 사방 제후국의 왕인 듯하니, 이는 文王(문왕)이다"라고 했다. 이에 사양자가 자리에서 일어나 두 번 절하고는 말하기를, "제 스승께서도 이 곡이 文王操(문왕조)라고 말씀하셨던 기억이 납니다"라고 했던 것이다.

따라서 공자가 정나라의 소리를 싫어한 것은 단순히 음률 그 자체만을 지칭한 것이 아니라, 歌辭(가사) 즉 인물의 업적 및 평가까지

도 고려한 종합적인 형태로 인식하고 있는 것임을 다시 한 번 확인할
수 있다.

15-12: 子曰:"人無遠慮, 必有近憂。"

공자가 이르시기를: "사람이 멀리 생각하지 않으면, 반드시
가까이에 근심이 있게 된다."

*노자는 [도덕경] 47장 47-2에서 "其出彌遠, 其知彌少。(나가는 것이
멀수록 아는 것이 적어진다.)"고 말한 바 있다. 따라서 노자는 지도자가 옛
성현들의 말씀인 道(도)라는 원칙을 중시하고 예악제도로 일일이 관
여하고 통제하는 통치를 반대한 반면, 공자는 道(도)라는 원칙을 중
시하면서도 예악제도로 통제함으로써 다가올 근심을 미리 대처해야
한다고 주장했음을 알 수 있는 것이다. 이는 추후 노자와 공자의 사
상 비교에서 좀 더 구체적으로 서술하고자 한다.

15-13: 子曰: "已矣乎! 吾未見好德如好色者也。"

【영탄법, 직유법】

공자가 이르시기를: "끝났구나! 나는 덕을 좋아하기를 색을 좋아하는 것과 같이하는 이를 만나보지 못하겠노라."

*이 말은 9-17의 중복이니, 춘추시대 지도자들이 얼마나 德治(덕치)를 멀리 하고 사리사욕만을 탐했는지 다시 한 번 깨달을 수 있다.

15-14: 子曰: "臧文仲, 其竊位者與! 知柳下惠之賢
而不與立也。"

공자가 이르시기를: "장문중은 자리를 도둑질한 자이다! 유하혜의 현명함을 알고서도 더불어 서지 않았다."

*장문중은 노나라 莊公(장공)과 閔公(민공) 그리고 僖公(희공)과 文公(문공)때 卿(경)을 지냈던 인물이다. 〔左傳(좌전)〕〈文公(문공) 2年〉에 따르면, 공자는 장문중이 三不仁(삼불인: 세 가지 방면에서 군주를 진심으로 섬기고 따르지 않음)한 인물이라고 비판했으니, 하나는 유하혜의 지위를 떨어뜨림으로써 현명한 신하를 군주에게 추천하지 못했고, 둘은 여섯 관문을 없앰으로써 선왕들의 뜻을 저버렸으며, 셋은 첩들에게 자리를 짜게 하여 禮(예)에 어긋나게 한 점이었다. 그 밖의 장문중에 대한 자세한 내용은 5-17을 참고한다.

*유하혜는 展禽(전금)으로, 장문중이 노나라 卿(경)의 자리에 있을 때 그를 보좌하여 대부를 지냈던 인물이다. 〔國語(국어)〕〈魯語上(노어상)〉에 따르면 齊(제)나라 孝公(효공)이 노나라를 공격하자, 장문중은 제나라 효공을 설득하여 물러가게 할 심산으로 유하혜에게 서신을 써달라고 했다. 그러자 유하혜는 "제가 듣기로 큰 나라는 작은 나라의 모범이 되어야 하고, 작은 나라는 큰 나라를 잘 섬겨야 하니, 그래야만 환난을 막을 수 있다고 합니다[9]. 작은 나라가 교만하여 큰 나라를 자극하면 결국 그 재앙을 가까이 하게 되니, 화려한 말로 문제를 해결할 수 있다는 말은 들어본 적이 없습니다"라고 대답했다. 그럼에도 불구하고 장문중이 끈질기게 부탁하자, 유하혜는 값어치 없는 머릿기름을 가지고 제나라 효공을 찾아갔다. 제나라 효공이 유하혜에게 우리 군대가 두렵냐고 묻자, 유하혜는 자기는 두렵지만 저희 임금께서는 두려워하지 않는다고 대답했다. 이에 제나라 효공이 뭘 믿고 두려워하지 않느냐고 물었고, 유하혜는 "당시 周(주)나라 成王(성왕)께서 노나라의 시조인 周公(주공)과 제나라의 시조인 太公(태공)에게 화목하게 지내며 주나라를 잘 보필하라고 명령하신 바 있으니, 노나라 임금께서는 이 때문에 두려워하지 않으십니다"라고 대답했다. 이 말을 들은 효공은 결국 제나라 군대를 철수시켰으니, 이를 통해서 유하혜가 얼마나 현명한 인물이었는지 가늠할 수 있을 것이다.

역시 〔國語(국어)〕〈魯語上(노어상)〉에 따르면, 5-17에서도 언급했듯이 하보불기가 노나라 장공의 신주를 옮겨서 희공의 신주 아래에

---

9) 노자 〔도덕경〕 61장의 61-3을 보면, "故大國以下小國, 則取小國; 小國以下大國, 則取大國。(그러므로 대국은 소국에게 낮춤으로써, 곧 소국을 얻고; 소국은 대국에게 낮춤으로써, 곧 대국을 얻는다.)"는 말이 있다. 결국 이는 〔도덕경〕이 결코 노자 일개인의 창의적인 사상을 기록한 것이 아니거니와, 또 정치와도 직결되어 있음을 증명한다.

놓아, 아랫사람이 윗사람 위에 있는 거꾸로 된 제사를 하자, 유하혜
는 "노나라 대부 하보불기는 禮(예)를 모르니 재앙을 당할 것이다. 하
물며 희공은 덕이 있는 인물도 아니었다"라고 말하여 비판했다. 실제
로 후에 하보불기가 죽고 나서 장례를 치르는데, 관에 불이 붙어서
그 연기가 하늘로 피어올랐다고 한다. 따라서 이를 통해서도 유하혜
의 인물됨을 추측할 수 있으니, 하나는 대단히 현명하고도 앞을 내다
볼 줄 하는 통찰력을 겸비한 인물이었거니와, 나아가 자기의 상관이
나 임금조차도 거침없이 비판할 줄 아는 성품의 소유자였던 것이다.

*14-18에서 공자는 공숙문자의 가신인 대부 선이 문자와 더불어
같은 公(공)의 자리에 올랐다는 소식을 듣고 "文(문)이라는 시호를 줄
만 하도다"라고 칭송했다. 이처럼 衛(위)나라에는 道(도)를 배우고 실
천하는 인물이 있었지만, 정작 노나라에서는 오히려 뛰어난 인물이
위에 오르지 못하도록 했으니, 당시 본문의 말을 한 공자의 심경이
과연 어떠했을까?

15-15: 子曰: "躬自厚而薄責於人, 則遠怨矣!"

**공자가 이르시기를: "자신에게는 두텁게 하고(엄하게 꾸짖고)
남에게는 가볍게 책망하면, 곧 원망이 멀어진다."**

*德(덕)이란 성인들이 행한 강함과 부드러움의 통치법을 조화롭
게 실천하려는 절조이다. 다시 말해서 본문은 2-1에서 설명한 九德
(구덕: 아홉 가지 덕) 중 寬而栗(관대하면서도 엄격함)을 말하는 것인데, 공
자는 12-21에서도 번지의 질문에 "그 나쁜 점을 공격하고, 타인의 나

뻔 점을 공격하지 않는 것이, 사특함을 경계하는 것이 아니겠는가?"라고 대답한 바 있으니, 이것이 바로 자신에게는 엄격한 改過勿吝(개과물린: 허물을 고치는데 인색하지 말라)과 타인에게는 너그러운 容(용: 너그러이 포용함)의 조화로운 태도이다. 따라서 지도자가 이와 같이 강함과 부드러움의 조화를 이루는 德(덕)을 베푼다면, 과연 어느 누가 그 지도자를 원망하겠는가?

15-16: 子曰: "不曰'如之何? 如之何?'者, 吾末如之何也已矣。"

공자가 이르시기를: "'어찌하나, 어찌하나?'라고 말하지 않는 자는, 내가 어찌할 도리가 없다."

*공자는 8-17에서 "기세가 세지만 바르지 않고, 무지하지만 삼가지 않으며, 겉으로는 성실한듯하지만 신용을 지키지 않는 이는, 나는 그 이유를 모르겠다"라고 말함으로써, 참된 지도자는 신중하고 공정하면서도 겸손해야 한다고 강조한 바 있다. 또 8-18에서는 "배움은 못 미친 듯이 하고, 배우면 그것을 잃을까 두려워하는 듯 하는 것이다"라고 하여, 항상 겸손한 마음으로 자기가 부족하다고 느끼는 지도자는 삼가여 더욱 분발하려고 노력한다고 설명하기도 했다. 따라서 본문은 허물이 있는 이들이 그 잘못을 고치려고 하지 않음을 은근하면서도 신랄하게 비판하고 있는 것이니, 14-43의 "자신을 닦아 백성을 편안하게 해야 한다. 자신을 닦아 백성을 편안하게 하는 것은, 요 임금과 순임금조차도 그것을 괴로워하셨다"라는 표현과 함께 연계하여 이해해야 할 것이다.

15-17: 子曰: "群居終日, 言不及義, 好行小慧, 難矣哉。"

공자가 이르시기를: "여럿이 온 종일 있으나(여럿이 하루 종일 함께 있으나), **말이 의로움에 미치지 못하고, 작은 지혜**(보잘 것 없는 재주)**를 행하기를 좋아하면,** (발전하기가) **어렵다."**

*15-10에서 자공이 어떻게 해야 어질음을 행할 수 있는지 묻자, 공자는 "장인이 그 일을 잘 하려면, 반드시 먼저 그 도구를 이롭게 해야 한다. 이 나라에 머물면, 대부의 현명함을 섬기고, 선비의 어질음을 벗하는 것이다"라고 대답했다. 따라서 공자는 여기서도 同(동: 같은 수준으로 합쳐져서, 구별이 없이 똑같아지는 상태)이 아닌 和(화: 서로의 수준이 다름을 인식하면서도, 함께 어우러져 사이가 좋은 상태)를 추구해야 한다는 차별성을 강조하고 있으니, 즉 의롭고도 지혜로운 사람들과 가까이 하여 배우고, 그렇지 못한 사람들을 멀리해야 한다고 역설하고 있는 것이다.

15-18: 子曰: "君子, 義以爲質, 禮以行之, 孫[10]以出
       之, 信以成之。君子哉!"
       子曰: "君子, □以□□, □以□之, □以□
       之, □以□之。君子哉!"

【대구법, 열거법】

공자가 이르시기를: "군자는, 의를 바탕으로 삼고, 예로서
행하며, 공손하게 드러내고, 믿음으로 완성한다. (이것이)
군자이다."

*군자는 道(도)를 배우고 부단히 노력하여 실천하는 올바른 지도
자이다. 따라서 공자는 여기서 道(도)의 구성요소인 義(의: 도의 내용으
로서, 계급상의 서열을 명확하게 하고 그 서열에서 마땅히 지켜야 할 바를 목숨을 걸
고 지키는 것)와 禮(예: 도의 형식으로서, 조화로움을 위한 절제와 통제) 그리고
遜(손: 공손함)과 信(신: 성실함)을 설명하고 있음을 알 수 있다.

___

10) 孫(손): 遜(손)과 같은 의미로 쓰여 공손하다, 겸손하다는 뜻으로 풀이된다.

15-19: 子曰:"君子, 病無能焉, 不病人之不己知也。"

공자가 이르시기를 "군자는, 무능함을 걱정하지, 남이 자기를 알아주지 않는 것을 걱정하지 않는다."

*공자는 이미 1-1의 "사람이 알아주지 않아도, 원망하거나 성내지 않으면, 또한 군자가 아니겠는가?", 1-16의 "다른 이가 자기를 알아주지 않는다고 걱정하지 않고, 다른 이를 알아주지 못함을 걱정하는 것이다", 4-14의 "지위가 없음을 걱정하지 않고, 확고히 할 수 있는 바를 걱정하는 것이다. 자기를 알아주지 않음을 걱정하지 않고, 드러낼 수 있도록 행함을 구하는 것이다", 14-24의 "옛날의 배우는 이는 자신을 위하였는데, 지금의 배우는 이는 남을 위하는구나" 및 14-31의 "남이 자기를 알지 못한다고 근심하는 것이 아니라, 재능이 있지 못함을 근심한다"라는 표현을 통해서, 군자는 타인의 시선과 상관없이 홀로 있을 때 더욱 삼가여 부단히 노력하는 인물이라고 누차 강조한 바 있다.

15-20: 子曰: "君子, 疾沒世而名不稱焉。"

공자가 이르시기를 "군자는, 죽을 때 이름이 드러나지
못할까(칭송받지 못할까) 근심한다."

*공자는 4-5에서도 "군자가 어질음을 내치면, 어찌 명성을 올리
겠는가?"라고 말한 바 있으니, 그는 후세에 이름 알리는 것을 대단히
중시했음을 알 수 있다. 〔史記(사기)〕 〈孔子世家(공자세가)〉에 따르면,
공자는 哀公(애공) 14년 즉 71세에 18-8처럼 "그 뜻을 낮추지 않고, 그
몸을 욕되이 하지 않은 이는, 백이와 숙제일 것이니?' 유하혜와 소련
을 말함에, '그 뜻을 굽히고, 몸을 욕되이 하였으나, 말이 윤리에 맞
고, 행동이 생각에 맞았으니, 이러할 따름이다.' 우중과 이일을 말함
에, '은거하면서 말을 맘대로 했으나, 몸을 깨끗이 하고, 그침이 임시
변통에 맞았다. 나는, 곧 이들과 달라서, 가함도 없고 불가함도 없다"
라고 말하고 나서는, 다시 번복하여 본문의 말을 했다고 전해진다.
공자는 또 이어서 "나의 도가 행해지지 않았으니, 나는 무엇으로 후
세에 이름을 드러내겠는가?"라고 탄식하고는 〔春秋(춘추)〕를 집필하
는데 전념했으니, "후세에 나를 알아주는 사람이 있다면 〔춘추〕 때문
이고, 비난하는 사람들이 있어도 역시 〔춘추〕 때문일 것이라고 말했
다고 한다.

그렇다면 공자는 과연 무엇 때문에 이토록 후세에 이름을 날리는
것을 중시한 것일까? 이와 관련하여, 다음의 기록을 살펴보자.

君子也者, 人之成名也。百姓歸之名, 謂之君子之子。是使其親爲君子
也, 是爲成其親之名也已。

군자라는 것은, 타인이 명성을 올려주는 것입니다. 백성들이 그(군
자) 명성에 귀속됨, 그것을 일컬어 군자의 자식이라고 합니다. 이는
그 부모로 하여금 군자가 되게 하는 것이니, 이 때문에 그 부모의
명성을 올리게 됩니다.　　　　　　　　　　〔禮記(예기)〕〈哀公問(애공문)〉

仁人不過乎物, 孝子不過乎物。是故仁人之事親也如事天, 事天如事
親。是故孝子成身。

어진 사람은 만물(의 도리)에서 지나치지 않고, 효자는 만물(의 도리)
에서 지나치지 않습니다. 이런 까닭에 어진 사람의 부모를 섬김은
하늘을 섬기는 것과도 같고, 하늘을 섬김은 부모를 섬기는 것과도
같습니다. 이런 까닭에 효자는 자신을 완성시키는 것입니다.

　　　　　　　　　　　　　　　　　　〔禮記(예기)〕〈哀公問(애공문)〉

　공자는 哀公(애공)의 물음에 이처럼 孝(효)와 仁(인) 그리고 名(명)
의 관계를 설명하고 있으니, 4-5에서도 "군자가 어질음을 내치면, 어
찌 명성을 올리겠는가?"라고 말하여, 仁(인)과 名(명: 명성)의 관계에
대해서 언급한 바 있다. 그리고 이어서 12-22에서는 번지가 어질음에
대해 묻자, "사람을 사랑하는 것이다"라고 대답함으로써 仁(인)과 愛
(애)의 관계에 대해서도 밝힌 바 있다.

　이제 이를 바탕으로 해서 仁(인)과 愛(애: 사랑함) 그리고 名(명: 명
성)의 필연관계에 대해서 정리하자면, 12-22의 해설부분에서 설명했
던 것처럼 이는 자기의 임금을 愛(애: 사랑함)하지 못하면 자기의 신분
을 지킬 수 없거니와 나라를 편안하게 지킬 수도 없고, 또 그렇게 되

면 天命(천명)을 따르는 것이 아니기에 결국 名(명: 명성)을 후세에 알릴 수도 없게 되는 것이니, 임금을 愛(애: 사랑함)하는 것이 곧 仁(인)이며 그렇게 하면 궁극적으로는 名(명: 명성)을 후세에 남길 수 있다는 뜻이 된다. 또 그렇게 되면 부모님의 명성을 후세에 남기는 것이니, 이는 孝(효)인 것이다. 그리고 孝(효)의 사회적 확장 형태가 仁(인)이라고 했으므로, 공자는 愛(애)를 바탕으로 하는 孝(효) → 仁(인) → 名(명) → 孝(효)의 순환구조를 설명하고 있음을 확인할 수 있다. 따라서 이제 위에서 한 "공자는 과연 무엇 때문에 이토록 후세에 이름을 날리는 것을 중시한 것일까?"라는 질문에 대한 해답을 제시하자면, 공자는 후세에 이름을 알림으로써 궁극적으로는 孝(효)를 실천하고자 했던 것이다.

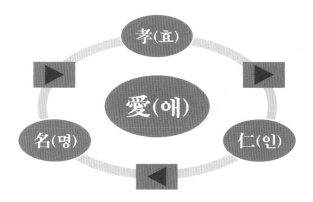

15-21: 子曰: "君子, 求諸己; 小人, 求諸人。"
子曰: "□□, 求諸□; □□, 求諸□。"

【대구법(형식), 대조법(내용)】
공자가 이르시기를: "군자는, 자기를 탓하지만; 소인은, 남을 탓한다."

*이는 15-15의 "자신에게는 두텁게 하고 남에게는 가볍게 책망하면, 곧 원망이 멀어진다."즉 改過勿吝(개과물린: 허물을 고치는데 인색하지 말라)과 容(용: 너그러이 포용함)의 조화로운 태도를 다시 한 번 강조하는 문장이다. 하지만 道(도)를 따르지 않고 사사로운 이익만을 탐하는 올바르지 못한 인격의 소인배는, 이와는 정반대로 자신에게는 너그럽지만 타인에게는 엄격하다.

15-22: 子曰: "君子, 矜而不爭, 羣而不黨。"
子曰: "君子, □而不□, □而不□。"

공자가 이르시기를: "군자는, 삼가기 때문에 (타인과) 다투지 않고, 무리를 이루지만(사람들과 어울리지만) 치우치지는 않는다."

*본문은 13-23의 "군자는 조화롭게 지내지만 같이 하지는 않고, 소인은 같이 하지만 조화롭게 지내지는 못한다" 및 15-10의 "이 나라

에 머물면, 대부의 현명함을 섬기고, 선비의 어질음을 벗하는 것이다"라는 차별적 태도를 다시 한 번 강조한 것이니, 즉 和(화: 서로의 수준이 다름을 인식하면서도, 함께 어우러져 사이가 좋은 상태)와 同(동: 같은 수준으로 합쳐져서, 구별이 없이 똑같아지는 상태)을 구별해야 한다는 뜻이다.

15-23: 子曰: "君子, 不以言擧人, 不以人廢言。"
子曰: "君子, 不以□□□, 不以□□□。"

【대구법】
공자가 이르시기를: "군자는, 말로 사람을 천거하지 않고(말하는 것만으로 그를 추천하지 않고), 사람으로 말을 버리지 않는다.(사람이 나쁘다고 그 말까지 함부로 무시하지는 않는다.)"

*이와 관련하여, 다음의 기록을 다시 한 번 살펴보자.

愛而知其惡, 憎而知其善。
사랑하지만 그 나쁜 점을 알고, 미워하지만 그 좋은 점을 아는 것이다. 〔禮記(예기)〕〈曲禮上(곡례상)〉

즉 이 역시 3-22에서 제시한 것과 마찬가지로, 사람의 장점과 단점을 분명히 가려서 평가하는 中(중: 한쪽으로 치우치지 않고 공정한 자세)을 강조하는 것으로 보아야 할 것이다.

15-24: 子貢問曰: "有一言而可以終身行之者乎?"
子曰: "其恕乎! 己所不欲, 勿施於人。"

【문답법】
자공이 묻기를: "한 마디 말로 종신토록 행할 것이 있습니까?"
공자가 이르시기를: "그것은 恕(서)이다! 자기가 하고 싶지 않은
바를, 남에게 하지 말라."

*4-15에서 증자는 "선생님의 도는, 충과 서 뿐이다"라고 공자의 말
을 풀이했는데, 忠(충)은 정성스러움이고 恕(서)는 남의 처지에 서서
이해하고 동정하는 마음이다. 여기서 다시 한 번 다음의 기록을 살펴
보자.

忠恕違道不遠, 施諸己而不願, 亦勿施於人。
충과 서는 도에서 멀리 떨어져 있지 않으니, 자기에게 베푸는 것을
원하지 않으면, 역시 남에게 베풀지 말아야 한다.

〔禮記(예기)〕〈中庸(중용)〉

즉 공자는 여기서 道(도: 통치이념)의 중요한 구성요소인 忠(충: 정성
스러움)과 恕(서: 남의 처지에 서서 이해하고 동정하는 마음)를 설명하는 것이
니, 본문에서는 忠(충)을 생략한 것으로 봐도 무방할 것이다.

15-25: 子曰: "吾之於人也, 誰毀, 誰譽? 如有所譽
者, 其有所試矣。斯民也, 三代之所以直道
而行也。"

子曰: "吾之於人也, 誰□, 誰□? 如有所譽
者, 其有所試矣。斯民也, 三代之所以直道而
行也。"

【설의법, 대구법】

공자가 이르시기를: "내가 사람을 따름에, 누구를 비방하고,
누구를 칭찬하겠는가? 만약 칭찬하는 바가 있다면, 그
검증하는 바가 있다. 이런(내가 칭찬하는) 백성들은, 삼대(하나라와
상나라 그리고 주나라)의 올바른 도를 행한 까닭이다."

*공자는 여기서 두 가지를 부각시키고 있으니, 하나는 15-23에서
도 말한 바 있는 사람을 판단하는데 있어서 항상 中(중: 한쪽으로 치우
치지 않고 공정함)의 자세를 견지하고 있다는 점이고, 또 하나는 공자가
추구하는 道(도)가 다름 아닌 하나라와 상나라 그리고 주나라 삼대
즉 小康社會(소강사회)의 道(도)라는 점이다.

15-26: 子曰: "吾猶¹¹⁾及, 史之闕文也, 有馬者, 借人 乘之。今亡矣夫。"

공자가 이르시기를: "나는 이미 기록된 문서 중에 빠진 글귀(사관이 미심쩍은 부분이 있으면 기록하기를 유보하는 것), 말을 가진 이가, 남에게 빌려주어 타게 한 것(말을 가진 이가 없는 이에게 빌려주는 베풂의 미덕)을 (전적을 통해서 옛사람들의 풍속을 간접적으로나마) 접했다. (하지만) 지금은 (그런 풍속이) 없도다."

*공자는 7-1에서 "서술하지만 창작하지 않고, 믿어서 옛 것을 좋아하니, 슬그머니 나를 노팽에 견주어본다"라고 하였으니, 이는 확실하지 않은 것은 임의로 지어내지 않고 객관적인 사실만을 있는 그대로 기록하는 자세에 대해서 언급한 것이다. 또한 말을 가진 이가 남에게 빌려주어 타게 한 것은 다름 아닌 公有(공유)를 뜻하므로, 이는 대동을 말하는 것이다. 이와 관련하여, 다음의 기록을 다시 살펴보도록 하자.

貨, 惡其棄于地也, 不必藏于己; 力, 惡其不出于身也, 不必爲己。是故謀閉而不興, 盜竊亂賊而不作。故外戶而不閉。是謂大同。
재물은, 땅에 버려지는 것을 싫어하였지만(지니고 싶어 하였지만), 반드시 자기가 소유하지는 않았고; 힘은, 자기 몸에서 나오지 않음을 싫어하였지만(자신이 직접 쓰려 하였지만), 반드시 자신을 위해서 쓰지

---

11) 猶(유): 이미.

는 않았다. 이 때문에 계략이 막혀 일어나지 못하고, 도적이나 반란이 발생하지 않았다. 그러므로 밖의 대문을 잠그지 않았다. 이를 대동이라고 일컫는다.　　　　　　　　　〔禮記(예기)〕〈禮運(예운)〉

그런데 공자는 지금은 그런 풍속이 남아있지 않다고 한탄하고 있으니, 여기서 다시 한 번 손을 뻗어도 닿을 수 없는 이상향인 대동의 사회를 그리워한 것이리라.

15-27: 子曰: "巧言亂德。小不忍, 則亂大謀。"

공자가 이르시기를: "교묘하게 꾸며서 하는 말은 덕을 어지럽히고, 작은 일을 참지 못하면, 곧 큰 계획을 어지럽힌다."

*공자는 1-3에서 "말을 교묘하게 하고 얼굴빛을 좋게 하면, 어질음이 드물다"라고 하였고, 5-24에서는 "교묘히 하는 말, 아첨하는 표정, 지나치게 공손함, 좌구명은 그것을 부끄러워했는데, 나 역시 그것을 부끄러워한다"라고 한 바 있으니, 道(도)에 부합되지 않고 아첨하는 말은 지도자에게 대단히 위험한 것임을 알 수 있다.

*그렇다면 작은 일을 참지 못하면, 곧 큰 계획을 어지럽힌다는 것은 과연 무엇을 의미할까? 〔毛詩傳(모시전)〕에서는 〔詩經(시경)·鄭風(정풍)〕의 〈將仲子(장중자)〉라는 작품의 주제에 대해서 "刺莊公也。(장공을 비판한 것이다.)"라고 언급한 후, 이어서 "不勝其母, 以害其弟。弟叔失道而公弗制, 祭仲諫而公弗聽, 小不忍, 以致大亂焉。(어머니를 견디

지 못하고, 그럼으로써 그 동생을 해쳤다. 동생 공숙단이 도를 잃었으나 장공은 바로 잡지 못했고, 제중이 간언했으나 장공은 듣지 않았으니, 작은 일을 참지 못하여, 그 럼으로써 큰 혼란을 초래했다.)"라고 구체적으로 풀이했다.

〔左傳(좌전)〕〈隱公(은공) 1년〉에도 이에 대한 기록이 있는데, 이를 좀 더 자세하게 소개하자면 다음과 같다. 鄭(정)나라 장공은 아버지 武公(무공)을 이어서 임금이 된 인물인데, 어머니 武姜(무강)은 장공을 낳을 때 너무 고생해서, 비록 아들이기는 하지만 장공을 미워했다고 한다. 그래서 무강은 후에 남편 무공에게 왕위를 차남 共叔段(공숙단) 에게 물려주라고 간청했지만 거절당하기도 했다.

결국 장공이 임금이 되자, 어머니 무강은 장공을 닦달하여 동생 에게 도읍지를 봉지로 주게 하고는 그곳에서 공숙단과 왕위를 뺏을 음모를 짰는데, 사실 장공은 이미 그 계략을 간파하고 있었지만 때 를 기다리며 내색을 하지 않을 따름이었으니, 당장에 어머니와 동생 의 음모를 미리 들춰내면 괜히 자기만 불효자가 될 수도 있기 때문이 었다. 따라서 대부 祭仲(제중)이 누차 공숙단의 음모에 대해서 간언을 했을 때에도, 그저 묵묵부답일 뿐이었다. 그리고 마침내 공숙단이 난 을 일으키자 장공은 기다렸다는 듯 그를 처단했고, 동생을 부추긴 어 머니를 감금하여 죽을 때까지 보지 않겠다고 맹세했던 것이다.

역사적으로 장공은 정나라를 강한 나라로 키운 임금으로 평가받 는다. 하지만 공자의 입장에서 보았을 때 그의 행동은 바람직한 것이 아니었으니, 그 이유에 대해서는 다음과 같이 정리할 수 있다.

1. 일이 작을 때 사전에 모순을 해결하지 않고 키움으로써 반란 이라는 국가적 혼란을 야기했고, 이에 백성들을 불안에 떨게 했다.

2. 형은 선함으로써 동생을 감싸줘야 하는데 그렇지 못했으니, 이는 不義(불의)이다.

3. 어머니를 진심으로 섬기고 그 뜻을 따르지 않았으니, 이는 不仁(불인)이다.

4. 심지어 어머니를 감금했으니, 이는 不孝(불효)이다.

결론적으로 말해서 장공은 자기의 목적을 달성하기 위해서 道(도)를 저버린 것이니, 공자는 이러한 역사적 사실에 기인하여 "지도자는 큰 목표인 군자가 되기 위해서 道(도)를 배우고 실천하려고 부단히 노력해야 하는데, 사사로운 감정에 연연하다가는 일을 망치게 된다"고 경고하는 것임을 알 수 있는 것이다.

15-28: 子曰: "衆惡之, 必察焉; 衆好之, 必察焉."
子曰: "衆□之, 必察焉; 衆□之, 必察焉."

【대구법】

공자가 이르시기를: "여럿이 미워해도, 반드시 (맞는지 직접) 살피고; 여럿이 좋아하더라도, 반드시 (맞는지 직접) 살펴야 한다."

*공자는 13-24에서 "옳지 않다. 고을 사람 중에서 선한 이는 좋아하고, 선하지 못한 이는 미워하느니만 못하다"라고 말하여 선한 이들의 和(화)와 선하지 못한 이들의 同(동)을 차별화했는데, 이는 4-3의 "오직 어진 이만이, 사람을 좋아할 수 있고, 사람을 미워할 수 있다"는 말과도 일맥상통한다. 따라서 본문은 "많은 사람이 미워하더라도

어진 이 역시 미워하는지 반드시 확인해야 하고, 많은 사람이 좋아하더라도 어진 이 역시 좋아하는지 반드시 확인해야 한다.는 뜻인 것이다.

15-29: 子曰: "人能弘道, 非道弘人。"
    子曰: "□□弘□, □□弘□。"

【대구법】
공자가 이르시기를: "사람이 도를 넓힐 수 있는 것이지, 도가 사람을 넓히는 것은 아니다."

*이와 관련하여, 먼저 다음의 기록들을 살펴보자.

子曰: "道不遠人, 人之爲道而遠人, 不可以爲道。"
공자가 이르시기를: "도는 사람에게서 멀지 아니하니, 사람이 그것을 행하나 사람에게서 멀어진다면, 도라고 할 수 없다."

〔禮記(예기)〕〈中庸(중용)〉

이는 道(도)라는 것이 어떠한 경우에도 항상 사람 곁에 존재한다는 뜻이다.

堯舜帥天下以仁, 而民從之; 桀紂帥天下以暴, 而民從之。其所令反其所好, 而民不從。
요순이 세상을 거느림에 어질음으로 하니, 백성들이 따르고; 걸주

가 세상을 거느림에 포악함으로 하니, 백성들이 따랐다. 명령하는
바가 좋아하는 바에 반하면, 백성이 따르지 않는다.

〔禮記(예기)〕〈大學(대학)〉

하지만 지도자가 어떤 道(도) 즉 통치이념을 펴느냐에 따라서, 백
성들의 태도 역시 바뀌게 된다. 그런데 이러한 道(도)는 4-22에서도
설명했던 것처럼 다시 둘로 나뉜다.

> 誠者天之道也, 誠之者人之道也。誠者, 不勉而中, 不思而得, 從容中
> 道, 聖人也。誠之者, 擇善而固執之者也。
> 진실함은 하늘의 도이고, 진실하게 하는 것은 사람의 도이다. 진실
> 한 사람은 힘쓰지 않아도 중하고, 생각하지 않아도 얻게 되어, 차분
> 하게 도에 들어맞는 것이니, 성인이다. 진실하게 한다는 것은, 선을
> 가리어 굳게 잡는 것이다. 〔禮記(예기)〕〈中庸(중용)〉

즉 天道(천도: 하늘의 도)는 스스로 그러하게 하는 無爲自然(무위자
연)이고, 人道(인도: 사람의 도)는 예악제도로 애써서 절제하고 통제하
는 것이다.

> 孔子侍坐於哀公。哀公曰: "敢問人道誰爲大。" 孔子愀然作色而對曰:
> "君之及此言也, 百姓之德也。固臣敢無辭而對。人道政爲大。" 公曰:
> "敢問何謂爲政。" 孔子對曰: "政者, 正也。君爲正, 則百姓從政矣。君
> 之所爲, 百姓之所從也。"
> 공자가 애공을 모시고 앉았다. 애공이 말하길: "감히 묻습니다. 사
> 람의 도는 누구를 큰 것으로 여기오?" 공자가 엄정하게 낯빛을 고

치고는 대답하여 이르길: "임금께서 이 말씀에 이르신 것은 백성들의 덕입니다. 진실로 신은 감히 사양치 않고 대답하겠습니다. <u>사람의 도는 정치를 큰 것으로 여깁니다.</u>" (애)공이 말하기를: "감히 묻겠는데 어떤 것이 정치를 한다고 일컫는 것이오?" 공자가 대답하여 이르길: "<u>정치는, 바로잡는 것입니다.</u> 임금이 바르게 하면, 곧 백성들이 정치에 따릅니다. 임금의 행하는 바는, 백성들의 따르는 바입니다. 〔禮記(예기)〕〈哀公問(애공문)〉

따라서 "사람이 도를 넓힐 수 있는 것이지, 도가 사람을 넓히는 것은 아니다"라는 말은, 공자의 道(도)가 天道(천도)가 아닌 人道(인도) 즉 소강사회의 통치이념임을 다시 한 번 확인시켜주고 있다.

15-30: 子曰: "過而不改, 是謂過矣!"

공자가 이르시기를: "허물이 있으면서도 고치지 않으면, 이를 허물이라고 한다!"

*노자는 〔도덕경〕 71장 71-3에서 "聖人不病, 以其病病, 是以不病。(성인은 결점이 없는데, 그 결점을 결점으로 여기기에, 이 때문에 결점이 없다.)" 라고 말한 바 있으니, 이와 관련하여 다음의 기록들을 살펴보자.

惟王不邇聲色, 不殖貨利。德懋懋官, 功懋懋賞, 用人惟己, 改過不吝, 克寬克仁, 彰信兆民。

임금께서는 음악과 여색을 가까이하지 않고, 재물과 이익을 불리지 않았으며, 덕이 많으면 관직을 높이고, 공이 많으면 상을 후하게 하였으며, 사람을 등용하되 자기처럼 대우하고, 허물 고치기를 인색하게 하지 않아, 능히 너그럽고 능히 인자하여, 백성들에게 믿음을 보이셨습니다. 〔尚書(상서)〕〈仲虺之誥(중훼지고)〉

慮善以動, 動惟厥時。有其善, 喪厥善, 矜其能, 喪厥功。惟事事乃其有備, 有備無患。無啓寵納侮。無恥過作非。惟厥攸居, 政事惟醇。黷于祭祀, 時謂弗欽, 禮煩則亂, 事神則難。

선하다고 생각되면 움직이고, 행동은 그 때에 맞아야 합니다. 선하다고 여기면 선함을 잃고, 재능을 자랑하면 그 공을 잃게 됩니다. (해야 할) 일에 종사하면 이에 준비하게 되니, 준비함이 있으면 후환이 없습니다. 총애하거나 업신여기지 말고, 허물을 부끄러워하여 잘못을 저지르지 말아야 합니다. 그 머무르는 바를 생각하면 (자신의 자리에 있으면), 정치가 순박해집니다. 〔尚書(상서)〕〈說命(열명)〉

說拜稽首曰: 非知之艱, 行之惟艱, 王忱不艱, 允協于先王成德, 惟說不言有厥咎。

부열이 절하고 머리를 조아리며 말했다: "아는 것이 어려운 것이 아니라, 행하는 것이 어려운 것입니다. 임금께서 정성껏 하여 어렵다고 여기지 않으시면, 능히 선왕이 이루신 덕을 따를 것이니, 저 부열이 말씀드리지 않는다면 (저에게) 허물이 있는 것입니다."

〔尚書(상서)〕〈說命(열명)〉

즉 본문은 道(도)의 중요한 구성요소인 改過勿吝(개과물린: 허물을 고

치는데 인색치 마라)과 過則勿改憚(과즉물개탄: 허물이 있으면 곧 고치기를 거리
끼지 마라)의 자세에 대해서 언급한 것이다. 옛 성현들은 자만하지 않
고 항상 자기가 부족하다고 여겨서, 끊임없이 허물을 찾고 또 그것을
고치려고 노력하였다. 하지만 당시의 지도자들은 자기의 허물을 허
물로 여기지 않았기 때문에 허물을 고치는데 태만한 것이니, 공자가
이처럼 노골적으로 비판한 것도 무리는 아닐 것이다. 아울러 상술한
내용을 통해서, 이 점에 있어서의 노자와 공자의 가치관은 일치하고
있음을 알 수 있다.

15-31: 子曰: "吾嘗終日不食, 終夜不寢以思, 無益, 不如學也。"

**공자가 이르시기를 "내가 일찍이 온종일 먹지도 않고, 밤새도록
자지 않으면서 생각하였지만 무익하였으니, 배우는 것만
못하다."**

*이미 앞에서 누차 언급한 바와 같이 學(학: 배움)의 대상은 道(도:
태평성대를 이끈 성현들의 통치이념)이니, 본문은 그동안 의문의 여지없이
"아무리 고민을 해봐도, 도를 배우는 것보다 나은 것이 없다"는 말로
풀이된 것이 사실이다. 하지만 그렇게 해석하면 그간 앞에서 공자가
주장해온 말들과 맥락이 통하지 않게 되니, 道(도)를 이해한다는 것
이 과연 그리 쉬운 일인가? 더군다나 道(도)라는 것은 아무리 배우고
좋아해도 궁극적으로 실천하지 못하면, 결국 무용지물이 될 뿐이다.
  따라서 이는 2-15의 "배우지만 생각하지 않으면, 곧 없고; 생각하

면서 배우지 않으면, 곧 위험하다"라는 말과 함께 연계하여 이해할
필요가 있으니, 여기서 思(사: 생각하다. 사색하다. 그리워하다)는 "好(호: 좋
아하다. 사랑하다)"와 서로 통한다. 그렇다면 思(사)의 대상은 구체적으
로 무엇일까? 이는 바로 17-8에서 언급한 仁(인: 자기의 군주를 진심으로
섬기고 따름), 知(지: 사사로운 이익을 탐하지 않고 오직 백성들과 나라를 위한 공
익을 꾀하며, 초자연적인 힘에 의탁하지 않는 객관적인 판단력), 信(신: 성실함),
直(직: 사사로운 정에 얽매이지 않고 공정하게 판단하는 것), 勇(용: 의로움을 몸으
로 실천하는 것), 剛(강: 마음이 굳세어 사사로운 탐욕을 부리지 않음)이다.

    이제 상술한 내용을 바탕으로 본문의 말뜻을 정리해보면, 이는
다름 아닌 "내가 일찍이 온종일 먹지도 않고, 밤새도록 자지 않으면
서까지 仁(인) 知(지) 信(신) 直(직) 勇(용) 剛(강) 여섯 가지 요소의 개
념을 이해하고 좋아하여 실천하려 했지만, 오히려 한쪽으로만 치우
치는 폐단이 생겨 위험하기만 할 뿐 전혀 도움이 되지 않았다. 그러
므로 결국에는 道(도)를 배움으로써 하나로 묶어 조화롭게 하는 방법
밖에는 없다"는 뜻이 됨을 알 수 있다. 아울러서 한쪽으로만 치우치
는 폐단이 생겨 위험하다는 말은, 아래에 제시하는 17-8의 내용을 살
펴보면 그 구체적인 함의를 이해할 수 있을 것이다.

    子曰: "由也, 女聞六言六蔽矣乎?" 對曰: "未也。" "居。吾語女。好
    仁, 不好學, 其蔽也, 愚。好知, 不好學, 其蔽也, 蕩。好信, 不好學,
    其蔽也, 賊。好直, 不好學, 其蔽也, 絞。好勇, 不好學, 其蔽也, 亂。
    好剛, 不好學, 其蔽也, 狂。"
    공자가 이르시기를: "유야, 너는 여섯 가지 말씀과 여섯 가지 결점
    에 대해서 들었는가?" 유가 대답하기를: "아직 듣지 못했습니다."
    공자가 이르시기를: "앉아라. 내가 너에게 말해주마. 어질음을 좋아

하면서, 배우기를 좋아하지 않으면, 그 결점은, 공정하게 판단하지 못해서 맹목적으로 추종하게 된다. 지혜로움을 좋아하면서, 성인의 도를 배우기를 좋아하지 않으면, 그 결점은 제멋대로 해석하여 행동에 거리낌이 없게 된다. 신의를 좋아하면서, 성인의 도를 배우기를 좋아하지 않으면, 그 결점은 그런 척만 하게 되는 것이다. 올곧음을 좋아하면서, 성인의 도를 배우기를 좋아하지 않으면, 그 결점은 자신에게는 엄격하고 남에게는 관대해야 하는데, 오히려 타인에게만 엄격하여 비방하게 된다. 용감함을 좋아하면서, 성인의 도를 배우기를 좋아하지 않으면, 그 결점은 무도해져서 포악해진다. 강직함을 좋아하면서, 성인의 도를 배우기를 좋아하지 않으면, 그 결점은 사나워지는 것이다."

15-32: 子曰: "君子, 謀道不謀食。耕也, 餒在其中矣; 學也, 祿在其中矣。君子, 憂道不憂貧。"
子曰: "君子, □道不□□。□也, □在其中矣; □也, □在其中矣。君子, □道不□□。"

【대유법, 대구법, 대구법】

공자가 이르시기를: "군자는, 도를 도모하지 먹을 것을 도모하지 않는다. 농사를 짓는 것은, 굶주림이 그 안에 있기 때문이고, 배우는 것은, 봉록이 그 가운데 있기 때문이다. 군자는, 도를 걱정하지 가난을 걱정하지 않는다."

*이 문장을 통해서, 道(도)를 배우는 목적이 궁극적으로는 벼슬을

하여 정치에 참여하는데 있음이 자명해진다. 다시 말해서 道(도)를 배우는 목적이 임금을 도와 나랏일을 하는데 있는 것이니, 결국 여기서도 道(도)가 태평성대를 이끈 옛 성현들의 통치이념이고, 學(학: 배움)의 대상은 道(도)가 됨을 다시 한 번 확인할 수 있다.

또 한편으로 공자는 본문에서 "군자는 먹을 것을 도모하지 않는다"고 말하고 있으니, 그의 이러한 가치관은 13-4의 "소인이로다. 번지여! 윗사람이 예를 좋아하면, 곧 백성들이 감히 공경하지 않을 수 없고; 윗사람이 의를 좋아하면, 곧 백성들이 감히 불복하지 않을 수 없으며; 윗사람이 신뢰를 좋아하면, 곧 백성들이 감히 진심으로 하지 않을 수가 없다. 무릇 이와 같으면, 곧 주변 나라의 백성들이 자기 자식을 업고 몰려올 것이니, 어찌 스스로 농사를 짓겠는가?"라는 말을 통해서도 알 수 있듯이, 농사와 같이 힘을 쓰는 것은 아랫사람이나 하는 것이라고 보고 있는 것이다. 따라서 이를 통해서도 공자의 궁극적인 지향점은 다름 아닌 禮(예)와 義(의) 그리고 信(신)을 강조하는 소강사회로의 복귀에 있음을 알 수 있다.

15-33: 子曰: "知及之, 仁不能守之, 雖得之, 必失之。知及之, 仁能守之, 不莊以涖[12]之, 則民不敬。知及之, 仁能守之, 莊以涖之, 動之不以禮, 未善也。"

공자가 이르시기를: "지혜가 이르러도, 어질음이 지킬 수 없다면, 비록 얻더라도, 반드시 잃게 된다. 지혜가 이르고, 어질음이 지킬 수 있어도, 정중하게 임하지 않으면, 곧 백성이 공경하지 않는다. 지혜가 이르고, 어질음이 지킬 수 있으며, 정중하게 임해도, 예절로 행하지 않으면, 선한 것이 아니다."

*知(지: 지혜로움)는 사사로운 이익을 탐하지 않고 오직 백성들과 나라를 위한 공익을 꾀하며, 초자연적인 힘에 의탁하지 않는 객관적인 판단력이다. 그런데 공자는 이러한 객관적인 판단력이 仁(인: 자기의 군주를 진심으로 섬기고 따름)을 기반으로 하지 못하면, 그 판단력은 오래가지 못한다고 했다. 왜 그럴까? 이는 17-8의 "지혜로움을 좋아하면서, 배우기를 좋아하지 않으면, 그 결점은 방종해지는 것이다"라는 말뜻을 이해해야 하니, 공자는 지혜로움을 좋아하지만 성인의 道(도)를 배우기를 좋아하지 않으면, 그 지혜로움을 통제하지 못하고 제멋대로 해석하여 행동에 거리낌이 없게 된다고 보았기 때문이다. 따라서 공자에게 있어서 仁(인)은 道(도)의 중요한 구성요소임을 다시 한 번 확인할 수 있다.

---

12) 涖(이): 다다르다, 임하다.

또 객관적인 판단력을 갖추고 자기의 임금을 진심으로 섬기고 따르더라도 정중하게 임하지 않으면, 백성들이 그를 가벼이 여겨 공경하지 않게 된다고 했다. 그런데 객관적인 판단력을 갖추고 자기의 임금을 진심으로 섬기고 따르며 정중하게 임하더라도 禮(예: 조화로움을 위한 절제와 통제 즉 예악제도)를 행하지 않으면 선한 사람이 아니라고 했으니, 공자는 여기서 두 가지 중요한 점을 부각시키고 있다. 하나는 道(도)란 그 구성요소들 사이에 반드시 유기적인 조화가 필요하므로, 결코 흩어져서 개별적으로 존재해서는 안 된다는 것이다. 그리고 또 하나는 여기서 다시 한 번 道(도)라는 것이 그 내용과 형식의 조화를 이뤄야 함을 강조한 것임을 알 수 있을 것이다.

> 15-34: 子曰: "君子, 不可小知而可大受也; 小人, 不可大受而可小知也。"
> 子曰: "□□, 不可□□而可□□也; □□, 不可□□而可□□也。"

【대구법(형식), 대조법(내용)】

공자가 이르시기를: "군자는, 자잘한 것은 알 수 없어도 크게 이어받을 수는 있지만(성인의 도를 이어받을 수 있지만); 소인은 크게 이어받을 수 없으나(성인의 도를 이어받을 수 없으나), 자잘한 것은 알 수 있다."

*이와 관련하여, 먼저 다음의 기록을 살펴보자.

子曰："舜其大知也與, 舜好問而好察邇言, 隱惡而揚善。執其兩端, 用其中於民, 其斯以爲舜乎。"

공자가 이르시기를: "순임금은 <u>크게 지혜로우셨으니</u>, 순임금은 묻기를 좋아하시고 천근한 말(깊이가 없는 얕은 말)도 살피기를 좋아하셨으며, 악함은 숨기시고 선함을 드러내셨다. 그 양 극단을 잡아, 백성들에게 그 중간을 쓰셨으니, 이 때문에 순임금이 되셨다."

〔禮記(예기)〕〈中庸(중용)〉

공자에게 있어서 知(지: 지혜로움)는 大知(대지: 큰 지혜로움)와 小知(소지: 작은 지혜로움)로 나뉘는데, 大知(대지)는 바로 공자의 知(지) 즉 오직 백성들과 나라를 위한 공익을 꾀하며 초자연적인 힘에 의탁하지 않는 객관적인 판단력을 말하고, 小知(소지)는 사리사욕을 탐하는 얕은꾀를 뜻한다. 따라서 공자는 군자 즉 道(도)를 배우고 부단히 노력하여 실천하는 올바른 지도자는 大知(대지)를 추구하는 반면, 소인 즉 道(도)를 따르지 않고 사사로운 이익만을 탐하는 올바르지 못한 인격의 소인배는 小知(소지)를 추구한다고 말하는 것임을 알 수 있다.

*〔도덕경〕을 보면 노자 역시 知(지: 지혜로움)를 大知(대지)와 小知(소지)로 나누어 설명하고 있는데, 이에 대한 노자와 공자 두 사람의 분류 기준이 일치하지 않고 있다. 이와 관련하여서는, 추후 노자의 공자의 사상 비교에서 구체적으로 다룰 수 있기를 기대한다.

15-35: 子曰: "民之於仁也, 甚於水火。水火, 吾見
蹈而死者矣, 未見蹈仁而死者也。"
子曰: "民之於仁也, 甚於水火。水火, □見□
而□者□, □見□□而□者□。"

【비교법, 대유법, 대구법】
공자가 이르시기를: "백성들의 어질음을 따름은, 물이나
불보다도 깊고 두텁다. 물과 불은, 내가 뛰어들어 죽은 사람을
만나보았지만, 어질음에 뛰어들어 죽은 사람을 만나보지는
못했다."

*이와 관련하여서는 5-15의 子産(자산)에 대해 언급하면서 설명한
내용을 다시 한 번 상기할 필요가 있으니, 〔左傳(좌전)〕〈昭公(소공) 20
년〉에는 다음과 같은 기록이 있다. 자산이 병에 들자, 子大叔(자대숙)
을 불러서 말했다. "내가 죽으면 그대가 다스릴 터인데, 오로지 德(덕)
이 있는 사람만이 백성들을 관대하게 복종시킬 수 있으니, 그다음으
로는 엄격하게 다스리는 것이 가장 좋소. 불은 맹렬하기에 불에 죽는
사람이 적지만, 물은 관대하기에 가까이하다가 죽는 이들이 많소. 그
러므로 관대함으로 다스리는 것은 어려운 것이오." 자산이 죽고 나서
자대숙이 그를 이어 통치를 했는데, 백성들을 관대하게 다스리자 오
히려 도둑이 많아졌다. 자대숙이 자산의 말을 듣지 않은 것을 후회하
고 그들을 잡아다 죽이자, 도둑이 줄어들게 되었다. 이 일에 공자는
"통치를 관대하게 하면 백성들이 게을러지고, 게을러지면 엄격하게
바로잡아야 하지만, 엄격하게 통제하면 백성들이 상처를 받으니 다

시 관대함을 베풀어야 한다. 따라서 관대함과 엄격함이 조화를 이루는 정치가 가장 좋은 것이다"라고 평가했다.

결국 본문에서 물은 관대한 통치를 그리고 불은 엄격한 통치를 가리킨다. 하지만 공자는 "어질음에 뛰어들어 죽은 사람을 만나보지는 못했다"라고 하였으니, 이는 관대한 통치나 엄격한 통치를 하게 되면 많던 적던 희생당하는 사람이 생기게 되지만, 자기의 임금을 진심으로 섬기고 따르면 희생당하는 사람이 없게 된다는 의미를 함축하고 있는 것이다.

12-22에서 번지가 어질음이 어떤 것인지 묻자, 공자는 "사람을 사랑하는 것이다"라고 대답한 바 있다. 따라서 이를 통해서 공자가 왜 그토록 통치에 있어서 仁(인)을 강조하는지 이해할 수 있을 것이니, 자기의 임금을 사랑하여 진심으로 따르고 섬기게 되면 나라가 안정되므로, 결국 백성들이 평안한 생활을 할 수 있게 된다는 것이다. 그러므로 여기서도 공자는 참된 정치란 오로지 백성들과 나라의 안위만을 생각하는 것이라고 강조하고 있음을 알 수 있다.

*〔史記(사기)〕〈孔子世家(공자세가)〉에 따르면 노나라 昭公(소공) 20년 즉 공자가 30세일 때 자산이 죽었는데, 공자는 눈물을 흘리며 그는 예로부터 전해오는 사랑을 따른 사람이었다며 슬퍼했다고 하니, 이제 상술한 내용을 통해서 그 의미를 충분히 이해할 수 있을 것이다. 즉 자산 역시 오직 백성들의 안위를 위해서 고민하였으니, 공자가 왜 그토록 자산을 존경했는지 알고도 남음이 있다.

15-36: 子曰: "當仁, 不讓於師。"

공자가 이르시기를: "어질음을 대하면, 스승에게도 양보하지 않는다."

*노자는 [도덕경] 59장 59-1에서 "백성을 다스리고 하늘을 섬김에 있어 인색한 것 만한 것이 없는데, 무릇 인색함, 이는 앞서서 따름을 일컫는 것이니, 앞서서 따름 그것은 덕을 쌓는 것을 중시한다는 것을 이른다"라고 말한 바 있다. 따라서 인색함이란 남들보다 앞서서 따르는 것이고 앞서서 따른다는 것은 德(덕)을 쌓는 것이니, 이는 공자의 견해와 분명 공통부분이 있음을 알 수 있다.

*그렇다면 德(덕)과 仁(인)은 서로 관련이 있는 것일까? 2-1에서 언급한 바 있듯이 九德(구덕: 아홉 가지 덕)"이란 1. 寬而栗(관대하면서도 엄격함), 2. 柔而立(온유하면서도 확고히 섬), 3. 願而共(정중하면서도 함께 함), 4. 治而敬(다스리면서도 공경함), 5. 擾而毅(길들이면서도 강인함), 6. 直而溫(정직하면서도 부드러움), 7. 簡而廉(질박하면서도 청렴함), 8. 剛而實(강직하면서도 정성스러움), 9. 強而義(굳세면서도 의로움)를 말하는 것으로, 결국 성인들이 행한 강함과 부드러움의 통치법을 조화롭게 실천하려는 節操(절조: 절개와 지조)라고 설명한 바 있다.

그런데 노자는 [도덕경] 18장 18-1에서 "大道廢, 有仁義。(큰 도가 폐기되면, 인의가 출현한다.)"라고 하였고, 38장 38-7에서는 "故失道而後德, 失德而後仁, 失仁而後義。失義而後禮。(그러므로 도를 잃은 후에 비로소 덕이 있고, 덕을 잃은 후에 인이 있으며, 인을 잃은 후에 의가 있고, 의를 잃

은 후에 예가 있다.)라고도 하였다. 따라서 이를 정리하자면 노자의 道
(도)에 있어서 仁(인)은 그다지 중요치 않은 하위의 개념이 되므로, 공
자의 道(도)와는 분명한 차이점이 존재하는 것이다. 이와 관련하여
서는, 역시 추후 노자와 공자의 사상 비교에서 구체적으로 논하기로
한다.

15-37: 子曰: "君子, 貞而不諒[13]。"

공자가 이르시기를: "군자는, 지조가 곧지만 흉하지는 않다."

*주지하다시피, 군자는 道(도)를 배우고 부단히 노력하여 실천하
는 올바른 지도자이다. 그런데 17-8에서 공자가 자로에게 가르친 여
섯 가지 말씀과 여섯 가지 결점 중 한 가지가 "올곧음을 좋아하면서,
배우기를 좋아하지 않으면, 그 결점은 비방하는 것이다."이니, 이 말
은 즉 참된 지도자는 자신에게는 엄격하고 남에게는 관대해야 하는
데, 올곧음을 좋아하면서도 성인의 道(도)를 배우기를 좋아하지 않으
면, 오히려 타인에게만 엄격하여 비방하게 된다는 뜻이 된다.

따라서 상술한 내용을 근거로 본문의 말뜻을 풀어보자면, 이는
"道(도)를 배우고 부단히 노력하여 실천하는 올바른 지도자는 올곧음
을 원칙으로 하지만, 자기에게 엄격하고 타인에게는 오히려 관대함
을 베푼다"라는 의미를 함축하고 있음을 알 수 있다.

---

13) 諒(량): 고집스럽다, 흉하다.

15-38: 子曰: "事君, 敬其事而後其食。"

공자가 이르시기를: "임금을 섬기면, 그 일(나랏일)을 삼가고 그 생계는 뒤로 하는 것이다."

*이와 관련하여, 먼저 다음의 기록을 살펴보자.

禹爲人敏給克勤; 其筍不違, 其仁可親。其言可信; 聲爲律, 身爲度。稱以出; 亹亹穆穆, 爲綱爲紀。(생략) 禹傷先人父鯀功之不成受誅, 乃勞身焦思, 居外十三年, 過家門不敢入。薄衣食, 致孝於鬼神。卑宮室, 致費於溝淢。(생략) 食少, 調有餘相給, 以均諸侯。

우는 사람됨이 민첩하고도 부지런했으니; 싹(바탕)은 어긋남이 없고, 인자함은 가까이할 수 있었다. 말은 믿을 수 있었으니; 말하면 규율이 되고, 행하면 법도가 되었다. (명확하게) 헤아려 드러내었으니; 부지런하고도 온화하여, 기강이 되었다. (생략) 우는 돌아가신 아버지 곤이 공을 이루지 못해 형벌을 당한 것이 마음 아팠기에, 이에 몸을 수고롭게 하고 애태우며, 밖에서 지낸 지 13년 동안, 집 문을 지나도 감히 들어가지 않았다. 입고 먹는 것을 소홀히 하고, 귀신을 극진히 섬겼다. 거처를 누추하게 하고, 수로에 비용을 다 썼다. (생략) 식량이 적으면, 남음이 있는 곳에서 옮겨 서로 공급하여, 그럼으로써 제후들을 고르게 하였다. 〔史記(사기)〕〈夏本紀(하본기)〉

一饋十起, 以勞天下之民。

(우 임금은) 한 번 식사를 할 때 열 번을 일어나니, 그럼으로써 세상의 백성을 위해 애썼다. 〔十八史略(십팔사략)〕〈夏王朝篇(하왕조편)〉

이는 즉 벼슬을 하여 정치에 참여하면 나를 버리고 오직 나라와 백성들의 안위만을 생각해야 한다는 뜻이니, 周公(주공)의 "握髮吐哺(악발토포)" 역시 본문이 말하고자 하는 바와 일치하고 있다.

"악발토포"란 〔韓詩外傳(한시외전)〕에 나오는 말로 머리털을 잡고 먹은 것을 토해 낸다는 뜻인데, 周(주)나라 武王(무왕)의 동생 주공이 머리를 감다가도 손님이 오면 머리채를 쥐고 나와서 만나고, 음식을 먹다가도 이를 뱉고 만났을 정도로 人材(인재)와 賢人(현인)을 모시기 위해 정성과 성의를 다한 태도를 비유한다.

하지만 공자는 또 15-32에서 "군자는, 도를 도모하지 먹을 것을 도모하지 않는다. 농사를 짓는 것은, 굶주림이 그 안에 있기 때문이고, 배우는 것은, 봉록이 그 가운데 있기 때문이다. 군자는, 도를 걱정하지 가난을 걱정하지 않는다"라고 하여, 벼슬을 하여 정치에 참여하게 되면 자연스레 봉록을 받게 되어 가난함이나 굶주림을 고민할 필요가 없으니, 참된 지도자는 道(도)를 배우고 실천함으로써 임금을 도와 나랏일을 하는데 전력해야 한다고 말하기도 한다.

15-39: 子曰: "有敎, 無類。"

공자가 이르시기를: "가르침은 있지만, 부류나 등급은 없다."

*여기서 공자의 교육철학을 단편적으로 볼 수 있으니, 7-7에서 "몸소 마른 고기 한 묶음 이상의 예물을 들고 찾아오면, 내가 일찍이 가르쳐주지 아니한 적이 없다"라고 말한 바처럼, 신분으로 사람을 차별하지 않고 배우고자 하는 의지가 있는 사람 모두에게 공정한 교육 기회를 제공한 것이다. 하지만 당시 종법제도를 따랐던 공자에게 있어서, 이는 어디까지나 士(사)의 신분에게까지만 허락된 것이라는 시대적 한계만큼은 인지해야 할 것이다.

15-40: 子曰: "道¹⁴⁾不同, 不相爲謀。"

공자가 이르시기를: "길(방법)이 같지 않으면, 함께 도모할 수 없다."

*이와 관련하여, 먼저 다음의 기록을 살펴보자.

---

14) 道(도): 길, 방법, 술책.

世之學老子者則絀儒學, 儒學亦絀老子。"道不同不相爲謀", 豈謂是邪? 李耳無爲自化, 清靜自正。

세상의 노자를 배우는 이들은 곧 유가사상을 배척하고, 유가사상 역시 노자를 배척한다. "도가 같지 않으면, 함께 도모할 수 없다"고 하였으니, 그것은 이를 것이려니? 이이(노자)는 무위(억지로 작위 하지 않음)로 스스로 교화되고, 깨끗하고 고요함으로 스스로 올바르게 되도록 하였다.　　　　〔史記(사기)〕〈老子韓非列傳(노자한비열전)〉

주지하다시피 司馬遷(사마천)이 위와 같이 언급한 이래로, 이 문장은 노자와 공자의 사상이 상호배척관계에 있음을 보여주는 대표적인 증거로 활용되어 왔다. 즉 공자는 仁義(인의)와 예악제도를 통한 통제의 道(도: 통치이념)를 강조한 반면, 노자는 無爲自然(무위자연)을 통한 순리의 道(도)를 추구했다는 것이다. 하지만 필자의 〔도덕경〕 분석에 의하면 노자와 공자의 사상은 그들이 지향하고 있는 최종목표에 차이가 있는 것이지, 道(도)의 본질 즉 구성요소들은 거의 모두가 일치하고 있다[15]. 따라서 필자는 기존의 인식과는 다른 관점으로 접근하고자 한다.

14-33, 14-39, 14-40, 18-5, 18-6, 18-7에 등장하는 인물들의 공통점을 살펴보면, 이들은 道(도)가 땅에 떨어지면 결국 세상을 등지고 떠나야 한다는 가치관을 지녔기 때문에, 정도의 차이는 있지만 하나같이 모두 공자의 태도를 꼬집고 있다. 반면에 공자는 18-8에서 "나는 곧 이들과 달라서, 가함도 없고 불가함도 없다"라고 말했고, 또 18-7에서는 자로의 말을 빌어서 "벼슬을 하지 않는 것은, 의로운 일

---

15)　이 역시 추후 노자와 공자의 사상비교를 통해서 구체적으로 설명하기로 한다.

이 아니다. 장유유서의 예절은, 없앨 수 없는 것이니; 임금과 신하의 의를, 어찌 폐할 수 있겠는가? 자기의 몸을 깨끗이 하려다 큰 윤리를 어지럽히는 것이다. 군자가 벼슬하는 것은, 그 의를 행하는 것이다. 도가 행해지지 못함은, 이미 알고 있다"라고 밝힌 바 있으니, 즉 공자는 그들과 달리 道(도)가 땅에 떨어져도 끝까지 세상을 포기해서는 안 된다고 외치고 있는 것이다. 따라서 본문의 道(도)는 통치이념을 뜻하는 말이 아니라, "길, 방법"으로 해석해야 맥락이 통한다.

공자의 이러한 의지는 16-11의 "은거함으로써 그 뜻을 구하고, 의로움을 행함으로써 그 도에 이른다. 나는 그런 말을 들었지만, 그런 사람을 보지 못했다"는 말에서도 확연하게 드러나니, 함께 엮어서 이해할 수 있다.

15-41: 子曰: "辭達而已矣。"

공자가 이르시기를 "말은 (상대방에게) 전달하면 그 뿐이다."

*공자는 5-4에서도 "어찌 말재주를 쓰겠는가? 사람을 대함에 말솜씨로 하면, 자주 사람에게 미움을 사니, 그가 어진지는 모르겠지만, 어찌 말재주를 쓰겠는가?"라고 하여, 말이란 기술이 아니라 진솔하게 하는 것이 중요하다고 피력한 바 있다. 이는 5-9의 "당초에 나는 다른 사람에게 있어, 그 말을 들으면 그 행실을 믿었다. 이제 나는 다른 사람에게 있어, 그 말을 듣고 그 행실을 본다. 여로부터 쫓아서 이를 고치게 된 것이다"라는 말을 살펴보면 그 취지를 이해할 수 있으

니, 〔史記(사기)〕의 〈仲尼弟子列傳(중니제자열전)〉에는 공자가 "재아가 말을 잘하는 것만 믿었다가 잘못 판단했고, 자우가 못생겼다고 해서 잘못 판단했다"고 술회했다는 기록이 남아있다. 물론 공자의 이러한 가치관은 재아 일개인에서 그치는 것이 아니라, 춘추시대 전체에 만 연했던 풍조였음은 주지의 사실이다.

15-42: 師冕見, 及階。子曰: "階也。" 及席。子曰:
"席也。" 皆坐。子告之曰: "某在斯, 某在
斯。" 師冕出。子張問曰: "與師言之道與?"
子曰: "然。固相師之道也。"

【문답법】

(소경) 악사 면이 (공자를) 만나려했는데, 섬돌(돌층계)에 이르렀다.
공자가 이르시기를: "섬돌입니다." (면이) 자리에 이르렀다.
공자가 이르시기를: "자리입니다." 모두가 앉았다. 공자가
그에게 알려 이르시기를: "아무개가 여기에 있고, 아무개가
여기에 있습니다." 악사 면이 나갔다. 자장이 묻기를: "악사와
함께 말하는 도리입니까?" 공자가 이르시기를: "그러하다.
참으로 악사를 돕는 도리이다."

*4-15에서 공자가 "삼아, 나의 도는 하나로 그것을 꿰뚫는다"고 말
하자, 증자는 "선생님의 도는, 충과 서일 뿐이다"라고 풀이한 바 있
다. 이와 관련하여, 다시 한 번 다음의 기록을 살펴보자.

忠恕違道不遠, 施諸己而不願, 亦勿施於人。

충과 서는 도에서 멀리 떨어져 있지 않으니, 자기에게 베푸는 것을 원하지 않으면, 역시 남에게 베풀지 말아야 한다.

〔禮記(예기)〕〈中庸(중용)〉

즉 공자는 道(도: 통치이념)의 중요한 구성요소가 바로 忠(충: 정성스러움)과 恕(서: 남의 처지에 서서 이해하고 동정하는 마음)라고 밝힌 바 있는데, 본문을 통해서도 공자는 자신이 道(도)를 실천하고자 부단히 노력한 인물이었음을 알 수 있는 것이다.

第16章: 季氏(계씨)

16-1: 季氏將伐顓臾。冉有季路見於孔子曰：“季氏將有事於顓臾。”孔子曰：“求，無乃爾是過與？夫顓臾，昔者先王以爲東蒙主。且在邦域之中矣，是社稷之臣也。何以伐爲？”冉有曰：“夫子欲之。吾二臣者，皆不欲也。”孔子曰：“求！周任有言曰：‘陳力就列，不能者止。’危而不持，顛而不扶，則將焉用彼相矣？且爾言過矣。虎兕出於柙，龜玉毀於櫝中，是誰之過與？”冉有曰：“今夫顓臾，固而近於費。今不取，後世必爲子孫憂。”孔子曰：“求！君子，疾夫舍曰欲之而必爲之辭。丘也聞，有國有家者，不患寡而患不均，不患貧而患不安。蓋均無貧，和無寡，安無傾。夫如是，故遠人不服，則修文德以來之；既來之，則安之。今由與求也，相夫子，遠人不服而不能來也，邦分崩離析而不能守也，而謀動干戈於邦內。吾恐季孫之憂，不在顓臾，而在蕭墻之內也。”

季氏將伐顓臾。冉有季路見於孔子曰：“季氏將有事於顓臾。”孔子曰：“求，無乃爾是過與？夫顓臾，昔者先王以爲東蒙主。且在邦域之中矣，是社稷之臣也。何以伐爲？”冉有曰：“夫子欲之。吾二臣者，皆不欲也。”孔子曰：“求！周任有言曰：‘陳力就列，不能者止。’□而不□，□而不□，則將焉用彼相矣？且爾言過矣。□□□於□，□□□於□□，是誰之過與？”冉有曰：“今夫顓臾，固而近於費。今不取，後世必

爲子孫憂。"孔子曰:"求! 君子, 疾夫舍曰欲
之而必爲之辭。丘也聞, 有國有家者, 不患□
而患不□, 不患□而患不□。蓋均無貧, □無
□, □無□。夫如是, 故□□□□, 則□□□
□□之; 旣□□□, 則□之。今由與求也, 相夫
子, □□□□而不能□也, □□□□□而不
能□也, 而謀動干戈於邦內。吾恐季孫之憂,
不在顓臾, 而在蕭墻[1]之內也。"

【문답법, 설의법, 대유법, 대구법, 대구법, 대구법, 대구법, 대구
법, 대구법】

계씨가 장차 전유(노나라에 의존하는 작은 나라 이름)를 정벌하고자
하였다. 염유와 계로가 공자를 뵙고 말하기를: "계씨가
장차 전유에서 병력을 사용함을 가지려고(전유를 무력으로
정벌하고자) 합니다." 공자가 이르시기를: "구야, 이에 너는
어찌하여 허물을 바로잡지 않느냐? 대저 전유(라는 나라)는,
옛날 선왕께서 (노나라에 있는) 동몽산(에서 열리는 제사)의 주체로
삼으셨다. 또 (노)나라의 가운데에 있으니, 이는 (노)나라의
신하이다. 어째서 정벌하려 하는가?" 염유가 말하기를:
"어른(계씨)께서 하고자 하는 것입니다. 저희 두 신하는, 모두
원치 않습니다." 공자가 이르시기를: "구야! 주임이 말하기를:
'힘을 다해 나아가 수행하다가, 할 수 없으면 그만둔다'고 했다.
위태로운데도 잡지 않고, 엎어지는데도 부축하지 않으면, 곧
장차 어찌 그러한 담당자를 쓰겠느냐? 또 네 말이 지나치다.
호랑이와 코뿔소(맹수)가 우리에서 뛰쳐나오고, 거북의

---

1) 蕭墻(소장): 임금과 신하가 조회하는 곳에 세우는 병풍. 내부의 변란을 상징한다.

등딱지와 옥(귀한 물건)이 나무로 만든 궤 중에서 훼손되면, 이는 누구의 잘못인가?" 염유가 말하기를: "지금 저 전유(라는 나라)는, 견고하고도 (계씨의 영토인) 비 지역에 가깝습니다. 지금 멸망시키지 않으면, 후세에 반드시 자손의 근심이 될 것입니다." 공자가 이르시기를: "구야! 군자는, 하고 싶다고 말하지 않고 반드시 해야 한다는 말을 미워한다(욕심을 그대로 말하지 않고 당위성을 내세워 합리화하는 것을 싫어한다). 내가 듣기로, 나라를 이끄는 자는, (백성이) 적은 것을 근심하지 않고 고르게 베풀어지지 않을까를 근심한다고 하며, (백성이) 가난할까 근심하지 않고 편안하지 못함을 근심한다고 한다. 대개 고르게 베풀어지면 가난함이 없고, 화목하면 (백성이 몰려와서) 적지 않으며, 편안하면 (나라가) 기울어지지 않게 된다. 무릇 이와 같기 때문에, 고로 먼 곳의 사람들이 복종하지 않으면, 곧 文(문)과 德(덕)을 닦아서 오게 하고; 이미 왔으면, 곧 편안하게 해주는 것이다. 이제 유와 구가, 어른(계씨)을 도우므로, 멀리 있는 이들이 (계씨를) 따르지 않게 되어 올 수가 없고, 나라는 흩어지고 쪼개져서 지킬 수 없게 되었는데도, 나라 안에서 무기를 동원할 것을 도모한다(전쟁을 도모하고 있다). 나는 계손(계손씨)의 근심이, 전유에 있는 것이 아니라, 임금과 신하가 조회하는 곳에 세우는 병풍 안에 있을까 봐 두렵다(아마도 계손씨의 의도는 단순히 전유를 토벌하는 것이 아니라, 내부 변란을 일으켜 임금 자리를 노리는 것일 것이다)."

*주임이 구체적으로 누구인지는 알 수 없다. 周(주)나라의 史官(사관)이었다는 주장이 있으나, 역시 현재로서는 확실한 근거를 찾을 수 없다. 다만 [左傳(좌전)] 〈隱公(은공) 6년〉과 〈昭公(소공) 5년〉에서는 각각 주임의 "나라와 집안을 다스리는 사람이 나쁜 일을 봄에, 마치 농부가 잡초의 뿌리를 뽑아서 다시 자라지 못하게 하는 것처럼 하면, 이에 선한 사람들이 발전하게 됩니다" 및 "정권을 장악한 이는 사

적인 공로를 치하하지 않고, 사적인 원한을 벌하지 않는다"라는 말을 인용하고 있으니, 그는 아마도 대단히 올곧은 정치철학을 지닌 인물이었을 것이라고 추측할 수 있다.

　*염유와 자로가 계씨를 모시고 있었다는 사실로 미루어보아 본문의 계씨는 다름 아닌 季康子(계강자)이고, 또 염유와 자로가 공자를 찾아뵙고 상의한 것으로 짐작컨대 본문은 공자가 노나라로 돌아온 68세 이후의 일임을 알 수 있다. 그런데 계강자가 전유를 정벌했다는 기록은 어디에도 보이지 않으므로, 이는 실제로 발생한 것은 아니다. 그럼에도 불구하고 [논어]의 편찬자는 어떠한 의도로 이 대화를 집어넣은 것일까? 이제 그 이유에 대해서 하나씩 분석해보자.

　1. "구야, 이에 너는 어찌하여 허물을 바로잡지 않느냐?"
　　– 이는 자기의 잘못을 고칠 줄 아는 태도 즉 改過勿吝(개과물린: 허물을 고치는데 인색치 마라)과 過則勿改憚(과즉물개탄: 허물이 있으면 곧 고치기를 거리끼지 마라)의 자세에 위배된다.
　2. "위태로운데도 잡지 않고, 엎어지는데도 부축하지 않으면, 곧 장차 어찌 그러한 담당자를 쓰겠느냐? 또 네 말이 지나치다. 호랑이와 코뿔소(맹수)가 우리에서 뛰쳐나오고, 거북의 등딱지와 옥(귀한 물건)이 나무로 만든 궤 중에서 훼손되면, 이는 누구의 잘못인가?"
　　– 이는 義(의: 계급상의 서열을 명확하게 하고 그 서열에서 마땅히 지켜야 할 바를 목숨을 걸고 지키는 것)와 勇(용: 의로움을 몸으로 실천하는 것)에 위배된다.
　3. "구야! 군자는, 하고 싶다고 말하지 않고 반드시 해야 한다는 말을 미워한다."

- 이는 巧言(교언: 교묘하게 꾸며서 하는 말)이니, 德(덕)을 어지럽
  힌다.
4. "이제 유와 구가, 어른을 도우므로, 멀리 있는 이들이 따르지
  않게 되어 올 수가 없고, 나라는 흩어지고 쪼개져서 지킬 수 없
  게 되었다."
- 이는 참된 지도자가 궁극적으로 추구해야 할 목표에 위배된다.
  특히 본문의 "무릇 이와 같기 때문에, 고로 먼 곳의 사람들이 복
  종하지 않으면, 곧 文(문)과 德(덕)을 닦아서 오게 하고; 이미 왔
  으면, 곧 편안하게 해주는 것이다"는 표현과 연결되어, 1-1의
  "무리들이 있어서 먼 곳으로부터 찾아오면, 또한 즐겁지 아니한
  가?"라는 말과 서로 통합에 유의한다.
5. "나라 안에서 무기를 동원할 것을 도모한다."
- 이는 무력과 폭력 및 전쟁을 의미한다.
6. "나는 계손의 근심이, 전유에 있는 것이 아니라, 임금과 신하가
  조회하는 곳에 세우는 병풍 안에 있을까 봐 두렵다."
- 이는 신하가 내부 변란을 일으켜 임금 자리를 노리는 것이니,
  仁(인: 자기의 군주를 진심으로 섬기고 따름)에 어긋난다.

즉 [논어]의 편찬자는 본문의 대화가 공자의 道(도)를 집약적으로
잘 표현한 것이라고 판단해서 삽입한 것임을 알 수 있는 것이다.

16-2: 孔子曰: "天下有道, 則禮樂征伐自天子出;
天下無道, 則禮樂征伐自諸侯出。自諸侯出,
蓋十世希不失矣; 自大夫出, 五世希不失矣;
陪臣執國命, 三世希不失矣。天下有道, 則政
不在大夫。天下有道, 則庶人不議。"
孔子曰: "天下□道, 則禮樂征伐自□□出;
天下□道, 則禮樂征伐自□□出。自□□出,
蓋□世希不失矣; 自□□出, □世希不失矣;
□□□□□, □世希不失矣。天下有道, 則
□不□□□。天下有道, 則□□不□。"

【대구법, 대구법, 대구법】

공자가 이르시기를: "천하에 도가 있으면, 곧 예악과 정벌이
천자로부터 나오고; 천하에 도가 없으면, 곧 예악과 정벌이
제후에게서 나온다. 제후에게서 나오면, 대략 십대에 잃지 않는
일이 드물고(십대까지 유지할 수 있고); 대부에게서 나오면, 오대에
잃지 않는 일이 드물며; 대부의 가신이 국가의 명령을 장악하면,
삼대에 잃지 않는 일이 드물다. 천하에 도가 있으면, 곧 정권이
대부에게 있지 않고, 천하에 도가 있으면, 곧 백성들이 정치를
의론하지 않는다."

*본문은 義(의: 계급상의 서열을 명확하게 하고 그 서열에서 마땅히 지켜야
할 바를 목숨을 걸고 지키는 것)를 강조한 것이니, 주지하다시피 공자는
道(도)의 중요한 구성요소 중 하나가 바로 義(의)라고 보았던 것이다.

아울러서 이를 통해서도 道(도)가 태평성대를 이끈 옛 성현들의 통치이념임을 다시 한 번 확인할 수 있다. 따라서 공자는 지도자가 옛 성현들의 통치이념을 따라서 나라를 다스리게 되면 세상이 안정되므로, 백성들이 정치에 관심을 갖지 않게 된다고 말하는 것이다.

16-3: 孔子曰: "祿之去公室, 五世矣; 政逮於大夫, 四世矣。故夫三桓之子孫, 微矣。"
孔子曰: "□□□□□, □世矣; □□□□□, □世矣。故夫三桓之子孫, 微矣。"

【대구법】

공자가 이르시기를: "(신하들에게) 녹을 줌이 공실(공무를 보는 방)에서 떠난 지, 오대-宣公(선공), 成公(성공), 襄公(양공), 昭公(소공), 定公(정공)-요, 나라를 다스리는 일이 대부에게 이른지 사대-季武子(계무자), 季悼子(계도자), 季平子(계평자), 季桓子(계환자)이니, 따라서 저 삼환(노나라 환공)의 자손-孟孫(맹손), 叔孫(숙손), 季孫(계손)-은, (그 기세가) 쇠미할 것이다."

*본문은 16-2와 연계하여 이해할 필요가 있으니, 이 역시 義(의: 계급상의 서열을 명확하게 하고 그 서열에서 마땅히 지켜야 할 바를 목숨을 걸고 지키는 것)를 강조한 것이다. 이와 관련하여서는 노자 역시 [도덕경] 30장 30-6에서 "物壯則老, 是謂不道, 不道早已。(사물이 강대해지면 곧 쇠퇴하니, 이는 도에 부합되지 않는다고 일컫는다. 도에 부합되지 않으면 일찌감치 사라진다.)"라고 했고, 59장의 59-2에서 "重積德則無不克, 無不克則莫知其極。(덕을 쌓는 것을 중시한다는 것은 곧 극복하지 못할 것이 없다는 것이니, 극복하

지 못할 것이 없다는 것은 곧 그 끝을 알 수 없다.)"라고 했으며, 59–3에서 "莫知其極, 可以有國。(그 끝을 알지 못하면, 나라를 가질 수 있는 것이다.)"라고 말한 바 있으니, 道(도)를 견지하지 못하면 결국 그 자리를 오래 보존할 수 없다는 뜻이 된다. 다시 말해서, 이에 대한 노자와 공자의 가치관은 일치하고 있음을 알 수 있다.

16-4: 孔子曰: "益者三友, 損者三友。友直, 友諒²⁾, 友多聞, 益矣。友便辟, 友善柔, 友便佞, 損矣。"

孔子曰: "□者三友, □者三友。友□, 友□, 友□□, □矣。友□□, 友□□, 友□□, □矣。"

【대구법, 대구법(형식), 대조법(내용), 열거법】

공자가 이르시기를: "이로운 벗이 셋, 해로운 벗이 셋이다. 올곧은 이와 사귀고, 조심스럽게 살피는 이와 사귀며, 많이들은 이와 사귀면, 이롭다. 편벽된 이와 사귀고, 유약한 이와 사귀며, 아첨하는 이와 사귀면, 해롭다."

*주지하다시피, 直(직)은 사사로운 정에 얽매이지 않고 공정하게 판단하는 것이다. 또한 여기서 諒(양)은 조심스럽게 살피는 것이고 多聞(나문)은 好問(호문: 묻기를 좋아함)과 같은 뜻이니, 모두 愼(신: 말과 행동에 조심하는 신중함)을 강조하는 것이다. 즉 공자는 본문을 통해서 道(도)를 배우고 실천하는 이와 가깝게 지내야 한다고 말하고 있다.

---

2) 諒(양): 믿다, 신중하게 살피다.

16-5: 孔子曰: "益者三樂, 損者三樂。樂節禮樂, 樂
　　　道人之善, 樂多賢友, 益矣。樂驕樂, 樂佚遊,
　　　樂宴樂, 損矣。"
　　　孔子曰: "□者三樂, □者三樂。樂□□□, 樂
　　　□□□□, 樂□□□, □矣。樂□□, 樂□
　　　□, 樂□□, □矣。"

【대구법, 대구법(형식), 대조법(내용), 열거법】

공자가 이르시기를: "이로운 세 가지 즐거움이 있고, 해로운 세
가지 즐거움이 있다. 예악의 조율을 즐거워하고, 타인의 선함을
말하기를 즐거워하며, 현명한 벗이 많은 것을 즐거워하면
이롭다. 교만함을 즐거워하고, 빈둥거리는 것을 즐거워하며,
향락으로 방탕한 것을 즐거워하면, 해롭다."

*"예악의 조율을 즐거워한다"는 것은 8-9에서도 설명했듯이, 道
(도)의 형식인 엄격한 禮(예: 조화로움을 위한 절제와 통제)와 樂(악: 조화로
움을 위한 온유함)의 공존 즉 强(강: 강함)과 弱(약: 부드러움)의 和(화: 조화)
를 뜻한다.

　그리고 "타인의 선함을 말하기를 즐거워한다"는 것은 15-15에서
설명한 바 있는 九德(구덕: 아홉 가지 덕) 중 寬而栗(관대하면서도 엄격함)
을 말하는 것이니, 자기에게는 엄격하여 改過勿吝(개과물린: 허물을 고
치는데 인색하지 말라)하는 반면 타인에게는 너그러움으로 대함으로써
容(용: 너그러이 포용함)하는 和(화: 조화)를 이루는 것을 뜻한다.

　마지막으로 "현명한 벗이 많은 것을 즐거워한다"는 것은 11-15에
서 설명했다시피 賢(현: 현명함) 즉 禮(예)로 이성과 감성을 조율하여

中(중)과 和(화)로 이르는 벗과 교류하는 것을 뜻하니, 결국 道(도)를 이해하여 실천하는 벗들과 교류하는 것을 뜻한다. 이와 관련하여서는, 다음의 기록을 다시 한 번 살펴보자.

喜怒哀樂之未發, 謂之中, 發而皆中節, 謂之和。中也者, 天下之大本也, 和也者, 天下之達道也。致中和, 天地位焉, 萬物育焉。

희로애락이 드러나지 않은 것, 그것을 중이라고 일컫고, 드러나지만 모두 절도에 맞은 것, 그것을 화라고 한다. 중이라는 것은, 세상의 큰 근본이고, 화라고 하는 것은, 세상이 도에 닿은 것이다. 중과 화에 이르면, 천지가 자리를 잡고, 만물이 자란다.

〔禮記(예기)〕〈中庸(중용)〉

따라서 이 말은 사실상 1-8의 "자기보다 못한 사람을 가까이하지 말라", 9-24의 "자기만 못한 자를 벗으로 삼지 말라", 12-24의 "군자는, 文(문)으로 벗을 모으고; 벗으로 어질음을 돕는다", 15-10의 "선비의 어질음을 벗하는 것이다" 및 16-4의 "올곧은 이와 사귀고, 조심스럽게 살피는 이와 사귀며, 많이들은 이와 사귀면, 이롭다"는 말들과도 긴밀하게 연결되고 있음을 알 수 있다. 물론 위의 이 세 가지 태도는 의심할 여지없이 謙(겸: 겸손함)의 자세가 공통적으로 전제되어야 할 것이다.

16-6: 孔子曰: "侍於君子, 有三愆[3]: 言未及之而
言, 謂之躁; 言及之而不言, 謂之隱; 未見顏
色而言, 謂之瞽[4]。"
孔子曰: "侍於君子, 有三愆: □□□□而□,
謂之□; □□□而□□, 謂之□; □□□□
而□, 謂之□。"

【대구법, 열거법】

공자가 이르시기를: "군자를 모심에, 세 가지 허물이 있다: 말이
아직 (때에) 미치지 않았는데도(말을 할 때가 아닌데도) 말하는 것을,
성급하다고 하고; 말이 (때에) 미쳤으나(말을 해야 할 때인데도) 말하지
않는 것을 숨는다고(은폐한다고) 하며; 얼굴빛을 보지 않고(상황을
헤아리지 않고) 말하는 것을, (남의) 기색을 잘 살피지 못한다고
한다."

*앞에서 누차 공자는 정치하는 이를 聖人(성인: 대동사회의 지도자) −
君子(군자: 소강사회의 지도자) − 器(기: 전문가)의 순서로 서열화하고 있
다고 했는데, 여기서는 실무를 담당하는 뛰어난 전문가가 참된 지도
자를 모실 때 해서는 안 될 세 가지 허물에 대해서 설명하고 있다.

---

3) 愆(건): 허물, 잘못.
4) 瞽(고): 타인의 기색을 잘 살피지 못하다.

논어, 그 오해와 진실 | 난세의 지도자 양성서

16-7: 孔子曰: "君子有三戒: 少之時, 血氣未定, 戒
之在色; 及其壯也, 血氣方剛, 戒之在鬪; 及
其老也, 血氣旣衰, 戒之在得。"
孔子曰: "君子有三戒: 少之時, 血氣□□, 戒
之在□; 及其□也, 血氣□□, 戒之在□; 及
其□也, 血氣□□, 戒之在□。"

【대구법, 열거법】
공자가 이르시기를: "군자는 세 가지 경계할 것이 있다: 어릴
때는, 혈기가 아직 정해지지 않아서, 경계할 것이 얼굴빛에
있고(감정에 따라 쉬이 얼굴빛을 달리해서는 안 되고); 그 젊음에
이르러서는(젊을 때는), 혈기가 바야흐로 억세져서, 경계할 것이
(서로 경쟁하여) 다툼에 있으며(서로 지지 않으려고 대립해서는 안 되며), 그
늙음에 이르러서는(늙어서는), 혈기가 이미 쇠해져서, 경계할 것이
탐함에 있다.(이득을 탐하려고 하면 안 된다.)"

*본문에서 공자가 말하고자 하는 의도를 이해하기 위해서는, 먼
저 色(색)의 함의를 정확하게 파악해야 한다. 기존의 서적들을 보면
이를 女色(여색)으로 해석하는 경우가 적잖이 있는데, 공자가 〔논어〕
에서 色(색)을 말할 때 이를 여색으로 해석하는 경우는 오로지 好色
(호색)이라고 표현할 때였으니, 이제 〔논어〕에 나오는 色(색)의 의미를
모두 정리해보면 다음과 같다.
1-3 "令色(아첨하는 얼굴빛)", 1-7 "易色(얼굴빛을 바꿈)", 2-8 "色難(얼
굴빛이 어려움)", 5-18 "喜色(기쁜 기색)", 5-24 "令色(아첨하는 얼굴빛)", 8-5
"正顏色(얼굴빛을 바르게 함)", 9-17 "好色(여색을 좋아함)", 10-3 "色勃如也

(얼굴빛이 우쩍 일어남)", 10-4 "色勃如也(얼굴빛이 우쩍 일어남)", 10-4 "逞
顏色(얼굴빛을 풀음)", 10-5 "勃如戰色(얼굴빛이 우쩍 일어나 두려워서 떠는 듯
함)", 10-5 "有容色(조용하고 누긋한 안색)", 10-8 "色惡(빛깔이 나쁨)", 10-16
"變色(얼굴빛을 고침)", 10-18 "色斯擧矣(생기가 도니 이에 들어 올림)", 11-20
"色壯(얼굴빛만 장엄함)", 12-20 "觀色(얼굴빛을 살핌)", 14-38 "辟色(아첨하는
얼굴빛을 피함)", 15-13 "好色(여색을 좋아함)", 16-6 "見顏色(얼굴빛을 봄)",
16-10 "色思溫(온화한 얼굴빛을 생각함)", 17-12 "色厲(얼굴빛을 사납게 함)",
17-17 "令色(아첨하는 얼굴빛)"

따라서 본문의 色(색)은 마땅히 "얼굴빛"으로 해석해야 할 것이다.

16-8: 孔子曰: "君子有三畏。畏天命, 畏大人, 畏聖
人之言。小人不知天命而不畏也, 狎大人, 侮
聖人之言。"
孔子曰: "君子有三畏。畏□□, 畏□□, 畏□
□□□。小人不知天命而不畏也, 狎大人, 侮
聖人之言。"

【대구법, 열거법】

공자가 이르시기를: "군자는 세 가지 경외함(공경하고도 두려워함)이
있다. 천명을 경외하고, 대인을 경외하며, 성인의 말씀을
경외한다. 소인은 천명을 알지 못하여 두려워하지 않으니,
대인을 업신여기고, 성인의 말씀을 조롱한다."

*天命(천명)은 2-4에서 설명했다시피 順理(순리: 선한 것과 옳은 것을

지킴)이다. 따라서 공자는 道(도)를 배우고 부단히 노력하여 실천하는 올바른 지도자는 백성이라는 것이 억압하는 것이 아닌 그들의 천성에 따라 순리대로 다스려야 하는 존재임을 깨닫고, 이를 공경하면서도 두려워하여 받든다고 말하는 것이다.

　*大人(대인)이란 단어는 〔左傳(좌전)〕의 〈襄公(양공) 30년〉〈昭公(소공) 18년〉〈昭公(소공) 31년〉 및 〔國語(국어)〕의 〈魯語下(노어하)〉〈晉語(진어)〉 그리고 〔禮記(예기)〕의 〈禮運(예운)〉〈樂記(악기)〉〈表記(표기)〉〈緇衣(치의)〉에 등장하고 있는데, 〔국어〕〈晉語(진어)〉에 나오는 大人(대인)만 "키가 큰 사람"을 뜻하고, 나머지는 예외 없이 같은 의미로 쓰이고 있으니, 이와 관련하여 다음의 기록을 살펴보자.

　　大人之器, 威敬; 天子無筮, 諸侯有守筮。
　　대인의 그릇이란, 위엄이 있어서 사람들이 공경하는 것이니; 천자는 (위엄이 있어서 함부로) 점치지 않지만, 제후는 (나라를) 지킴에 점친다.　　　　　　　　　　〔禮記(예기)〕〈表記(표기)〉

　즉 大人(대인)은 "최고위층의 지배계급인 천자"를 뜻하는 것이다.

大人(대인): "최고위층의 지배계급인 천자"

　따라서 공자는 이를 통해서 다시 한 번 仁(인: 자기의 임금을 진심으로 섬기고 따름)을 강조하고 있음을 알 수 있다. 물론 공자의 이러한 가치관은 어디까지나 대혼란기의 춘추시대라는 특수상황을 고려하여 이

해해야 하는데, 특히 종법제도에 기인하여 주장하고 있음은 주지의
사실이다.

　*聖人(성인)은 7-25에서도 설명한 바 있듯이, 大同(대동의 사회를 이
끈 三皇五帝(삼황오제)를 가리킨다. 이를 통해서 두 가지를 확인할 수 있
는데, 하나는 공자가 정치하는 이를 聖人(성인: 대동사회의 지도자) - 君
子(군자: 소강사회의 지도자) - 器(기: 전문가)의 순서로 서열화하고 있다
는 필자의 주장은 틀림이 없다는 점이다. 그리고 또 하나는 공자의
道(도)가 궁극적으로는 小康(소강)의 통치이념이지만, 그 틀이 대동의
통치이념을 기반으로 하고 있다는 점이다.

　*이제 상술한 분석내용을 토대로 본문을 풀이해보면, 이는 "道(도)
를 배우고 부단히 노력하여 실천하는 올바른 지도자는 세 가지 공경
하고도 두려워함이 있다. 하나는 천명(선한 것과 옳은 것을 지키는 것)이
니, 백성이라는 것이 억압하는 것이 아닌 그들의 천성에 따라 순리
대로 다스려야 하는 존재임을 깨닫고, 이를 공경하면서도 두려워하
여 받드는 것이다. 둘은 천자를 공경하면서도 두려워하여 받듦으로
써 仁(인)을 따르는 것이다. 그리고 마지막은 大同(대동)의 사회를 이
끈 三皇五帝(삼황오제)의 말씀을 공경하면서도 두려워하여 따르는 것
이다. 하지만 道(도)를 따르지 않고 사사로운 이익만을 탐하는 올바
르지 못한 인격의 소인배는 백성들을 억압하고, 천자를 업신여기며,
대동의 사회를 이끈 삼황오제의 말씀을 비웃는다"라는 의미를 함축
하고 있음을 알 수 있다.

16-9: 孔子曰:"生而知之者, 上也; 學而知之者, 次也; 困而學之, 又其次也。困而不學, 民斯爲下矣!"
孔子曰:"□而□之者, □也; □而□之者, □也; 困而學之, 又其次也。困而不學, 民斯爲下矣!"

【대구법】
공자가 이르시기를: "태어나서 아는 이는, 상등이고; 배워서 아는 이는, 그 다음이며; 곤란하여 배우는 이는, 또 그 다음이다. 곤란함을 겪는데도 배우지 않으면, 백성들이 이에 하등으로 삼는다."

*본문 맨 마지막의 "백성들이 이에 하등으로 삼는다"라는 표현을 통해서 이 문장의 主語(주어)가 지도자임을 알 수 있는데, 먼저 "태어나서 아는 이는, 상등이다"라는 말과 관련하여 다음의 기록들을 살펴보자.

帝顓頊高陽者, 黃帝之孫而昌意之子也。靜淵以有謀, 疏通而知事; 養材以任地, 載時以象天, 依鬼神以制義, 治氣以敎化, 絜誠以祭祀。(생략) 動靜之物, 大小之神, 日月所照, 莫不砥屬。

전욱제 고양은, 황제의 자손이고 창의의 아들이다. 조용하여 지모가 있었고, 도리와 조리에 밝아 일을 주재하였으니; 재목을 길러 관리를 부임시키고, 때에 맞춰 하늘을 점쳤으며, 귀신에 의탁하여 법도를 바로잡고, (음양의) 기를 바로잡아 교화하였으며, 깨끗하고도 정성을 다해 제사를 지냈다. (생략) 운동과 정지하는 만물이나, 크고 작은 신들, 해와 달이 비치는 곳이면, 고루 귀속되지 않는 것이 없었다.　　　　　　　　　　　　　　　〔史記(사기)〕〈五帝本紀(오제본기)〉

高辛生而神靈, 自言其名。普施利物, 不於其身。聰以知遠, 明以察微。順天之義, 知民之急。仁而威, 惠而信, 脩身而天下服。取地之財而節用之, 撫教萬民而利誨之, 曆日月而迎送之, 明鬼神而敬事之。其色郁郁, 其德嶷嶷。其動也時, 其服也士。帝嚳漑執中而遍天下, 日月所照, 風雨所至, 莫不從服。

고신(제곡)은 태어나면서 신통하고 영묘하여, 스스로 자신의 이름을 말했다. 두루 베풀어 만물을 이롭게 하였지만, 자신에게는 아니었다(자신을 돌보지 않았다). 귀가 밝아 멀리까지 알았고, 눈이 밝아 작은 것을 살폈다. 하늘의 법도를 따르고, 백성의 긴요함을(백성들이 무엇을 긴요하게 생각하는지를) 알았다. 어질면서도 위엄 있고, 은혜로우면서도 믿음이 있었으며, 자신을 닦았기에 세상이 복종했다. 땅의 재물을 얻어 아껴 쓰고, 백성을 위로하고 가르치면서 이롭게 인도하였으며, 해와 달을 셈하여 맞이하거나 전송하였고, 귀신을 밝혀서 공손히 섬겼다. 그 얼굴빛은 그윽하고, 그 덕은 높았다. 그 움직임은 때에 맞았고, 그 의복은 士의 것이었다(임금의 복장이 아니었다). 제곡은 이미 중을 잡아 두루 세상에 미쳤으므로, 해와 달이 비치는 곳과, 바람과 비가 이르는 곳이면, 복종하지 않는 것이 없었다.

〔史記(사기)〕〈五帝本紀(오제본기)〉

帝堯者, 放勳。其仁如天, 其知如神。就之如日, 望之如雲。富而不驕,
貴而不舒。(생략) 能明馴德, 以親九族。九族既睦, 便章百姓。百姓昭
明, 合和萬國。

요임금은, 방훈이다. 그 인자함은 하늘과 같았고, 그 지혜로움은 귀
신과도 같았다. 그를 좇으면 태양과 같았고, 그를 바라보면 구름과
도 같았다. <u>부유하면서도 교만하지 않고, 고귀하면서도 오만하지
않았다.</u> (생략) 능히 덕을 밝히고 따름으로써, 구족(같은 종족의 9대:
고조부터 현손까지)이 가까워졌다. 구족이 이미 화목해지니, 수많은
성씨(귀족)를 상의하여 처리했다. 수많은 성씨(귀족)가 명확히 구분
되어지자, 온 나라가 합하여 잘 어울리게 되었다.

〔史記(사기)〕〈五帝本紀(오제본기)〉

즉 이는 다름 아닌 대동의 사회를 이끈 聖人(성인)을 지칭하는 것
임을 알 수 있다. 그렇다면 "배워서 아는 이는, 그 다음이다"라는 말
은, 구체적으로 누구를 지칭하는 것일까? 이와 관련하여, 다음의 기
록들을 살펴보자.

禹爲人敏給克勤; 其笱不違, 其仁可親。其言可信; 聲爲律, 身爲度。
稱以出; 亹亹穆穆, 爲綱爲紀。(생략) 禹傷先人父鯀功之不成受誅,
乃勞身焦思, 居外十三年, 過家門不敢入。薄衣食, 致孝於鬼神。卑宮
室, 致費於溝減。(생략) 食少, 調有餘相給, 以均諸侯。

우는 사람됨이 민첩하고도 부지런했으니; 싹(바탕)은 어긋남이 없
고, 인자함은 가까이할 수 있었다. 말은 믿을 수 있었으니; 말하면
규율이 되고, 행하면 법도가 되었다. (명확하게) 헤아려 드러내었으
니; 부지런하고도 온화하여, 기강이 되었다. (생략) 우는 돌아가신

아버지 곤이 공을 이루지 못해 형벌을 당한 것이 마음 아팠기에, 이에 몸을 수고롭게 하고 애태우며, 밖에서 지낸 지 13년 동안, 집 문을 지나도 감히 들어가지 않았다. 입고 먹는 것을 소홀히 하고, 귀신을 극진히 섬겼다. 거처를 누추하게 하고, 수로에 비용을 다 썼다. (생략) 식량이 적으면, 남음이 있는 곳에서 옮겨 서로 공급하여, 그럼으로써 제후들을 고르게 하였다. 〔史記(사기)〕〈夏本紀(하본기)〉

湯出, 見野張網四面, 祝曰: "自天下四方皆入吾網。" 湯曰: "嘻, 盡之矣!" 乃去其三面, 祝曰: "欲左, 左; 欲右, 右; 不用命, 乃入吾網。" 諸侯聞之, 曰: "湯德至矣, 及禽獸。"

탕이 나가서, 들에 사면으로 그물을 펼쳐놓고, "세상 사방 모두가 내 그물로 들어오게 하소서"라고 비는 이를 보았다. 탕이 말했다: "아, 다 잡으려 하는구나!" 이에 삼면을 거두고, "왼쪽으로 가려면, 왼쪽으로, 오른쪽으로 가려면, 오른쪽으로 가게 하소서; 명령을 따르지 않으면, 이에 내 그물로 들어오게 하소서"라고 빌었다. 제후들이 듣고, 말했다: "탕의 덕이 지극하니, 금수에게까지 미쳤구나."

〔史記(사기)〕〈殷本紀(은본기)〉

즉 이는 다름 아닌 소강의 사회를 이끈 君子(군자)를 지칭하는 것임을 알 수 있다. 그렇다면 그 다음의 "곤란하여 배우는 이는, 또 그 다음이다"라는 말은 또 누구를 지칭하는 것일까? 이와 관련하여, 다음의 기록을 살펴보자.

自太甲, 歷沃丁、太庚、小甲、雍己, 至太戊, 亳有祥桑穀共生于朝, 一日暮大拱, 伊陟曰, 妖不勝德, 君其脩德, 太戊修先王之政, 二日而祥桑枯死, 殷道復興, 號稱中宗。

태갑으로부터 옥정 태경 소갑 옹기를 거쳐, 태무에 이르러, 박에 요망한 뽕나무와 곡식(또는 닥나무)이 함께 아침에 나서 하루가 지나 저물녘에 크게 한 아름만 해지니 이척(이윤의 아들)이 말하기를, "요망함은 덕을 이기지 못하니 임금님께서는 그 덕을 닦으소서." 하였다. 태무가 선왕(선대의 어진 임금)의 정치를 닦으니 이틀 만에 요망한 뽕나무가 말라죽고 은나라의 왕도가 다시 일어나니 이를 불러 중종이라 일컬었다.　　　〔十八史略(십팔사략)〕〈殷王朝篇(은왕조편)〉

즉 이는 다름 아닌 어려움을 겪은 후에 깨달음이 있어 다시 나라를 일으킨 임금들인 것이다. 따라서 마지막의 "곤란함을 겪는데도 배우지 않으면, 백성들이 이에 하등으로 삼는다"라는 말은 자연스레 小人(소인) 즉 道(도)를 따르지 않고 사사로운 이익만을 탐하는 올바르지 못한 인격의 소인배를 지칭하는 것이니, 이러한 지도자는 백성들이 따르지 않거니와 심지어 비웃는다고 경고하는 것이다.

16-10: 孔子曰: "君子有九思。視思明, 聽思聰, 色
　　　思溫, 貌思恭, 言思忠, 事思敬, 疑思問, 忿
　　　思難, 見得思義。"
　　　孔子曰: "君子有九思。□思□, □思□, □
　　　思□, □思□, □思□, □思□, □思□, □
　　　思□, □□思□。"

【대구법, 열거법】

공자가 이르시기를: "군자는 아홉 가지 생각함이 있다.
명확하게 볼 것을 생각하고, 분명하게 들을 것을 생각하며,
온화한 얼굴빛을 생각하고, 겸손한 태도를 생각하며,
정성스럽게 말할 것을 생각하고, 공경하여 섬김을 생각하며,
의문이 생기면 물을 것을 생각하고, 화가 나면 후환을 생각하며,
얻을 것을 보면 의로움을 생각한다."

*이는 참된 지도자가 갖춰야 할 道(도)의 구체적인 구성요소들을
열거하고 있는 것으로 봐야 한다. 먼저 공자는 "명확하게 볼 것을 생
각하고, 분명하게 들을 것을 생각한다"고 하였으니, 이는 中(중: 객관
적이고도 공정한 태도)이다. 다음으로 "온화한 얼굴빛을 생각하고, 겸손
한 태도를 생각한다"고 했으니, 이는 謙(겸: 겸손)함이다. 또 忠(충: 정
성스러움)과 더불어서 "공경하여 섬김을 생각한다"고 하였으니, 이는
仁(인: 자기의 임금을 진심으로 섬기고 따름)이다.

　　이어서 "의문이 생기면 물을 것을 생각한다"는 말은 好問(호문: 묻
기를 좋아함)의 자세이고, "화가 나면 후환을 생각한다"는 것은 不惑(불
혹: 노여움으로 인해서 자신의 통제력을 잃고, 나아가 어버이에게 미치게 하지 않는

평정심)이니, 이는 다름 아닌 愼(신: 신중함)을 말하는 것이다. 그리고 끝으로 "얻을 것을 보면 의로움을 생각한다"는 것은 19-1에서도 강조하고 있는 것이니, 다름 아닌 義(의: 계급상의 서열을 명확하게 하고 그 서열에서 마땅히 지켜야 할 바를 목숨을 걸고 지키는 것)인 것이다. 다시 말해서, 공자는 본문을 통해서 道(도)의 내용을 이루는 구성요소들에 대해서 언급한 것임을 알 수 있다.

> 16-11: 孔子曰: "見善如不及, 見不善如探湯。吾見
> 其人矣, 吾聞其語矣! 隱居以求其志, 行義
> 以達其道。吾聞其語矣, 未見其人也!"
> 孔子曰: "見□如□□, 見□□如□□。吾
> □其□矣, 吾□其□矣! □□以□其□, □
> □以□其□。吾□其□矣, □□其□也!"

【직유법, 대구법, 대구법, 대구법】

공자가 이르시기를: "선함을 보면 못 미칠 듯이 하고(아직 부족하여 따라가지 못하는 듯 부지런히 노력하고), 선하지 못함을 보면 끓는 물에 손을 넣는 듯하다(선하지 못한 것을 보는 것은 끓는 물에 손을 넣는 것과도 같이 위험하니 피한다). 나는 그런 사람을 보았고, 나는 그런 말을 들었다! (세상에 도가 없으면) 은거함으로써 그 뜻을 구하고(자신을 온건하게 보존하고), (세상에 도가 있으면) 의로움을 행함으로써 그 도에 이른다. 나는 그런 말을 들었지만, 그런 사람을 보지 못했다."

*본문은 두 부분으로 분리하여 접근할 필요가 있다. 먼저 앞부분을 보면 이는 常(상) 즉 변치 않고 부단히 노력하는 初志一貫(초지일관)

및 선하지 못함을 보면 피함으로써 자기를 보호하는 태도를 뜻하는데, 공자는 그러한 말을 들었고 또 그런 사람을 친히 목도한 바 있다고 말한다.

하지만 뒷부분에서는 세상에 道(도)가 없으면 은거하여 자신을 보존하고 세상에 道(도)가 있으면 의로움을 행한다는 말은 들어봤지만, 실제로 친히 목도한 적은 없다고 하고 있으니, 이는 과연 어떤 의미를 함축하고 있는 것일까?

14-33의 微生畝(미생묘), 14-39의 문지기, 14-40의 삼태기를 등에 멘 자, 18-6의 長沮(장저)와 桀溺(걸익) 그리고 18-7의 노인은 모두 공자에게 道(도)가 땅에 떨어졌으므로 세상을 떠나 은거하라고 권한 사람들이니, 공자는 그러한 말을 들어봤다고 말한 것이다. 하지만 그랬던 사람이 다시 세상에 몸을 드러내 의로움을 행한 경우는 본 적이 없다고 했으니, 義(의: 의로움)는 계급상의 서열을 명확하게 하고 그 서열에서 마땅히 지켜야 할 바를 목숨을 걸고 지키는 것이다.

공자의 입장에서 보았을 때, 자신의 위치에서 지켜야 할 바를 목숨을 걸고 지키는 사람이 어찌 세상을 버리고 은거할 수 있겠는가? 이는 백성들과 나라를 버리고 자기 한 몸만 보존하려는 이기주의가 아니겠는가? 다시 말해서 공자는 여기서 은거하는 사람들의 처세법을 완곡하게나마 비판하고 있음을 알 수 있으니, 그는 道(도)가 땅에 떨어져도 끝까지 세상을 포기해서는 안 된다고 외치는 있는 것이다.

공자의 이러한 가치관은 18-7의 "벼슬을 하지 않는 것은, 의로운 일이 아니다. 장유유서의 예절은, 없앨 수 없는 것이니; 임금과 신하의 의를, 어찌 폐할 수 있겠는가? 자기의 몸을 깨끗이 하려다 큰 윤리를 어지럽히는 것이다. 군자가 벼슬하는 것은, 그 의를 행하는 것이다. 도가 행해지지 못함은, 이미 알고 있다"라는 표현과도 일치하고 있으니, 자로의 말은 공식적으로 공자의 뜻을 대변한다고 할 수 있겠다. 특히 공자는 5-6에서 "유는, 용감함을 좋아하는 것으로는 나를 넘어서지만, 재능을 취할 바는 없다"라고 말하여 자로의 義(의: 의로움)와 勇(용: 용감함)을 높이 평가하고 있으므로, 공자의 의지를 자로의 말로 대체하는 것이 무리는 아닐 것이다.

16-12: "齊景公有馬千駟, 死之日, 民無德而稱焉。
伯夷叔齊餓于首陽之下, 民到于今稱之。
其斯之謂與。"

"제나라 경공은 말 사천 마리를 소유하였지만, 죽는 날에, 백성들이 칭송할만한 덕이 없었다. 백이와 숙제는 수양산 아래에서 굶어 죽었지만, 백성들이 지금까지도 칭송하고 있다. 그것(백성들이 덕을 칭송하는 것)은 이것(위에서 언급한 내용)의 일컬음이다."

*제나라 경공의 인품과 관련하여서는 12-11을 참고할 수 있으니, 공자는 그가 義(의)를 모르는 인물이라고 비판한 바 있다. 이제 본문의 뜻을 이해하기 위해서는 먼저 德(덕)이란 무엇인지 구체적으로 살펴볼 필요가 있는데, 다음의 기록을 다시 한 번 음미해보도록 하자.

皋陶曰: "都! 亦行有九德。亦言, 其人有德, 乃言曰, 載采采。" 禹曰: "何?" 皋陶曰: "寬而栗, 柔而立, 愿而恭, 亂而敬, 擾而毅, 直而溫, 簡而廉, 剛而塞, 彊而義。彰厥有常, 吉哉! 日宣三德, 夙夜浚明, 有家。日嚴祗敬六德, 亮采, 有邦。翕受敷施, 九德咸事, 俊乂在官, 百僚師師。百工惟時, 撫于五辰, 庶績其凝。"

고요가 말했다: "아! 행함에는 또한 구덕(아홉 가지 덕)이 있습니다. 그 사람에게 덕이 있으면, 이에 가리고 가려 행했다고 말합니다." 우가 말했다: "어떤 것입니까?" 고요가 말했다: "관대하면서도 엄격하고, 온유하면서도 확고히 서며, 정중하면서도 함께하고, 다스리면서도 공경하며, 길들이면서도 강인하고, 정직하면서도 부드러우며, 질박하면서도 청렴하고, 강직하면서도 정성스러우며, 굳세면서도 의로운 것이니, 항상 그러함을 밝히면, 길합니다. 날마다 세 가지 덕을 널리 펴고, 아침저녁으로 삼가 밝히면 가문을 소유할 수 있습니다. 날마다 여섯 가지 덕을 엄격하게 떨치고 공경하며, 명확하게 분간하면, 나라를 소유할 수 있습니다. 합해 거두어 널리 베풀어서, 아홉 가지 덕을 모두 섬기면, 뛰어난 인재가 관직에 있게 되어, 모든 관료가 기준으로 삼고 따를 것입니다. 모든 관료가 때에 맞춰, 오진(오행)을 따르면, 모든 공적이 이루어질 것입니다."

〔尚書(상서)〕〈皋陶謨(고요모)〉

즉 德(덕)은 성인들이 행한 강함과 부드러움의 통치법을 조화롭게 실천하려는 節操(절조: 절개와 지조)로서 아홉 가지가 있으니, 2-1에서도 설명했던 1. 寬而栗(관대하면서도 엄격함), 2. 柔而立(온유하면서도 확고히 섬), 3. 願而共(정중하면서도 함께 함), 4. 治而敬(다스리면서도 공경함), 5. 擾而毅(길들이면서도 강인함), 6. 直而溫(정직하면서도 부드러움), 7. 簡而廉(질박하면서도 청렴함), 8. 剛而實(강직하면서도 정성스러움), 9. 強而義(굳세면서도 의로움)이다.

이를 근거로 공자의 제나라 경공에 대한 평가를 살펴보면, 경공은 특히 7. 簡而廉(질박하면서도 청렴함)의 德(덕)을 쌓지 못했기 때문에 공자의 비판을 받았음을 알 수 있다. 경공의 인품과 관련하여서는, 18-3의 내용 역시 함께 엮어서 참고하기로 한다.

반면 백이와 숙제는 특히 자기가 섬기는 군주인 紂王(주왕)이 비록 폭군이었지만 끝까지 따랐으므로, 특히 8. 剛而實(강직하면서도 정성스러움)의 德(덕)을 쌓았던 것이다.

16-13: 陳亢問於伯魚曰: "子亦有異聞乎?" 對曰: "未也. 嘗獨立, 鯉趨而過庭. 曰: '學詩乎?' 對曰: '未也.' '不學詩, 無以言.' 鯉退而學詩. 他日又獨立, 鯉趨而過庭. 曰: '學禮乎?' 對曰: '未也.' '不學禮, 無以立.' 鯉退而學禮. 聞斯二者." 陳亢退而喜曰: "問一得三; 聞詩, 聞禮, 又聞君子之遠其子也."

陳亢問於伯魚曰: "子亦有異聞乎?" 對曰: "未也. 嘗獨立, 鯉趨而過庭. 曰: '學□乎?' 對曰: '未也.' '不學□, 無以□.' 鯉退而學□. 他日又獨立, 鯉趨而過庭. 曰: '學□乎?' 對曰: '未也.' '不學□, 無以□.' 鯉退而學□. 聞斯二者." 陳亢退而喜曰: "問一得三; 聞詩, 聞禮, 又聞君子之遠其子也."

【내구법, 내유법, 문답법】

진항이 백어에게 묻기를: "그대는 또 다른 들은 바가 있습니까?" 백어가 대답하기를: "없습니다. 일찍이 (아버지 공자께서) 홀로 서계실 때에, 제가 종종걸음으로 뜰을 지나갔습니다. (공자께서) 이르시기를: '시를 배웠느냐?' (제가) 대답하기를: '배우지 못했습니다.' (그러자 공자께서 말씀하시기를) '시를 배우지 않으면 말을 할 수 없다.' 저는 물러나 시를 배웠습니다. 다른 날 또 (공자께서) 홀로 서 계실 때에, 제가 종종걸음으로 뜰을 지나갔습니다. (공자께서) 이르시기를: '예를 배웠느냐?' (제가) 대답하기를: '배우지 못했습니다.' (그러자 공자께서 말씀하시기를) '예를 배우지 않으면 확고히 설 수 없다.' 저는 물러나 예를 배웠습니다. (저는) 이 두 가지를 들었습니다." 진항이 물러나 기뻐하여 말하기를: "하나를 물어 셋을 얻었으니; 시를 듣고, 예를 듣고, 또 군자는 자기 자식을 멀리함을 들었다."

*진항은 공자의 제자 자금이고, 백어는 공자의 아들 鯉(리)이다. 두 인물은 앞에서 비교적 상세하게 설명한 바 있으므로 중복을 피한다. 그런데 여기서 한 가지 짚고 넘어가야 할 문제가 있으니, 자금은 왜 본문에서는 이처럼 공자를 군자라고 칭송한 반면, 19-25에서는 공자가 자공보다도 못한 인물이라고 애써 폄하한 것일까? 이에 대해서는 함부로 단정할 수 없지만, 최소한 두 가지 가능성을 염두에 둘 수 있을 것이다.

하나는 두 기간 사이에 자금이 공자에게 모종의 원한을 품었을 수 있다는 것으로, 아마도 자금의 옳지 못한 언행으로 인해서 공자는 그를 훈계했고, 이는 소심한 자금의 마음에 상처로 남아 결국 스승을 비방하는 자세로 커졌을 수 있다는 것이다. 또 하나의 가능성은 오늘날의 몇몇 현상과 같은 맥락에서 이해할 수 있으니, 자금 역시 공자의 사상을 온전하게 이해하지 못하여서, 스승의 언행에 모순이 있다고 오해하고 의심을 품다가 심지어 비판의 칼날을 내세우게 되었을 수도 있다는 것이다.

*앞에서 누차 강조한 바 있듯이, 공자는 道(도)의 내용과 형식을 둘 다 중시한 인물이다. 따라서 본문의 詩(시) 즉 〔시경〕은 옛 성현들의 말씀과 업적들을 망라한 文(문)의 하나로서 道(도)의 내용을 말하는 것이고, 禮(예) 즉 〔周禮(주례: 주나라의 관제와 정치제도를 기록한 책)〕와 〔儀禮(의례)〕는 道(도)의 형식을 말하는 것이다. 다시 말해서 공자는 여기서 일부분으로 전체를 대신하는 대유법을 써서 아들을 가르친 것이니, 文(문)을 배우지 않으면 道(도)의 내용을 모르게 되어 할 말이 없게 되고, 禮(예)를 배우지 않으면 道(도)의 형식을 모르게 되어 확고해지지 못한다고 설명한 것이다.

　그렇다면 진항이 마지막으로 한 말인 "또 군자는 자기 자식을 멀리함을 들었다"라는 말은 또 어떤 의미를 함축하고 있는 것일까? 이와 관련하여, 다음의 기록을 살펴보자.

　　堯知子丹朱之不肖, 不足授天下, 於是乃權授舜。授舜, 則天下得其利而丹朱病; 授丹朱, 則天下病而丹朱得其利。堯曰: "終不以天下之病而利一人", 而卒授舜以天下。堯崩, 三年之喪畢, 舜讓辟丹朱於南河之南。諸侯朝覲者不之丹朱而之舜, 獄訟者不之丹朱而之舜, 謳歌者不謳歌丹朱而謳歌舜。舜曰"天也", 夫而後之中國踐天子位焉, 是爲帝舜。
　　요임금은 아들 단주가 못나고 어리석어, 세상을 넘겨주기에 부족하다는 것을 알았고, 그래서 이에 정권을 순에게 주었다. 순에게 주면, 곧 세상이 이로움을 얻고 단주가 원망을 하지만: 단주에게 주면, 곧 세상이 원망하고 단주가 이로움을 얻게 되는 것이다. 요임금이 말했다: "결국에는 세상이 원망함으로써 한 사람을 이롭게 할 수 없다", 그래서 마침내 세상을 순에게 주었다. 요임금이 죽고, 3년상이 끝나자, 순은 단주에게 양보하고 남하의 남쪽으로 물러났다. 제후 중에 조정에 알현하는 이들이 단주에게 가지 않고 순에게 갔으며, 소송을 하는 이들이 단주에게 가지 않고, 순에게 갔으며, 칭송하는 이들이 단주를 칭송하지 않고 순을 칭송했다. 순이 "운명이로다!"라고 말하고, 대저 중원으로 돌아가 천자의 자리에 올랐으니, 이가 순임금이다.　　　　　　　　　　〔史記(사기)〕〈五帝本紀(오제본기)〉

　　공자는 자기의 친아들과 제자들을 차별하지 않고 똑같이 대했으니, 이는 공자가 요임금이 아들 단주를 대한 것과 같은 태도 즉 中(중: 객관적이고도 공정함)의 태도를 견지하였음을 드러내고 있는 것임을 알 수 있다.

16-14: 邦君之妻: 君, 稱之曰夫人。夫人, 自稱曰小童。邦人, 稱之曰君夫人。稱諸異邦曰寡小君。異邦人, 稱之亦曰君夫人。
邦君之妻: □, 稱之曰□□。□□, 自稱曰□□。□□, 稱之曰□□□。稱□□□曰□□□。□□□, 稱之亦曰□□□。

【대구법】
나라 임금의 아내는: 임금이, 그를 일컬어 부인이라고 한다. 부인은, 스스로를 일컬어 소동(남의 집에서 심부름하는 아이)이라고 한다. 나라 사람들은, 그를 일컬어 군부인이라고 한다. 다른 나라 사람에게는 그를 일컬어 과소군(자신의 임금을 다른 나라

사람에게 말할 때 쓰는 겸손한 칭호)이라고 한다. 다른 나라 사람들은, 그를 일컬어 역시 군부인이라고 한다.

*17-10에서 보다 구체적으로 언급하겠지만, 〈詩大序(시대서)〉에 따르면 [詩經(시경)]의 〈周南(주남)〉은 천자의 감화이니 周公(주공)에 관계되고, 〈召南(소남)〉은 제후의 감화이니 召公(소공)에 관계된다고 하였다. 따라서 [毛詩傳(모시전)]에서 〈周南(주남)〉을 설명할 때 표현한 后妃(후비)는 천자의 부인을 지칭하고, 〈召南(소남)〉을 설명할 때 표현한 夫人(부인)은 제후의 부인을 지칭한 것이다. 이제 이를 토대로 다시 본문을 보면, 邦君(방군)은 다름 아닌 제후를 가리키고 있음을 알 수 있을 것이다.

*본문과 관련하여, 먼저 다음의 기록을 살펴보자.

君子, 貴人而賤己。先人而後己, 則民作讓。故稱人之君曰君, 自稱其
君曰寡君。

군자는, 남을 귀히 여기고 자기를 천히 여긴다. 남을 앞으로 하고 자기를 뒤로 하면, 곧 백성들이 겸손함에 이른다. 그러므로 남의 임금을 일컬어 군이라고 하고, 자기는 그 임금을 일컬어 과군이라고 한다.　　　　　　　　　　　　　　　[禮記(예기)] 〈坊記(방기)〉

이는 노자 [도덕경] 61-4의 "故或下以取, 或下而取。(그러므로 낮춤으로써 얻게 되고, 낮추지만 얻는다.)"라는 말과 서로 통하니, 바로 道(도)의 중요한 구성요소 중 하나인 謙(겸: 겸손)을 나타낸다.

第17章: 陽貨(양화)

17-1: 陽貨欲見孔子, 孔子不見, 歸孔子豚。孔子時
其亡也而往拜之, 遇諸途。謂孔子曰: "來, 予
與爾言。" 曰: "懷其寶而迷其邦, 可謂仁乎?"
曰: "不可。" "好從事而亟失時, 可謂知乎?"
曰: "不可。" "日月逝矣, 歲不我與。" 孔子曰:
"諾。吾將仕矣。"

陽貨欲見孔子, 孔子不見, 歸孔子豚。孔子時
其亡也而往拜之, 遇諸途。謂孔子曰: "來, 予
與爾言。" 曰: "□□□而□□□, 可謂□乎?"
曰: "不可。" "□□□而□□□, 可謂□乎?"
曰: "不可。" "日月逝矣, 歲不我與。" 孔子曰:
"諾。吾將仕矣。"

【대구법, 문답법, 인용법, 풍유법】

양화는 공자를 보고 싶어 했으나, 공자가 만나주지 않자,
공자에게 돼지를 보냈다. 공자는 그가 없을 때 (그의 집에) 가서
예를 갖추고, (돌아오는) 도중에 (양화를) 만나게 되었다. (양화가)
공자에게 말하기를: "오시오, 내 그대와 말 좀 합시다."
(그리고) 말하길: "보배를 품고 나라를 혼미하게 하는 것을,
어질음이라고 할 수 있소?" (공자가) 말씀하시길: "불가합니다."
"일(정치)에 참여하기를 좋아하면서 시기를 자주 잃는 것을,
지혜롭다고 할 수 있소?" (공자가) 말씀하시길: "불가합니다."
"해와 달은 지는 법이니, 세월은 나를 기다리지 않소이다."
공자가 말씀하시기를: "따르겠습니다. 제가 장차 벼슬을
하겠습니다."

*양화는 陽虎(양호)로 字(자)가 貨(화)이다. 노나라 季孫氏(계손씨)의 家臣(가신)으로 季平子(계평자)를 섬기다가, 定公(정공) 5년 즉 공자가 46세일 때 계평자가 죽자 권력을 장악했다. 〔史記(사기)〕〈孔子世家(공자세가)〉에 의하면, 그는 定公(정공) 8년 즉 공자가 49세일 때 17-5에 등장하는 公山弗擾(공산불요)와 함께 반란을 일으켜 계평자의 아들 季桓子(계환자)를 체포했고, 이참에 三桓(삼환)을 몰아내려 했으나 음모가 사전에 들통 나는 바람에 오히려 陽關(양관)으로 달아났다. 그리고 그 이듬해에 다시 齊(제)나라로 도망갔다. 따라서 상술한 내용을 토대로 계산해보면 이때는 양화가 권력을 장악했을 때이므로, 본문의 대화는 공자 나이 46세에서 49세 사이에 이루어진 것으로 추측할 수 있다.

　또 그는 공자와 생김새가 무척 닮았다고 전해진다. 11-22에서도 소개한 바 있듯이 공자와 제자 일행이 匡(광) 지역을 지나는데, 그 지역 사람들이 공자의 모습을 보고 양호라고 오해하여 닷 새 동안이나 그들을 포위했다고 한다.

　*그렇다면 본문의 대화는 과연 무엇을 말하고자 한 것일까? 이 문제에 대한 해답을 얻기 위해서는, 18-3과 17-5의 내용을 연계하여 이해해야 한다. 7-13에서 이미 비교적 상세하게 소개했듯이, 공자가 35세가 되던 해에 季平子(계평자)가 郈昭伯(후소백)과 닭을 싸우게 하여 임금인 昭公(소공)에게 죄를 짓게 되었다. 이에 소공이 군대를 거느리고 계평자를 벌하려하자, 계평자는 맹손씨 그리고 숙손씨와 힘을 합쳐 오히려 소공을 공격하고, 소공은 패하여 제나라로 달아나게 되었다. 그렇게 노나라에 난이 일어나자 공자는 제나라로 가서 高昭子(고소자)의 가신이 되었고, 5년 전 제나라 景公(경공)이 안영(晏嬰)과 함께 공자를 찾아왔던 인연을 이용하여 경공과 접촉하려고 하였다.

하지만 안영의 반대로 제나라에서 등용되지 못하자 공자는 결국 노나라로 돌아왔으니, 그 후로 공산불요가 반란을 일으켰던 50세까지도 벼슬길에 나아가지 못했던 것이다.

이는 〔史記(사기)〕〈孔子世家(공자세가)〉의 기록을 빌어서 표현하자면 "道(도)를 배운지 오래되었지만 등용되지 못하여, 시험해 볼 기회가 없어서 답답해했다"는 상황이었으니, 공자는 양화가 비록 신하로서 정권을 장악한 不仁(불인)한 인물이기에 피하려 했지만, 또 기왕 벼슬할 기회가 생겼으니 양화의 요청을 받아들이려고 했던 것이다. 이에 대해서 공자는 당시 진심으로 대답한 것이 아니라 그 자리를 모면하기 위해서 어쩔 수 없이 대답한 것이라는 주장이 있는데, 만약 그것이 사실이라면 왜 공자는 다시 17-5에서처럼 공산불요의 요청에 자발적으로 응하려고 했을까?

하지만 天運(천운)인 것일까? 양화와 공산불요의 계획은 모두 실패했고 이에 공자는 그들의 밑에서 벼슬할 기회가 없었으니, 만약 공자가 조금만 더 일찍 양화를 만났고 또 그의 밑에서 벼슬을 했다면, 우리는 지금과 같은 공자가 아닌 역모자로서의 공자를 기억하게 되었을 것이다. 이는 어쩌면 노자 〔도덕경〕 50장 50-2의 "蓋聞善攝生者, 陸行不遇兕虎, 入軍不被甲兵。(무릇 듣건대, 양생을 잘하는 이는, 길을 가도 코뿔소나 맹호를 만나지 않고, 군대에 가도 무기가 미치지 않는다.)" 및 55장 55-2의 "蜂蠆虺蛇不螫, 猛獸不據, 攫鳥不搏。(벌과 전갈 독사가 쏘지 않고, 맹수가 달려들지 않으며, 맹금이 덮치지 않는다.)"라는 말과도 연결될 수 있을 것이니, 공자는 부단히 道(도)를 배우고 실천하고자 한 인물이었기에 이러한 위기를 모면할 수 있었을 것이리라.

17-2: 子曰: "性相近也, 習相遠也。"
子曰: "□相□也, □相□也。"

【대구법(형식), 대조법(내용)】

공자가 이르시기를: "(타고난) 천성은 서로 가깝지만(비슷하지만), 부단히 실천하려고 노력함으로 서로 멀어진다.(점차 서로 어긋난다.)"

*[논어] 전체에서 性(성: 천성)이라는 말은 단지 5-12와 위의 본문 두 곳에서만 등장하는데, 이 性(성: 천성)의 의미에 대해서는 이미 2-4와 5-12에서 자세히 서술한 바 있으니, 天性(천성) = 天命(천명) = 自然(자연: 스스로 그러함을 따르는 순리)이다. 결국 공자는 본문을 통해서 사람이 태어날 때는 모두 비슷한 성질을 지녔다고 주장하고 있음을 알 수 있다. 하지만 또 한편으로는 처한 환경과 노력여하에 따라서 각기 다른 운명을 맞이하게 된다고 하고 있으니, 이는 노자 [도덕경] 50장 50-1의 "出生入死, 生之徒十有三, 死之徒十有三, 人之生動之死地, 亦十有三。夫何故? 以其生生之厚。(초탈하면 살고 얽매이면 죽는데, 사는 이가 열에 셋이 있고, 죽는 이가 열에 셋 있으며, 사람의 삶이 사지로 움직이는 이, 역시 열에 셋이 있다. 무릇 어떤 연유인가? 생계에 대한 중시가 생겨나기 때문이다.)"라는 표현과도 일치한다. 추후에 두 사람의 사상비교를 통해서 구체적으로 언급하겠지만, 이를 통해서 최소한 공자와 노자는 性善說(성선설)이나 性惡說(성악설) 어느 한쪽에 치우치지 않고 있을 뿐만 아니라, 또 부단히 노력하는지의 여부에 따라서도 운명이 달라진다고 주장하고 있음을 알 수 있다.

17-3: 子曰: "唯上知與下愚, 不移。"

공자가 이르시기를: "오직 위의 지혜(가장 지혜로운 사람)와 아래의
어리석음(가장 어리석은 사람)만이, 바뀌지 않는다."

*知(지: 지혜로움)는 사사로운 이익을 탐하지 않고 오직 백성들과
나라를 위한 공익을 꾀하며, 초자연적인 힘에 의탁하지 않는 객관적
인 판단력이다. 이를 근거로 본문을 다시 해석해보면, 선천적으로 지
혜로운 사람과 선천적으로 어리석은 사람을 제외하고는, 모두 부단
히 실천하려고 노력함으로 운명을 바꿀 수 있다는 뜻이 되므로, 결국
17-2와도 일맥상통하고 있음을 알 수 있다. 아울러서 선천적으로 지
혜로운 사람은 聖人(성인)을 그리고 선천적으로 어리석은 사람은 小
人(소인)을 지칭하고 있음도 이해할 수 있을 것이다.

17-4: 子之武城, 聞弦歌之聲。夫子莞爾而笑曰:
"割鷄, 焉用牛刀?" 子游對曰: "昔者偃也聞
諸夫子曰: '君子學道, 則愛人; 小人學道, 則
易使也。'" 子曰: "二三子, 偃之言, 是也。前
言, 戲之耳。"

子之武城, 聞弦歌之聲。夫子莞爾而笑曰: "割
鷄, 焉用牛刀?" 子游對曰: "昔者偃也聞諸夫
子曰: '□□學道, 則□□; □□學道, 則□
□也。'" 子曰: "二三子, 偃之言, 是也。前言,
戲之耳。"

【대구법, 대유법, 문답법】

공자가 (자유가 벼슬하는) 무성 지역에 갔는데, 거문고에 맞춰
부르는 노랫소리를 들었다. 공자가 빙그레 미소를 짓고 웃으며
이르시기를: "닭을 잡는데, 어찌 소 잡는 칼을 쓰는가?" 자유가
대답하기를: "예전에 저는 스승께서 '군자가 도를 배우면, 곧
타인을 사랑하고; 소인이 도를 배우면, 곧 쉬이 부릴 수 있다'고
말씀하시는 것을 들었습니다." 공자가 이르시기를: "너희들,
언의 말이, 옳다. 앞의(방금 한) 말은, 장난삼아서 놀린 것일
뿐이다."

*文(문)은 고대 전적에 기록된 옛 성현들의 통치이념과 그 업적들
을 기록한 문장인데, 2-7에서 언급했듯이 공자는 자유가 文學(문학)에
뛰어났다고 평가한 바 있다. 본문에서도 자유는 예전에 공자에게서

배운 가르침[1] 즉 文(문)을 들어 공자의 말에 반론을 제기하고 있으니, 공자는 이에 웃으면서 자유가 옳다고 대답한 것이다. 이와 관련하여 14-42를 보면, 공자는 분명 "윗사람이 예를 좋아하면, 곧 백성들을 부리기 쉽다"라고 말한 바 있다.

아울러 이를 통해서 또 공자의 자기의 잘못을 고칠 줄 아는 태도 즉 改過勿吝(개과물린: 허물을 고치는데 인색치 마라)과 過則勿改憚(과즉물개탄: 허물이 있으면 곧 고치기를 거리끼지 마라)의 자세 역시 엿볼 수 있을 것이다.

17-5: 公山弗擾以費畔, 召。子欲往。子路不說曰:
"末之也已, 何必公山氏之之也?" 子曰:"夫
召我者而豈徒哉? 如有用我者, 吾其爲東
周乎!"

【문답법, 설의법, 대유법】

공산불요가 비라는 땅에서 발호했는데(함부로 날뛰었는데), (공자를) 불렀다. 공자가 가고자 하였다. 자로가 불쾌해하며 말하길: "갈 곳이 없으면 그만이지, 어찌 공산씨 쪽으로 가려 하십니까?" 공자가 이르시기를: "무릇 나를 부른 사람이 어찌 헛되이 불렀겠는가? 나를 쓰려는 사람이 있으면, 내가 그것을 동쪽의 주나라로 만들겠다!"

---

1) 공자는 7-1에서 "서술하지만 창작하지 않고, 믿어서 옛 것을 좋아하니, 슬그머니 나를 노팽에 견주어본다"라고 말함으로써, 자기의 발언이 임의로 만들어 낸 말이 아니라 옛 기록에 근거한 성현들의 말씀들을 전달한 것이라고 분명히 밝힌 바 있다.

*〔史記(사기)〕〈孔子世家(공자세가)〉에 따르면, 노나라 定公(정공) 8년 즉 공자가 49세일 때 계씨의 가신이었던 공산불요는 양호와 함께 반란을 일으켜 계환자를 체포하고 삼환을 제거하고자 했다. 하지만 일이 실패하자 양호는 도망가고, 공산불요는 비 지역을 점거한 것이다.

17-1에서도 언급했듯이, 당시 공자는 그간 배운 통치의 도리 즉 道(도)를 시험해 보고자 했지만 벼슬을 할 수 없어서 답답해하고 있었는데, 정공 9년 50세 때 마침 공산불요의 요청을 받고는, "문왕과 무왕이 豊(풍)과 鎬(호) 지역에서 일어나 周(주)나라를 일으켰다. 지금 비라는 땅이 비록 작지만 治國(치국)의 道(도)를 실현할 수 있는 곳이다"라고 말하며 그의 요청을 받아들이려고 했다. 하지만 자로가 말리자, 이에 공자가 한 말이 바로 본문의 내용이다.

"동쪽의 주나라"는 말은, 노나라가 주나라의 동쪽에 위치해있는데 자기가 정치에 참여하면 노나라에서 다시 주나라의 예악제도를 일으킬 수 있다는 뜻을 함축하고 있으니, 이를 통해서 공자의 정치에 대한 자신감을 읽을 수 있는데, 어찌된 이유인지 정확하게 알 수는 없지만, 공자는 결국 공산불요를 찾아가지 않았다.

그리고 정공 13년 나이 54세의 공자는 정공에게 "신하는 무기를 쌓아두어서는 안되고, 대부는 일백 치의 성벽을 쌓아서는 안 됩니다"라고 간언했고, 이에 정공은 자로를 계씨의 가신으로 삼아 비 지역을 공격했다. 그러자 공산불요와 叔孫輒(숙손첩)은 오히려 비 지역 사람들을 이끌고 노나라를 공격했는데, 결국 비 지역이 함락되자 공산불요와 숙손첩은 齊(제)나라로 도망가게 되었다. 아울러서 〔左傳(좌전)〕에는 이 사건이 정공 12년의 일로 기록되어 있으니, 이는 아마도 사마천이 계산하는 과정에서 약간의 착오가 있었던 것으로 추정된다.

17-6: 子張問仁於孔子。孔子曰:"能行五者於天下,爲仁矣。"請問之。曰:"恭寬信敏惠。恭,則不侮[2]; 寬,則得衆; 信,則人任焉; 敏,則有功; 惠,則足以使人。"

子張問仁於孔子。孔子曰:"能行五者於天下,爲仁矣。"請問之。曰:"恭寬信敏惠。□,則□□; □,則□□; □,則□□焉; □,則□□; □,則□□□□。"

【대구법, 열거법】

자장이 공자에게 어질음에 대해 물었다. 공자가 이르시기를: "다섯 가지를 천하에 행할 수 있으면, 어질음을 행하는 것이다." (자장이) 청해 물었다. 공자가 이르시기를: "공손함, 관대함, 성실함, 근면함, 인자함이다. 공손하면, 곧 업신여기지 않고; 관대하면, 곧 무리를 얻게 되며; 믿음이 있으면, 곧 남들이 맡기고; 근면하면, 곧 공을 세우게 되며; 인자하면, 곧 족히 사람을 부린다."

*공자는 여기서 仁(인: 진심으로 자기의 임금을 섬기고 따름)을 실천할 수 있는 구체적인 방법을 설명하고 있으니, 恭(공: 언행에 삼가여 자기의 직분을 다함)하면 백성들이 업신여기지 못하고, 寬(관: 너그럽고 관대함)하면 백성들이 편안하게 여겨 가까이 하며, 信(신: 성실함)하면 신뢰하여 일을 맡기고, 敏(민: 근면함)하면 반드시 공로를 세우게 되며, 惠(혜:

---

2) 侮(모): 업신여기다, 조롱하다.

유순하고 인자함)하면 백성들이 부담스러워하지 않아서 명령을 해도 받아들이게 된다는 것이다. 그렇게 되면 백성들의 삶과 나라가 안정되어 임금이 편안해질 터이니, 이것이야말로 진정 仁(인)을 실천하는 것이 아니겠는가?"

그런데 이는 사실상 仁(인)을 실천할 수 있는 구성요소라기 보다는, 道(도)를 구성하는 중요요소로 봐야 할 것이다. 다만 공자는 춘추시대와 같이 혼란한 시기에 다른 무엇보다도 임금을 진심으로 섬기고 따르는 것이 중요하다고 여겼기 때문에, 이처럼 仁(인)을 다른 구성요소들 위에 놓고 강조한 것임을 알 수 있다.

17-7: 佛肸召, 子欲往。子路曰: "昔者由也聞諸夫
子曰: '親於其身爲不善者, 君子不入也。'佛
肸以中牟畔, 子之往也, 如之何?"子曰: "然,
有是言也。不曰堅乎, 磨而不磷[3]; 不曰白乎,
涅而不緇[4]。吾豈匏瓜[5]也哉? 焉能繫而不食?"

佛肸召, 子欲往。子路曰: "昔者由也聞諸夫子
曰: '親於其身爲不善者, 君子不入也。'佛肸
以中牟畔, 子之往也, 如之何?"子曰: "然, 有
是言也。不曰□乎, □而不□; 不曰□乎, □
而不□。吾豈匏瓜也哉? 焉能繫而不食?"

【대구법, 문답법, 풍유법, 대유법, 설의법】

필힐이 부르자, 공자가 가고자 하였다. 자로가 말하길: "옛날에
저는 스승께서 '그 몸을 선하지 못한 것에 가까이 하면, 군자가
들어가지 않는다'고 말씀하시는 것을 들었습니다. 필힐이
중모 땅에서 발호하는데(함부로 날뛰는데), 스승께서는 그곳으로
가시려 하니, 어찌된 것입니까?" 공자가 이르시기를: "그렇다.
그런 말을 했다. 단단한 것은, 갈아도 엷어지지 않고; 흰 것은,
검은 물을 들여도 검어지지 않는다고 하지 않더냐. 내 어찌
조롱박이란 말이더냐? 어찌 매달려 있어도 먹지 못하는
것이겠는가?"

---

3) 磷(린): 엷은 돌, 엷어지다.
4) 緇(치): 검다, 검게 물들다.
5) 匏瓜(포과): 조롱박.

*〔論語集註(논어집주)〕에 의하면, 필힐은 晉(진)나라 대부로서 卿(경) 趙簡子(조간자)의 영토인 중모 지역의 원님을 지냈다고 한다. 필힐과 관련하여 현재로서는 다른 자료를 찾기가 어렵기 때문에, 일단 주희의 의견을 따르기로 한다.

*〔史記(사기)〕〈孔子世家(공자세가)〉에 따르면, 대략 57세에 靈公(영공)의 푸대접에 실망한 공자는 衛(위)나라를 떠나 陳(진)나라에서 삼 년 동안 머물렀다. 하지만 강대국인 晉(진)나라와 楚(초)나라 심지어 吳(오)나라까지 연거푸 陳(진)나라를 공격하였으므로, 결국 다시 위나라로 돌아갔는데 이때 공자 나이는 대략 60세였다. 영공은 기뻐하여 교외까지 마중 나가서 공자를 반겼지만, 시간이 지나면서 늙고 정치에도 게을러져 공자를 등용하지 않게 되었고, 결국 공자는 또 크게 실망하여 13-10의 "만약 나를 등용하는 이가 있다면, 일 년뿐이면 가하고, 삼 년이면 이루어짐이 있다"라는 말로 한탄하고는 위나라를 떠나게 된다. 바로 이 시기에 필힐이 반란을 일으키고는 공자를 초청한 것인데, 아울러 이 사건은 14-40과도 발생한 시기가 비슷하니 참고하기로 한다.

*본문에서 자로는 예전에 "그 몸을 선하지 못한 것에 가까이 하면, 군자가 들어가지 않는다"라는 가르침을 받았다고 했고, 공자 역시 그런 말을 한 적이 있다고 인정했는데, 이는 8-14의 "위태로운 나라에는 들지 아니하고, 어지러운 나라에는 살지 않는다" 및 16-11의 "선함을 보면 못 미칠 듯이 하고, 선하지 못함을 보면 끓는 물에 손을 넣는 듯하다"라는 표현과 일치하니, 함께 엮어서 살펴야 할 것이다.

*이제 상술한 내용을 토대로 당시 공자의 심리상태를 분석해보도록 하자. 17-5에서 설명한 것처럼, 공자는 50세의 나이로 공산불요의 초청을 받았을 때 기회가 주어진다면 노나라를 "동쪽의 주나라"로 만

들 수 있다고 했으니, 이는 그에게 나라를 잘 다스릴 수 있다는 자신감이 있었지만, 그간 배운 통치의 도리 즉 道(도)를 시험해 보려고 해도 벼슬을 할 수 없어서 답답했다는 심정을 토로한 것이다.

그 이후로 공자는 정공에게 기용되어서 中都(중도) 지역의 원님이 되고, 연이어서 司空(사공)과 大司寇(대사구: 형조판서) 그리고 大夫(대부)로 승진하며 노나라를 안정시키게 된다. 하지만 그런 공자의 정치 능력을 두려워한 齊(제)나라가 미인계로 노나라를 방해하고, 이에 季桓子(계환자)는 정사를 소홀히 했으며, 임금은 제사를 지내고 난 후에도 대부들에게 음식을 나눠주지 않자, 공자는 노나라의 道(도)가 땅에 떨어졌다며 주저 없이 떠나게 된 것이다. 그러고는 전국을 주유하며 유세하여 자기의 道(도)를 받아줄 나라를 찾았지만 뜻대로 되지 않았고, 결국 위나라에서조차 받아들여지지 않자 13-10의 "만약 나를 등용하는 이가 있다면, 일 년뿐이면 가하고, 삼 년이면 이루어짐이 있다"라는 말로 한탄하고는 떠났으니, 이러한 상황에서 필힐의 초대를 받은 공자의 심리는 분명 공산불요가 초청했을 때와는 또 다른 상태였을 것이다. 공자는 본문에서 "단단한 것은, 갈아도 얇아지지 않고; 흰 것은, 검은 물을 들여도 검어지지 않는다고 하지 않더냐"라고 했다. 따라서 이는 자기에 대한 강한 자신감을 보이는 한편, 또 자신이 한 말을 번복해서라도 다시 한 번 道(도)를 펼칠 기회를 잡고자 하는 모습을 보여주는 것이다.

여기서 개인적인 견해를 간략하게나마 밝히자면, 그간 부지불식간에 지속적으로 진행되었던 공자에 대한 영웅 만들기 혹은 神格化(신격화)작업은 더 이상 이뤄져서는 안 된다는 것이 필자의 생각이다. 즉 공자는 옛 성현들의 말씀과 업적들을 가감 없이 있는 그대로 전하고, 아울러 후세 사람들이 이해하기 쉽도록 정리하여 가르쳤으며, 나아가 原型(원형)의 道(도)에 자기만의 가치관을 가미시켜 제시한 학자이자 교육자 그리고 정치가였던 것이다. 그러했던 공자는 본문에서처럼 뜻대로 되지 않고 자꾸만 어려운 처지에 놓이게 되자 굳은 의지가 다소 약해지는 모습을 보이기 시작했으니, 어쩌면 이것이야말로 정말 사람 냄새나는 공자의 모습을 보여주는 대목이 아닐까? 그의 이러한 심리는 15-2와 15-3에서도 드러나니, 함께 엮어서 이해할 수 있다.

17-8: 子曰:"由也, 女聞六言六蔽矣乎?" 對曰:"未也。""居。吾語女。好仁, 不好學, 其蔽也, 愚。好知, 不好學, 其蔽也, 蕩。好信, 不好學, 其蔽也, 賊。好直, 不好學, 其蔽也, 絞[6]。好勇, 不好學, 其蔽也, 亂。好剛, 不好學, 其蔽也, 狂。"
子曰:"由也, 女聞六言六蔽矣乎?" 對曰:"未也。""居。吾語女。好□, 不好學, 其蔽也, □。好□, 不好學, 其蔽也, □。好□, 不好學, 其蔽也, □。好□, 不好學, 其蔽也, □。好□, 不好學, 其蔽也, □。好□, 不好學, 其蔽也, □。"

【대구법, 열거법】
공자가 이르시기를: "유야, 너는 여섯 가지 말씀과 여섯 가지 결점에 대해서 들었는가?" (유가) 대답하기를: "아직 듣지

---

6) 絞(교): 비방하다, 헐뜯다.

못했습니다." (공자가 이르시기를:) "자리 잡아라.(앉아라.) 내가 너에게 말해주마. 어질음을 좋아하면서, (성인의 도를) 배우기를 좋아하지 않으면, 그 결점은, 어리석어지는 것이다.(공정하게 판단하지 못해서 맹목적으로 추종하게 된다.) 지혜로움을 좋아하면서, (성인의 도를) 배우기를 좋아하지 않으면, 그 결점은 방종해지는 것이다.(제멋대로 해석하여 행동에 거리낌이 없게 된다.) 신의를 좋아하면서, (성인의 도를) 배우기를 좋아하지 않으면, 그 결점은 도둑질을 하게 되는 것이다.(그런 척만 하게 되는 것이다.) 올곧음을 좋아하면서, (성인의 도를) 배우기를 좋아하지 않으면, 그 결점은 (타인을) 비방하게 되는 것이다.(자신에게는 엄격하고 남에게는 관대해야 하는데, 오히려 타인에게만 엄격하여 비방하게 된다.) 용감함을 좋아하면서, (성인의 도를) 배우기를 좋아하지 않으면, 그 결점은 포악해지는 것이다.(무도해져서 포악해진다.) 강직함을 좋아하면서, (성인의 도를) 배우기를 좋아하지 않으면, 그 결점은 사나워지는 것이다."

*이 문장의 함의를 이해하기 위한 전제가 있다. 하나는 2-15에서 설명했듯이 본문의 好(호: 좋아함, 사랑함)는 思(사: 생각함, 사색함, 그리워함)와 서로 통한다는 것이고, 또 하나는 1-1에서 설명했듯이 學(학: 배움)의 대상이 다름 아닌 道(도)라는 점인데, 특히 이 道(도)의 중요한 구성요소로서 中(중: 한쪽으로 치우치지 않는 객관성과 공정함)과 和(화: 어느 하나도 버리지 않고 모두 함께하는 조화로움)가 있음을 염두에 두어야 한다.

이제 본문의 내용을 도표로 정리하여 하나씩 살펴보자.

道(도)의 구성요소	好學(호학: 배우기를 좋아함)의 결과	不好學(불호학: 배우기를 좋아하지 않음)의 결과
仁(인: 어질음)	임금을 진심으로 섬기고 따름.	공정하게 판단하지 못하고, 임금을 맹목적으로 추종함.
知(지: 지혜로움)	사사로운 이익을 탐하지 않고 오직 백성들과 나라를 위한 공익을 꾀하며, 초자연적인 힘에 의탁하지 않는 객관적인 판단력.	제멋대로 해석하여 행동에 거리낌이 없게 됨.
信(신: 신뢰)	말을 하면 지키는 성실.	그런 척만 함.
直(직: 올곧음)	사사로운 정에 얽매이지 않고 공정하게 판단함.	자신에게는 엄격하고 남에게는 관대해야 하는데, 오히려 타인에게만 엄격하여 비방하게 됨.
勇(용: 용감함)	義(의: 자기가 처한 서열에서 마땅히 지켜야 할 바를 목숨을 걸고 지키는 것)를 몸으로 실천하는 것.	무도해져서 포악해짐.
剛(강: 강직함)	마음이 굳세어 사사로운 탐욕을 부리지 않음.	방자해짐.

　　따라서 仁(인: 어질음)은 3-18의 "임금을 섬김에 예를 다하니, 사람들은 아첨한다고 여긴다"는 말과 연계하여 생각할 수 있고, 知(지: 지혜로움)는 2-15의 "배우지만 생각하지 않으면, 곧 없고; 생각히면서 배우지 않으면, 곧 위험하다"는 말과 연계하여 이해할 수 있으며, 信(신: 성실함)은 17-13의 "향원은, 덕의 도둑이다"는 표현과 연계하여 살필 수 있을 것이다. 또 直(직: 올곧음)은 8-2의 "곧지만 무례하면, 곧 헐뜯

는다"와 3-26의 "윗자리에 있으면서 관대하지 못하면, (생략) 내가 어찌 그것을 보겠는가?" 및 20-1의 "제 한 몸에 죄가 있음은, 세상 때문이 아니고; 세상의 죄는 제 한 몸에 있습니다. (생략) 귀족들에게 허물이 있다면, 나 한 사람에게 있다. (생략) 너그러우면, 곧 많은 사람을 얻는다"는 말과 연계하여 이해할 수 있다. 그리고 勇(용: 용감함)은 8-2의 "용맹하지만 무례하면, 곧 포악해진다"와 연계되고, 剛(강: 강직함)은 5-10의 "신장은 탐욕스러우니, 어찌 강직하다고 하겠는가?" 및 16-7의 "그 젊음에 이르러서는, 혈기가 바야흐로 억세져서, 경계할 것이 다툼에 있다"와 함께 엮어서 이해할 수 있다. 특히 道(도)를 배우지 않은 剛(강: 강직함)의 폐단인 狂(광: 사나움)의 의미는 17-16의 "옛날의 사나움은, 방자함이었는데; 지금의 사나움은, 방종함이다"라는 표현을 살펴보면, 그 의미를 명확하게 인지할 수 있을 것이다.

결국 공자가 본문을 통해서 하고자 한 말은, 道(도)의 구성요소들이 조화를 이뤄서 유기적으로 돌아가지 않으면, 한쪽으로 치우쳐지는 폐단을 낳는다는 뜻이 된다. 또한 위에서도 언급했듯이 여기서 學(학: 배움)의 대상은 크게는 道(도)를 가리키지만, 작게는 8-2에도 나오듯 道(도)의 형식이 되는 禮(예)를 지칭할 수 있음에 유의하도록 한다. 다시 말해서 여섯 가지는 道(도)의 내용을 가리키므로, 공자는 禮(예)라는 형식과 합쳐져야 비로소 和(화: 조화)를 이룰 수 있다고 설명한다.

17-9: 子曰：“小子，何莫學夫詩？詩，可以興，可以
觀，可以群，可以怨。邇之事父，遠之事君，多
識於鳥獸草木之名。”
子曰：“小子，何莫學夫詩？詩，可以□，可以
□，可以□，可以□。□之事□，□之事□，多
識於鳥獸草木之名。”

【설의법, 대구법, 열거법, 대구법】
공자가 이르시기를: "제자들아, 어찌 [시경]을 배우지 않는가?
[시경]은 연상과 상상을 통해서 응용할 수 있게 하고, (성인의
가르침을 통해서 한 나라의 흥망성쇠를) 바라볼 수 있으며, ([시경]의 뜻을
이해하여 통치함으로써) 무리를 이루게 할 수 있고(백성들이 몰려와 따르게
할 수 있고), (잘못된 점은 풍자를 통해서) 원망할 수 있게 된다. 가까이는
아버지를 섬기고, 멀게는 임금을 섬기게 되며, 날짐승과 들짐승
그리고 초목의 이름을 많이 알게 된다."

*먼저 본문의 "무리를 이루게 할 수 있다"는 말을 살펴보면, 그간
주희가 "道(도)에 뜻을 같이 하는 이들이 함께 모일 수 있다"라고 해석
한 이래로 의심 없이 그대로 답습되어왔다. 하지만 이미 1-1의 "무리
들이 있어서 먼 곳으로부터 찾아오면, 또한 즐겁지 아니한가?"라는
표현에서 구체적으로 설명한 바 있듯이, 공자는 지도자가 道(도)를
배우고 실천함으로써 멀리 있는 백성들이 몰려와 그를 믿고 따르게
할 수 있다고 말한다. 따라서 여기서도 "무리를 이룰 수 있다"는 말은
마땅히 "백성들이 몰려와 지도자를 따르게 할 수 있다"는 의미로 풀
이되어야 할 것이다. 또 그렇게 해석되어야, 바로 뒤의 "원망할 수 있

게 된다"는 말과 형식적으로는 대구를 그리고 내용적으로는 대조를 이룰 수 있게 된다.

*"가까이는 아버지를 섬기고, 멀게는 임금을 섬기게 된다"는 말은, 1-2에서 이미 설명했던 孝(효)의 사회적 확장 형태가 仁(인)이라는 개념을 상기해보면 쉬이 이해할 수 있을 것이다.

*"날짐승과 들짐승 그리고 초목의 이름을 많이 알게 된다"는 말의 함의는 [시경]을 접하면 자연스레 이해할 수 있으니, 위진남북조 시대 吳(오)나라 陸機(육기)는 [시경]에 나오는 동물과 식물들을 모아 [毛詩草木鳥獸蟲魚疏(모시초목조수충어소)]라는 사전류의 책을 집필했을 정도로 그 양이 실로 방대하다.

*이제 興(흥)의 의미에 대해서 구체적으로 살펴보기로 하자. [詩經(시경)]은 周(주)나라 초기부터 春秋(춘추)시대까지의 작품들을 수록한 詩歌總集(시가총집)인데, 이 [시경] 작품들의 창작기법으로는 賦(부), 比(비), 興(흥)이 있다. 賦(부)는 어떠한 사실을 수식기교 없이 있는 그대로 표현하는 것이고, 比(비)는 말 그대로 비교 또는 비유를 뜻하기 때문에 문제될 것이 없지만, 興(흥)의 함의에 대해서는 아직까지도 의론이 분분한 것이 사실이다. 따라서 興(흥)의 의미를 정확하게 정의내릴 수 있다면, 본문의 興(흥) 역시 쉽게 해석해낼 수 있을 것이다.

[毛詩傳(모시전)]에서 [시경] 각 작품들은 예외 없이 당시 천자의 주나라 및 제후국들의 정치상황을 묘사한 것이라고 설명한 이래로, 학자들은 [모시전]의 이론을 그대로 받아들여 왔다. 하지만 중국에서는 宋(송)나라의 朱熹(주희)가 [詩集傳(시집전)]에서 [시경]의 적잖은 작품들을 정치와 무관한 순수문학으로 간주한 이래로, 오늘날까지 그대로 주희의 견해를 따르고, 심지어는 이러한 관점을 모든 [시

경] 작품으로 확대하여 해석하는 경향이 있는데, 필자는 순수문학적 관점으로 〔시경〕을 바라보는 자세에 심각한 문제가 있음을 지적한다.

좀 더 구체적으로 말해서 韻文(운문)은 散文(산문)과 달리 압축된 문장형태이기 때문에, 반드시 사전에 작품의 작가가 누구인지 또 시대적 배경은 어떠했는지 그리고 작가가 처했던 구체적인 상황은 무엇이었는지 등 여러 가지 요소들을 파악해야 한다는 것이다. 예를 들어서, 필자가 이상화시인의 〈빼앗긴 들에도 봄은 오는가?〉라는 작품을 단순히 문맥상의 의미로만 임의로 해석하여, 이를 은퇴한 직장인이 귀농하려고 퇴직금을 모두 들여 땅을 샀다가 사기를 당해서 빼앗긴 아픔을 노래한 것이라고 주장할 수 있겠는가?

그럼에도 불구하고 현재는 〔시경〕 대부분 작품의 작가가 누구인지 파악할 수 없으므로, 부득이하게 〔시경〕의 창작연대와 가장 근접해있는 시기의 해설서들을 바탕으로 분석할 수밖에 없으니, 그것들이 바로 漢(한)나라 毛亨(모형)이 집필했다고 전해지는 〔詩經(시경)〕 최초의 해설서인 〔毛詩傳(모시전)〕과 역시 漢(한)나라 鄭玄(정현)의 〔毛詩傳箋(모시전전)〕 그리고 唐(당)나라 孔穎達(공영달)의 〔毛詩正義(모시정의)〕이다.

필자는 〈〔詩經(시경)〕의 比, 興 研究史論(비. 홍 연구사론)〉[7]이라는 제목의 박사논문에서 위의 세 저서와 주희의 〔시집전〕에 나오는 比(비)와 興(홍)을 모두 분석하여 비교한 바 있는데, 그 결과 주희의 〔시집전〕과 달리 나머지 세 저서는 하나의 공통된 관점을 보이고 있었다. 그 결과를 간단한 삼행시의 예로 설명하면 다음과 같다.

---

7) 〈〔詩經〕之比, 興 研究史論〉 2005년도 中國 北京大學 博士論文(중국 북경대학 박사논문)

- 철수는 영희네 집에 놀러갔다.
- 아무런 수식기교가 없는 賦(부)
- 영희네 집은 마치 대궐과도 같았다.
- 대궐로 부잣집을 비유한 比(비: 단순 비유 및 비교)
- 철수는 커서 영희와 같은 여자와 결혼해야겠다고 생각했다.
- 비유를 통해서 작품 전체의 주제가 드러나는 興(흥: 창작의도 즉 주제를 일으키는 연상 및 상상)

결국 삼행시의 마지막 부분은 독자로 하여금 "철수는 부유한 여성과 결혼하고 싶다"는 주제를 연상시키게 하고 있으니, 본문의 興(흥)은 다름 아닌 "연상과 상상을 통해서 응용하다"라는 의미를 지니게 되는 것이다.

필자는 앞에서 누차 공자가 연상능력 또는 상상력을 통한 응용을 대단히 강조한 인물이라고 설명한 바 있는데, 특히 7-8의 "한 모퉁이를 들어서, 세 모퉁이를 유추하지 못하면, 곧 다시하지 않는다"라는 말은 이러한 공자의 가치관을 집약적으로 드러낸 것이라고 할 수 있다. 아울러 이를 통해서 공자와 毛亨(모형) 및 鄭玄(정현) 그리고 孔穎達(공영달)의 興(흥)에 대한 인식 역시 일치하고 있음을 확인할 수 있다.

이제 興(흥)이 함축하는 구체적인 의미를 이해했으니, 이를 가지고 다시 13-5의 "시 삼백을 외워서, 그를 제수하여 나랏일을 주지만, 능숙하지 못하고; 주변 나라에 사신으로 보내지만, 혼자의 지혜만으로 대답하지 못하면; 비록 많다고 해도, 또 어찌 생각하겠는가?"라는 구문에 대입시켜보면, 공자가 무엇을 말하고자 했는지 명확하게 알 수 있을 것이다.

17-10: 子謂伯魚曰:"女爲周南召南矣乎? 人而不 爲周南召南, 其猶正牆面而立也與。"

【직유법】

공자가 백어에게 알려 이르시기를: "너는 <주남>과 <소남>을 배웠느냐? 사람이 <주남>과 <소남>을 배우지 않으면, 그것은 (커다란) 담장을 대면하고 서 있는 것과 같다."

*〔詩經(시경)〕에는 모두 311首(수)가 수록되어 있는데, 이 가운데서 〈小雅(소아)〉에 있는 6수는 제목만 전해지므로,[8] 실제로는 305수만이 남아있다. 이 305수는 다시 내용에 따라서 〈風(풍)〉과 〈雅(아)〉 그리고 〈頌(송)〉으로 분류되는데, 〈風(풍)〉은 15개 제후국의 작품을 수록한 것이므로 15國風(국풍)이라고도 한다. 〈雅(아)〉는 周(주)나라 도읍 부근의 중원일대에 유행하여 조정에서 숭상되던 작품으로, 다시 〈小雅(소아)〉와 〈大雅(대아)〉로 나뉜다. 〈頌(송)〉은 제사 지낼 때 신을 찬양하거나 조상들의 은덕을 찬송한 작품인데, 〈周頌(주송)〉과 〈魯頌(노송)〉 그리고 〈商頌(상송)〉으로 구성되어 있으므로 三頌(삼송)이라고도 칭한다.[9] 이제 목차에 따른 작품 분포를 살펴보면 다음과 같다.

1. 風(풍: 160수): 周南(주남: 11), 召南(소남: 14), 邶風(패풍: 19), 鄘風(용풍: 10), 衛風(위풍: 10), 王風(왕풍: 10), 鄭風(정풍: 21), 齊風

---

8) 이를 逸詩(일시: 전해지지 않는 시)라고 한다.
9) 이 부분은 필자의 또 다른 저서 〔중국고전입문〕(2011. 어문학사) 1장 詩經(시경)편을 참고했다.

（제풍: 11）, 魏風(위풍: 7）, 唐風(당풍: 12）, 秦風(진풍: 10）, 陳風(진

풍: 10）, 檜風(회풍: 4）, 曹風(조풍: 4）, 幽風(유풍: 7）.

2. 雅(아: 105수): 小雅(소아: 7）, 大雅(대아: 31）.

3. 頌(송: 40수): 周頌(주송: 31）, 魯頌(노송: 4）, 商頌(상송: 5）.

상술한 내용을 토대로 본문을 다시 살펴보면 〈주남〉과 〈소남〉은
〔시경〕 15國風(국풍) 중의 하나임을 알 수 있는데, 이와 관련하여 먼
저 다음의 기록을 살펴보자.

然則, 關雎麟趾之化, 王者之風, 故系之周公. 南, 言化自北而南也.
鵲巢駒虞之德, 諸侯之風也, 先王之所以教, 故系之召公.
그러하므로, 〈관저〉와 〈인지〉의 교화는, 왕의 감화이니, 따라서 주
공에 관계된다. 남은, 교화가 북에서 남으로 감을 이른다. 〈작소〉와
〈추우〉의 덕은, 제후의 가르침인데, 선왕들께서 교화하셨으니, 따
라서 소공에 관계된다.   〈詩大序(시대서)〉

즉 공자가 "커다란 담장을 대면하고 서 있는 것과 같다"라고 말한
것은 "앞이 담장으로 가로막혀서 周(주)나라의 法道(법도: 마땅히 따라야
할 도리) 즉 道(도: 통치이념)를 이해하지 못한다"라는 뜻인 것이니, 여
기서도 공자의 道(도)가 소강의 통치이념임이 확연히 드러나게 되는
것이다. 이는 17-18의 "자색이 붉은색을 빼앗는 것을 미워하고, 정나
라의 음악이 아악을 어지럽히는 것을 미워하며, 말을 교묘하게 하여
나라를 뒤엎는 것을 미워한다"는 표현과도 직접적으로 연결되니, 함
께 엮어서 이해할 필요가 있다.

〔左傳(좌전)〕〈襄公(양공) 29년〉을 보면, 吳(오)나라 公子(공자) 季札
(계찰)이 노나라를 방문하여 〈주남〉과 〈소남〉을 듣고 "아름답도다! 왕

업을 위해서 기초를 쌓기 시작했으나, 아직 완성되지는 못했구나. 그렇지만 백성들이 부지런하면서도 원망하지는 않는다"라고 평했다는 기록이 있다. 따라서 이제 〈주남〉과 〈소남〉 각 작품의 주제를 살펴봄으로써, 공자의 의도를 보다 구체적으로 파악해보기로 하자.

周南(주남: 11수)

1. 〈关雎(관저)〉: "后妃之德也。(천자의 부인[10] 즉 후비의 덕이다.)"
2. 〈葛覃(갈담)〉: "后妃之本也。(후비가 지켜야 할 본분이다.)"
3. 〈卷耳(권이)〉: "后妃之志也。(후비가 뜻을 둬야 할 바이다.)"
4. 〈樛木(규목)〉: "后妃逮下也。(후비는 아래로 낮추는 바이다.)"
5. 〈螽斯(종사)〉: "后妃子孫衆多也。(후비의 자손이 번성한다.)"
6. 〈桃夭(도요)〉: "后妃之所致也。(후비가 이룬 바이다.)"
7. 〈兔罝(토저)〉: "后妃之化也。(후비가 감화시킨 것이다.)"
8. 〈芣苢(부이)〉: "后妃之美也。(후비의 경사스러움이다.)"
9. 〈漢廣(한광)〉: "德廣所及也。(덕이 널리 퍼짐이다.)"
10. 〈汝墳(여분)〉: "道化行也。(도로 감화시키는 것이 행해지는 것이다.)"
11. 〈麟之趾(인지지)〉: "關雎之應也。(〈관저〉에 화답하는 것이다.)"

召南(소남: 14수)

1. 〈鵲巢(작소)〉: "夫人之德也。(제후의 부인[11] 즉 부인의 덕이다.)"
2. 〈采蘩(채번)〉: "夫人不失職也。(부인은 직분을 잃지 않는다.)"
3. 〈草蟲(초충)〉: "大夫妻能以禮自防也。(대부의 부인은 예로 스스로를 지킬 수 있다.)"

---

10) 16-14 참조.
11) 16-14 참조.

4. 〈采蘋(채빈)〉: "大夫妻能循法度也。(대부의 부인은 법도를 좇을 수 있다.)"

5. 〈甘棠(감당)〉: "美召伯也。(소공을 찬미한 것이다.)"

6. 〈行露(행로)〉: "召伯聽訟也。(소공이 송사를 맡아 공정하게 처리한 것이다.)"

7. 〈羔羊(고양)〉: "鵲巢之功致也。(〈작소〉의 공로를 이룬 것이다.)"

8. 〈殷其靁(은기뢰)〉: "勸以義也。(의로움을 권장한 것이다.)"

9. 〈摽有梅(표유매)〉: "男女及時也。(남녀가 때를 맞춰 함께 만나는 것이다.)"

10. 〈小星(소성)〉: "惠及下也。(은혜가 아래로 미치는 것이다.)"

11. 〈江有汜(강유사)〉: "美媵也。(시집갈 때 함께 데리고 온 시첩을 찬미한 것이다.)"

12. 〈野有死麕(야유사균)〉: "惡無禮也。(예가 없음을 미워한 것이다.)"

13. 〈何彼襛矣(하피농의)〉: "美王姬也。(주나라 천자의 딸 왕희를 찬미한 것이다.)"

14. 〈騶虞(추우)〉: "鵲巢之應也。(〈작소〉에 화답하는 것이다.)"

〈주남〉과 〈소남〉의 작품 주제들을 모두 정리하여 종합해보면, 15-11에서 제시했던 〈鄭風(정풍)〉의 전반적인 주제 즉 임금이 부덕하고 충신이 없어서 나라가 혼란스러워진 것을 개탄하는 것과는 사뭇 대조적임을 발견할 수 있을 것이다. 따라서 공자의 말은 결국 〈주남〉과 〈소남〉에는 지도자가 지켜야할 도리가 고스란히 담겨져 있는데, 이를 배우지 않으면 마치 커다란 담장을 마주하는 것과도 같이 道(도)를 깨우칠 수 없다는 뜻이다. 또 이를 통해서도 공자 교육의 궁극적 목표가 궁극적으로는 지도자 양성에 있음을 다시 한 번 확인할 수 있다.

17-11: 子曰: "禮云禮云, 玉帛云乎哉? 樂云樂云, 鐘鼓云乎哉?"
　　　子曰: "□云□云, □□云乎哉? □云□云, □□云乎哉?"

【대구법, 대유법, 설의법】
공자가 이르시기를: "禮(예)로다 예로다라고 하는데, 옥과 비단을 말하는 것이겠느냐? 음악이로다 음악이로다라고 하는데, 종과 북을 말하는 것이겠느냐?"

*공자는 仁(인): 義(의) ≒ 樂(악): 禮(예)의 관계를 강조하는데, 이를 쉽게 풀어서 말하자면 道(도)의 내용과 형식 그리고 강함과 부드러움의 和(화: 조화)를 뜻한다. 특히 8-9에서 이미 자세하게 설명한 바 있듯이, 道(도)의 내용이 되는 仁(인)과 義(의)와 마찬가지로 道(도)의 형식이 되는 禮(예: 조화로움을 위한 절제와 통제)와 樂(악: 조화로움을 위한 온유함) 역시 각기 강함과 부드러움을 나타내므로, 진정한 조화로움을 나타내는 상호 불가분의 관계에 있는 것이다.

그런데 공자는 본문에서 왜 禮(예)는 단순히 옥과 비단을 말하는 것이 아니고, 樂(악)은 단순히 종과 북을 말하는 것이 아니라고 말하는 것일까? 이와 관련하여서는, 다음의 기록을 살펴볼 필요가 있다.

樂者, 爲同; 禮者, 爲異。同, 則相親; 異, 則相敬。樂勝, 則流; 禮勝, 則離。合情飾貌者, 禮樂之事也。禮義立, 則貴賤等矣。樂文同, 則上下和矣。好惡著, 則賢不肖別矣。刑禁暴, 爵擧賢, 則政均矣。仁以愛之, 義以正之。如此, 則民治行矣。

음악이라는 것은, 같이하여 다스리는 것이고; 예라는 것은, 달리하여 다스리는 것이다. 같이한다는 것은, 곧 서로 가까이하는 것이고; 달리한다는 것은, 곧 서로 정중한 것이다. 음악이 지나치면, 곧 번져서 퍼지게 되고; 예가 지나치면, 곧 흩어진다. 이치에 맞게 하고 표면(형식)을 수식하는 것이, 예악의 기능이다. 예악이 확고히 서면, 곧 귀함과 천함이 구별된다. 음악(형식)과 文(문: 내용)이 같이하면, 위와 아래가 조화롭게 된다. 좋아함과 미워함이 드러나면, 곧 현명함과 못나고 어리석음이 나눠진다. 제어하여 난폭함을 누르고, 벼슬을 주어 현명한 이를 추천하면, 곧 나라를 다스리는 것이 고르게 된다. 어질음으로써 역성들고(옳고 그름에 상관없이 무조건 따르고), 의로움으로써 바로잡는 것이다. 이렇게 하면, 곧 백성들을 다스림이 행해지게 된다.　　　　　　　　　　　〔禮記(예기)〕〈樂記(악기)〉

즉 이 말은 道(도)의 형식이 되는 禮(예)와 樂(악)은 세부적으로 또 다시 형식과 내용으로 나뉜다는 것이니 다음과 같다.

	내용	형식
禮(예)	조화를 위한 절제와 통제	옥, 비단
樂(악)	조화를 위한 온유함	종, 북

주지하다시피, 춘추시대는 형식만이 난무하고 본질이 되는 내용은 소홀히 여겨진 일대 혼란기였다. 따라서 공자는 본문을 통해서 본질이 빠진 허례허식에 치우친 당시의 시대적 상황을 한탄한 것이다.

17-12: 子曰: "色厲而內荏, 譬諸小人, 其猶穿窬之 盜也與?"

【직유법】

공자가 이르시기를: "안색은 사납게 하면서 안으로는 유약한(미루고 지체하는) 사람은, 소인으로 비유하자면, 정문 옆에 작은 문을 뚫는(정정당당하게 정문으로 들어가지 못하는) 도둑과 같을지니?"

*德(덕)이란 성인들이 행한 강함과 부드러움의 통치법을 조화롭게 실천하려는 節操(절조: 절개와 지조)이고, 이에는 九德(구덕: 아홉 가지 덕)이 있는데, 그중 하나가 寬而栗(관이율: 관대하면서도 엄격함)이다. 이를 좀 더 구체적으로 설명하자면, 자기 스스로에게는 엄격하게 대함으로써 改過勿吝(개과물린: 허물을 고치는데 인색하지 말라)해야 하는 반면, 타인에게는 관대하게 대함으로써 容(용: 너그러이 포용함)을 실천해야 한다는 것이다. 따라서 공자는 본문을 통해서, 자기에게는 관대하지만 오히려 타인에게는 엄숙하게 대하는 소인배들을 신랄하게 비판하고 있음을 알 수 있다.

17-13: 子曰: "鄕原, 德之賊也。"

【대유법】

공자 말씀하시기를, "향원은, 덕의 도둑이다.(덕을 갉아먹는 해충이다.)"

*향원은 당시 겉으로는 선량한 척하면서 백성들에게 돌아가야 할 혜택을 중간에서 가로채는 촌락의 토호를 지칭한다. 이는 겉으로는 선한 척 하지만 실제로는 그렇지 못한 사람을 뜻하니, 공자는 여기서 다름 아닌 巧言令色(교언영색: 말을 교묘하게 하고 아첨하는 얼굴빛을 하는 것)을 다시 한 번 경계하고 있음을 알 수 있다. 즉 〔孟子(맹자)〕의 〈盡心下(진심하)〉에 나오는 "似而非(사이비: 비슷하지만 아님)"인 것이다. 공자의 이러한 자세는 8-17의 "기세가 세지만 바르지 않고, 무지하지만 삼가지 않으며, 겉으로는 성실한듯하지만 신용을 지키지 않는 이는, 나는 그 이유를 모르겠다"는 표현과 함께 연계하여 이해할 수 있을 것이다.

17-14: 子曰: "道聽而塗說, 德之棄也。"

**공자가 이르시기를: "도를 듣고 길에서 말해버리면, 덕을
버리는 것이다."**

*노자 역시 〔도덕경〕 56장의 56-1에서 "知者不言, 言者不知。(아는
이는 말하지 않고, 말하는 이는 알지 못한다.)"라고 말한 바 있다. 이는 다름
아닌 九德(구덕: 아홉 가지 덕) 중에서 信(신: 성실함)과 誠(성: 정성을 다함)
을 일컫는 것이니, 특히 8. 剛而實(강직하면서도 정성스러움)에 해당하는
데, 옛 성현들은 人(인: 사람)이 言(언: 말)한 것은 信(신: 믿음)이 되고,
또 言(언: 말)한 것은 반드시 成(이룸)하는 것이 誠(정성을 다함)을 실천
하는 것이라고 생각했다. 따라서 본문은 말을 내뱉는 것이 얼마나 조
심스러운 일인지 그 누구보다 잘 알기 때문에, 말을 하기보다는 삼가
여 실천하는데 더 주력해야 한다는 뜻이 된다.

또한 德(덕)이란 성인들이 행한 강함과 부드러움의 통치법을 조화
롭게 실천하려는 절개와 지조인데, 이 덕은 7-6에서 설명했다시피 道
(도)를 이루는 하위개념이 된다. 따라서 덕을 잃으면, 당연히 그 상위
개념이 되는 도에 이를 수 없게 되는 것이다.

17-15: 子曰: "鄙夫, 可與事君也與哉? 其未得之
也, 患得之; 既得之, 患失之。苟患失之, 無
所不至矣。"
子曰: "鄙夫, 可與事君也與哉? 其□得之
也, 患□之; □得之, 患□之。苟患失之, 無
所不至矣。"

【설의법, 대구법】

공자가 이르시기를: "비천한 이는, 함께 임금을 섬길 수
있겠는가? 얻지 못하면, 얻고자 걱정하고; 이미 얻으면, 잃을까
봐 걱정한다. 만약 잃을까 봐 걱정하면, 이르지 못할 것이
없다(잃지 않기 위해서 어떠한 행동이라도 한다)."

*여기서 비천한 이는 다름 아닌 小人(소인) 즉 道(도)를 따르지 않
고 사사로운 이익만을 탐하는 올바르지 못한 인격의 소인배를 뜻한
다. 그렇다면 공자가 본문에서 말하고자 한 의도는 무엇일까? 이와
관련하여, 노자 〔도덕경〕의 13장을 살펴보기로 하자.

寵辱若驚, 貴大患若身。何謂寵辱若驚, 寵為下。得之若驚, 失之若
驚, 是謂寵辱若驚。何謂貴大患若身? 吾所以有大患者, 為吾有身。及
吾無身, 吾有何患? 故貴以身為天下, 若可寄天下; 愛以身為天下, 若
可託天下。

총애함과 모욕에 마치 놀란 듯한 것은, 자신을 중시하는 것처럼 큰
재앙을 중시하는 것이다. 어떠한 것을 총애를 얻음과 굴욕을 받음

에 놀란 듯하다고 일컫는가 하니, 총애를 얻음은 하등의 것이다. 그 것을 얻음에 놀라는 듯하고, 그것을 잃음에 놀라는 듯하니, 이를 총 애를 얻음과 굴욕을 얻음에 놀라는 듯하다고 이른다. 어떠한 것을 자신을 중시하는 것처럼 큰 재앙을 중시한다고 이르는가? 내게 큰 화가 있는 것은, 나 자신을 돌보기 때문이다. 이에 나 자신을 돌보 지 않는다면, 내게 무슨 화가 있겠는가? 그러므로 귀히 여김이라 함은 자신을 돌보듯 세상을 귀히 여기는 것이니, 만약 그럴 수 있다 면 세상을 맡길 수 있다; 우러러 섬김이라 함은 자신을 돌보듯 세상 을 사랑하는 것이니, 만일 그럴 수 있다면 세상을 부탁할 수 있다.

즉 본문은 道(도: 옛 성현들의 통치이념)로서 나라를 다스리려 하지 않고 사사로운 이익에 눈이 멀게 되면, 그 목적을 달성하기 위해서 수단과 방법을 가리지 않게 되고, 그렇게 되면 결국 자기 스스로에게 재앙을 내리는 것이라고 엄중하게 경고하고 있다. 이제 아래에서 이 두 가지의 극단적인 예들을 살펴보기로 하자.

王行暴虐侈傲, 國人謗王。召公諫曰: "民不堪命矣！" 王怒, 得衛巫, 使監謗者, 以告則殺之。(생략) 召公曰: "是鄣之也。防民之口, 甚於防 水。水壅而潰, 傷人必多, 民亦如之。是故爲水者決之使導, 爲民者宣 之使言。"
(여) 왕이 횡포하고 잔악하며 사치하고도 오만하자, 나라 사람들이 임금을 비방했다. 소공이 간언하여 말했다: "백성들이 명을 견디지 못합니다!" 왕은 노하여, 위나라의 무당을 불러, 비방하는 자들을 감시하게 하고, 보고하면 곧 살해했다. (생략) 소공이 말했다: "이는 막는 것입니다. 백성들의 입을 막는 것은, 물을 막는 것보다 심합

니다. 물이 막히면 무너져, 많은 이들이 필히 다치게 되니, 백성 역시 이와 같습니다. 이 때문에 물을 다스리는 자는 물을 흐르게 하여 인도하고, 백성을 다스리는 자는 백성들을 밝혀 말하게 하는 것입니다."

〔史記(사기)〕〈周本紀(주본기)〉

하지만 주나라 厲王(여왕)은 끝까지 소공의 충언을 듣지 않았고, 이에 나라 사람들이 임금을 배반하였으니, 결국 임금의 자리를 버리고 彘(체) 지역으로 달아나게 되었다.

周公曰: 嗚呼! 我聞曰: 昔在殷王中宗, 嚴恭寅畏, 天命自度, 治民祗懼, 不敢荒寧。肆中宗之享國七十有五年。其在高宗, 時舊勞于外, 爰暨小人。作其卽位, 乃或亮陰, 三年不言。其惟不言, 言乃雍, 不敢荒寧, 嘉靖殷邦。至于小大, 無時或怨。肆高宗之享國五十有九年。其在祖甲, 不義惟王, 舊爲小人。作其卽位, 爰知小人之依, 能保蕙于庶民, 不敢侮鰥寡。肆祖甲之享國三十有三年。

주공이 말했다: "아! 제가 듣건대: 옛날 은나라 임금 중종은, 엄숙히 삼가며 공경하고 두려워하여, 천명을 스스로 헤아렸고, 백성을 다스림에 공경하고 두려워하여, 감히 편안함에 빠지지 않았습니다. 드디어 중종은 나라를 칠십오 년 누리셨습니다. 고종이 재위했을 때, 오랫동안 밖에서 수고로우셨고, 이에 소인(신분이 낮은 백성)들과 함께하였습니다. 그 즉위를 해서는, 이에 상을 입으시고, 삼 년 동안 말하지 않았습니다. 말하지 않았으나, 말하면 온화했지만, 감히 편안함에 빠지지 않았으니, 은나라가 아름답고도 평안해졌습니다. 낮은 사람이건 높은 사람이건, 원망하는 이가 없게 되었습니다. 드디어 고종은 나라를 오십구 년 누리셨습니다. 조갑이 재위해서

는, 의로운 왕이 아니라 하고, 오래 소인(신분이 낮은 백성)이 되었습니다. 즉위하여서는, 이에 소인(신분이 낮은 백성)의 의지함을 알고, 수많은 백성을 능히 보호하고 사랑하였으며, 감히 홀아비나 과부를 업신여기지 않았습니다. 드디어 조갑은 나라를 삼십삼 년 누리셨습니다."

〔尚書(상서)〕〈無逸(무일)〉

반면에 道(도)를 배우고 실천한 임금들은 하나같이 모두 그 자리를 오랫동안 지킬 수 있었으니, 그들은 부단히 노력하여 옛 성현들의 가르침을 따랐기 때문에 백성들이 자기의 지도자를 믿고 따랐다. 이제 이와 관련하여 다음의 기록을 살펴보면, 공자와 노자가 이구동성으로 강조하는 의미를 보다 명확하게 알 수 있을 것이다.

后非民罔使, 民非后罔事, 無自廣以狹人。匹夫匹婦, 不獲自盡, 民主罔與成厥功。

임금은 백성이 아니면 부릴 수 없고, 백성은 임금이 아니면 섬길 이가 없으니, 스스로 크다고 하여 다른 사람을 경시하면 안 됩니다. 평범한 남녀가, 정성을 다함을 얻지 못하게 되면, 백성의 주인은 더불어 그 공을 이룰 수 없습니다.

〔尚書(상서)〕〈咸有一德(함유일덕)〉

17-16: 子曰: "古者, 民有三疾; 今也, 或是之亡也。
古之狂也, 肆; 今之狂也, 蕩。古之矜也, 廉;
今之矜也, 忿戾。古之愚也, 直; 今之愚也,
詐而已矣。"
子曰: "古者, 民有三疾; 今也, 或是之亡也。
古之□也, □; 今之□也, □。古之□也, □;
今之□也, □□。古之□也, □; 今之□也,
□而已矣。"

【대구법(형식), 대조법(내용), 열거법】

공자가 이르시기를: "옛날에는, 백성들에게 세 가지 결점이
있었는데; 지금은, 이것의 없어짐을 의심한다.(어쩌면 이것마저도
없어졌을 것이다.) 옛날의 사나움은, 방자함(조심스럽지 않고
무례함)이었는데; 지금의 사나움은, 방종함(제멋대로 행동하여 거리낌이
없음)이다. 옛날의 자랑함은, 모가 나서 원만치 못함이었는데;
지금의 자랑함은, 성내어 다툼이다.(서로 자기가 잘났다고 화를 내며
다툰다.) 옛날의 어리석음은, 올곧음(타인에게도 엄격하여 비방하게
됨)이었는데; 오늘날의 어리석음은, 교언(말을 꾸며서 아첨함)일
따름이다."

*이를 통해서 옛날과 춘추시대 당시의 가치관이 어떻게 달라졌는
지를 비교해 볼 수 있으니, 시대가 흐름에 따라 더욱 자기에게는 관
대해지고 타인에게는 오히려 야박해지는 비뚤어진 세태를 반영한 것
임을 알 수 있는데, 특히 맨 처음의 狂(광: 사나움)과 마지막의 直(직:
올곧음)과 관련하여서는 17-8에서 설명한 내용을 다시 한 번 확인할

필요가 있다.

17-8에 따르면 剛(강: 강직함) 즉 마음이 굳세어 사사로운 탐욕을 부리지 않는 마음가짐이 道(도)를 배우기를 좋아하지 않으면 방자해 진다고 했으니, 이러한 조심스럽지 않고 무례한 방자함이 바로 狂(광: 사나움)이다. 하지만 공자가 살던 춘추시대에는 오히려 그보다 한술 더 떠서 "제멋대로 행동하여 거리낌이 없음"이 더 큰 결점이라고 했으니, 과거의 사나움으로 여겼던 "조심스럽지 않고 무례함"은 춘추시대에서 차라리 나은 편이라고 할 수 있다고 말하는 것이다.

直(직)은 본래 사사로운 정에 얽매이지 않고 공정하게 판단함을 뜻하는 말로서 자신에게는 엄격하고 남에게는 관대해야 하는 것인데, 道(도)를 배우기를 좋아하지 않으면 오히려 자기에게는 관대하고 타인에게만 엄격하여 비방하게 된다는 것이다. 하지만 공자가 살던 춘추시대에는 오히려 그보다 한술 더 떠서 "말을 꾸며서 아첨하는 것"이 더 큰 결점이라고 했으니, 과거의 어리석음으로 여겼던 "자기에게는 관대하고 타인에게만 엄격하여 비방함"은 춘추시대에서 차라리 나은 편이라고 할 수 있다고 말하는 것이다.

공자의 이러한 세태 비판은 17-24에서도 다시 한 번 드러나는데, 자공의 "훔치는 것을 안다고 여기는 이를 미워하고, 불손한 것을 용감함으로 여기는 이를 미워하며, 말을 꾸며서 아첨함을 올곧음이라고 여기는 이를 미워합니다"라는 말과도 일맥상통하니, 함께 엮어서 이해할 수 있다.

17-17: 子曰: "巧言令色, 鮮矣仁。"

공자가 이르시기를: "말을 교묘하게 하고 얼굴빛을 좋게 하는
사람은, 어진 이가 드물다."

*이는 1-3에서 이미 언급한 바 있으므로, 중복설명을 피한다.

17-18: 子曰: "惡紫之奪朱也, 惡鄭聲之亂雅樂也,
惡利口之覆邦家者。"
子曰: "惡□之□□也, 惡□□之□□□
也, 惡□□之□□□者。"

【대구법, 열거법, 대유법】
공자가 이르시기를: "자색이 붉은색을 빼앗는 것을 미워하고,
정나라의 음악이 아악을 어지럽히는 것을 미워하며, 말을
교묘하게 하여 나라를 뒤엎는 것을 미워한다."

*붉은색은 正色(정색)으로 정통의 올바른 색인 반면, 자색은 間色
(간색)으로 다른 색이 섞인 중간색이다. 또한 〔시경〕은 옛 성현들의
올바른 통치이념을 드러낸 시가작품집이지만, 15-11과 17-10에서도
언급했듯이 정나라는 주나라를 배신하고 심지어 천자에게 상해를 입
혔을 뿐만 아니라, 〔시경〕의 〈鄭風(정풍)〉은 유독 작품들 대부분이 임

금이 부덕하고 충신이 없어서 나라가 혼란스러워진 것을 개탄하고 있다. 즉 공자는 鄭聲(정성)이 바른 정치를 어지럽힌다고 비판하는 것이다. 그리고 마지막으로 말을 교묘하게 한다는 것은 忠言(충언)과 상반되는 것이니, 결국 공자는 본문을 통해서도 17-13에서 언급한 바 있는 "似而非(사이비: 비슷하지만 아님)"를 경계하고 있음을 알 수 있다.

17-19: 子曰: "予欲無言!" 子貢曰: "子如不言, 則 小子何述焉?" 子曰: "天何言哉! 四時行 焉, 百物生焉, 天何言哉?"

【영탄법, 설의법】

공자가 이르시기를: "나는 말을 하지 않으려 한다!" 자공이 이르기를: "스승께서 말씀하지 않으시면, 곧 저희가 어찌 따릅니까?" 공자가 이르시기를: "하늘이 어찌 말을 하는가! 사계절이 운행되고, 만물이 생겨나는데, 하늘이 어찌 말을 하는가?"

*노자는 [도덕경]의 5장 5-1에서 "天地不仁, 以萬物為芻狗 ; 聖人 不仁, 以百姓為芻狗。(천지는 어질지 않아서, 만물을 추구로 여기고; 성인은 어질지 않아서, 백성을 추구로 여긴다.)"라고 말한 바 있고, 이어서 56장 56-3 에서는 "故不可得而親, 不可得而疏; 不可得而利, 不可得而害; 不可 得而貴, 不可得而賤; 故為天下貴。(그러므로 친하다고 할 수 없고, 소원하다고 할 수 없으며; 이롭다고 할 수 없고, 해가 된다고 할 수 없거니와; 귀하다고 할 수 없고, 천하다고 할 수 없으니, 그러므로 세상이 귀히 여긴다.)"라고 말하기도 했

다. 즉 본문에서 공자가 한 말은 "하늘은 세상사에 일일이 관여하지 않고 無爲自然(무위자연) 즉 스스로의 천성에 따라서 흘러가도록 한다"는 의미를 함축하고 있다.

그런데 필자는 앞에서 공자의 사상에 대해서 분석할 때, 누차 그는 궁극적으로 세습과 예의로 기강을 삼고 제도를 설치하여 백성들을 통제하는 소강사회를 주장했고, 또 자기의 道(도)가 세상에 널리 알려져 쓰이기를 바라며 전국을 주유했던 인물이라고 설명했다. 그런 그가 여기서는 왜 갑자기 무위자연의 도리를 말한 것일까?

필자는 3-9에서 "공자는 대동사회를 지극한 이상향으로 삼지만 이는 어디까지나 노스텔지아의 손수건 즉 영원히 도달할 수 없는 개념이기 때문에, 현실적으로는 회복이 가능한 문왕과 무왕의 예악제도를 부활시켜야 한다고 주장한 것"이라고 언급한 바 있다. 다시 말해서 공자의 궁극적인 지향점은 소강사회가 되는 것이다. 하지만 주지하다시피 공자의 꿈은 이기적인 현실 앞에서 물거품이 되고, 이에 결국 노나라로 돌아와 후학 양성에 전념하게 된다. 그러므로 공자는 본문을 통해서, 현실에 지친 마음을 토로하고 나아가 울분 섞인 한탄하는 것으로 파악해야 한다.

17-20: 孺悲欲見孔子, 孔子辭以疾。將命者出戶, 取瑟而歌, 使之聞之。

유비가 공자를 뵙고자 하자, 공자는 병으로 사양하셨다. 곁에서 (공자를) 모시는 이가 (말씀을 전달하려고) 출입구(대문)를 나서자, 비파를 손에 들고 노래를 불러서, 그로 하여금 듣게 하셨다.

*본문과 관련하여, 먼저 다음의 기록을 살펴보자.

恤由之喪, 哀公使孺悲之孔子學士喪禮。士喪禮於是乎書。
휼유가 죽자, 애공은 유비로 하여금 공자에게 가서 선비의 상례를 배우게 했다. 선비의 상례가 이에 기록되었다.

〔禮記(예기)〕〈雜記下(잡기하)〉

유비가 누구인지는 알려진 바가 없는데, 다만 노나라 사람이었을 것이라고 추측할 수 있을 뿐이다. 본문에서 공자는 유비가 뵙고자 했으나 거절했다. 하지만 또 위의 기록을 보면 결국 유비를 만나 가르침을 준 것으로 이해할 수 있다. 따라서 이 두 기록을 근거로 추측해 보면, 유비라는 사람은 그 인품에 문제가 있거나 잘못된 행실이 있어서, 공자가 그의 잘못된 점을 지적하여 깨우치도록 일부러 돌아가게 한 듯하다.

17-21: 宰我問: "三年之喪, 期已久矣。君子, 三年不爲禮, 禮必壞; 三年不爲樂, 樂必崩。舊穀旣沒, 新穀旣升, 鑽燧改火, 期可已矣。" 子曰: "食夫稻, 衣夫錦, 於女安乎?" 曰: "安!" "女安, 則爲之! 夫君子之居喪, 食旨不甘, 聞樂不樂, 居處不安, 故不爲也。今女安, 則爲之!" 宰我出。子曰: "予之不仁也! 子生三年, 然後免於父母之懷。夫三年之喪, 天下之通喪也。予也有三年之愛於其父母乎?"

宰我問: "三年之喪, 期已久矣。君子, 三年不爲□, □必□; 三年不爲□, □必□。□穀旣□, □穀旣□, 鑽燧改火, 期可已矣。" 子曰: "食夫稻, 衣夫錦, 於女安乎?" 曰: "安!" "女安, 則爲之! 夫君子之居喪, □□不□, □□不□, □□不□, 故不爲也。今女安, 則爲之!" 宰我出。子曰: "予之不仁也! 子生三年, 然後免於父母之懷。夫三年之喪, 天下之通喪也。予也有三年之愛於其父母乎?"

【대구법, 대구법, 대구법, 열거법, 문답법, 대유법】

재아가 물었다: "삼년상은, 기간이 깁니다. 군자가, 삼 년 동안 예를 시행하지 않으면, 예가 반드시 무너지고; 삼 년 동안 음악을 하지 않으면, 음악이 반드시 무너질 것입니다. 옛 곡식이 벌써 없어지고, 새 곡식이 이미 익으며, (철이 바뀌면) 부싯돌을 끌어 (그 계절의 나무를 비벼대어) 불을 고치니(새로이 불을 지피니), 일

년이면 될 것입니다." 공자가 이르시기를: "흰 쌀밥을 먹고, 비단옷을 입는 것이, 너에게 편안하더냐?" (재아가) 말했다: "편안합니다!" 공자가 이르시기를: "네가 편하다면, 곧 그리 해라! 무릇 군자가 초상을 지낼 때에는, 맛있는 것을 먹어도 달지 않고, 음악을 들어도 즐겁지 않으며, 거처해도 편안하지 않기 때문에, 그렇게 하지 않는 것이다. 지금 네가 편안하다면, 곧 그렇게 해라!" 재아가 밖으로 나갔다. 공자가 이르시기를: "재아는 어질지 못하구나! 자식이 태어나 삼 년(슬하자식 삼 년이니), 그 후에야 부모의 품에서 벗어날 수 있는 것이다. 무릇 삼년상은 세상에서 통하는 상례이다. 재아 역시 그 부모에게서 삼 년의 사랑을 받았을 테지?"

*자식이 태어나 부모의 무릎 안에서 자라는 3년 동안, 부모는 자식에게 무조건적이고도 무한한 사랑을 준다. 3년을 넘기면 부모가 아무리 자식을 무릎 안에 앉히려고 해도 자식은 그 무릎을 벗어나려 하니, 이것이 膝下子息(슬하자식: 무릎 아래의 자식)의 유래이다. 그리고 훗날 부모님께서 돌아가시면 자식이 삼년상을 치루니, 이는 자식이 부모의 그 3년 동안의 무한한 사랑에 보답하는 것으로, 사람이라면 누구나 지켜야할 도리이다. 이러한 3년간의 부모상에 대한 내용은 〔禮記(예기)〕〈三年(삼년)〉에도 보이고 있다.

*여기서 다시 한 번 仁(인: 어질음)이라는 것이 孝(효)의 사회적 확장 형태임을 확인할 수 있다. 부모를 진심으로 섬기고 따르지 못하는 인물이, 어찌 자기의 임금을 진심으로 섬기고 따를 수 있겠는가? 그러므로 공자는 재아를 仁(인)하지 못한 인물이라고 비판한 것이다.

*3-21에서도 언급한 바 있듯이, 재아는 총명하고도 변론에 능한 인물이었다. 하지만 〔史記(사기)〕의 〈仲尼弟子列傳(중니제자열전)〉에 따르면, 그는 훗날 田常(전상)과 난을 일으켰다가 비참한 최후를 맞이하

였기에, 공자가 이를 두고두고 수치스러워 했다고 한다. 또 같은 서적에는 공자가 "재아가 말을 잘하는 것만 믿었다가 잘못 판단했고, 자우가 못생겼다고 해서 잘못 판단했다"고 술회했다는 기록이 남아 있으니, 예로부터 사람을 판단하는 기준은 총명함에 있는 것이 아니라, 마음가짐과 배려심 등의 인품에 있는 것이다. 사람이 마땅히 갖춰야할 따뜻한 마음을 갖추지 못한다면, 아무리 총명한들 무슨 소용이 있겠는가? 그러한 인물은 결국 사리사욕만을 탐하다가 자기 함정에 빠지게 되니, 역사가 이를 증명하고 있다.

17-22: 子曰: "飽食, 終日無所用心, 難矣哉! 不有博[12]奕[13]者乎? 爲之猶賢乎已。"

【설의법, 대유법】
공자가 이르시기를: "배불리 먹고도, 하루 종일 마음을 쓰는 바(부단히 노력하는바)가 없으면, (발전하기가) 어렵다! 윷놀이(지금은 사라진 중국의 전통 놀이)와 바둑이 있지 않은가? 그것을 하는 것이 오히려 현명하다."

*1-1에서 習(습)은 새가 날갯짓을 하여 스스로 하늘을 날 수 있도록 부단히 연습하고 노력하는 모습을 나타낸다고 설명한 바 있다. 따

---

12) 博(박): 중국에서 가장 오래된 노름 중 하나로, 오늘날에는 전해지지 않는다. 다섯 개의 나무 막대기를 던져서, 엎어지거나 자빠진 모양에 따라 말을 움직여 승부를 냈다고 한다.
13) 奕(혁): 바둑.

라서 공자는 여기서 하루 종일 멍하니 있느니, 차라리 도박이나 바둑 등을 해서라도 부단히 노력하는 모양새를 갖춰야 한다고 말하는 것이다. 이제 공자의 이러한 가치관을 가지고 다시 1-1의 "배우고 늘 그것을 익히면, 또한 기쁘지 아니한가?"라는 표현을 본다면, 그 의미가 보다 새로워질 것이다.

17-23: 子路曰: "君子, 尙勇乎?" 子曰: "君子, 義以
爲上。君子, 有勇而無義, 爲亂; 小人, 有勇
而無義, 爲盜。"
子路曰: "君子, 尙勇乎?" 子曰: "君子, 義以
爲上。□□, 有勇而無義, 爲□; □□, 有勇
而無義, 爲□。"

【문답법, 대구법(형식), 대조법(내용)】

자로가 말하기를: "군자는, 용감함을 숭상합니까?" 공자가 이르시기를: "군자는, 의로움을 으뜸으로 삼는다. 군자는, 용감함이 있지만 의로움이 없으면, 반란을 일으키게 되고; 소인은, 용감함이 있지만 의로움이 없으면, 도둑질을 하게 된다."

*義(의: 의로움)는 계급상의 서열을 명확하게 하고 그 서열에서 마땅히 지켜야 할 바를 목숨을 걸고 지키는 것이다. 그런데 2-24에서 공자는 "의를 보고도 행하지 않으면, 용기가 없는 것이다"라고 했으니, 勇(용: 용감함)이란 義(의)를 몸소 실천하는 것이다. 이를 통해서

義(의)와 勇(용)은 사실상 불가분의 관계에 있음을 알 수 있는데, 특히 勇(용)의 존재 이유가 義(의)를 실천하는데 있으므로 義(의)가 없다면 勇(용)의 타당성 역시 존재할 수 없게 된다. 또한, 공자는 9-28에서 "용감한 이는 두려워하지 않는다"고 하였으니, 용감한 이는 義(의)를 지키기 위해서 목숨조차도 걸 수 있으므로, 더 이상 두려울 것이 없다고 말한 것이다.

그러므로 8-2에서 "용맹하지만 무례하면, 곧 포악해진다"고 하였고, 17-8에서는 "용감함을 좋아하면서, 배우기를 좋아하지 않으면, 그 결점은 포악해지는 것이다"고 하였으니, 5-6에서 설명한 바 있듯이 자로에게는 몸소 실천하는 능력인 勇(용)이 있지만 그 밖의 道(도)의 구성요소들을 갖추는 데는 아직 부족함이 있기 때문에, 공자는 여기서도 자로를 위한 맞춤형 교육을 펼치고 있음을 알 수 있다.

*道(도)는 각각의 구성요소들이 반드시 유기적으로 하나가 되는 조화를 이뤄야한다. 그리고 君子(군자)는 道(도)를 배우고 부단히 노력하여 실천하는 올바른 지도자이고, 小人(소인)은 道(도)를 따르지 않고 사사로운 이익만을 탐하는 올바르지 못한 인격의 소인배를 가리킨다. 따라서 공자는 義(의)가 없이 勇(용)만 내세우게 되면 두려울 것이 없게 되므로, 군자는 타락하여 임금을 거슬러 반란을 일으키게 되고, 소인배는 더욱 사리사욕에 눈이 멀어 남의 것을 빼앗는 도적질을 하게 된다고 구분하여 설명하고 있다.

17-24: 子貢曰: "君子亦有惡乎?" 子曰: "有惡。惡
　　　稱人之惡者, 惡居下流而訕上者, 惡勇而
　　　無禮者, 惡果敢而窒者。" 曰: "賜也亦有惡
　　　乎?" "惡徼以爲知者, 惡不孫以爲勇者, 惡
　　　訐以爲直者。"
　　　子貢曰: "□□亦有惡乎?" 子曰: "有惡。惡
　　　□□之□者, 惡□□□而□□者, 惡□而
　　　□□者, 惡□□而□者。" 曰: "□□亦有惡
　　　乎?" "惡□以爲□者, 惡□□以爲□者, 惡
　　　□以爲□者。"

【문답법, 대구법, 대구법, 열거법】

자공이 말하기를: "군자 역시 미워함이 있습니까?" 공자가
이르시기를: "미워함이 있다. 남의 나쁜 점을 드러내는 이를
미워하고, 하류(아래)에 있으면서 윗사람을 비방하는 이를
미워하며, 용감하지만 무례한 이를 미워하고, 과감하지만(결단성
있게 행동하지만) 막힌 이(여러 사람과 상의하지 않고 독단적으로 결정하는
이)를 미워한다." (공자가) 이르시기를: "사 역시 미워함이
있는가?" (자공이 말하기를:) "(남의 성과를) 훔치는 것을 안다고
여기는 이를 미워하고, 불손한 것을 용감함으로 여기는 이를
미워하며, 교언(말을 꾸며서 아첨함)을 올곧음이라고 여기는 이를
미워합니다."

*공자는 여기서 자기가 미워하는 네 가지 부류를 언급하고 있다.
먼저 "남의 나쁜 점을 드러내는 이를 미워한다"는 것은 直(직)을 말하
는 것이니, 공자는 17-8에서 "올곧음을 좋아하면서, 배우기를 좋아하

지 않으면, 그 결점은 비방하게 되는 것이다"라고 했다. 이는 사사로운 정에 얽매이지 않고 공정하게 판단하려고 하지만 성인의 도를 배우기를 좋아하지 않으면, 자신에게는 엄격하고 남에게는 관대해야 하는데 오히려 타인에게 엄격하여 비방하게 된다는 것이다.

이어서 "하류에 있으면서 윗사람을 비방하는 이를 미워한다"는 것은 아랫사람이 지켜야 할 仁(인)을 말하는 것이니, 이런 사람은 자기의 윗사람 나아가 임금을 진심으로 섬기고 따르지 않게 된다는 것이다.

"용감하지만 무례한 이를 미워한다"는 것은 勇(용)을 말하는 것이니, 공자는 8-2에서 "용맹하지만 무례하면, 곧 포악해진다"라고 하였고, 17-8에서는 "용감함을 좋아하면서, 배우기를 좋아하지 않으면, 그 결점은 포악해지는 것이다"라고 했다. 이는 義(의: 자기가 처한 서열에서 마땅히 지켜야 할 바를 목숨을 걸고 지킴)를 몸소 실천하려고 하지만 道(도)를 배우기를 좋아하지 않으면, 무도해져서 포악해진다는 것이다.

마지막으로 "과감하지만 막힌 이를 미워한다"는 것은 好問(호문: 묻기를 좋아함)하는 愼(신: 신중함)의 자세를 말하는 것이니, 공자는 5-14에서 "아랫사람에게 묻기를 부끄러워하지 않았다"라고 했고, 또 8-6에서는 "많으면서도 적은 이에게 물었다"라고 했다.

*자공은 공자의 물음에 세 가지 부류를 언급하고 있다. 하나는 "훔치는 것을 안다고 여기는 이를 미워한다"는 것이니, 다름 아닌 남의 성과를 마치 자기의 성과인 것처럼 속이는 부류이다. 이러한 풍조는 과거나 지금이나 마찬가지로, 참으로 심각한 문제였나 보다.

다음으로 "불손한 것을 용감함으로 여기는 이를 미워한다"고 했는데, 이는 8-2의 "용맹하지만 무례하면, 곧 포악해진다" 및 17-23의 "군자는, 용감함이 있지만 의로움이 없으면, 반란을 일으키게 되고; 소인은, 용감함이 있지만 의로움이 없으면, 도둑질을 하게 된다"는 말과 상통하니, 바로 義(의)가 없이 勇(용)만 내세우게 되면 두려울 것이 없게 되므로, 군자는 타락하여 임금을 거슬러 반란을 일으키게 되고, 소인배는 더욱 사리사욕에 눈이 멀어 남의 것을 빼앗는 도적질을 하게 된다는 것이다.

그리고 마지막으로 "말을 꾸며서 아첨함을 올곧음이라고 여기는 이를 미워한다"는 것은, 17-16의 "옛날의 어리석음은, 올곧음이었는데; 오늘날의 어리석음은, 말을 꾸며서 아첨함일 따름이다"는 말과 연계하여 살펴볼 수 있으니, 이는 갖은 아부와 아첨으로 임금을 기만하여 사리사욕만을 탐하는 부류인 것이다.

> 17-25: 子曰: "唯女子與小人, 爲難養也。近之, 則
> 不孫; 遠之, 則怨。"
> 子曰: "唯女子與小人, 爲難養也。□之, 則□
> □; □之, 則□。"

【대구법, 대유법】
공자가 이르시기를: "오직 여자와 소인만이, 맡아서 관장하기
어렵다. 가까이 하면, 곧 불손하고; 멀리 하면, 곧 원망한다."

*이는 〔논어〕에서 가장 논란이 되는 구절 중의 하나인데, 그 참뜻을 파악하기 위해서는 14-17의 "어찌 평범한 남자와 평범한 여자의 고집스러움을 행하여, 스스로 도랑에서 목매어 알지 못하게 하는 것을 따르겠는가?" 및 16-14의 "나라 임금의 아내는: 임금이, 그를 일컬

어 부인이라고 한다. 부인은, 스스로를 일컬어 소동이라고 한다. 나라 사람들은, 그를 일컬어 군부인이라고 한다. 다른 나라 사람에게는 그를 일컬어 과소군이라고 한다. 다른 나라 사람들은, 그를 일컬어 역시 군부인이라고 한다"는 표현과 함께 연계하여 살펴야 한다. 즉 공자가 본문에서 부각시키고자 한 것은 다름 아닌 부단히 노력하여 道(도)를 배우고 실천하는지의 여부인 것이니, 여성을 꼬집어서 비하한 것이 아닌 것이다. 춘추시대의 사회배경-대표적으로 종법제도-을 이해하면 알 수 있겠지만, 당시 지도자 계급을 제외한 일반적인 여성의 지위는 매우 낮아서 글을 배우지 못했고, 나아가 정치에 참여할 수도 없었다. 노자 역시 〔도덕경〕 전체를 통해서 여성에 대해서는 언급한 바가 없으니, 이는 다시 말해서 어디까지나 시대적 한계인 것이다. 이와 관련하여 〔시경〕의 〈주남〉 작품들을 보더라도 천자의 부인인 后妃(후비)의 德(덕)을 칭송하고 있음을 볼 수 있으니, 분명 남녀의 성별로만 판단한 것은 아님을 알 수 있다.

그러므로 공자가 본문에서 지적한 여성은 아마도 지위가 낮은 평범한 여자일 것이다. 더군다나 〔國語(국어)〕 〈魯語下(노어하)〉에서 공자는 公父穆伯(공보목백)의 부인 敬姜(경강)이 그녀의 아들 公父文伯(공보문백)이 노나라 대부로서 직무에 충실하지 못한 태도를 보였다며 꾸짖은 사실에 대해서, 그녀가 도리에 어긋난 사람이 아니라고 평가하며 제자들에게 기억하라고 하였다. 또한 그녀가 제사를 지내는 태도를 보고 예절을 아는 이라고 높이 평가한 바도 있다. 따라서 공자는 4-11에서도 "소인은 베풂음을 생각한다"라고 언급했듯이, 단순히 부단히 노력하여 道(도)를 배우고 실천하는 태도의 유무를 부각시키기 위해서 소인배와 평범한 여인을 단적으로 언급한 것임을 알 수 있는 것이다.

17-26: 子曰: "年四十而見惡焉, 其終也已。"

공자가 이르시기를: "나이가 사십인데도 추악함을 드러내면, 그것은 끝이다.(더 이상은 고칠 가능성이 없다.)"

*見은 "～당하다"로 해석되는 경우 "견"으로 독음되고, "드러내다"로 해석되는 경우에는 "현"으로 독음된다. 또한 惡은(는) "악함, 잘못"으로 해석되는 경우 "악"으로 독음되고, "미워함"으로 해석되는 경우 "오"로 독음된다. 그런데 본문과 같은 경우에는 "見惡"이(가) 1. 미워함을 당하면 2. 추악함을 드러내면 어느 쪽으로도 해석이 가능하므로, 독음 역시 "견오"나 "현악" 모두 가능하다. 다만 공자는 13-24에서 "고을 사람 중에서 선한 이는 좋아하고, 선하지 못한 이는 미워하느니만 못하다"라고 한 바 있으니, 미워함을 당한다는 것이 꼭 부정적인 의미인 것은 아닌 것이다. 따라서 필자는 "見惡"을 "현악"으로 독음하여 "추악함을 드러내다"로 해석하기로 한다.

*공자는 2-4에서 "마흔 살에는 미혹되지 않게 되었다"라고 한 바 있고, 또 12-21에서는 "하루아침의 노여움으로, 자신을 잊고 그럼으로써 어버이에게 미치게 하는 것이 현혹됨이 아니겠는가?"라고 말했으니, 40세 즉 不惑(불혹)이란 노여움으로 인해서 자신의 통제력을 잃고, 나아가 어버이에게 미치게 하지 않는 평정심을 뜻한다. 이제 이를 바탕으로 다시 한 번 본문을 살펴본다면 공자가 말한 함의를 이해할 수 있을 터이니, "나이가 40세가 되었는데도, 순간의 노여움으로 인해서 자신의 통제력을 잃고 나아가 어버이에게 미치게 한다면, 그 사람은 더 이상 고칠 수 있는 가능성이 없다"는 뜻인 것이다.

第18章: 微子(미자)

18-1: 微子去之, 箕子爲之奴, 比干諫而死。孔子曰: "殷有三仁焉!"

미자는 떠났고, 기자는 그의 노비가 되었고, 비간은 간언을 하다가 죽었다. 공자가 이르시기를 "은나라에는 세 명의 어진 이들이 있었다."

*미자의 이름은 啓(계)로, 殷(은)나라의 폭군 紂王(주왕)과 같은 어머니의 형이다. 주왕이 무도하여 미자가 누차 간언을 올렸으나 듣지 않자, 결국 황야에 은거하였다. 후에 周(주)나라 武王(무왕)이 은나라를 멸한 후에, 미자는 宋(송)나라에 봉해졌다.

*기자는 주왕의 숙부로, 이름은 胥徐(서서)이다. 주왕이 무도하여 수차례 간언을 올렸으나 듣지 않자, 머리를 풀고 미친 척하다가 구금되고는 노비로 전락했다. 무왕이 은나라를 멸한 후에 석방되었다.

*비간 역시 주왕의 숙부이다. 少師(소사)라는 관직에 있으면서 누차 주왕에게 간언을 올리자, 주왕은 "내가 듣기로는 성인의 심장에는 일곱 개의 구멍이 있다고 하는데, 이제 비간이 성인인지 확인하겠노라!"라고 말하여, 그의 심장을 갈라 잔인하게 죽였다.

*道(도)가 땅에 떨어지자 미자는 떠났고, 비간은 미친 척하다가 잡혔으며, 비간은 끝까지 간언하다가 죽임을 당했다. 하지만 공자는 이 세 사람이 모두 仁(인: 자기의 임금을 진심으로 섬기고 따름)한 사람이라고 칭송하고 있으니, 이는 아래 18-8의 "나는, 곧 이들과 달라서, 가함도 없고 불가함도 없다"는 표현을 살펴보면 그 이유를 쉬이 짐작할 수 있다. 즉 공자는 비록 위의 세 사람이 정도의 차이만 있을 뿐 그

마음가짐은 하나라고 보았으니, 모두 임금을 배반하려는 역모를 꾀하지 않고 끝까지 자기가 섬기는 임금을 바른 길로 걷도록 노력한 인물로 보았던 것이다.

18-2: 柳下惠爲士師, 三黜。人曰: "子未可以去乎?" 曰: "直道而事人, 焉往而不三黜! 枉道而事人, 何必去父母之邦?"

【문답법, 설의법】

유하혜가 재판관이 되었다가, 수차례 내침을 당했다. 어떤 이가 말하기를: "그대는 (이 나라를) 떠날 수 없는가?" 유하혜가 말하기를: "도를 바르게 하고 사람을 섬기면, 어디로 간들 수없이 내침을 당하지 않겠소? 도를 굽히고 사람을 섬기자면, 어찌 부모의 나라를 떠나야만 하겠소?"

*본문의 三(삼)은 구체적인 숫자가 아닌 多(다: 많음)로 번역하기로 한다.

*유하혜는 展禽(전금)으로, 장문중이 노나라 卿(경)의 자리에 있을 때 그를 보좌하여 대부를 지냈던 인물이다. 15-14에서 비교적 상세히 설명한 바 있듯이, 그는 대단히 현명하고도 앞을 내다볼 줄 하는 통찰력을 겸비한 인물이었거니와, 나아가 자기의 상관이나 임금조차도 거침없이 비판할 줄 아는 성품의 소유자였음을 알 수 있다. 이제 이를 본문과 종합해보면, 유하혜는 결국 道(도)를 지키려고 굽히지 않는 모습을 보였다가 수차례 내침을 당한 것임을 알 수 있는데, 왜 이

러한 노나라를 떠나지 않느냐는 질문에 그는 "도를 바르게 하고 사람을 섬기면, 어디로 간들 수 없이 내침을 당하지 않겠소?"라고 대답했으니, 이는 춘추시대의 모든 나라들이 다 비슷한 사정이었음을 간접적으로 밝히고 있는 것이다.

또한 "도를 굽히고 사람을 섬기자면, 어찌 부모의 나라를 떠나야만 하겠소?"라고 말한 취지는 "기왕 도를 굽히면서까지 임금을 섬기려고 한다면, 굳이 부모의 나라를 떠나 다른 나라에까지 갈 필요까지는 없다"는 것으로, 유하혜는 이를 통해서 내침을 당하더라도 노나라에 남아 仁(인: 자기의 임금을 진심으로 섬기고 따름)을 실천하고, 또 자기의 자리에 연연하여 道(도)를 굽히지는 않겠다는 강력한 의지를 표명하고 있음을 알 수 있는 것이다.

18-3: 齊景公待孔子曰: "若季氏, 則吾不能。以季孟之間待之。" 曰: "吾老矣, 不能用也。" 孔子行。

【대유법】

제나라 경공이 공자를 대접하여 말하기를: "계씨(계손씨)와 같으면(같은 등급으로 대우하면), 곧 나는 할 수 없다. 계씨와 맹씨(맹손씨)의 사이로 그를 대우하겠다." (후에 제나라 경공이 다시) 말하기를: "나는 늙었으니, (공자를) 등용할 수가 없다." 공자가 (노나라로 돌아) 갔다.

*공자는 16-12에서 "제나라 경공은 말 사천 마리를 소유하였지만,

죽는 날에, 백성들이 칭송할만한 덕이 없었다"라고 말한 바 있다. 무슨 이유에서일까? 德(덕)은 성인들이 행한 강함과 부드러움의 통치법을 조화롭게 실천하려는 절조로서 아홉 가지의 九德(구덕)이 있으니, 1. 寬而栗(관대하면서도 엄격함), 2. 柔而立(온유하면서도 확고히 섬), 3. 愿而共(정중하면서도 함께 함), 4. 治而敬(다스리면서도 공경함), 5. 擾而毅(길들이면서도 강인함), 6. 直而溫(정직하면서도 부드러움), 7. 簡而廉(질박하면서도 청렴함), 8. 剛而實(강직하면서도 정성스러움), 9. 強而義(굳세면서도 의로움)가 그것이다. 따라서 공자는 이 아홉 가지 덕 중에서 특히 7. 簡而廉(질박하면서도 청렴함)의 德(덕)을 쌓지 못했기 때문에 경공을 비판한 것이다. 그런데 본문에서는 심지어 임금이 신하의 뜻에 좌우되는 모습조차 보이고 있으니, 이는 이제 2. 柔而立(온유하면서도 확고히 섬)에도 위배되는 것이다. 그러므로 공자는 경공의 이러한 면모를 보고, 제나라에서 道(도)가 행해질 수 없음을 깨달아 미련 없이 떠난 것이다.

　*공자와 제나라 경공은 인연이 제법 깊은 편이다. 12-11에서도 언급한 바 있듯이, 경공은 晏嬰(안영)과 함께 당시 30세의 공자를 찾아와서는 秦(진)나라 穆公(목공)이 천하의 우두머리가 된 이유에 대해서 물었다. 그리고 5년 후 昭公(소공)이 제나라로 도망가자, 공자는 제나라로 가서 高昭子(고소자)의 가신이 되었고, 5년 전의 인연을 통해서 경공과 다시 접촉하게 된 것이다.

　〔史記(사기)〕〈孔子世家(공자세가)〉에 따르면, 이때 경공이 공자를 만나 물은 내용이 바로 12-11이라고 한다. 경공이 공자에게 정치에 대해서 묻자, 공자는 "임금은 임금다워야 하고, 신하는 신하다워야 하며, 아비는 아비다워야 하고, 자식은 자식다워야 합니다"라고 대답했다. 이에 경공은 공자의 능력을 중시하여 그에게 높은 벼슬을 주려

고 했는데, 안영의 반대로 인해 노나라 계씨와 맹씨의 중간에 해당하
는 대우를 하였고, 또 제나라 대부들이 공자를 없애려고 하자, 경공
은 다시 "나는 늙어서 그대를 등용할 수 없소"라며 말을 번복했던 것
이다. 결국 공자는 노나라로 돌아올 수밖에 없었다.

18-4: 齊人歸女樂, 季桓子受之, 三日不朝。孔
子行。

**제나라 사람이 여자와 음악을 선물하자, 계환자가 받고,
삼일동안 (신하들을) 만나보지 않았다. 공자가 (다른 나라로) 갔다.**

*〔史記(사기)〕〈孔子世家(공자세가)〉에 따르면, 定公(정공) 14년 공자
는 56세의 나이로 노나라 대부가 되어 정사를 담당했는데, 양과 돼지
를 파는 사람들이 값을 속이지 않았고, 남녀가 길을 갈 때 떨어져 갔
으며, 길에 물건이 떨어져도 주워가지 않았다고 한다. 사방의 손님
중에서 읍에 방문하는 자도 담당 관리를 찾아올 필요가 없었고, 모두
그들이 잘 돌아가게 했다.

　그러자 제나라의 黎鉏(여서)가 공자의 능력을 두려워하여, 제나라
의 미인 팔십 명을 뽑아 노나라로 보내고는 康樂舞(강락무)를 추게 했
고, 또 말 백이십 필을 노나라 임금에게 선물했다. 이에 卿(경)인 季
桓子(계환자)는 처음에는 평상복 차림으로 몰래 찾아가 강락무를 엿
보다가, 나중에는 아예 지역 순시라는 명분으로 온종일 관람하여 정
사를 소홀히 했다. 자로가 그 소식을 듣고는 "이제 노나라를 떠날 때

가 되었습니다"라고 말하자, 공자는 "임금께서 제사를 지내고 그 음식을 나누어줄텐데, 대부들에게 나누어주면 나는 노나라에 남을 것이다"라고 말했다.

하지만 음식이 대부들에게 전해지지 않자, 공자는 노나라를 떠나게 되었는데, 악사 己(기)가 환송하자, 공자는 "여인네의 입은 신하를 떠나게 할 수 있고, 여인네를 만남은 신하를 죽음으로 내몰 수 있네. 한가하게 유유자적하며 달리 일생을 편안하게 지내리라"고 노래를 불렀다. 악사 기가 돌아와서 계환자에게 공자의 말을 그대로 전하자, 계환자는 "공자가 나를 꾸짖고 있구나!"라고 한탄했다고 한다.

아울러서 이는 결국 지도자가 자극적인 것에 빠져서 道(도)가 땅에 떨어졌음을 뜻하니, 노자 〔도덕경〕 35장 35-2의 "樂與餌, 過客止。(음악과 음식은, 과객을 멈추게 한다.)" 및 35-3의 "道之出口, 淡乎其無味。(도의 입에서 나옴은, 담백하여 그 맛이 없다.)"라는 구절과도 일맥상통하고 있음을 알 수 있다.

18-5: 楚狂接輿歌而過孔子, 曰: "鳳兮, 鳳兮! 何
德之衰? 往者不可諫, 來者猶可追。已而, 已
而!" 今之從政者殆而! 孔子下, 欲與之言,
趨而辟之, 不得與之言。

초나라의 광인 접여가 노래를 부르고 공자를 지나며, 말하기를: "봉황이여, 봉황이여! 어찌 덕이 쇠락했는가? 지나간 것은 간언을 할 수 없고, 올 것은 오히려 좋을 수 있으니. 그만둘 따름이다, 그만둘 따름이다! 오늘날 정치에 종사하는 자들은 위험할지니!" 공자가 내려, 그와 말을 하려 하였으나, 달아나서 피하니, 그와 말을 할 수 없었다.

*접여의 본명은 陸通(육통)이고, 접여는 字(자)이다. 楚(초)나라 昭王(소왕)때 나라가 혼란스러워지자, 몸에 옻칠을 하여 문둥병자인 것처럼 꾸미고 또 머리를 풀어헤쳐 미치광이의 행색을 하여 떠돌아다녔다고 한다. 이를 근거로 살펴보면, 접여는 "道(도)가 땅에 떨어지면 세상을 등지고 떠난다는" 당시의 불문율을 따랐던 인물이었음을 짐작할 수 있다.

*15-40의 "길이 같지 않으면, 함께 도모할 수 없다"는 말은 노자와 공자의 사상이 상호배척관계에 있음을 보여주는 것이 아니라, "道(도)가 땅에 떨어지면 세상을 등지고 떠난다는" 당시의 불문율을 따르지 않고 끝까지 세상을 포기하지 말아야 한다는 공자의 의지를 반영한 것이라고 설명한 바 있다. 따라서 공자는 말에서 내려 자기의 가치관을 설명하려 한 것인데, 접여는 그런 공자를 피해서 달아났으니 어찌 함께 일을 도모할 수 있었겠는가?

*[史記(사기)] 〈孔子世家(공자세가)〉에 따르면, 63세의 공자와 그의 일행이 초나라에 도착하자, 소왕은 공자를 중용하려 했다고 한다. 하지만 令尹(영윤)을 지내던 子西(자서)의 반대로, 공자는 뜻을 이루지 못하게 되었다. 본문은 바로 이 시기에 일어난 일인데, 접여의 이러한 행동은 마치 18-1의 箕子(기자)와도 닮은꼴로 함께 엮어서 이해할 수 있다.

18-6: 長沮桀溺耦而耕。孔子過之, 使子路問津焉。
長沮曰:"夫執輿者爲誰? 子路曰:"爲孔丘。"
曰:"是魯孔丘與?"曰:"是也。"曰:"是知津
矣!"問於桀溺。桀溺曰:"子爲誰?"曰:"爲
仲由。"曰:"是魯孔丘之徒與?"對曰:"然。"
曰:"滔滔者, 天下皆是也, 而誰以易之? 且而
與其從辟人之士也, 其若從辟世之士哉?"耰
而不輟。子路行以告, 夫子憮然, 曰:"鳥獸不
可與同群! 吾非斯人之徒與而誰與? 天下有
道, 丘不與易也!"

【문답법, 대유법, 설의법】

장저와 걸익이 밭을 갈고 있었다. 공자가 그들을 지나가다가,
자로에게 나루터가 어디에 있는지 물도록 했다. 장저가
말하기를: "수레 고삐를 잡고 있는 사람은 누구인가?" 자로가
대답하기를: "공구이십니다." (장저가) 말하기를: "노나라의
공구인가?" (자로가) 말하기를: "그렇습니다." (장저가) 말하기를:
"(그 사람은) 나루터를 안다!" 걸익에게 물었다. 걸익이 말하기를:
"그대는 누구인가?" (자로가) 말하기를: "중유입니다." (걸익이)
말하기를: "노나라 공구의 제자인가?" (자로가) 대답하기를:
"그렇습니다." (걸익이) 말하기를: "도도히 흘러가니, 세상이 모두
이러한데, 누가 그것을 바꿀 것인가? 사람을 피하는 士(사)를
따르느니, 세상을 피하는 士(사)를 따르는 것이 낫지 않겠는가?"
그러고는 씨앗 덮는 일을 멈추지 않았다. 자로가 가서 말을
전하자, 공자가 크게 낙심하여 멍하니 있다가, 이르시기를:
"조수와는 함께 무리를 지을 수 없으니, 내가 이 사람의 무리와

함께하지 않으면, 누구와 함께하겠는가? 천하에 도가 있으면, 내가 (그대들과) 더불어 바꾸려 하지 않을 것이다!"

*장저와 걸익이 구체적으로 누구인지는 알려져 있지 않다. 다만 본문을 통해서 18-6의 접여와 마찬가지로, 道(도)가 땅에 떨어지면 세상을 등지고 떠난다는 불문율을 따랐던 인물이었을 것이라고 추측할 따름이다. 또한 본문의 "씨앗 덮는 일을 멈추지 않았다"는 표현으로 미루어보아, 이들 역시 왕을 포함한 모든 사람이 자신의 노동으로 생활을 유지함으로써 대동사회 지도자의 치세법을 회복해야 한다고 주장한 農家思想(농가사상)을 지닌 인물들로 파악할 수 있을 것이다. 이러한 농가사상의 가치관은 4-11과 13-4 그리고 14-34와 18-7에서도 단편적으로나마 드러나니, 함께 연계하여 이해할 수 있다.

*장저와 걸익의 말에 크게 실망한 공자는 "조수와는 함께 무리를 지을 수 없으니, 내가 이 사람의 무리와 함께하지 않으면, 누구와 함께하겠는가? 천하에 도가 있으면, 내가 더불어 바꾸려 하지 않을 것이다!"라고 말했는데, 바로 이 점에 주목할 필요가 있다. 즉 대동사회의 정의를 다시 한 번 살펴보자면 세상의 모든 만물이 조화를 이뤄서 화목하게 사는 公天下(공천하)이니, 이제 이와 관련하여 다음의 기록을 살펴보기로 하자.

於是夔行樂, 祖考至, 群后相讓, 鳥獸翔舞, 簫韶九成, 鳳皇來儀, 百獸率舞, 百官信諧。帝用此作歌, 曰: "陟天之命, 維時維幾。"乃歌曰: "股肱喜哉! 元首起哉! 百工熙哉!" 皐陶拜手稽首揚言曰: "念哉! 率爲興事, 愼乃憲。敬哉!" 乃更爲歌曰: "元首明哉, 股肱良哉, 庶事康哉!" 又歌曰: "元首叢脞哉, 股肱惰哉, 萬事墮哉!" 帝拜曰: "然, 往欽哉!"

그래서 기가 악기를 연주하자, 돌아가신 선조(귀신)께서 이르고, 여러 왕후들이 서로 양보하였으며, 조수가 날면서 춤추었는데, 소 아홉 곡 연주가 끝나자, 봉황이 와서 예절을 갖추고, 모든 짐승들이 모두 춤추었으며, 모든 관리들이 믿고 화합했다. (순)임금은 이에 노래를 지어, 불렀다: "하늘의 명을 공경하여 받들어, 때에 맞추기를 살피리니." 이에 노래하여 불렀다: "팔 다리(중신)가 행복하니! 원수(임금)가 입신하고! 온갖 장인이 흥성하리니!" 고요가 손을 들어 맞잡고 절하며 머리를 조아려 소리 높여 말했다: "삼가소서! 대략 국가의 대사를 일으킴에, 삼가면 이에 흥성합니다. 공경하소서!" 이에 다시 노래를 불렀다: "원수(임금)가 명철하면, 팔 다리(중신)가 어질어져, 모든 일이 편안하네!" 또 노래를 불렀다: "원수(임금)가 통일성이 없으면, 팔 다리(중신)들이 불경해져, 만사가 무너지네!" 임금이 절하며 말했다: "그렇소, 가서 삼가시오!"

〔史記(사기)〕〈夏本紀(하본기)〉

그런데 공자는 "조수와는 함께 무리를 지을 수 없으니, 내가 이 사람의 무리와 함께하지 않으면, 누구와 함께하겠는가?"라고 말하고 있으니, 이와 관련하여 또 다음의 기록들을 살펴보자.

誠者天之道也, 誠之者人之道也。誠者, 不勉而中, 不思而得, 從容中道, 聖人也。誠之者, 擇善而固執之者也。

진실함은 하늘의 도이고, 진실하게 하는 것은 사람의 도이다. 진실한 사람은 힘쓰지 않아도 중하고, 생각하지 않아도 얻게 되어, 차분하게 도에 들어맞는 것이니, 성인이다. 진실하게 한다는 것은, 선을 가리어 굳게 잡는 것이다.

〔禮記(예기)〕〈中庸(중용)〉

孔子侍坐於哀公。哀公曰：“敢問人道誰爲大。”孔子愀然作色而對曰：
“君之及此言也，百姓之德也。固臣敢無辭而對。人道政爲大。”公曰：
“敢問何謂爲政。”孔子對曰：“政者，正也。君爲正，則百姓從政矣。君
之所爲，百姓之所從也。”

공자가 애공을 모시고 앉았다. 애공이 말하길: "감히 묻습니다. 사
람의 도는 누구를 큰 것으로 여기오?" 공자가 엄정하게 낯빛을 고
치고는 대답하여 이르길: "임금께서 이 말씀에 이르신 것은 백성들
의 덕입니다. 진실로 신은 감히 사양치 않고 대답하겠습니다. 사람
의 도는 정치를 큰 것으로 여깁니다." (애)공이 말하기를: "감히 묻
겠는데 어떤 것이 정치를 한다고 일컫는 것이오?" 공자가 대답하여
이르길: "정치는, 바로잡는 것입니다. 임금이 바르게 하면, 곧 백성
들이 정치에 따릅니다. 임금의 행하는 바는, 백성들의 따르는 바입
니다.　　　　　　　　　　　　　　　　〔禮記(예기)〕〈哀公問(애공문)〉

　　이를 정리해보면, 道(도: 통치이념)에는 天道(천도: 하늘의 통치이념)와
人道(인도: 사람의 통치이념)가 있는데, 天道(천도)는 스스로 그러하게 하
는 無爲自然(무위자연)의 대동사회 통치이념이고, 人道(인도)는 예악제
도로 애써서 절제하고 통제하는 소강사회 통치이념인 것이다. 그런
데 공자는 15-29에서 "사람이 도를 넓힐 수 있는 것이지, 도가 사람을
넓히는 것은 아니다"고 말한 바 있다. 따라서 공자의 道(도)는 天道(천
도)가 아닌 人道(인도) 즉 소강사회의 통치이념임을 알 수 있으니, 공
자는 天道(천도)가 아닌 人道(인도) 다시 말해서 대동사회가 아닌 소
강사회로의 복귀를 그의 최종 목표로 삼고 있음이 다시 한 번 여실히
드러나는 것이다.
　　아울러 여기서도 15-40의 "길이 같지 않으면, 함께 도모할 수 없

다"는 말의 함의를 다시 한 번 확인할 수 있으니, 공자는 장저와 걸익이 말한 "道(도)가 땅에 떨어지면 세상을 등지고 떠난다는" 당시의 불문율을 따르지 않고, 끝까지 세상을 포기하지 말아야 한다는 의지를 천명한 것이다. 그러므로 공자는 마지막에 "천하에 도가 있으면, 내가 더불어 바꾸려 하지 않을 것이다!"라고 힘주어 말한 것이리라.

*〔史記(사기)〕〈孔子世家(공자세가)〉에 따르면, 본문은 공자가 대략 62세일 때 蔡(채)나라에서 葉(섭) 지역에 가서 섭공을 만났다가, 다시 채나라로 돌아오던 도중에 있었던 일이라고 한다.

18-7: 子路從而後, 遇丈人, 以杖荷蓧。子路問曰:
"子見夫子乎?" 丈人曰: "四體不勤, 五穀不
分, 孰爲夫子!" 植其杖而芸。子路拱而立。
止子路宿, 殺鷄爲黍而食之, 見其二子焉。明
日, 子路行以告。子曰: "隱者也。" 使子路反
見之。至, 則行矣。子路曰: "不仕無義。長幼
之節, 不可廢也; 君臣之義, 如之何其廢之?
欲潔其身而亂大倫。君子之仕也, 行其義也。
道之不行, 已知之矣!"

子路從而後, 遇丈人, 以杖荷蓧。子路問曰:
"子見夫子乎?" 丈人曰: "□□不□, □□不
□, 孰爲夫子!" 植其杖而芸。子路拱而立。
止子路宿, 殺鷄爲黍而食之, 見其二子焉。明
日, 子路行以告。子曰: "隱者也。" 使子路反
見之。至, 則行矣。子路曰: "不仕無義。長幼之
節, 不可廢也; 君臣之義, 如之何其廢之? 欲
潔其身而亂大倫。君子之仕也, 行其義也。道
之不行, 已知之矣!"

【대구법, 대유법, 설의법】

자로가 (공자를) 따르다가 뒤쳐져, 노인을 만났는데, 지팡이를
짚고 삼태기를 메고 있었다. 자로가 묻기를: "노인장께서는
(제) 스승을 보셨습니까?" 노인이 말하기를: "사지를 부지런히
하지 않고, 오곡을 구분하지 못하니, 누가 스승이란 말인가!" 그
지팡이를 꽂고 김을 매었다. 자로는 두 손을 가지런히 마주잡고
서 있었다. (노인은) 자로를 (자기) 집에 묵게 하고, 닭을 잡아

기장밥을 지어 먹였으며, 그 두 아들을 만나게 했다. 다음날, 자로가 가서 (공자에게) 고했다. 공자가 이르시기를: "은자로다." 자로에게 돌아가 그를 만나보게 하였다. 갔더니, (노인은) 곧 떠나버렸다. 자로가 말하기를: "벼슬을 하지 않는 것은, 의로운 일이 아니다. 장유유서의 예절은, 없앨 수 없는 것이니; 임금과 신하의 의를, 어찌 폐할 수 있겠는가? 자기의 몸을 깨끗이 하려다 큰 윤리를 어지럽히는 것이다. 군자가 벼슬하는 것은, 그 의를 행하는 것이다. 도가 행해지지 못함은, 이미 알고 있다."

*18-6의 장저 걸익과 마찬가지로, 본문의 노인은 道(도)가 땅에 떨어지면 세상을 등지고 떠난다는 불문율을 따랐던 인물이었을 것이다. 특히 본문의 "사지를 부지런히 하지 않고, 오곡을 구분하지 못하니, 누가 스승이란 말인가!"라는 말을 통해서, 노인 역시 農家思想(농가사상)을 지닌 인물이었을 터인데, 이는 4-11과 13-4 그리고 14-34와 18-6과 함께 연계하여 이해할 수 있다.

또한 본문에서 자로가 한 말은 사실상 공자의 사상과 의지를 대변하는 것으로 봐야 할 것이니, 14-39의 "안될 줄 알고도 하려는 사람인가?"라는 표현과 함께 엮어서 이해할 수 있다.

*〔史記(사기)〕〈孔子世家(공자세가)〉에 따르면, 이 역시 공자가 대략 62세일 때 蔡(채)나라에서 葉(섭) 지역에 가서 섭공을 만났다가, 다시 채나라로 돌아오던 도중에 있었던 일이라고 한다.

18-8: 逸¹⁾民: 伯夷, 叔齊, 虞仲, 夷逸, 朱張, 柳下惠,
少連。子曰: "不降其志, 不辱其身, 伯夷、叔
齊與?"謂柳下惠、少連, "降志辱身矣, 言中
倫, 行中慮, 其斯而已矣!"謂虞仲、夷逸, "隱
居放言, 身中淸, 廢中權²⁾。我, 則異於是, 無可
無不可。"

逸民: 伯夷、叔齊、虞仲、夷逸、朱張、柳下惠、
少連。子曰: "不□其□, 不□其□, 伯夷、叔
齊與?"謂柳下惠、少連, "降志辱身矣, □中
□, □中□, 其斯而已矣!"謂虞仲、夷逸, "隱
居放言, □中□, □中□。我, 則異於是, 無可
無不可。"

【대구법, 대구법】

세상에 나서지 않은 사람은: 백이, 숙제, 우중, 이일, 주장,
유하혜, 소련이다. 공자가 이르시기를: "그 뜻을 낮추지 않고, 그
몸을 욕되이 하지 않은 이는, 백이와 숙제일 것이니?" 유하혜와
소련을 말함에, "그 뜻을 굽히고, 몸을 욕되이 하였으나, 말이
윤리에 맞고, 행동이 생각에 맞았으니, 이러할 따름이다."
우중과 이일을 말함에, "은거하면서 말을 맘대로 했으나, 몸을
깨끗이 하고, 그침이 임시변통에 맞았다. 나는, 곧 이들과
달라서, 가함도 없고 불가함도 없다."

---

1) 逸(일): 은거하다, 숨다.
2) 權(권): 임시변통, 임기응변.

*앞에서도 누차 언급했듯이 은나라의 제후국인 孤竹國(고죽국) 임금의 첫째 아들인 백이는, 아버지가 셋째 아들인 숙제에게 왕위를 물려주라고 유언하자 그 뜻을 따랐다. 하지만 숙제는 그럴 수 없다며 다시 백이에게 양보했다. 이에 백이는 아버지의 뜻이라며 도망가게 되고, 숙제 역시 도망을 가버리는 바람에, 결국 둘째 아들이 왕위를 물려받게 되었는데, 후에 周(주)의 武王(무왕)이 무력으로 폭군인 은나라 紂王(주왕)을 몰아내자, 이 둘은 무왕이 仁義(인의)를 저버렸다고 말하며 首陽山(수양산)으로 들어가 고사리를 캐어먹고 지내다 굶어죽었다.

　*우중은 吳泰伯(오태백)의 동생 仲雍(중옹)인데, 오태백에 대해서는 8-1를 참고하기로 한다. 〔史記(사기)〕〈吳泰伯世家(오태백세가)〉에 따르면, 周(주)나라 太王(태왕) 즉 古公亶父(고공단보)는 셋째 아들 季歷(계력)의 아들에게 德(덕)이 있음을 알고, 훗날 계력의 아들이 왕위를 잇도록 하기 위해서 장남 태백이 아닌 계력에게 왕위를 잇게 했다. 그러자 장남 태백과 차남 중옹은 아버지의 뜻을 알고 荊越(형월) 지역으로 도망가 은둔했다고 한다.

　태백은 형월에서 스스로를 句吳(구오)라고 칭했는데, 형월 사람들이 태백의 인품이 고상하여 임금으로 삼으니, 그가 바로 吳(오)나라 태백이다. 오태백이 죽고 나서 그에게는 아들이 없었으므로, 동생 중옹이 왕위에 올랐다. 그리고 그 후로는 중옹의 후대가 왕위를 계승하다가 周章(주장)이 오나라 임금으로 있을 때, 周(주)나라 武王(무왕)이 은나라를 멸망시킨 후 태백과 중옹의 후대를 찾았다. 하지만 태백은 후대가 없었고 중옹의 후대인 주장은 이미 오나라의 임금이었으므로 그를 오나라 제후로 올리고, 또 주장의 동생을 虞(우) 지역에 봉하니 그가 虞仲(우중)이다.

그렇지만 본문에서 공자가 언급한 우중은 이 우중의 증조부 즉 태백의 동생 중옹을 말하는 것이니, 상술한 것처럼 중옹은 대의를 위해서 은거했지만, 그의 증손자인 우중은 은거한 적이 없다는 점에 주목해야 한다. 또한 엄격하게 말해서 중옹은 우나라의 태왕 즉 시조가 되므로, 그를 虞(우)나라의 仲雍(중옹)이라는 의미로 역시 虞仲(우중)이라고 줄여서 부르는 것이다.

*이일이 누구인지 현재로서는 알 수 없다. 향후 심도 있는 고증을 통해서 찾을 수 있기를 기대한다.

*주장이 누구인지 현재로서는 알 수 없다. 향후 심도 있는 고증을 통해서 찾을 수 있기를 기대한다.

*18-2에서 이미 설명한 바 있듯이 유하혜는 展禽(전금)으로, 장문중이 노나라 卿(경)의 자리에 있을 때 그를 보좌하여 대부를 지냈던 인물이다.

*소련과 관련하여서는, 다음의 기록이 남아있다.

孔子曰: "少連、大連善居喪。三日不怠, 三月不解, 期悲哀, 三年憂。東夷之子也。"

공자가 이르시기를: "소련과 대련은 부모의 상을 잘 치렀다. 3일을 게으르지 않고, 3개월을 느슨하지 않았으며, 1주년을 슬퍼하여 서러워하였고, 3년을 괴로워했다. (그는) 동이(동쪽 오랑캐)의 사람이다."
　　　　　　　　　　　　　　　　　　　〔禮記(예기)〕〈雜記下(잡기하)〉

이를 통해서 소련은 효성이 지극한 인물이었음을 알 수 있는데, 그 밖의 것에 대해서는 알려진 바가 없다. 마찬가지로 향후 심도 있는 고증을 통해서 찾을 수 있기를 기대한다.

　*7-1에서 언급했다시피, 공자는 〔논어〕에서 여러 인물들을 열거할 때 본문에서처럼 반드시 시대적 순서에 따라서 언급하고 있다.

　*이제 이와 관련하여 14-38의 "현명한 이는 세상을 피하고, 그 다음가는 자는 지역을 피하며, 그 다음가는 자는 얼굴빛을 피하고, 그 다음가는 자는 말을 피한다"라는 표현을 다시 살펴보면, 공자는 道(도)가 땅에 떨어지면 세상을 등지고 떠나는 것이라는 당시의 불문율을 누구보다도 잘 알고 있었음을 확인할 수 있다. 하지만 본문에서는 왜 뜻밖에도 "나는, 곧 이들과 달라서, 가함도 없고 불가함도 없다"고 말한 것일까? 이제 이와 관련하여, 먼저 공자가 당시의 불문율에 긍정적인 입장을 보였던 표현들을 정리해보도록 하자.

　5-1: "나라에 도가 있으면, 버리지 않을 것이고; 나라에 도가 없어도, 사형을 면할 것이다."

　5-6: "도가 행해지지 않아서, 뗏목을 타고 바다로 떠다닌다면, 나를 따르는 사람, 그것은 유이다."

　5-20: "영무자는, 나라에 도가 있으면, 곧 드러내고; 나라에 도가 없으면, 어리석었다."

　8-13: "세상에 도가 있으면, 곧 드러내고; 도가 없으면, 곧 숨는다. 나라에 도가 있는데도 빈천하면, 부끄러운 것이요; 나라에 도가 없는데도, 부귀하면, 부끄러운 것이다."

　11-23: "소위 큰 신하란, 도로서 임금을 섬기다가, 안되면, 그만두는 것입니다."

　14-1: "나라에 도가 있으면, 녹을 받는데; 나라에 도가 없는데도, 녹을 받는 것은, 수치이다."

16-11의 "(도가 없으면) 은거함으로써 그 뜻을 구하고, (도가 있으면) 의로움을 행함으로써 그 도에 이른다."

하지만 공자는 이와 정 반대의 입장을 표명한 경우도 있다.

14-3: "나라에 도가 있으면, 말과 행실을 엄정하게 하고; 나라에 도가 없으면, 행실을 엄정하게 하되 말은 공손하게 할 것이다."
15-7: "곧도다, 사어여! 나라에 도가 있을 때에는 화살과 같고, 나라에 도가 없을 때에도 화살과 같도다. 군자로다, 거백옥이여! 나라에 도가 있으면, 곧 벼슬을 하고; 나라에 도가 없으면, 곧 거두어 품는구나."

즉 공자의 이러한 이중적인 태도는 두 가지 측면에서 해석할 수 있으니, 하나는 양 끝단을 잡아서 그 가운데를 집는 中(중: 객관적이고도 공정함)의 태도를 실천하려고 한 것으로 볼 수 있고, 또 하나는 불문율을 따라야 한다는 생각와중에도 道(도)를 다시 살려야 한다는 사명감을 뿌리칠 수 없었던 것으로 볼 수도 있다는 것이다. 그 대표적인 증거로 공자는 道(도)가 땅에 떨어지자 대부를 지내다가도 과감히 그 자리를 박차고 노나라를 떠났다는 점과, 그러면서도 자기의 道(도)를 알리기 위해서 오랫동안 세상을 주유했다는 점을 들 수가 있다. 아무튼 이유야 어찌되었건 간에 한 가지 확실한 것은, 이러한 공자의 이중적인 태도가 결코 일개인의 사리사욕을 채우기 위한 방편은 아니었다는 사실이다.
    *〔史記(사기)〕〈孔子世家(공자세가)〉에 따르면, 공자는 哀公(애공) 14년 즉 71세에 이 말을 했다고 한다.

18-9: 大師摯, 適齊; 亞飯干, 適楚; 三飯繚, 適蔡;
四飯缺, 適秦; 鼓方叔, 入於河; 播鼗武, 入於
漢; 小師陽, 擊磬襄, 入於海。
□□□, 適□; □□□, 適□; □□□, 適□;
□□□, 適□; □□□, 入於□; □□□, 入
於□; □□□, □□□, 入於□。

【대구법, 열거법, 대구법, 열거법, 대유법】

(노나라 악관의 수장인) 태사 지는, 제나라로 갔고; (식사 때 연주하는
벼슬인) 아반 간은, 초나라로 갔으며; (식사 때 연주하는 벼슬인) 삼반
료는, 채나라로 갔고; (역시 식사 때 연주하는 벼슬인) 사반 결은,
진나라로 갔으며; 북을 치는 방숙은, 하내 지역으로 들어갔고;
작은 북을 흔드는 무는, 한중 지역으로 들어갔으며; (악관을
보좌하는) 소사 양, (돌로 만든 악기인) 경쇠를 치는 양은, 해도
지역으로 들어갔다.

*이는 노나라의 道(도)가 땅에 떨어지자, 모두 나라를 떠나 세상
을 등짐으로써 당시의 불문율을 따랐다는 의미이다. 또한 본문에서
굳이 樂師(악사)들의 이름을 구체적으로 거론한 이유에 대해서는, 그
렇게 함으로써 예악제도라는 것이 禮(예)가 없어지면 樂(악) 역시 떠
나는 불가분의 관계에 놓여있음을 증명하려한 것으로 이해할 수 있
을 것이다.

18-10: 周公謂魯公曰: "君子不施其親, 不使大臣
怨乎不以, 故舊無大故, 則不棄也。無求備
於一人。"

주공이 (아들인) 노공에게 말씀하시기를: "군자는 친척을 버리지
않고, 대신들로 하여금 써주지 않는다고 원망치 않게 하며,
오래된 친구는 큰 이유가 없으면, 곧 버리지 아니한다. 한
사람에게 (완벽하게) 갖추기를 요구하지 않는다."

*공자는 8-3에서 "군자가 친척에게 도탑게 하면, 곧 백성들이 어
질음에 흥기할 것이다. 그러므로 옛 친구를 저버리지 않으면, 곧 백
성들이 야박해지지 않는다"고 한 바 있으니, 본문 역시 이와 같은 맥
락에서 이해해야 한다. 이제 이와 관련하여, 다시 한 번 다음의 기록
들을 살펴보자.

仁者, 人也。親親, 爲大。義者, 宜也。尊賢, 爲大。
어질음이라는 것은, 인격이다. 친족을 가까이하는 것이, 큰 것이 된
다. 의로움이라는 것은, 마땅함이다. 현명한 이를 존경하는 것이,
큰 것이 된다.   〔禮記(예기)〕〈中庸(중용)〉

孔子之故人曰原壤。其母死, 夫子助之沐槨。原壤登木曰: "久矣, 子之
不託於音也。" 歌曰: "貍首之班然, 執女手之卷然。" 夫子爲弗聞也者
而過之。從者曰: "子未可以已乎?" 夫子曰: "丘聞之, '親者毋失其爲
親也, 故者毋失其爲故也。'"

공자의 오랜 친구(이름)는 원양이라고 불렸다. 그의 어머니가 죽자, 공자가 그를 도와 외관을 손질했다. 원양이 (어머니의 시신을 안치할) 나무(외관)에 올라 말하기를: "오래되었구나, 아들이 노래 소리에 의탁하지 못함이.(오랫동안 노래를 부르지 못했구나.)" (그러고는) 노래하여 이르기를: "삵 머리의 얼룩이요(외관 나무의 무늬는 삵의 머리처럼 알록달록하고), 여인의 손을 잡는 아름다움이로다.(외관 나무의 결은 여인의 손을 잡은 듯 부드럽구나.)" 공자가 못들은 척하고 지나갔다. 따르던 이가 말하기를: "선생께서는 그만두지(그와 절교하지) 않으십니까?" 공자가 이르시기를: "(나) 구가 듣기로는, '친척이 되는 이는 그 친척이 됨을 잃을 수 없고, 오랜 친구는 그 오랜 친구가 됨을 잃을 수 없다'고 했소." 〔禮記(예기)〕〈檀弓下(단궁하)〉

친족은 부모의 가족이라서, 친족을 가까이하는 것이 바로 부모의 뜻에 따르는 것이다. 또 오래된 친구와 같이 인연을 맺게 된 사람은 쉬이 내쳐서는 안 되니, 그렇지 않으면 백성들이 지도자를 믿고 따르지 않기 때문이다. 즉 공자는 본문을 통해서, 다시 한 번 仁(인: 군주를 진심으로 섬기고 따름)의 중요성을 강조하는 것임을 알 수 있다.

18-11: 周有八士: 伯達, 伯适, 仲突, 仲忽, 叔夜, 叔夏, 季隨, 季騧。

【열거법】

주나라에는 여덟 선비가 있었으니: 백달, 백괄, 중돌, 중홀, 숙야, 숙하, 계수, 계왜이다.

*2-5에서 宗法制度(종법제도)에 대해 설명하면서, 〔通志(통지)〕〈氏族略(씨족략)〉의 설명을 근거로 형제의 항렬은 伯(백: 적장자) 孟(맹: 서장자), 仲(중: 차남), 叔(숙: 삼남), 季(계: 사남)의 순서가 된다고 설명한 바 있다. 따라서 위의 여덟 명은 서열에 따라서 열거한 것임이 틀림없다. 그렇다면 이들은 모두 형제관계인 것일까? 이와 관련하여 다음의 기록을 살펴보자.

乃命羲和, 欽若昊天, 曆象日月星辰, 敬授民時。分命羲仲, 宅嵎夷, 曰暘穀。寅賓出日, 平秩東作。日中, 星鳥, 以殷仲春。厥民析, 鳥獸孳尾。申命羲叔, 宅南交。平秩南訛, 敬致。日永, 星火, 以正仲夏。厥民因, 鳥獸希革。分命和仲, 宅西, 曰昧穀。寅餞納日, 平秩西成。宵中, 星虛, 以殷仲秋。厥民夷, 鳥獸毛毨。申命和叔, 宅朔方, 曰幽都。平在朔易。日短, 星昴, 以正仲冬。厥民隩, 鳥獸氄毛。帝曰: "咨! 汝羲暨和。期三百有六旬有六日, 以閏月定四時, 成歲。允厘百工, 庶績咸熙。"

이에 (요임금은) 희씨와 화씨에게 명하여, 큰 하늘을 공손히 좇고, 일월성신에 따라, 삼가 백성들에게 계절을 전수했다. 희중에게 따로 명하여, 욱이에 살게 하였으니, 양곡이라고 불렸다. 뜨는 해를 공경하여 대접하고, 봄 농사를 가지런하게 했다. 해가 중간에 오면, 성조(28수중의 하나)로 춘분을 바로잡았다. 백성들은 흩어졌고(일을 하고), 조수는 교미하여 새끼를 가졌다. 거듭 희숙에게 명하여, 남교에 살게 하였다. 여름 농사를 가지런히 하여, 삼가 다하도록 했다. 일을 고르게 다스리도록 하고 공경하여 다루게 했다. 해가 길어지면, 화성으로, 중하(한여름)를 바로 잡았다. 백성들은 이어 받고(계속 농사를 지었고), 조수는 털갈이를 하느라 털이 적었다. 화중에게 따로 명하여, 서쪽에 살게 하니, 매곡이라 불렸다. 지는 해를 공손히 보내, 가을 추수를 가지런하게 했다. 밤이 중간에 오면, 성허로, 추분을 바로잡았다. 백성들은 평안해지고, 조수는 털에 윤기가 돌았다. 거듭 화숙에게 명하여, 북쪽에 살게 하니, 유도라고 불렸다. 해가 바뀜을 가지런하게 했다. 해는 짧아지면, 묘성으로, 동지를 바로잡았다. 백성들은 따뜻하였고, 조수는 털이 무성했다. 임금(요)께서 말씀하셨다: 아! 그대 희씨와 화씨여. 일 년을 366일로 하고, 윤달로 사계절을 바로잡아서, 일 년을 이루었도다. 진실로 모든 관리들을 다스리니, 여러 공적이 모두 흥하게 되었다.

〔尙書(상서)〕〈堯典(요전)〉

조선시대 李瀷(이익)은 〔星湖僿說(성호사설)〕 제25권에서 자기의 견해를 밝혔는데, 이를 간략하게 정리하면 다음과 같다. "나는 (서로 다른 사람들이라도) 함께 한 임금을 섬기면 형제의 의가 있기 때문에 이렇게 명명한 것이라고 생각한다. 예를 들자면 희씨와 화씨의 장남과 차남

삼남에게 명령하여 일을 시켰다는 것을 의미하니, 맨 위의 희씨와 화씨는 사실상 희백과 화백이 된다."

즉 이익은 본문의 伯(백: 적장자) 孟(맹: 서장자), 仲(중: 차남), 叔(숙: 삼남), 季(계: 사남)가 형제가 아닌 관직의 순서라고 본 것인데, 필자는 이익의 의견이 상당한 설득력을 지닌다고 판단하여 이를 따르기로 한다.

*백달은 檀伯達(단백달)을 지칭하는 것이 아닐까? 〔左傳(좌전)〕〈成公(성공) 11년〉에는 주나라 武王(무왕)이 폭군 紂王(주왕)의 殷(은)나라를 멸하고서 蘇忿生(소분생)과 단백달을 황하 이북지역에 봉했으나, 후에 소분생은 狄人(적인)에게 투항했다는 기록이 있다. 만약 본문의 백달이 단백달을 지칭하는 것이 맞는다면, 그는 소분생과 달리 주나라를 섬기고 따랐기에, 공자가 이처럼 칭송한 것으로 추측할 수 있을 것이다.

*그 밖의 다른 인물들에 대해서, 현재로서는 조그마한 단서조차도 찾을 수 없다. 향후 심도 있는 고증을 통해서 찾을 수 있기를 기대한다.

第19章: 子張(자장)

19-1: 子張曰: "士, 見危致命, 見得思義, 祭思敬, 喪
思哀, 其可已矣。"
子張曰: "士, 見□□□, 見□□□, □思□,
□思□, 其可已矣。"

【대구법, 대구법】

자장이 말하기를, "士(사)는, 위태로움을 보면 목숨을 다하고,
이익을 보면 의로움을 생각하며, 제사를 지내면 공경함을
생각하고, 초상을 치름에는 슬퍼함을 생각하면, 그것이 옳은
것이다."

*"위태로움을 보면 목숨을 다한다"는 것은 勇(용: 용감함)이고, "이
익을 보면 의로움을 생각한다"는 것은 義(의: 의로움)이며, "제사를 지
내면 공경함을 생각하고, 초상을 치름에는 슬퍼함을 생각한다"는 것
은 忠(충: 정성스러움)이다.

13-20에서 공자는 士(사: 선비)가 마땅히 갖춰야 할 道(도)의 구성
요소들로 謙(겸: 자기가 항상 부족하다고 여기는 겸손함), 改過勿吝(개과물린:
허물을 고치는데 인색하지 마라), 仁(인: 자기의 임금을 진심으로 섬기고 따름),
孝(효: 부모를 진심으로 섬김), 悌(제: 웃어른을 공경함), 信(신: 말을 뱉으면 반
드시 지키는 성실함), 勇(용: 자기의 서열에서 마땅히 지켜야 할 바를 목숨을 걸고
지키는 의로움을 몸으로 실천하는 것)을 들었다. 또 13-28에서는 여기에 더
하여, 친구끼리 忠(충: 정성스러움)하고 형제끼리는 怡(이: 온화함)해야
한다고도 했다.

따라서 본문과 앞에서 말한 士(사)가 갖춰야 할 요소들이 일치하

므로, 자장은 여기서 다시 한 번 공자가 말한 士(사)가 갖춰야 할 요소들을 강조한 것으로 봐도 무방할 것이다. 특히 16-10에서도 見得思義(견득사의: 얻을 것을 보면 의로움을 생각한다.)를 부각시킨 바 있으니, 이는 士(사)뿐만 아니라 나아가 君子(군자)가 갖춰야 할 요소가 된다.

19-2: 子張曰: "執德不弘[1], 信道不篤[2], 焉能爲有? 焉能爲亡?"
子張曰: "□□不□, □□不□, 焉能爲□? 焉能爲□?"

【대구법, 대구법, 설의법】

자장이 말하기를: "덕을 지니면서도 너그럽지 않고, 도를 믿으면서도 도탑지 않으면, 어찌 있다고 할 수 있는가? 어찌 없다고 할 수 있는가(세상에 영향을 미치지 못한다)?"

*너그럽다는 것은 타인에게 관대하고, 도탑다는 것은 인정이 많고 깊다는 뜻이다. 이는 다시 말해서 德(덕)과 道(도)의 존재의의가 궁극적으로는 타인을 위하고 아끼는데 있다는 뜻이니, 결국 지도자가 백성들을 사랑하는 愛他心(애타심)과 연결된다. 따라서 아무리 德(덕)과 道(도)를 갖췄다고 하더라도 그것이 타인을 위하는데 쓰이지 않으면, 세상에 영향을 미치지 못하는 것이다.

---

1) 弘(홍): 너그럽다.
2) 篤(독): 돈독하다, 도탑다.

19-3: 子夏之門人問交於子張。子張曰:"子夏云
何?"對曰:"子夏曰, 可者與之, 其不可者拒
之。"子張曰:"異乎吾所聞。君子, 尊賢而容
衆, 嘉善而矜不能。我之大賢與, 於人何所
不容? 我之不賢與, 人將拒我, 如之何其拒
人也?"

子夏之門人問交於子張。子張曰:"子夏云
何?"對曰:"子夏曰, □者□之, □□□者□
之。"子張曰:"異乎吾所聞。君子, □□而□
□, □□而□□□。我之大賢與, 於人何所
不容? 我之不賢與, 人將拒我, 如之何其拒
人也?"

【문답법, 설의법, 대구법, 대구법】

자하의 학생이 자장에게 사귐에 대해서 물었다. 자장이
말하기를: "자하는 어찌 말하더냐?" 자하의 학생이 대답하기를:
"자하께서는 사귈만한 사람과 사귀고, 그렇지 못한 사람과는
사귀지 말아야 한다고 하셨습니다." 자장이 말하기를: "내가
들은 것과는 다르다. 군자는, 현명한 이를 존경하고 대중을
포용하며, 선한 사람을 아름답게 여기고 그렇지 못한 이를
동정한다. 내가 정말로 현명하다면, 남들이 어찌 포용하지
않을 것인가? 내가 정말로 현명하지 못하다면, 남이 나를 장차
거절할 것이니, 어찌 남을 거절하겠는가?"

*〔史記(사기)〕의 〈仲尼弟子列傳(중니제자열전)〉와 〔논어〕의 11-2 및
11-17에 따르면, 공자는 文(문)을 배움에 있어서는 자유와 자하가 특

히 뛰어났지만 자장은 생각에 치우침이 있다고 했는데, 이제 벗을 사귐에 있어서 공자는 어떤 가치관을 가지고 있었는지 정리해보자.

1-8: "자기보다 못한 사람을 가까이하지 말라."

9-24: "자기만 못한 자를 벗으로 삼지 말라."

12-23: "정성스럽게 말해주고 잘 이끌지만, 안 되면, 곧 그만두어야 한다. 자기를 욕되게 하지 말라."

즉 자하의 벗에 대한 가치관은 공자와 일치하고 있음을 알 수 있다. 하지만 이에 대해서 자장은 "내가 들은 것과는 다르다. 군자는, 현명한 이를 존경하고 대중을 포용하며, 선한 사람을 아름답게 여기고 그렇지 못한 이를 동정한다. 내가 정말로 현명하다면, 남들이 어찌 포용하지 않을 것인가? 내가 정말로 현명하지 못하다면, 남이 나를 장차 거절할 것이니, 어찌 남을 거절하겠는가?"라고 말하고 있으니, 11-15에서 賢(현: 현명함)은 禮(예)로 이성과 감성을 조율하여 中(중)과 和(화)로 이르게 하는 것이라고 설명한 바 있다. 이와 관련하여 노자의 〔도덕경〕을 살펴보자.

2-1: 天下皆知美之為美, 斯惡已; 皆知善之為善, 斯不善已。

세상이 모두 아름다움이(세상 모든 아름다움이) 아름다움인 것을 아는 것, 이는 바로 추함일 따름이고; 모두 선함이(모든 선함이) 선함인 것을 아는 것, 이는 선하지 못함일 따름이다.

2-2: 故有無相生, 難易相成, 長短相較, 高下相傾, 音聲相和, 前後相隨。

그러므로 있음과 없음이 함께 생겨나고, 어려움과 쉬움이 함께 형성되며, 길고 짧음이 함께 견주고, 높고 낮음이 함께 기울며, 소리와 음률이 함께 조화를 이루고, 앞과 뒤가 함께 따른다.

11-4: 故有之以爲利, 無之以爲用。

그러므로 있음으로써 이롭게 되고, 없음으로써 쓰이게 되는 것이다.

27-3: 是以聖人常善救人, 故無棄人; 常善救物, 故無棄物。

이 때문에 성인은 항상 사람을 잘 구제하여, 그러므로 버려지는 사람이 없고; 항상 사물을 잘 바로잡아, 그러므로 버려지는 사물이 없다.

27-5: 故善人者, 不善人之師; 不善人者, 善人之資。

그러므로 선량한 이는 선량하지 못한 이의 스승이고; 선량하지 못한 이는 선량한 이의 자원이다.

27-6: 不貴其師, 不愛其資, 雖智大迷, 是謂要妙。

스승을 존중하지 않고, 자원을 사랑하지 않으면, 스스로 총명한 이라도 어리석게 될 수 있으니 이것을 오묘한 도리라고 한다.

49-2: 善者吾善之, 不善者吾亦善之, 德善。

선량한 자는 내가 그를 선량하게 대하고, 선량하지 못한 자도 내가 그를 선량하게 대하면, 덕이 선해진다.

49-3: 信者吾信之, 不信者吾亦信之, 德信也。

믿을 수 있는 자는 내가 그를 신임하고, 믿을 수 없는 자도 내가 그를 신임하면, 덕에 신의가 있어진다.

49-4: 聖人在天下歙歙, 爲天下渾其心。聖人皆孩之。 성인은 세상에서 거두어, 세상이 그 뜻을 뒤섞이도록 한다. 성인은 그들 모두를 어르고 달랜다.

62-1: 道者萬物之娛, 善人之寶, 不善人之所保。

도는 만물의 오묘함으로서, 선량한 이의 보물이고, 선량하지 못한 이가 지켜야 하는 바이다.

62-3: 人之不美, 何棄之有。

사람이 아름답지 못하다고 해서, 어찌 그를 버릴 수 있겠는가.

즉 자장의 벗에 대한 가치관은 오히려 노자의 그것에 더 가깝다는 사실을 어렵지 않게 발견할 수 있으니, 앞에서도 누차 언급한 바 있듯이 공자는 대동의 사회를 큰 이상향으로 삼고 있기는 하지만, 이는 어디까지나 춘추시대 당시에는 도저히 실현하기가 불가능한 말 그대로의 이상향이다. 따라서 공자는 자장이 자기의 가르침을 온전하게 이해한 제자라고 봤을 리가 만무하다. 하물며 11-19에서도 설명했듯이 자장은 道(도)를 깨닫기보다는 성급하게 정치에 참여하고자 한 인물이었는데, 그런 그가 이제는 뜬금없이 대동을 논하고 있으니, 공자가 그런 자장을 치우쳐 편벽된 인물이라고 평한 것도 무리는 아니리라.

아울러서 19-15와 19-16에서도 각각 자유와 증자는 자장이 仁(인)한 인물이 아니라고 평한 바 있으니, 자장은 아마도 지능적으로 총명했을지는 몰라도 가슴으로 배우고 느껴야 하는 道(도)를 배우기에는 부족함이 많은 인물이었을 것이다.

19-4: 子夏曰: "雖小道[3], 必有可觀者焉, 致遠恐泥, 是以君子不爲也。"

자하가 말하기를: "비록 작은 도일지라도, 반드시 볼 만한 것이 있지만, 심오함(원대한 도)에 이르는데 구애될까(거리끼거나 얽매일까) 두려우니, 이 때문에 군자는 (작은 도를) 행하지 않는다."

*본문에서 자하가 말하는 小道(소도)는 "하찮은 재주"를 뜻한다. 공자는 道(도)가 天道(천도)와 人道(인도)로 나뉜다고 보았는데, 필자는 天道(천도) = 大道(대도)가 대동의 통치이념이고 人道(인도) = 小道(소도)는 소강의 통치이념이라고 설명한 바 있다. 그리고 공자는 대동의 통치이념을 도달할 수 없는 이상향으로 간주했기 때문에, 현실에서 실현 가능한 소강의 통치이념을 회복해야 한다고 주장했다고도 했다.

그런데 13-4에서 번지가 농사일에 대해 가르침을 청하자, 공자는 "소인이로다. 번지여! 윗사람이 예를 좋아하면, 곧 백성들이 감히 공경하지 않을 수 없고; 윗사람이 의를 좋아하면, 곧 백성들이 감히 불복하지 않을 수 없으며; 윗사람이 신뢰를 좋아하면, 곧 백성들이 감히 진심으로 하지 않을 수가 없다. 무릇 이와 같으면, 곧 주변 나라의 백성들이 자기 자식을 업고 몰려올 것이니, 어찌 스스로 농사를 짓겠는가?"라고 대답했다. 이는 즉 공자에게 있어서 농사란 하찮은 재주

---

3) 小道(소도): 협소하고 하찮은 방법이나 술책 또는 재주.

에 불과하다는 것이니, 다름 아닌 자하가 말한 小道(소도)인 것이다. 이러한 관점은 9-6의 "군자가 재능이 많겠는가? 많지 않다"는 말과도 상통하니, 함께 엮어서 참고하기로 한다.

그렇다면 공자와 자하에게 있어서 小道(소도)는 전혀 다른 의미로 쓰인 것일까? 이 문제를 해결하기 위해서는, 위에서 언급한 "공자에게 있어서 대동의 통치이념은 도달할 수 없는 이상향"이라는 점에 주목해야 한다. 즉 공자는 실현 가능한 소강사회의 통치이념 즉 小道(소도)를 궁극적으로 회복해야 할 道(도)로 간주한 것이니, 공자의 제자들에게 있어서 공자의 小道(소도)는 당연히 大道(대도)로 높여지게 되고, 또 공자의 제자들에게 있어서 공자의 小能(소능: 하찮은 재주)은 小道(소도)가 되는 것이다. 이는 다시 말해서 공자의 가르침이 제자들에게 전수된 후 곧이곧대로 받아들여진 것이 아니라, 제자들의 흡수과정에서 그 개념에 서서히 변이가 진행되기 시작했다는 뜻이 된다. 물론 이러한 현상은 학문의 발전과정에 있어서 너무나도 자연스러운 단계이니, 또 다르게 해석하면 학문의 재창조과정이라고도 표현할 수 있을 것이다.

이제 상술한 내용을 토대로 다시 본문을 바라보면, 이는 "비록 농사일과 같은 작은 재주일지라도 분명히 참고할만한 가치가 있기는 하지만, 나라를 다스리는 소강사회의 통치이념인 원대한 도에 이르는데 방해가 될까봐 두려워서, 참된 지도자는 농사일과 같은 작은 재주를 섭렵하지 않는다"는 의미가 된다. 즉 자하는 개념의 명칭에서만 변이를 일으켰을 뿐, 공자의 가르침을 그대로 받아들이고 있음을 알 수 있는 것이다.

19-5: 子夏曰: "日知其所亡, 月無忘其所能, 可謂
好學也已矣。"
　　　　子夏曰: "□□其所□, □□□其所□, 可謂
好學也已矣。"

【대구법】

자하가 말하기를: "날마다 그 없는바(자신이 모르는 바)를 알고,
달마다 그 재능이 있는 바를 잊지 않으면, 배우기를 좋아한다고
할 수 있다."

*1-1에서 學(학: 배움)의 대상은 궁극적으로 文(문: 통치에 필요한 모든
법도와 그러한 법도들의 구체적인 내용. 즉 [상서]나 [시경] 등등의 옛 전적)과 道
(도: 옛 성현들의 통치이념)라고 설명한 바 있다. 따라서 본문은 1-1의 "배
우고 늘 그것을 익히면, 또한 기쁘지 아니한가?"라는 표현과도 일치
하니, 여기서도 역시 자하는 공자의 가르침을 그대로 계승하고 있음
을 확인할 수 있다.

> 19-6: 子夏曰: "博學而篤志, 切問而近思, 仁在其
> 中矣。"
> 子夏曰: "□□而□□, □□而□□, 仁在其
> 中矣。"

【대구법】

자하가 말하기를: "널리 배우고 뜻을 돈독히 하며, 간절히 묻고 가까운 것을 생각해보면, 어질음이 그 가운데 있다."

*仁(인)은 자기의 임금을 진심으로 섬기고 따르는 것으로 道(도)의 구성요소 중 하나이자 내용이 되는데, 이 仁(인)을 실천하기 위해서는 먼저 나아가 벼슬을 해야 한다는 점에 유의해야 한다. 왜냐면 孝(효)의 사회적 확장 형태가 仁(인)이 되므로, 벼슬을 하지 못하면 仁(인)을 실천할 기회조차 얻지 못하게 되기 때문이다.

자하는 이제 仁(인)을 실천하기 위해서 먼저 博學(박학)해야 한다고 했느니, 이는 다름 아닌 文(문) 즉 〔尚書(상서)〕나 〔詩經(시경)〕 등의 옛 전적들을 통해서 통치에 필요한 모든 법도와 그러한 법도들의 구체적인 내용을 배워야 한다는 것으로, 1-1의 "배우고 늘 그것을 익히면, 또한 기쁘지 아니한가?" 및 11-19의 "자취를 밟지 않으면, 방에 들어가지 못할 따름이"라는 말과 상통한다.

이어서 篤志(독지)를 강조하고 있으니, 이는 인정이 많고 깊은 마음씨 즉 愛他心(애타심)을 갖춰야 함을 뜻하므로, 12-22의 "사람을 사랑하는 것이다"라는 말과 상통한다.

切問(절문)은 간절하게 묻는 것이니, 다름 아닌 好問(호문: 묻기를 좋아함) 즉 愼(신: 신중함)의 자세를 말하는 것으로, 5-14의 "아랫사람에게 묻기를 부끄러워하지 않았다"와 8-6의 "많으면서도 적은 이에게 물었다"는 말과 상통한다.

마지막으로 近思(근사)는 높고 먼 이상향을 바라보기보다 자기 주변의 가까운 곳을 먼저 생각하는 자세를 뜻하니, 이와 관련하여 다음 〔논어〕의 두 기록을 다시 한 번 살펴보자.

2-18: 자장이 녹봉을 구하는 것을 배우고자 했다. 공자가 이르시기를: "많이 들어서 의심을 없애고, 그 밖의 것은 신중하게 말하면, 곧 허물이 적어진다. 많이 보아서 의심을 없애고, 그 밖의 것은 신중하게 행하면, 곧 과오가 적어진다. 말에 허물이 적고, 행함에 과오가 적으면, 녹봉은 그 안에 있게 된다."

12-20: 자장이 물었다. "士(사)는, 어떤 것을 다해야, 통달한다고 할 수 있습니까?" 공자가 이르시기를 "어떤 것인가? 네가 말하는 '통달'이라는 것이!" 자장이 대답하기를: "나라에서 반드시 명성이 있고, 집에서 반드시 명성이 있는 것입니다." 공자가 이르시기를: "그것은 이름을 날리는 것이지, 통달하는 것이 아니다. 무릇 통달이란, 올곧고 의를 좋아하며, 말을 헤아리고 얼굴빛을 살피며, 헤아려서 남에게 낮추는 것이다. (그러면) 나라에서 반드시 통달하고, 집에서 반드시 통달하게 된다."

위에서 仁(인)을 실천하기 위해서는, 먼저 나아가 벼슬을 해야 한다는 전제가 필요하다고 강조했었다. 따라서 공자는 먼저 벼슬을 하기 위해서 다른 대단한 것들이 필요한 것이 아니라, 切問(절문) = 好問(호문: 묻기를 좋아함) = 愼(신: 신중함)의 자세를 지켜야 한다고 말한다. 그렇게 해서 벼슬을 하면 또 대단한 공로를 세우는 이상에 집착하지 말고, 자기가 가까이서 실천할 수 있는 直(직: 사사로운 정에 얽매이지 않고 공정하게 판단함)과 義(의: 자기의 신분에서 마땅히 지켜야 할 바를 목숨을 걸고 지킴) 그리고 謙(겸: 자기를 낮추는 겸손함) 등을 행하여 보필하면, 그것이 자기의 임금을 진심으로 섬기고 따르는 것이라고 하였으니, 바로 이것이 近思(근사)의 참뜻인 것이다.

이제 이를 정리해보면, 다음과 같이 도표로 정리할 수 있다.

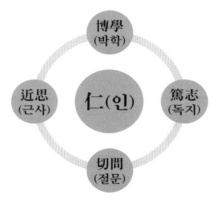

따라서 여기서도 자하의 가치관은 공자의 가르침을 그대로 계승하고 있음을 확인할 수 있다.

19-7: 子夏曰: "百工居肆, 以成其事; 君子學, 以致
　　　其道。"
　　　子夏曰: "□□□□, 以□其□; □□□, 以
　　　□其□。"

【대구법, 대유법】

자하가 말하기를: "모든 기술자는 공장에 머물므로, 그럼으로써 일을 이루고; 군자는 배우므로, 그럼으로써 도를 이룬다."

*19-4에서 자하는 "비록 작은 도일지라도, 반드시 볼 만한 것이 있지만, 심오함에 이르는데 구애될까 두려우니, 이 때문에 군자는 행하지 않는다"고 말한 바 있다. 이는 작은 재주일지라도 분명히 참고할만한 가치가 있기는 하지만, 나라를 다스리는 소강사회의 통치이념인 원대한 도에 이르는데 방해가 될까봐 두려워서, 참된 지도자는 작은 재주를 섭렵하지 않는다는 뜻이다. 따라서 자하는 여기서 小人(소인: 소인배)이 행하는 小道(소도: 작은 재주나 기술)와 君子(군자: 참된 지도자)가 행하는 大道(대도: 소강의 통치이념)를 구별하려는 의도로 이런 말을 한 것임을 알 수 있다. 이를 좀 더 구체적으로 풀이하자면, 공자는 9-6에서 "군자가 재능이 많겠는가? 많지 않다"고 했고 13-4에서는 "소인이로다. 번지여!"라고 말했으니, 비단 자하와 공자의 가치관이 일치할 뿐만 아니라, 두 사람 모두 소인배를 차별함으로써 군자의 입지를 부각시키고자 한 것이다.

19-8: 子夏曰: "小人之過也, 必文⁴⁾。"

자하가 말하기를: "소인의 잘못은, 반드시 꾸민다.(소인은 잘못하면, 반드시 그 잘못을 미화시켜 정당화한다.)"

*공자는 7-36에서 "군자는 아량이 넓고, 소인은 항상 근심스럽다"고 하여, 道(도)를 따르지 않고 사사로운 이익만을 탐하는 올바르지 못한 인격의 소인배는 오히려 잔꾀를 쓰고 위험을 무릅쓰면서 조마조마하게 살고 있다고 꼬집어 말했다. 또 12-16에서는 "군자는, 사람의 좋은 일을 일으키고, 사람의 잘못된 것을 일으키지 않는데, 소인은, 이에 어긋난다"고 하여, 소인배는 자신의 이익을 위해서라면 설령 그것이 타인에게 피해를 주는 행위라고 할지라도 감수한다고 비판한 바 있다. 그리고 15-21에서는 "군자는, 자기를 탓하지만; 소인은, 남을 탓한다"고도 말하여 소인배는 자신에게 너그럽지만 타인에게는 엄격하게 군다고 했으니, 어찌 소인배가 자기의 잘못을 인정하고 나아가 改過勿吝(개과물린: 허물을 고치는데 인색치 마라)과 過則勿改憚(과즉물개탄: 허물이 있으면 곧 고치기를 거리끼지 마라)의 자세를 갖출 수 있을 것인가? 따라서 이를 통해서도 역시 자하와 공자의 가치관이 상통하고 있음을 확인할 수 있을 것이다.

---

4) 文(문): 紋(문)과 같은 의미로 쓰여서 "채색하다, 꾸미다"로 풀이된다.

19-9: 子夏曰: "君子有三變。望之, 儼然; 即之也, 溫; 聽其言也, 厲⁵。"

자하가 이르기를: "군자는 세 차례 변함이 있다. (멀리서) 바라보면 엄숙하지만; 가까이 하면 온화하며; 그 말을 들으면, 맑다.(말을 하면 그 자체로 믿음이 된다.)"

*이는 군자 즉 道(도)를 배우고 부단히 노력하여 실천하는 올바른 지도자의 형상을, 원근법을 사용해서 입체적으로 묘사한 문장이다. 군자는 道(도)를 배우고 부단히 노력하여 실천하기 때문에, 신중하여 경거망동하지 않는다. 따라서 멀리서 바라보노라면, 왠지 조금은 차갑고도 딱딱한 인상을 지닌 엄숙한 인물일 것이라는 선입견을 가질 수 있다. 하지만 가까이서 그를 직접 접하게 되면, 실제로는 자기에게 엄격한 것이고 타인에게는 관대하여, 오히려 온화한 인물이라는 것을 깨닫게 된다. 그리고 4-22에서 풀이한 바 있듯이 그가 하는 말은 모두 信(신: 성실함)과 誠(성: 정성을 다함)을 갖추고 있으니, 듣는 이에게 믿음을 주어 맑게 느껴진다는 것이다.

---

5) 厲(려): 맑다.

19-10: 子夏曰: "君子, 信而後勞其民, 未信, 則以爲厲己也。信而後諫, 未信, 則以爲謗己也。"

子夏曰: "君子, 信而後□□□, 未信, 則以爲□己也。信而後□, 未信, 則以爲□己也。"

【대구법】

자하가 말하기를: "군자는, 신뢰를 얻은 뒤에 백성을 부리니, 신뢰가 없으면, 곧 자기를 미워한다고 여긴다. (또) 신뢰를 얻은 뒤에 (임금에게) 간언을 해야 하니, 신뢰가 없으면, 곧 자기를 비방한다고 여긴다."

*먼저 본문의 앞 문장인 "군자는, 신뢰를 얻은 뒤에 백성을 부리니, 신뢰가 없으면, 곧 자기를 미워한다고 여긴다"는 표현부터 분석해보도록 하자. 이 말을 좀 더 풀어서 설명하자면, "道(도)를 배우고 부단히 노력하여 실천하는 올바른 지도자는 백성들의 신뢰를 얻기 때문에, 백성들은 그 지도자가 내리는 명령을 기꺼이 따르려고 한다. 하지만 그렇지 못한 지도자는 신뢰를 얻지 못하기 때문에, 백성들은 그 지도자가 내리는 명령을 부담스러워하고 심지어 싫어하게 된다"는 뜻이 되는데, 공자 역시 1-5의 "제후의 나라를 다스린다는 것은, 공경하여 섬김으로써 성실함을 보이고, 아껴서 씀으로써 사람을 사랑하며, 백성을 부림에 때를 맞추는 것이다" 및 1-8의 "군자가, 진중하지 않으면, 곧 존엄하지 못하고; 배움에, 곧 확고해지지 못한다. 정성스러움과 믿음을 기본으로 하고, 자기보다 못한 사람을 가까이하지 말며, 잘못을 저지르면, 곧 고치기를 거리끼지 말라"는 표현을 시

작으로 〔논어〕 전반을 통해서 지도자의 信(신)에 대해서 부단히 강조하고 있으니, 자하와 공자는 동일한 가치관을 공유하는 것이다. 이제 이와 관련하여, 노자 〔도덕경〕의 66장과 72장의 한 문단을 살펴보기로 하자.

> 66-3: 是以聖人處上而民不重, 處前而民不害。是以天下樂推而不厭。以其不爭, 故天下莫能與之爭。
> 이 때문에 성인은 위에 처하지만 백성이 부담스러워하지 않고, 앞에 처하지만 백성이 방해된다고 여기지 않는다. 이 때문에 세상이 기꺼이 추대하고 저버리지 않는다. 그가 다투지 않기 때문에, 세상에는 감히 그와 서로 다툴 이가 없다.
> 72-3: 夫唯不厭, 是以不厭。
> 무릇 누르지 않으니, 이 때문에 싫어하지 않는다.

이를 비교해보면, 지도자가 갖춰야 할 자세에 대한 노자와 공자의 견해 역시 대단히 유사함을 알 수 있다.

이어서 뒷부분인 "신뢰를 얻은 뒤에 간언을 해야 하니, 신뢰가 없으면, 곧 자기를 비방한다고 여긴다"는 말을 살펴봐야 하는데, 이와 관련하여서는 먼저 다음의 기록을 다시 한 번 살펴보자.

> 子曰: "事君, 欲諫不欲陳。"
> 공자가 이르시기를: "임금을 섬기면, 간언을 하지 떠벌리고자 하지는 않는다."　　　　　　　　　　〔禮記(예기)〕〈表記(표기)〉

필자는 4-26의 "임금을 섬김에 자주 하면, 이에 곤욕을 당하고; 친하게 지내는 사람에게 자주 하면, 이에 멀어진다"는 말을 통해서,

자유의 가치관은 공자와 일치한다고 설명한 바 있다. 따라서 이를 바탕으로 본문을 보면, 사실상 자하와 자유 그리고 공자의 가치관은 모두 같음을 알 수 있는 것이다.

19-11: 子夏曰: "大德不踰閑[6], 小德出入可也。"
子夏曰: "□德□□□, □德□□□也。"

【대구법(형식), 대조법(내용)】

자하가 이르기를: "큰 덕은 울타리를 넘지 않는 것이지만, 작은 덕은 (울타리를) 넘나들어도 괜찮다."

*2-1에서 德(덕)은 성인들이 행한 강함과 부드러움의 통치법을 조화롭게 실천하려는 節操(절조: 절개와 지조)로서 九德(구덕) 즉 아홉 가지의 德(덕)으로 나뉜다고 설명한 바 있는데, 여기서 다시 한 번 이들을 살펴보면 1. 寬而栗(관대하면서도 엄격함), 2. 柔而立(온유하면서도 확고히 섬), 3. 願而共(정중하면서도 함께 함), 4. 治而敬(다스리면서도 공경함), 5. 擾而毅(길들이면서도 강인함), 6. 直而溫(정직하면서도 부드러움), 7. 簡而廉(질박하면서도 청렴함), 8. 剛而實(강직하면서도 정성스러움), 9. 強而義(굳세면서도 의로움)이다.

이 중에서 "三德(삼덕: 세 가지 덕)"을 행하면 가문을 소유할 수 있으니 바로 "齊家(제가)"를 뜻하는데, 이 "삼덕"은 "正直(정직: 올바름)"

6) 閑(한): 마구간, 울타리.

과 "剛克(강극: 강직함으로 다스림)" 그리고 "柔克(유극: 유함으로 다스림)"을 말하는 것으로, 이는 위의 "구덕" 중에서 2. 柔而立(온유하면서도 확고히 섬), 6. 直而溫(정직하면서도 부드러움), 8. 剛而實(강직하면서도 정성스러움)에 해당하고, 나머지는 바로 "육덕"이 된다.

또 "六德(육덕: 여섯 가지 덕)"을 행하면 나라를 소유할 수 있으니 "治國(치국)"을 의미하며, 이 모두를 합한 "九德(구덕: 아홉 가지 덕)"을 섬기면 모든 관료가 엄숙하고 삼가게 되니 "平天下(평천하)"를 가리킨다.

이제 상술한 내용을 바탕으로 자하의 말을 분석해보면, 小德(소덕: 작은 덕)은 三德(삼덕: 세 가지 덕) 즉 가문을 소유할 수 있는 德(덕)을 뜻하는 것이고, 大德(대덕: 큰 덕)은 나머지의 六德(육덕: 여섯 가지 덕) 즉 나라를 소유할 수 있는 德(덕)을 뜻한다. 따라서 자하는 집안을 다스리는데 필요한 세 가지 德(덕)은 그리 중요한 것이 아니기에 상황에 따라서 융통성 있게 조율할 수 있으나, 나라를 다스리는데 필요한 여섯 가지 德(덕)은 정치와 직결되므로 결코 정해놓은 범위를 넘어서서는 안 된다고 말하는 것이다.

공자는 6-11에서 "너는 군자 선비가 되지, 소인 선비가 되지 말라"고 자하를 훈계한 적이 있고, 또 13-17에서는 자하가 거보의 원님이 되었을 때 "빨리 하려고 하지 말고, 작은 이익을 보지 말 것이다. 빨리 하려고 들면, 곧 이루지 못하고, 작은 이익을 보면, 곧 큰일을 이루지 못한다"고 말한 바 있으니, 즉 자하는 정치와 같이 큰 것을 실천하는 것만 염두에 두고, 집안을 다스리는 것과 같이 작은 것들에는 별로 개의치 않은 인물이었던 것이다. 따라서 공자는 작은 것부터 천천히 소중하게 실천하는 것을 강조한 것이 아니겠는가? 물론 아홉 가지의 德(덕)을 모두 갖추는 것은 오로지 周(주)나라 천자만의 몫이기에, 자하는 여기까지 언급할 수도 없었고 또 할 필요조차도 없다고 생각했을 것이다.

19-12: 子游曰:“子夏之門人小子,當灑掃應對進
退,則可矣。抑末也,本之,則無,如之何?”
子夏聞之曰:“噫! 言游過矣。君子之道,孰
先傳焉,孰後倦焉? 譬諸草木,區以別矣。
君子之道,焉可誣也? 有始有卒者,其惟聖
人乎?”

子游曰:“子夏之門人小子,當灑掃應對進
退,則可矣。抑末也,本之,則無,如之何?”子
夏聞之曰:“噫! 言游過矣。君子之道,孰□
□焉,孰□□焉? 譬諸草木,區以別矣。君子
之道,焉可誣也? 有始有卒者,其惟聖人乎?”

【대구법, 대유법, 설의법, 영탄법】

자유가 말하기를, “자하의 제자들은, 물 뿌리고 비로 쓸며
손님을 접대하고 (어른 앞으로) 나아가고 물러남(하찮은 일)을
주관하는 것은, 곧 된다. (하지만) 보잘 것 없는 일만을 주관하고,
그것(군자의 도)을 근거로 삼는 것은, 곧 없으니, 어찌하겠는가?”
자하가 듣고 말하기를: “아! (그렇게) 말한 유가 지나치다. 군자의
도는, 무엇을 먼저 하여 전하고, 무엇을 뒤로 하여 게을리
하겠는가? 그것을 초목에 비유한다면, (초목이라는 것은 본래
어우러져 있는 것인데 그것을 억지로) 구분하여 (경중을) 나누는 것이다.
군자의 도를, 어찌 왜곡할 수 있겠는가? 시작이 있고 끝이 있는
이(처음부터 끝까지 한 결 같이 하는 이)는, 오로지 성인일 뿐이겠지?”

*〔史記(사기)〕의 〈仲尼弟子列傳(중니제자열전)〉에 따르면, 공자가 세
상을 떠나자 자하는 西河(서하)에 머무르면서 제자들을 가르쳤고, 또

후에 아들이 죽자 너무나도 서럽게 울다가 결국 눈이 멀었다고 한다. 따라서 본문의 대화는 자하의 제자들에 대해서 언급하고 있으니, 이는 공자가 73세를 일기로 세상을 떠난 후에 있었던 일임을 짐작할 수 있다.

*19-10에서 자하와 자유는 공자의 가치관을 계승한 인물이라고 한 적이 있다. 따라서 공자는 11-2에서도 "文(문)을 배움으로는: 자유, 자하이다"고 말하여 이들을 칭찬한 것이다. 그런데 여기서는 뜻밖에도 자유와 자하의 의견에 충돌이 일어나고 있으니, 이는 어떻게 된 연유일까?

본문을 통해서도 어렵지 않게 이해할 수 있겠지만, 자유는 여기서 다름 아닌 정치참여와 직결된 소강사회 통치이념으로서의 大道(대도)를 강조하고 있다[7]. 그렇다면 이는 자하가 19-4에서 밝힌 "비록 작은 도일지라도, 반드시 볼 만한 것이 있지만, 심오함에 이르는데 구애될까 두려우니, 이 때문에 군자는 행하지 않는다"는 말과 19-11에서 "큰 덕은 울타리를 넘지 않는 것이지만, 작은 덕은 넘나들어도 괜찮다"고 언급한 취지와도 크게 다르지 않은 것이다. 하지만 자하는 왜 여기서 갑자기 태도를 바꿔 "군자의 도는, 무엇을 먼저 하여 전하고, 무엇을 뒤로 하여 게을리 하겠는가? 그것을 초목에 비유한다면, 구분하여 나누는 것이다"고 말하여, 大道(대도: 소강사회의 통치이념)와 소도(소도: 하찮은 재주)가 모두 중요하다고 하는 것일까?

공자는 6-11에서 "너는 군자 선비가 되지, 소인 선비가 되지 말라"고 훈계한 바 있는데, 그 이유는 13-17의 "빨리 하려고 하지 말고, 작

---

7) 이미 19-4에서 구체적으로 설명한 바 있듯이, 공자가 주장한 소강사회의 통치이념 즉 小道(소도)는 공자의 제자들에게 있어서 大道(대도)로 높여지게 된다. 따라서 여기서 말하는 大道(대도)는, 대동사회의 입장에서 보면 小道(소도)가 됨에 유의한다.

은 이익을 보지 말 것이다. 빨리 하려고 들면, 곧 이루지 못하고, 작은 이익을 보면, 곧 큰일을 이루지 못한다"라는 말에서 찾을 수 있으니, 공자는 자하가 거보의 원님이 되어 정치가 무엇인지 묻자 작은 것부터 천천히 소중하게 실천하는 것이라고 가르쳤다. 따라서 자하는 이제나마 스승인 공자의 遺言(유언)을 받들어 실천하기 위해서, 기존의 자유와 같았던 가치관을 바꾼 것으로 이해할 수 있는 것이다. 이는 어쩌면 공자가 세상을 떠나자 스승의 옛 가르침을 받들기 위해서 취한, 자하 나름대로 고인의 뜻을 기리는 행동은 아니었을까?

여하튼 본문에서 자유는 큰 것을 강조한 데 반해서 자하는 큰 것과 작은 것의 구별이 없음을 강조하는데, 물론 공자가 살아있었다면 자유와 자하의 의견 중 어느 것이 더 옳은 것인지 확인할 기회가 있었을지도 모르겠지만, 어차피 연로한 스승이 먼저 세상을 떠나는 것은 피할 수 없는 법이다. 따라서 스승이 떠나고 제자들 간에 가치관의 변이가 생기는 것도 피할 수 없는 운명이리라. 어쩌면 이것 역시 공자가 그토록 강조한 興(흥: 연상, 상상을 통한 응용)의 가르침은 아닐까?

아울러 마지막부분의 "군자의 도를, 어찌 왜곡할 수 있겠는가? 시작이 있고 끝이 있는 이는, 오로지 성인일 뿐이겠지?"라는 표현을 통해서, 자하 역시 공자와 마찬가지로 지도자로서의 성인과 군자를 엄격하게 구분하고 있음을 알 수 있다.

19-13: 子夏曰: "仕而優, 則學; 學而優, 則仕。"
子夏曰: "□而優, 則□; □而優, 則□。"

【대구법】

자하가 말하기를, "벼슬을 하여 우수하면, 곧 (계속해서) 배우고;
배워서 우수하면, 곧 벼슬을 하는 것이다."

*學(학: 배움)의 대상은 文(문)을 통한 道(도)이고, 道(도)를 배우는
궁극적인 목표는 정치에 참여하여 나라와 백성들의 삶을 안정시키기
위함이다. 하지만 이 道(도)를 배우는 것에는 사실상 끝이 없으니, 겸
손한 마음으로 부단히 노력해야 한다. 따라서 공자는 5-5에서처럼 칠
조개로 하여금 벼슬을 하도록 하였으나, 칠조개가 "제가 이것을 맡을
수 없습니다"고 사양하자 기뻐한 것이다. 또 11-24에서는 자로가 자
고로 하여금 비 지역의 원님이 되게 하자, 공자는 "저 사람의 자식을
해치는구나"라고 말했다. 이에 자로는 "백성들이 있고, 사직이 있습
니다. 어찌 반드시 독서를 하고, 그런 후에야 배운다고 하겠습니까?"
라고 변론하자, 공자는 "이런 이유로, 대저 말 잘하는 이를 미워한다"
고 하여 자로를 훈계했으니, 정치에 연습이라는 것은 있을 수 없는
것이다.

따라서 공자는 옛 성현의 통치이념인 道(도)를 충분히 이해한 후
에야 정치를 해야 한다고 역설하는데, 이제는 자로와 더불어 자하까
지도 나랏일을 하면서도 道(도)를 배울 수 있다고 말하니, 공자가 자
하를 어떻게 생각했겠는가? 그러므로 공자는 13-17에서도 "빨리 하

려고 하지 말고, 작은 이익을 보지 말 것이다. 빨리 하려고 들면, 곧 이루지 못하고, 작은 이익을 보면, 곧 큰일을 이루지 못한다"고 하여, 자하를 훈계한 것이다. 아울러 이를 바로 위의 19-12와 비교해보면, 본문은 아마 공자가 세상을 떠나기 전 즉 자하의 가치관에 변화가 생기기 전에 발언했던 것으로 추측할 수 있다.

19-14: 子游曰: "喪, 致乎哀而止。"

자유가 말하기를: "초상을 치름은, 슬픔에 이르러서 멈추는 것이다."

*이와 관련하여 〔논어〕의 다음 구절들을 다시 한 번 살펴보자.

3-4: "상을 치름은 마음을 편안히 하느니, 차라리 슬퍼하는 것이다."
3-26: "상을 당함에 슬퍼하지 않으면, 내가 어찌 그것을 보겠는가?"
7-9: "공자는 상제 노릇을 함이 있는 이의 곁에서 먹으면, 일찍이 배불리 먹은 적이 없으셨다. 공자는 이 날에 곡을 하면, 곧 노래를 부르지 않으셨다."
9-15: "상을 당하면 감히 정성을 다하지 않음이 없고, 술에 곤혹스럽지 아니하니, 어떤 것이 나에게 있겠는가?"

공자는 초상을 치를 때 반드시 슬픔으로 해야 한다고 말하고 있으니, 이는 다름 아닌 忠(충: 정성을 다함)의 문제인 것이다. 하지만 슬

퍼하는 것도 적합한 禮(예)의 범위가 있다. 즉 11-15의 過猶不及(과유
불급)을 설명하는 과정에서도 구체적으로 설명한 바 있듯이, 자하는
슬픔을 누르지 못해서 선왕의 禮(예)를 다하지 못했으므로 부족했던
것이고, 반면 자장은 슬픔이 모자라서 선왕의 禮(예)를 다했으므로
지나쳤던 것이다. 이처럼 자하는 슬픔을 쉬이 통제하지 못한 성격이
었는데, 그는 공자가 죽은 후 사람들을 가르치면서 여생을 보내다가
자기의 아들이 죽자 너무나 서럽게 운 나머지 결국 장님이 되었다고
한다.

또 11-9에서 안회가 죽은 후 공자가 너무 슬퍼하자 제자들이 걱정
하였는데, 여기서도 제자들이 왜 공자를 걱정했는지 이해할 수 있을
것이니, 그들은 스승인 공자가 너무나 슬퍼한 나머지 심지어 건강을
해칠까봐 우려해서였던 것이다.

아울러 본문을 통해서도, 자유의 초상을 치루는 태도에 대한 관
점은 공자의 뜻을 가감 없이 온전하게 계승하고 있음을 알 수 있다.

19-15: 子游曰: "吾友張也, 爲難能也, 然而未仁。"

**자유가 말하기를: "나의 벗 자장은, 어려운 일을 함에는 재능이
있는데, 그러하지만 아직 어질지는 못하다."**

*이 문장은 바로 아래의 19-16과 함께 엮어서 설명하기로 한다.

19-16: 曾子曰: "堂堂乎! 張也。難與並⁸⁾爲仁矣。"

【영탄법】

증자가 말하기를: "당당하도다!(위엄이 있고 떳떳하도다!) 자장이여.
(하지만) 함께 아울러서 어질음을 행하기는 어렵다."

*19-15와 본문은 11-15의 過猶不及(과유불급)과 함께 연계하여 이
해해야 하니, 다시 한 번 다음의 기록을 살펴보기로 하자.

子夏旣除喪而見。予之琴, 和之而不和, 彈之而不成聲。作而曰: "哀未
忘也。先王制禮而弗敢過也。" 子張旣除喪而見。予之琴, 和之而和,
彈之而成聲。作而曰: "先王制禮不敢不至焉。"
자하가 이미 상을 치루고 (공자를) 뵈었다. (공자가) 그와 함께 거문
고를 탔는데, 화답하기는 했지만 합치지 못했으니, 연주를 하기는
했지만 소리를 이루지는 못했다. (자하가) 일어나서 말하기를 "슬픔
을 아직 잊을 수 없습니다. (하지만) 선왕께서 예를 제정하신 것이라
서 감히 지나치지 못합니다." 자장이 이미 상을 치루고 (공자를) 뵈
었다. (공자가) 그와 함께 거문고를 탔는데, 화답하여 합쳐졌으니,
연주를 하여 소리를 이뤘다. (자장이) 일어나서 말하기를: 선왕께서
예를 제정하신 것이라서 감히 지나치지 못합니다."

〔禮記(예기)〕〈檀弓上(단궁상)〉

---

8) 並(병): 아우르다.

공자는 자하가 지나치게 슬퍼하여 선왕의 禮(예)를 다하지 못했으므로 不及(불급: 모자람)이라고 했고, 반면에 자장은 슬픔이 모자라서 선왕의 禮(예)를 다했으므로 過(과: 지나침)하다고 평했다. 그런데 자유와 증자는 모두 자장이 仁(인: 자기의 임금을 진심으로 섬기고 따름)하지 못하다고 평하고 있으니, 이는 어떻게 된 영문일까?

이미 앞에서 누차 설명한 바 있듯이, 仁(인)이란 집안에서 孝(효: 효성스러움)하고 마을에서 悌(제: 공경함)한 후에 사회로 나아가 행하는 것이다. 따라서 孝(효)를 다하지 못하는 사람이 仁(인)할 수는 없는 것이 이치이다. 그런데 자장은 부모상을 치룬 후에 슬픔이 모자라서 선왕의 禮(예)를 다했으니, 어찌 사회에 나아가 仁(인)을 행할 수 있었겠는가? 그러므로 자유와 증자는 이처럼 자장에게는 효심이 부족하므로, 결국 자기의 임금을 진심으로 따르고 섬길 수는 없는 인물이라고 평한 것이다.

19-17: 曾子曰: "吾聞諸夫子, '人未有自致者也, 必
也親喪乎.'"

【인용법】

증자가 말하기를: "내가 스승에게 듣기로는, '사람이 있는 힘을 다하는 것이 아직 없더라도, 부모의 상에는 반드시 (있는 힘을 다)해야 한다'고 하셨다."

*19-14에서도 언급했듯이 공자는 초상을 치를 때 반드시 슬픔으

로 해야 한다고 말하고 있으니, 이는 다름 아닌 忠(충) 즉 정성을 다하는 태도를 강조하는 것이다. 따라서 증자 역시 이 점에 있어서 공자의 가르침을 그대로 계승하고 있음을 알 수 있다.

> 19-18: 曾子曰: "吾聞諸夫子, '孟莊子之孝也, 其他可能也。其不改父之臣與父之政, 是難能也。'"

【인용법】

증자가 말하기를: "내가 스승에게 듣기로는, '맹장자의 효성은, 다른 이들도 할 수 있다. (하지만) 그 아버지의 신하와 아버지의 정치를 바꾸지 않음, 이는 하기가 어렵다'고 하셨다."

*맹장자는 노나라의 卿(경)으로 孟獻子(맹헌자)의 아들이다. 諡號(시호)는 莊(장)인데, 이름이 速(속)이라서 仲孫速(중손속)이라고도 불린다.

*본문은 1-11의 "아버지가 살아계시면, 그 생각을 살피고; 아버지가 돌아가시면, 그 행적을 살피며; 삼 년 동안, 아버지의 도리를 고치지 않는다면, 섬긴다고 평할 수 있다" 및 4-20의 "삼 년 동안, 아버지의 도리를 고치지 않는다면, 섬긴다고 평할 수 있다"는 도리를 재천명한 것으로 간주할 수 있으니, 증자는 공자의 가르침을 오롯이 간직하고 있었음을 알 수 있다.

그렇다면 공자나 증자는 아버지가 올바른 길을 걸었던 아니면 그렇지 않았던 간에 상관없이 무조건적으로 아버지의 뜻을 따라야 한다고 말하는 것일까? 이와 관련하여 다음의 기록을 살펴보자.

> 孟獻子曰: "畜馬乘, 不察於雞豚。伐氷之家, 不畜牛羊。百乘之家, 不
> 畜聚斂之臣。與其有聚斂之臣, 寧有盜臣。"
> 맹헌자가 말하기를: "말 네 필을 기르면(재산이 어느 정도 되면), 닭과
> 돼지를 살피지 않는다. 얼음장을 떠내는(부유한) 집안은, 소와 양을
> 기르지 않는다. 경대부의 (권세가 있는) 집안은, 지위를 이용하여 백
> 성들을 착취하는 신하를 기르지 않는다. 지위를 이용하여 백성들을
> 착취하는 신하를 가지느니, 차라리 도둑질하는 신하를 가지는 것이
> 낫다."   〔禮記(예기)〕〈大學(대학)〉

　　맹헌자는 이처럼 청렴하고도 항상 나라와 백성들의 안위를 걱정
했기에, 공자는 〔禮記(예기)〕〈檀弓上(단궁상)〉에서 그를 다른 사람보
다 한 수 위에 있는 인물이라고 칭송한 바 있다. 따라서 공자와 증자
는 자식은 마땅히 아버지의 훌륭한 점을 계승해야 한다고 강조하는
것임을 알 수 있다. 아울러서 본문에서는 맹장자가 아버지의 정치를
바꾸지 않았다고 했으니, 그 역시 아버지의 이러한 정치관을 이어받
아서 나라와 백성들을 생각하는 정치를 행했음을 간접적으로나마 이
해할 수 있을 것이다.

> 19-19: 孟氏使陽膚爲士師, 問於曾子。曾子曰: "上
> 失其道, 民散久矣。如得其情, 則哀矜而
> 勿喜。"

맹씨가 양부를 사사(士師: 사법관)로 임명하자, (양부가) 증자에게
물었다. 증자가 말하기를: "윗사람이 도를 잃어서, 백성들이
떠난 지 오래되었다. 만약 그 (백성들의) 감정을 헤아린다면, 곧
삼가여야지 기뻐하지 말라."

*맹씨는 본문의 상황으로 미뤄보아 孟敬子(맹경자)일 것으로 추측
할 수 있는데, 맹경자에 대해서는 8-5를 참고하기로 한다.

*양부는 증자의 제자라고 하는데, 필자가 섭렵한 서적 안에서는
더 이상 그와 관련된 자료를 찾을 수가 없다. 추후 보다 심도 있는 고
증을 통해서 확인할 수 있기를 바란다.

*12-7에서 자공이 정치에 대해 묻자, 공자는 "식량이 충분하고,
군비가 충족하며, 백성들이 믿는 것이다"라고 대답했다. 이에 다시
자공이 묻기를: "반드시 부득이하게 버려야 한다면, 이 세 가지 중 어
느 것이 먼저입니까?" 그러자 공자는 "군비를 버려야 한다"고 말했
다. 자공이 "반드시 부득이하게 버려야 한다면 이 두 가지 중 어느 것
이 먼저입니까?"라고 다시 묻자, 공자는 "먹을 것을 버려야 한다. 자
고로 모두가 죽는 법이니, 백성들이 통치자에 대한신뢰가 없으면 나
라가 존립할 수 없다"고 대답했다. 나라의 존폐여부는 어디까지나 지
도자에게 달려있으니, 백성들의 마음이 떠나게 되면 지도자는 물론
이거니와 나라의 미래조차 없게 된다. 또한 본문을 통해서도 증자는
공자의 가르침을 올바로 계승하고 있음을 알 수 있다.

19-20: 子貢曰: "紂之不善, 不如是之甚也。是以君子惡居下流, 天下之惡皆歸焉。"

【대유법】
자공이 말하기를: "주왕의 선하지 못함이, 이처럼 심하지는 않았다. 이 때문에 군자는 하류에 처하기를 싫어하니, 천하의 악함이 모두 (하류로) 돌아간다."

*주는 殷(은)나라 = 商(상)나라의 마지막 임금이다. 夏(하)나라의 마지막 임금인 桀(걸)과 함께 "걸주"로 불림으로써 폭군의 대명사가 되었는데, 종종 태평성대를 이끈 "요순"임금과는 상반된 의미로 활용되고 있다. 이제 주임금과 관련된 기록들을 살펴보기로 하자.

> 帝乙崩, 子辛立, 是爲帝辛, 天下謂之紂。帝紂資辨捷疾, 聞見甚敏;
> 材力過人, 手格猛獸; 知足以距諫, 言足以飾非; 矜人臣以能, 高天下
> 以聲, 以爲皆出己之下。 (생략) 厚賦稅以實鹿臺之錢而盈鉅橋之粟。
> (생략) 百姓怨望而諸侯有畔者, 於是紂乃重刑辟, 有炮格之法。
> 을임금이 죽고, 아들 신이 즉위하니, 이 사람이 신제이다. 세상은
> 그를 주라고 불렀다. 주임금은 천성적으로 말솜씨가 좋고 행동이
> 빨랐으며, 보고 들음에 매우 영리했고; 능력이 일반인을 능가했으
> 며, 맨손으로 맹수와 맞섰고; 지혜는 충분히 간언을 막을 수 있었으
> 며, 말은 충분히 거짓으로 꾸며낼 수 있었고; 능력을 신하들에게 자
> 랑하고, 명성을 세상에 드높이려 했으며, 모두가 자기 아래라고 여
> 겼다. (생략) 부세를 두터이 함으로써 녹대의 돈을 채우고 거교를 곡

식을 메웠다. (생략) 귀족들이 원망하고 제후들 중에는 배반하는 이들이 있었으니, 그래서 주는 이에 형벌을 무겁게 하여, 포락이라는 형벌이 있게 되었다. 〔史記(사기)〕〈殷本紀(은본기)〉

歷太丁、帝乙, 至帝辛, 名受, 號爲紂, 資辯捷疾, 手格猛獸, 智足以拒諫, 言足以飾。始爲象箸, 箕子歎曰: 彼爲象箸, 必不盛以土簋, 將爲玉盃, 玉盃象箸, 必不羹藜藿衣短褐而舍筎茨之下則, 錦衣九重, 高臺廣室, 稱此以求, 天下不足矣。

태정 제을을 거쳐, 신임금에 이르러, 이름은 수인데, 주라고 일컬었으니, 천성적으로 말솜씨가 좋고 행동이 빨랐으며, 맨손으로 맹수와 맞서고, 지혜는 충분히 간언을 막을 수 있었으며, 말은 충분히 거짓으로 꾸며낼 수 있었다. 당초에 상아 젓가락을 사용하니, 기자가 탄식하여 말했다: 그(주임금)가 상아 젓가락을 사용하니, 반드시 토기에 담아 먹지 않고, 장차 옥배로 삼을(쓸) 것이요, 옥배와 상아 젓가락이면, 반드시 명아주와 콩잎으로 국을 끓이거나, 거친 베옷을 입고 이엉으로 덮은 지붕에서 지내며 아래로 모범을 보이지 않을 것이니, 겹겹의 비단옷, 높은 누대와 넓은 궁궐, 이에 걸맞게 구하면, 세상(의 재물)이 부족하다.

〔十八史略(십팔사략)〕〈殷王朝篇(은왕조편)〉

紂伐有蘇氏, 有蘇以妲己女焉, 有寵其言皆從: 厚賦稅, 以實鹿臺之財, 盈鉅橋之粟, 廣沙丘苑臺, 以酒爲池, 縣肉爲林, 爲長夜之飮, 百姓怨望, 諸侯有畔者。

주왕이 유소씨를 정벌하여, 유소씨가 달기로 짝지어주니(달기를 바치니), 사랑하여 그녀의 말을 모두 따랐다; 부세를 두터이 하여, 그럼으로써 녹대의 재물을 튼튼하게 하고, 거교의 곡식을 채워, 사구와 원대를 넓혔으며, 술로 못을 만들고, 고기를 매달아 숲을 만들어, 며칠이고 계속 술자리를 벌였으니, 백성들이 원망하고, 제후들 중에 배반하는 이들이 있었다.

〔十八史略(십팔사략)〕〈殷王朝篇(은왕조편)〉

그런데 자공은 이러한 주임금이 사실 알려진 바와 같이 그렇게 나쁜 임금은 아니었으니, 다만 그가 아래에 처함 즉 군자답지 못한 모습을 보임으로써 모든 악명이 그에게 몰려들어서 지금과 같은 폭군의 낙인이 찍히게 된 것이라고 말한다. 이는 다시 말해서, 군자 즉 道(도)를 배우고 부단히 노력하여 실천하는 올바른 지도자는 결코 자기보다 못한 이들과 함께 어울리지 않고 홀로 높은 곳에 서서 그 고고함을 지켜야 한다는 뜻인 것이니, 이와 관련하여 노자 〔도덕경〕의 몇몇 기록을 살펴보자.

4-3: 挫其銳, 解其紛, 和其光, 同其塵。
그 날카로움을 억누르게 하고, 그 분규를 해결하며, 그 광채를 조화롭게 하고, 그 속세와 함께 한다.
66-1: 江海所以能為百谷王者, 以其善下之, 故能為百谷王。
강과 바다가 모든 계곡의 우두머리가 될 수 있는 것은, 그것이 능숙하게 그 아래에 있기 때문이니, 그러므로 모든 계곡의 우두머리가 될 수 있다.

이를 통해서 대략적으로나마 노자와 공자의 차이점을 이해할 수 있을 것이니, 이 문제에 대해서는 추후 보다 구체적으로 논하기로 한다.

아무튼 자공은 본문을 통해서 13-23에서 설명했던 和(화: 서로의 수준이 다름을 인식하면서도, 함께 어우러져 사이가 좋은 상태)와 同(동: 같은 수준으로 합쳐져서, 구별이 없이 똑같아지는 상태)을 차별화하고 있으니, 역시 공자의 가르침을 그대로 계승하고 있음을 알 수 있다.

19-21: 子貢曰: "君子之過也, 如日月之食焉。過也, 人皆見之, 更也, 人皆仰之。"
子貢曰: "君子之過也, 如日月之食焉。□也, 人皆□之, □也, 人皆□之。"

【직유법, 대구법】

자공이 말했다. "군자의 허물은, 일식이나 월식과도 같다. 허물은 사람들이 모두 볼 수 있으니, 허물을 고치면, 사람들이 모두 우러러 본다."

*태양과 달은 본래 티끌하나 없이 맑다. 하지만 일식과 월식이 시작되면 태양과 달을 가리게 되니, 자공은 일식이나 월식을 티끌로 비유하고, 티끌을 다시 허물로 인식한 것이다. 따라서 허물을 고치게 되면 일식이나 월식이 사라지게 되므로, 다시 태양과 달 본래의 맑은 모습을 되찾을 수 있거니와, 또 그렇게 되면 사람들이 모두 우러러보게 된다고 말하는 것이다. 즉 자공은 이를 통해서, 改過勿吝(개과물린: 허물을 고치는데 인색하지 마라)과 過則勿憚改(과즉물탄개: 허물이 있으면 곧 고치기를 거리끼지 마라.)의 자세를 강조하고 있다.

19-22: 衛公孫朝問於子貢曰: "仲尼焉學?" 子貢
曰: "文武之道, 未墜於地, 在人。賢者識其
大者, 不賢者識其小者。莫不有文武之道焉
。夫子焉不學? 而亦何常師之有?"

衛公孫朝問於子貢曰: "仲尼焉學?" 子貢曰:
"文武之道, 未墜於地, 在人。□者識其□者,
□□者識其□者。莫不有文武之道焉。夫子
焉不學? 而亦何常師之有?"

【대구법, 문답법, 대유법】

위나라 공손조가 자공에게 묻기를: "중니(공자)는 어디에서
배웠습니까?" 자공이 말하기를: "문왕과 무왕의 도가, 땅에
떨어지지 않고, 사람에게 남아있습니다. 현명한 이는 큰 것을
알고, 현명하지 못한 자는 작은 것을 알고 있으니, 문왕과
무왕의 도가 미치지 않는 곳이 없습니다. 스승께서 어디서라도
배우지 않았겠고, 또 어찌 일정한 스승이 있겠습니까?"

*〔左傳(좌전)〕에는 공손조라는 인물이 두 사람 등장한다. 하나는 〈
昭公(소공) 26년〉에 나오는 노나라 成邑(성읍)의 대부 공손조인데, 이
때는 공자가 36세일 때이니 자공의 나이는 겨우 5세였다. 따라서 이
인물은 아님을 알 수 있다.

또 하나는 〈哀公(애공) 17년〉에 나오는 楚(초)나라의 공손조인데,
그는 14-9에 나오는 초나라 令尹(영윤) 子西(자서)의 아들이다. 이때는
공자가 죽은 이듬해이니, 자공의 나이 43세 때의 일이다.

朱熹(주희)는 〔論語集註(논어집주)〕에서 공손조가 衛(위)나라의 대

부라고 설명하고 있다. 하지만 필자가 섭렵한 전적들에는 위나라의 공손조와 관련된 기록은 보이지 않고 있으니, 본문의 공손조는 어쩌면 이 초나라의 신하 공손조를 말하는 것이 아닐까하고 조심스럽게 추측해본다.

또 이와 관련하여 제기할 수 있는 다른 가능성이 하나 더 있는데, 즉 〔史記(사기)〕의 〈仲尼弟子列傳(중니제자열전)〉에는 공자가 죽은 후 자공이 衛(위)나라의 재상으로 있었다는 기록이 있다는 점을 들어서 설명할 수 있다. 좀 더 구체적으로 말하자면, 본문은 자공이 위나라 재상으로 있을 때 역시 같은 위나라의 대부로 있던 공손조라는 인물과 나눈 대화일 수도 있다는 것이다.

더욱이 〔史記(사기)〕의 〈仲尼弟子列傳(중니제자열전)〉에서 司馬遷(사마천)은 본문이 공손조와 자공이 아닌 제자 자금과 자공의 대화라고 까지 하고 있으니, 갈수록 미궁에 빠지는 느낌이다. 아무튼 이 문제는 좀 더 심도 있는 고증이 필요할 것으로 보인다.

*이제 본문과 관련하여, 다음의 기록을 살펴보자.

仲尼, 祖述堯舜, 憲章文武, 上律天時, 下襲水土。
중니는, 요임금과 순임금을 근본으로 하여 그 뜻을 서술하고, (주나라) 문왕과 무왕을 규범으로 삼았으며, 위로는 하늘의 때를 따르고, 아래로는 물과 풍토를 따랐다. 〔禮記(예기)〕〈中庸(중용)〉

즉 본문과 상술한 내용을 통해서도 알 수 있듯이, 공자는 비록 요순의 대동사회의 道(도: 통치이념)를 근본 즉 이상향으로 삼았지만, 궁극적으로는 문왕과 무왕의 소강사회의 道(도)를 실천이념으로 따랐던 것이다.

19-23: 叔孫武叔語大夫於朝曰：“子貢賢於仲尼。”子服景伯以告子貢。子貢曰：“譬之宮牆，賜之牆也，及肩，窺見室家之好。夫子之牆，數仞，不得其門而入，不見宗廟之美，百官之富。得其門者或寡矣，夫子之云，不亦宜乎？”

【대유법, 설의법】

숙손무숙이 조정에서 대부에게 말하기를：“자공이 중니(공자)보다 현명합니다.”자복경백이 그럼으로써 자공에게 알렸다. 자공이 말하기를：“대궐의 담장으로 그것을 비유한다면, 사의 담장은, 어깨에 미쳐서, 집의 좋은 것들을 엿볼 수 있지만, 스승의 담장은, 몇 길이나 되어서(너무 높아서), 그 문에 도달하여 들어가지 못하면, 종묘(왕실 사당)의 아름다움과, 모든 벼슬아치들의 풍성함(수많은 벼슬아치)을 볼 수 없습니다. 그 문에 도달한 이가 드물게 있으니, 어른(숙손씨)의 말씀은, 역시 마땅하지 않겠습니까？”

*숙손무숙은 노나라 卿(경)으로 叔孫州仇(숙손주구)라고도 불리는데, 〔左傳(좌전)〕에는 곳곳에 그와 孟懿子(맹의자)가 함께 군대를 이끌었다는 기록들이 보인다. 또〔禮記(예기)〕〈檀弓上(단궁상)〉에는 숙손무숙의 어머니가 죽자 상을 치르고 입관한 후 문을 나서는데, 공자의 제자 子游(자유)는 관을 든 자[9]가 웃통을 벗고 갓을 벗어던지고는 머

---

9) 관을 든 사람이 숙손무숙을 지칭하는 것인지, 아니면 다른 사람을 가리키는 것인지

리카락을 묶는 모습을 보고 "예를 아는구나!"라며 비웃었다는 기록이 있다. 따라서 숙손무숙은 三桓(삼환) 중 하나인 叔孫氏(숙손씨)의 사람으로, 비록 권세는 있지만 매우 무식한 인물임을 알 수 있는 것이다.

 *자공은 본문에서 자기의 道(도)를 깨달은 수준이 감히 공자에게 비할 바가 아니라고 말하는데, 道(도)를 깨달은 자만이 道(도)를 논할 수 있는 법이다. 따라서 숙손무숙과 같이 禮(예)조차 모르는 인물이 공자의 참모습을 이해하는 것 자체가 사실상 어불성설이라고 하겠다. 또한 자공은 숙손무숙이 어떠한 인물인지 잘 알았기 때문에, 그런 사람이 공자를 폄하하는 것도 무리는 아니라고 대수롭지 않게 말한 것임을 알 수 있다.

는 불문명하다. 하지만 부모님께서 돌아가셨을 때 친자식이 관을 들거나 또는 바로 옆에서 동행하므로, 최소한 관을 든 사람의 행동이 숙손무숙과 전혀 무관하다고는 할 수 없을 것이다.

19-24: 叔孫武叔毀仲尼。子貢曰: "無以爲也。仲
尼, 不可毀也。他人之賢者, 丘陵也, 猶可踰
也。仲尼, 日月也, 無得而踰焉。人雖欲自
絶, 其何傷於日月乎? 多見其不知量也。"

【직유법, 대유법, 설의법】

숙손무숙이 중니를 비방했다. 자공이 말하기를: "(그렇다고)
생각지 않습니다. 중니(공자)는 비방할 수 없습니다. 다른
사람의 현명함은, 언덕이라서, 오히려 넘을 수 있습니다.
(하지만) 중니(공자)는, 해와 달이라서, 도달하여 넘을 수 없는
것입니다. 사람들이 비록 몸소 끊고자 하나, 어찌 해와
달을 해치겠습니까? 그 분량(분수)을 모름을 많이 드러내는
것입니다."

*이는 바로 위의 19-23과 사실상 일맥상통한 문장으로 이해할 수
있다. 자공은 이를 통해서 공자의 道(도)가 일반인들은 범접할 수 없
을 정도로 너무나 숭고하다고 칭송함과 동시에, 그러한 공자를 폄하
하는 것은 스스로 자기의 무지를 드러내는 것과도 같다고 말하는 것
이다.

19-25: 陳子禽謂子貢曰: "子爲恭也, 仲尼豈賢於
子乎?" 子貢曰: "君子, 一言以爲知, 一言以
爲不知, 言不可不愼也! 夫子之不可及也,
猶天之不可階而升也。夫子之得邦家者, 所
謂立之斯立, 道之斯行, 綏[10]之斯來, 動[11]之
斯和。其生也, 榮; 其死也, 哀, 如之何其可
及也?"

陳子禽謂子貢曰: "子爲恭也, 仲尼豈賢於
子乎?" 子貢曰: "君子, 一言以爲□, 一言以
爲□□, 言不可不愼也! 夫子之不可及也,
猶天之不可階而升也。夫子之得邦家者, 所
謂□之斯□, □之斯□, □之斯□, □之
斯□。其□也, □; 其□也, □, 如之何其可
及也?"

【대구법, 대구법, 열거법, 대구법, 문답법, 직유법】

진자금이 자공에게 말하기를: "그대가 겸손한 것이지,
중니(공자)가 어찌 그대보다 현명하겠습니까?" 자공이 말하기를:
"군자는, 한 마디 말로 지혜로워지기도 하고, 한 마디 말로
지혜롭지 못하게 되기도 하므로, 말에 신중하지 않을 수 없다!
스승에 미치지 못한다는 것은, 하늘을 사다리로 오를 수 없는
것과도 같다. 스승께서 나라를 얻게 되면, 이른바 (나라의 기강을)
세우니 이에 확고하게 되고, 말하니 이에 행하며(말한 바대로

---

10) 綏(수): 편안하다.
11) 動(동): 감응하다.

실천하며), **편안하게 해주니 (다른 지역 백성들이) 이에 몰려오고, 감응하니**(정성스럽게 하늘에 통하니) **이에 (나라가) 조화로워진다. 그가 살아계시면, 영화롭고; 그가 돌아가시면, 애통할 것이니, 어찌 그에 미칠 수 있겠는가?"**

*이 역시 위의 19-23 및 19-24와 일맥상통하는 문장이다. 진자금은 제자로서 스승의 수준이 떨어진다고 비방하는 어리석은 인물이니, 그 역시 비방하면 할수록 자기의 무지를 더욱 드러내는 소인배에 불과할 따름이다.

특히 본문을 통해서, 자공은 스승인 공자가 道(도)의 중요한 구성요소 중 하나인 不言(불언: 말을 함부로 하지 않음)의 愼(신: 신중함)과 誠(성: 말한 것은 반드시 실천하는 정성스러움)을 갖춘 인물이었다고 칭송하고 있음을 알 수 있다.

아울러서 본문의 "편안하게 해주니 이에 몰려온다"는 말은, 다름 아닌 1-1의 "무리들이 있어서 먼 곳으로부터 찾아오면, 또한 즐겁지 아니한가?"라는 표현의 함의를 다시 한 번 확인시켜 주고 있으니, 이는 당시 나라를 이끄는 지도자의 최종목표인 것이다.

第20章: 堯曰(요왈)

20-1: 堯曰：“咨，爾舜！天之曆數在爾躬，允執厥中！四海困窮，天祿永終。”舜亦以命禹。曰：“予小子履，敢用玄牡，敢昭告于皇皇后帝。有罪不敢赦，帝臣不蔽，簡在帝心！朕躬有罪，無以萬方；萬方有罪，罪在朕躬。”周有大賚，善人是富。”雖有周親，不如仁人。百姓有過，在予一人。”謹權量，審法度，修廢官，四方之政行焉。興滅國，繼絕世，舉逸民，天下之民歸心焉。所重：民食喪祭。寬，則得眾；信，則民任焉；敏，則有功；公，則說。

堯曰：“咨，爾舜！天之曆數在爾躬，允執厥中！四海困窮，天祿永終。”舜亦以命禹。曰：“予小子履，敢用玄牡，敢昭告于皇皇后帝。有罪不敢赦，帝臣不蔽，簡在帝心！●●有罪，無以○○；○○有罪，罪在●●。”周有大賚，善人是富。”雖有周親，不如仁人。百姓有過，在予一人。”謹權量，審法度，修廢官，四方之政行焉。興滅國，繼絕世，舉逸民，天下之民歸心焉。所重：民食喪祭。□，則□□；□，則□□焉；□，則□□；□，則□。

【대구법, 대구법, 열거법, 영탄법, 비교법】

요임금이 말씀하시길: “아, 그대 순이여! 하늘의 운명이 그대 몸에 있다. 성실하게 공정함을 지키시오! 세상이 곤궁해지면, 하늘의 복록이 영원히 끊기게 되오.” 순임금 역시 이처럼

우에게 명하셨다. (상나라의 탕왕이) 말씀하시길: "저 리(탕왕)가 감히 검은 수소를 (제물로) 올려서, 감히 거룩하신 천제에게 밝혀 아뢰옵니다. 죄 지은 자를 감히 용서할 수 없고, 천하의 어진 이들은 덮지 않았으니(드러내어 등용하였으니), 간택함은 천제의 마음에 (달려)있습니다! 제 한 몸에 죄가 있음은, 세상 때문이 아니고; 세상의 죄는 제 한 몸에 있습니다." 주나라가 크게 베푸니, 선한 이들이 이에 부유해졌다(주나라 무왕이 말했다). "비록 친척이 있으나, 어진 이만 못하다. 귀족들에게 허물이 있다면, 나 한 사람에게 있다." (무왕은) 삼가여 도량형을 정하고, 법도를 살피며, 폐기된 관직을 정비하니, 세상의 정치가 (바로) 행해졌다. 망했던 나라를 일으키고, 끊어진 대를 이었으며, 민간에 파묻혀 있는 인재들을 드러내니, 세상의 민심이 돌아왔다. 중요한 바로는: 백성, 식량, 상례, 제사이다. 너그러우면, 곧 많은 사람을 얻고; 신의가 있으면, 곧 백성이 (지도자의 자리를) 맡기며; 근면하면, 곧 공이 있고; 공평하면, 곧 기뻐한다.

*주지하다시피, 요임금과 순임금은 대동의 사회를 이끌었던 성인이다. 이제 이 두 인물의 지도자로서의 모습을 살펴보도록 하는데, 먼저 요임금에 대한 기록이다.

觀于華, 華封人曰: 噫, 請祝聖人, 使聖人壽富多男子。堯曰: 辭, 多男子則多懼, 富則多事, 壽則多辱。

화 지역을 살피니, 화의 봉인(수령)이 말했다: 아, 성인을 축복하나니, 성인께서 장수하고 부유하며 아들이 많기를 바랍니다. 요임금이 말했다: 사양하겠소. 아들이 많으면 곧 두려워할 일이 많고, 부유하면 곧 일이 많으며, 장수하면 곧 욕된 일이 많소.

〔十八史略(십팔사략)〕〈五帝篇(오제편)〉

堯曰：“誰可順此事？”放齊曰：“嗣子丹朱開明。”堯曰：“籲！頑凶，不用。”堯又曰：“誰可者？”讙兜曰：“共工旁聚布功，可用。”堯曰：“共工善言，其用僻，似恭漫天，不可。”堯又曰：“嗟，四嶽，湯湯洪水滔天，浩浩懷山襄陵，下民其憂，有能使治者？”皆曰鯀可。堯曰：“鯀負命毀族，不可。”嶽曰：“異哉，試不可用而已。”堯於是聽嶽用鯀。九歲，功用不成。堯曰：“嗟！四嶽：朕在位七十載，汝能庸命，踐朕位。”嶽應曰：“鄙德忝帝位。”堯曰：“悉舉貴戚及疏遠隱匿者。”衆皆言於堯曰：“有矜在民間，曰虞舜。”堯曰：“然，朕聞之。其何如？”嶽曰：“盲者子。父頑，母嚚，弟傲，能和以孝，烝烝治，不至奸。”堯曰：“吾其試哉。”於是堯妻之二女，觀其德於二女。

요임금이 말했다: "누가 이 일을 이어받을 수 있겠소?" 방제가 말했다: "대를 이을 아들 단주가 지혜가 열리고 문화가 발달하였습니다." 요임금이 말했다: "아! 완고하고 시비를 벌이니 쓸 수 없소." 요임금이 또 말했다: "누가 할 수 있소?" 환두가 말했다: "공공이 두루 갖춰지고 공적을 베풀었으니, 쓸 수 있습니다." 요임금이 말했다: "공공은 말을 잘하지만, 쓰는 것이 치우쳐서, 공손한듯하지만 하늘을 멀리하니, 불가하오." 요임금이 또 말했다: "아, 사악이여, 세차게 흐르는 홍수가 하늘까지 넘치고, 넓고도 넓게 흘러 산을 둘러싸고 언덕을 넘쳐, 백성들이 우려하니, 보내어 다스릴 수 있는 이가 있겠소?" 모두가 곤이 할 수 있다고 말했다. 요임금이 말했다: "곤은 명령을 어기고 동족의 사이를 어그러뜨렸으니, 불가하오!" 사악이 말했다: "뛰어나니, 시험해보고, 쓸 수 없으면 그뿐입니다." 요임금은 이에 곤을 썼다. 9년이 되었지만, 공적을 이루지 못했다. 요임금이 말했다: "아, 사악이여! 짐이 재위한 지 70년인데, 그대는 천명을 변치 않게 할 수 있으니, 짐의 자리에 오르시오." 사악이 대

답했다: "덕이 낮아 임금 자리를 욕되게 할 것입니다." 요임금이 말했다: "귀족이거나 관계가 먼 사람 숨어 사는 사람 모두를 천거해주시오." 모두가 요임금에게 말했다: "민간에 홀아비가 있는데, 우순이라 합니다." 요임금이 말했다: "그러한가, 짐은 그에 대해 들었소. 그는 어떠하오?" 사악이 말했다: "장님의 아들입니다. 아버지는 완고하고, 어머니는 간사하며, 동생은 교만하지만, 능히 온화하게 부모님을 섬기고, 나아가 수양하니, 어지러움에 이르지 않게 되었습니다." 요가 말했다: "내가 그를 시험해보겠소." 이에 요는 두 딸을 그에게 시집보내어, 두 딸에게서 그의 덕을 살폈다.

〔史記(사기)〕〈五帝本紀(오제본기)〉

堯知子丹朱之不肖, 不足授天下, 於是乃權授舜。授舜, 則天下得其利而丹朱病; 授丹朱, 則天下病而丹朱得其利。堯曰: "終不以天下之病而利一人", 而卒授舜以天下。堯崩, 三年之喪畢, 舜讓辟丹朱於南河之南。諸侯朝覲者不之丹朱而之舜, 獄訟者不之丹朱而之舜, 謳歌者不謳歌丹朱而謳歌舜。舜曰"天也", 夫而後之中國踐天子位焉, 是爲帝舜。

요임금은 아들 단주가 못나고 어리석어, 세상을 넘겨주기에 부족하다는 것을 알았고, 그래서 이에 정권을 순에게 주었다. 순에게 주면, 곧 세상이 이로움을 얻고 단주가 원망을 하지만; 단주에게 주면, 곧 세상이 원망하고 단주가 이로움을 얻게 되는 것이다. 요임금이 말했다: "결국에는 세상이 원망함으로써 한 사람을 이롭게 할 수 없다", 그래서 마침내 세상을 순에게 주었다. 요임금이 죽고, 3년상이 끝나자, 순은 단주에게 양보하고 남하의 남쪽으로 물러났다. 제후 중에 조정에 알현하는 이들이 단주에게 가지 않고 순에게 갔으며, 소송을 하는 이들이 단주에게 가지 않고, 순에게 갔으며, 칭송하는 이들이 단주를 칭송하지 않고 순을 칭송했다. 순이 "운명이로다!"라고 말하고, 대저 중원으로 돌아가 천자의 자리에 올랐으니, 이가 순임금이다. 〔史記(사기)〕〈五帝本紀(오제본기)〉

帝曰: "咨! 四岳。朕在位七十載, 汝能庸命, 巽朕位。"岳曰: "否德忝帝位。"曰: "明明揚側陋。"

(요)임금이 말했다: "아! 사악이여. 짐이 재위한 지 70년인데, 그대는 천명을 변치 않게 할 수 있으니, 짐의 자리를 사양하겠소." 악이 말했다: "덕이 없어 임금 자리를 더럽힐 것입니다." 임금이 말했다: "뛰어난 이를 밝히고 미천하거나 숨어 지내는 이를 드러내 주시오."

〔尚書(상서)〕〈堯典(요전)〉

다음은 순임금에 대한 기록이다.

堯以爲聖, 召舜曰: "女謀事至而言可績, 三年矣。女登帝位。"舜讓於德不懌。

요임금은 성스럽다고 여겨서, 순을 불러 말했다: "그대는 일을 도모하여 완성하고 말은 이룰 수 있는지(말 한대로 한지), 3년이 되었다. 그대가 제위에 오르라." 순은 덕에 닿지 못했다며 사양했다.

〔史記(사기)〕〈五帝本紀(오제본기)〉

於是舜乃至於文祖, 謀于四嶽, 辟四門, 明通四方耳目, 命十二牧論帝德, 行厚德, 遠佞人, 則蠻夷率服。舜謂四嶽曰: "有能奮庸美堯之事者, 使居官相事。"

그래서 순임금은 이에 문조에 이르러, 사악에게 의논하여, 사문을 열어, 사방의 귀와 눈을 밝게 통하게 하고, 12목에게 명하여 임금의 덕에 대해 논하게 하였으며, 두터운 덕을 행하고, 아첨하는 사람을 멀리하니, 곧 만이(오랑캐)가 따라서 복종하였다. 순임금이 사악에게 말했다: "요임금의 사업을 힘써 변치 않게 하고 기릴 수 있는 이가 있다면, 관직을 맡겨 업무를 돕게 하겠소."

〔史記(사기)〕〈五帝本紀(오제본기)〉

舜曰: "然。以夔爲典樂, 敎稚子, 直而溫, 寬而栗, 剛而毋虐, 簡而毋傲; 詩言意, 歌長言, 聲依永, 律和聲, 八音能諧, 毋相奪倫, 神人以和。"

순임금이 말했다: "그렇소. 기를 전악으로 삼을 것이니, 자제들을 가르침에, 곧으면서도 온화하고, 관대하면서도 엄숙하며, 강건하면서도 포악해서는 안 되고, 간략하되 오만해서는 안 되니; 시는 생각을 말하는 것이고, 노래는 말씀을 길게 늘인 것이며, 소리는 읊는 것을 따르는 것이고, 음률은 소리를 조화롭게 하는 것으로, 팔음이 어울릴 수 있게 하여, 서로의 차례를 빼앗지 말아야, 귀신과 사람이 그럼으로써 화합할 것이오."   〔史記(사기)〕〈五帝本紀(오제본기)〉

舜曰: "龍, 朕畏忌讒說殄僞, 振驚朕衆。命汝爲納言, 夙夜出入朕命, 惟信。"

순이 말했다: "용, 짐은 참언(위선적인 말)과 혼미한(도리를 망치는) 행위를 두려워하고 꺼리니, 짐의 백성을 놀라게 하오. 그대를 납언으로 명하니, 아침저녁으로 짐의 명령을 전달하고, 오직 성실하시오."

〔史記(사기)〕〈五帝本紀(오제본기)〉

帝曰: "毋若丹朱傲, 維慢游是好, 毋水行舟, 朋淫于家, 用絶其世。予不能順是。"禹曰: "予娶塗山, 辛壬癸甲, 生啓予不子, 以故能成水土功。(생략) 帝曰: "道吾德, 乃女功序之也。"

(순)임금이 말했다: "단주와 같이 교만해서는 안 되니, 방자함과 허황됨 이를 좋아하여, 물이 아닌데 배를 타고 건너고, 떼 지어 집을 어지럽혀, 대가 끊어졌소. 나는 이러한 것을 따를 수 없소."우가 말했다: 저는 도산을 아내로 들여, 신일 임일 계일 갑일이었고(나흘 동안 함께 했고), 계가 태어났는데도 자식으로 대하지 못했기에 ,그럼으로써 물과 땅의 공적을 이룰 수 있었습니다. (생략) 임금이 말했다: "나의 덕을 이끌어, 이에 그대가 튼튼히 안정시켰소."

〔史記(사기)〕〈夏本紀(하본기)〉

曰若稽古, 帝舜曰重華, 協于帝。濬哲文明, 溫恭允塞, 玄德升聞, 乃命以位。

이에 옛 일을 상고하여, 순임금을 말하면 거듭 빛내어, (요)임금을 따랐다. 깊이 알고 제도를 밝혔으며, 온화하고 공손하며 진실하고도 성실하여, 숨은 덕이 위에까지 들리니, 이에 명하여 자리에 오르게 하였다. 〔尙書(상서)〕〈舜典(순전)〉

舜曰: "咨, 四岳! 有能奮庸熙帝之載, 使宅百揆, 亮采惠疇?"

순이 말했다: "상의할 것이니, 사악이여! 힘써 임금의 사업을 변치 않고 빛내고, 관직을 맡겨, 진실로 가려 백성들에게 베풀 수 있는 이가 있겠소 ?" 〔尙書(상서)〕〈舜典(순전)〉

帝曰: "來, 禹! 降水儆予, 成允成功, 惟汝賢。克勤于邦, 克儉于家, 不自滿假, 惟汝賢。汝惟不矜, 天下莫與汝爭能。汝惟不伐, 天下莫與汝爭功。予懋乃德, 嘉乃丕績, 天之歷數在汝躬, 汝終陟元后。人心惟危, 道心惟微, 惟精惟一, 允執厥中。無稽之言勿聽, 弗詢之謀勿庸。可愛非君? 可畏非民? 衆非元后, 何戴? 后非衆, 罔與守邦。欽哉! 慎乃有位, 敬修其可願, 四海困窮, 天祿永終。惟口出好興戎, 朕言不再。"

(순)임금이 말했다: "오시오, 우여! 물이 내려(홍수가 발생하여) 나를 주의시켰는데, 믿음을 이루고 공을 이루었으니, 그대의 어질음 때문이오. 나라에 능히 부지런하고, 집안에 능히 검소하며, 스스로 만족하여 위대한 체하지 않으니, 그대의 어질음 때문이오. 그대는 자랑하지 않기에, 세상은 그대와 기량을 다툴 수 없고, 그대가 드러내지 않기에, 세상은 그대와 공을 겨룰 수가 없소. 나는 그대의 덕을 독려하고, 그대의 큰 공을 기리니, 하늘의 혜아림이 그대 몸에 있어서, 그대가 결국에는 임금에 오를 것이오. 사람의 마음은 위태롭고, 도의 마음은 희미하니, 정성스럽고도 한결같이, 그 중을 진실로 잡아야 하오. 상의하지 않은 말은 듣지 말고, 상의하지 않은 계책은 쓰지 마시오. 사랑할 만한 것이 임금이 아니겠소? 두려워할 만한 것이 백성이 아니겠소? 백성들은 임금이 아니면 누구를 받들겠소? 임금은 백성이 아니면, 더불어 나라를 지킬 사람이 없소. 공경하시오! 삼가면 이에 자리가 있게 되고, 공경하여 베풀면 바랄 수 있으니, 온 나라가 곤궁해지면, 하늘이 준 복록도 영영 끝나게 되오. 입에서 나는 것(말)은 곧잘 전쟁을 일으키니, 나는 다시 말하지 않겠소." 　　　　　　　　　　　　　〔尙書(상서)〕〈大禹謨(대우모)〉

이어서 공자가 소개하는 인물은 夏(하)나라와 商(상)나라의 태평 성대를 구가했던 우임금과 탕임금이니, 그들은 소강의 사회를 이끌었던 군자이다. 특히 본문에서 인용한 탕임금의 말은 사실상〔尙書(상서)〕〈湯誥(탕고)〉를 요약하여 정리한 것인데, 이제 또 우임금 및 탕임금과 관련된 다른 기록들을 살펴보도록 하자. 먼저 우임금에 대한 기록이다.

日: "后克艱厥后, 臣克艱厥臣, 政乃乂, 黎民敏德。" 帝曰: "俞! 允若茲, 嘉言罔攸伏, 野無遺賢, 萬邦咸寧。稽于衆, 舍己從人, 不虐無告, 不廢困窮, 惟帝時克。"

(우가) 말했다: "임금이 능히 그 임금 자리를 어려워하고, 신하가 능히 그 신하 자리를 어려워하면, 정치가 이에 다스려지고, 수많은 백성들이 덕에 힘쓰게 될 것입니다." (순)임금이 말했다: "그렇소! 진실로 이와 같다면, 좋은 말이 숨겨지는 바가 없고, 현명한 이들이 모두 등용되어 민간에 인물이 없게 되어, 만방이 모두 평안할 것이오. 여러 사람에게 상의하고, 자기를 버리고 남을 따르며, 의지할 곳이 없는 이들을 깔보지 않고, 곤궁한 이들을 버리지 않는 것은, 오직 (요)임금만이 늘 해내셨소."　　〔尙書(상서)〕〈大禹謨(대우모)〉

禹曰: "于! 帝念哉! 德惟善政, 政在養民。水, 火, 金, 木, 土, 穀, 惟修; 正德, 利用, 厚生, 惟和。"

우가 말했다: "아! 임금께서는 기억하소서! 오직 덕행을 해야 잘 다스릴 수 있으니, 정치는 백성을 기르는데 있습니다. 물 불 쇠 나무 흙과 곡식을 다스리고; 덕을 바로 잡고 쓰임을 이롭게 하며 살림을 안정시키고 조화롭게 해야 합니다."　〔尙書(상서)〕〈大禹謨(대우모)〉

一饋十起, 以勞天下之民。

(우 임금은) 한 번 식사를 할 때 열 번을 일어나니, 그럼으로써 세상의 백성을 위해 애썼다. 〔十八史略(십팔사략)〕〈夏王朝篇(하왕조편)〉

出見罪人, 下車問而泣曰: "堯舜之人, 以堯舜之心爲心, 寡人爲君, 百姓各自以其心爲心, 寡人痛之。"

(우 임금이) 밖으로 나가다가 죄인을 보고, 수레에서 내려 묻고는 울며 말했다: "요순시절의 사람들은, 요순임금의 마음을 마음으로 삼았는데, 과인이 임금이 되고는, 백성들 각자 그들의 마음을 마음으로 삼으니, 과인이 그것을 애석히 여긴다."

〔十八史略(십팔사략)〕〈夏王朝篇(하왕조편)〉

禹爲人敏給克勤; 其笥不違, 其仁可親。其言可信; 聲爲律, 身爲度。稱以出; 亹亹穆穆, 爲綱爲紀。(생략) 禹傷先人父鯀功之不成受誅, 乃勞身焦思, 居外十三年, 過家門不敢入。薄衣食, 致孝於鬼神。卑宮室, 致費於溝淢。(생략) 食少, 調有餘相給, 以均諸侯。

우는 사람됨이 민첩하고도 부지런했으니; 싹(바탕)은 어긋남이 없고, 인자함은 가까이할 수 있었다. 말은 믿을 수 있었으니; 말하면 규율이 되고, 행하면 법도가 되었다. (명확하게) 헤아려 드러내었으니; 부지런하고도 온화하여, 기강이 되었다. (생략) 우는 돌아가신 아버지 곤이 공을 이루지 못해 형벌을 당한 것이 마음 아팠기에, 이에 몸을 수고롭게 하고 애태우며, 밖에서 지낸 지 13년 동안, 집 문을 지나도 감히 들어가지 않았다. 입고 먹는 것을 소홀히 하고, 귀신을 극진히 섬겼다. 거처를 누추하게 하고, 수로에 비용을 다 썼다. (생략) 식량이 적으면, 남음이 있는 곳에서 옮겨 서로 공급하여, 그럼으로써 제후들을 고르게 하였다. 〔史記(사기)〕〈夏本紀(하본기)〉

이제 탕임금과 관련된 기록을 보자.

大旱七年, 太史占之曰: 當以人禱。湯曰: 吾所爲請者, 民也, 若必以
人禱, 吾請自當。

큰 가뭄이 칠년이라, 태사가 점을 쳐 말했다: 마땅히 사람으로서(사
람을 제물로 바쳐서) 기도를 해야 합니다. 탕이 말했다: "내가 바라는
바는 백성을 위해서이니, 만약 반드시 사람으로서 기도해야 한다
면, 나는 스스로 담당하기를(제물이 되기를) 청한다.

〔十八史略(십팔사략)〕〈殷王朝篇(은왕조편)〉

湯出, 見野張網四面, 祝曰: "自天下四方皆入吾網。" 湯曰: "嘻, 盡
之矣!" 乃去其三面, 祝曰: "欲左, 左; 欲右, 右; 不用命, 乃入吾網。"
諸侯聞之, 曰: "湯德至矣, 及禽獸。"

탕이 나가서, 들에 사면으로 그물을 펼쳐놓고, "세상 사방 모두가
내 그물로 들어오게 하소서"라고 비는 이를 보았다. 탕이 말했다:
"아, 다 잡으려 하는구나!" 이에 삼면을 거두고, "왼쪽으로 가려면,
왼쪽으로, 오른쪽으로 가려면, 오른쪽으로 가게 하소서; 명령을 따
르지 않으면, 이에 내 그물로 들어오게 하소서"라고 빌었다. 제후들
이 듣고, 말했다: "탕의 덕이 지극하니, 금수에게까지 미쳤구나."

〔史記(사기)〕〈殷本紀(은본기)〉

湯曰: "予有言: 人視水見形, 視民知治不。" 伊尹曰: "明哉! 言能聽,
道乃進。君國子民, 爲善者皆在王官。勉哉, 勉哉!"

탕이 말했다: "나에게 말씀이 있으니: 사람이 물을 바라보면 모습
을 보고, 백성들을 보면 다스려지는지 아닌지를 아오." 이윤이 말했

다: "명철하십니다! 말씀을 능히 들을 수 있으면, 도가 이에 나아갑니다. 부모가 자식 보듯 나라가 백성을 대하면, 선을 행하는 자들이 모두 왕궁에 있게 됩니다. 힘쓰십시오. 힘쓰십시오."

〔史記(사기)〕〈殷本紀(은본기)〉

다음으로 공자가 언급한 것은 주나라의 일인데, 본문의 "비록 친척이 있으나, 어진 이만 못하다. 귀족들에게 허물이 있다면, 나 한 사람에게 있다"는 말은 〔尚書(상서)〕〈泰誓(태서)〉에 나오는 구절이다.

朱熹(주희)는 〔論語集註(논어집주)〕에서 본문의 주나라가 구체적으로는 武王(무왕)의 업적을 설명하는 것이라고 해설했다. 하지만 공자는 〔禮記(예기)〕〈禮運(예운)〉에서 소강사회에 대해 설명하면서, 주나라의 文王(문왕)과 무왕 그리고 成王(성왕)과 周公(주공)을 군자라고 칭한 바 있다. 따라서 필자는 본문의 주나라는 비단 무왕을 일컫는 것일 뿐만 아니라, 사실상 주나라를 태평성대를 이끈 문왕과 성왕 그리고 주공을 포함하는 것으로 봐야한다고 판단한다. 이제 이들에 관련한 기록들을 차례로 살펴보기로 하자.

公季卒, 子昌立, 是爲西伯。西伯曰文王。遵后稷 · 公劉之業, 則古公 · 公季之法, 篤仁, 敬老, 慈少。禮下賢者, 日中不暇食以待士, 士以此多歸之, 伯夷 · 叔齊在孤竹, 聞西伯善養老, 盍往歸之。

공계가 죽고 아들 창이 즉위하니, 이 사람이 서백이다. 서백은 (후대에) 추존된 문왕으로, 후직과 공류의 사업을 따르고 고공과 공계의 법도를 본받아 성실하고 인자하며 늙은이를 공경하고 아랫사람에게 사랑을 베풀었다. 어진 사람에게는 예의로 자신을 낮추었는데, 한낮에는 식사할 겨를도 없이 士들을 접대하였으므로, 士들은 이 때문에 서백에게 많이 몰려들었다. 백이와 숙제는 고죽에 있었는데 서백이 노인을 잘 봉양한다는 소문을 듣고 함께 가서 서백에게 귀의했다. 〔史記(사기)〕〈周本紀(주본기)〉

西伯旣卒, 周武王之東伐, 至盟津, 諸侯叛殷會周者八百。諸侯皆曰: "紂可伐矣。" 武王曰: "爾未知天命。" 乃復歸。

서백이 이미 죽고 주나라 무왕이 동쪽 정벌을 가서, 맹진에 이르니, 제후들이 은나라를 배반하고 주나라로 모여든 이들이 800명이었다. 제후들이 모두 말했다: "주는 벌해도 됩니다." 무왕이 말했다: "그대들은 아직 천명을 모른다." 이에 다시 돌아갔다.

〔史記(사기)〕〈殷本紀(은본기)〉

旣絀殷命, 襲淮夷, 歸在豐, 作周官。興正禮樂, 度制於是改, 而民和睦, 頌聲興。

(성왕은) 은나라의 명을 물리치고, 회이를 습격하고, 돌아와 풍 지역에 있으면서, 주관을 지었다. 일으켜 예와 악을 바로잡고, 법도가여기에서 고쳐져, 백성들이 화목하고, 여러 사람이 기리어 기뻐하였다. 〔史記(사기)〕〈周本紀(주본기)〉

成王崩, 子康王釗立, 成康之際, 天下安寧, 刑錯四十餘年不用。

성왕이 죽고, 아들 강왕 쇠가 즉위하니, 성왕과 강왕의 시대에는, 세상이 안녕하여, 형벌을 시행했지만 40여 년간 쓰이지 않았다.

〔十八史略(십팔사략)〕〈周王朝篇(주왕조편)〉

周公曰: 嗚呼! 我聞曰: 昔在殷王中宗, 嚴恭寅畏, 天命自度, 治民祗懼, 不敢荒寧。肆中宗之享國七十有五年。其在高宗, 時舊勞于外, 爰暨小人。作其卽位, 乃或亮陰, 三年不言。其惟不言, 言乃雍, 不敢荒寧, 嘉靖殷邦。至于小大, 無時或怨。肆高宗之享國五十有九年。其在祖甲, 不義惟王, 舊爲小人。作其卽位, 爰知小人之依, 能保蕙于庶民, 不敢侮鰥寡。肆祖甲之享國三十有三年。

주공이 말했다: '아! 제가 듣건대: 옛날 은나라 임금 중종은, 엄숙히 삼가며 공경하고 두려워하여, 천명을 스스로 헤아렸고, 백성을 다스림에 공경하고 두려워하여, 감히 편안함에 빠지지 않았습니다. 드디어 중종은 나라를 칠십오 년 누리셨습니다. 고종이 재위했을 때, 오랫동안 밖에서 수고로우셨고, 이에 소인(신분이 낮은 백성)들과 함께하였습니다. 그 즉위를 해서는, 이에 상을 입으시고, 삼 년 동안 말하지 않았습니다. 말하지 않았으나, 말하면 온화했지만, 감히 편안함에 빠지지 않았으니, 은나라가 아름답고도 평안해졌습니다. 낮은 사람이건 높은 사람이건, 원망하는 이가 없게 되었습니다. 드디어 고종은 나라를 오십구 년 누리셨습니다. 조갑이 재위해서는, 의로운 왕이 아니라 하고, 오래 소인(신분이 낮은 백성)이 되었습니다. 즉위하여서는, 이에 소인(신분이 낮은 백성)의 의지함을 알고, 수많은 백성을 능히 보호하고 사랑하였으며, 감히 홀아비나 과부를 업신여기지 않았습니다. 드디어 조갑은 나라를 삼십삼 년 누리셨습니다. 〔尙書(상서)〕〈無逸(무일)〉

周公曰: 嗚呼! 厥亦惟我周太王王季, 克自抑畏。文王卑服卽康功田功, 徽柔懿恭, 懷保小民, 惠鮮鰥寡。自朝至于日中昃, 不遑暇食, 用咸和萬民。文王不敢盤于遊田, 以庶邦惟正之供, 文王受命惟中身, 厥享國五十年。周公曰, 嗚呼。

주공이 말했다: '아! 또한 우리 주나라 태왕과 왕은, 능히 스스로 조심하고 두려워하셨습니다. 문왕은 허름한 옷을 입고 곧 편히 해주는 일과 밭일을 하셨으니, 아름답게 복종하고 훌륭하게 공경하여, 신분이 낮은 백성들을 아끼고 보호하며, 홀아비와 과부들을 사랑하고 새로이 하셨습니다. 아침부터 한낮을 거쳐 해가 기울 때까지, 한가하게 밥을 먹지 못하고, 모든 백성들을 다 화목하게 하셨습니다. 문왕은 감히 노닐거나 사냥하지 않고, 그럼으로써 온 나라를 올바름으로 받드셨으니, 문왕이 천명을 받은 것이 단지 마흔이었고, 나라를 오십년 누리셨습니다. 〔尚書(상서)〕〈無逸(무일)〉

이제 대동을 이끈 성인인 요임금과 순임금부터 소강을 이끈 여섯 군자(우, 탕, 문왕, 무왕, 성왕, 주공)의 언행을 정리해보면, 공자가 본문을 통해서 전달하고자 한 의도를 명확하게 이해할 수 있을 것이니, 공자가 주장하는 소강 사회의 통치이념인 道(도)는 사실상 그 근본을 대동 사회에 두고 있는 것이다. 다만 세상에 大道(대도: 대동사회의 큰 통치이념)가 사라짐으로써 公天下(공천하)에서 家天下(가천하)가 되자, 지도자가 법과 제도를 강화하여 백성들에게 솔선수범을 보인 것이 소강의 사회이니, 공자는 이러한 이상향의 대동 사회를 그리워하기는 하지만, 사실상 현실적으로 회복 가능한 소강의 사회를 그의 구체적인 회귀목표로 삼은 것이다. 여기서 다음의 대동과 소강을 설명한 기록을 다시 한 번 살펴보면, 이제 필자가 말하고자 하는 의도를 명확하게 이해할 수 있을 것이다.

昔者仲尼與于蠟賓。事畢, 出遊于觀之上, 喟然而歎。仲尼之歎, 蓋歎魯也。言偃在側, 曰: "君子何歎？" 孔子曰: "大道之行也, 與三代之英, 丘未之逮也, 而有志焉。大道之行也, 天下爲公。選賢與能, 講信修睦。故人不獨親其親, 不獨子其子。使老有所終, 壯有所用, 幼有所長, 矜寡孤獨廢疾者皆有所養。男有分, 女有歸。貨, 惡其棄于地也, 不必藏于己; 力, 惡其不出于身也, 不必爲己。是故謀閉而不興, 盜竊亂賊而不作。故外戶而不閉。是謂大同。

今大道旣隱, 天下爲家。各親其親, 各子其子。貨、力爲己。大人世及以爲禮, 城郭溝池以爲固, 禮義以爲紀; 以正君臣, 以篤父子, 以睦兄弟, 以和夫婦, 以設制度, 以立田裏, 以賢勇智, 以功爲己。故謀用是作, 而兵由此起。禹、湯、文、武、成王、周公由此其選也。此六君子者, 未有不謹于禮者也。以著其義, 以考其信, 著有過, 刑仁講讓, 示民有常。如有不由此者, 在執 (勢) 者去, 衆以爲殃。是謂小康。

예전에 공자가 납빈(신들의 가호에 보답하기 위해 올리던 제사)에 참여했다. 일이 끝나고, 누각에 올라 둘러보고는, 길게 탄식을 하였다. 공자가 탄식한 것은, 아마도 노나라를 한탄한 것이리라. 언언이 곁에 있다가, 말했다: "군자(스승)께서는 어찌하여 탄식하십니까?" 공자가 말했다: "큰 도가 실행될 때와, 삼대(夏, 商, 周)의 훌륭한 인물들이 정치를 하던 때는, 내가 이를 수 없었으나, 기록이 남아있다. 큰 도가 실행되던 때는, 세상이 公天下(공천하)였다. 어질고 재능 있는 이들을 선발하고, 신용을 중시하며 화목함을 갖췄다. 그러므로 사람들은 자신의 어버이만이 어버이가 아니었고, 자신의 자식만이 자식이 아니었다. 노인들로 하여금 귀속되는 바가 있게 하였고, 장년은 쓰임이 있었으며, 어린이들은 키워짐이 있었고, 늙어 부인이 없는 이, 늙어 남편이 없는 아낙, 부모 없는 아이, 자식이 없는 노인, 장애인들이 모두 부양받는 바가 있었다. 사내에게는 직분이 있었고, 아낙은 媤家(시가)가 있었다. 재물은, 땅에 버려지는 것을 싫어하였지만(지니고 싶어 하였지만), 반드시 자기가 소유하지는 않았고; 힘은, 자기 몸에서 나오지 않음을 싫어하였지만(자신이 직접 쓰려 하였지만), 반드시 자신을 위해서 쓰지는 않았다. 이 때문에 계략이 막혀 일어나지 못하고, 도적이나 반란이 발생하지 않았다. 그러므로 밖의 대문을 잠그지 않았다. 이를 대동이라고 일컫는다.

오늘날에는 큰 도가 사라졌으니, 세상이 家天下(가천하)가 되었다. 각각 자신의 어버이만이 어버이가 되고, 자신의 자식만이 자식이 되었다. 재물과 힘은 자신을 위해 썼다. 대인(천자와 제후)은 세습을 예의로 삼았고, 성곽을 쌓고 그 주변에 못을 파서 (적들이 침입하지 못하도록) 공고히 하였으며, 예의로 기강을 삼았으니; 그럼으로써 군신관계를 바로 하고, 그럼으로써 부자관계를 돈독히 하였으며, 그럼으로써 형제간에 화목하게 하고, 그럼으로써 부부 사이를 조화롭게 하였으며, 그럼으로써 제도를 설치하고, 그럼으로써 밭을 구획하였으며, 그럼으로써 용감하고 지혜로운 자를 존중하고, 공적을 자기의 것으로 여겼다. 그러므로 권모술수가 이때부터 흥기하고, 전쟁이 이때부터 발생하였다. 우, 탕, 문왕, 무왕, 성왕, 주공은 이것(예의)로 그것(시비)을 선별했다. 이 여섯 군자들은, 예의에 삼가지 않는 이가 없었다. 그럼으로써 그 의로움을 분명히 하고, 그럼으로써 그 신의를 깊이 헤아렸으며, 허물을 드러내고, 형벌과 어질음을 꾀하고 꾸짖어, 백성들에게 항상 그러함을 보여주었다. 만약 이에 말미암지 못하는(이에 따르지 않는) 이가 있다면, 집정자(권세가 있는 사람)일지라도 물리쳐, 대중들이 재앙으로 삼았다. 이를 일컬어 소강이라고 한다. 〔禮記(예기)〕〈禮運(예운)〉

즉 공자는 대동이라는 이상향을 꿈꾸기는 했지만, 춘추시대라는 대혼란의 현실을 고려하여 실현가능한 소강을 선택한 이성적 현실주의자였던 것이다.

아울러서 상나라 탕왕의 "제 한 몸에 죄가 있음은, 세상 때문이 아니고; 세상의 죄는 제 한 몸에 있습니다"는 말과 주나라 무왕의 "귀족들에게 허물이 있다면, 나 한 사람에게 있다"라는 표현은, 모두 지도자가 어떻게 통치하느냐에 따라서 나라의 운명이 뒤바뀌게 된다는 의미를 함축하고 있으니, 이것이야말로 허물을 남의 탓으로 돌리지 않고 스스로 책임지는 진정한 지도자의 자세인 것이다.

또한 본문 마지막의 "너그러우면, 곧 많은 사람을 얻고; 신의가 있으면, 곧 백성이 맡기며; 근면하면, 곧 공이 있고; 공평하면, 곧 기뻐한다"는 말은 사실상 17-6의 "공손함, 관대함, 성실함, 근면함, 인자함이다. 공손하면, 곧 업신여기지 않고; 관대하면, 곧 무리를 얻게 되며; 믿음이 있으면, 곧 남들이 맡기고; 근면하면, 곧 공을 세우게 되며; 인자하면, 곧 족히 사람을 부린다"는 표현과 일치하고 있으니, 다름 아닌 仁(인)을 강조하는 것이다. 따라서 이를 통해서도, 공자는 궁극적으로 소강사회로의 복귀를 최종 목표로 하고 있다는 것이 여실히 드러난다.

20-2: 子張問於孔子曰: "何如斯, 可以從政矣?" 子曰: "尊五美, 屛[1]四惡, 斯可以從政矣。" 子張曰: "何謂五美?" 子曰: "君子, 惠而不費, 勞而不怨, 欲而不貪, 泰而不驕, 威而不猛。" 子張曰: "何謂惠而不費?" 子曰: "因民之所利而利之, 斯不亦惠而不費乎? 擇可勞而勞之, 又誰怨? 欲仁而得仁, 又焉貪? 君子, 無衆寡, 無小大, 無敢慢, 斯不亦泰而不驕乎? 君子, 正其衣冠, 尊其瞻視, 儼然人望而畏之, 斯不亦威而不猛乎?" 子張曰: "何謂四惡?" 子曰: "不敎而殺, 謂之虐。不戒視成, 謂之暴。慢令致期, 謂之賊。猶之與人也, 出納之吝, 謂之有司。"

子張問於孔子曰: "何如斯, 可以從政矣?" 子曰: "尊五美, 屛四惡, 斯可以從政矣。" 子張曰: "何謂五美?" 子曰: "君子, □而不□, □而不□, □而不□, □而不□, □而不□。" 子張曰: "何謂惠而不費?" 子曰: "□□□□而□之, 斯不亦□而不□乎? □□□而□□, 又□□? □□而□□, 又□□? 君子, 無□□, 無□□, 無□□, 斯不亦泰而不驕乎? 君子, □其□□, □其□□, □□□□而□之, 斯不亦□而不□乎?" 子張曰: "何謂四惡?" 子曰: "不敎而殺, 謂之□。不戒視成, 謂之□。慢令致期, 謂之□。猶之與人也, 出納之吝, 謂之□□。"

【대구법, 열거법, 문답법, 설의법, 대유법】

자장이 공자에게 묻기를: "어떤 것을 다해야, 정치에 종사할 수 있습니까?" 공자가 이르시기를: "다섯 가지 좋은 일을 높이고, 네 가지 잘못을 물리치면, 이에 정치에 종사할 수 있다." 자장이 말하길: "무엇을 다섯 가지 좋은 일이라고 합니까?" 공자가 이르시기를: "군자는, 은혜롭지만 낭비하지 않고, 수고롭지만 원망하지 않으며, 원하지만 탐내지 않고, 편안하지만 교만하지 않으며, 위엄이 있지만 사납지 않다." 자장이 말하길: "무엇을 은혜롭지만 낭비하지 않는다고 합니까?" 공자가 이르시기를: "백성들이 이롭게 여기는 것을 이롭게 해주면, 이 또한 은혜롭지만 낭비하지 않는 것이 아니겠는가? 수고롭게 할 만한 일을 골라서 수고롭게 하면, 또 누가 원망하겠는가? 어질고자 하여 어질음에 이르니, 또 어찌 탐내겠는가? 군자는, 많거나 적거나, 작거나 큼에 상관없이, 감히 태만하지 않으니, 이 또한 평안하고도 교만하지 않은 것이 아니겠는가? 군자는, 그 의관을 바르게 하고, 바라보는 것을 존엄히 하며, 엄숙하여 사람들이 바라보면 그를 경외하니, 이 또한 위엄이 있지만 사납지 않은 것이 아니겠는가?" 자장이 말하길: "무엇을 네 가지 잘못이라고 합니까?" 공자가 이르시기를: "가르치지 않고 죽이는 것을, 모질다고 한다. 훈계하지 않고 성과를 바라는 것을, 난폭하다고 한다. 느슨하게 부리고 기한을 빡빡이 하는 것을, 도적이라고 한다. 오히려 사람들에게 주어야 하는데, 출납을 인색하게 하는 것을, 유사(사무를 맡아보는 직무)라고 한다."

*공자는 2-1에서 "정치를 행함에 덕으로 하는 것은, 비유하자면, 마치 북두성이 그 곳에 자리를 잡아서 여러 별들이 함께하는 것과도 같다"고 말한 바 있으니, 정치란 德(덕)으로 하는 德治(덕치)를 행하는

---

1) 屛(병): 물리치다.

것이다. 그리고 德(덕)은 성인들이 행한 강함과 부드러움의 통치법을 조화롭게 실천하려는 절개와 지조로서 아홉 가지가 있는데, 이 중에서 "三德(삼덕: 세 가지 덕)"을 행하면 가문을 소유할 수 있으니 "齊家(제가)"를 뜻하고, "六德(육덕: 여섯 가지 덕)"을 행하면 나라를 소유할 수 있으니 "治國(치국)"을 의미하며, "九德(구덕: 아홉 가지 덕)"을 섬기면 모든 관료가 엄숙하고 삼가게 되니 "平天下(평천하)"를 가리킨다.

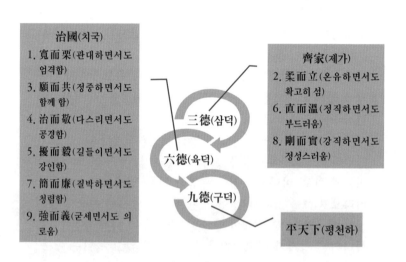

그런데 공자는 자장의 물음에 군자 즉 道(도)를 배우고 부단히 노력하여 실천하는 올바른 지도자는 다섯 가지 좋은 일을 숭상함으로써 정치에 종사한다고 말하고 있으니, 이는 治國(치국)에 필요한 六德(육덕: 여섯 가지 덕)과 분명 모종의 연관성이 있을 것이다. 따라서 이제 治國(치국)의 六德(육덕)과 본문에서 공자가 언급한 다섯 가지 좋은 일을 상호 비교함으로써, 양자 간에는 과연 어떠한 상관관계가 있는지 알아보기로 하자.

五美(오미)	공자의 풀이	治國(치국)의 六德(육덕)
1. 惠而不費(혜이불비) : 은혜롭지만 낭비하지 않음.	백성들이 이롭게 여기는 것을 이롭게 해주면, 이 또한 은혜롭지만 낭비하지 않는 것이 아니겠는가?	3. 願而共(원이공) : 정중하면서도 함께 함.
2. 勞而不怨(노이불원) : 수고롭지만 원망하지 않음.	수고롭게 할 만한 일을 골라서 수고롭게 하면, 또 누가 원망하겠는가?	5. 擾而毅(요이의) : 길들이면서도 강인함.
3. 欲而不貪(욕이불탐) : 원하지만 탐내지 않음.	어질고자 하여 어질음에 이르니, 또 어찌 탐내겠는가?	4. 治而敬(치이경) : 다스리면서도 공경함.
4. 泰而不驕(태이불교) : 편안하지만 교만하지 않음.	군자는, 많거나 적거나, 작거나 큼에 상관없이, 감히 태만하지 않으니, 이 또한 평안하고도 교만하지 않은 것이 아니겠는가?	7. 簡而廉(간이염) : 질박하면서도 청렴함.
5. 威而不猛(위이불맹) : 위엄이 있지만 사납지 않음.	군자는, 그 의관을 바르게 하고, 바라보는 것을 존엄히 하며, 엄숙하여 사람들이 바라보면 그를 경외하니, 이 또한 위엄이 있지만 사납지 않은 것이 아니겠는가?	1. 寬而栗(관이율) : 관대하면서도 엄격함.
		9. 强而義(강이의) : 굳세면서도 의로움.

즉 공자가 본문에서 언급한 정치에 필요한 五美(오미: 다섯 가지 좋은 일)는 결국 "다섯 가지 美德(미덕)"을 뜻하는 것임을 알 수 있다. 하

지만 여기서 한 가지 이해할 수 없는 문제가 생기는데, 바로 "그렇다면 공자는 왜 굳이 六德(육덕) 중 하나인 9. 强而義(굳세면서도 의로움)에 대해서는 언급하지 않은 것일까?"라는 의문점이 생기게 되는 것이다. 이와 관련하여 먼저 다음의 두 기록을 다시 한 번 살펴보자.

> 子路問强。子曰: 南方之强與, 北方之强與, 抑而强與? 寬柔以敎, 不報無道, 南方之强也, 君子居之。衽金革, 死而不厭, 北方之强也, 而强者居之。故君子和而不流, 强哉矯! 中立而不倚, 强哉矯! 國有道, 不變塞焉, 强哉矯! 國無道, 至死不變, 强哉矯。
>
> 자로가 강함을 물었다. 공자가 말씀하시기를: 남방의 강함인가, 북방의 강함인가, 아니면 너의 강함인가? 너그럽고 부드러움으로 가르치고, 무도함에 보복하지 않는 것은, 남방의 강함이니, 군자가 머문다. 병기와 갑옷을 깔고(늘 전쟁을 하고), 죽어도 싫증내지 않는 것은, 북방의 강함이니, 따라서 흉포한 자가 머문다. 따라서 군자는 중에 서지 한쪽에 기대지 않으니, 강하도다 꿋꿋함이여! 중에 서서 기울어지지 않으니, 강하도다 꿋꿋함이여! 나라에 도가 있으면, 성실함이 변하지 않으니, 강하도다 꿋꿋함이여! 나라에 도가 없으면, 죽음에 이르러도 변하지 않으니, 강하도다 꿋꿋함이여!
>
> 〔禮記(예기)〕〈中庸(중용)〉

> 何謂人義? 父慈、子孝、兄良、弟弟、夫義、婦聽、長惠、幼順、君仁、臣忠、十者謂之人義。
>
> 무엇을 의라고 일컫는가? 아버지는 자애롭고, 아들은 효도하며, 형은 착하고, 아우는 공경하며, 남편은 합당한 행동을 하고, 아내는 순종하며, 어른은 은혜를 베풀고, 어린이는 따르며, 임금은 진심으

로 섬겨서 따르고, 신하는 충후해야 하니, (이) 열 가지를 사람의 의
라고 일컫는다. 〔禮記(예기)〕〈禮運(예운)〉

공자가 말하는 強(강) 즉 진정한 강함이란 흉포함이 아니라, 너그
럽고 부드러움으로 가르치고, 또 무도함에 보복하지 않는 강함과 부
드러움이 조화를 이룬 자애로움을 뜻한다. 또한 義(의: 의로움)는 계급
상의 서열을 명확하게 하고, 그 서열에서 마땅히 지켜야 할 바를 목
숨을 걸고 지키는 것이다. 따라서 이제 이 두 가지를 합쳐보면, 백성
들을 이끄는 지도자는 마땅히 백성들을 누구보다 아끼고 보호할 줄
알아야 한다는 의미가 되니, 바로 이것이 六德(육덕) 중 하나인 9. 強
而義(군세면서도 의로움)의 참된 함의이다.

그런데 공자는 유독 六德(육덕) 중 하나인 9. 強而義(군세면서도 의
로움)에 대해서는 언급하지 않고, 바로 이어서 四惡(사악: 네 가지 잘못)
에 대해서 열거하고 있으니, 그 구체적인 내용들을 정리하면 다음과
같다.

1. 虐(학): 가르치지 않고 죽이는 것을, 모질다고 한다.
2. 暴(폭): 훈계하지 않고 성과를 바라는 것을, 난폭하다고 한다.
3. 賊(적): 느슨하게 부리고 기한을 빡빡이 하는 것을, 도적이라고
   한다.
4. 有司(유사): 오히려 사람들에게 주어야 하는데, 출납을 인색하
   게 하는 것을, 유사(사무를 맡아보는 직무)라고 한다."

이 네 가지 잘못 중에서 특히 첫 번째와 두 번째는 13-29의 "선한
이가 백성을 칠 년 동안 가르치면, 역시 전쟁에 나아가게 할 수 있다"

및 13-30의 "가르치지 않은 백성들로 전쟁을 하는 것, 이를 일컬어 그들을 버리는 것이라고 한다"는 표현과 연계하여 그 의미를 살펴야 할 것이다.

또한 네 번째는 노자 [도덕경] 74장 74-3의 "항상 살인을 담당하는 이가 죽여야 하니, 무릇 살인을 담당하는 이를 대신하여 살인하는 것, 이는 뛰어난 기술자를 대신하여 베는 것을 이른다"와 79장 79-2의 "이 때문에 성인은 좌계를 가지고 있지만, 사람들에게 재촉하지 않는다" 및 79장 79-3의 "덕이 있는 이는 사계이고, 덕이 없는 이는 사철이다"라는 말과도 직접적으로 연결되고 있으니, 노자와 공자는 모두 당시 관료들의 파렴치한 행태들을 적나라하게 드러내어 고발하고 있음을 알 수 있다.

위에서 언급했다시피, 9. 強而義(굳세면서도 의로움)는 백성들을 이끄는 지도자는 마땅히 백성들을 누구보다 아끼고 보호할 줄 알아야 한다는 의미를 함축하고 있다. 그렇다면 이제 이를 가지고 "공자는 왜 굳이 六德(육덕) 중 하나인 9. 強而義(굳세면서도 의로움)에 대해서는 언급하지 않았을까?"라는 의문점을 풀 수 있을 것이다. 즉 공자는 六德(육덕) 중 하나인 9. 強而義(굳세면서도 의로움)에 대해서는 그와 상반되는 四惡(사악: 네 가지 잘못)의 예들을 열거함으로써, 보다 구체적으로 풀어서 설명하는 것이다.

強而義(강이의) 四惡(사악)

공자는 7-1에서 "서술하지만 창작하지 않고, 믿어서 옛 것을 좋아하니, 슬그머니 나를 노팽에 견주어본다"고 말함으로써, 자신이 객관적인 사실만을 있는 그대로 기록하고 확실하지 않은 것은 임의로 지어내지 않으며 또 옛 성현들의 道(도)를 믿어서 따른다고 표명한 바 있다. 그러므로 공자가 〔논어〕를 통해서 전하는 道(도)는 공자가 만들어낸 것이 아니라, 예로부터 전해 내려오는 것을 있는 그대로 계승하고 있음을 알 수 있는 것이다.

이제 〔논어〕에서 政(정: 정치)과 관련하여 등장한 발언들을 治國(치국)의 六德(육덕)과 비교하여 대입해보면, 공자가 매번 구체적으로 이 六德(육덕) 중에서 어떠한 德目(덕목)을 말하고자 한 것인지 확실히 알 수 있을 것이다.

12-11: "임금은 임금다워야 하고, 신하는 신하다워야 하며, 아비는 아비다워야 하고, 자식은 자식다워야 합니다."

   - 9. 強而義(강이의: 굳세면서도 의로움)

12-14: "처함에 게으름이 없어야 하고, 행함에 정성스러움으로 해야 한다."

   - 7. 簡而廉(간이염: 질박하면서도 청렴함)

13-1: "앞에 서고, 부지런해야 하는 것이다. 해이함이 없어야 한다."

   - 7. 簡而廉(간이염: 질박하면서도 청렴함)

13-2: "유사를 이끎에, 작은 허물은 사면해주며, 현명한 인재를 등용하는 것이다."

   - 9. 強而義(강이의: 굳세면서도 의로움)

13-17: "빨리 하려고 하지 말고, 작은 이익을 보지 말 것이다. 빨리 하려고 들면, 곧 이루지 못하고, 작은 이익을 보면, 곧 큰일을 이루지 못한다."

－3. 願而共(원이공)：정중하면서도 함께 함. 4. 治而敬(치이경: 다스리면서도 공경함) 5. 擾而毅(요이의)：길들이면서도 강인함.

20-3: 子曰：“不知命, 無以爲君子也; 不知禮, 無以立也; 不知言, 無以知人也。”
子曰：“不知□, 無以□□□也; 不知□, 無以□也; 不知□, 無以□□也。”

【대구법, 열거법】
공자가 이르시기를：“천명을 알지 못하면, 군자가 될 수 없고; 예를 알지 못하면, 확고히 설 수 없으며; 말을 (그 말이 어떠한 의미인지) 알지 못하면, (그) 사람을 알 수 없다.”

*命(명)은 다름 아닌 天命(천명)을 일컫는 것이니, 이와 관련하여 다음의 기록을 다시 한 번 살펴보자.

天命之謂性, 率性之謂道, 修道之謂教。道也者, 不可須臾離也, 可離, 非道也。是故君子, 戒愼乎其所不睹, 恐懼乎其所不聞。莫見乎隱, 莫顯乎微, 故君子愼其獨也。
하늘이 명한 것을 성이라 하고, 성을 따르는 것을 도(道)라하며, 도를 닦는 것을 교라고 한다. 도라는 것은, 잠시도 떠날 수 없는 것이니, 떠날 수 있다면, 도가 아니다. 이 때문에 군자는, 보이지 않는 바를 조심하고 삼가며, 들리지 않는 바를 두려워한다. 숨기는 것보다 더 드러나는 것이 없고, 미세한 것보다 더 잘 나타나는 것이 없으니, 따라서 군자는 그 홀로 있음을 삼가는 것이다.

〔禮記(예기)〕〈中庸(중용)〉

필자는 위의 기록을 근거로 하여, 2-4에서 다음과 같은 논리를 제시한 바 있다.

天命(천명: 하늘의 명령) = 天性(천성: 하늘이 부여한 타고난 성품이나 성질) = 自然(자연: 스스로 그러한 성질) = 順理(순리: 선한 것과 옳은 것을 지키는 것)

따라서 본문에서 공자가 말한 "천명을 알지 못하면, 군자가 될 수 없다"는 말은 결국 "道(도)를 배우고 부단히 노력하여 실천하는 올바른 지도자는, 궁극적으로 선한 것과 옳은 것을 지키는 것을 평생의 업으로 삼아서 부단히 노력해야 한다"는 뜻인 것이다. 그렇다면 또 어떻게 해야 선한 것과 옳은 것을 지킬 수 있는 것일까? 이 문제에 대해서는, 다음의 기록을 살펴보면 의외로 쉬이 그 해답을 찾을 수 있다.

玉不琢, 不成器; 人不學, 不知道。是故, 古之王者建國君民, 教學爲先。兌命曰: "念終始典于學。" 其此之謂乎! 雖有嘉肴, 弗食不知其旨也; 雖有至道, 弗學不知其善也。是故, 學然後知不足, 敎然後知困。知不足, 然後能自反也; 知困, 然後能自强也。故曰: "敎學相長也。" 兌命曰: "學學半。" 其此之謂乎!

옥은 다듬지 않으면, 그릇이 되지 못하고; 사람은 배우지 않으면,

도를 알지 못한다. 이러한 까닭에, 옛날의 임금 된 자는 나라를 세우고 백성들을 다스림에, 가르침과 배움을 먼저 했다. 〔尙書(상서)〕〈說命(열명)〉에 이르기를: "삼가여 처음부터 끝까지 배움에 종사한다." 그것은 이를 일컫는 것일지니! 비록 좋은 안주가 있어도, 먹지 않으면 그 맛을 알지 못하고; 비록 지극한 도가 있어도, 배우지 않으면 그 선함을 알지 못한다. 이러한 까닭에, 배운 후에야 부족함을 알고, 가르친 후에야 어려움을 안다. 부족함을 알면, 그런 후에야 능히 스스로 돌이켜보고; 어려움을 알면, 그런 후에야 능히 스스로 힘쓴다. 따라서 이르기를: "가르침과 배움은 서로 성장한다."〔尙書(상서)〕〈說命(열명)〉에 이르기를: "가르침은 배움의 절반이 된다." 그것은 이를 일컫는 것일지니!　　　　　〔禮記(예기)〕〈學記(학기)〉

敎(교: 가르침)는 道(도: 성현들의 통치이념)를 닦는 것이고, 學(학: 배움)은 文(문: 성현들의 통치이념과 업적의 기록)을 이해하는 것인데, 道(도)를 닦아야 道(도)의 어려움을 알고, 文(문)을 배워야 文(문)의 부족함을 알게 되니, 결국 선한 것과 옳은 것을 지킬 수 있는 유일한 방법은 바로 가르침과 배움의 끈을 동시에 끝까지 놓치지 않는 敎學相長(교학상장)이 된다.

　*공자는 8-9에서 "시로 다스리고, 예로 확고히 하며, 음악으로 이룬다"고 하였고, 16-13에서는 "시를 배우지 않으면 말을 할 수 없다" 및 "예를 배우지 않으면 확고히 설 수 없다"고 하여 아들 백어를 훈계한 바 있다. 여기서 詩(시) 즉 〔시경〕은 옛 성현들의 말씀과 업적들을 망라한 文(문)의 하나로서 道(도)의 내용을 말하는 것이고, 禮(예) 즉 〔周禮(주례: 주나라의 관제와 정치제도를 기록한 책)〕와 〔儀禮(의례)〕는 道(도)의 형식을 말하는 것이다. 다시 말해서 공자는 文(문)을 배우지 않으

면 道(도)의 내용을 모르게 되어 할 수 있는 말이 없고, 禮(예)를 배우지 않으면 道(도)의 형식을 모르게 되어 확고해지지 못한다고 설명한 것이다.

이제 이를 근거로 하여 다시 본문의 말을 살펴보면, 言(언: 말씀)이란 다름 아닌 文(문: 옛 성현들의 언행을 기록한 문장)을 가리키는 것이니, 言(언) = 文(문)을 모르면 결국 人(인: 사람) = 聖賢(성현)들의 가치관 및 업적들을 이해할 수 없게 되고, 또 그렇게 되면 道(도) 역시 깨달을 수 없게 된다는 뜻인 것이다.

나오는글

　공자가 〔논어〕 20장을 통해서 말하고자 하는 道(도)는 결국 소강사회의 통치이념이다. 물론 공자 역시 대동이라는 이상향을 그리워한 것은 사실이지만, 현실적인 통찰력과 판단력을 중시한 그에게 있어서 대동은 손을 뻗어도 닿을 수 없는 노스텔지어의 손수건과도 같은 존재였으니, 막연한 이상향보다는 현실적으로 실현이 가능한 소강사회를 구체적인 실천목표로 삼았던 것이다.

　그렇다면 공자는 왜 대동이 아닌 소강을 현실적인 목표로 삼았던 것일까? 이는 어쩌면 서양의 "이브의 사과"로 설명하는 편이 이해하기 쉬울 듯하다. 주지하다시피, 하나님이 태초에 아담과 이브를 만들어 에덴동산에 살게 했고, 이들은 아무런 걱정 없이 순수함을 지니며 살고 있었다. 하지만 이브가 뱀의 꼬임에 빠져 선악의 과실인 사과를 먹고 아담한테도 권하게 된다. 결국, 하나님이 노하시고, 이브와 아담은 선과 악이란 무거운 짐을 짊어진 채 에덴동산에서 쫓겨난다는 이야기다.

　즉 서양에서의 이브가 사과를 먹기 전은 중국의 네 것과 내 것을 구별하지 않고 모든 사람이 조화로움을 이루며 살았던 대동과 유사한 시대가 된다. 반면에 사과를 먹은 이후는 네 것과 내 것을 구별하고 나아가 자신의 이익만을 추구하는 풍토가 도래하자, 지도자가 솔선수범하여 이러한 이기주의를 규제하기 시작한 소강사회와도 같은 개념인 것이다. 따라서 춘추시대라는 일대 혼란기 속에서 공자는 다시 돌아갈 수 없는 태초의 순수한 이상향인 대동보다는, 오히려 현실적으로 극복 및 수용 가능한 소강사회로의 복귀를 소리 높여 외친 것이다.

1. 공자는 정치하는 이를 聖人(성인: 대동사회의 지도자) - 君子(군자: 소강사회의 지도자) - 器(기: 전문가)의 순서로 서열화함으로써, 지도자와 실무담당 전문가의 역할을 분명하게 구분하고 있다. 다시 말해서 지도자는 德(덕)을 행함으로써 백성들에게 신뢰를 얻어야 하는 반면, 실무담당 전문가는 자기가 맡은 역할을 충실하게 해내는 능력을 갖춰야 한다고 요구하는 것이다.

특히 성인과 군자를 구분하는 기준에 대해서는 유심히 살펴볼 필요가 있는데, 성인은 어느 누구한테도 배우지 않았지만 태어나면서부터 道(도)를 이해하고 자연스럽게 몸에 받아들여 실천한 대동사회의 지도자인 반면, 군자는 비록 성인과 같이 태어나면서부터 도를 이해하고 실천한 인물은 아니지만 옛 성인의 도를 온전하게 배우고 부단히 노력하여 실천한 소강사회의 지도자를 일컫는 것이라는 점이다.

하지만 그러한 공자도 시대적 한계를 극복하지는 못했으니, 이렇듯 정치에 참여할 수 있는 신분을 士(사) 이상으로 규정함으로써 宗法制度(종법제도)를 벗어나지 못한 모습도 보여주고 있다.

본문을 통해서도 알 수 있듯이, 공자의 道(도) 역시 노자와 마찬가지로 태평성대를 이끈 옛 성현들의 통치이념을 가리킨다. 다만 공자는 당시 춘추시대라는 혼란기를 극복할 수 있는 구체적인 방안으로 仁義(인의)와 禮樂制度(예악제도)를 따라야 한다고 제시하고 있으므로, 공자의 道(도)는 다름 아닌 小康(소강)사회를 이끈 옛 성현들의 통치이념인 것이다.

공자는 〔논어〕 전반을 통해서 道(도)의 개념과 그 구성요소들 그리고 구체적인 실천방안들을 비교적 상세하게 설명하는데, 이제 이를 도식화하면 다음과 같은 도표를 완성할 수 있다.

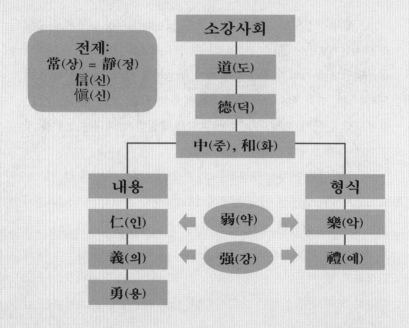

본문을 통해서도 누차 강조했다시피, 공자에게 있어서 가장 이상적인 사회는 大同(대동)이다. 하지만 현실주의자인 공자에게 있어서 이는 어디까지나 영원히 닿을 수 없는 이상향일 뿐, 궁극적으로 춘추시대라는 혼란기에서 실현 가능한 것은 아니었다. 그러므로 그는 우선 仁(인)과 義(의) 그리고 예악제도를 통해서 지도자가 먼저 솔선수범하고, 나아가 백성들을 통제해야 한다고 주장한 것이다. 물론 자기 뜻이 현실의 벽 앞에서 철저히 무너질 때마다, 공자는 역설적이게도 시대의 아픔을 노래하며 다시금 대동을 그리워했지만 말이다.

아울러 [논어]에서 공자를 비판한 脫(탈)속세주의자들이 노자 심지어는 道家思想(도가사상)의 지지자들이라고 주장하는 경우가 있는데, 이는 시간적으로 모순된다. 왜냐면 노자와 공자는 분명 동시대를 살아간 인물들이거니와, 더욱이 노자는 [도덕경]만 남기고 홀로 세상을 훌쩍 떠났으므로, 제자나 혹은 그를 따르는 무리들이 존재하는 것은 불가능하기 때문이다. 따라서 공자를 비판한 이들은 당시의 불문율에 따라서 세상을 등지고 떠난 이들임이 틀림없다.

2. 필자의 집필 의도는 기존의 공자〔논어〕해석이 전면적으로 잘못되어서 이를 바로잡겠다는 것이 아니라, 수천 년 동안 지속되어온 연구를 바탕으로 필자의 새로운 견해를 가미하여 재조명하겠다는 것이다. 이에 행여나 틀린 부분이 있다면 諸(제) 학자들의 아낌없는 질책을 바라고, 역시 나아가 감히 본 저서가 공자의〔논어〕연구에 있어 하나의 이정표로 남을 수 있기를 희망한다. 끝으로, 북경대학 재학시절 학문의 길을 이끌어주신 석사지도교수 費振剛(Fei, zhen-gang) 선생님과 박사지도교수이신 故 褚斌杰(Chu, bin-jie)선생님께 깊은 존경과 감사의 뜻을 전하는 바이다.

색인

ㅈ

논어, 그 오해와 진실
난세의 지도자 양성서

초판 1쇄 발행일 2013년 11월 15일

지은이 안성재
펴낸이 박영희
편집 배정옥·유태선
디자인 김미령·박희경
인쇄·제본 에이피프린팅
펴낸곳 도서출판 어문학사
　　　　서울특별시 도봉구 쌍문동 523-21 나너울 카운티 1층
　　　　대표전화: 02-998-0094/편집부1: 02-998-2267, 편집부2: 02-998-2269
　　　　홈페이지: www.amhbook.com
　　　　트위터: @with_amhbook
　　　　블로그: 네이버 http://blog.naver.com/amhbook
　　　　　　　다음 http://blog.daum.net/amhbook
　　　　e-mail: am@amhbook.com
　　　　등록: 2004년 4월 6일 제7-276호

ISBN 978-89-6184-138-2　93150
정가 39,000원

이 도서의 국립중앙도서관 출판시도서목록(CIP)은 e-CIP홈페이지(http://www.nl.go.kr/ecip)
와 국가자료공동목록시스템(http://www.nl.go.kr/kolisnet)에서 이용하실 수 있습니다.
(CIP제어번호: CIP2013022052)